古文獻整理與研究

第六輯

陝西省社會科學院古籍整理研究所 編

党斌 主編

鳳凰出版社

圖書在版編目（CIP）數據

古文獻整理與研究. 第六輯 / 陝西省社會科學院古籍整理研究所編；党斌主編. -- 南京：鳳凰出版社，2021.12
ISBN 978-7-5506-3603-3

Ⅰ. ①古… Ⅱ. ①陝… ②党… Ⅲ. ①古籍整理－中國－文集②古籍研究－中國－文集 Ⅳ. ①G256.1-53 ②G256.22-53

中國版本圖書館CIP數據核字(2021)第261544號

書　　　名	古文獻整理與研究（第六輯）
編　　　者	陝西省社會科學院古籍整理研究所
主　　　編	党　斌
責 任 編 輯	徐珊珊
裝 幀 設 計	陳貴子
出 版 發 行	鳳凰出版社（原江蘇古籍出版社）
	發行部電話 025-83223462
出版社地址	江蘇省南京市中央路165號，郵編：210009
照　　　排	南京凱建文化發展有限公司
印　　　刷	江蘇鳳凰數碼印務有限公司
	江蘇省南京市棲霞區堯新大道399號，郵編：210038
開　　　本	787毫米×1092毫米　1/16
印　　　張	22.5
字　　　數	424千字
版　　　次	2021年12月第1版
印　　　次	2021年12月第1次印刷
標 準 書 號	ISBN 978-7-5506-3603-3
定　　　價	136.00圓

（本書凡印裝錯誤可向承印廠調換，電話：025-57718474）

《古文獻整理與研究》編委會

學術顧問：李學勤　袁行霈　項楚　安平秋

編　委　會：（以漢字筆畫爲序）

王三慶　王　素　方廣錩　李劍國

沈　津　周天游　黃一農　張宏生

張戀鎔　陳尚君　陳慶浩　程章燦

賈二強　虞萬里　趙生群　蔣　寅

榮新江　劉躍進　鍾振振　嚴佐之

主　　編：党　斌

編　　輯：吴敏霞　党　斌　劉思怡　高葉青

范志鵬　王志勇　鄭敏瑜　黃澤凡

張凱寧

目　錄

傳統文獻研究

杜大珪《名臣碑傳琬琰集》撰例與史源探析 ……………………… 顧宏義 1

漢代《國語》研究概觀 ………………………………………………… 郭萬青 19

《宋遺民録》版本考 …………………………………………………… 阮東升 47

明代顧璘別集版本考略 ………………………………… 湯志波　倪　晨 56

邊貢詩文集流傳及版本考述 …………………………………………… 劉曉萱 69

《萸亭紀事》作者張光孝雜考 ………………………………………… 鄒　賀 83

新出與稀見文獻研究

新見三種隋代墓誌銘附考 ……………………………… 王其禕　王　菁 93

論玄武門之變後唐太宗處理建成舊屬的政策
　　——以新見唐《辛儉墓誌》爲中心 ………………………… 李　皓 106

新見唐大薦福寺《法振律師墓誌》考釋 ……………………………… 吴正浩 117

新見唐《李縱墓誌》考釋 ……………………………… 楊進冉　王慶昱 126

新出唐張仲群墓誌考釋 ………………………………… 裴書研　楊雙榕 133

2016—2020年刊佈陝西出土唐代墓誌要録（上） …………………… 党　斌 141

宋《盧察墓誌銘》考釋 ………………………………………………… 黄澤凡 176

稀見非物質文化遺産眉户劇選本《羽衣新譜續編》成書及其文獻價值 … 崔金明 184

金文文獻研究

釋堂、嘗
　　——從上海博物館藏的三版甲骨卜辭談起 ………………… 胡嘉麟 196

性別視角下的兩周銅盨隨葬現象研究 ………………………………… 孫曉鵬 209
紹興 M306 提梁盉討論 …………………………………………………… 俞珊瑛 225
八年相邦吕不韋戈銘文及其現代價值解讀 ………………… 楊　倩　閆　凡 241
羅振玉舊藏青銅器研究
　　——以旅順博物館藏品爲中心 ……………………………………… 劉述昕 244

學術論衡

《尚書·君奭》"耇造德不降"新解 ………………………… 張寅瀟　黄巧萍 250
《戰國縱横家書》成書問題探討
　　——兼論與其它戰國題材作品之關係 ……………………………… 葉　崗 260
西漢後期儒生的任職與遷轉 ……………………………………………… 張凱寧 272
韋虚晃的田園生活 ………………………………………………………… 杜　鎮 282
《飲中八仙歌》研究綜述 ………………………………………………… 劉亞旭 295
蕭雲從《易存》抄本考略 ………………………………………………… 沙　鷗 310
從關中書院典籍整理談文獻在"關學"研究中的重要作用 … 高葉青　劉康樂 316

校勘札記

《史記》校讀舉隅 ………………………………………………………… 王志勇 327
《宋史·藝文志》人名訂誤 ……………………………………………… 李德輝 336
中華書局本《南部新書》點校商榷十五則 ……………………………… 華迪威 355

傳統文獻研究

杜大珪《名臣碑傳琬琰集》撰例與史源探析

顧宏義

趙宋建國之初，有鑒於唐末五代亂世，兵將勢囂，戰禍頻仍，遂採用"尚文"國策，并甚爲重視史鑒的作用，編纂了卷帙繁富之"官史"。同時，因宋代經濟發展，雕版印刷技術普及，文籍傳佈遠較前代便捷，文化繁榮，故私家編修史籍亦頗爲興盛。因此，作爲官私史籍的重要補充，宋人多有將衆碑志、傳記等彙編成册者，然因歷年久遠，流傳至今且頗具影響者僅有南宋杜大珪所編之《名臣碑傳琬琰集》一書。[1] 清代館臣於《四庫提要》中頗稱揚其史料價值，然對其編纂體例等却多有批評。近年來，有學者對《琬琰集》予以專題討論，相關研究有所深入，但基本評價依然大多承襲《四庫提要》的觀點。[2] 爲此，本文對《琬琰集》之研究擬主要就編纂體例、史料來源兩方面展開。

一、編撰者與成書、初刊時間

《琬琰集》題云刊成於南宋紹熙五年（1194）前後，然宋元諸書目如陳振孫《直齋書録解題》、馬端臨《文獻通考·經籍考》、《宋史·藝文志》等皆未有著録，亦少見時人曾加引録或述及。宋末元初俞琰《席上腐談》卷下載"《國史·王中正傳》，太史曾鞏所撰也，《名臣碑傳琬琰集》"[3]云云，此爲今見文獻中最早引述杜大珪《琬琰集》者。至元末編纂《宋史》，因國史院藏書不足，故袁桷於《修遼金宋史搜訪遺書條列事狀》中列出所需補充之書，於"纂修

---

[1] 按，《名臣碑傳琬琰集》傳世抄刊本多種，本文所據乃常熟瞿氏鐵琴銅劍樓藏本，今藏國家圖書館，中華再造善本據以影印。以下簡稱《琬琰集》。

[2] 如，羅炳良《杜大珪〈名臣碑傳琬琰集〉的編纂特點與史學價值》，《天津社會科學》2010年第5期；郭慧娟《〈名臣碑傳琬琰集〉墓志銘研究》，陝西師範大學碩士論文，2013年；蘇賢《〈名臣碑傳琬琰集〉整理與研究》，華東師範大學碩士論文，2015年；沈津《宋刻本〈新刊名臣碑傳琬琰之集〉版本質疑》，見沈津著：《書海揚舲録》，桂林：廣西師範大學出版社，2016年版，等等。

[3] 俞琰：《席上腐談》卷下，見《文淵閣四庫全書》第1061册，上海：上海古籍出版社，2012年版，第618頁。

史傳，必當先以實録小傳，附入九朝史傳，仍附行狀、墓志、神道碑，以備去取"條中首列《琬琰集》一書。① 可見《琬琰集》的史料價值，元人已有充分認識，但也似由此可知，《琬琰集》的傳佈不廣，此書編撰者杜大珪的情况也缺史料記載。

杜大珪，生平履歷無考，因書前目録頁署曰"眉州進士"，故知其爲眉州（今四川眉山）人。又因宋時有稱"進士及第而於時無官，謂之前進士"②之習俗，故推知杜大珪嘗舉進士而未能登第入仕。又本書前序文之末署時曰"紹熙甲寅暮春之初謹書"，甲寅乃紹熙五年（1194），則知杜大珪當爲南宋孝宗、光宗時人。

《琬琰集》書前之序未署名，世人多有稱爲杜大珪自序者，然此序中稱本書乃"好事者因集神道、志銘、家傳之著者爲一編"，古時"好事者"云云雖不全爲貶義，然一般不會用作自稱及稱呼關係密切之親朋等，故其顯非杜大珪之自序，而疑爲此書刊刻時請人所撰之序。因其書序撰於紹熙五年（1194），則知其成書當在此稍前。從《琬琰集》書中避諱等情况分析，其上、中、下三集各部分之避諱雖寬嚴不一，或避或否，避諱方式亦多變，然頗可據此以考定其成書或刊版時間之先後。如：

上集卷九王珪《高衛王瓊决策定難顯忠基慶之碑》第一葉上第六行"而景欲（原注：太上皇帝御名）患中原"，"太上皇帝御名"六字作雙行小字注文，而本書《文淵閣四庫全書》本、王珪《華陽集》卷四九《高衛王神道碑銘》乃作"搆"，知其爲避高宗趙構諱，高宗於紹興三十二年（1162）六月退位而稱"太上皇帝"，直至淳熙十四年（1187）十月駕崩。然書中又有多處"構"字并未避諱。又上集中避孝宗諱"慎"字多處，如：卷八第四葉上第十四行，"慎"字上加有墨圈作⟨慎⟩；卷八第八葉下第六行、卷二七第四葉下第七行，"慎"字缺末筆；卷九第七葉上第七行，"慎"改作"謹"。然也有多處"慎"字未避諱。至於光宗諱"惇"、嫌諱"敦"字，僅卷三第五葉下第二行"惇"字闕末筆，其餘大都不避。

中集卷二第一葉上第八行，卷四五第六葉下第十三行、第七葉上第十二行，"慎"字缺末筆；卷六第四葉上第十五行"未嘗不兢兢畏懼"，"懼"字，《司馬光集》卷七六《太子太保龐公墓志銘》作"慎"；卷一五第四葉上第十五行，卷五三第一葉下第十三行、第六葉下第三行，三處"謹"字皆當作"慎"。此皆爲避孝宗諱。又中集卷五〇第六葉上第十五行、第七葉上第三行，卷五五第一葉上第十四行、十五行與下第四行，"惇"字缺末筆，乃避光宗諱。其餘諸處"惇"字多未避諱。

下集卷三第七葉下第十行"知秦州曹瑋（原注：今上舊諱）數言"，"今上舊諱"四字作雙

---

① 袁桷：《清容居士集》卷四一《修遼金宋史搜訪遺書條列事狀》，見《文淵閣四庫全書》第 1203 册，第 553 頁。
② 司馬光撰，（元）胡三省注：《資治通鑑》卷二五三，北京：中華書局，1992 年，第 8222 頁。

行小字注文,據《宋史·孝宗紀》,孝宗於紹興三十年(1160)二月間立爲皇子,賜名瑋;三十二年(1162)五月立爲皇太子,改名眘,①故"瑋"字云"今上舊諱"。卷三第一葉上第十一行,卷一二第七葉下第三行,"慎"字缺末筆。又卷一三第八葉下第十二行、第十三行,"惇"字缺末筆;卷一五第五葉上五行、八行、十一行、十二行,"敦"字缺末筆。其餘諸處孝宗、光宗諱皆未避。

此外,書中上集卷一四第九葉下第五行、下集卷二二第二葉下第十行兩處寧宗諱"擴"字皆未避,此外嫌名諱"廓"字亦未避。又下集末卷第二十五卷《虞雍公守唐鄧事》,署時"紹熙二年上元"。故推知《琬琰集》上集當刊刻於孝宗朝,有少量刻版成於光宗初年,中、下兩集當編成、刊刻於孝宗、光宗時,全書當最終刊成於紹熙五年(1194)"暮春"前後。②

二、書名與編纂之旨

《琬琰集》分上、中、下三集,上集二十七卷,中集五十五卷,下集二十五卷,計一百零七卷。其書名,諸傳本大都題作"新刊名臣碑傳琬琰之集",明、清以來書目著錄頗有不同,有"名臣碑傳琬琰集""宋名臣琬琰集""宋名臣琬琰錄""宋琬琰集""琬琰集"等名稱。清代以來,世人多習稱本書曰"名臣碑傳琬琰集",而"宋名臣琬琰集"以下諸名,皆屬本書之省稱或別稱。

"名臣碑傳琬琰集"謂何?其"琬琰",美玉也,《書·顧命》云:"弘璧、琬琰在西序。"孔傳云:"大璧、琬琰之圭爲二重。"後以"琬琰"譽稱書刻有美文麗藻之碑石,如唐玄宗《孝經序》云:"寫之琬琰,庶有補於將來。"據現見史料,以"琬琰"二字爲書名者,當以五代末、北宋初之王溥所編纂之《琬琰集》爲最早。宋仁宗時人黃鑑《談苑》載:"周世宗時,王溥薦向拱平鳳翔,又薦守京兆。拱臨行,問溥所欲,溥曰:'長安石刻,悉欲得之。'拱購至三千本以獻,溥命分錄爲《琬琰集》百卷,未成而卒。"③然其所收錄者不限於碑銘墓志,而以彙編前人碑志、傳記而名之曰"琬琰"者,當以杜大珪本書爲嚆矢。杜大珪以"琬琰"命名彙編本朝諸貴宦名臣碑志傳記之書,當取其"菁華"之義。

再論"碑傳"。《琬琰集》收錄自北宋太祖朝至南宋孝宗朝間名臣顯宦之神道碑、墓志銘、行狀及傳記等計二百五十六篇,其中上集五十一篇、中集一百二十三篇、下集八十二篇。若以文體分,計有神道碑四十九篇,墓志銘八十九篇,墓表六篇,行狀二十二篇,題曰

---

① 脫脫等撰:《宋史》卷三三《孝宗紀一》,北京:中華書局,1985年,第616、617頁。
② 據《宋史》卷三七《寧宗紀一》(第714頁),寧宗於紹熙五年七月中繼位。
③ 朱勝非撰:《紺珠集》卷十一,見《文淵閣四庫全書》第872冊,第500頁。

曾鞏撰之《隆平集》列傳四十四篇，①《實錄》附傳二十七篇，別傳四篇，碑陰二篇，其他《功迹記序引》《功迹記》、墓碣、書墓誌後、家傳、自傳、序、傳跋、真贊、記事、賜諡指揮、諡議、復諡議各一篇。因其書以碑（含墓誌銘、墓表）、傳（含行狀、列傳等）爲主，故取以爲書名。

至於"名臣"，《文選》卷四七《三國名臣序贊》題注曰："名臣謂有賢才、立功業，垂名於後代者也。"對此，《琬琰集》書前序言："國朝人物之盛，遠追唐虞三代之英，秦漢以來鮮儷矣。自建隆、乾德之肇造，暨建炎、紹興之中天，因時輩出，豐功偉烈，焜耀方册。雖埋光鏟采、位不稱其德者，亦各有紀於時。"即其書所收錄碑傳二百五十六篇，被傳者二百三十七人（内中含四人附傳；又有多人既錄載其神道碑，又錄入其墓誌銘或行狀、別傳等）。其中官至宰相者五十三人，執政者四十九人，其餘多官爲天子近臣、三衙將帥、節度使等顯宦，此即序中所稱"因時輩出，豐功偉烈，焜耀方册"者；又有部分著名處士、下僚或布衣等，前者如魏閑、种放、林逋、邵雍、徐復等人，或者"若張文蔚、韓惟忠、何澤諸人，多無事迹可言"，却因其爲名宰相之父或祖，故得"濫厠於名臣之列"，②此即序中所謂"埋光鏟采、位不稱其德者"。

不過《琬琰集》中如丁謂、王欽若、吕惠卿、章惇、曾布之類"當時所謂奸邪，而并得預於名臣"，故頗見爭議，清館臣即以爲"其去取殊爲未當。然朱子《名臣言行錄》、趙汝愚《名臣奏議》亦濫及於丁謂、王安石、吕惠卿諸人，蓋時代既近，恩怨猶存，其所甄別，自不及後世之公。此亦事理之恒，賢者有所不免，固不能獨爲大珪責矣"。③然據此書名及朱熹之《八朝名臣言行錄》、趙汝愚之《宋朝名臣奏議》等，可知宋時所謂"名臣"，多據事功而言，與後世如清人之理解有異。

杜大珪編撰《琬琰集》之目的，如其書序指出：趙宋名臣雖其事功"焜耀方册"，然"欲求之記事之書，則灝灝噩噩，未易單究。雜出於野史見聞者，其事又裂而不全，未足以觀其人之出處本末"；而散見諸處之名臣碑傳，其所記載"質諸正史而皆合"，大可彌補史傳不足之缺憾，便於"學者將階此以考信於得失之迹"。杜大珪遂"因集神道、誌銘、家傳之著者爲一編，以便後學之有志於前言往行者"而有考焉。

---

① 按，其下集卷七合於《孫學士何傳》之《路振傳》當屬獨立之一篇，故採錄自《隆平集》者實爲四十四篇。又，下集卷二一《冲晦處士徐復傳》，雖亦爲曾鞏所撰，然與《隆平集》卷十五《徐復傳》并非一篇。
② 洪業等編：《琬琰集刪存》卷首《序》，上海：上海古籍出版社，1990年，第2頁。
③ 永瑢等編著：《四庫全書總目》卷五七《名臣碑傳琬琰集》，北京：中華書局，1981年，第520頁。

三、編撰體例

對於《琬琰集》的編撰體例,清館臣嘗於《名臣碑傳琬琰集》提要中指出:

> (是書三集)起自建隆、乾德,訖於建炎、紹興,大約隨得隨編,不甚拘時代、體製。要其梗概,則上集神道碑,中集志銘、行狀,下集別傳爲多。多採諸家別集,而亦間及於實錄、國史,一代鉅公之始末,亦約略具是矣。①

《四庫全書簡明目錄》亦云《琬琰集》"搜錄名臣碑傳,上起建隆,下訖紹興,不拘時代,亦不拘體製,無所刪竄,亦無所去取,但隨得隨編,共成三集,皆全載原文,以待後人之論定",以爲如此則"較以當代之人權當代之流品,曲徇愛憎,徒釀朋黨者,其用心相去遠矣"。② 而民國時哈佛燕京學社引得編纂處於《琬琰集刪存序》中更指斥"其書去取漫無標準",故其書"由體製言,則得少失多,難稱著作之上乘。特所錄者近,多不見於他書,其於宋代知人論世之學,尚不無少許裨助,故較爲可取耳",③ 即《琬琰集》的編纂體例幾無可取,而大底僅具史料價值。此後諸論及本書體例者,對《琬琰集刪存序》的偏頗之說稍有訂正,然大體仍依據清館臣之觀點所發揮而已。④ 然而上述說法,頗有可再加討論者。

其一,《琬琰集》所收載諸名臣碑傳,乃上起建隆,下訖孝宗時期。

與清館臣所稱《琬琰集》"搜錄名臣碑傳,上起建隆,下訖紹興"者不同,《琬琰集》收錄的南宋時期名臣碑傳,如下集卷二二《劉公(珙)行狀》、卷二四《李公(顯忠)行狀》與卷二五《書虞雍公(允文)守唐鄧事》等,所述皆屬孝宗乾道、淳熙間事,且《書虞雍公守唐鄧事》實撰成於光宗紹熙二年(1191)。

其二,以文體爲類之編纂"體製"。

清館臣雖稱《琬琰集》"不拘體製",然仍云"要其梗概,則上集神道碑,中集志銘、行狀,下集別傳爲多"。具體而言,上集大都題爲神道碑,僅卷一二《吳武安公玠神道碑》後附《功迹記序引》《功迹記》二篇,因述吳玠事而附焉。中集卷一至卷三七大都爲墓志銘,間錄墓表三篇及碑陰、書墓志後、真贊各一篇;卷四三至卷五五爲行狀;卷三八至卷四二雖以墓志

---

① 《四庫全書總目》卷五七《名臣碑傳琬琰集》,第520頁。
② 永瑢等撰:《四庫全書簡明目錄》卷六,見《文淵閣四庫全書》第6冊,第106—107頁。
③ 洪業等編:《琬琰集刪存》卷首《序》,上海:上海古籍出版社,1990年,第2頁。
④ 羅炳良著:《南宋史學史》,北京:人民出版社,2008年,第224—228頁。

銘爲主,然間有墓表、神道碑、墓碣、行狀、家傳、書序以及《隆平集》傳三篇,文體不一。下集卷一至卷二一以《實録》附傳、《隆平集》列傳爲主,兼及別傳、自傳,傳主皆屬北宋人;卷二二至卷二五爲行狀、墓志銘、神道碑以及記事等,除書末《王昱墓志銘》一篇外,其傳主皆爲南宋名臣。

爲能符合本書以文體類編的要求,《琬琰集》中還存在故意篡改碑志傳記題名以變更其文體之現象。

如上集卷二五范仲淹《种公世衡神道碑》,檢《范文正公文集》卷一五題作《東染院使种君墓志銘》。據《續資治通鑑長編》卷一三五慶曆二年(1042)"是春"條注文有"仲淹作《世衡墓志》稱慶曆二年春"①云云,司馬光《涑水記聞》卷九載种世衡築青澗城,其注文有"出希文所作《墓志》"②之文,則范仲淹所撰實屬"墓志銘"而非"神道碑"。然种世衡乃北宋中期名將,杜大珪將其與同爲當時名將的狄青之神道碑編於一卷,由於上集所收主要爲神道碑,故將此"墓志銘"改題"神道碑"以求文體劃一。

又如中集卷四〇《程太師元白墓志銘》,歐陽修《居士集》卷二一作《袁州宜春縣令贈太師中書令兼尚書令冀國公程公神道碑銘》,據歐陽修《與程文簡公七通》之三有云"欲伸撰述《先公神道碑》",③邵博《邵氏聞見後録》亦稱"歐陽公追作《神道碑》",④可見其當屬"神道碑";卷四二《程太師坦墓志銘》,王珪《華陽集》卷四七作《國子博士致仕贈太師中書令兼尚書令追封成國公程公神道碑銘》,且云及"墓碑之未立"故而撰此碑文,則此實爲"神道碑"。上述兩通神道碑,大概因收録於中集,故皆被改題曰"墓志銘"。

雖然《琬琰集》諸碑傳編輯大抵依據文體,却未能始終嚴格遵循。如中集以墓志銘、行狀爲主,下集以傳記爲主,然中集卷三八又收入出自《隆平集》之《种放傳》《林逋傳》《王中正傳》三篇,下集卷二二至卷二五又收入行狀、墓志銘、神道碑等,其編排稍顯紊亂而不盡合理。然細加推究,此一現象亦與《琬琰集》在大略據文體編纂的體例外,又採用依其傳主生平或履歷等歸類編纂之傾向有關。

其三,依其傳主生平或履歷情況歸類之編纂傾向。

在依據文體編纂的"體製"下,《琬琰集》又將所"搜録"的碑傳,按傳主生平或履歷等情況分類編纂。如上集所收録者大都爲神道碑,然細加分析,卷一爲太宗、神宗"御製"碑文兩篇,卷二至卷十四載録宰執、大將之神道碑十八通,大多蒙天子御賜"碑額",并命執政大

---

① 李燾撰:《續資治通鑑長編》卷一三五,北京:中華書局,2004年,第3232頁。
② 司馬光撰,鄧廣銘、張希清點校:《涑水記聞》卷九,北京:中華書局,1989年,第170頁。
③ 歐陽修著,李逸安點校:《歐陽修全集·書簡》卷二,北京:中華書局,2001年,第2360頁。
④ 邵博撰,李劍雄、劉德權點校:《邵氏聞見後録》卷十六,北京:中華書局,1983年,第128頁。

臣或詞臣撰作碑文者。僅有卷七《宋景文公祁神道碑》例外，乃宋祁卒後二十年，其子來求范鎮撰碑文"以表於墓道"，而附於其兄《宋元憲公庠忠規德範之碑》後；又卷十二《吳武安公玠神道碑》，雖未蒙天子賜碑額，然碑文仍是高宗命中書舍人王綸所撰。至卷十五以下所載諸大臣、將帥等神道碑，則皆未蒙天子賜碑額，而其碑文亦非天子命詞臣秉筆撰文，故歸之一類。至於中集卷一至卷四二大都爲墓志，其下爲行狀。其中卷三三以上爲諸臣墓志；卷三四至卷三八，所載大都是以文學著名之官員、以文聞名之處士；卷三九至四一所載墓志，即前人所謂"若張文蔚、韓惟忠、何澤諸人，多無事迹可言"而得"濫厠於名臣之列"者，然《琬琰集》中集卷四二末有按語云此四卷所錄"雖非一時柱石大臣，而皆源祥基慶，以大其後，爲時名臣，有足觀考，故特附之于此"，即因其子孫爲名宰執大臣，其"源祥基慶"之"有足觀考"者，且據邵博所云如"程文簡公父元白官止縣令，以文簡貴，贈太師，類無可書，歐陽公追作神道碑，至九百餘言，世以爲難。韓忠獻公曾祖惟古無官，以忠獻貴，贈太保，益無可書，李邦直追作《神道碑》，至三百餘言，其文無一剩語，世尤以爲難也"，①故予以收錄。

下集所載文體稍亂，然細加探尋，仍暗含一定之編例，如所錄曾鞏《隆平集》諸傳，卷三爲諸宰相之傳，卷五爲諸將帥之傳，卷六爲諸執政之傳，卷七大體爲諸文學名臣之傳，卷八爲諸宰執之傳等。《實錄》諸傳，卷一三文彥博、劉摯皆宰相，卷一四王安石、吕惠卿，卷一八蔡確、章惇皆屬"新黨"，卷一九范祖禹、鄒浩、劉安世乃屬名侍從，而曾布、曾肇兄弟收載於卷二○。又卷二一，雖抄錄《實錄》附傳與雜傳，然邵雍、徐復與程顥、程頤兄弟四人皆屬以學問著名當時者，與其上諸以事功、文章知名的傳主不同。至於卷二二至卷二五所載劉珙、劉子羽與李顯忠之行狀、墓志銘、神道碑等，其文題乃照錄原文，與全書其他部分所載碑傳之題大多嘗加處理者頗有不同，推知此當似最後編纂附入者，故而與下集主要收載別傳之文體頗不相合。

由於"碑陰""書墓志後"之類文字，多有補充相關碑志之效用。如上集卷十二收載《吳武安公玠神道碑》，又有張發《吳武安公功迹記序引》、明庭傑《功迹記》；中集卷二《田諫議錫墓志銘》下附司馬光《碑陰》，卷七《孫待制甫墓志銘》下附司馬光《書墓志後》等皆屬此類。又如中集卷三八《劉秘書恕墓碣》下附司馬光《劉秘書恕十國紀年序》，既有表彰劉恕史學成就之意，且序文本身亦較爲詳細地記述了劉恕生平仕歷；下集卷二二《劉公行狀》，有云"謹案令甲，考公品秩，實應誄行易名之典，其姓名事迹，又當得書信史，以示來世。故敢狀其鄉里、世系、歷官、行事之實如右，以告于太常考功，并移太史氏"，即《行狀》上進朝

---

① 《邵氏聞見後錄》卷十六，第 128—129 頁。

廷本以爲請謚之用,故與朝廷《賜謚指揮》《謚議》與《覆謚議》合爲一組,附録於《劉公行狀》之下。由此可見《琬琰集》"搜録名臣碑傳"實有其特定之編例,并非如清代館臣所言"不拘體製"而"無所去取"。

其四,諸碑傳編輯大略以時代爲序。

前人如清館臣嘗指訐《琬琰集》編纂"大約隨得隨編,不甚拘時代"。此後曹元忠進而認爲"其書隨得隨編,不拘時代","誠如四庫館臣之言"。① 然細探《琬琰集》編纂情況,清館臣之評語并不絕對,而曹元忠删去"大約""甚"諸字,致其說過於絕對而頗難成立。《琬琰集》之編纂,確可發現其中"大約隨得隨編"的痕迹。如於有限篇幅内,時見個别"名臣"既收載其神道碑,又不避重複而載録其墓誌銘或行狀等,同時又有衆多名臣闕載。如同爲太宗朝宰相,薛居正、盧多遜則取録《隆平集》之傳,而沈倫則失載;同爲慶曆三年(1043)仁宗親授之名諫官,王素、歐陽修、余靖皆録有碑誌,而蔡襄則失載,且蔡襄之墓誌乃歐陽修所撰,亦收載於《居士集》;又同爲蘇門四學士,晁補之墓誌得收入,而張耒、黃庭堅、秦觀皆闕載。諸如此類,不一而足。尤其是下集卷二二五滕宗諒《王昱墓誌銘》,乃是本書最末一篇,因王昱爲仁宗時人,官止崇文院校勘、秘閣校理,事迹亦乏善可陳,且《宋史》卷四六六《張繼能傳》明載其有失職之罪:景德"四年,宜州卒陳進爲亂。……初至柳州,限江不能渡。知州王昱望賊遁走,城遂陷",②實難稱之爲"名臣"。此當因同卷《書虞雍公守唐鄧事》文字較少,故於下集刊印之際"隨得隨編"而臨時附録以成卷者。

如上文所言,《琬琰集》大略依文體編排,"上集神道碑,中集誌銘、行狀,下集别傳爲多",而同一文體者則大體依傳主年代先後爲序,北宋在前,南宋在後。如上集卷二至卷十四載録天子賜碑額之碑文,其中卷十一之前爲北宋諸臣,而南宋吴玠、韓世忠、吴璘之神道碑置於卷十二至卷十四。中集卷一至卷三三爲諸大臣墓誌銘,而南宋趙開、唐重、楊椿之墓誌銘置於卷三二、卷三三;卷四三至卷五五爲諸行狀,而南宋杜莘老、張浚之行狀即置於卷五四、卷五五。下集卷三至卷九所載北宋前五朝(太祖、太宗、真宗、仁宗、英宗)名臣傳取自曾鞏《隆平集》,故《隆平集》以後之北宋後四朝名臣傳記,則取録自編纂於南宋前期之神宗、哲宗、徽宗諸朝《實録》附傳;③而最後卷二二至卷二五所收載者,基本爲南宋大臣之行狀、碑誌等。

此外,《琬琰集》中集卷一八《司馬文正公光墓誌銘》"皆手札當世要務"下有小字注曰:

---

① 曹元忠:《宋槧殘本新刊名臣碑傳琬琰之集跋》,《文藝雜誌》1914年第7期。
② 《宋史》卷四六六《張繼能傳》,第13621頁。
③ 按,《琬琰集》所收載《神宗實録》《哲宗實録》《徽宗實録》附傳,皆於高宗紹興年間重修。參見王應麟輯:《玉海》卷四八《紹興重修神宗實録》《紹興重修哲宗實録》《紹興徽宗實録》,江蘇古籍出版社、上海書店,1990年,第910—911頁。

"已上《墓志》全文,悉取蘇文忠公所撰《司馬公行狀》,惟删出《行狀》所載公……六七事外,皆《行狀》全文,故不復載録,獨録范公所序而銘之之文云。"而檢蘇軾《司馬文正公光行狀》全文正收載中集卷五一,即因卷五一已載與此《墓志銘》文字略同之《行狀》,故此處予以删節,僅録其序文和銘文,并將范鎮所作原銘文附載於後。可證此中集卷一八《司馬文正公光墓志銘》、卷五一《司馬文正公光行狀》當同時編纂,故卷一八注文如此云云。因此,雖書中部分碑志傳記之編序稍有紊亂,然就全書而言,其編纂仍具其"體製",而非全然"隨得隨編,不拘時代"者。

其五,《琬琰集》大都載録碑傳全文,然少數文篇存在删略文字現象。

《四庫全書簡明目録》卷六稱杜大珪編纂《琬琰集》時"無所删竄,亦無所去取……皆全載原文,以待後人之論定"。此語亦屬過當,按書中部分文篇實存在删節取捨現象。如曹元忠所云:

> 館臣又謂其"無所删竄,亦無所去取",似未盡然。按中集蜀公范鎮《司馬文正公光墓志銘》:"公諱光,字君實,自兒童凜然如成人。至既没,其後□遺奏八紙上之,皆手札當世要務。"大珪注云:"已上《墓志》全文,悉取蘇文忠公所撰《司馬公行狀》。……故不復載,獨録范公所序而銘之之文云。"樞密院編修官朱熹《張忠獻公浚行狀》後,大珪記云:"右《張忠獻公行狀》,其全文僅四萬言,工程急迫,未能全刊,故稍删節。然凡公之大勳勞、大議論、大忠、大節,不敢稍遺焉。"則亦未嘗無删竄也。又中集自文忠公富弼《富秦公言墓志銘》以至景文公宋祁《宋府君玘行狀》,此四卷後,大珪記云:"右富秦公已下至宋府君玘十五人碑銘,雖非一時柱石大臣,而皆源祥基慶,以大其後,爲時名人,有足觀考,故特附之於此。"則亦未嘗無所去取也。①

如上所云,《司馬文正公光墓志銘》《張忠獻公浚行狀》兩文,一則因與《司馬公行狀》文字重複而"獨録范公所序而銘之之文",其餘"不復載";一則因"全文僅四萬言,工程急迫,未能全刊,故稍删節",即據比勘朱熹《行狀》原文,其實際删節者多達二萬餘字。然細檢《琬琰集》諸碑志傳記,其有節略文字者并非僅此兩文,如上集卷四載歐陽修《程文簡公琳旌勞之碑》,與歐陽修《居士集》卷二三《鎮安軍節度使同中書門下平章事贈太師中書令程公神道碑銘》相比對,可發現前者節略文字多處。詳析語義,可見《琬琰集》删節原文字句,并非隨意而爲。如《琬琰集》所收載之《張忠獻公浚行狀》,雖已删略朱熹《晦庵集》卷九五《少師保

---

① 曹元忠:《宋槧殘本新刊名臣碑傳琬琰之集跋》,《文藝雜志》1918年第7期。

信軍節度使魏國公致仕贈太保張公行狀》達二萬餘字，然其文義仍頗爲明晰，讀後有渾然一體之感，若非比對原文，并不易看出其删節之痕迹，體現出其删節者具有相當水準之文字功力。

此外，《琬琰集》中碑志列傳之篇題，除下集卷二二至卷二五諸篇外，大多經杜大珪修潤節略。如中集卷八歐陽修《王文安公堯臣墓志銘》，《居士集》卷三三題曰"尚書户部侍郎參知政事贈右僕射文安王公墓志銘"；朱熹《張忠獻公浚行狀》，《晦庵集》卷九五題曰"少師保信軍節度使魏國公致仕贈太保張公行狀"。

由於《琬琰集》大略依文體編排，而同一文體者則大體依傳主年代先後爲序，再按傳主生平或履歷等情況編纂體例，本書前序等史料對此并未明確述及，且在實際編纂中也存在時有自紊其例之處，故而清館臣得出此書"大約隨得隨編，不甚拘時代、體製"之結論。此後學者大抵沿用館臣之說而加以發揮。至有如所謂"知大珪之心所以隨得隨編者，在乎深恐靖康以前文獻無徵，於是汲汲焉迫而出之"①之説法，又有論者以爲如此"隨得隨編"，乃因北宋所撰名臣碑志，至光宗時已"多有遺佚"，故杜大珪只得"大量採録"《隆平集》傳文，以作爲宋太祖至神宗五朝之傳記資料。② 此等説法皆似有求之過深、拔之過高之嫌，而與實際情況不相符合。

四、資料來源

關於《琬琰集》所載碑志傳文之來源，清代館臣以爲其"多採諸家別集，而亦間及於實録、國史"。③《琬琰集》收文二百五十六篇，其中曾鞏文四篇、《隆平集》傳四十四篇、歐陽修文三十六篇，王珪文十四篇，王安石、范鎮、范仲淹文各十一篇，宋祁文十篇，蘇軾、司馬光文各九篇，李清臣、范祖禹文各七篇，曾肇文六篇，富弼文五篇，畢仲游、蘇轍文各三篇，孫抃、韓琦、王禹偁、張商英、秦觀、朱熹文各二篇，太宗、神宗、王綸、張發、明廷傑、趙雄、王曙、晏殊、李燾、劉岑、陳良祐、張耒、程顥、劉敞、張方平、李宗諤、蘇頌、晁補之、查籥、劉安世、劉珵、張栻、張掄、任變、滕宗諒文各一篇，其餘爲《實録》附傳二十七篇，官方文書之《賜謚指揮》、宋若水《謚議》、張叔椿《覆謚議》各一篇。因此，《琬琰集》採録自《隆平集》《實録》諸傳頗多，非僅"間及"而已。

《琬琰集》中注明取録自《實録》之傳，載於下集卷一、卷二及卷一〇至卷二〇，加上卷

---

① 曹元忠：《宋槧殘本新刊名臣碑傳琬琰之集跋》，《文藝雜志》1914年第7期。
② 羅炳良著：《南宋史學史》，北京：人民出版社，2008年，第226頁。
③ 《四庫全書總目》卷五七，第520頁。

二一之程顥、程頤兩傳。據實錄體例，於大臣卒日附載其傳，稱"附傳"。由此可據傳主之卒日推知卷一〇以下之實錄附傳，係出自北宋神宗、哲宗、徽宗三朝《實錄》。如唐介、鄭獬、吳中復、陳升之四人附傳乃採自《神宗實錄》，呂公著、文彥博、劉摯、王安石、呂大防、馮京、韓維、蔡確、范祖禹、王拱辰、韓縝、程顥十二人附傳採自《哲宗實錄》，呂惠卿、張商英、章惇、鄒浩、劉安世、曾布、曾肇、程頤八人附傳採自《徽宗實錄》。據《玉海》卷四八載，《神宗實錄》初修撰於元祐年間，紹聖時重修，至南宋紹興時再修，六年書成上進；《哲宗實錄》初修撰於徽宗前期，至南宋紹興時重修，八年書成以進；又紹興七年(1137)詔修《徽宗實錄》，二十八年書成，至乾道五年(1169)秘書少監李燾請重修，淳熙四年(1177)書成。因《琬琰集》所載係出《神宗實錄》《哲宗實錄》諸傳，述事多及紹興年間，且對王安石變法持批評態度，故知其乃屬紹興重修本。至於《徽宗實錄》，可能亦採錄自淳熙重修本。

至於下集卷一《潘武惠公美傳》《王中書全斌傳》及卷二《張文定公齊賢傳》三篇，雖標示採錄自《實錄》，然其傳首未標明傳主薨卒之年月日，傳末卻附錄子孫之官宦情況。如《王中書全斌傳》首載"王全斌，并州太原人"，篇末載錄其"子審鈞至崇儀使、富州刺史、廣州兵馬鈐轄，審銳至供奉官、閣門祗候"，其體例同於國史之傳，然與《琬琰集》收錄的其餘二十四篇《實錄》附傳體例明顯不合，而今存錢若水等撰之《宋太宗實錄》殘本內所載大臣附傳，亦無記錄傳主子孫官職之例；且《王中書全斌傳》中又載"天禧二年，錄其孫永昌爲三班奉職"，按王全斌卒于開寶九年(976)六月，故當列傳於《太祖實錄》中，因《太祖實錄》經多次重修，最後一次修訂成書於真宗天禧元年(1017)，[①]故亦不當有天禧二年之記事。而太祖、太宗、真宗《三朝國史》撰成於仁宗天聖八年(1030)，故有學者認爲其當錄自《三朝國史》列傳。[②]《琬琰集》將源自宋《國史》之《潘武惠公美傳》等三傳改題曰"實錄"，其原因今已難詳悉，或是欲與此下採錄自《實錄》附傳相呼應。

《琬琰集》中集卷三八，下集卷三、卷五至卷八收載曾鞏所撰列傳四十四篇，皆採錄自《隆平集》。余嘉錫以爲《隆平集》乃曾鞏"純就五朝《國史》加以刪修"，[③]故宋人亦以有"國史"視《隆平集》者，如宋末元初俞琰《席上腐談》卷下云："《國史・王中正傳》，太史曾鞏所撰也，《名臣碑傳琬琰集》云咸平年間，捷至南康軍遇異人，自言姓趙，久之，又見於茅山，命求鉛汞，教以作金法。"[④]此太史曾鞏所撰之《國史・王中正傳》，即《隆平集》卷十八所載之《王中正傳》，亦收載於《琬琰集》中集卷三八。然《琬琰集》爲何選取此四十四篇傳文，其原

---

① 《玉海》卷四八《咸平重修太祖實錄》，江蘇古籍出版社、上海書店，1990年，第908—909頁。
② 羅炳良：《杜大珪〈名臣碑傳琬琰集〉的編纂特點與史學價值》，《天津社會科學》2010年第5期。
③ 余嘉錫著：《四庫提要辯證》卷五《隆平集》，北京：中華書局，1980年，第259頁。
④ 《席上腐談》卷下，見《文淵閣四庫全書》第1061冊，第618頁。

因未詳。

　　經比勘此四十四篇列傳，可見《琬琰集》《隆平集》間文字時有詳略異同之別。爲此，有學者通過比勘《李若谷傳》（載《隆平集》卷七，亦載《琬琰集》下集卷六，題曰《參政李公若谷》）之文句，以爲若排除其版本流傳中產生之訛誤，則其間文句詳略異同現象，正可説明"《琬琰集》所録，當爲國史初稿，而編入《隆平集》者，曾鞏又做了少量的潤色與訂正"。①此説似不確。如《琬琰集·參政李公若谷》有"累擢至諫議大夫、集賢院學士、龍圖閣直學士"句，《隆平集》卷七於"龍圖閣直學士"下尚有"樞密直學士、龍圖閣學士"十字。此十字屬《琬琰集》抄刊時脱漏，還是曾鞏後又修訂增補，僅就此處文字甚難判斷。然前文已述及杜大珪嘗對《琬琰集》之碑志、行狀有删節，而經比勘相關文字，亦可得出《隆平集》諸傳文字被收載《琬琰集》時嘗經删略的推斷。

　　如《琬琰集》下集卷八《宋宣獻公綬》有云："端明殿，後唐初置學士，馮道、趙鳳首當其任。太平興國中改爲文明殿學士，至是又置端明殿學士以寵綬。"《隆平集》卷七《宋綬傳》於"文明殿學士"下尚有"以授李昉，未幾殿災，重建改曰文德，遂不復置學士"二十字。即就敍述宋綬仕履而言，《宋宣獻公綬》雖被删節上述二十字，然對傳文之從順却無甚妨礙。又下卷卷三《李文正公昉》有"李濬與宗諤同歲同月，後一日"云云，其"後一日"，《隆平集》卷四《李昉傳》作"後一日生，其卒亦後一日"。其傳文因少七字而語義有闕，然其所欲表達之文義尚可推知，且諸版本所載皆同，似非屬抄刊時所遺漏者。其他《琬琰集》傳文較《隆平集》闕少三五字之例頗多，雖其語義略有闕失，然其文句大抵可通讀，如下卷卷七《孫學士何》云孫何、孫僅"皆冠天下士"，《隆平集》卷十三《孫何傳》於"皆"上有"兄弟"二字；卷六《包孝肅公拯》有"御史不避二府薦舉"，《隆平集》卷十一《包拯傳》以及《東都事略》卷七三《包拯傳》於"御史"上有"諫官"二字，皆是。

　　又《隆平集》卷七《李若谷傳》載李淑奏疏中引《洪範》曰："僭，常暘若。"按"常"字，《尚書·洪範》作"恒"，此乃宋人因避真宗諱而改字。據檢諸本，國家圖書館藏原鐵琴銅劍樓本、日本静嘉堂文庫藏舊陸氏皕宋樓本、清鈔本（臺灣文海出版社《宋史資料萃編》據之影印）皆作"常"，惟文淵閣《四庫全書》本作"恒"。據傳文，李淑奏疏在仁宗朝，依宋制，須因避國諱而改"恒"作"常"，即李淑奏疏原文當作"常"字。故庫本作"恒"，乃屬清館臣妄改，與上述杜大珪有意删略之例不同。

　　此外，《隆平集》今存大都爲明、清刊本，如通行本清康熙間彭期七業堂刊本，其所據底

---

① 曾鞏撰，王瑞來校證：《隆平集校證·前言》，北京：中華書局，2012年，第25頁。

本爲明萬曆本,"脱落訛舛,意莫能通,讀不可句",①故其本乃據他本或他書訂正原本訛脱頗多,然其中亦有訂正不確者,甚或以不誤爲誤者。如《隆平集》卷九《錢若水傳》云錢"自翰林草詔賜趙保忠云:'不斬繼遷,開狡兔之三穴;潛歸光嗣,持首鼠之兩端。'太宗深嘉之"。其"歸"字,《琬琰集》下集卷六《學士錢公若水》及《宋史》卷二六六《錢若水傳》、《續資治通鑑長編》卷三六淳化五年(994)十一月"庚戌"條、《宋朝事實類苑》卷四〇《錢若水》引《金坡遺事》等皆作"疑"。史載"趙保忠聞李繼隆將兵來討趙保吉(即李繼遷),乃先携其母及妻子,卒吏壁野外,上言已與保吉解仇,貢馬五十匹,乞罷兵。上怒,立遣中使命繼隆移兵擊保忠。於是繼隆兵壓境,保忠反爲保吉所圖",保忠狼狽"走還城中"。其指揮使趙光嗣嘗入貢,"頗輸誠款,詔補供奉官,再遷禮賓副使,保忠動静,光嗣必以聞。及保忠陰結保吉,光嗣潛知之,因出家財散士卒,誓以效順。保忠既還,光嗣執之",開門迎李繼隆入夏州。②顯然,《隆平集·錢若水傳》作"歸"字不確,其當屬後世刊刻者不明"疑"之史實而誤改。又如下集卷三《李文正公昉》有云"太宗征太原,過常山,賜羊酒,俾於居第宴集",按"太宗",《隆平集》卷四《李昉傳》作"太祖",誤。據《宋太宗實録》卷七六至道二年(996)二月"癸酉"條《李昉附傳》云其"從征太原,車駕次常山。常山,即昉之故里,有居第園林焉,賜羊酒,俾爲宴樂,自丞相、卿大夫、藩侯悉預會。又召班白故老,置酒盡歡,如是者七日,公卿皆賦詩以美其事,刊於石"。③可證。再如《琬琰集》下集卷七《楊文公億》云楊億幼時"能言,母口授以小經,隨即記誦"。其中"小經",《宋史》卷三〇五《楊億傳》同,然《隆平集》卷十三《楊億傳》作"孝經"。按,《新唐書》卷四四《選舉志上》云:"凡《禮記》《春秋左氏傳》爲大經,《詩》《周禮》《儀禮》爲中經,《易》《尚書》《春秋公羊傳》《穀梁傳》爲小經。"然此爲唐制。《宋太宗實録》卷三三雍熙二年(985)四月"丙子"條載詔令曰:"今後以《周易》《尚書》,各爲一科,而附以《論語》《爾雅》《孝經》三小經。"④則《隆平集》此處作"孝經"者,似因後人不明宋制而妄改字。《楊文公億》又云"上詰有司不時召""億封還詞頭",其"詰""詞頭",《隆平集·楊億傳》作"詔"、作"詔書",顯屬不妥,亦當出後人之妄改。類似例證頗多,此不一一列舉。

綜上,《隆平集》今傳本及《琬琰集》引録者,因傳抄寫刻中存在舛誤脱漏以及校改或否、或改誤處,致文字出現異同詳略之别,對此當可視作不同版本處理,若視一爲初稿、一爲修訂本,則其證據似不充分。

---

① 《隆平集校證》附録一第 653 頁。
② 《續資治通鑑長編》卷三五,第 775—776 頁。
③ 錢若水撰,燕永成點校:《宋太宗實録》卷七六,蘭州:甘肅人民出版社,2005 年,第 160 頁。
④ 《宋太宗實録》卷三三,第 73 頁。

又清館臣以爲《琬琰集》所載除《實録》《隆平集》諸傳外,"多採諸家別集"。檢《琬琰集》所載録諸碑志別傳等,其撰文者除太宗、神宗"御撰"兩篇外,多爲宰執名臣。北宋時期計有王禹偁、李宗諤、晏殊、范仲淹、滕宗諒、宋祁、富弼、韓琦、歐陽修、張方平、孫抃、司馬光、王安石、王珪、曾鞏、范鎮、劉敞、蘇頌、程顥、蘇軾、蘇轍、劉安世、李清臣、范祖禹、曾肇、張商英、張耒、秦觀、晁補之、畢仲游等三十人,大都爲文學名臣,有文集行世,其中僅滕宗諒等個別人,史書未記載其嘗有文集。然《琬琰集》中碑志,據填諱等情況辨析,似有相當部分或大部分乃取録自拓本或單篇傳本。如上集卷六王安石《賈文元公昌朝神道碑》,中集卷二王安石《曾諫議致堯墓志銘》等,亦載於《臨川先生文集》《王文公文集》,然其文字頗有異同,可據以推知其非採録自文集。又如《河南程氏文集》卷四程顥《邵康節先生雍墓志銘》,卷一一載有程頤《明道先生行狀》《明道先生墓表》,而《琬琰集》於中集卷三四載録《邵康節先生雍墓志銘》,下集卷二一載録《實録·程宗丞顥傳》,却未收録程頤《明道先生行狀》《明道先生墓表》。因孝宗時《程氏文集》傳習者頗衆,若云杜大珪未見未知,似無可能。則推知程顥《邵康節先生雍墓志銘》,似亦非録自《程氏文集》。

至於《琬琰集》所收録南宋前期諸名臣之碑傳,如下集卷二三載録劉子羽《墓志銘》《神道碑》,分別爲張栻與朱熹所撰,其文題及著者署名作:

> 宋故右朝議大夫充徽猷閣待制致仕彭城縣開國子食邑五百户贈少傅劉公墓志銘
> 承事郎、充秘閣修撰、權發遣江陵軍府、主管荆湖北路安撫司公事、馬步軍都總管、兼本路營田使、賜紫金魚袋張栻撰并書篆蓋。

又:

> 宋故右朝議大夫充徽猷閣待制致仕彭城縣開國子食邑五百户贈少傅劉公神道碑銘
> 表侄宣教郎、權發遣南康軍事兼管內勸農事朱熹撰并書。
> 承事郎、充秘閣修撰、權發遣江陵軍府、主管荆湖北路安撫司公事張栻篆額。

雖然張栻所撰《墓志銘》亦收載於《南軒集》卷三七,朱熹所撰《神道碑》收載於《晦庵集》卷八八,然據《琬琰集》記載此碑志之題名及其著者、書者、篆額者款式,則顯然表明其直接源自碑志拓本,而非張、朱文集。

又如下集卷二二載劉珙《宋故觀文殿學士太中大夫知建康軍府事兼管内勸農使充江南東路安撫使馬步軍都總管兼營田使兼行宮留守彭城郡開國侯食邑一千六百户食實封二百户賜紫金魚袋贈光禄大夫劉公行狀》、中書門下省《賜謚指揮》、宋若水《謚議》與張叔椿《覆謚議》，其《賜謚指揮》《謚議》《覆謚議》三篇乃官署文書，而劉珙《贈光禄大夫劉公行狀》實朱熹代筆，收載於《晦庵集》卷九七，有云："珙謹案令甲，考公品秩，實應誄行易名之典，其姓名事迹，又當得書信史，以示來世。故敢狀其鄉里、世系、歷官、行事之實如右，以告於太常考功，并移太史氏。"則此《行狀》乃爲請謚而上，故《琬琰集》亦當採録自藏府，或源出傳主劉珙家族所藏，而非取録自朱熹文集。

關於《琬琰集》的資料來源，尚有兩點需加説明者。其一，下集卷三《李文定公迪》與卷八《吕文靖公夷簡》《劉丞相沆》題下分别注曰"遺直之碑闕""懷忠之碑闕""思賢之碑闕"。或稱由此知宋廷欽賜李迪《遺直之碑》、吕夷簡《懷忠之碑》、劉沆《思賢之碑》，至杜大珪時已無實物，故不得不轉録《隆平集》保存之傳文。① 此説實不確。

按李迪，《張方平集》卷三六載有《大宋故推誠保德崇仁守正翊戴功臣開府儀同三司太子太傅致仕上柱國隴西郡開國公食邑八千一百户食實封二千四百户贈司空侍中謚文定李公神道碑銘》，云李迪卒於慶曆七年（1047）冬十一月壬子，次年閏正月丙午葬於鄆城縣鄧侯鄉。"越三月，申命史臣撰揚休烈表之神隧"。據《續資治通鑑長編》卷一六五，張方平於慶曆八年（1048）八月丁丑自翰林學士落職出知滁州，②説明張方平乃以翰林學士受天子之命撰《李公神道碑銘》。《宋史》卷三一〇《李迪傳》載李迪卒，"帝篆其墓碑曰'遺直之碑'，又改所葬鄧侯鄉曰遺直鄉"。③ 則仁宗賜碑額"遺直"乃在李迪"改所葬鄧侯鄉曰遺直鄉"之際，時在張方平撰《李公神道碑銘》以後，故而《李公神道碑銘》中未述及天子賜碑額事。又按吕夷簡，《張方平集》卷三六有《故推誠保德宣忠亮節崇仁協恭守正翊戴功臣開府儀同三司守太尉致仕上柱國許國公食邑一萬八千四百户食實封七千六百户贈太師中書令謚文靖吕公神道碑銘》，云其卒於慶曆三年（1043），葬於四年十一月，其子宗簡"推諸孤之志，舉烝彝景鐘之義，以請於上。有命史臣俾敷揚其休烈"。《宋史》卷三一一《吕夷簡傳》稱其與王曾"并相，後曾家請御篆墓碑，帝因慘然思夷簡，書'懷忠之碑'四字以賜之"。④ 時在皇祐間。則天子所書賜"遺直之碑""懷忠之碑"，乃指碑額，并非指嘗有御撰或詞臣奉敕撰有神道碑文，而張方平所撰李迪、吕夷簡《神道碑》故在，則《琬琰集》稱"遺直之碑闕"

---

① 《南宋史學史》，第 226 頁。
② 《續資治通鑑長編》卷一六五，第 3961 頁。
③ 《宋史》卷三一〇，第 10175 頁。
④ 《宋史》卷三一一，第 10210 頁。

"懷忠之碑闕"者乃誤。

至於劉沆,《宋史》卷二八五《劉沆傳》稱"沆長於吏事,性豪率,少儀矩。然任數,善刺探權近過失,陰持之,以軒輊取事,論者以此少之。卒,贈左僕射兼侍中,知制誥張瓌草詞詆沆,其家不敢請諡,帝爲篆墓碑曰'思賢之碑'"。①則此"思賢之碑"亦僅屬天子所書碑額而已,且未見有詞臣奉敕撰碑文之記載。故《琬琰集》稱"思賢之碑闕"者亦不確。

其二,《琬琰集》所收之宰執名臣碑志傳記起宋初,訖孝、光宗時,其傳主範圍頗爲廣泛,然細加辨析,可見其中蜀人或有蜀地仕宦經歷者佔有相當高之比例。就北宋而論,王珪、范鎮、范百祿、范祖禹爲成都府(益州)人,陳堯佐、鮮于侁爲閬州人,張唐英、張商英爲蜀州人,石揚休、孫抃、蘇序、蘇洵、蘇軾、蘇轍、陳希亮、張文蔚爲眉州人,楊繪爲漢州人,蘇易簡、蘇舜欽爲梓州人,何澤爲仙井監人;而范雍、張錫、蘇安世三人,其祖上自唐末或五代時入蜀居住,宋初蜀亡,始自蜀遷出。又呂餘慶、張詠、馬知節、程琳、韓億、孫沔、文彥博、田況、王素、宋祁、吳中復、趙抃、張方平、馮京、呂公弼、呂大防皆嘗知成都府(益州),而馬亮、李士衡、曾致堯、孫甫、韓琦、王拱辰、范純仁嘗仕宦於川中,武將王全斌、康延澤、曹彬、曹翰、張綸、高繼勛嘗統兵駐守蜀地。就南宋而言,有上集卷十二至卷十四之《吳武安公玠神道碑》《韓忠武王世忠中興佐命定國元勳之碑》《吳武順王璘安民保蜀定功同德之碑》等,中集卷三二至卷三三之《趙待制開墓志銘》《唐資政公重墓志銘》《楊文安公椿墓志銘》、卷五四至卷五五之《杜御史莘老行狀》《張忠獻公浚行狀》,下集卷二二至卷二五劉玶《贈光祿大夫劉公行狀》、張栻《贈少傅劉公墓志銘》、朱熹《贈少傅劉公神道碑銘》、張掄《贈開府儀同三司李公行狀》、任燮《虞雍公守唐鄧事》等,其傳主吳玠、吳璘、趙開、張浚、劉子羽有保蜀之功,韓世忠、李顯忠皆屬出身西北之名將;又唐重、楊椿、杜莘老皆四川眉州人,虞允文爲近鄰眉州之隆州人,張浚爲漢州人,趙開爲普州人;又劉子羽爲建州人,劉珙乃劉子羽之子,至於全書末篇之《王昱墓志銘》,其王昱亦建州人。如此情況,當與杜大珪爲眉州人,有搜集涉蜀名臣碑傳之便利因素,似亦含褒揚邦賢之意相關。至於下集最後四卷所收載諸篇碑志傳記,大多涉及建人,或許與《琬琰集》乃杜大珪於閩中編訖,并刊印於福建有關。②

五、餘論

因時代久遠,當年杜大珪所搜集的名臣碑志傳文,不少今僅見載於《琬琰集》。其中宋

---

① 《宋史》卷二八五,第 9607—9608 頁。
② 按,王文進《文祿堂訪書記》卷二(上海:上海古籍出版社,2007 年,第 106 頁)亦云《新刊名臣碑傳琬琰之集》一百七卷乃"宋建刻本"。

諸朝《實録》及部分宋人文集如孫抃《孫文懿集》、范鎮《范蜀公集》、李清臣《淇水集》、富弼《富文忠集》、張商英《張無盡集》以及太宗、神宗之御集①今皆不傳。又如曾肇《曲阜集》（又稱《曾文昭公集》）宋後散佚，清人據鮑士恭家藏本收入《四庫全書》，然僅存四卷，《琬琰集》所收的《王學士存墓志銘》《彭待制汝礪墓志銘》《曾太師公亮行狀》諸篇，即爲今傳本《曲阜集》所闕；畢仲游《西臺集》傳本久佚，今傳本乃清館臣自《永樂大典》中輯出，裒合爲二十卷，已非原貌，《琬琰集》所收載《孫威敏公沔神道碑》一文，即爲四庫本《西臺集》所無。據統計，有七十一篇宋人碑志傳文僅存於《琬琰集》，其中如中集卷三三《楊文安公椿墓志銘》之傳主楊椿，宋高宗朝官至參知政事，然《宋史》未爲其立傳，故可據此《墓志銘》得以詳悉楊椿之生平、家世、履歷等。因此，哈佛燕京學社引得編纂處鑒於《琬琰集》網羅放失，徵文備獻，足爲宋史研究之羽翼，故於一九三八年"因擇録其所載宋實録及已失佚於宋集諸文，共八十篇，彙編一書，厘爲三卷，名之曰《琬琰集删存》，以爲留心天水一朝史事者之參考"。②

有人以爲杜大珪所收録兩宋名臣碑志傳文多諛墓溢美之辭，存在揚善諱惡偏頗之處。按此説亦不然。所謂諛墓，乃指爲人撰作墓志而稱譽不以實。史傳唐韓愈爲人撰作墓志，多溢美之辭，頗有"諛墓"之名。故《新唐書》卷一七六《韓愈傳》載劉乂云韓愈所得金貨乃"此諛墓中人得耳"。兩宋之際孫覿亦頗爲"諛墓"之文。岳珂《桯史》卷六《鴻慶銘墓》云："孫仲益覿《鴻慶集》，大半銘志，一時文名獵獵起，四方爭輦金帛請，日至不暇給。今集中多云云，蓋諛墓之常，不足詫。獨有《武功大夫李公碑》列其間，乃儼然一瑎耳，亟稱其高風絶識，自以不獲見之爲大恨，言必稱公，殊不怍於宋用臣之論謚也。"③然一般而言，所謂家傳、表志、行狀等"皆子弟門生所以標榜其父師者，自必揚其善而諱其惡，遇有功處輒遷就以分其美，有罪則隱約其詞以避之"；④"若志狀，則全是本家子孫、門人掩惡溢美之辭，又不可盡信"。⑤即碑志大都爲墓主子孫、門人等以之表彰其父祖、師長之功德而欲傳譽後世者，撰作者既受重托，其措辭之際，除撰寫者筆誤、誤記及其刻印傳抄中産生之訛誤外，

---

① 《宋史》卷二〇八《藝文志七·別集類》（第5331頁）著録《太宗御集》一百二十卷、《神宗御集》一百六十卷。
② 洪業等編：《琬琰集删存》卷首《序》，上海：上海古籍出版社，1990年，第2頁。按，此稱佚文"八十篇"者不確，即《琬琰集删存》卷一太宗《趙中令普神道碑》亦載於李攸《宋朝事實》卷三《御製》。卷二張耒《晁太史補之墓志銘》亦載於《張耒集》卷六一；曾肇《曾舍人鞏行狀》亦載於《曾文昭公集》卷三。卷三劉珙《宋故觀文殿學士太中大夫知建康軍府事兼管内勸農使充江南東路安撫使兼馬步軍都總管兼營田使兼行宫留守彭城郡開國侯食邑一千六百户食實封二百户賜紫金魚袋贈光禄大夫劉公行狀》乃朱熹代筆，載於《晦庵集》卷九七；張栻《宋故右朝議大夫充徽猷閣待制致仕彭城縣開國子食邑五百户贈少傅劉公墓志銘》亦載於《南軒集》卷三七；滕宗諒《王學士昱墓志銘》亦載於吕祖謙編《宋文鑑》卷一四四。
③ 岳珂撰，吴企明點校：《桯史》卷六《鴻慶銘墓》，北京：中華書局，1981年，第70頁。
④ 趙翼著，王樹民校證：《廿二史劄記校證》卷二三"宋史各傳迴護處"，北京：中華書局，1984年，第501頁。
⑤ 周密撰，張茂鵬點校：《齊東野語》卷二，北京：中華書局，1983年，第34頁。

難免還存在"爲尊長者諱"以及因黨争、人事等原因而産生之回避、諱飾甚至故意虚構、纂改史實等現象。宋人費袞對此以爲"夫善惡之實,公議不能掩,所謂史官不記,天下亦皆記之矣",然"凡碑志等文,或被旨而作,或因其子孫之請,揚善掩惡,理亦宜然。至於是是非非,則天下自有公論"。① 而"揚善掩惡"亦正屬碑志文體之特點,蓋世間亦無不揚善諱惡之碑志耳。故認定其碑志諛墓與否,乃在其"揚善掩惡"抑或"飾惡爲善"而已。

綜上,《琬琰集》的編纂雖然存在少量碑傳"隨得隨編"情况,但就整體而言,其還是有着相應的編纂體例,大略先按碑志傳文的文體歸類,同類碑傳則據墓(傳)主時代爲序,并適當將具有相同仕歷或類型或同家族的"名臣"同卷。而在資料來源方面,也非如清館臣如言"多採諸家别集,而亦間及於實録、國史",其採録《實録》《隆平集》諸傳乃與編撰宗旨有關,也并非因爲北宋名臣的碑志至杜大珪時代已失傳,故不得已採録《實録》《隆平集》諸傳,以補其缺。此外,還需説明的是,《琬琰集》所收載宋人碑志,雖然大多也載録於傳世的宋人文集中,但經比勘兩者之文字,可大致判斷《琬琰集》内相當數量的碑志,其主要來源并不是當時傳世的各人文集,而當是碑志拓本及其抄本,故其與傳世宋人文集内所載的相應碑志之文字往往存在異同、語句存在繁簡、内容存在詳略等情况。因此,除僅載於《琬琰集》的碑志傳文之外,那些也同時載於傳世宋人文集的碑志等文篇,同樣具有甚高的史料價值和校勘價值。

【作者簡介】顧宏義,男,1959年生,上海人,博士。現就職於華東師範大學古籍研究所,主要研究方向宋史與中國古典文獻學。

---

① 費袞撰:《梁溪漫志》卷八《程文簡碑志》,上海:上海古籍出版社,1985年,第96頁。

漢代《國語》研究概觀[*]

郭萬青

熊鐵基指出,中國傳統學術是在漢代形成的,并認定"漢代學術是中國傳統學術的實際源頭",指出漢代學術體現在三個方面:1. 學術載體的大整理;2. 影響學術發展的重大舉措;3. 學術思想的趨同與整合。[①] 先秦時期產生的諸多典籍,都經過後世的整理,其文本的確立和文字形式的基本確定,很大程度上是在漢代完成的。這一點,從先秦出土文獻和傳世文獻的對比就可以看出,如慈利楚簡本《吴語》,其文字形式、語序、用字,和今傳《國語》存在諸多的不同。而漢代整理的《國語》當是今傳《國語》的源頭。先秦典籍的書名、作者、篇卷、性質等諸多相關內容,也都是在漢代確立的。《國語》也是如此。另外,由於漢代經學闡釋系統和傳注系統的形成,《國語》在這一時期也經多位學者注釋,爲後世《國語》注釋確立了典範,提供了資料,對《國語》注釋的推動和《國語》研究功不可没。此外,相關學者在其著述中屢屢引述《國語》,爲研究《國語》在漢代的傳播情形提供了可靠資料。

一、《國語》書名的確立

先秦時期只有"語"的籠統概念,如《楚語上》:"教之語,使明其德,而知先王之務用明德於民也。"除了《詩》《書》《禮》《易》《春秋》之外,很多典籍都未確立具體書名。"國語"二字連用,傳世文獻中較早見於《史記》等書,如《史記·五帝本紀贊》"予觀春秋國語,其發明《五帝德》《帝繫姓章》矣"、《史記·十二諸侯年表》"自共和訖孔子,表見春秋國語",又《太史公自序》及《報任安書》"左丘失明,厥有國語"。是《史記》本書中,"春秋國語"二見,"國語"一見。此後又有"春秋外傳"之名。這些"國語"名稱的確立,都是在漢代完成的。

---

[*] 本文係國家社科基金項目"日本《國語》研究史"(17BZW080)、國家社科重大招標項目"《國語》文獻集成與研究"(19ZDA251)階段性成果。

[①] 熊鐵基:《漢代學術的歷史地位》,《華中師範大學學報(人文社會科學版)》2003年第5期,第45—59頁。

（一）春秋國語

"春秋國語"這一名稱在《史記》中出現了兩次。對司馬遷"春秋國語"看法的認識問題，實際上也是"春秋""國語"的關係問題，即二者是并列關係還是所屬關係。（1）如看作并列關係，則"春秋""國語"爲二書名，"春秋""國語"是否即爲傳世之《春秋》①《國語》似仍值得討論；（2）如看作所屬關係，則"春秋"爲限定詞，"國語"爲中心詞。則只存在"國語"的定性問題，即此"國語"爲一書之名，抑或爲一種文類之總名。

由於"春秋""國語"定性存在不同，故標點《史記》者在標點符號處理上也有區別，大抵有四種方式：（1）春秋國語，或"春秋、國語"。如《二十四史》編委會編《文白對照精華版二十四史》、劉建生主編《史記精解》等。（2）春秋《國語》；（3）《春秋》《國語》。如中華書局點校本、岳麓書社標點本、多種標點本《古文觀止》、傅德岷等主編《史記鑒賞辭典》、晨光出版社 2014 年版《白話史記》、吉林大學出版社《國民閱讀經典》本、李翰文主編《全注全譯史記全本》、王晨主編《史記精解》、楊繼銘主編《史記文白對照大字本》、張强等注評本、吴樹平等譯《史記文白對照》本、王利器主編《史記注譯》、韓兆琦評注《史記》、中華書局點校修訂本等。（4）《春秋國語》。尤以第三種爲最多。

各種史學史、史料學著作都頗及《史記·五帝本紀》之語，但對"春秋國語"則少專門討論。羅根澤《諸子考索》以《五帝本紀》《報任安書》之説爲"國語"之名較早出現之證。陳松青認爲《史記》所言"春秋國語"即爲《國語》，理由有三：（1）發明《五帝德》《帝繫姓》的是《國語》而非《春秋》；（2）《十二諸侯年表》是根據《國語》等書寫成，很難説是以《春秋》或《春秋左傳》爲最後依據；（3）以《説文》《風俗通義》爲例，證漢人明言引自"春秋國語"的文字，皆見於《國語》，不見於《春秋》。② 如果陳氏之説成立，則"春秋國語"爲《國語》之又名的原因，當與《國語》一書所記絶大多數爲春秋時期之事有關，故"春秋國語"從語義關係上而言仍爲所屬關係，但只是一書之專稱，而非一種文類之總名。陳文所列三條論據中，以第三條爲最能説明問題且無異議。陳文所述的第一條，梁啓超在其《要籍解題及其讀法》已言之，謂："似司馬遷所見而據爲資料者，只有一部《國語》。"③ 而其最終結論則一仍康有爲之論，謂《國語》《左傳》本爲一書。至其《古書真僞及其年代》中則一改前説，又謂《國語》

---

① 也有的認爲此處"春秋"指"春秋傳"，如張大可。見張大可輯釋：《史記論贊輯釋》，西安：陝西人民出版社，1986 年，第 46 頁；又見張大可、丁德科主編：《史記論贊集成》第四卷，北京：商務印書館，2015 年，第 40 頁。徐復觀也主此説，見徐復觀著：《兩漢思想史》（二），北京：九州出版社，2014 年，第 311 頁。
② 陳松青：《〈史記〉所言"春秋國語"係指〈國語〉小考》，《婁底師專學報》1994 年第 1 期，1994 年 1 月，第 83—86 頁。
③ 梁啓超撰，陳引馳編校：《梁啓超國學講録二種》，北京：中國社會科學出版社，1997 年，第 54 頁。

《左傳》本爲二書，《左傳》非劉歆自《國語》中割裂出來者，且又據《墨子·明鬼篇》引《魯春秋》《燕春秋》《齊春秋》與《宋春秋》而謂："可見，在孔子以前，周、晉、魯、燕、齊、宋諸國都有《春秋》。"①綜合各家，鄙意以爲，"春秋國語"初當爲類名，非專書之名，至少在司馬遷《史記》中是如此。

至於劉向整理中府秘書之後，則"國語"當爲專書之名，而許慎、應劭等稱之"春秋國語"者，襲舊名以爲專書名。清人對《説文》引經籍文字考證著作頗多，《續修四庫全書》收録的就有吳玉搢《説文引經考》、邵瑛《説文解字群經正字》、程際盛《説文引經考》、吳雲蒸《説文引經異字》、承培元《説文引經證例》、柳榮宗《説文引經考異》、雷浚《説文引經例辨》、陳瑑《説文引經考證》、楊廷瑞《説文經斠》等九部之多。程際盛在他的《説文引經考》中首書《説文》引《國語》句子，後小字附某部，後列今傳《國語》本文相關語句，一共辨正 31 處，承培元可補程氏 4 處，合共 35 處。《説文》標明引述《國語》而稱"春秋國語"者，共計 11 處，如下②：

　　《玉部》：珠……《春秋國語》曰：珠以禦火災是也。
　　《艸部》：蕝……《春秋國語》曰：致茅蕝表坐。
　　《牛部》：犓……《春秋國語》曰：犓豢幾何。
　　《鳥部》：鷫鷞，鳳屬，神鳥也。从鳥獄聲。《春秋國語》曰：周之興也，鷫鷞鳴於岐山。
　　《竹部》：簴……《春秋國語》曰：朱儒扶簴。
　　《网部》：罶，曲梁，寡婦之笱，魚所留也……《春秋國語》曰：溝眔罶。
　　《人部》：忕……《春秋國語》曰：於其心忕然。
　　《人部》：侊……《春秋國語》曰：侊飯不及一食。
　　《广部》：廅……《春秋國語》曰：俠溝而廅我。
　　《石部》：砮，石可以爲矢鏃……《春秋國語》曰：肅慎氏貢楛矢石砮。
　　《立部》：竱，等也……《春秋國語》曰：竱本肇末。

《説文》所引這 11 處《春秋國語》，都見於今傳《國語》，雖然有的文字稍有差異，恐怕只是傳播過程中正常的文字異同現象，而非別本或別書問題。也就是説，從司馬遷"春秋國語"的

---

① 《梁啓超國學講録二種》，第 241 頁。
② 許慎撰，徐鉉校定：《説文解字》，北京：中華書局，2014 年版。下文《説文解字》引文均出自此，不另出注。且简稱爲《説文》。

不完全確定性,到《説文》"春秋國語"僅指一書,最終確立了《國語》"春秋國語"的這一書名。

(二) 國語

《史記·太史公自序》及司馬遷《報任安書》俱云:"左丘失明,厥有國語。"又《孔叢子·問答篇》謂:"陳王涉讀《國語》,言申生事。"從傳世文獻的産生年代上而言,《孔叢子》的記載要早於《史記·太史公自序》及司馬遷《報任安書》,而且《孔叢子》所載《國語》即今《國語》。當然,有的學者認爲《孔叢子》是一部僞書。無論這一説法是否成立,司馬遷所載"左丘失明,厥有《國語》"八字都是目前所見《國語》作者的最早記録,也是後世學者以《國語》爲左丘明所纂輯的主要證據,還是後世以左丘爲復姓還是以左爲單姓争端之由來。後世學者以《國語》《左傳》關係紛紜複雜,莫衷一是者,此亦肇端緒。本處"國語"肯定是確定的書籍名稱,這是毫無疑問的。但司馬遷《報任安書》和《史記》的"國語"究竟是指《左傳》還是確指今傳《國語》一書,後世學者存在不同見解。

崔適《史記探源》卷八《春秋古文》,謂司馬遷之時尚無《左傳》,劉歆據《國語》而造《左傳》。而賀濤則謂《史記》此處"國語"實指"左傳",謂:"豈有稱人著作,捨其所自爲書,而舉所編次者乎?"①劉大櫆也不認爲司馬遷筆下的《國語》即今《國語》,《海峰文集》卷二《再與左君書》云:"安知非即《春秋傳》?"②與賀説同。

楊伯峻同樣認爲司馬遷這句話靠不住,他説:"司馬遷寫文章是一回事,寫史書是另一回事。寫文章,可以信筆拈來,不求切合史實;寫史書,却需符合歷史客觀情况。他的《報任安書》所舉諸例,很多是非歷史的。'左丘失明,厥有《國語》'也是如此。司馬遷本應説'左丘失明,厥有《春秋》',爲著避免上文'孔子厄陳蔡作《春秋》'重複《春秋》兩字,於是改《春秋》爲《國語》,硬把《國語》的作者加給左丘明,遂成後代争論問題之一。楊樹達先生《古書疑義舉例續補·避重複而變文例》説:'太史公《報任少卿書》云:"蓋西伯拘而演《周易》;仲尼厄而作《春秋》;屈原放逐,乃賦《離騷》;左丘失明,厥有《國語》。"郷先輩王先生理安云:"左丘明作《春秋》内外傳,兹舉《國語》,避上《春秋》字。"'王理安的解釋只一半中肯,左丘明并不曾作《春秋外傳》(即《國語》)。"③楊伯峻析分司馬遷史學之筆與文學之筆,又

---

① 賀濤:《讀國語》,見於嚴雲綬、施立業、江小角主編:《桐城派名家文集》第十五卷《吴汝綸選集 賀濤選集 范當世選集》,合肥:安徽教育出版社,2014年,第173頁。
② 劉大櫆撰:《海峰文集》卷二,天津圖書館藏清刻本,本卷第16頁。
③ 楊伯峻著:《楊伯峻學術論文集》,長沙:岳麓書社,1984年,第214頁。

以避重複釋之,可參。但仍然無法回答何以非要以《國語》代替《春秋》而避重複這一點。

以上表明,對於"左丘失明,厥有國語"中的"國語"是否就是今傳《國語》一事,還有學者表達不同的看法。當然,大多數學者把關注點放在"左丘"是左氏還是左丘氏,左丘是否是盲史等問題上。對於"國語"二字,也還是有楊伯峻等一些學者提出異議。

《孔叢子》中的《國語》,很明顯已經是確定的書名了。至班彪《略論》、班固《漢書·藝文志》、王充《論衡》、劉熙《釋名》,皆稱引《國語》之名,并對其作者、性質以及與《左傳》的關係進行了探討。《說文》明確標出引述自"國語"者,共9處。如下:

《言部》:誶……《國語》曰:誶申胥。
《立部》:竣,偓竣也……《國語》曰:有司已事而竣。
《門部》:闔,闔門也……《國語》曰:闔門而與之言。
《耳部》:聆,《國語》曰:回禄信於聆隧。
《手部》:挑,撓也。……《國語》曰:却至挑天。
《手部》:捲……《國語》曰:有捲勇。
《匚部》:医……《國語》曰:兵不解医。
《虫部》:蜽,蝄蜽,山川之精物也……《國語》曰:木石之怪夔蝄蜽。
《土部》:垓……《國語》曰:天子居九垓之田。

漢代確立了《國語》的"國語"這一書名,而且成為歷代的通用名稱,應用頻次是最高的。究其原因,不外兩個:1. 文字簡要。"春秋外傳"也好,"春秋國語"也好,都是四字形式,而"國語"二字語簡,更便於識記和書寫;2. 涵蓋精準。冠以"春秋"二字,無論從《春秋》經的角度,還是所載史事時間上下限的角度,都與《國語》的內容有不符之處。而"國語"二字較為精準地概括了全書內容,并揭明了該書的撰述方式以及涵蓋範圍。

(三) 春秋傳

一般認為,"春秋傳"是"春秋左氏傳"的簡稱,故以"春秋傳"作為《國語》書名比較少見。張以仁從鄭玄《三禮注》中找到幾個例子,并且對鄭玄何以稱《國語》為"春秋傳"進行了推斷,認為"鄭玄以為《左傳》《國語》都傳《春秋》,凡傳《春秋》的他都叫作'春秋傳'","內、外《傳》所記載的事大都類似,也許鄭玄一時誤纏,把《國語》的文章誤記成《左傳》的",

兩相比較,第一個原因的可能性更大。① 史繼東也指出《國語》"在極個别的情況下也被稱作《春秋傳》或《傳》"。② 如舊傳伏勝所撰《尚書大傳》卷三《洪範五行傳》云:"《春秋傳》曰:辰爲農祥,后稷之所經緯也。"今又檢《説文》中有"春秋傳"者如:

《心部》:忨,貪也……《春秋傳》曰:忨歲而潋日。
《火部》:焞……《春秋傳》曰:焞耀天地。

這裏的"春秋傳"都指《國語》,非指《左傳》。故段玉裁發其例云:"許書亦有謂《國語》爲'春秋傳'者。"③但張以仁認爲許慎稱《國語》爲"春秋傳""只是他一時纏混或後世傳寫之誤",故張以仁不認爲"春秋傳"是《國語》的正式名稱。④ 但稱謂既在,且稱《國語》爲"春秋傳"者非一人,雖非《國語》之正是名稱,要亦爲《國語》在漢代定名時的稱謂之一。

許慎之後,也有以"春秋傳"指稱《國語》者,如《漢書》如淳注引《國語》即稱"春秋傳",《漢書》卷四三《叔孫通傳》"與其弟子百餘人爲綿蕝野外",如淳釋曰:"謂以茅剪樹地,爲纂位尊卑之次也。《春秋傳》曰'置茅蕝'。"只是相對更爲少見。

(四)春秋外傳

傳世文獻中,較早以"春秋外傳"指稱《國語》一書者,乃劉歆(公元前 50—23)的《惠景及太上皇寢園議》。《漢書》卷七三《韋賢傳》載:"歆又以爲:禮,去事有殺,故《春秋外傳》曰:'日祭,月祀,時享,歲貢,終王。'祖禰則日祭,曾高則月祀,二祧則時享,壇墠則歲貢,大禘則終王。"此後東漢班固(32—92)《漢書》、趙岐(108—201)的《孟子章句》、蔡邕(133—192)《朱公叔議》、鄭玄(127—200)《毛詩箋》、徐幹(171—218)《中論》就用"春秋外傳"來標識《國語》了。程千帆《史通箋記》謂:"《國語》之稱外傳,自是左氏既行之後,假内、外之名,附經以自尊耳。"⑤恐怕這個説法是值得商榷的,"附經以自尊"是從《國語》研究者的角度或者《國語》後世修訂者的立場上看待這一名稱。實際上,劉歆、班固、趙岐、鄭玄等皆非專門研究《國語》者。當然,假如認同康有爲之説,則劉歆尊《國語》恐怕還是和其《左傳》立場有關,即尊《國語》只是爲給《左傳》找一同盟,非爲《國語》本身"自尊"考慮,當然客觀上確

---

① 張以仁:《國語辨名》,見張以仁著:《國語左傳論集》,臺北:東昇出版事業公司,1980 年,第 6—7 頁。
② 史繼東著:《〈國語〉文學研究》,北京:中國社會科學出版社,2013 年,第 51 頁。
③ 許慎撰,段玉裁注:《説文解字注》,上海:上海古籍出版社,1981 年,影經韻樓本,第 269 頁。
④ 張以仁:《〈國語〉辨名》,見《國語左傳論集》,第 6—7 頁。
⑤ 程千帆著:《史通箋記》,北京:中華書局,1986 年,第 16 頁。

實提高了《國語》的地位,提高了歷代學者對《國語》的重視。

檢班固《漢書》、徐幹《中論》"春秋外傳"共出現 3 次,趙岐《孟子章句》出現"春秋外傳" 2 次,蔡邕《朱公叔議》、《詩經·皇皇者華》鄭玄箋各 1 次。《後漢書·楊終傳》載:"終兄鳳爲郡吏,太守廉范爲州所考,遣鳳候終,終爲范游説,坐徙北地。帝東巡狩,鳳皇黄龍并集,終贊頌嘉瑞,上述祖宗鴻業,凡十五章,奏上,詔貰還故郡。著《春秋外傳》十二篇,改定章句十五萬言。"《楊終傳》和上述諸書徵引文句者還不一樣,但稱《國語》爲"春秋外傳"則相同。

這是漢代文獻徵引《國語》或指稱《國語》時的書名標識。但在另外的漢代文獻中,則以"外傳"指稱《國語》一書。如劉熙《釋名》、王充《論衡》等。劉熙《釋名·釋典藝第二十》云:"《國語》,記諸國君臣相與言語謀議之得失也,又曰《外傳》。《春秋》以魯爲內,以諸國爲外,外國所傳之事也。"①根據陳建初《〈釋名〉考論》所論述,則劉熙生活時代爲東漢靈、獻之世,早於韋昭百年左右。劉熙《釋名》爲傳世文獻中稱《國語》爲"外傳"之始。後韋昭《國語解叙》云:"其文不主於經,故號曰'外傳'。"或即昉自《釋名》,因韋昭著有《辨釋名》,對《釋名》當比較熟悉。《釋名》釋《國語》之名爲"記諸國君臣相與言語謀議之得失"則頗爲得義,釋"外傳"則未能合。蓋《國語》亦有魯語,是不得以"《春秋》以魯爲內,以諸國爲外"爲《國語》又名"外傳"之證據,董增齡即謂:"考書中明有《魯語》,而以爲外國所傳,且《周語》可以稱外乎?其説非也。"②故韋昭"其文不主於經"之説似比《釋名》所論更合《國語》之稱爲"外傳"之理。

王充(27—約 97)《論衡》亦有論及,《論衡·案書篇》云:"《國語》,左氏之外傳也。左氏傳經,辭語尚略,故復選録《國語》之辭以實。然則左氏《國語》,世儒之實書也。"《論衡》主要從《國語》一書與《左傳》內容詳略的角度去立論《國語》的價值,即"實"《左傳》者。而且《論衡》注意到了《國語》的"語"的特點,這是難能可貴的。王充學於班彪,故其持論與班氏父子相近。

無論劉熙還是王充,都僅稱"外傳",而非稱"春秋外傳",和其文本的表述語境相關,因爲劉熙《釋名》提到了《春秋》,而王充《論衡》提到了"左氏",故可稱《國語》爲"外傳"。

綜上可見,"春秋國語""國語""春秋傳""春秋外傳"在漢代都曾作爲《國語》一書的名稱出現,且比較穩固。從應用頻度上看,以"國語"應用最多,且爲後世普遍接受。

---

① 任繼昉纂:《釋名匯校》,濟南:齊魯書社,2006 年,第 241 頁。
② 董增齡撰:《國語正義·國語叙》,成都:巴蜀書社,1985 年版,第 3 頁。

二、《國語》作者及篇卷的確立

《史記·太史公自序》:"左丘失明,厥有《國語》。"揭示了左丘明和《國語》的關係。范曄《後漢書·班彪傳》記載班彪略論云:"魯君子左丘明論集其文,作《左氏傳》三十篇。又撰異同,號曰《國語》二十一篇。由是《乘》《檮杌》之事遂闇,而《左氏》《國語》獨章……孝武之世,太史令司馬遷採《左氏》《國語》,刪《世本》……夫百家之書猶可法也,若《左氏》《國語》《世本》《戰國策》《楚漢春秋》《太史公書》,今之所以知古,後之所由觀前,聖人之耳目也。"①晋袁宏《後漢紀》卷一三亦載班彪此文。班彪本段文字中談到了三個方面:1.《國語》的作者及其篇數;2.《國語》爲司馬遷的史料來源之一;3.《國語》等書和諸子之書不同,可藉以探究歷史的演變。班彪的觀念爲韋昭《國語解叙》所繼承。

班固《漢書·藝文志》春秋類云:"《國語》二十一篇,左丘明著。"此傳世文獻中第一次正式在文本中規範了《國語》書名、篇數以及著者。又《漢書·司馬遷傳贊》云:"及孔子因魯史記而作《春秋》,而左丘明論輯其本事以爲之《傳》,又纂異同爲《國語》。又有《世本》,錄黃帝以來至春秋時帝王、公侯、卿大夫祖世所出。春秋之後,七國并争,秦兼諸侯,有《戰國策》。漢興,伐秦,定天下,有《楚漢春秋》。故司馬遷據《左氏》《國語》,採《世本》《戰國策》,述《楚漢春秋》,接其後事,訖於大漢,其言秦漢詳矣。"或即本於其父司馬彪之説。

班彪在探討左丘明與《左傳》的關係用"作",論述左丘明與《國語》的關係則用"撰異同"。班固著録《國語》,以"左丘明著",論述則用"纂異同"。"撰""纂"用同。《論語·述而》"述而不作"朱熹集注:"作,則創始也。"《漢書·禮樂志》"作者之謂聖"顔師古注:"作,謂有所興造也。"《漢書·張良傳》"非天下所以存亡,故不著",顔師古注:"著,謂書之於史。"《文選·漢武帝·賢良詔》"著之於篇",李周翰注:"著,述也。"可見,"著""作"二字并不完全相同。

《國語》的篇制,確立於班彪、班固父子,謂爲二十一篇。《説文·竹部》:"篇,書也。一曰:關西謂榜曰篇。"段玉裁云:"古曰篇,漢人亦曰卷。"是班彪父子之"二十一篇"也就是後來的二十一卷。後世探討《國語》篇卷,此爲本始。至於班彪、班固時期《國語》一書的篇内字數多寡,《國語》八國語如何分篇,則難知其詳。

---

① 宋人陳鑒編《東漢文鑒》著録班彪文《前史得失論》,"二十一篇"作"二十篇",或脱"一"字。

三、《國語》性質、内容的初步認定以及文獻歸類

通過上述引文可知,王充、劉熙都對《國語》的性質給予了揭示,即"外傳"。王充、劉熙之前已有"外傳"之名,但是并無對"外傳"性質的界定。至劉熙則謂爲"外國所傳之事",而王充謂爲"選録《國語》之辭以實",即作爲《左傳》的補充。可見王充和劉熙對《國語》性質的界定不同。王先謙《釋名疏證補》"《内傳》詞語有詳亦有略,故復録《國語》之辭以補之"之論,實與王充所言無異。

另外,劉熙對《國語》的内容進行了總括,即"記諸國君臣相與言語謀議之得失也",這句話首先揭示了《國語》"語"的性質,爲韋昭的進一步認定提供了前提;其次揭示了《國語》的基本功能。

班固之前,有《七略》《别録》,惜已不存,故班固《漢書·藝文志》是目前可見最早進行文獻分類的著作。《漢書·藝文志》以《國語》入六藝之《春秋》家,其總論并未涉及《國語》。班固的這一文獻歸類對後世影響很大,後世藝文志一直將《國語》歸入經部《春秋》類中,至唐代劉知幾《史通》從史的角度重新分類,南宋黄震始移《國語》入史部雜史中,但絕大多數還是按照《漢書·藝文志》的標準,將《國語》歸到經部《春秋》類下。此外,班固不僅對左史、右史的功能給予了分類,而且還特别以《春秋》《尚書》爲例,這也是後世學者以《尚書》爲《國語》體例源頭的理論參照。

四、漢代《國語》注釋研究

漢代劉歆確立了《左傳》古文經學的地位,且劉歆編有《新國語》五十四卷。後世《左傳》之學勃興以及《國語》《左傳》關係之糾葛,劉歆之立《左傳》與編《新國語》也是後世探討此一問題的關鍵所在。由於《左傳》《國語》之間内容的重合度之高,漢代學者又比之爲《春秋》之内、外傳,隨着《左傳》研究的興起,《國語》的研究進入第一個繁榮時期。漢代學者在注釋《左傳》之外,紛紛對《國語》進行深入研究,部分研究成果成爲後世《國語》研究的典範和重要參考依據。

根據《隋書·經籍志》記載,韋昭以前的《國語》研究者爲鄭衆、賈逵、服虔、唐固、虞翻、楊終六家。楊終的注無見引者。韋注多引鄭、賈、唐、虞之説。韋昭之後,裴駰《史記集解》頗好徵引唐固之説,《文選》李善注、《一切經音義》等書引用了賈逵注的很多條目,故今所見《國語》舊注輯佚條目中以賈注爲最多。韋昭以前《國語》注雖多爲韋昭所棄,而群書徵

引,賴以得見其鱗爪。張以仁云:"然鄭、賈諸賢,固當世名儒碩學。《韋解》雖稱採其精善,所揚棄者未必盡皆糟粕。即韋氏目爲糟粕,未必盡人皆以爲糟粕也。且孔晁之注,韋所未及,豈無信善以資採擷?"①其説可謂通達。

(一) 鄭衆《國語章句》

鄭衆(? —83),字仲師,世稱"鄭司農",以與宦官鄭衆相別。檢《後漢書》鄭衆本傳、《後漢書·儒林傳》,都没提到鄭衆曾爲《國語》解詁之事。韋昭《國語解序》是最早指出鄭衆爲《國語》作注的文獻,謂:"至於章帝,鄭大司農爲之訓注,解疑釋滯,昭晰可觀,至於細碎,有所缺略。"從韋昭的記述來看,鄭衆的《國語》注解解決了很多問題,但是不夠細密,恐怕這也是他書徵引鄭衆注較少而今鄭衆注輯佚條目較少的原因所在。至於鄭衆注《國語》的具體名目,韋昭没有講,《隋書·經籍志》《舊唐書·經籍志》《新唐書·藝文志》也都没有著録。北宋宋庠《國語補音叙録》:"後漢大司農鄭衆作《國語章句》,亡其篇數。"這是鄭衆《國語》著述首次記録且有確切書名的最早文獻。先秦以來典籍文獻有章句這一訓詁體裁,兩漢時期多見,但是傳世者較少,唯王逸《楚辭章句》、趙岐《孟子章句》。而《國語》之有章句,鄭衆實首創之。

清代《國語》輯佚各家中,汪遠孫、馬國翰、蔣曰豫皆輯有鄭注,汪遠孫《國語三君注輯存》、馬國翰《玉函山房輯佚書》皆輯有5條,汰去重複,汪、馬所輯鄭衆注共9條。後張以仁《國語舊注輯校》即輯録全部9條,但是這9條并非都是鄭衆所注。9條之中,前人存疑的就有3條之多,因所據《國語》版本有疑而判斷不夠允當者有1條,孤證1條,各家基本没有争議從而定爲鄭衆《國語》注的只有四條。9條佚注,7條出自韋注所引,1條輯自《北堂書鈔》,1條輯自《文選注》。整體而言,韋昭直接徵引鄭注數量相當少。至於化用鄭注的,已經没有材料可以證明了。各家没有争議的輯佚條目中,"清風""軍實"的注釋當屬於鄭衆的發明,其釋《昊天有成命》的條目爲後來訓詁所繼承。

(二) 賈逵《國語》注

賈逵(30—101)是漢代的經學大師,又是天文學家,字景伯,東漢扶風平陵人(今陝西咸陽西北)。西漢賈誼是賈逵的九世祖。《後漢書》本傳記載其父親賈徽從劉歆受學《左氏

---

① 張以仁:《〈國語舊注輯校〉序言》,見張以仁著:《張以仁先秦史論集》,上海:上海古籍出版社,2010年,第154頁。

春秋》《國語》《周官》，又從塗惲習《古文尚書》，從謝曼青習《毛詩》，作《左氏條例》二十一篇。"逵悉傳父業"，"尤明《左氏傳》《國語》，爲之解詁五十一篇"。賈逵通過辯難、上書，確立了《春秋左傳》等古文經的地位，擴大了古文經學的影響。賈逵《春秋》内外傳研究對推動漢代經學以及漢代古籍闡釋有重要的價值與意義，對於訓詁學、漢語詞彙史的深入研究也具有重要意義。許慎即出自其門下，《説文解字》標明引述賈侍中之説者14處。也可以見出賈逵對許慎的學術影響。

1. 賈逵注的輯本

唐人引述賈逵《國語》注者較多，如《文選》六臣注、《漢書》顔注、玄應《衆經音義》、慧琳《一切經音義》等。清人輯録賈逵《國語》注文，也多從這幾部書中輯録。張以仁在其《〈國語〉舊注的輯佚工作及其產生的問題》一文中對各家《國語》舊注輯佚條目進行過統計，其中各家輯録賈逵注數據如下：馬國翰《玉函山房輯佚書》輯賈逵注267條，王謨《漢魏遺書鈔》輯賈逵注200條，黄奭《黄氏逸書考》輯賈逵注200條，蔣曰豫《蔣侑石遺書》輯賈逵注236條，汪遠孫《國語三君注輯存》輯賈逵注322條。① 今檢勞格據《文選注》輯得2條，王仁俊《玉函山房輯佚書續編》據《唐玉篇》和《姓解》輯賈逵注106條，劉師蒼、劉師培《國語賈景伯注補輯》把重複計算在内，輯得600多條，新美寬、鈴木隆一《本邦殘存典籍による輯佚資料集成》輯賈逵注350條，張以仁《國語舊注輯校》輯存賈逵注481條。陳鴻森據《玉篇殘卷》、敦煌殘卷輯得賈逵注若干條目，但是陳氏所據資料并未超出前人，而且誤會敦煌殘卷注爲賈逵注，故不必計入。張以仁所輯481條，基本囊括了清代馬、王、汪、蔣、勞諸家所輯條目。王仁俊所輯106條，新美寬、鈴木隆一《本邦殘存典籍による 輯佚資料集成》也基本囊括。通過對比新美寬、鈴木隆一《本邦殘存典籍による 輯佚資料集成》和張以仁《國語舊注輯校》所輯賈逵注發現，《本邦殘存典籍による 輯佚資料集成》所輯賈逵注獨出者150條。也就是説，賈逵注存世條目至少有631條，所存數量還是比較可觀的。從數量上而言，賈逵注輯佚條目也是目前可知《國語》佚注中最多的。

目前可見的《國語》賈逵注輯本多種，對賈逵《國語注》的命名也不同。王謨《漢魏遺書鈔》謂爲《國語注》，黄奭《黄氏逸書考•子史鈎沉》謂爲《賈逵國語注》，蔣曰豫《蔣侑石遺書》謂爲《國語賈景伯注》，馬國翰《玉函山房輯佚書》謂爲《國語解詁》，王仁俊《玉函山房輯佚書續編》據《玉篇》輯佚者謂爲《國語賈氏注》、據《姓解》輯佚者謂爲《國語賈注》，劉師蒼、

---

① 張以仁：《〈國語〉舊注的輯佚工作及其產生的問題》，見張以仁著：《張以仁語文學論集》，上海：上海古籍出版社，2012年，第203—227頁。

劉師培謂爲《國語賈注》。各家命名中，唯馬國翰所輯所題最接近《後漢書》賈逵本傳書名。臺北藝文印書館 1972 年刊行《四部分類叢書集成三編》收賈逵《國語注》，爲黃氏《黃氏逸書考·子史鈎沉》輯本；臺北藝文印書館 1970 年刊行《四部分類叢書集成續編》、香港聚文書局 2008 年刊行《經籍叢刊》中所收賈逵的《國語注》，爲王謨《漢魏遺書鈔》輯本；董治安主編的《兩漢全書》所收賈逵《國語解詁》點校本以馬國翰《玉函山房輯佚書》輯本爲底本，所收《國語賈氏注》點校本以王仁俊《玉函山房輯佚書續編三種》輯本爲底本，所收《國語解詁補遺》以《黃氏逸書考》輯本爲底本。張以仁的《國語舊注輯校》初以論文形式呈現，後來輯爲一帙，收入《張以仁先秦史論集》中。

2. 賈逵注的基本内容

大體可以分爲釋語詞、釋史事、串講句義、解釋語法、説明修辭、解釋典章制度等，其中釋語詞又可以按照詞類分爲釋名詞、釋動詞、釋形容詞、釋副詞、釋數詞等。而釋名詞中又有普通名詞、器具名詞、國族名稱、職官名稱、人名、樂律等。

（1）釋語詞

這是賈逵注，也是占書注文的一大内容。根據其詞類劃分，可以分爲名詞、動詞、形容詞、副詞、數詞等。今以賈逵所釋名詞，即可見其訓詁内容之大略。賈逵所釋《國語》名詞包括疾患類、倫理等級類、兆示休咎類、法度類、身體器官類、地理山川類、植物類、謀議類、飲食類、公文類、天象類、職官類、人物類（包括釋某一個人、釋某一類人）、鳥獸蟲魚神怪類、國族類、畿服類、葬制類、賞賜服制類、服飾類、姓氏類、田制類、幣制類、音樂類、衡量類、器具類（包括釋漁獵、釋農具、釋盛器、釋雨具）、軍事類、城邑類、祭祀類、宮室類。從賈逵對名詞的注釋來看，大類可以分爲三十類，可見其注釋之細密與周全，即韋昭《國語解叙》所謂"其所發明，大義略舉"。此外，就賈逵注所釋内容而言，可以分爲補充史事、補充地理方位、補充數字、串講句義、闡釋語法等。

（2）補充史事

賈逵在某些文字部分補充史事。如：

"故名之曰黑臀，於今再矣"，賈逵云："於今，單襄公時也。晋厲公即黑臀之孫也。黑臀之後，二世爲君，與黑臀滿三世矣。"

"昔共工棄此道也"，賈逵云："共工，諸侯，炎帝之後，姜姓也。顓頊氏衰，共工氏侵陵諸侯，與高辛氏爭而王也。"

"反胙於絳"，賈逵云："反，復也。胙，位也。絳，晋國都也。晋獻公卒，奚齊卓子死，國絕無嗣。晋侯設其胙位。桓公以諸侯討晋，至高梁，使隰朋帥師立公子夷吾。復之於絳，是爲惠公。事在魯僖公九年。"此處引述《左傳》補充史實。

"彭姓彭祖、豕韋、諸、稽,則商滅之矣",賈逵云:"大彭、豕韋爲商伯,其後世失道,殷德復興而滅之。"

(3) 補充地理方位

在某些部分補充地理方位,以使讀者對地勢有所了解。如:

"穀洛鬥",賈逵云:"穀、雒二水合,有似鬥。洛在王城南,穀在城北者。"

(4) 補充數字

"其長尺有咫",賈逵云:"八寸曰咫。"此以具體數據釋"咫"長度。

"有革車八百乘",賈逵云:"謂一國之賦八百乘也,乘七十五人,凡甲士六萬人。"此以具體數據釋"乘"字。

(5) 串講句義

"風山川以遠之",賈逵云:"樂所以通山川之風類以遠其德也。"此串講整句之義。

(6) 解釋語法

"是故先王制諸侯,使五年四王一相朝",賈逵云:"王,謂王事天子也。"在本句中,"四王"之"王"作動詞使用,故賈逵以動詞義釋之。

(7) 説明修辭

"夫膏粱之性難正也",賈逵云:"膏,肉之肥者。粱,食之精者。言其食肥美者率驕放,其性難正也。"此釋食物,實際上"膏粱"在本句中是"食膏粱者"之義,在修辭上屬於借代,以特徵代本體。

(8) 解釋典章制度

"是故先王制諸侯,使五年四王一相朝",賈逵云:"王,謂王事天子也。歲聘以志業,間朝以講禮。五年之間,四聘於王而一相朝者,將朝天子,先相朝也。"此釋朝聘制度。

"大刑用甲兵",賈逵云:"用兵甲者,諸侯逆命,征討之刑也。""中刑用刀鋸",賈逵云:"以刀有所鋸斷,謂大辟、宮、劓、刖等刑是也。"此皆釋刑法。

"小者致之市朝",賈逵云:"大夫已上於朝,士已下於市。"此釋刑法。

(9) 解釋原因

"弒君以爲廉",賈逵云:"廉猶利也。以太子故,弒君以自利。"此解釋原因。

"草鄙之人敢忘天王之大德而思邊陲之小怨",賈逵云:"(鄙),陋也。謂邊界郊野之外,去國都遼遠,名爲鄙。"此釋"鄙"字得義之由。

(10) 説明功能

"耒耜枷芟",賈逵云:"枷,所以擊也。"(以仁案:汪氏云:"案'枷'疑'枷'之誤。")此釋功能。

(11) 解釋曆法

"十月惠公卒",賈逵云:"閏餘十八閏在十二月後。魯史閏爲正月,晉以九月爲十月而置閏也。秦伯以十二月始納公子。公子以二十四年正月入晉桑泉。"這是解釋《國語》此處何以記載"十月惠公卒",通過闡明置閏的不同,魯、晉曆法的不同,可以使讀者更易理解。

"元年春,公及夫人嬴氏至自王城",賈逵云:"是月閏,以三月爲四月,故曰春而不言其月。明四月爲春分之月也。嬴氏,秦穆公女文嬴也。"

綜上,足見賈逵注解涉及內容廣泛,通過解釋語詞、解釋句義的形式對《國語》的諸多方面內容進行了訓釋。從訓詁形式上而言包括:"A,B""A,B 也""A 者,B""A 者,B 也""A 曰 B""B 曰 A""A,謂 B""B 謂 A"等。從方法上來看,則包括聲訓、義訓、據境爲訓等多種方法。

3. 賈逵注的學術價值與影響

(1) 是漢代訓詁學昌明的有力證據

漢代訓詁學昌明是不爭的事實,這也是後世諸多著作中一再提到的。如陳延傑《經學概論》即云:"漢人説經,各有體例,訓詁章句,立名亦自不同。而一時儒林之士風,西漢如丁寬、伏生、申培、轅固、韓嬰,東漢若包咸、賈逵、鄭衆、馬融、許慎、鄭玄、何休、服虔等,皆從事訓詁,孜孜於文字章句之間,闡發聖經,光被千載,其功甚大:此所謂漢代訓詁學焉。"① 這是從漢人釋經的角度談漢代訓詁學的影響。漢代的《國語》舊注中,保留數目最多的非賈逵注莫屬。這也從一個側面説明漢代訓詁學之昌明以及典範性。

(2) 爲古籍訓詁和漢語詞彙學儲備了材料,提供了依據

後世訓詁,或直接引用賈逵注,或化用賈逵注。清人《國語》舊注輯佚中,以汪遠孫輯佚賈逵《國語》舊注條目最多。檢其所據材料,有《文選注》《北堂書鈔》《史記正義》《一切經音義》《國語解》《史記集解》《國語舊音》《禮記正義》《史記索隱》《太平御覽》《開元占經》《論語疏》《初學記》《左傳正義》《經典釋文》《書正義》《周禮注疏》《荀子注》《廣韻》《通鑒注》《列子釋文》《後漢書注》《詩正義》《孟子疏》《唐類函》等。這些典籍注釋著作對賈逵注的徵引,本身就説明賈逵注的權威性所在。

(3) 爲後世《國語》注解提供了方式方法

無論是詞語訓詁,還是事類訓詁,賈逵注都給後世《國語》注解提供了方式方法。當

---

① 陳延傑著:《經學概論》,上海:商務印書館,1930 年,第 69 頁。

然，這些方式方法多數也是賈逵繼承自前代學者者，并繼續發揚。

（4）推動了《國語》研究的發展

韋昭《國語解叙》云："侍中賈君敷而衍之，其所發明，大義略舉，爲已憭矣。"認爲賈逵《國語》研究是在鄭衆《國語》研究基礎上的繼續和發展，同時也爲後來《國語》注釋奠定了基礎。

（三）服虔《國語》注

服虔，東漢時期經學家。後世傳服虔著有《春秋左傳注》《漢書音訓》《通俗文》等著作。載籍中并未見服虔有《國語》方面著作的記載，但清人汪遠孫《國語三君注輯存》却輯有服虔注。如《周語中》"遂假道於陳以聘於楚"，《儀禮·聘禮》疏引服氏注曰："是時，天子微弱，故與諸侯相聘問。"汪遠孫云："服氏注《國語》見此《疏》及《周禮·王府》疏、《春官·序官》疏，未知是服子慎否？俟再考。"又《魯語上》"文仲以鬯圭與玉磬如齊告糴"，《儀禮·聘禮》疏引服注："無庭實也。"《楚語》"使名姓之後"，《周禮·春官·序官》疏引孔、服云："聖人大德之後。"《楚語》"能知四時之生，犧牲之物"，《周禮·春官·序官》疏引孔、服云："生謂粢盛，犧謂純毛色，牲謂牛、羊、豕。"又《楚語》"玉帛之類"，《周禮·春官·序官》疏引孔服注曰："禮神玉帛。""采服之宜"，《周禮·春官·序官》疏引服氏曰："祭祀之所服色也。""彝器之量"，《周禮·春官·序官》疏引服曰："量，數也。祭祀之器，皆當其數。""次主之度"，《周禮·春官·序官》疏引服曰："次廟主之尊卑、先後、遠近之度。""屏攝之位"，《周禮·春官·序官》疏引服氏曰："屏猶并也。謂攝主不備，并之其位，不得在正主之位。曾子問云：'若宗子有罪，居於他國，庶子爲大夫，其祭也？'祝曰：'孝子某使介子某執其常事。'又云：'攝主不厭，祭不旅不假不綏，祭不配，是其攝主并之事。'""珠足以禦火災，則寶之"，《周禮·王府》疏引服氏曰："珠，水精，足以禁火。"

近代學者曾樸亦注意及此，在其《補後漢書藝文志并考》一書中著録服虔《春秋外傳國語注》并考云："案此書隋、唐《志》不著録。韋昭、宋庠均未稱述。惟《周禮·春官·大宗伯》疏引《國語》'使名姓之後能知四時之生'一段下引服氏注甚夥，蓋賈氏從他書轉採也。其説每與'孔氏'并引。考《隋志》，《國語》有孔晁注二十卷，此孔氏當即孔晁。"①張以仁認爲服虔注雖然數量不多，但有兩點值得注意："一、所言諸事，皆出自《國語》，而不涉及《左傳》《漢書》，因此，不可能是孔穎達、賈公彦等疏者誤移服虔《左傳》《漢書》之訓以爲注解。

---

① 《二十五史補編》編委會編：《史記兩漢書三史補編》第4册，北京：北京圖書館出版社，2005年，第714頁。

二、多處與孔晁、韋昭之《國語》注連言,也應該是《國語》的注。"故張以仁認爲:"《隋書‧經籍志》載賈逵、王肅、董遇、杜預等《左傳》之注,皆三十卷,而服注則爲三十一卷。疑服氏《國語》之注或量不足以別成一書,因附於《左傳解誼》之末,故較別家多出一卷,而服氏《國語》注也就很少爲世人所知曉了。"①

服虔《國語》注條目較少,無法比對。可從其《左傳》注中了解梗概。趙伯雄總結服虔《左傳》注比較注意"結合釋詞進行串講","以漢時事物、俗語解傳文","爲使傳文意思更明朗,做一些補充事實式的注釋","將文中隱喻之語表而出之",服虔釋義理通過"解釋經義""發揮傳義""個人揚合,服注也對傳義加以批評或者修正"等方式。② 可見服虔注《左傳》的大概情況。服虔注《國語》也當作如是觀。

(四) 楊終《國語》注

楊終(?—100),字子山,蜀郡成都人。《後漢書》本傳稱其:"年十三,爲郡小吏,太守奇其才,遣詣京師受業,習《春秋》。"《蜀中廣記》著録"著《春秋外傳》十二篇,改定章句十五萬言",至嚴可均《全上古三代秦漢三國兩晉南北朝文》謂楊終"有《春秋外傳》十二卷"。

周壽昌、王先謙疑楊終《春秋外傳》爲公羊學。姚振宗《後漢藝文志》云:"本傳是書成於還蜀後,中廢黜十五年。先嘗承詔删《太史公書》爲十餘萬言矣,此又似删《外傳國語》二十一篇爲十二篇。(《漢志》又有劉向分《新國語》五十四篇,不知子山所删爲何本。)時鄭、賈解詁已行世二十餘年,終既删本文,故又改定其章句爲十五萬言,以爲一家之學歟?(又按:史不曰删而曰著,或如孔衍《春秋時國語》之類,若是,則改定章句十五萬言別爲一書。考終謂《公羊》家學,此所改定并《公羊章句》歟? 然史文合《外傳》而言,自以改定《外傳章句》爲近。)"③李步嘉謂:"姚氏雖疑,然置楊終此書於賈逵《春秋外傳國語解詁》之下,是以楊書爲《國語》學。""《楊終傳》明言'《春秋外傳》',則當爲《國語》學而非《公羊》之學。唯姚振宗説'時鄭、賈解詁已行世二十餘年',實則賈注在明帝'永平'中上之,此時已行世三十餘年,姚氏亦失之考。楊終之書今未見輯本。"④

可見,由於材料的缺乏,對楊終《國語》注的探討很難深入。

---

① 《張以仁先秦史論集》,第 349 頁。
② 趙伯雄著:《春秋學史》,濟南:山東教育出版社,2004 年,第 182—184 頁。
③ 《史記兩漢書三史補編》第四册,第 578—579 頁。
④ 李步嘉:《唐前〈國語〉舊注考述》,《文史》2001 年第 4 輯,第 90 頁。

漢代《國語》注家中,鄭衆注釋是最早的,賈逵注則是影響最爲深遠的。賈逵注不僅爲後世《國語》注釋確立法式、推動了《國語》研究,其注釋成果也爲後世經史文獻訓詁所繼承。

五、兩漢典籍對《國語》的徵引與利用

《國語》作爲先秦時期的重要典籍,其史料價值與學術價值毋庸置疑。因之,《國語》成爲兩漢史籍的重要史料來源之一,也成爲此後諸多相應著述的引據來源之一。漢代思想家在其著述中也多引述《國語》故事作爲其論據,漢賦對《國語》文句也時有徵引。

(一) 賈誼《新書》對《國語》的徵引與利用

班固《漢書·儒林傳》云:"漢興,北平侯張蒼及梁太傅賈誼、京兆尹張敞、太中大夫劉公子皆修《春秋左氏傳》。誼爲《左氏傳》訓故,授趙人貫公,爲河間獻王博士,子長卿爲蕩陰令,授清河張禹長子。禹與蕭望之同時爲御史,數爲望之言《左氏》,望之善之,上書數以稱説。後望之爲太子太傅,薦禹於宣帝,徵禹待詔,未及問,會疾死。授尹更始,更始傳子咸及翟方進、胡常。常授黎陽賈護季君,哀帝時待詔爲郎,授蒼梧陳欽子佚,以《左氏》授王莽,至將軍。而劉歆從尹咸及翟方進受。由是言《左氏》者本之賈護、劉歆。"[①]可見賈誼在《左傳》傳承上的重要地位,《史記》《漢書》本傳并言賈誼頗通百家之學,則不惟《左傳》而已。賈誼所著《新書》,《漢書》本傳稱《新書》五十八篇存世。今檢《新書》一書中多有與先秦經傳内容相合者,其中就包括與今傳《國語》相關篇章。

方師云:"《新書》五十八篇,亡佚《問孝》《禮容語上》兩篇,今存五十六篇,分十卷。卷一至卷四(《過秦上》至《鑄錢》)爲'事勢'類,皆爲文帝陳政事。卷五至卷八(《傅職》至《道德説》)爲'連語'類。卷九(《大政上》至《修政語下》)四篇不標目(《玉海》標'雜事')。卷十(《禮容語上》至《立後義》)爲'雜事'類。"[②]此爲《新書》内容之大概。關於賈誼生平思想以及賈誼《新書》評價等,可參本師《新書集解》《賈誼集匯校集解》《新書譯注》等。

今檢《新書》中之《大都(事勢)》《審微(事勢)》《傅職(連語)》《保傅(連語)》、《耳痺(連語)》《退讓(連語)》《禮容語下(雜事)》《胎教(雜事)》各篇中都有與今傳《國語》篇章、語句相同之處。比如《禮容語下》中有單襄公論晉君臣與叔向説《昊天有成命》二章内容。

---

① 班固撰,顔師古注:《漢書》,北京:中華書局,1965 年,第 3620 頁。
② 賈誼撰,方向東集解:《賈誼〈新書〉集解》,南京:河海大學出版社,1994 年,第 5 頁。

1. 單襄公論晉君臣

從《周語下》到《禮容語下》,行文目的的不同,代表着作者對一段史實材料的不同處理。從字數上來看,《周語下》502字,用單字190個;《禮容語下》431字,用單字160個。從字數的多少就可以看出内容的豐富性逐漸降低,主題性越發凸顯。《周語下》不僅僅記述晉君臣,還有齊國武子,而且魯成公不僅僅是對話對象,還有魯晉關係在裏面;到《禮容語下》,則魯晉關係已經没有,只是晉君臣、齊國武子。在《周語下》,是以驗證性爲主要叙事結構,而且《周語下》比較注重史實。另外還有一點,就是在整個《周語》之中,記載的諸侯國家有魯、晉、陳、鄭、密、虢、秦,記虢、陳、秦則全是負面的,虢、陳有亡國之兆,秦則無禮,記載晉惠、晉厲則失禮,晉文則求太過,鄭有私怨,密不獻美人,唯獨於魯,則所記無失禮行爲,尤其魯對於周天子更是没有失禮行爲,而且還以魯孝公導訓諸侯,這或也是《周語》的一個傾向性。而在《禮容語下》中,魯成公只是一個對話對象,需要他的"天道""人故"的疑問導出單襄公的那番言論。就篇章上言,高嵣引俞桐川曰:"叙次收拾,最瑣最括;提掇包裹,最寬最謹;發揮疏解,最微最核;轉折承接,最圓最變。理法俱浩絕頂。"①又穆文熙《國語評苑》卷二引孫應鼇評云:"此即《中庸》'見乎四體'之旨。而議者乃詆之爲誣,過矣。一篇字字點要,句句驚省。"②雖未必爲定評,要亦代表一時之見。

2. 叔向説《昊天有成命》

叔向説《昊天有成命》,《周語下》和《禮容語下》在語序、用詞上都有不同,兩篇各自獨出的字都比較多。孫應鼇曰:"首引史佚之言以徵其行,再引《昊天》之旨以論其心,又自引'其類惟何'之詩以闡揚之。總應分照,曲曲不遺,閑於兹者不難序述矣。"③這是對《周語下》篇章結構的大致分析,和《禮容語下》則亦略有不同。這些不同反應了各自的認識以及不同的闡釋目的,未必存在此是彼非的情況,也不必爲求其一致而言此是彼非,穩妥的處理方式是彼此皆是,只是由於不同的學術立場、不同的闡釋目的,從而產生了不同的文本解讀。

這是就總體而言,若就具體詞語而言,偏差就更大一些。至少體現了在賈誼的時代對《國語》篇章的基本體認和理解。關於《國語·周語下》"單襄公論晉君臣""叔向説《昊天有

---

① 高嵣:《國語鈔》卷上,見黄秀文、吴平主編:《華東師範大學圖書館藏稀見叢書彙刊》第十七册,北京:北京圖書館出版社,2005年,第345頁。
② 穆文熙輯:《國語評苑》卷二,明萬曆二十年(1592)鄭以厚光裕堂刻本,第2頁。
③ 韋昭注,(日)道春點:《國語》卷三,日本刊本,第14頁。

成命》"和《新書·禮容語下》這兩篇的詳細比較,筆者《〈國語補音〉異文研究》所附《〈國語·周語下〉〈新書·禮容語下〉比勘》已經進行了比較細密的比較研究,讀者可參。①

(二) 司馬遷《史記》對《國語》的徵引與利用

司馬遷是著名的史學家,其《史記》的學術價值已不需贅言,歷代學者多有高度評價。如南宋鄭樵在《通志總序》中認爲《史記》:"使百代而下,史官不能易其法,學者不能捨其書。六經之後,惟有此作。"可謂推崇備至。關於《國語》是《史記》史料來源的事實,司馬遷本人有明確説明,即《五帝本紀》中所云:"予觀《春秋國語》。"此後班固又一次明確揭出,《漢書·司馬遷傳贊》認爲:"司馬遷據《左氏》《國語》,採《世本》《戰國策》,述《楚漢春秋》,接其後事,訖於天漢。"至於韋昭,則在其《國語解叙》中明確提出:"賈生、史遷頗綜述焉。"

從《史記》全書來看,其《周本紀》《吳太伯世家》《魯周公世家》《晋世家》《越王句踐世家》《鄭世家》《魏世家》《孔子世家》等多篇中都有徵引《國語》材料之處,其中《周本紀》取材於《國語》者最多。可永雪曾經列有《〈史記〉採用〈國語〉情況表》,認爲《周語》是被用得最多的,從西周的周穆王、厲王、宣王,再到東周平王、襄王、景王、敬王,一些重大歷史事件和重要人物的諫説之辭都被採用,有好些章都是"全文移錄",它們成爲司馬遷撰寫《周本紀》穆王之後至春秋段主要乃至骨幹的史料來源。《魯語》除記孔子言論的三章外,被採用的極少,是各語中採用率最低的,這可能和《魯語》多記賢人言論而記王公大臣言論及"邦國成敗"的大事較少有關。《齊語》因只載管仲輔齊桓公争霸事,且其文出於《管子》一書,故採用不多,所採用者只有鮑叔牙薦管仲及管仲輔齊功勞部分。《鄭語》雖然只載史伯爲鄭桓公創立鄭國提出的謀劃,但因其關乎鄭國的建立,故被《鄭世家》援用爲開篇素材;又因史伯講述中涉及不少古史傳説而爲《周本記》《楚世家》等所取用。《楚語》總體採用率不高,但其"觀射父論絕地天通"因爲提供了重要史料而被《楚世家》《太史公自序》及《曆書》所採取。《晋語》是記載最詳,篇幅最長(二十一卷中占了九卷),而採用也最多的。它自晋武公伐翼,獻公卜伐驪戎起,隨後驪姬亂晋,重耳走國,文公稱霸,悼公再興,以至晋陽之圍,智伯滅亡,舉凡晋國大事,名人名論,幾乎都寫到,正因爲以《晋語》這樣詳悉、充實的史料爲基礎,做後盾,《史記》的《晋世家》才成爲諸"世家"中篇幅最長,内容最翔實的篇章。還有《吳語》和《越語》也是採用比較多的。因爲《吳》《越》兩語,傾其全力記吳越争霸中所

---

① 郭萬青著:《〈國語補音〉異文研究》,臺北:蘭臺出版社,2015年,第477—607頁。

涌現出來的人事、言論、謀略,是吳、越爭霸史最權威的史料文獻,而《左傳》有關吳、越的記載不多,所以司馬遷寫《吳世家》《越世家》,自然便以它們爲主要依據了。①

今檢最新修訂本《史記·周本紀》一共80節,其中第2、25、27、29、30、31、32、33、34、35節等,分別取自《國語》之《周語上》《周語中》《鄭語》,且有的段落幾乎和《國語》文字完全相同。這一方面説明,《史記》對《國語》史料的重視程度很高。另一方面,這種情況給後世研究帶來了兩難境地。這種兩難境地主要體現在他書異文在本書校勘中的作用與價值問題,尤其清人在進行《國語》校勘時,往往好以《史記》校改《國語》本文,在這方面表現最突出的爲牟庭,其次則爲王念孫、王引之、董增齡等,這種校改過度誇大了他書異文的功能,而忽略了本書文本的内在邏輯。關於褒姒故事,相近的文本,除了《國語·鄭語》和《史記·周本紀》外,尚有《列女傳·孽嬖傳》《漢書·五行志》《金樓子·箴戒》等三書相關篇卷中涉及此事。關於此篇,筆者《唐代類書引〈國語〉研究》已經進行過詳細比勘,讀者可參,此處不贅。②

《國語·周語上》"穆王將征犬戎"篇和《史記·周本紀》文字幾乎完全一致。行文至"昔我先世后稷"纔出現了不同。而且這個不同還并不是《國語》《史記》兩書的不同,而是《史記》和《國語》公序本的不同,即《國語》公序本作"昔我先世后稷",而明道本《國語》和《史記》都作"昔我先王世后稷"。在這個問題上,清代學者幾乎出現了一邊倒的傾向,從錢曾開始,此後惠棟、戴震、《四庫全書薈要》、汪中、徐養原、陳奂、汪遠孫、翁倬都認爲有"王"字是對的,只有許宗彥認爲没有"王"字也是通的,且許宗彥明確指出:"此本與韋異義,以《史記》爲證可也,以天聖本爲證,則天聖固不足證韋氏誤矣。"③楊守敬復引述許宗彥之説,以爲公序本自有勝出明道本之處。是司馬遷所依據的《國語》本有"王"字而移録《國語》原文,還是司馬遷所依據《國語》原文本無"王"字而司馬遷增"王"字,還是後來如明道本一般的《國語》本子依據司馬遷《史記》復增"王"字造成版本上的文字差别,已經無從探究了。但清人一邊倒的傾向至少證明,《史記》作爲他書異文在《國語》本書校勘中所起到的助力和推動作用。至於近現代,有"王"字纔是《國語》本該有的文本形式,已經成爲必然之義了。到了21世紀,筆者的《李慈銘〈讀國語簡端記〉補箋》(《中央大學人文學報》第52期,2012年)、劉偉的《讀〈國語〉札記一則》(《文史》2013年第3期)、辛德勇的《公序本〈國語〉"我先世后稷"文證是》(《文史》2014年第2期)纔在清人的基礎上,來翻舊賬,認爲公序本《國語》無"王"字是正確的。辛德勇進而提出方法論問題,謂:"盧文弨考辨這一問題,

---

① 可永雪:《〈史記〉與〈國語〉的上溯比較研究》,《渭南師範學院學報》2015年第7期,第41—42頁。
② 郭萬青著:《唐代類書引〈國語〉研究》,濟南:齊魯書社,2018年,第99—110頁。
③ 許宗彥:《鑒止水齋集》卷十一,見《續修四庫全書》第1492册,上海:上海古籍出版社,第25頁。

最後總結説:'夫韋注有失,尚當舍注以從本文之是。'對利用《國語》爲史料做研究的人來説,固當如是;從爲《國語》勘定正確的文字這一角度來看,這句話講得似乎也很有道理。不過,在實際校勘古籍時,這樣的原則却很難把握。這主要包括:(1)是把文字校訂至最合理狀態,還是最符合作者原貌或是最符合作者本意的狀態?(2)是把文字校訂至某一版本固有的狀態,或者儘量保存每一個版本的原貌,令諸本并存不廢,還是綜合諸本,做出一部最完善的定本,甚至以此定本取代衆本?文義最爲合理,與最符合作者原貌或最符合作者本意這兩種狀態,往往不會重合爲一事,此其難以把握者之一。所謂最合理的狀態,往往意味着要統校諸本,并參校其他相關典籍,做出裁斷。這種校訂方式,看起來最顯美妙,現在最爲通行,但所做裁斷要基於校訂者的認識,而校訂者的學識難免會有深醇博雅與淺薄寡陋之分,對是非良窳的判斷,亦因人而異,所造成的消極後果也最嚴重,此其難以把握者之二。至於最符合作者原貌或是最符合作者本意的狀態,通常比較接近於復原最初的版本,對於古代經典來説,更鮮有直接的憑據,若作間接的推斷,亦充滿不確定性,而且其實際可操作的空間,也不是很大,通常只局限於個別字句,此其難以把握者之三。""清代考據學家對《國語》'我先世后稷'這一文句的認識歷程,堪稱古籍校勘學史上的一個典型例證。中國古籍的校勘,是伴隨着清代漢學研究的興盛而臻於高度發達的,在受惠於考據學家精密深邃研究方法的同時,也在很大程度上遭受到當時考據學方法的消極影響。其中的弊病之一,就是在考辨史事和史籍時,往往過分局促地拘泥於每一個具體的文句而忽略大的歷史背景和古書通例,即如清人方東樹所批評的那樣,舉小略大,'雖有左驗而實乖義理'。顧千里等人在這一問題上最大的失誤,就是未能如許宗彥所説,首先從韋昭注釋《國語》的通例出發,來考察'先世后稷'一定是韋昭所據版本的原貌,其他文句差異的考辨,都必須服從這一前提,而在此前提之下,我們只能得出'天聖固不足證韋氏誤'的結論。"①這種觀點是值得參考的。

有無"王"字不僅僅是《史記》與《國語》之間異文的問題,還存在明道本《國語》與公序本《國語》的版本異文問題。而"至於武王"和《史記》"至於文王、武王"則成爲《史記》和《國語》的異文。《史記》的這條異文成爲王念孫校勘的重要證據。如下:

至於武王

"至於武王,昭前之光明而加之以慈和,事神保民,莫弗欣喜,商王帝辛,大惡於民,庶民不忍,欣戴武王,以致戎於商牧。"

---

① 辛德勇:《公序本〈國語〉"我先世后稷"文證是》,《文史》2014年第2期,第161—162頁。

家大人曰:"至於"下當有"文王"二字,周人叙述祖德,未有稱武王而不及文王者。此文自"莫弗欣喜"以上皆兼文武言之,自"商王帝辛"以下乃專言武王耳。《史記·周本紀》載此文正作"至於文王武王",《文選·齊敬皇后哀策文》注引此云:"至於文武,事神保民,莫弗欣喜。"所引從略,而亦兼文武,則原有文王二字可知。①

　　實際上,王念孫之説不可從。不能因爲《史記》有"文王"二字,就斷定《國語》應當有此二字。從邏輯上看,周武王纔是真正滅商、使周得天下的第一個君主,故單言武王并無不合理之處。至於《史記》"文王武王"的本文,可以作爲參照,但不必以此作爲判定《國語》本文是非的依據。《文選》注雖云引自《國語》,但引書改字往往存在,恐難以《文選注》所引"文武"就認爲《國語》本文應該是"文王武王"的信據。原書既可通,不必據他書異文遽爲改易。

　　另外就是篇章排序問題。《史記·周本紀》按照時間先後進行順次排序,而《周語》并不盡然。《周本紀》和《周語上》相同内容章節排序依次爲《穆王征犬戎》(A)、《共王游於涇上》(B)、《芮良夫論榮夷公專利》(C)、《召公諫厲王弭謗》(D)。在《周語上》中,C、D 的順序正好相反。這給後來研究者提供了視角。比如張建軍、張懷通就根據《史記·周本紀》的記事順序推斷:"司馬遷之所以這樣安排,可能是依據了較爲原始的西漢中期以前的《國語》文本。"又根據《逸周書·芮良夫》的記載進一步推斷:"《芮良夫論榮夷公專利》一節在前,《邵公諫厲王弭謗》一節在後,纔可能是大約編輯於戰國中期的《國語》的本來面貌。"進而推測"西漢末年是今本《國語》定型的重要時期"。② 二氏對於節次的探討姑且不論,但《史記》在這一問題發現中的關鍵作用,却是不言而喻的。

　　此外,《周本紀》周幽王寵褒姒篇來源於《國語·鄭語》。關於《周本紀》和《鄭語》文字的不同之處,筆者在《唐代類書引〈國語〉研究》一書中曾進行過詳細比勘,讀者可參。

　　總的來看,《史記》對《國語》材料的徵引體現在兩個方面:其一,全文照搬;其二,剪裁使用。《史記》所引用的《國語》材料既具有史料價值,同時對《國語》具有很重要的參照價值。體現在:首先可以爲《國語》異文校勘提供佐證,無論是《國語》研究者還是《史記》研究者,在進行文字校勘、訓詁語義的時候,都會提到兩書以及相關研究。其次可以爲《國語》篇章研究提供依據;最後可以爲《國語》文學或史學研究提供視角。

---

① 王引之撰,虞思徵等校點:《經義述聞》,上海:上海古籍出版社,2016年,第1163頁。
② 張建軍、張懷通:《〈芮良夫論榮夷公專利〉節次辨正》,《文獻》2011年第2期,第126、128頁。

(三)《新序》《説苑》《列女傳》對《國語》的徵引與利用

《新序》《説苑》《列女傳》三書皆出劉向(公元前 77—公元前 6)。關於劉向的生平學術,前人時賢多有專論,此不贅述。《漢書·楚元王傳》云:"向睹俗彌奢淫,而趙、衛之屬起微賤,逾禮制。向以爲王教由内及外,自近者始。故採取《詩》《書》所載賢妃貞婦,興國顯家可法則,及孽嬖亂亡者,序次爲《列女傳》,凡八篇,以戒天子。"宋人高似孫《子略》云:"先秦古書甫脱燼劫,一入向筆,採擷不遺。至其正紀綱、迪教化、辨邪正、黜異端,以爲漢規監者,盡在此書,茲《説苑》《新序》之旨也。嗚呼!向誠忠矣!向之書誠切矣。"對劉向編纂《列女傳》《新序》《説苑》的目的和功能進行了揭示。

今本《列女傳》分爲八卷,前七卷分別爲《母儀傳》《賢明傳》《仁智傳》《貞順傳》《節義傳》《辯通傳》《孽嬖傳》,最後一卷爲續卷,①主要是漢代列女,非前代事,故於續卷中依次臚列。其中與《國語》内容相同者有《母儀傳》之《周室三母·太任》《魯季敬姜》,《賢明傳》之《晋文齊姜》《秦穆公姬》,《仁智傳》之《密康公母》《曹僖氏妻》《晋伯宗妻》《晋羊叔姬》,《孽嬖傳》之《周幽褒姒》《魯莊哀姜》《晋獻驪姬》。

今本《新序》十卷,分爲《雜事一》《雜事二》《雜事三》《雜事四》《雜事五》《刺奢》《節士》《義勇》《善謀上》《善謀下》。② 其中與《國語》内容相同者,有第五(《雜事一》)、第五四(《雜事四》)、第六八(《雜事四》)、第八〇(《雜事五》)等四則。

今本《説苑》共分二十卷,分別爲《君道》《臣術》《建本》《立節》《貴德》《復恩》《政理》《尊賢》《正諫》《敬慎》《善説》《奉使》《權謀》《至公》《指武》《談叢》《雜言》《辨物》《修文》《反質》。③ 其中與《國語》内容相同者,有《立節》卷第九、第十、第十二,《貴德》卷第十九、第三十、第三一,《復恩》卷第四、第十四,《尊賢》卷第三六,《正諫》卷第二十,《敬慎》卷第二二,《權謀》卷第二六,《至公》卷第十四、第十五,《談叢》卷第十五、第二十,《辨物》卷第五、第十六、第十八、第十九、第二十、第二二、第二三,《反質》卷第十四。

這三本著作對《國語》篇章的徵引和《史記》對《國語》的徵引方式基本相同,但是二者的功能不同。《史記》雖然是紀傳體,但每一篇都是按時代先後順次編排的,所以,其所徵引的《國語》篇章往往作爲整體中的一個部分存在。《新序》《説苑》《列女傳》三書由於是按照類别進行編排的,且每一篇章自成獨立單元,與前後篇章除了在主題上一致外,并没有

---

① 此據張濤譯注:《列女傳譯注》,濟南:山東大學出版社,1990 年。
② 此據李華年譯注:《新序全譯》,貴陽:貴州人民出版社,1994 年。
③ 此據王鍈、王天海譯注:《説苑全譯》,貴陽:貴州人民出版社,1992 年。

什麼聯繫性。除了文字對勘、資料互證之外,《列女傳》還在每篇之後有"頌曰",對傳主進行評價,其中對徵引自《國語》篇章的傳主點評,可以看作《吕氏春秋》評點的繼續和延伸。如《列女傳·魯季敬姜》頌曰:"文伯之母,號曰敬姜。通達知禮,德行光明。匡子過失,教以法理。仲尼賢焉,列爲慈母。"《晉文齊姜》頌曰:"齊姜公正,言行不怠。勸勉晉文,反國無疑。公子不聽,姜與犯謀。醉而載之,卒成霸基。"除了頌曰之外,還有在文中進行點評的,如《仁智傳·密康公母》云:

> 密康公之母,姓隗氏。周共王游於涇上,康公從,有三女奔之,其母曰:"必致之王。夫獸三爲群,人三爲衆,女三爲粲。王田不取群,公行下衆,王御不參一族。夫粲美之物歸汝,而何德以堪之?王猶不堪,況爾小丑乎!"康公不獻,王滅密。君子謂密母爲能識微。《詩》云:"無已大康,職思其憂。"此之謂也。
>
> 頌曰:密康之母,先識盛衰,非刺康公,受粲不歸,公行下衆,物滿則損,俾獻不聽,密果滅殞。

本篇中,在引述完《國語·周語上》第二章之後,又加上"君子謂密母爲能識微。《詩》云:'無已大康,職思其憂。'此之謂也"一句,可看作對密康公的評價。

這些材料和《國語》內容既然相同,爲後世專書研究的相互借鑒提供了基礎。今檢石光瑛《新序校釋》一書,徵引《國語》本文以及韋昭注者多處。向宗魯《說苑校證》、朱季海《說苑校理》也往往引述《國語》參校。而清人《國語》勘校,也往往引述《說苑》作爲參照。

(四)《漢書》對《國語》的徵引與利用

《漢書》是東漢時期班固的史學巨著,全書共一百卷。其中志書部分引用《國語》多處。今檢其《五行志》引述《國語》篇章尤多。如《五行志中之上》有兩處引述《周語下》"單襄公論晉君臣"章,《五行志中之下》引述《魯語下》"季桓子穿井"章、《周語下》"穀洛水鬥"章,《五行志下之上》引述《周語上》"三川皆震"章、《魯語下》"有隼集於陳廷而死"章、《鄭語》"二龍止於夏庭"章。

《漢書·五行志》引述《國語》率稱"史記"。筆者在比對《新書·禮容語下》和《國語·周語下》相同內容的時候,注意到《漢書·五行志》凡引《國語》之處即稱"史記"。《漢書新注》所引述各家說法,如下:

史記：説者不一。有以爲指司馬遷所撰《史記》；有以爲非是，而是泛稱史籍。師古曰："此《志》凡稱史記者，皆謂司馬遷所撰也。"齊召南曰："按，單襄公見晉厲公一段，《史記·晉世家》不載，此《國語》文也。《國語》本於各國之史記，故以史記稱之。顏以司馬遷所撰爲解，非也。"錢大昕補充齊氏之説，曰："班《志》所云史記，非專指太史公書矣。古者列國之史，俱稱史記。……史遷著書，未嘗以史記名之，即孟堅亦未嘗以史記目太史公書，小顏考之未詳爾。"沈欽韓也主是説，近人施之勉則不同意此論，曰："《志》所引史記，凡十七條。"其中十二條，"皆見於遷書"；惟五條"不見耳"。"齊、錢、孫三氏，皆以《志》所引史記爲《國語》，而非遷書。然季桓子穿井獲土缶，《魯語》作其中有羊，此作若羊；隼集陳廷，楛矢貫之石砮，《魯語》在陳惠公時，此在陳湣公時，皆與《孔子世家》合，而不與《國語》同，此明是引遷書，非《國語》文也。則謂孟堅未嘗以史記目太史公書，非其實矣。"陳直則曰："齊召南謂史記指《國語》，駁顏注是也。司馬遷之《史記》，在班固時尚稱《太史公書》，至桓錄時始改稱《史記》，説詳著者《太史公書名考》。"愚以爲，班《志》所稱"史記"，是泛稱班氏以前的史書，而非專指《國語》，也非專指司馬遷書。可參考班彪《前史略論》（見《後漢書·班彪傳》）。①

顏師古主張"史記"爲司馬遷之史，齊召南認爲此處是《國語》，而《新注》認爲是班固前的史書，非專指《國語》。這裏面的一個最大的問題恐怕在於今本《史記》沒有這一段内容，所以齊召南、錢大昕、沈欽韓纔不同意顏師古的意見，施之勉贊成顏説，陳直則認同清人的觀點。《新注》認爲是泛稱，似《新注》最爲穩妥。但是就這一段而言，今本《史記》不載而《國語》《新書》有之，班固不可能稱《新書》爲"史記"，這沒有問題。再看班固的《藝文志》春秋類收《春秋》二十三家，包括《左傳》、《國語》、劉向《新國語》、司馬遷《史記》等。班固《藝文志》云："古之王者世有史官。君舉必書，所以慎言行，昭法式也。左史記言，右史記事，事爲《春秋》，言爲《尚書》，帝王靡不同之。"②從這一段話看，則班固之"史"的範圍是包括《國語》《史記》等在内的。尤其是《五行志》這兩段内容用魯國紀年，而魯國紀年的史書無非《春秋》《左傳》和《史記·魯世家》，可偏偏今傳《春秋》《左傳》和《史記·魯世家》都沒有如此翔實的記載，更何況《五行志》凡引《左傳》——注明"左氏傳曰"，固不能以之出《左傳》。而有此詳實記載的《周語下》《禮容語下》又不是魯國紀年。這是上引各家觀點的癥結所在。相關比勘資料，可參見拙著《〈國語補音〉異文研究》《唐代類書引〈國語〉研究》，此

---

① 施丁主編：《漢書新注》，西安：三秦出版社，1994年，第974頁。
② 《漢書·藝文志》，第1715頁。

處不贅。

（五）漢賦對《國語》的徵引與化用

《詩·周南·葛覃》朱熹《集傳》謂："賦者，敷陳其事而直言之者也。"賦體文句規整，又受體制影響，在徵引前代典籍的時候往往採取截取句子和語詞的形式，有的採取化用前代典籍故事的形式。今以費振剛、胡雙寶、宗明華輯校的《全漢賦》（北京大學出版社，1993年）爲對象，略揭幾例如下：

（1）賈誼《鵩鳥賦》：越棲會稽兮，句踐霸世。
（2）梁竦《悼騷賦》：抉目眥於門閭。
（3）張衡《思玄賦》：從伯禹於稽山，集群神之執玉兮，疾防風之食言。
（4）張衡《二京賦》：楚築章華於前，趙弘魏舒，是廓是極、勤恤民隱、及至農祥晨正，土膏脉起……躬三推於天田，修帝籍之千畝，供禘郊之粢盛、日月會於龍狵、義德既昭，武節是宣。三農之隙，曜威中原、賦政任役、山無槎枿。
（5）馬融《長笛賦》：瑕豫王孫，心樂五聲之和，耳比八音之調、無相奪倫，以宣八風、或爍金礱石、刻鏤鑽笮。
（6）馬融《圍棊賦》：反受其殃。
（7）邊讓《章華臺賦》：於是伍舉知夫陳、蔡之將生謀也，乃作新賦以諷之。
（8）蔡邕《短人賦》：侏儒短人，僬僥之後，出自外域，戎狄別種。
（9）張超《誚青衣賦》：晉獲驪戎，毙壞恭子；有夏取仍，覆宗絶祀；叔胖納申，聽聲狼似……文公懷安，姜誚其鄙。
（10）王粲《游海賦》：鳥則爰居孔鵠。
（11）王粲《羽獵賦》：陳苗狩而講旅。
（12）王粲《大暑賦》：起屏營而東西。
（13）陳琳《神武賦》：善魏絳之和戎。

賦文作者的生活時代從西漢初年到東漢末年都有。以上各篇賦中所引詞句，分別出自《越語》《吴語》《魯語》《楚語》《周語》《晋語》。化用典籍詞語，是賦這一體裁的特點。一方面説明作者們熟悉經典，另一方面也説明《國語》在漢代的傳播還是比較廣泛的。

（六）漢代注釋對《國語》的徵引

　　像《史記》《漢書》《新序》《説苑》等典籍徵引往往是爲了叙事需要，可謂史實徵引。此外還有一些書籍是爲了把《國語》作爲例句進行補充説明，比如《説文》等一類訓詁專著或者漢人的注釋。但也有以之爲訓詁依據者，如《詩經》毛傳對叔向説《昊天有成命》的徵引。漢代注釋徵引《國語》者如東漢鄭衆、許慎、鄭玄等人的經注中各有條目若干。《説文》引經，清人研究較多。其他經注引經研究，引起關注的還不多見。今檢鄭玄注《周禮》《禮記》皆引述《國語》，前者引《國語》25處，後者引《周語》13處。所引用的《國語》例句大多是用來作爲補充説明的。撮舉三條如下：

　　官府之八成，經邦治：一曰聽政役以比居，二曰聽師田以簡稽，三曰聽閭里以版圖，四曰聽稱責以傅別，五曰聽禄位以禮命，六曰聽取予以書契，七曰聽賣買以質劑，八曰聽出入以要會。（《周禮·天官·小宰》）
　　鄭玄注：簡稽，士卒、兵器、簿書。簡猶閲也。稽猶計也，合也。合計其士之卒伍，閲其兵器，爲之要簿也。故《遂人職》曰："稽其人民，簡其兵器。"《國語》曰："黄池之會，吴陳其兵，皆官師擁鐸拱稽。"

　　惟王建國，辨方正位，體國經野，設官分職，以爲民極，乃立春官，宗伯使帥其屬而掌邦禮，以佐王和邦國。（《周禮·春官·宗伯》）
　　鄭玄注：宗官又主鬼神，故《國語》曰："使名姓之後，能知四時之生，犧牲之物，玉帛之類，采服之宜，彝器之量，次主之度，屏攝之位，壇場之所，上下之神祇，氏姓之所出，而率舊典者，爲之宗。"《春秋》"禘於大廟，躋僖公"，而《傳》曰："夏父弗忌爲宗人。"又曰："使宗人釁夏獻其禮。"

　　凡以神仕者，掌三辰之灋，以猶鬼神示之居，辨其名物。（《周禮·春官·神仕》）
　　鄭玄注：猶，圖也。居，謂坐也。天者，群神之精，日、月、星辰其著位也。以此圖天神、人鬼、地祇之坐者，謂布祭衆寡與其居句。《孝經説》郊祀之禮曰：燔燎掃地，祭牲繭栗，或象天酒旗坐星，厨倉具黍稷，布席，極敬心也。言郊之布席，象五帝坐。禮，祭宗廟，序昭穆，亦又有似虚危，則祭天圜丘象北極，祭地方澤象后妃，及社稷之席，皆有明法焉。《國語》曰：古者，民之精爽不携貳者，而又能齊肅中正，其知能上下比義，其聖能光遠宣朗，其明能光照之，其聰能聽徹之，如是，則神明降之，在男曰覡，在女曰巫。是之使制神之處位次主而爲之牲器時服。巫既知神如此，又能居以天法，是以聖人用之。今之巫祝，既闇其義，何明之見？何法之行？正神不降，或於淫厲，苟貪貨食，遂誣人神，令此道滅，痛矣。

可見鄭玄注引《國語》多數作爲例證。在進行引證之後，也進行一些補充解釋，可以作爲參佐。此外，鄭玄注對《國語》的徵引，也對今傳《國語》文本勘校具有一定的參考價值。

六、結　語

兩漢時期，《國語》書名得到了確立，雖然漢代人以及後來的學者在《國語》書名上有"春秋國語""春秋外傳""春秋外傳國語"等多種稱謂，但最爲大衆接受的，還是"國語"一名。司馬遷爲《國語》和左丘明之間的關係做了最爲簡要的陳述，成爲後來《國語》作者的主要依據，也成爲後來學者疑竇重重的主要根源。至於班彪、班固父子，對《國語》性質、形制、篇數、作者又進一步進行了確定。隨着對《左傳》一書研究的深入，作爲和《左傳》内容相同度比較高的《國語》也得到了學者的研究，不僅對其命名、性質、内容有比較深入的探討，而且還把《國語》作爲論證材料和史料、語料廣泛徵引。通過今存賈逵《國語》注的輯佚條目可見，賈逵基本確立了後世《國語》注釋著作的範式，而且其研究深度和廣度，都得到了後世《國語》研究和訓詁研究最大程度的認同。漢代注釋著作對《國語》的徵引，一方面説明《國語》的重要性。另一方面，這些徵引材料作爲校勘材料，對今傳《國語》的勘校具有比較重要的參考價值。

【作者簡介】郭萬青，1975年生，文學博士，唐山師範學院中文系教授，主要從事古典文獻學與訓詁學研究。

《宋遺民録》版本考

阮東升

《宋遺民録》十五卷，明程敏政(1446—1499)編。程敏政，徽州府休寧縣人，成化二年(1466)進士，仕至禮部右侍郎。該書編成於成化十五年(1479)，初刻於嘉靖二年至四年(1523—1525)，對明清遺民史學發展影響頗大，明清書目多有著録。① 學界對此書的版本尚未有詳細的論述，本文就寓目九種版本加以討論。

一、嘉靖二年至四年(1523—1525)程威、程曾等刻本

半頁九行十七字，單邊，黑口，雙黑魚尾。前有成化十五年(1479)程敏政序，序後有嘉靖二年(1523)程威牌記，卷三末有嘉靖四年(1525)程思柔《書西臺慟哭記後》，卷六末有戴勉牌記。卷十首頁次行題"陽湖孫道甫鋟梓"、末有嘉靖三年(1524)孫志道甫跋《書龔聖予所撰文宋瑞陸秀夫二傳後》。書末有嘉靖四年(1525)程曾《書宋遺民録刻後》。

程曾刊刻時有一定的增補，卷二收有儲巏《睎髮集引》，弘治本《睎髮集》此《引》署"弘治十四年冬十月朔中順大夫太僕寺少卿海陵儲巏識"。② 弘治十四年(1501)程敏政已逝，蓋係程曾等所增。

此版上海圖書館(後簡稱上圖)、國家圖書館(後簡稱國圖)藏，國圖本印次早於上圖本。國圖本前有葉德輝二跋，闕程敏政序、目録。卷一頁一、二、三皆有破損。卷三缺末頁(頁二十七)。卷六頁十下、頁十一下，二頁下半殘損。上圖本係錢曾舊藏，卷首程敏政序首頁係鈔配，序末有"虞山錢遵王我匪樓藏書"一行。卷四闕頁十六下、頁十七。正文有佚名校記，殘泐文字有描補，描補者與國圖本略有出入，以卷一爲例，如下表：

---

* 本文係 2021 年貴州省哲學社會科學規劃課題"程敏政著述版本與傳播研究"(17GZYB35)階段性成果。

① 相關著録書目有《晁氏寶文堂書目》《萬卷堂書目》《世善堂書目》《澹生堂藏書目》《絳雲樓書目》《千頃堂書目》《四庫全書總目》《浙江採集遺書總録》《唫香僊館書目》《士禮居藏書題跋記》《文選樓藏書記》《鄭堂讀書記》《鳴野山房書目》《宋存書室宋元秘本書目》《八千卷樓書目》《群碧樓善本書録》等。

② 祝尚書編：《宋集序跋彙編》，北京：中華書局，2010 年版，第 2423 頁。

表一　上圖與國圖卷一版本比較舉例

頁數行數	上圖本卷一	國圖本卷一
頁六上行八	則仗義以明分□	則仗大節以明分
頁六上行九	當以杲卿、張巡爲正	當於杲卿、張巡爲上
頁六下行三	向使陵降後死	況使陵降後死

葉德輝跋（一）云："此爲原刻初印，爲鮑氏知不足齋刊本之祖。"跋（二）在與知不足齋本的比對中略有訛誤，如云"卷二《謝翱傳》，鮑本有贊，此本無之，宋濂《謝翱傳》下接鄧心牧贈翱詩"之"鄧心牧"係"鄧牧心"之誤，"卷四《清明日》鮑本注唐珏"之"卷四"係"卷二"之誤，"卷八《寄韶卿》，鮑本注謝翱"之鮑本實未標作者。

二、明毛晉藏、毛扆校影鈔本

此本今未見，清黃丕烈有藏。黃丕烈《宋遺民錄跋》："頃收得毛子晉藏本，於明刻似影摹。……至於每卷各有附錄，總置書後，足見古人採訪之勤、體例之善。"①據此，毛晉藏影鈔本已開始增輯相關內容，與其後鈔本不同的是，所增輯的內容"總置書後"而非散入卷中，以維護原書的體例。

三、清初鈔本，清黃丕烈校并跋

半頁九行十七字，無格。前有朱筆"越一日校畢此册，燒燭至三更餘/矣。復翁"二行并黃丕烈跋。國圖藏。黃丕烈跋云：

……此《宋遺民錄》猶是照明初刻本寫者，篋藏久矣。頃收得毛子晉藏本，於明刻似影摹，故明人題語多有。此稍脫略矣。全書經斧季用朱、墨兩筆手校，又有別一人墨校。余悉臨之，以備參考。……

該版目錄卷與嘉靖刻本略有異同，卷六"穆陵行"之二首"又"下標"貝瓊"（刻本墨釘）、卷七"張千載"下朱筆標"宋旡"，卷十"文丞相傳補遺"下標"張樞"，卷十三"鄭所南宅"下標"王賓"（刻本墨釘），卷十四雜詠二首下缺"天台隱者"四字（刻本有）。據鈔本無"天台隱

---

① 《宋遺民錄》卷末，中國國家圖書館藏黃丕烈校清初鈔本。

者"的情況看,黃校本亦略有訛誤之處。

　　黃丕烈所臨"斧季用朱、墨兩筆手校,又有別一人墨校"頗多,以卷一爲例,凡 15 處,略引以作說明:如頁一下行四"《《梅邊先生吾汝藁序》:士之趣人以自裁者,惟朱雲)於其師蕭萬之,特一身計耳"之"蕭萬之"下朱墨補"然望之"三字,天頭校記"考圭齋本集亦有",地脚校記"朱墨校/亦斧季筆"二行。檢成化七年(1471)刻本《圭齋文集》有"然望之",但嘉靖本《宋遺民録》無,則毛扆(字斧季)據引文出處對《宋遺民録》進行了校勘。又據"朱墨校亦斧季筆",知毛扆校記在天頭,黃丕烈識語在地脚。又如頁二下行七"《《王鼎翁文集序》)雖百王鼎翁未之如何",天頭校記"'之如'別本作'如之',本集'之如'";頁二下行九"其邑人",天頭校記"'邑',別本作'門',集作'邑'"。其"本集""集"即《揭傒斯文集》,而檢嘉靖本《宋遺民録》作"之如""邑",則毛扆所稱"別本"蓋另一鈔本。頁三上行六"間閱"之"閱"旁朱筆標"関"字,未標出處,蓋同爲《王鼎翁文集序》一文而據文集加以校正而省略。其餘 11 處差異皆據"別本"加以校勘,其詳如下表:

表二　黃丕烈本卷一手校釋例

序號	校記
1	頁五下行三"率無所"。天頭:"率,別本作卒。"
2	頁五下行四"亦無愧"。天頭:"亦,別本作已。"
3	頁五下行七"不忍捐棄邪"下朱筆增"果欲脱去邪"五字。天頭:"不忍,別本作未忍。別本'邪'下有'果使脱去邪'。"地脚:"朱校增。"
4	頁六上行三"地南此"。"此"旁朱筆注"北"。
5	頁六上行六"而臣皆爲"。"臣"上補"君"字。天頭:"而下應有字,別本'而'下有'國君大'三字。"
6	頁六上行九"當於果卿張巡爲止"。"果"改"杲","止"改"上"。天頭:"上,別本作正。"
7	頁八上行一"倨坐苟安"。"倨"旁標"皓"。天頭:"墨筆原刻作倨、朱墨別本作皓。"
8	頁八上行三"疑或景進之計"。"或"下增"有"字。天頭:"原刻或字下無'有'字,別本或下有'有'字。"
9	頁八上行四"及於害矣"。"及於"旁標"反爲"。
10	頁八下行一"於後"。天頭:"啓手啓足,非曾參乎,得正而斃,乃取童子之一言血指慷慨,非南八乎抗義遲回終待張巡之一呼。別本'於後'下有廿八字。"
11	頁八下行三"遣汝歸蜀"。"汝"旁標"女"。天頭:"女,別本作汝。"

四、清順治三年(1646)陸氏采薇堂鈔、乾隆四十三年(1778)吳翌鳳校本

半頁八行二十字,前有吳翌鳳二跋。目録卷之卷六"穆陵行"之二首"又"下標"貝瓊"(刻本墨釘);卷七"張千載"下朱筆標"宋旡";卷十"文丞相傳補遺"下標"張樞";卷十三"鄭所南宅"下標"王賓"(刻本墨釘),與黃丕烈校跋本同。國圖藏。

此本係陸嘉穎采薇堂鈔本,其後吳翌鳳又據黃丕烈校本、毛扆校本加以校定。《中國古籍總目》著録爲"乾隆四十三年吳翌鳳鈔本",蓋誤。

吳翌鳳跋一:

> 右書傳自武林鮑氏,係陸平原采薇堂鈔,蓋善本也。惟末二葉斷爛不全。……戊戌又六月……棘人吳翌鳳識。

吳翌鳳跋二:

> ……吾友黃堯圃氏曾藏舊鈔,即从元本印摹者。近又得毛斧季朱墨手校本,頗爲精審,余借以對校。惟卷後附録,其在毛本,異日再得鈔補焉。嘉慶甲戌(1778)九月廿一日,一目生吳翌鳳記,時年七十有三。

鮑正言《宋遺民録跋》云"平原陸氏本鈔於順治丁亥……陸本久歸家篋,末卷失去三葉",①則"陸平原采薇堂鈔"本在順治三年丁亥。

五、清康熙三十三年(1694)鈔本

半頁九行十七字,無格。卷二末識有"甲戌五月二十六日/續夢堂校",卷三末識有"閏月十八日續夢堂校",卷四末識有"閏月十九日續夢堂校",卷五末識有"六月六日續夢堂校過",卷八末識有"六月八日校於續夢堂,積/雨連朝,時當中伏,頓生秋/思",卷九末識有"七月二十日夕惕若校閲",卷末程曾書後識有"康熙甲戌五月二十六日鈔完"。鈐"張貞/

---

① 《宋遺民録》卷末,《知不足齋叢書》本。

審定""杞園所/藏書画""張貞/之印"等印。係張貞(1637—1712)舊藏,今藏國圖。

該版行格與嘉靖本同(偶有行有十八字者),嘉靖本卷八頁二下行六第三字,卷十頁十下行七第十二、十三、十四字,卷十一頁五上行五第九、十字皆係墨釘,鈔本皆作空格。又鈔本亦間有訛誤,以卷八爲例,如下表:

表三　嘉靖本與鈔本卷八版本比較舉例

頁碼、行數	嘉靖本	鈔本	備註
頁三下、行二	17字	18字	
頁三下、行六	爲位哭失聲	"失"作"夫"	
頁四下、行九	未幾宋亡	"亡"作"忘"	
頁七下、行一	17字	18字	
頁七下、行一	悼屈而傷離	"傷離"作"離傷"	鈔本字旁有校勘符
頁十上、行九	勖哉	"勖"作"最"	鈔本字旁有校勘符
頁十一上、行六	漫寫餘哀寄冥漠	"漠"作"漢"	鈔本字旁有校勘符
頁十三下、行三	由人心生也	"生"作"主"	

六、清初湘潭黃氏觀稼樓鈔本十六卷

半頁十行二十字,單邊白口單黑魚尾,版心下記"觀稼樓鈔書"。鈐"沈印/善登""未還/道人""秀子章氏/考藏書/籍之印""王氏二十八宿研/齋秘笈之印""無黨較/正圖書""抱樸/含貞""章全/手校"諸印。藏臺北"中央圖書館"。臺北"中央圖書館"特藏組編《善本書志初稿》著錄。① 此本係增輯本。

七、清張德榮鈔本(存卷一至六)

半頁十行二十字,無格。前有采薇生跋云:

---

① 臺北"中央圖書館"特藏組編《善本書志初稿》:"首卷行頂格題'宋遺民錄之一'。書根以名四字爲册次(如宋)。首卷行頂格題'宋遺民錄之一'。卷十四首有方形牌記'寶彰字號本廠/督造選料名紙'。卷首有'宋遺民錄序',署'成化己亥(十五年,1479)春三月上浣新安程敏政序',次程士儀序,署'嘉靖二年(1523)四月初吉率溪程應士儀謹書'。卷三末有'西臺慟哭記後',署'嘉靖乙酉(四年,1525)冬十月初吉後臨溪程思柔謹識'。卷十末有'附錄公牧齋重輯桑海遺序',署'萬曆四十七年(1619)夏四月前史官錢謙益謹序'。卷十一末有'附錄牧齋水雲詩後',署'崇禎辛未(四年,1631)七□牧翁記'。内文卷二增補三葉,卷十增補九葉,卷十三增補三葉,卷十六全爲增補。正文中有清呂無黨(呂公忠、呂葆中,?—1707)及章全朱紫筆手校,又章全朱筆增補。"臺北"中央圖書館",1997年,第296頁。

丁亥冬日，明翁陸先生從藏書家借得，屬親串雜抄之，不肖以方輯《存華錄》，樂於速觀，遂爲寫得八卷，以速故，殆不成字。然吾黨今日復區區於此，亦可悲矣。采藏生記。

該版國圖藏。正文有校記。如卷二任士林《謝翱傳》末天頭欄注："按《松鄉集》有贊"；宋濂《謝翱傳》"署咨議參軍"天頭欄注"'議'，《宋學士集》作'事'"，"鬼神將避之"天頭欄注"'避'，集作'通'"。卷三《登西臺慟哭記》天頭欄識云："黃梨洲先生曾注《西臺慟哭記》及《冬青引》，見《文案》中，當補入。又梨洲有《謝皋羽年譜序》，亦見《文案》，《年譜》爲徐□所編，惜未見也。"又云："顧寧人云：本當作文信公，而謬云顏魯公，本當云季宋，而云季漢。凡此，皆有待後人之改正。"鈐"崔正學印""長樂鄭/振鐸西/諦藏書""長樂鄭氏/藏書之印""北京/圖書/館藏"等印。

八、原北平圖書館藏鈔本

半頁九行二十字，前有程敏政序，後有程曾書後。程敏政序後有程威牌記，卷三末有程思柔《書西臺慟哭記後》，卷六末有戴勉牌記，卷十無嘉靖本"陽湖孫道甫鋟梓"及孫志道甫跋。鈐"馬氏叢/書樓珍/藏圖記""東郡楊/紹和彥/合珍藏""宋存書室""東郡楊氏鑑/藏金石書畫印""國立北/平圖書/館考藏"等印，係馬曰琯（1688—1755）、楊以增（1787—1855）、楊紹和（1830—1875）等舊藏。

與嘉靖本相校，除卷四《宋鐃歌鼓吹曲》（缺《鄭之震》《母之悲》二目）、《宋鐃歌曲》（缺《伎女洗藍曲第九》一目）僅錄有題名之外，此本在卷一、五、六、七、十、十一、十三、十四末及書末有新增內容，如下表：

表四　原北平圖書館藏鈔本新增內容

卷次	新增篇目
卷一	《修吉安府廳記》《處靜堂記》《張縣衛舊祠堂記》《彭母湯氏復明事記》《贈晏表背序》《戴石玉字說》《戴正傳齋號說》《上參政姚牧庵書》《擬再上參政姚牧庵》《贊謝疊山啓》《回青山趙儀可慰書》。
卷五	《晞髮道人近藁》《天地間集》。
卷六	附錄冬青引注。
卷七	陳繼儒、陶宗儀相關序跋。

續表

卷次	新增篇目
卷十	《薛方山浙江通志》《錢牧齋重輯桑海遺錄序》，以及李東陽、陳獻章、倪岳、邵寶、吳寬、顧清、邊貢、梁有譽、徐中行、安南使臣、甘瑾、張憲等關於崖山大忠祠的詩歌。
卷十一	李珏《汪水雲詩跋》後有詩："天地事如許，英雄鬢已斑。泪添東海水，愁壓北邙山。"卷末增《浮丘道人招魂歌》《錢牧齋水雲詩跋》。
卷十三	《題鄭所南畫蘭》。
卷十四	《周草窗密癸辛雜識》《輟耕錄跋》，《薛方山浙江通志》相關內容。
書末	《錢牧齋書瀛國公事實》，《續資治通鑒》《薛方山浙江通志》相關內容。

九、清乾隆至道光間《知不足齋叢書》本

半頁九行二十一字。前有程敏政成化十五年(1479)序，後有程曾嘉靖四年(1525)書後、清順治十年(1653)竹里老人跋、鮑正言跋、清嘉慶十三年(1808)鮑廷博跋。無嘉靖本之程威牌記及孫志道甫跋。《叢書集成初編》本、《筆記小説大觀》本據此本排印，文海出版社《宋史資料萃編》本、北圖《宋代傳記資料叢刊》本據此影印。

竹里老人跋：

> 壬辰之秋，余從書肆見此書卷首，出一奚奴袖中，乃槧本也。……欲竟讀而不得，然心懷之不置。已而訊之史先生辰伯，先生故以好書稱者，言吾向者從虞山借得以授平原氏鈔存，可得而觀也。旋爲予取來……書係錄本，惜亥豕之訛，未讎正爾。鈔成，爲識之如此。癸巳歲(順治十年)四月五日竹里老人書。

鮑正言跋：

> 平原陸氏本鈔於順治丁亥(三年)，此册又後七年矣。陸本久歸家篋，末卷失去三葉，得此補寫，遂爲完書。竹里姓氏莫詳，存其跋語，庶不没老人苦心云。正言[印]。

鮑廷博跋：

> ……惜末卷誤信野史，以元順帝爲宋幼主瀛國公之子……廷博……因節去末卷紕繆之余應詩及《瀛國公事實》《西江月》等詞，存其《元史》紀傳之可信者三則，重爲刊

定。……嘉慶戊辰(十三年)八月二十七日通介叟鮑廷博識於西湖寓,時年八十有一。

《叢書集成初編》所收《知不足齋叢書》本《宋遺民錄》卷十五并未刪去"余應詩及《瀛國公事實》《西江月》等詞",蓋同一《知不足齋叢書》本亦有前後差異。與嘉靖本相校,知不足齋本除葉德輝嘉靖本《跋》中所列差異外,尚有補輯40餘篇,如下表:

表五 《知不足齋叢書》本新增内容

卷次	新增篇目
卷一	《張縣衛舊祠堂記》。
卷六	《書穆陵遺骼》《白塔行并引》《南宋諸陵復土記》《寄常州簿鄭宗仁》。
卷九	《東陽十題》。
卷十	《宋陸君實傳》贊語、《陸君實後傳》、《高馬小兒圖》、《墨馬圖》、《瘦馬圖》、《自題中山出游圖》、《僕爲虛谷先生作玉豹馬先生有詩見酬極稱筆勢之馳騁乃以此詩報謝》、《自題山水卷》、《題趙鷗波高士圖》、《題昭陵什伐赤馬圖》、《一字至七字觀周曾秋塘圖有作》、《兒子咸畫雁老人作江天仍作詩命咸書卷上》、《題自寫蘇黄像》。
卷十一	《讀汪水雲集》《題汪水雲集後》《浮丘道人招魂歌》《文山道人事畢壬午臘月初九日》。
卷十二	《哀毗陵》《送存書記》《題葉東叔賓月堂》。
卷十三	《題多景樓》《聽琴》《送友人歸》《夏駕湖晚步懷古》《訪隱者》《春日登城》《春詞》《懷友》《春日游承天寺》《湖上漫成二首》《仙興》。
卷十四	《六陵祠祭議與紹守杜君》《冬青義士祠祭議二與紹守杜君》《冬青義士祠祭議三與紹守杜君》《奉浙東孫觀察論南宋六陵遺事帖子》《再奉浙東孫觀察帖》。
卷十五	《答史雪汀問宋瀛國公事帖子》。

十、日本享和三年(1803)鈔本,昌平黌藏

行格同嘉靖本,前有程敏政序,後有采薇堂跋。

正文卷二至卷十五天頭有朱筆校記。卷一末藍筆"享和三年歲次癸亥十二月望乾無必校",卷三末朱筆"享和三年冬十二月念一日加藤維藩校",卷六末朱筆"享和癸亥季冬仲澣加藤維藩校",卷九末朱筆"享和癸亥季冬下浣加藤維藩校",卷十二末朱筆"享和三年癸亥季冬加藤維藩校",卷十五末有墨筆"享和三年癸亥冬十有一月佐父理希亮校"。此本所據底本即清順治三年(1646)陸氏采薇堂鈔本,目錄卷之卷六"穆陵行"之二首"又"下標"貝瓊",卷十"文丞相傳補遺"下標"張樞"、卷十三"鄭所南宅"下標"王賓"皆與采薇堂本同而

與嘉靖本異。又吳翌鳳校采薇堂鈔本目錄之卷七"張千載"下朱筆標"宋旡",此本無,蓋所據非吳翌鳳所校本。

就本文的考察看,《宋遺民錄》版本系統有二:明嘉靖刻本、清鈔本。清鈔本系統亦有二:一爲内容仍嘉靖本之舊,有清初鈔本(清黃丕烈校并跋)、清順治三年(1646)陸氏采薇堂鈔[乾隆四十三年(1778)吳翌鳳校本]、清康熙三十三年(1694)鈔本、清張德榮鈔本、日本享和(1803)三年鈔本等;一爲在嘉靖本基礎上有所增補,有明毛晉校藏舊鈔本、清初湘潭黃氏觀稼樓鈔本、原北平圖書館藏鈔本、《知不足齋叢書》本等。此外《宋遺民錄》清鈔本尚多,①其範圍蓋亦不出仍嘉靖本之舊或有所增補兩端。

【作者簡介】阮東升,男,1977年生,文學博士,貴州興義民族師範學院文傳學院副教授,主要從事古典文獻學研究。

---

① 有清嘉慶五年(1800)譚學敏鈔本不分卷,山東省圖書館藏;清光緒八年(1882)嶺南芸林仙館刊本,臺北"中央圖書館"藏;清光緒間鈔本,藍絲欄,國圖藏;清末焦氏鈔本,國圖藏;清朱絲欄鈔本,國圖藏;清《濟寧李氏礑墨亭叢書》本(傅增湘校),中山大學圖書館藏;蘭格舊鈔本十五卷又傳一卷,臺北"中央研究院"歷史語言研究所藏;友竹書室鈔本十五卷附《汪水雲詩鈔》一卷,臺北"中央研究院"歷史語言研究所藏等。

明代顧璘別集版本考略

湯志波 倪 晨

顧璘(1476—1545),字華玉,號東橋居士,明代蘇州府吳縣(今江蘇蘇州)人,寓居上元(今江蘇南京)。弘治九年(1496)登進士第,觀政户部,三年後授廣平縣知縣,徵入南京吏部,任驗封司主事,進稽勳郎中。歷任河南開封府知府、廣西全州知州、浙江左布政使、都察院右副都御史,以南京刑部尚書致仕。晚年於息園中大治屋舍,客常滿座。顧璘與同里陳沂、王韋初號"金陵三傑",後朱應登繼起,同號"四大家"。

顧璘有詩文集《浮湘稿》《山中集》《憑几集》《息園存稿》《緩慟集》等總若干卷,現存有明嘉靖間彙刻本、明嘉靖間藍格抄本、清四庫全書本、清烏格抄本、清翁氏茹古閣抄本、民國三年(1914)《金陵叢書》鉛印本等。今就所目驗所得,概述別集版本如下,并考其亡佚著作,繪製版本源流圖。

一、明嘉靖間彙刻本

明嘉靖間彙刻《浮湘稿》四卷、《山中集》四卷、《憑几集》五卷續二卷、《息園存稿》文集九卷、《息園存稿》詩集十四卷、《緩慟集》一卷、《國寶新編》一卷、《近言》一卷,共八種四十一卷,國家圖書館、中國科學院圖書館、上海圖書館、祁縣圖書館、無錫市圖書館、浙江大學圖書館、重慶市圖書館等藏。《近言》卷末鐫"吳郡沈氏繁露堂雕",故《中國古籍總目》著録此彙刻本爲"明嘉靖間吳郡沈氏繁露堂刻本"。有學者指出,"用'明嘉靖吳郡沈氏繁露堂刻本',是以偏代全,只適用於《近言》,不能概括其他七種"。① 故本文僅以嘉靖間彙刻本相稱。關於沈氏繁露堂,葉德輝在著録《近言》時已有考證:"是本爲明人沈與文所刻。沈字辨之,刻有《韓詩外傳》,世所稱沈辨之野竹齋本者是也。是本前王廷相序第三葉第十行

---

* 本文係上海市哲學社會科學規劃課題"《四庫全書總目》明別集提要箋證"(2020BWY002)階段性成果。
① 崔建英:《舊板彙印本及著録》,《文物》1985年第1期,第55頁。

下,有'吴人沈與文書'六小字。本書末葉長方'亞'字印内,有'吴郡沈氏繁露堂雕'八篆字。全書方體字,近宋刻。沈固善刻書者,書雖平常,存之以見明時刻本之風氣云。"①由於《國寶新編》《近言》不屬别集,不在本文論述範圍之内,今以上海圖書館藏本爲例,著録前六種别集版本如下。

1.《浮湘稿》

《浮湘稿》四卷,半葉九行,行十六字,四周單邊,黑格白口,上單黑魚尾,版心鐫"浮湘稿",卷端題"前進士開封知府遷全州姑蘇顧璘撰"。卷首有濟陽蔡羽《顧全州詩序》及總目録,卷末有門生金大車《浮湘稿後序》,後鐫"江右吴綱刻"。金大車《後序》曰:"吾師東橋顧公以直道忤權奸,謫刺全州,感時觸興,一寓於詩,題曰《浮湘稿》。……公今歷官御史中丞,階則崇矣,而卒不獲大伸其志,諸門下士乃請是集梓行之,其有感焉乎哉!"②可知《浮湘稿》爲顧璘正德九年(1514)至十一年被貶全州時所作,"御史中丞"當指其所任都察院右副都御史一職。顧璘分别於嘉靖九年(1530)、嘉靖十六年(1537)任都察院右副都御史,然嘉靖九年(1530)授官後不久,便"上疏乞終養,忤旨落都御史,以布政使致仕"。《後序》又言"卒不獲大伸其志",或指顧璘晚年力有不逮,故可推斷《後序》當作於嘉靖十六年(1537)顧璘再次召爲都察院右副都御史後、嘉靖十八年(1539)升刑部右侍郎前,《浮湘稿》或即刊刻於此間。是書基本按創作時間順序收録,卷一收詩64首,卷二詩87首,卷三詩69首,卷四詩58首,詞7首,共計詩278首、詞7首。

按,是書《千頃堂書目》《天一閣書目》皆有著録。③《静嘉堂秘籍志》《萬卷精華樓藏書記》《傳是樓書目》等書著録有《浮湘集》四卷,④與顧璘其他别集同列;《萬卷精華樓藏書記》載有部分序言,與《浮湘稿》序言亦同,可知《浮湘集》與《浮湘稿》實爲一書。

又按,《浮湘稿》另有多種單行本存世,均有殘闕。國家圖書館藏本存卷三、卷四,上海圖書館藏本存卷一、卷二,天一閣博物院藏本僅存卷一。臺灣"國家圖書館"藏本爲鈔配

---

① 葉德輝撰,楊洪升點校:《郋園讀書志》卷五,上海:上海古籍出版社,2010年,第215頁。
② 顧璘:《浮湘稿》卷末,明嘉靖間刻本。
③ 參見黃虞稷撰,瞿鳳起、潘景鄭整理:《千頃堂書目》卷二十一,上海:上海古籍出版社,2001年,第535頁;范邦甸等撰:《天一閣書目》卷二,上海:上海古籍出版社,2010年,第402頁。
④ 《静嘉堂秘籍志》中案文瀾閣《提要》云:"《浮湘集》四卷。"(河田羆撰,杜澤遜等點校:《静嘉堂秘籍志》,上海:上海古籍出版社,2009年,第1809頁)《萬卷精華樓藏書記》:"《浮湘集》四卷……《浮湘集》,金氏序。"(耿文光撰:《萬卷精華樓藏書記》,北京:北京圖書館出版社,1997年,第4077—4078頁。)《傳是樓書目》著録:"顧璘《東橋全集》三十八卷,《息園存稿》十四卷又九卷,《山中集》四卷,《浮湘集》四卷,《憑几集》五卷又五卷。"(徐乾學:《傳是樓書目》,見中國國家圖書館編:《原國立北平圖書館甲庫善本叢書》第461册,北京:國家圖書館出版社,2014年,影印知不足齋正本,第1051頁。

本,自卷首蔡羽《顧全州詩序》至卷三《送張進士自全州成婚歸桂林》爲抄補部分。

2.《山中集》

《山中集》四卷,半葉十一行,行二十字,左右雙邊,白口,上單黑魚尾,版心鎸"山中集",部分頁有刻工名:左(卷一14頁)、右(卷一13頁,卷三14—15頁,卷四4—5頁)、宇(卷四4頁)、淮(卷一10頁,卷二2頁)、堂(卷一17頁)、實(卷一20頁)、昇(卷四1頁)、還(卷四11頁)等,各卷前有分卷目録。卷首有陳束《山中集序》:"爾其歸休山中,返吾初服。……嘉靖丁酉,有詔起公於山中,節鎮全楚之地,聲訓所流,湘湖振蕩。"①可見《山中集》所記應爲嘉靖元年(1522)顧璘"以病免"至嘉靖十六年(1537)間所作。《山中集》按題材分卷,卷一收閑適詩112首,卷二游覽詩81首,②卷三贈答詩108首,卷四賦詠詩122首、詞6首,共計詩423首,詞6首。

按,北京大學圖書館藏《山中集》四卷,或是單刊本。《原國立北平圖書館甲庫善本叢書》影印明嘉靖間刻本,但《山中集》卷一自《贈王光禄克明遷北寺》至《寄壽仲憲長與立》闕損。③

3.《憑几集》

《憑几集》五卷續二卷,半葉十一行,行二十字,白口,左右雙邊,單黑魚尾,版心下鎸"憑几集",部分頁有刻工名:宇(卷一首頁、6、8頁)、宋(卷一11頁)、淮(卷一14頁)、堂(卷三3頁)、昇(卷三4頁、10頁)、左(卷四首頁)等。卷端題"東橋居士顧璘",續集卷端大題及卷次下綴"續"。卷首有嘉靖庚子(十九年,1540)皇甫汸《憑几集序》及顧璘自序。顧璘自序曰:"丁酉秋八月,余發武昌行臺,歷諸郡殆遍,至明年戊戌夏四月始返,蓋八越月。在車之日幾半,凡行七千餘里。所乘帷車前有一橫板,下爲抽匣,藏書二三冊,筆硯亦具,日憑而誦若几焉。山川映發於目,時序變易於前,情感事觸,悲喜百狀。率口占爲詩詞,將以寓懷消日,不求體調,所謂優賢乎己者也。止輒筆之,不覺成帙,題曰《憑几集》。"④皇甫汸《序》落款"嘉靖庚子首夏",并稱顧璘爲"大司空",當是指顧璘任工部尚書,故其刊刻應在嘉靖十九年(1540)前後。《憑几集》卷一收詩90首,卷二詩102首,卷三78首,卷四詞31首,卷五賦2、序7、記4、銘17、祭文7、書8篇,共計詩270首、詞31首、文

---

① 顧璘:《山中集》卷首,明嘉靖間刻本。
② 按,《山中集》卷一、卷二題下自題"閑適詩共一百七首""游覽詩共八十四首",然與實收數目不符。
③ 顧璘:《山中集》卷一,見《原國立北平圖書館甲庫善本叢書》第732冊,影印明嘉靖間刻本,第924頁。
④ 顧璘:《憑几集》續集卷首,明嘉靖間刻本。

45篇。《續集》卷一爲雜詩101首,卷二爲雜文20篇。

按,《原國立北平圖書館甲庫善本叢書》影印明嘉靖間刻本,《憑几集》卷一《寄内》至《獨坐》,與《續集》卷一《與王司禮燾馬司諫汝彰盧氏園宴坐言別》至《哭金子有》錯簡;卷一《賦雲陽絶句擬作靈光亭詩》至《看山詞》,與《續編》卷一《入襄陽》至《一月二日自襄陽赴穀城將游太嶽》錯簡,①使用時尤需注意。

4.《息園存稿》

《息園存稿》文集九卷,半葉十一行,行二十字,白口,左右雙邊,單黑魚尾,版心下鎸"息園存稿",部分頁有刻工名:宇(卷一1—3頁)、左(卷一17—18頁)、宋(卷二11頁、卷三首、2頁)、堂(卷三13、20頁),卷端題"姑蘇顧璘"。卷首有嘉靖十七年(1538)鄧繼曾《息園存稿序》:"曾自學於塾,學爲文,知海内擅大家者有東橋先生矣,未見其所爲文也。及仕入瑣垣,或見一二什札,則起敬三復,思欲盡見美富,而左於宦游,徒增饑渴。頃以議裁賦繇,備端書之役,獲睹《息園存稿》,遍取而讀之,嘆曰:'此道藴之發也,此世教之一振也。'"②《息園存稿》文集收序63、記24、墓銘22、墓碑3、碑1、墓表1、行狀2、傳5、祭文10、雜銘6、贊10、説7、解2、辯4、對2、述1、問1、篇2、引5、書啓42、議1、策問1、連珠4、跋題14篇,共計233篇。

《息園存稿》詩集十四卷,半葉九行,行十六字,白口,四周單邊,單黑魚尾,版心下鎸"息園存稿",第2頁版心下有刻工名"宇"字,卷端題"姑蘇顧璘"。卷首有嘉靖十七年(1538)陳大壯序:"嘉靖癸未,真州蔣南泠先生刺鄉郡,壯蓋從之游,聞其緒論,謂當代藝苑如東橋顧先生者,百世士也。後十六年,壯始以郡役,獲示《息園存稿》凡十四卷,且重以校讎之委。洒昔之耳食者,得遂酬肥飫。"③詩集各卷分體裁收録,收賦7篇、樂府雜詩87首、五言古詩147首、七言古詩74首、五言律詩212首、五言排律14首、七言排律1首、七言律詩179首、五言絶句60首、七言絶句72首、六言2首,共計855首。

按,因鄧繼曾、陳大壯序落款時間皆爲嘉靖十七年(1538),故《中國古籍總目》著録《息園存稿》文九卷單行本爲"明嘉靖十七年蔣山卿、陳大壯刻本",實即嘉靖間刻本。《息園存稿》又名《息園集》或《息園詩稿》《息園文稿》,文徵明《故資善大夫南京刑部尚書顧公墓志銘》載:"公所著書曰《國寶新編》、曰《近言》、曰《顧氏七記》,詩文曰《浮湘稿》、曰《山中集》、

---

① 顧璘:《憑几集》卷一、《續集》卷一,見《原國立北平圖書館甲庫善本叢書》第732册,影印明嘉靖間刻本,第953—954、994—995頁。
② 顧璘:《息園存稿》文集卷首,明嘉靖間刻本。
③ 顧璘:《息園存稿》詩集卷首,明嘉靖間刻本。

曰《息園集》、曰《憑几集》、曰《登衡小記》，總若干卷。"①其中《息園集》或即《息園存稿》，《浙江採集遺書總録》亦著録"《息園集》九卷，刊本"，②當指文集九卷。《續文獻通考》云："《息園集》《顧東橋集》，金陵顧璘著。"③《顧東橋集》乃顧璘諸別集統稱，《息園集》當是單刻本。《八千卷樓書目》著録《息園存稿》詩十四卷文九卷"後又載"明單刊《息園存稿》本"。④ 亦可佐證。明陳第《世善堂藏書目録》云："《息園集》十卷，顧東橋璘。"⑤不知是卷數著録有誤，還是有單行十卷本，俟考。或將文稿與詩稿分開著録，《千頃堂書目》載"《息園文稿》九卷又《息園詩稿》十四卷"，⑥《明史·藝文志》沿其説，均指《息園存稿》無疑。《息園存稿》單行本如下：國家圖書館、南京圖書館、上海圖書館藏《息園存稿》文九卷詩十四卷；臺灣"國家圖書館"藏《息園存稿》詩十四卷。

5.《緩慟集》

《緩慟集》一卷，半葉九行，行十八字，白口，四周單邊，單黑魚尾，版心鐫"緩慟集"，卷端題"東橋居士著"。卷首有嘉靖十九年（1540）顧璘自序曰："女亡，余哭之慟。……思無以緩吾慟，乃志其墓，以著明淑。木已，又録其善言，且綴詩十三章哀之。吾聞後有傳者爲不朽，不朽者雖死不死也。……吾女小善，豈敢希蹤於前美，使其片言單行撰女史者或采焉，是亦可以不死矣，吾慟不其少緩乎？遂不避而梓之備焉。"⑦收録《俞介婦顧女墓誌銘》一篇、《遺思》十一則、《哀曲》十三章、《琴操》四曲。

按，臺灣"國家圖書館"藏《緩慟集》一卷，著録爲"明嘉靖十九年南都顧氏刻本"。

二、明抄本《東橋集》

1. 浙江圖書館藏本

《東橋集》四十三卷，明抄本，半葉十行，行二十四字，藍格，白口，四周單邊，版心無書

---

① 文徵明著，周道振輯校：《文徵明集》卷三十二，上海：上海古籍出版社，2014年，第717頁。
② 沈初等撰，杜澤遜、何燦點校：《浙江採集遺書總録》癸集下，上海：上海古籍出版社，2009年，第662頁。
③ 王圻：《續文獻通考》卷一八二，明萬曆三十年（1602）松江府刻本。
④ 丁立中編：《八千卷樓書目》卷十六，北京：國家圖書館出版社，2009年，影印1923年錢塘丁仁聚珍仿宋版自印本，第388頁。
⑤ 陳第：《世善堂藏書目録》卷下，上海：商務印書館，1937年，第52頁。
⑥ 《千頃堂書目》卷二十一，第535頁。
⑦ 顧璘：《緩慟集》卷首，明嘉靖間刻本。

名、魚尾,卷端題"東橋居士姑蘇顧"(均闕"璘"字)。卷首有目錄及王廷相《近言序》、黃綰《近言序》、陳束《山中集序》、鄧繼曾《息園存稿序》、陳大壯《息園存稿序》、袁袠《國寶新編序》、蔡羽《顧全州詩序》與顧琛《書顧氏七記後》等序跋8篇,序跋內容與嘉靖間刻本無異,然篇末均未標明時間。此本收《緩慟集》中篇目,可見此書抄錄時間當不早於嘉靖十九年(1540)七月顧女所卒之時。且《琴曲》序中,明抄本"琴操四曲,寡女靜媛慧善孝節,從侍郢都,遽爾夭歿",嘉靖間刻本則作"女亡逾月",題末添"續製"二字,故抄寫時間或早於《緩慟集》刊刻時間。詩文各按體裁收錄,文十九卷,卷一即為《近言》13篇,卷二即為《國寶新編》15人傳贊,卷三至卷十九有序49、贊9、記25、說4、雜銘20、辨4、墓銘18、墓碑3、碑1、墓表2、傳4、行狀2、解3、祭文14、誄1、對2、篇2、評1、議2、連珠4、辭2、書啓50,共計250篇。詩二十三卷,賦7、樂府雜詩121、四言1、五言古詩261、六言11、七言古詩82、五言律詩360、五言排律17、七言律詩416、五言絕句181、七言絕句220,共計1677首。詞一卷,共計52首。

按,較以明嘉靖間刻本,《東橋集》編纂體例不同,內容也多有差異。首先,兩書所收詩文互有增刪,其中文34篇、詩106首、詞9首不見於明嘉靖間刻本,有重要的輯佚價值,①亦有部分篇目不見於嘉靖間刻本。其次,組詩數量少於嘉靖間刻本,如《客居雜言》七首僅收三首、《雜言送延平朱使君》十三首僅十首、《徐學士子容薜荔園》十二首僅八首、《柳山雜詩》八首僅五首、《野亭公雜詠》六首僅五首、《除夕和女文》二首僅一首、《登祝融峰宿上封寺》三首僅二首、《上下諸峰間作》六首僅四首、《方廣寺》二首僅一首、《往來衡山道中漫興》六首僅四首、《憶殤女》二首僅一首、《湘山雜詩》十首僅九首、《入襄陽》二首僅一首。此外,

---

① 文如《贈監察御史姚君還南臺序》《壽九峰徐先生序》《壽王敬之六十壽》《刻高逸編序》《刻批點唐音序》《芳園雅會詩序》《故太子太師户部尚書九峰孫公像贊》《郎陽大觀樓記》《應天府學義田記》《蘆泉劉先生墓志銘》《明故前監察御史石君南仲墓志銘》《明故江西南安府知府何公墓志銘》《九峰隱君徐子仁墓志銘》《秋林翁墓志銘》《皇明通議大夫南京兵部侍郎陳公神道碑》《衍慶阡表》《石岡阡表》《少保户部尚書孫公傳》《怒騷解》《祭先文》《光祿少卿史君巽仲誄》《楚三子詩評》《議增吳天一道亨巡以重陵寢事》《復王陽明論學書》《啓許松皋》《啓光化王》《啓桂洲閣老》《與松皋太宰》《與浚川總憲》《啓張玉豁少宰》《啓南泠》《啓東郭》《啓中白》《啓涵峰》,詩如《迎鑾曲》《中白洞室題寄王偉立》《省署雜興》《贈蘄州寫真翟生》《六月陸中丞再至承天司同諸公廬園納涼作》《贈中丞戴龍山入蜀採木》《恭題》《漢江泛月行》《中秋漢江再泛歌》《夜雪登天池寺》《自武昌過南京舟中雜興》《冒雨赴孫南江秦莊之游》《初春往游焦山謁九峰公墓》《泛鮑塘二首和顔漢東》《謁濂溪祠》《東林寺》《和答石屏李貽教司馬》《戴中丞入臺道出承天會予用其游太嶽韻賦賸四首》《登大洪山絕頂靈濟禪師道場》《初夏游傳常侍所築龍泉寺》《彌陀寺後山同諸君玩月至夜》《再疊寺玩月韻》《再疊玩月韻》《雪中同少室楊憲使游廬山》《雪後樓上》《大雪》《晏起》《登黃鶴樓飲後作》《登元祐宮三洞閣疊韻呈諸公》《將別郢都再過紅崖有感》《別王稚欽》《和顏漢東廬園泛觴之作》《贈李黃門徵入京》《答陳高吾贈別二首》《送宗伯溫栢齋京山崔岱屏護葬顯陵還朝》《酒隱次七弟英玉二首》《再次酒隱寄七弟》《答皇甫子循司法》《次韻陽峰宗伯謁顯陵一首》《恭賦章聖太后南祔挽詞一章次韻》《寄和諸兄弟家園賞花詩四首》《題物》《風起》《育庵居郢治塔院延二老衲諷經余偶得此畫風景彷彿因題贈之》,詞如《漢宮春·生日作》《西河·壽文衡山七十》《長相思·和桂洲公》《如夢令·寄馮子和》《臨江仙·雨中得竹鶴公寄詩册至》《二郎神·四月將過與客飲廬園作》。

還存在同詩異題的情況,如《游太和山前記》明抄本作《游太嶽前記》,《啓序庵公》作《謝序庵閣老》,《次韻答聞山》作《次韻答楊太僕介福》,《山行絶句十三首》作《武當山行十三首》等。最後,部分篇目整句相異,如嘉靖間刻本《贈馬督府》"十載懷相傾"明抄本作"餞送懷先傾",《喜雨二首》"時非湯世運,地薄楚人哀"明抄本作"楚田祈望歲,湯德竟禳災",《渡襄江懷孟浩然》"沈浸顔謝場,唐風美新製"明抄本作"平生爾雅辭,唐風發新例",《岳墳》"崖山海色連天盡,精衛空銜萬古悲"明抄本作"金牌畫出旌旗返,千古英雄不盡悲"等,有重要校勘價值。

2. 國家圖書館藏本

《東橋集》二十六卷,明抄本,半葉十行,行二十字,藍格,白口,四周單邊,卷端題"東橋集姑蘇顧璘撰"。其中詩十四卷文十二卷,詩、文卷次各自起訖,無序跋。與浙江圖書館藏明抄本相較,二者雖卷數不同,但皆爲14册,浙圖藏明抄本詩文篇目基本涵蓋國圖藏明抄本,在具體篇目的收録與次序上略有不同。因此書已有蟲蛀,破損嚴重且無膠卷,未能細驗全貌,俟考。

三、清抄本與民國鉛印本

1. 清四庫全書本

文淵閣《四庫全書》收《浮湘稿》四卷、《山中集》十卷、《憑几集》五卷、《續編》二卷、《息園存稿》文九卷詩十四卷、《緩慟集》一卷,共四十五卷。卷首有四庫館臣所撰提要:

> 《顧華玉集》,明顧璘撰,總四十五卷。璘有《近言》《國寶新編》别著録。是編凡分六集:一曰《浮湘稿》四卷,由開封府知府謫全州知州時作;二曰《山中集》十卷,移病家居時作;三曰《憑几集》五卷,四曰《憑几續集》二卷,皆官湖廣巡撫時作;五曰《息園存稿》文九卷詩十四卷,并刻於嘉靖戊戌;附録曰《緩慟集》一卷,官工部侍郎時傷其亡女之作。朱彝尊《明詩綜》稱其尚有《歸田稿》,今未見,不知其佚否也。①

文淵閣本異於明嘉靖間刻本之處,首先是《山中集》卷數,嘉靖間刻本及歷代著録皆爲四

---

① 顧璘:《浮湘稿》卷首,見《景印文淵閣四庫全書》第1263册,臺北:臺灣商務印書館,1983年,第135—136頁。

卷,文淵閣本却爲十卷,今核其内容,其後六卷爲明代丘雲霄《止山集·山中集》後六卷,《顧華玉集·山中集》第五卷至第十卷与《止山集》完全重複,當是誤入《顧華玉集》中。①就其六卷内容本身也可看出其文非顧璘作,文中主客問答中,多次出現"止山子""丘子","止山"爲丘雲霄之號,屬誤收無疑。其次,文淵閣本有部分闕漏,如《憑几集續集》卷一末較嘉靖間刻本闕《反歸來行寄浚川公》《登黄鶴樓飲後作》二首,不知抄寫時遺漏還是所據底本有闕。此外,文淵閣本較嘉靖間刻本有兩處衍文:《息園存稿》詩集卷一《述征賦》"欣斯役"句後,文淵閣本衍"自慚謭陋,敢效賡颺。而躬逢盛典,欣忭之私,有不能已於言者"句;《息園存稿》詩集卷二《將進酒》"急管交繁絲"句後,文淵閣本衍"清歌聲宛轉,華燭光參差"句。兩處皆爲嘉靖間刻本所無,暫未知其出處。另有異文若干,僅舉數例:嘉靖間刻本《憑几集》卷二《冒雪往會錢邢二使君》"良友遠在念,公家均有程",文淵閣本作"五更吹角起,征夫均有程";《息園存稿》詩集卷十四《偶題》"儘有山林堪送老,不知何事□□□",文淵閣本作"儘有山林溪澗趣,好將佳境暢天機";《息園存稿》文集卷三《贈謝應午遷北省序》"梁獄懿親,寧豈操縱之微權乎",文淵閣本作"豈非所以深明刑罰之微權乎"。異文產生原因有待進一步探討。

　　文津閣《四庫全書》本所收《山中集》四卷同嘉靖間刻本,未誤收丘雲霄《山中集》。且文津閣本《顧華玉集》收録時順序與文淵閣本不同,《山中集》《憑几集》及《續集》在《提要》前,存金大車《浮湘稿後序》、顧璘《緩慟集序》、陳束《山中集序》,後二序爲文淵閣本所無。

　　文瀾閣《四庫全書》本所收《山中集》卷數同嘉靖間刻本,較之嘉靖間刻本與文淵閣、文津閣本,文瀾閣本無文淵閣本五處衍文與異文,然《緩慟集》卷末多出陳洪謨、楊褆、王格、顧玠、王應芳、黄濟、黎奭、商大節、羅英、牟盛、王絍、劉迪、江鋭、黄漳、劉祚、陳鳳、程宗舜、李濂、王顓諸人和詩,朱衣《琴操》、吴悮與艾孟午《解》、李汝楫《誄》與《祭俞令人顧氏文》,及孫一元、廖道南、顔木、王絍與署名"禧"的五篇跋。按,日本静嘉堂文庫藏抄本《顧華玉集》三十五卷,《静嘉堂秘籍志》著録爲"文瀾閣傳抄",②未能目驗,姑附於此。

---

① 參見顧璘:《顧華玉集·山中集》卷五至卷十,見《景印文淵閣四庫全書》第1263册,第223—261頁。丘雲霄:《止山集·山中集》卷五至卷十,見《景印文淵閣四庫全書》第1277册,第266—304頁。按,"四庫全書研究所"整理本《欽定四庫全書總目》已在校注中指出《山中集》卷數不符,但并未深入展開。沈云迪《明代福建作家研究》第四章第二節在研究明代作家丘雲霄時,從詩文風格和地名對比方面進行了論述(上海師範大學2008年碩士學位論文,第164—169頁);王媛《顧璘詩文研究》第二章第二節中對於文淵閣本《顧華玉集·山中集》的誤收問題,從版本源流進行了更爲詳盡的考辨,將文淵閣本與其他閣本收録情況進行比對,對誤收的原因和影響作了分析(暨南大學2010年碩士學位論文,第31—38頁),本文不再贅述。

② [日]河田羆撰,杜澤遜等點校:《静嘉堂秘籍志》,上海:上海古籍出版社,2016年,第1809頁。

2. 清烏格抄本

《顧華玉集》三十九卷,清烏格抄本,南京圖書館藏。半葉八行,行二十一字,白口,四周雙邊,單黑魚尾,版心題"顧華玉集"及各別集名、卷數和頁數,每卷末尾標注"顧華玉集××集卷×"。卷首錄《四庫提要》,但未收蔡羽《顧全州詩序》、鄧繼曾《息園存稿序》,其餘內容皆與嘉靖間刻本同。

按,是書《八千卷樓書目》著錄:"《浮湘集》四卷、《山中集》四卷、《憑几集》五卷《續集》二卷、《息園存稿》詩十四卷文九卷、《緩慟集》一卷,明顧璘撰,抄本。"①光緒末年,丁氏八千卷樓藏書被兩江總督端方以官方名義購入,藏於江南圖書館,即今南京圖書館前身。此書著錄顧璘著作之總卷數與今南京圖書館所藏烏格抄本合。《中國古籍總目》著錄南京圖書館藏"《顧華玉集》三十四卷,明顧璘撰,清黑格抄本",②即是此本,但卷數著錄有誤。

清烏格抄本底本應為文瀾閣《四庫全書》本,二者相較,卷數相同,且《緩慟集》卷後所增各家和詩與跋文完全一致,此為嘉靖間刻本與文淵閣本、文津閣本所無。闕損與改動之處亦一致,如《浮湘稿》卷一《游靜慈寺因訪孫山人一元》"豈唯會禪悅"句中,"悅"前皆衍"院"字;《浮湘稿》卷一《暮泛秀江》(其四):"石壁攢江狹,風檣逆浪飛。漸看湘國近,轉與客心違。芳桂臨波發,遙岑隔霧微。明妝浣紗女,妍笑競斜暉。"其中"石壁攢""檣逆""近轉與""違""浣""妍"各字,清烏格抄本與文瀾閣本皆闕;《山中集》卷二《巧石》"蛟虎爭起伏","虎"皆作"龍"等;《憑几集》卷一《蕉溪嶺》"隼翩"皆作"竦翩","毛髮竦"中"竦"字皆空闕;《憑几集》卷二《十二月念六日出永州值迎春新霽》中"樞"字、《月巖》中"測"字、《靖州吊宋義卿》中"墳"字等皆空闕;《憑几集續集》卷一《漢沔諸湖》(其二)中皆闕"扁舟垂綸叟,楚歌樂洋洋。昔聞漢陰老,無乃斯人行"四句等。

3. 清翁氏茹古閣抄本

《顧華玉集》四十卷,清翁氏茹古閣抄本,南京圖書館藏。半葉十三行,行三十一字,白口,單魚尾,四周雙邊,版心有各別集名及"金陵叢書""翁氏藏本"字樣,《近言》卷末則為"金陵叢書""蔣氏校刻"。卷首錄四庫提要,卷末附《顧華玉集跋》及《明史》顧璘本傳。後有蔣邦國《顧華玉集跋》,可示各本淵源:

---

① 《八千卷樓書目》卷十六,第388頁。
② 中國古籍總目編撰委員會編:《中國古籍總目》,北京:中華書局,上海:上海古籍出版社,2012年,第650頁。

右《華玉集》四十卷,上元顧東橋(橋)先生撰是編,亦翁鐵梅丈借抄於杭州丁氏,與四庫本同。又借得宗子戴丈所藏明嘉靖間刻本,脱《浮湘集》四卷、《憑几集》五卷,而有《近言》一卷,爲四庫與此本所無,今亦補入,合得四十卷。唯《提要》云朱彝尊《明詩綜》稱其尚有《歸田集》,今未見傳本,殆已佚矣。……是編久無傳木,今據翁鈔印行而訛脱兹多,難於董理。嘉靖舊刻,又非足本,兩本互勘,擇善而從。亦有確爲形聲之訛,而兩本皆同,未敢臆改者,讀者諒之。①

據此可知翁氏茹古閣本爲翁長森(字鐵梅)從杭州丁氏抄得,其言與"四庫本同",而烏格抄本卷首正有《四庫提要》及顧璘本傳,極可能便是當年翁氏自丁氏處所抄之本,即《八千卷樓書目》著録之本。而"與四庫本同"之"四庫本",所指應爲文瀾閣《四庫全書》本。②而後翁氏茹古閣抄本以嘉靖間刻本校對,又補入《近言》一卷,抄録於卷末顧璘跋與傳後,成四十卷。

此本題右黑筆"顧華玉集卷四十",題首"奉訓大夫知全州吳郡顧璘撰"。天頭處有大量朱筆眉批,行文内也有朱筆圈點。眉批多數是對格式的調整,如《浮湘稿》卷首《申思》三首"上方有眉批"詩字前空一格";或是對原字之改動,如《浮湘稿》卷一《石湖同陳亨父汎飲》"觴行金逐迤"句,朱筆圈"金"字,并批點"金字有誤",又如卷二《磐石崖下泛舟》中"磐"字被改爲"盤",《山中集》卷二《宿祝厘寺晚浴》"孌"字改爲"變"等,不勝枚舉。其修改或按嘉靖間刻本所校,或據意徑改爲他字,如眉批中有"疑……誤"等。再如"于"俱改作"於",則有統一規範之意。

4. 民國三年《金陵叢書》鉛印本

《顧華玉集》四十卷,民國三年(1914)蔣氏慎修書屋《金陵叢書》鉛印本,上海圖書館等藏。半葉十一行,行二十三字,白口,單魚尾,四周單邊,版心鎸"金陵叢書"等,卷端題"上元顧璘",卷首有"甲寅皋月蔣氏慎修書屋校印"字樣,卷首附《明史》顧璘本傳及《四庫提要》,卷末附蔣邦國《顧華玉集跋》。此本分別爲《浮湘稿》四卷、《山中集》四卷、《憑几集》五卷《續編》二卷、《息園存稿》詩十四卷文九卷、《緩慟集》一卷、《近言》一卷,每卷前後皆保留嘉靖間刻本序跋。

《金陵叢書》本《顧華玉集》即以翁氏抄本爲底本,吸收了翁氏以嘉靖舊刻校改的部分

---

① 顧璘:《顧華玉集》卷末,南京圖書館藏清翁氏茹古閣抄本。
② 按,文瀾閣本所載《顧華玉集》確爲三十九卷,所言《浮湘集》,而非《浮湘稿》。

內容，同時重新整理其收錄篇目和順序。通過清烏格抄本、清翁氏茹古閣本、《金陵叢書》本與嘉靖間刻本對照，可發現翁氏抄本之底本與嘉靖間刻本有不少相異之處，却與南圖藏清烏格抄本大多相同。《金陵叢書》本雖依據翁氏茹古閣本排印，但仍有不少出入，與嘉靖間刻本相差更大，錯訛更多。其主要表現在以下幾點：首先，語辭倒置。如《浮湘稿》卷二《春日磐石江上》"空園花自發"，《金陵叢書》本作"花園空自發"，《山中集》卷一題目"鄰叟見過"作"鄰過見叟"。其次，語辭替換。嘉靖間刻本中"却"字多數被替換成"恰"字，"弗"多作"勿"、"邪"多作"耶"、"托"多作"託"等，如《山中集》卷一《東郊田舍戲占》"賣却異書多買犢"《金陵叢書》本作"賣恰異書多買犢"，《憑几集續編》卷二《登天柱峰謁玄帝金殿賦》"非弗高位"作"非勿高位"，《憑几集續編》卷二《登天柱峰謁玄帝金殿賦》"吾與先生交期止此邪"中"邪"作"耶"。再如音近而訛、形近而訛等問題，如《浮湘稿》卷二《春思》"粟家渡頭春草齊"之"草"字《金陵叢書》本作"早"，卷四《謁岳麓書院》"禮樂遵儀刑"之"刑"字《金陵叢書》本作"型"等，不再一一舉例。

四、選本與亡佚別集

除上述別集外，顧璘還有選本《顧司寇集》一卷，亡佚別集有《顧氏七記》《登衡小紀》《歸田集》等，今略而論之。

明嘉靖隆慶間俞憲編《盛明百家詩》，輯《顧司寇集》一卷，半葉十行，行二十一字，白口，四周單邊，版心鐫"顧司寇集"及"卷全"二字。卷前有俞憲小序云："嘉靖壬癸間予游成均，與寶應朱子曰藩、公冢嗣嶼往來息園，頗聞緒論。然已倦吟，故所贈遺僅一二，今亦不收集中。是歲乙丑春仲，無錫俞憲識。"①可見此集選編較早，距顧璘刊刻各集時間僅相差二十餘年。通過比較嘉靖間刻本，可知《顧司寇集》選自《息園存稿》《憑几集》《憑几集續集》三集中。其中119首選自《息園存稿》詩集，47首選自《憑几集》，4首選自《憑几集續集》。詩歌收錄順序除《淳於髡墓》一詩自《憑几集續集》卷一被插入《憑几集》中，其餘均與原集相同。

《百川書志》載："《顧氏七記》一卷，皇明遷金陵四世孫顧璘著，垂教子孫也。"②然未見傳世。浙江圖書館藏《東橋集》卷首顧瑮《書顧氏七記後》云："《七記》之作也，將昭先德以示後訓，述己志以翼世教也。……於《瞻辰》，見教忠之道焉；於《松塢》，見仁孝之道焉。忠孝，人之大節也，忠孝立而百行善矣。於《義範》曰昭世訓也，其教家而刑於國乎？王言胡

---

① 俞憲編：《盛明百家詩·顧司寇集》卷首，見沈乃文主編：《明別集叢刊》第五輯，合肥：黃山書社，2016年，影印嘉靖隆慶間刻萬曆增補本，第95冊，第491頁。
② 高儒著：《百川書志》卷二十，上海：古典文學出版社，1957年，第303頁。

爲而下逮哉?《息園》,言樂也,其功之成乎? 功成而後享其樂,非賢者其孰能有此。《屏山小隱》,傷道之不行乎? 肥遯無不利,君子有不得已焉爾。《清曠》,尚其志乎?《載酒》,勵其學乎? 惟志易隳,惟學無止,將由是以終其身乎? 是始終之義也。"①據此跋可知,《顧氏七記》即《瞻辰堂記》《義範堂記》《松塢草堂記》《息園記》《屏山小隱記》《清曠亭記》《載酒亭記》七篇,今《東橋集》卷七及《息園存稿》文集卷四皆收此七記,尚可窺其原貌。

顧璘《憑几集》卷五《題登衡小紀前》云:"鄙人自入楚臺,旁皇案牘,屏絕文藝者,兩改火矣。比登衡嶽,在車者四日,宿道院僧寺者三夕,絕無公事,覽觀奇偉,托寄幽遐,隱括情景,綴而成篇,有若不能自已焉者。至郡,命吏人錄出,凡文與詩,至滿若干首。昔晦翁游此,與南軒倡和,得詩累帙,乃惕然警曰:'吾黨數日得無荒於詩乎?'遂禁不作。今鄙人既還視事,所謂鞭朴喧嚻、牒訴倥偬者,已交至於前,應接不暇給矣。欲再取所錄一諷詠之,竟未可得,尚何憂於荒哉? 是無待禁,用藏巾笥,俟他日歸,呈諸泉石舊侶,知余膏肓痼疾,蓋若沾沾云爾。"②王慎中《遵巖集》卷三有《東橋公既登衡山,集所制作成帙,名曰〈登衡小紀〉,遠辱寄示。時予適行部南康受而讀之,有張孟陽之思》一詩,③亦可佐證。

錢謙益《列朝詩集小傳》載顧璘有"《息園》《浮湘》《憑几》《歸田》諸集",④朱彝尊《明詩綜》因襲之:"有《息園》《憑几》《山中》《歸田》諸集。"⑤《浙江採集遺書總錄》亦云:"《憑几集》五卷、《浮湘稿》四卷,刊本,右明南京刑部尚書上元顧璘撰,二集皆撫湖廣時作,別有《山中》《歸田》二集。"⑥《四庫全書總目》又稱:"朱彝尊《明詩綜》稱其尚有《歸田集》,今未見傳本,不知佚否也。"⑦《開有益齋讀書志》卷六《顧東橋鞠燕唱和詩》云:"鞠燕詩當在《歸田集》中,朱竹坨(彝尊)、劉覺岸(思敬)具有《歸田》之目,今《浮湘》《山中》《憑几》《息園詩存》有傳本,爲《歸田集》獨佚。"⑧今已不見。

仍有若干詩文未被收入上述別集中,詩如《送葉澄游雁山還金陵兼呈大司馬喬公》《宿寺次升之韻》《題兩溪草堂圖》《寄太宰梁端簡公》等,文如《凌溪先生墓碑》《劉函山文集序》《蔣南泠詩集序》《書重刻遜志齋集後》《陽峰家藏集序》《徐迪功集序》《書爾雅翼後》《景伯

---

① 顧璘:《東橋集》卷首,浙江圖書館藏明抄本。
② 顧璘:《憑几集》卷五,見《原國立北平圖書館甲庫善本叢書》第732冊,第978頁。
③ 王慎中:《遵岩集先生文集》卷五,見沈乃文主編《明別集叢刊》第二輯,合肥:黃山書社,2016年,影印明隆慶五年邵廉刻本,第84冊,第78頁。
④ 錢謙益著:《列朝詩集小傳》丙集《顧尚書璘》,上海:上海古籍出版社,2008年,第339頁。
⑤ 朱彝尊選編:《明詩綜》卷三十二,北京:中華書局,2007年,第3冊,第1594頁。
⑥ 《浙江採集遺書總錄》癸集下,第662頁。
⑦ 紀昀等撰,四庫全書研究所整理:《欽定四庫全書總目》,北京:中華書局,1997年,第2310頁。
⑧ 朱緒曾撰,宋一明整理:《開有益齋讀書志》卷六,上海:上海古籍出版社,2016年,第155頁。

時暘行略》等，①尚可輯出補別集之闕。整理全本《顧璘集》，仍有較大的輯佚空間，有待學界共同努力。

綜上可繪製出顧璘別集版本源流圖（見表一）。

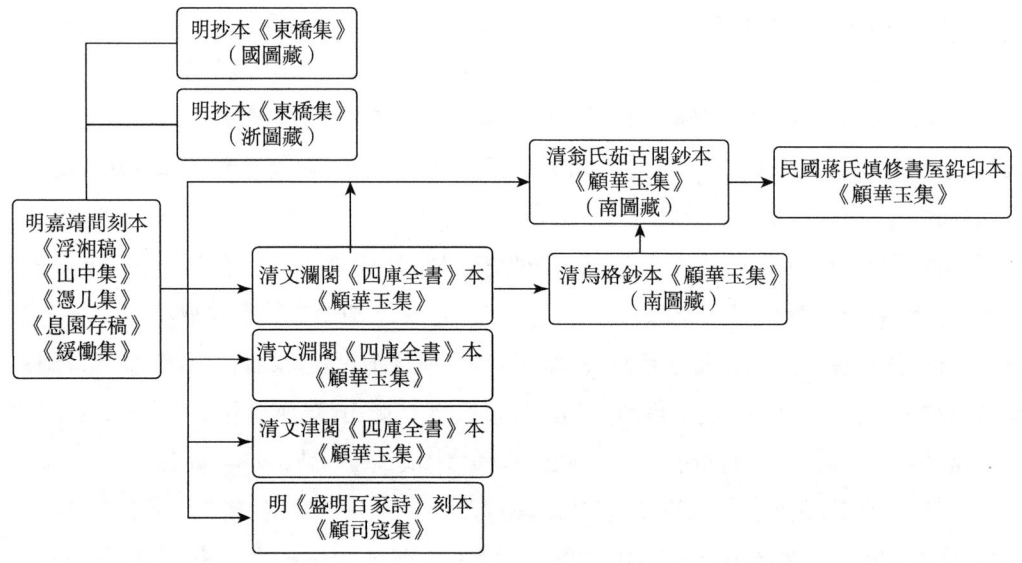

表一　顧璘別集版本源流圖

【作者簡介】湯志波，男，1983 年生，文學博士，華東師範大學中文系副教授，主要從事明代文學文獻研究；倪晨，女，1998 年生，華東師範大學中文系碩士研究生。

---

① 《送葉澄游雁山還金陵兼呈大司馬喬公》見於明朱諫《雁山志》卷四，明萬曆間刻本；《宿寺次升之韻》見於明陳沂《獻花岩志》卷末，明萬曆三十一年（1603）盧陵歐陽惟玉校刻本；《題兩溪草堂圖》見於明李日華《味水軒日記》卷七，民國《嘉業堂叢書》本；《寄太宰梁端簡公》見於明王同軌《耳談類增》卷三十四，明萬曆十一年（1583）刻本；《凌溪先生墓碑》見於明朱應登《凌溪先生集》卷十八，《明別集叢刊》第二輯第 1 冊，影印明嘉靖刻遞修本，第 246 頁；《劉函山文集序》見於明劉天民《劉函山先生文集》卷首，《四庫全書存目叢書》第 70 冊，濟南：齊魯書社，1997 年，影印吉林大學圖書館藏清抄本，第 231—232 頁；《蔣南泠詩集序》見於明蔣山卿《蔣南泠集》卷首，《四庫全書存目叢書》第 70 冊，影印中國社會科學院文學研究所藏明嘉靖二十年（1541）喬佑刻本，第 111—113 頁；《書重刻遜志齋集後》見於明方孝孺《遜志齋集》卷末，正德十五年（1520）刻本；《陽峰家藏集序》見於張璧《陽峰家藏集》卷首，《四庫全書存目叢書》第 66 冊，影印浙江圖書館藏明嘉靖二十四年（1545）世恩堂刻本，第 251—253 頁；《徐迪功集序》見於明徐禎卿《徐昌穀全集》卷首，《明別集叢刊》第二輯第 10 冊，影印明萬曆四十七年（1619）松濤閣刻本，第 7 頁；《書爾雅翼後》見於宋羅願《爾雅翼》卷首，明正德十四年（1519）刻本；《景伯時暘行略》見於明焦竑《國朝獻徵錄》卷七十四，明萬曆四十四年（1616）徐象橒曼山館刻本。

邊貢詩文集流傳及版本考述

劉曉萱

邊貢(1476—1532),原字來庭,後改字庭實,號華泉,山東歷城(今濟南)人。生於明成化十二年(1476),"其先淮陰人",[①]六世祖朝用因躲避元末戰亂逃入山東歷城。父邊節,曾任山西代州知州。成化十七年,邊貢侍奉祖父奉政公於南都。弘治二年(1489),自南京返回濟南。弘治八年舉山東鄉試第四人,弘治九年,登進士第,授太常博士。弘治十八年六月,擢兵科給事中,"劾太監張瑜與太醫劉泰、高廷和用藥之誤,又劾太監苗逵與保國公朱暉、都御史史琳用兵之失",[②]九月,擢太常寺丞。正德四年(1509)因忤劉瑾,出任衛輝知府。五年,改荆州。六年,擢山西提學副使,尋丁父憂。九年,服除,起爲河南提學副使。正德十六年,起爲南京太常少卿,之後歷任南京太常寺少卿、南京太僕卿、南京太常寺卿、太常卿。嘉靖七年(1528)升南京刑部右侍郎,嘉靖八年,升南京户部尚書。嘉靖十年,遭南京都察院右都御史汪鋐彈劾,"鋐言南京户部尚書邊貢嗜酒曠職,月視事無三日",[③]邊貢以疾乞歸。嘉靖十一年,藏書被焚,大慟,已而卒。

邊貢是明代"前七子"重要成員之一,尤對山東文壇影響深遠。《明史・文苑傳》稱"然天下語詩文必并稱何、李,又與邊貢、徐禎卿并稱四傑"。[④] 邊氏擅長詩文創作,其風格爲"興象飄逸,而語亦清圓"。[⑤] 其交游頗廣,《明史》卷二八六記載:"貢早負才名,美風姿所交悉海内名士。"[⑥]有《華泉集》流傳於世。

《華泉集》是研究邊貢詩文創作及文學思想的主要文獻依據。目前對邊貢的研究愈發深入,有關詩學理論、文學地位及文學成就等方面成果屢現,但《華泉集》一書的版本及刊

---

① 焦竑著:《國朝獻徵録》卷三一,臺北:臺灣學生書局,1984年,第1314頁。
② 《國朝獻徵録》卷三一,第1314頁。
③ 《明世宗實録》卷一二五,臺北:"中央研究院"歷史語言研究所校印,1965年,第2987頁。
④ 張廷玉等撰:《明史》卷二八六,北京:中華書局,1974年,第7350頁。
⑤ 何良俊撰,李劍雄校點:《四友齋叢説》卷二六,上海:上海古籍出版社,2012年,第171頁。
⑥ 《明史》卷二八六,第7354頁。

刻情況,學界鮮有論及,目前僅有謝鶯興《邊貢〈華泉集〉板本考述》①一文。謝文探討邊貢詩文集的刊刻流傳過程,以卷數多寡爲序,將《華泉集》分爲十四卷本、十三卷本、十二卷本、八卷本、七卷本、四卷本等類型,分述各版本間差異,同時比對司馬魯瞻刻八卷本與文淵閣《四庫全書》十四卷本所收詩歌異同。但并未對《華泉集》版本系統展開梳理,也未比較現存各個版本優劣。故本文對《華泉集》在明清時期的流傳過程及重要版本等問題作些考辨。

一、明清書目著録

關於邊貢的著述情況,明清目録多有記載。明代晁瑮《晁氏寶文堂書目》記"《華泉詩集》"。② 周弘祖《古今書刻》云:"山西按察司:《文章正宗》《行軍須知》《邊華泉集》。"③"山東布政司:……《太玄經》《邊華泉集》《小學集説》……"④說明刊刻機構,未著録作者、卷數。陳第《世善堂藏書目録》、朱睦㮮《萬卷堂書目》均記載爲"《華泉集》八卷,邊貢"。⑤ 焦竑《國史經籍志》始載爲"《華泉集》十四卷"。⑥

全清代,黄虞稷《千頃堂書目》著録《華泉詩集》八卷,《華泉文稿》一卷。萬斯同《明史稿·藝文志》記《華泉詩集》八卷,又《華泉文稿》。《明史·藝文志》著録《華泉集》四卷,詩八卷。徐乾學《傳是樓書目》中亦有《邊華泉集》八卷二本,《華泉文稿》一本。《四庫全書總目》集部別集類著録《華泉集》十四卷,爲山東巡撫採進本;集部別集類存目著録《華泉集選》四卷,清王士禛刪定。

從明清書目記載情況來看,邊貢的詩集最早刊行於世,於山東、山西均有刊刻,萬曆年間出現十四卷本。清代書目著録更詳,且大多并載詩集、文集,詩集卷數固定爲八卷,文集卷數不定,有一卷、四卷、六卷等,至文淵閣《四庫全書》收録《華泉集》時,沿襲萬曆時期十四卷本,呈現出詩文合集十四卷本的文本形態。

---

① 謝鶯興:《邊貢〈華泉集〉板本考述》,《東海中文學報》2004 年第 16 期,第 263—296 頁。
② 晁瑮、徐𤊹等著:《晁氏寶文堂書目 徐氏紅雨樓書目》,上海:古典文學出版社,1957 年,第 60 頁。
③ 高儒、周弘祖著:《百川書志 古今書刻》,上海:古典文學出版社,1957 年,第 378 頁。
④ 《百川書志 古今書刻》,第 376 頁。
⑤ 馮惠民、李萬健選編:《明代書目題跋叢刊》,北京:書目文獻出版社,第 849 頁,第 1097 頁。
⑥ 焦竑:《國史經籍志》卷五,《四庫全書存目叢書》影印明徐象橒刻本。

二、明代《華泉集》流傳過程

從書目記載大致可以看出邊貢詩集、文集最初并非同時刊行,且詩集早於文集刊刻。那麼邊貢詩文集在明代的流傳過程具體如何?

據明代李廷相所撰《皇明資政大夫南京户部尚書邊公神道碑銘》中稱"(邊貢)所著詩文四十餘卷,藏於家,門人輩相與謀梓之。蓋世所必傳者也"。① 嘉靖十七年蘇祐《華泉集後序》言"集凡八卷,收之散逸,計平生什纔二三,猶多訛缺"。② 依二人之言,則邊貢詩文最初實有四十餘卷,但僅爲家藏,并未付梓。同是嘉靖十七年,劉天民在《書邊華泉詩集後》稱"華泉子没三年矣,予收其逸詩,得若干首,纔三分之一云"。③ 陸粲曾慨嘆:"華泉公集編次尤不滿人意,平生所見此公好詩多不在,而所録乃有甚不逮者,如《送周子庚使遼左》一篇'出使比蕭何'之句,此今之粗知詩與能讀《漢書》者所不道,殆必非公作也。《辛巳書事》七首,乃王履吉之作,亦混入其中。"④ 陸粲爲嘉靖五年(1526)進士。由此可知,邊貢卒後僅三年,著作散逸情況嚴重,劉希尹雖"收其逸詩,得若干首",但仍未輯全,且已有他人詩作羼入。

另外,又有二十卷本流傳一説。凌迪知《萬姓統譜》記"貢與北郡李夢陽、信陽何景明相友善,肆力古文,尤長於詩,所著詩文二十卷,藏於家"。⑤ 按,凌迪知,《四庫全書總目》"《左國腴詞》八卷"條下載"迪知,字稚哲,烏程人,嘉靖丙辰進士,官至兵部員外部",⑥ 嘉靖丙辰即嘉靖三十五年(1556)。周中孚《鄭堂讀書記》記載"《萬姓統譜》一百四十卷,原刊本……書成於萬曆己卯,前有自序、凡例及引用書目,又有王弇州(世貞)、王百穀(穉登)二序",⑦ 此書刻於萬曆七年(1579),四庫館臣言"其中龐雜牴牾,均所不免,至於遼、金、元三史姓氏,音譯失真,舛訛尤甚",⑧ 評價不高,且成書時距邊貢去世近五十年,邊貢詩集已有八卷本行於世,而凌迪知似不知,二十卷或爲誤記。《明一統志》"邊貢"條下有:"有詩文二十卷,藏於家。《省志》。"⑨ 關於此書撰修過程,四庫館臣在編寫提要時有所介紹,同時提到"其時纂修諸臣,既不出一手,舛訛牴牾,疏謬尤甚……此本内多及嘉靖、隆慶時所建置,

---

① ③ 載於嘉靖十七年劉天民編、司馬魯瞻刻《邊華泉集》卷末。
② 載於嘉靖十七年李開先選、蘇祐刻《邊華泉集》卷末。
④ 陸粲:《陸子餘集》卷六,影印文淵閣《四庫全書》補配文津閣《四庫全書》本。
⑤ 凌迪知:《萬姓統譜》卷二八,影印文淵閣《四庫全書》本。
⑥ 永瑢等撰:《四庫全書總目》,北京:中華書局,1965年,第580頁。
⑦ 周中孚著,黄曙輝、印曉峰標校:《鄭堂讀書記》,上海:上海書店出版社,2009年,第1009頁。
⑧ 《四庫全書總目》,第1154頁。
⑨ 李賢等:《明一統志》卷二二,影印文淵閣《四庫全書》本。

蓋後人已有所續入，亦不盡出天順之舊"，①顧炎武《日知錄》卷三十一亦有多處指摘《明一統志》謬誤。故上述二書記載不足爲信。

萬曆時，名郡（今河南南樂）魏允孚"從先生仲子搜得數十篇，因叙入集中爲重鋟之"，②魏允孚所刻十四卷本，是最早的邊貢詩文合刻本。王士禎《香祖筆記》中提到："《華泉集》一刻於胡中丞可泉，再刻於魏推官允孚，又《逸稿》六卷刻於王方伯桃溪，又有李中麓太常選本，山西臺察趙俟齋刻於太原。"③

由此，邊貢詩文集在明代的流傳情況大致可以勾勒出來。邊貢在世時，家藏詩文四十餘卷，未被刊刻。邊氏卒後三年，著述散佚頗多，劉天民收其詩作，至嘉靖十七年（1538）刊刻時僅有八卷，同年蘇祐刻李開先所選《華泉詩集》亦八卷。萬曆時魏允孚從邊習處得詩文若干篇，詩文合刻爲十四卷。此外又有桃溪王方伯刻《逸稿》六卷。

三、邊貢詩文集版本考

上文對明清書目著錄《華泉集》的情況及邊貢詩文集在明代的流傳過程進行大致論述，下面將《華泉集》重要版本爬梳整理如下。

（一）嘉靖十七年李開先選，蘇祐刻八卷本

李開先（1502—1568）字伯華，號中麓，章丘（今山東濟南）人，明嘉靖八年（1529）進士，擅詩文及散曲創作，有《中麓閑居集》《中麓樂府》等。其於《邊華泉詩集序》詳述選《華泉詩集》八卷始末，《序》中稱自己任"副郎驗封"時，"因携《華泉詩集》，就朱墨筆逐一選取，期於精而不貴多"，成集後由"百泉皇甫子裝潢成秩，托之舜澤蘇代巡刻焉"，而後云"集有蘇序在後，而前序必須選者秉筆。……遲回二十餘年，今始勉强追而序之"。又，序末曰"全集四十卷，聞將有入梓者，此則八卷，鏤板一仍在晋，一在予家。此序當分而刻之，兩冠諸其首"。④

---

① 《四庫全書總目》，第597頁。
② 魏允孚：《重刻華泉先生全集序》，載於明萬曆間魏允孚刻《邊華泉集》十四卷卷首。
③ 王士禎：《香祖筆記》卷二，影印文淵閣《四庫全書》本。
④ 李開先：《李中麓閑居集》卷六，《四庫全書存目叢書》影印明嘉靖至隆慶刻本。

舜澤蘇代巡即指蘇祐(1492—1571)。① 祐字允吉,號舜澤,更號穀原,濮州(今山東鄄城)人,嘉靖丙戌(五年,1526)進士,官至兵部左侍郎、宣大總督。蘇祐著作頗豐,《千頃堂書目》著録有《雲中事紀》一卷、《三關紀要》三卷、《法家衷集》一卷、《穀原詩集》八卷、《穀原文集》十卷等。其詩遒麗典雅,"是李、何成派"。② 蘇祐與李開先有交游唱和,曾作《秋夜與李伯華共卧》《中麓行贈李司封》,李開先也有《壽致政總督宣大大司馬舜澤蘇公》。

蘇祐作《華泉集後序》,李開先序中引"蘇序"者即指此篇。蘇序云"集凡八卷,收之散逸,計平生什纔二三,猶多訛缺。李司勛伯華氏選寄晉陽,各體亦備。趙僉憲子後氏校付梓人,僭綴蕪辭,用質同志,尚惜其僅存而并考見焉",序末題"嘉靖十有七年歲次戊戌夏四月十有二日,賜同進士出身巡按山西監察御史濮陽蘇祐序"。③

按,《國朝列卿紀》載"李開先……(嘉靖)十七年調驗封",④則其任副郎驗封一職,在嘉靖十七年(1538)間。由此可知,嘉靖十七年,李開先選《華泉詩集》八卷,托於時任巡按山西監察御史的蘇祐刊刻,并由趙俟齋校付梓人。且李開先作序時間晚於蘇祐序。據"遲回二十餘年,今始勉强追而序之"一語,李序應作於嘉靖三十七年(1558)之後,隆慶二年(1568)之前。⑤ 而序末之言,"鏤板一仍在晉,一在予家",則知此集最先刊刻於山西,僅有蘇祐後序,而重刻時,又於晉、魯兩地付梓,并分別冠有李開先序。王士禎《香祖筆記》中所提"李中麓太常選本,山西臺察趙俟齋刻於太原",周弘祖《古今書刻》中著録山西按察司和山東布政司分別刊刻《邊華泉集》,亦當是指李開先選本。王士禎曾言"中麓選本獨之未見,諸本亦漸就澌滅矣",則該本未被王士禎所見。

據《嘉業堂藏書志》中引李喬雲言"華泉卒於嘉靖十五年丙申,章邱李太常開先選其詩八卷,一刻於晉,一刻於家。劉希尹曾以書致謝。至戊戌,希尹復收其逸詩若干首,天水胡中丞可泉鋟梓以行",⑥且李開先《序》中言:"劉函山嘗以書致謝,曰'華泉之殁,意以爲世無復念之者,今其墓上表、墓中志,翟石門與李蒲汀陸續寄至,吾丈又以其詩集刻之晉中,豈人生殁後已行運耶'",此本刊刻時間應早於劉希尹輯、司馬魯瞻刻《邊華泉集》。

---

① 按,吳中行曾撰《資政大夫兵部尚書兼都察院右都御史蘇公墓志銘(代作)》,言"(蘇祐)以辛未九月二十九日卒,距其生弘治壬子七月九日,享壽八十歲",談遷《國榷》卷六七載"辛未隆慶五年……九月戊子,前總督宣大兵部尚書兼右都御史蘇祐卒"。則蘇祐當生於弘治五年(1492),卒於隆慶五年(1571)。
② 陳田:《明詩紀事戊簽》卷一六,清陳氏聽詩齋刻本。
③ 載於嘉靖十七年(1538)李開先選、蘇祐刻《邊華泉集》卷末。
④ 雷禮:《國朝列卿紀》卷一三八,《四庫全書存目叢書》影印明萬曆徐鑒刻本。
⑤ 按,殷士儋:《翰林院提督四夷館太常少卿李開先墓志銘》,見《國朝獻徵録》卷七〇《太常少卿司南京太常寺》,明萬曆四十四年(1616)徐象枟曼山館刻本,記李開先生於弘治壬戌(1502)八月,卒於隆慶二年(1568)二月,此序當作於其生前。
⑥ 繆荃孫、吳昌綬、董康撰,吳格整理點校:《嘉業堂藏書志》,上海:復旦大學出版社,1997年,第757頁。

該本著録情況,見於《中國古籍善本書目》:"《華泉詩集》八卷,明邊貢撰,明嘉靖十七年蘇祐刻本。"①《中國古籍總目》亦記:"《華泉詩集》八卷,明邊貢撰,明嘉靖十七年濮陽蘇祐刻本,北大。"②《明代版刻綜録》載此本爲《北京大學圖書館善本書目》所著録。《明別集版本志》詳記卷數、板式及館藏:

　　《華泉詩集》八卷,明邊貢撰。明嘉靖十七年刻本。九行二十字,白口,四周單邊,無魚尾。卷端無著者題名。嘉靖戊戌(十七年)蘇祐《華泉集後序》,曰:"集凡八卷,收之散逸,計平生什纔二三,猶多訛缺。……趙僉憲子後氏校付梓人,僭綴蕪辭,用質同志。"邊貢,字華泉(按,此處誤,當爲"庭實"),歷城人,弘治丙辰(九年)進士,官至南京户部尚書。(北大 上海)③

　　另,《明别集叢刊》第一輯第九十八册收録《華泉詩集》八卷,爲明嘉靖十七年(1538)蘇祐刻本。檢其板式、内容,與《明别集版本志》所載相符,且多處鈐有"北京大學館藏"印,當爲北京大學圖書館所藏版本。謝鶯興文中認爲蘇祐刊本之記載僅見於《明代版刻綜録》,此觀點錯誤。

　　從内容上看,蘇祐刻本收録邊貢詩作二百九十餘首,與萬曆魏允孚刻本相比,數量相差甚多,且詩歌編排體例、順序不同,詩題、内容多有出入。如卷二《賦得將有事於西疇送王中丞致仕》,蘇祐本作《送史中丞辭職歸耕》,所記人名有出入。卷四《廣川舟中與東橋酌别次韻三首》,④蘇祐本作《廣川舟中與同年顧東橋酌别次韻》,第一首頸聯"月映青山出",蘇祐本作"月映蒼山吐",多處存在類似的異文情況。《贈春山李侍御》一詩,嘉靖十七年(1538)司馬魯瞻刻本、萬曆魏允孚刻本、四庫本中詩題下皆無詩序,蘇本卷六則載"正德辛未冬,華泉子有親之喪,自江陵歸而過汴,邂逅春山李子。是時李子者爲御史也,按治汴中,值流賊雲擾,日夜經略,以綏以寧。汴人之得田而餐、屋而居者,御史力也。逾五年丙子,李子按雲南,得罪權貴人,謫隴右參佐。然是時,華泉子則提學中州矣。復邂逅李子,悵然感焉,會雪臺和子杏山谷子聯句以贈,遂次其首詩之韻用志别况云",若參考蘇祐刻本,則該詩寫作背景、時間確切可考。此本爲李開先據"所携華泉詩集"逐一選取,同萬曆魏允孚本呈現出明顯異文,且刊刻時間在現存諸本中爲最早,不得不讓人懷疑李開先所據

---

① 中國古籍善本書目編輯委員會編:《中國古籍善本書目·集部》,上海:上海古籍出版社,1998年,第617頁。
② 中國古籍總目編纂委員會編:《中國古籍總目·集部》,北京:中華書局、上海:上海古籍出版社,2009—2013年,第649頁。
③ 崔建英輯,賈衛民、李曉亞整理:《明别集版本志》,北京:中華書局,2005年,第419頁。
④ 本文中卷數以萬曆魏允孚刻十四卷本中所置卷數爲準。

之本即爲邊貢最初的家藏本,則該本的價值在於更能直觀地反映邊貢詩作最初形態。故此本可作爲研究邊貢詩歌的重要參校本。

(二) 巽川李公藏稿,桃溪方伯王公刻本

此本最早記載於潘子霓《邊華泉遺稿後序》,其云:"我鄉華泉邊先生,其詩如冠冕珮琚……歷城邑侯巽川李公,博雅君子也,得稿久矣,欲梓而傳焉,未遑,乃托桃溪方伯王公竟其志,王公慨然捐俸爲之。予忝華泉之鄉人,安得不嘉其傳而樂道之乎?"① 按,潘子霓(1526—1594)字望甫,别號鶴汀,山東歷城人,嘉靖三十二年(1553)進士。巽川李公,應爲李齊芳。齊芳字見直,直隸成安(今河北成安)人,嘉靖三十五年(1556)進士,詹萊《〈春秋原經〉後序》載"予將著《原經》,巽川李大夫問予於上航之澨……李大夫名齊芳,巽川其號也,直隸成安人,户部郎中,隆慶初以諫諍貳吾衢云"。②《(道光)濟南府志》載"(李齊芳)知歷城縣,時嚴嵩擅權,阿附者乃得臺諫,齊芳絶不與通,後遷户部主事"。③ 有《夢寤集》。李齊芳得邊貢舊稿,後托於桃溪方伯王公,王公其人,不可考。王士禛《香祖筆記》中稱"又《逸稿》六卷刻於王方伯桃溪",則此《逸稿》即是李齊芳所選、桃溪王方伯刻本。

《嘉業堂藏書志》"《邊華泉集》八卷,明刻本"條下載李喬雲據王士禛選刻本補刻佚詩五首:

> 右詩五首,見王文簡選刻本,而集中不載,則知此集非文簡所據胡、魏二刻本也。華泉卒於嘉靖十五年丙申,章邱李太常開先選其詩八卷,一刻於晋,一刻於家。劉希尹曾以書致謝。至戊戌,希尹復收其逸詩若干首,天水胡中丞可泉鋟梓以行。是此集於尚書甫殁三年内,已有三刻本矣。潘序謂歷城令巽川李公藏稿,桃溪方伯王公捐俸刻之。魏序謂余理濟之明年,從先生仲子搜得數十篇,叙入集中重鋟之。兩序皆無重刻年月,然考潘子霓嘉靖三十二年癸丑進士,魏允中萬曆八年庚辰進士,允孚乃允中季弟,其成進士又在庚辰之後。潘、魏兩人成進士前後相去三十年,則方伯刻本在前,司理刻本在後,相去當不下二十餘年矣。文簡不言方伯刻本者,其所據乃中丞、司理二刻本,非方伯刻本故也。此集原本乃邑文學張渌得之臨邑廣文盛君者,其爲方伯刻

---

① 胡德琳修,李文藻等纂:《(乾隆)歷城縣志》卷二一,清乾隆三十八年刻本。
② 李瑞鐘修,朱昌泰纂:《(光緒)常山縣志》卷六七,清光緒十二年刊本。
③ 王贈芳修,成瓘纂:《(道光)濟南府志》卷三六,清道光二十年刻本。

本無疑。兹特補刻五詩,附於八卷之末,而識其源流如此。①

李裔雲認爲嘉業堂所藏《邊華泉集》八卷明刻本,即是此本,"此集原本乃邑文學張溁得之臨邑廣文盛君者,其爲方伯刻本無疑",且推斷方伯刻本早於魏允孚刻本。然李裔雲的觀點有三處錯誤:一是邊貢卒於嘉靖十一年(1532),非嘉靖十五年(1536);二是魏允孚爲萬曆二年(1574)進士,②非萬曆八年(1580)之後;三即根據王士禛云"歷城諸生張溁字澄源,邊氏子倢主也,又訪其集於臨邑故家,得魏允孚刻本,爲重鎸之,書來請序",③依此言,張澄源所得應爲魏允孚重刻本,非方伯王公刻六卷本。桃溪方伯王公刻本似不存。

(三) 嘉靖十七年劉天民輯,司馬魯瞻刻八卷本

邊貢卒於嘉靖十一年(1532),據劉天民《書邊華泉詩集後》所稱"華泉子没三年矣,予收其逸詩,得若干首,纔三分之一云,憲使歷田張以寬氏將被諸梓。天水胡公來撫東土,而嘆之曰:'此吾詞林亡友也夫……'公因顧予曰:'……今李何之詩滿天下,邊子者獨佚焉。子索居無以藉,吾且圖之。'乃郡守白下司馬魯瞻氏遂鋟梓以行"。④ 末題"時嘉靖戊戌夏五月望日"。據此可知,邊貢卒後三年,劉天民收其逸詩,張以寬將要刊刻。胡纘宗巡撫山東,感慨邊詩散逸嚴重,故着手刊刻一事,并交於郡守司馬魯瞻鋟梓,嘉靖十七年(1538)刊刻行世。

按,張以寬即張邦教,字以寬,山西蒲州人,《(康熙)臨清州志》載"少讀書歷山之下,人稱爲'歷田先生'云"。⑤ 劉天民字希尹,號函山,濟南歷城人,正德九年進士,官至四川按察司副使,卒於嘉靖二十年(1541),晚年好詞曲,著有《愧庵集》《游蜀吟》等。詩文皆爲世人所尚,曾與薛蕙并稱"省中二彥","詩得華泉指授,而有少陵體裁"。⑥ 邊貢與劉天民交游頗多,邊貢寫有《送劉希尹入高邑省親》《將歸篇聞希尹有東歸之念作此招之》等。

胡纘宗(1480—1559)初字孝思,後改爲世甫,號可泉,又號鳥鼠山人,鞏昌府秦州秦安縣(今甘肅天水秦安)人,正德三年(1508)進士。與邊貢有來往,邊貢曾作《和答胡可泉郡

---

① 《嘉業堂藏書志》,第 757—758 頁。
② 參見朱保炯、謝沛霖:《明清進士題名碑録索引》,上海古籍出版社,第 809 頁;張朝瑞輯:《明貢舉考》卷八,影印《四庫全書存目叢書》明萬曆刻本。
③ 王士禛:《香祖筆記》卷一一,影印文淵閣《四庫全書》本。
④ 載嘉靖十七年劉天民編、司馬魯瞻刻《邊華泉集》卷末。
⑤ 于睿明修,胡悉寧纂:《(康熙)臨清州志》,清康熙十三年刻本。
⑥ 王兆雲:《皇明詞林人物考》卷四,《四庫全書存目叢書》影印明萬曆刻本。

伯》一詩。司馬魯瞻名泰,江蘇江寧人,嘉靖二年(1523)進士,授湖南御史,嘗疏論給事中陳洸、太監崔文,又陳留都軍民利害七事,有《河館閑談》四卷等。胡纘宗"來撫東土"一事,《國榷》有記"(嘉靖十五年)十二月壬午朔,丙戌,河南左布政使胡纘宗爲右副都御史,巡撫山東",①接受任命後的動身時間,《壽昭和王夫人孟母文》有言"歲前閏月望日,纘宗以轉官將之濟上",應爲是年閏十二月十五日離開河南赴任山東,嘉靖十六年(1537)到任。司馬魯瞻曾任濟南知府,《(道光)濟南府志》僅載任職於嘉靖時期,未言確切年數。劉天民《游蜀吟稿》現存有明嘉靖十六年(1537)刻本,後序署"嘉靖丁酉夏五月既望咸寧司馬泰序",②嘉靖丁酉即嘉靖十六年,則此年司馬泰已在濟南任上,并且同劉天民有交游。時任山東巡撫的胡纘宗交予濟南知府司馬泰刊刻邊貢詩作,在情理之中。所以王士禛稱"邊集爲郡人劉吏部希尹所編,一刻於胡中丞可泉",并非錯誤。

據王重民《中國善本書提要》著録,美國國會圖書館藏有《邊華泉集》八卷,係明嘉靖刻本,行款爲十一行二十二字,每卷書題下題"郡人劉天民希尹匯次",卷末題"門人閻在邦達夫校勘",卷内有"蒼岩山人書屋記"。卷末載李廷相所撰神道碑。有嘉靖二十三年(1544)李寵序,嘉靖十七年(1538)劉天民跋。閻在邦,歷城人,官隨州知州,爲劉天民門人。國家圖書館藏有《邊華泉集》八卷四册,明嘉靖刻本,半葉十一行二十字,白口,單黑魚尾,四周單邊。每卷之首刻有"郡人劉天民希尹匯次"字樣,每卷末署"門人閻在邦達夫校勘"。卷首有李寵序,卷末附李廷相撰《皇明資政大夫南京户部尚書邊公神道碑銘》及劉希尹《書邊華泉詩集後》。卷六鈐有"會稽鈕氏世學樓圖籍"朱文方印,世學樓爲明人鈕緯藏書樓。鈕緯字仲文,號石溪,會稽人,嘉靖二十年進士,"(嘉靖)二十四年由直隸祁門知縣選禮科給事中,二十九年升山西僉事,尋以原官降直隸常熟縣丞,歷山東給事,以憂歸",③約卒於萬曆七年(1579)前後。④ 徐渭曾作《鈕太學墓志銘》,言世學樓當在鈕緯自山東僉事任上辭官歸里之後所營造。⑤ 則萬曆初期之前,此本就應刊刻并被鈕氏所藏於世學樓中。另,該本有清人補抄痕迹,且避"玄"字,應爲清康熙或之後修補本。

李寵序作於嘉靖二十三年夏,序言"予昔任南太博,購公集弗得,慨公之集或逸也。是年夏,予竽遷司農郎奉使茌東土,覯公仲子,因獲諦觀公集,寧弗足以償平昔願購之私也

---

① 談遷著,張宗祥點校:《國榷》,北京:中華書局,1958年,第3537頁。
② 吳希賢輯匯:《歷代珍稀版本經眼圖録·明代版本》,北京:中國書店,2003年,第320頁。
③ 蕭彦:《掖垣人鑒後集》卷一四,明萬曆十二年序刻本。
④ 按,徐渭《鈕太學墓志銘》中言,鈕緯之子鈕琳卒於萬曆十一年癸未九月十八日時之酉,其時"翁嫗祥禫先後幾五年矣",故推斷鈕緯約卒於萬曆七年(1579)前後。
⑤ 徐渭撰:《徐渭集》卷五,北京:中華書局,1983年,第1134—1136頁。

耶"。① 李寵字汝承，陝西涇陽人，嘉靖十七年（1538）進士。謝鶯興《邊貢〈華泉集〉板本考述》一文中，將有李寵《序》者及僅有劉天民《書後》者進行比對，兩本卷一、卷二、卷三及卷六著錄有所出入，從而得出結論，即國家圖書館所藏同題爲"明嘉靖戊戌濟南知府司馬魯瞻刊本"者，實有劉天民《書後》與李寵《序》兩種版本。然筆者經過比對，卷一并未發現其所指李寵《序》本缺《醉中贈王少尹》《贈尚子》《壽許太宰》三首；卷三《溪翁》一詩，李寵《序》本與僅有劉天民《書後》本內容同缺一字，并非謝文中所説李寵《序》本《溪翁》詩内文無缺字。兩書區別在於《段村候成之僉憲次馬太守韻》《柬何内史粹夫》《移榻次鳳山韻》《贈蕭醫士》《次王欽佩韻贈方山鄭子二首》五篇的編排順序，僅有劉天民《書後》者將其歸於卷二"歌行"，有李寵《序》者則置於卷三"五言律詩"中；李寵《序》本卷六《湖亭夜別柴吴二紀功述懷二首》後缺《次韻送貞庵中丞巡視江防》《畢司空宅夜宴留別》《送閩帥馬東溪武舉》《用韻贈莊邑博還鄒平》四篇。

再則，嘉靖二十三年（1544）李寵序本，據嘉靖十七年（1538）司馬魯瞻本重刊，二本應屬於同一版本系統。嘉靖十七年（1538）劉天民輯，司馬魯瞻刻本現藏於山東圖書館、湖北圖書館、陝西圖書館等。1976年臺灣偉文圖書出版社刊行《明代論著叢刊》中收録《邊華泉集》詩八卷，即是據此本影印而來。嘉靖二十三年（1544）李寵序刻本現藏於上海圖書館、雲南省圖書館。

《明四家集》、趙南星輯《明十二家詩選》中收邊貢《邊華泉集》二卷，卷首有麻城李寵序，比對內容，應爲此版本所出。

（四）萬曆魏允孚重刻十四卷本

魏允孚字懋誠，號雲門，魏允貞季弟，南樂縣人，萬曆二年（1574）進士，官至刑部郎中。其在《重刻華泉先生全集序》中，稱"余讀華泉先生集，蓋有世道之感焉"，"先生集舊有本，歲久而蝕，又遺所爲文不載，余理濟之。明年，從先生仲子搜得數十篇，因叙入集中爲重鋟之"。② 其中提及的"舊集"，王士禛《華泉先生詩選序》中言"邊集爲郡人劉吏部希尹所編，一刻於胡中丞可泉，再刻於魏司理允孚"，按王士禛的説法，當是指嘉靖十七年（1538）司馬魯瞻刻本。魏允孚從邊習處搜得華泉數十篇詩文，收入重刊之集。此本爲華泉詩文集的初刻本，也是文淵閣《四庫全書》所收《華泉集》十四卷山東巡撫採進本所據之底本。《明別

---

① 載於國家圖書館藏嘉靖二十三年（1544）李寵序《邊華泉集》卷首。
② 載於國家圖書館藏萬曆間魏允孚刻《華泉集》十四卷卷首。

集版本志》認爲魏允孚爲萬曆二年(1574)進士,則該本爲萬曆刻本,《(道光)濟南府志》卷二七將其列入嘉靖"推官"條,後來藏家依此而作"明嘉靖魏允孚刻本",皆誤。①

丁丙《善本書室藏書志》著録《邊華泉集》八卷,"嘉靖刊本,爲葉石君顧俠君藏書……前有大名郡魏允孚撰序……惟詩八卷,集六卷闕。按《四庫提要》云:'文集亦魏允孚所續刊,自明以來,談藝家置而不論,今核其品格,實遠遜於有韻之詞。'豈是詩於未續刻文集時先爲印行歟?有'葉氏藏書印',當是石君圖記,更有'顧嗣立印''俠君''秀野草堂顧氏藏書印''李伯雨印'諸圖記"。②《藏書志》中所記"嘉靖刊本",應是萬曆刊本,前已有辨。丁氏認爲此本雖僅詩八卷,也應是自魏允孚刻十四卷本系統中所出,并依照四庫館臣的觀點,推測華泉詩文并非同時刊行,詩集或早於文集。據《中國古籍總目》記載,有丁丙跋《邊華泉集》八卷,現藏於南京圖書館。葉德輝《郋園讀書志》:"《邊華泉集》詩八卷《文稿》六卷 魏允孚刻本,無年月。……審其字體似嘉靖初元刻本。白棉紙印,每半葉十行,每行二十二字。《四庫全書總目》集部著録即此本"。③《明代版刻綜録》記《邊華泉集》八卷《華泉稿》六卷,版式爲半頁十行,行二十二字,白口,四周單邊。《明別集版本志》云"《邊華泉集》八卷《集稿》六卷……十行二十二字,白口,四周單邊,無魚尾",④現藏於國家圖書館。國家圖書館另藏有清鈔本,九行二十四字,無格,序前有"蘭雪齋""吳氏藏書""北京圖書館藏"等五方印章。

《中國古籍總目》《中國叢書綜録》著録清代張百熙編《弘正四傑詩集》,⑤收《邊華泉詩集》七卷附録一卷,詩七卷,附録一卷爲諸家評論,國家圖書館有藏,從内容及前附魏允孚序來看,當爲此版本系統。

筆者將嘉靖十七年(1538)司馬魯瞻刻本同萬曆魏允孚重刻本進行比對,收詩數量上,魏允孚本較司馬魯瞻本多收近五十首,相對完整。從文字上看,魏允孚刻本雖據司馬魯瞻本所刻,但又有所校勘,而且詩作編排上也有所改變。可以看出魏允孚刻本詩歌部分是以司馬魯瞻本爲基礎,後加入從邊習處蒐輯的部分邊貢詩作,重新進行編次。

(五) 張縉刻本

《明代版刻綜録》中"張縉"條下有:"(張縉)字朝用,陽曲縣人,成化五年進士,南京户部尚書,杭州知府,有《玉堂遺稿》(按,當爲《玉雪遺稿》)。《華泉集》十四卷,明邊貢撰,明

---

① ④ 《明别集版本志》,第419頁。
② 丁丙撰:《善本書室藏書志》,北京:中華書局,1990年,第858頁。
③ 葉德輝撰,楊洪升點校:《郋園讀書志》,上海:上海古籍出版社,2019年,第436頁。
⑤ 張百熙:《弘正四傑詩集》,清光緒二十一年(1895)長沙張氏湘雨樓刻本,現藏國家圖書館。

正德九年張縉刊。"①《全明分省分縣刻書考一》"陽曲縣"下著"《華泉集》十四卷,正德元年河北省陽曲縣張縉刊本"。② 此二書中所著録《華泉集》十四卷本,不見於其他書目及著作記載,且此處又出現刊刻時間上的矛盾,頗有疑問。

張縉,山西陽曲人,天順六年(1462)鄉薦,成化五年(1469)進士,正德九年(1514)致仕,居滄一年,年八十三卒。《全明分省分縣刻書考》此條下并載張縉正德九年(1514)刻《宋學士全集》七十五卷,嘉靖五年(1526)刻《于肅敏公經略奏議》六卷。按,國家圖書館藏正德九年(1514)《宋學士文集》七十五卷,卷首有楊維楨、揭汯、貝瓊序,卷末有張縉跋文,末署"正德九年甲戌夏四月既望,賜進士出身奉敕總督漕運兼巡撫鳳陽等處地方督察院右都御史前南京户部尚書太原張縉識"。張縉卒於正德十年(1515),而嘉靖五年(1526)所刻《于肅敏公經略奏議》六卷顯然并非出自他手。據筆者查檢,《天一閣書目》著録《于肅敏公經略邊修》二卷,有明嘉靖五年(1526)古渝張縉序,言"予求得善本,命工重刊",則同時期另有名"張縉"者,"張縉,字元素,四川巴縣人,正德戊辰進士,嘉靖三年以右僉都御史任,七年致仕"。③ 正德戊辰,即正德三年(1508)。此人實爲嘉靖五年(1526)刊刻《于肅敏公經略奏議》六卷之人,因二人同名,故《全明分省分縣刻書考》誤載。另外,據前引李廷相《神道碑銘》言,華泉所著詩文約有四十餘卷,藏於家,則正德九年(1514),時邊貢三十九歲,是否已有《華泉集》十四卷本行世?此本似已不存,待考。

(六) 王士禛選刻本

清代王士禛於康熙年間選刻《華泉詩集》四卷,其《華泉先生詩選序》中言:"邊集爲郡人劉吏部希尹所編,一刻於胡中丞可泉,再刻於魏司理允孚,桑海之後,皆淪煙莽……暇日因參伍二刻,剃其繁蕪,掇其精要,與徐氏《迪功集》并刻於京邸,俾鄉之言文獻者足徵焉。"④王士禛推崇邊貢,認爲"吾濟南詩派,大昌於華泉、滄溟二氏,而篳路藍縷之功,又以邊氏爲首庸",⑤據序中稱,選刻參照司馬魯瞻刻本及魏允孚刻本,又附華泉仲子邊習遺稿《睡足軒詩選》一卷。經統計,王士禛選邊貢詩共二百三十三首,邊習詩作四十八首,并附有嚴嵩詩三首。

《中國古籍善本書目》著録清康熙刻《王漁洋遺書三十八種》收録《華泉先生集選》四

---

① 杜信孚纂輯:《明代版刻綜録(第四册)》,揚州:江蘇廣陵古籍刻印社,1983年,第58頁。
② 杜信孚、杜同書著:《全明分省分縣刻書考(河北卷)》,北京:綫裝書局,2001年,第3頁。
③ 雷禮:《國朝列卿紀》卷一二八,《四庫全書存目叢書》明萬曆徐鑒刻本。
④⑤ 王士禛:《華泉先生詩選序》,載於《華泉先生集選》康熙三十六年(1697)王士禛刻本卷首。

卷。天津圖書館藏《華泉先生集選》四卷,康熙三十六年(1697)刻本,該本十行十九字,黑口,雙順魚尾,左右雙邊,黃紙本。前有王士禛自序、魏允孚舊序,附錄諸家評論,各卷卷端次行署"户部尚書濟南邊貢著",三行署"刑部尚書後學王士禛選",卷末附劉天民後序。雲南圖書館亦有藏。

(七) 明清時期其他版本的《華泉集》

1.《盛明百家詩》本。明時俞憲編《盛明百家詩》三百二十四卷,收錄《邊華泉集》詩一卷,十行二十一字,白口,四周單邊,無魚尾。現藏於國家圖書館、首都圖書館、北京大學圖書館、上海圖書館、山西省圖書館、青海省圖書館、文登市圖書館、山東大學圖書館、無錫市圖書館、浙江圖書館和河南省圖書館。前云"予悉通家家集中,得其詩爲多,及考本集方三四見,可見公詩散亡多矣"。① 從內容、編次來看,與嘉靖十七年(1538)劉天民編、司馬魯瞻刻本屬同一版本系統。

2. 張澄源復刻本。清時葉昌熾《緣督廬日記鈔》記"初九日,閱《華泉集》共二本:一嘉靖壬戌司馬魯瞻刻本,有劉天民序;一國朝康熙中張澄源復刻本,嘉慶重修,明刻僅詩八卷,張刻益以文六卷"。② 張澄源復刻本,《增訂四庫簡明目錄標注》亦有著錄,王懿榮云"康熙乙酉歷城張澄源合刻詩文爲全集,嘉慶十年歷城李肇慶重修補刊,余得之里中",③ 王士禛《香祖筆記》載"予既選刻邊尚書《華泉集》及其仲子習逸詩,又訪其七世裔孫紹祖,請於當事,爲公奉祀。歷城諸生張湋字澄源,邊氏子佃主也,又訪其集於臨邑故家,得魏允孚刻本,爲重鐫之,書來請序。并謀新公祠宇,置祭田,可謂好事喻義者,因書之",④ 可知張澄源刻本從魏允孚刻本而來。《山東文獻集成》第二輯收錄《邊華泉集八卷邊華泉集稿六卷》,據山東省博物館藏康熙四十四年(1705)歷城張刻本影印,四周單邊,白口,無魚尾,十行二十二字。前有魏允孚序、盛世鳴序、張澄源作《重刻邊華泉先生全集序》,張序所述訪書過程與王士禛《香祖筆記》記載相符。《明別集叢刊》第一輯收錄《邊華泉集八卷 邊華泉集稿六卷》,據康熙刻本影印,卷首僅附魏允孚原序,經比對,版式、內容與山東博物館藏康熙四十四年(1705)歷城張澄源刻本無異,二者爲同一版本。另外有康熙四十四年刻嘉慶十年(1805)重修聽雨堂印本,康熙四十四年刻嘉慶十年咸豐元年(1851)遞修本,康熙

① 沈乃文主編:《明別集叢刊》第五輯(第九十六冊),合肥:黄山書社,2015年,第49頁。
② 吴相湘主編:《中國史學叢書・緣督廬日記鈔》,臺北:臺灣學生書局,1964年,第167頁。
③ 邵懿辰撰,邵章續錄:《增訂四庫簡明目錄標注》,上海:上海古籍出版社,1979年,第840頁。
④ 王士禛:《香祖筆記》卷一一,影印文淵閣《四庫全書》本。

四十四年刻宣統三年(1911)重修本,均當自萬曆魏允孚本所出。

3. 朝鮮李采撰《華泉集》十六卷。謝鶯興一文中提及西北大學圖書館所藏朝鮮李采撰《華泉集》,因其未見原書,不知是否爲邊貢所撰《華泉集》,故存疑。

經筆者目驗,李采(1745—1820)撰《華泉集》七册十六卷,半葉十行二十字,白口,單黑魚尾,四周單邊,"總目"頁鈐有"西北大學圖書館藏"印。書目記"華泉集",版心爲卷數,下方是内容,如卷一至卷二,下寫"詩",書口下方記頁碼,每卷前列本卷詩文集目錄。卷一、二爲詩,卷三爲疏、講義、書,卷四至卷八爲書,卷九爲序、記、傳、題跋、銘,卷十爲雜著、策、箋狀、上梁文,卷十一爲告文、祭文,卷十二爲祭文、哀辭,卷十三爲碑、墓碣銘、墓表,卷十四、十五爲墓志,卷十六爲行狀。從内容上看,此本并非邊貢所撰《華泉集》,實爲同名異書。

四、結論

綜合以上,邊貢詩文集最初有家藏本四十餘卷,嘉靖時詩集八卷單行本先梓行於世,後萬曆魏允孚合刻詩文集爲十四卷,清時亦有重刻本及選本。現存傳世詩集版本實分兩個系統,一是嘉靖十七年(1538)李開先選、蘇祐刻詩集八卷本;一是嘉靖十七年(1538)劉天民匯次、司馬魯瞻刻詩集八卷本,萬曆魏允孚刻本詩歌部分即從此系統出。現存文集版本則從萬曆魏允孚刻本而來。選本、重刻本均不出以上版本系統。今人研究邊貢大多依據文淵閣《四庫全書》本《華泉集》,此本據魏允孚重刻本而鈔,雖然保留了魏允孚舊序,但多有改竄,如卷三《贈方山鄭子二首》,第二首首聯"好酒耻儒素,談兵蕩虜塵",四庫本將"蕩虜塵"改爲"靖塞塵"。卷七《感事八首》第一首首聯"天山胡虜本天驕,入貢能輕道路遥",四庫本將"胡虜"改作"戎馬"。卷九《言邊患封事一首》,四庫本作"言邊患封事",文中第一句"具官某謹題,爲急處邊患事。近該大同鎮守等官、太監陸誾等題稱虜賊復寇等因,奉聖旨:'這所報韃賊四散入境,搶掠數多,全不見官軍防禦緣由,兵部便看了來説。欽此。'"四庫本改成"具官某謹題,爲急處邊患事。近該大同鎮守等官,題稱邊患復熾等因,奉聖旨:'這所報,兵部看了來説。欽此。'"故研究者當以萬曆魏允孚重刻本爲主,參以其他明刻本。

【作者簡介】劉曉萱,1992年,女,西北大學文學院博士研究生,主要從事明代文學文獻研究。

《萸亭紀事》作者張光孝雜考

郞 賀

張光孝是明代西安府華州(今陝西渭南華州區)人,"嘉靖隆慶間知名之士",①所著《西潰大河志》入《四庫全書總目》"存目",是明代中期關中地區頗有影響力的詩人、學者之一。

由於史料局限,張光孝生平行迹、學術思想一直湮没不顯。筆者寓目所見張光孝及其父祖相關研究,成果寥寥。② 而且,這些研究都以明末過庭訓撰《本朝分省人物考》和清劉於義撰《(雍正)陝西通志》,甚至《四庫提要》爲據,頗多語焉不詳。實際上,這些文獻時代既晚,可信度自然下降。像《本朝分省人物考》直接抄録自王九思撰《明故大中大夫山東布政司左參政張公墓志銘》,以史源角度論之,實屬不當。

筆者藉由整理張光孝撰學術筆記《萸亭紀事》,旁及張光孝撰《左華丙子集》《(隆慶)華州志》,以及王九思撰《明故大中大夫山東布政司左參政張公墓志銘》《張安人東氏墓志銘》等尚未利用的一手新史料,對張光孝生平、著述等信息,重加訂正。

一、張光孝字、號考

按《四庫提要》云:"張光孝字維訓,號左華。"③崔富章先生據《萸亭紀事》指出:"光孝

---

* 本文係西安電子科技大學信息與人文學科交叉項目(20106185642);陝西省"十三五"古籍整理重大項目《陝西古代文獻集成》子課題(SG17001・子120)相關成果。

① 趙訥:《左華丙子集叙》,見《四庫未收書輯刊》第六輯第二一册張光孝《左華丙子集》,北京:北京出版社,2000年,第334頁。

② 孫師師:《〈西潰大河志〉作者考及其文學文獻價值探析》,《牡丹江大學學報》2015年第10期,第116—118頁。另外像師海軍《明中期關隴作家群研究》,西北大學中國古代文學專業2010年博士學位論文。楊挺《明代陝西作家研究》,上海師範大學中國古代文學專業2007年碩士學位論文;余春柯《康海著述交游考釋》,西北大學中國古典文獻學專業2010年碩士位論文。崔淑静《明代張煉世系、年譜及交游考釋》,西北大學中國古代文學專業2012年碩士學位論文。王晶晶《明代陝西進士研究》,湖南師範大學歷史學專業2016年碩士學位論文等,有部分段落略述張光孝事迹。

③ 紀昀等原著,四庫全書研究所整理:《欽定四庫全書總目(整理本)》卷七八《史部三十四・地理類存目四》,北京:中華書局,1997年,第1010頁。

字惟訓,《提要》誤作'維訓'。"①檢張光孝撰《左華丙子集》《張左華集》《西瀆大河志》三書署名皆爲"關中張光孝惟訓甫撰"。②另外,著名詩人、"後七子"核心人物謝榛,作有《寄張惟訓》《關中張惟訓、胡仲光、左文明、張叔舍四子下第過鄴見訪,因賦長歌送之》二詩。③一望可知,張光孝字當作"惟訓",《四庫提要》所載不確。

又張光孝號"左華山人",見於《〈莫亭紀事〉叙》署名"關中左華山人張光孝惟訓甫撰",④還見於《(隆慶)華州志》署名"左華山人張光孝撰次"。⑤那麽,"左華"之號從何而來?

這其實是當時人對"左華山人"的省稱,最早見於嘉靖三十七年(1558),華州知州朱茹稱呼張光孝"左華張子",⑥其後嘉靖四十四年(1565),門生宋應期稱其爲"左華先生",⑦萬曆四年(1576)保寧知府趙訥稱其"左華子",⑧及至萬曆八年(1580)十一月,張光孝撰《明故處士敏畦原公(密)洎配張氏合葬墓志銘》署名爲"文林郎知河南西華縣事華州左華張光孝撰"。⑨清康熙年間(1662—1722)馮昌奕修、劉遇奇等纂《續華州志》直接記爲:"公諱光孝,字惟訓,號左華,一號嶽泉,一號瓜仙。"⑩所謂"號左華",實當爲"號左華山人"。

然《四庫提要》之説被廣泛引用,今人因循未改,像《明別集版本志》云:"張光孝,字維訓,號左華,嘉隆萬間關中人。"⑪而李文遜《關中張惟任刻書考》寫對了張光孝的字、號,却認爲"康海之甥,嘉靖二十五年以第二名舉人授河南西華縣知縣"。⑫更有甚者,孫師師《〈西瀆大河志〉作者考及其文學文獻價值探析》謂:"別號'左華',明代咸林人……卒年已不可考。嘉靖二十五年中舉,授任河南西華縣縣令……著有《左華文集》《華州志》《西瀆大

---

① 崔富章著:《四庫提要補正》,杭州:杭州大學出版社,1990年,第299頁。
② 張光孝:《左華丙子集》,見《四庫未收書輯刊》第六輯第二一册,影印明刻本,第334頁;張光孝:《張左華集》,明嘉靖四十四年(1565)刻本,西北民族大學圖書館藏;張光孝:《西瀆大河志》,《四庫全書存目叢書》史部第二二二册,影印明嘉靖三十八年(1559)刻本,濟南:齊魯書社,1996年,第324頁。
③ 謝榛著,朱其鎧、王恒展、王少華校點:《謝榛全集》卷一六《五言排律·寄張惟訓》,濟南:齊魯書社,2000年,第535頁;《謝榛全集》附錄五《散見他本部分佚詩·關中張惟訓、胡仲光、左文明、張叔舍四子下第過鄴見訪,因賦長歌送之》,第859頁。
④ 張光孝:《莫亭紀事叙》,見張光孝:《莫亭紀事》,明萬曆四十六年(1618)刻本,國家圖書館藏,卷首第6頁b。
⑤ 李可久裁正、張光孝撰次:《(隆慶)華州志》,明隆慶(1568—1572)刻本,國家圖書館藏,卷首第6頁a。
⑥ 朱茹:《杜律頗解序》,見黃永武主編:《杜詩叢刊》第一輯王維楨《杜律頗解》,臺北:大通書局,1974年,第4頁。
⑦ 崔建英輯,賈衛民、李曉亞整理:《明別集版本志》,北京:中華書局,2005年,第188頁。
⑧ 趙訥:《左華丙子集叙》,見《四庫未收書輯刊》第六輯第二一册張光孝《左華丙子集》,第334頁。
⑨ 張光孝:《明故處士敏畦原公(密)洎配張氏合葬墓志銘》,見《新中國出土墓志·陝西(壹)》,北京:文物出版社,2000年,第209頁。
⑩ 馮昌奕修,劉遇奇等纂:《康熙續華州志》卷四《人物列傳·郡賢傳·郡西華張公》,見《中國地方志集成·陝西府縣志輯》,影印清光緒八年(1882)合刻華州志,南京:鳳凰出版社,2007年,第269頁。
⑪ 《明別集版本志》,第188頁。
⑫ 李文遜:《關中張惟任刻書考》,《華夏文化》2020年第1期,第38頁。

河志》《三邊人物列傳》《理學名臣傳》《萯亭紀事》等。其子士鵬爲密雲教諭,子士鯤爲沁源令。"①該文在張光孝名號、籍貫、卒年、仕宦時間、著述、子嗣等六方面叙述未審,甚至舛訛。兹訂正補充如下,并略叙張光孝生平事迹。

二、張光孝青少年時期經歷考

張光孝祖父張潛,弘治九年(1496)進士,罷官後從華陰遷居華州,"咸林"乃華州古稱,實無"明代咸林"建制。張潛獨子張之榘,娶名士康海之女爲妻,正德十四年(1519),生獨子張光孝。"公生而聰穎絶倫,豪宕神敏,萬言立就,酷似其外祖對山公。"②

嘉靖五年(1526),張之榘、張潛先後病逝,張光孝八歲失怙,家道衰落。而且在張潛去世數月後,康海也患病,以至於無法爲親家好友撰寫墓志,③難以給張光孝母子提供實質的幫助。

由於家遭變故,包括張氏先人文集在内的各種家産,遭人盗取甚至毁棄。張光孝後來回憶當時的境況是父祖亡故,孤兒寡母,"悍僕"欺凌,"幾至傾家滅孤矣"。④像張光孝曾祖張錦撰有《張氏族譜》,按理應該保存在長子張潛手中,然而王九思在撰寫張潛墓志時却提到:"張氏之先譜逸,莫可遐考。"⑤還有張錦《判獄志》一書,也是張光孝後來在族祖張滋處看到。⑥

彼時張光孝之母康氏二十七歲,她集中精力守住田産,培養張光孝以讀書爲業,"予母歷盡艱辛,育八齡孤,奉供伏臘祀,事先産百餘畝,能因時治田疇,又延師教孤"。⑦張光孝的啓蒙老師是當地東城寺僧敖上人。⑧

據張光孝《三月十六日作》詩:"憶昔嘉靖戊戌歲,合巹已屬一世計。"⑨可知在嘉靖十七年(1538),張光孝娶妻成親。其妻名趙孟子,"絶憐趙孟子,淑德比良玉"。⑩隆慶四年

---

① 孫師師:《〈西濱大河志〉作者考及其文學文獻價值探析》,《牡丹江大學學報》2015年第10期,第117頁。
② 劉士忠:《西濱大河志叙》,見《四庫全書存目叢書》史部第二二二册張光孝《西濱大河志》,第322頁。
③ 王九思:《渼陂續集》卷下《明故大中大夫山東布政司左參政張公墓志銘》,見《陝西古代文獻集成》第九輯,西安:陝西人民出版社,2017年,第324頁。
④⑦ 張光孝:《萯亭紀事》卷三《誅母謡母》,明萬曆四十六年(1618)刻本,國家圖書館藏,第39頁a。
⑤ 王九思:《渼陂續集》卷下《明故大中大夫山東布政司左參政張公墓志銘》,見《陝西古代文獻集成》第九輯,第326頁。
⑥ 張光孝:《萯亭紀事》卷二《判獄志》,明萬曆四十六年(1618)刻本,國家圖書館藏,第20頁a。
⑧ 張光孝:《左華丙子集》卷七《東寺懷敖上人予髫年依上人讀書今五十一年矣感懷賦此》,見《四庫未收書輯刊》第六輯第二一册,第412頁。
⑨ 張光孝:《左華丙子集》卷三《七言古詩七十七首·三月六日作》,第366頁。
⑩ 張光孝:《左華丙子集》卷二《乙亥三月十六妻忌日》,第352頁;卷一《過趙孟子墓》,第343頁。

(1570)趙孟子去世,年四十九歲。① 兩人育有子女五人,②可以確定長子士遇、三子士龍是趙孟子所生。③ 其他子女中,女兒皆失其名,次子士度、④四子士鵬、⑤五子士鯤。⑥ 其中,五子士鯤在萬曆四十三年(1615)考取舉人。⑦ 至此,張氏一族中,曾祖張錦(進士)、祖父張潛(進士)、父張之榘、張光孝、五子張士鯤,五世登第。

三、張光孝中舉後經歷考

張光孝自述其師爲"吾師江夏近山翁",⑧指嘉靖年間(1522—1566)出任華州知州的吳旻,⑨張光孝當是在他主持下,通過院試考取秀才,時間必定在嘉靖二十一年(1542)之前。因爲在嘉靖二十一年,張光孝找祖父張潛同年進士王九思撰寫墓志,王九思欣慰地寫道:"光孝今年二十四歲矣,爲州學生,受《尚書》有名。前督學者以狀元目之,謂其才性類厥外祖,人皆以爲然。其貌豐厚奇偉,遠到之器也,光張氏之業以收厥考之功,斷可必矣。"⑩

過四年,嘉靖二十五年(1546),張光孝考中鄉試第二名,⑪得以赴京參加嘉靖二十六年(1547)春闈。不過此後未能考取進士,據他自述:"予性復愚,後亦博一第、授一令,僅不得罪於里巷而已。"⑫指的是功名止於舉人。當時寄居彰德(今河南安陽)的謝榛,曾作《關

---

① 張光孝:《左華丙子集》卷三《七言古詩七十七首·三月六日作》,第366頁。
② 張光孝:《左華丙子集》卷二《乙亥三月十六妻忌日》:"詎意孟子卒,遺我如孤鵠。雖引五雛飛,向誰百苦告?"第352頁。又隆慶六年(1572),張光孝作《生女是歲壬申郡志成》詩云:"已有五男兒,還添五女數。"《左華丙子集》卷二《生女是歲壬申郡志成》,第346頁。即新生五女。這表示隆慶六年前,張光孝有五子四女,其中五人是髮妻趙孟子所生,四人是妾所生。
③ 張光孝:《左華丙子集》卷八《士龍誕日有感》,第422頁;王九思:《渼陂續集》卷下《明故大中大夫山東布政司左參政張公墓志銘》,見《陝西古代文獻集成》第九輯,第326頁。
④ 張士鯤《序》,見張光孝《萸亭紀事》,明萬曆四十六年(1618)刻本,國家圖書館藏,卷首第7頁a;張光孝《左華丙子集》卷二《古意示仲子度》,見《四庫未收書輯刊》第六輯第二一冊,第347頁。
⑤ 《康熙續華州志》卷四《人物列傳·郡賢傳·明密雲衛教授張公》,見《中國地方志集成·陝西府縣志輯》,第267頁。
⑥ 《康熙續華州志》卷四《人物列傳·郡賢傳·明良鄉縣令張公》,第267頁。
⑦ 《康熙續華州志》卷四《人物列傳·流寓考·明刑部左侍郎張公》:"曰士鯤,萬曆乙卯舉於鄉。"第263頁;卷四《人物列傳·明良鄉縣令張公》,第267頁;卷四《人物列傳·科貢考》,第270頁。又前揭《生女是歲壬申郡志成》顯示張士鯤生於隆慶六年(1572)前,從年齡推測,他可能不是趙孟子所生。
⑧ 張光孝《左華丙子集》卷六《丁丑五月念二日吳子山以參謀衛督府之寧夏過郡。子山者,前郡守吾師江夏近山翁之子也。別去三十餘年,相對感懷賦此》,見《四庫未收書輯刊》第六輯第二一冊,第415頁。
⑨ 李可久修、張光孝纂:《隆慶華州志》卷五《官師志》,見《中國地方志集成·陝西府縣志輯》,影印清光緒八年(1882)合刻華州志,第33頁。
⑩ 王九思:《渼陂續集》卷下《明故大中大夫山東布政司左參政張公墓志銘》,見《陝西古代文獻集成》第九輯,第326頁。
⑪ 馮昌奕修,劉遇奇等纂:《康熙續華州志》卷四《人物列傳·流寓考·明刑部左侍郎張公》,見《中國地方志集成·陝西府縣志輯》,影印清光緒八年(1882)合刻華州志,第262頁;劉於義:《(雍正)陝西通志》卷三一《選舉二·舉人》,清雍正十三年(1735)刻本,國家圖書館藏,第34頁a。
⑫ 張光孝:《萸亭紀事》卷三《誅母諡母》,明萬曆四十六年(1618)刻本,國家圖書館藏,第39頁a。

中張惟訓、胡仲光、左文明、張叔舍四子下第過鄴見訪,因賦長歌送之》詩:"咸陽詞客多名流,被褐相將京國游……論文當代須君輩,杯酒還期玉女峰。"①反映了張光孝等人會試落第返回華州,途經彰德前來拜會的情景。

　　這期間張光孝在科考餘暇,廣泛交游,參與書籍校勘編輯。嘉靖二十八年(1549),編刊名士殷雲霄《石川集》十卷。② 嘉靖三十四年(1555)十二月,陝晉豫同時地震,關中是重災區,"渭南、華州、朝邑、三原、蒲州等處尤甚……官吏、軍民壓死八十三萬有奇"。③ 華州名士王維楨亦身遭不測。嘉靖三十七年,華州士子向知州朱茹獻上王維楨撰《杜律頗解》,朱茹委托張光孝予以校對編輯,"予托左華張子校其舛訛,而又偕爲之編次《杜律》四卷之數,原附《李律》七首以傳"。④

　　嘉靖四十三年(1564),張光孝之母去世。⑤ 嘉靖四十四年(1565),宋應期、郭福之校刻《張左華集》,宋應期叙述緣由:"皆期等東林書舍所誦録者……遂命梓於匠氏。期於同門郭福之校刊。"⑥推測張光孝會試不中,可能出任了東林書舍教職,宋應期、郭福之就是他的學生,敬重他的文才學識,爲他校刊詩文集。又張光孝作《夢郡倅周蟠翁因憶周宗道宗道者予門人因憶之》詩,⑦稱呼周宗道爲"門人",也是師生關係的反映。

四、張光孝罷歸原因揣測

　　張光孝遷延蹉跎二十二年,在明穆宗隆慶二年(1568),出任河南開封府西華縣知縣,任職兩年,到隆慶四年(1570)罷歸。⑧ 張光孝在任期内主要政績有二:一是歷時三個月,修築西華磚牆,"每爲臺司見重,稱其有良吏之才"。二是爲當地士人抗辯伸冤,"雖王生誣

---

①　《謝榛全集》附録五《散見他本部分佚詩·關中張惟訓、胡仲光、左文明、張叔舍四子下第過鄴見訪,因賦長歌送之》,第859頁。

②　中國古籍總目編纂委員會:《中國古籍總目·集部》第二册《別集類·明代之屬》,北京:中華書局、上海:上海古籍出版社,2012年,第660頁。

③　張廷玉等撰:《明史》卷三〇《志六·五行三·地震》,北京:中華書局,1974年,第500頁。

④　朱茹《杜律頗解序》,見《杜詩叢刊》第一輯王維楨《杜律頗解》,第4頁。

⑤　張光孝:《左華丙子集》卷七《六言律詩八首·夢母甲子母逝,於今十有三年矣。忽感夢一見,并垂家訓。愴焉,興懷賦此》,見《四庫未收書輯刊》第六輯第二一册,第416頁。

⑥　《明別集版本志》,第188頁。

⑦　張光孝:《左華丙子集》卷七《夢郡倅周蟠翁因憶周宗道宗道者予門人因憶之》,見《四庫未收書輯刊》第六輯第二一册,第411頁。

⑧　田文鏡《河南通志》卷三三《職官四·開封府屬知州知縣·西華縣》:"張光孝,陝西華州人,舉人,隆慶二年任。"清光緒二十八年(1902)刻本,國家圖書館藏,第37頁b;又宋恂《(乾隆)西華縣志》卷五《職官志·縣令》載,張光孝爲"隆慶四年任",清乾隆十九年(1754)刻本,國家圖書館藏,第3頁a。按因《河南通志》載張光孝前任徐昺爲"嘉靖四十五年任",後任楊一賢爲"隆慶四年任",推測張光孝當爲隆慶二年(1568)任,係《(乾隆)西華縣志》筆誤。

釋,而臺司恒忌公焉"。①

　　張光孝罷歸鄉里的原因,僅見於《續華州志》所載:憲使傅公讓張光孝評價自己的文章,張光孝不阿諛逢迎,傅公惱怒,找藉口撤罷了他的官職。"公藝文著聞,憲使傅公慕之,嘗與公論文,出其篇以示。公不爲諛。傅公有恚色,以他故罷公職。"②

　　按"憲使"指提刑按察使,檢《(康熙)河南通志》所載隆慶年間(1567—1572)河南按察使、副使,并無傅姓者。只有嘉靖後期,傅應詔先任按察副使,再升右參政。隆慶年間,他并不在河南任職。③ 又傅應詔是陝西南鄭(今陝西漢中)人,嘉靖十四年(1535)進士。他與張光孝是同鄉,都投身科舉,的確有討論文章的可能,然而時間、官職皆不符合。

　　推測張光孝可能與傅應詔討論過文章,兩人觀念相左,不歡而散,但時間、地點未知。後來張光孝或爲遮羞掩飾,或爲抬高身份,重提此事以爲罷職的原因,被寫入《續華州志》。不過,張光孝去官的真實原因,是否與傅應詔有關?就無從得知了。

五、張光孝卒年考

　　隆慶六年(1572),華州知州李可久徵集到張光孝所撰《華州志》,命張光孝之子張士遇刊刻付梓,"中秋一日"作序。④ 亦可作證張光孝在隆慶六年(1572)以前,已經還歸故里。

　　張光孝早年已然享有文名,自隆慶四年(1570)後,退居華州十三年,懸車林泉,優游山水,寫詩屬文,著述爲娱。如他自述:"倏忽歸來理舊塾,左圖右書心不怍。"⑤

　　至於張光孝的卒年,史籍闕載。按張士鯤所撰《〈萸亭紀事〉序》云:"惟《癸未集》乃其絕筆。"⑥檢正德十四年(1519)後最近兩個癸未年,分別是嘉靖二年(1523)、萬曆十一年(1583),可知張光孝當是在萬曆十一年(1583)或稍後數年内去世,壽在六十五以上。

六、張光孝著述考

　　關於張光孝的著述,各種方志所載不一,如劉於義撰《(雍正)陝西通志》載:"《萸亭記事》

---

　　①② 《康熙續華州志》卷四《人物列傳·郡賢傳·明西華張公》,見《中國地方志集成·陝西府縣志輯》,第269頁。
　　③ 賈漢復:《(康熙)河南通志》卷一四《職官》,清康熙九年(1670)刻本,國家圖書館藏,第43頁a、第57頁a。
　　④ 李可久:《華州志序》,見李可久修、張光孝纂:《隆慶華州志》,《中國地方志集成·陝西府縣志輯》,影印清光緒八年(1882)合刻華州志,第1頁。
　　⑤ 張光孝:《左華丙子集》卷三《三月十六日作》,見《四庫未收書輯刊》第六輯第二一册,第366頁。
　　⑥ 張士鯤《序》,見張光孝《萸亭紀事》,明萬曆四十六年刻本,國家圖書館藏,卷首第7頁a。

《三邊人物列傳》《理學名臣傳》《大河志》俱西華知縣華州張光孝撰。"①《左華集》《左華文集》《辛未集》《丙子集》《辛巳集》《癸未集》俱西華知縣華州張光孝撰。"②不列《(隆慶)華州志》,且《萸亭紀事》誤爲"萸亭記事"。再如馮昌奕、劉遇奇等撰《續華州志》載:"著有《左華集》《左華文集》《辛未集》《丙子集》《辛巳集》《癸未集》《史亭紀事》《擬古樂府》《理學名臣傳》。"③遺漏《三邊人物列傳》《西瀆大河志》《(隆慶)華州志》三書,且《萸亭紀事》誤爲"史亭紀事"。其中,因爲《(隆慶)華州志》是華州知州李可久"裁正",便不算作張光孝著作,顯然有悖事實。

其實當以張光孝之子張士鯤所述爲準:"詩:《左華詩集》《擬古樂府》《辛未集》《丙子集》;文:《左華文集》;志:《三邊四鎮志》《華州志》《大河志》;傳:《皇明理學名臣傳》。粵九種,悉已成刊。"④加上筆記《萸亭紀事》,以及散佚的詩集《癸未集》,張光孝著述實爲十一種。

現存《張左華集》《左華丙子集》《(隆慶)華州志》《西瀆大河志》《萸亭紀事》,以及胡纘宗撰、胡統宗注、張光孝評《可泉擬涯翁擬古樂府》,共六種。

其一《張左華集》十五卷,《中國古籍善本書目》著録,藏於西北民族大學圖書館,爲存世孤本。另據崔建英輯,賈衛民、李曉亞整理《明別集版本志》著録:"張左華集十五卷,明張光孝撰,明嘉靖四十四年宋應期校刻本。九行十六字,白口,四周雙邊。卷端題'關中張光孝惟訓撰'。左熙、鄭仲《張左華集序》,嘉靖乙丑(四十四年)宋應期志。應期曰:'左華先生集凡一十五卷,賦凡三十七篇,諸體詩凡八百有八十首,皆期等東林書舍所誦録者……遂命梓於匠氏。期於同門郭福之校刊。'張光孝,字維訓,號左華,嘉隆萬間關中人。"⑤此書被選入2010年《第一批甘肅省珍貴古籍名録》。按此書應該就是張士鯤所言《左華詩集》,就時間看,此書收録張光孝科舉應試期間創作的詩賦。

其二《左華丙子集》十卷,"丙子"指萬曆四年(1576),以張光孝退隱後創作詩文爲主,主要是隆慶五年(1571)到萬曆五年(1577)之間,⑥也收録有嘉靖二十三年(1544)、隆慶三年(1569)詩作,⑦共收賦9篇、詩1136首。時任保寧知府趙訥稱贊説:"愚讀《左華丙子

---

① 劉於義:《(雍正)陝西通志》卷七四《經籍第一·史類》,清雍正十三年(1735)刻本,國家圖書館藏,第52頁b。
② 劉於義:《(雍正)陝西通志》卷七四《經籍第一·史類》,清雍正十三年(1735)刻本,國家圖書館藏,第61頁b、第62頁a。
③ 《康熙續華州志》卷四《人物列傳·郡賢傳·明西華張公》,見《中國地方志集成·陝西府縣志輯》,第269頁。
④ 張士鯤:《序》,見張光孝:《萸亭紀事》,明萬曆四十六年(1618)刻本,國家圖書館藏,卷首第7頁a。
⑤ 《明別集版本志》,第188頁。
⑥ 張光孝:《左華丙子集》卷五《辛未八月十三夜家宴》,見《四庫未收書輯刊》第六輯第二一册,第386頁;卷五《和王膳部游山》序"隆慶壬申初夏",第388頁;卷五《萬曆元年上日次賈島新年韻》《癸酉夏日村居》,第391、392頁;卷六《甲戌除夕》《雨至乙亥二月初七日》,第398、399頁;卷二《丙子先塋拜掃》,第355頁;卷四《丁丑題竹家園先母植竹四十餘年今年方盛感而賦之》,第383頁;卷七《丁丑人日》,第408頁。
⑦ 張光孝:《左華丙子集》卷八《久旱喜雨寄閻鶴石甲辰年作》,見《四庫未收書輯刊》第六輯第二一册,第423頁;卷九《過提城寺懷王秀才己巳年作》,第426頁。

集》,嘆左華子年幾耳順而鉛槧不棄,吟味日嘉,其大都登李杜之堂,而出入乎賈長江、孟襄陽途轍者。"①《中國古籍總目·集部》著録:"明刻本,中科院。"②半頁十行,行十九字,四周雙邊,版心有書名、卷次、頁數,無魚尾。收入《四庫未收書輯刊》第六輯。

其三《(隆慶)華州志》二十四卷,署名"李可久裁正,張光孝撰次",實際爲張光孝撰寫,事見於"張士遇曰:'家君以郡志匯草三十餘年矣……然解綬歸里,即遇我宗師李牧翁入關司牧,政先文獻,志在鑒徵,遂取家君志草,紬繹裁割以就實用,即命士遇洎雒現成以入梓,甫兩月梓成云。'"③李可久時任華州知州,他對此書評價甚高:"予是敬以咨詢,獲里居先西華縣令張君所修志草。覽其稽考之詳,克就體要。足著一方之事而收百世之遺。遂命梓之以傳繼,自今以後,庶乎考索有需,而勸懲云備也。"④

按《中國古籍總目·史部》著録該書現存明隆慶六年(1572)刻本,半頁十行,行十九字,四周雙邊,白口,無魚尾,版心有書名、卷次、頁數,現藏國家圖書館、遼寧圖書館、陝西圖書館。然而國家圖書館藏萬曆八年(1580)重刻《(隆慶)華州志》收録張光孝《華州志後序》,文末標記時間爲"萬曆元年正月吉日",⑤可知《(隆慶)華州志》刻成於萬曆元年(1573)正月,而非隆慶六年(1580),《中國古籍總目·史部》及國家圖書館著録該本信息有誤。

另有清吴炳南輯《合刻華州志》,光緒八年(1882)華州州署刻本,藏於上海圖書館、甘肅圖書館、南京大學圖書館。⑥ 以及民國四年(1915)王淮浦修補重印《合刻華州志》本,藏於國家圖書館、北京大學圖書館、天津圖書館。⑦

其四《西瀆大河志》六卷,"西瀆"即天下四瀆之西瀆黄河。《四庫全書總目提要》誤記爲五卷,且認爲該書部分内容與主題不符:"是編志大河源委與決塞修浚之宜,傍及祀典、雜事、藝文,猶屬志書之體。乃復攙入天河星象,龍馬卦畫,繪圖列説,附會支離。是與水官何涉乎?"⑧《中國古籍總目·史部》著録:"明萬曆三十八年刻本,中科院。"⑨半頁十行,行十九字,左右雙邊,白口,單魚尾,版心有書名、卷次、頁數,收入《四庫全書存目叢書》史

---

① 趙訥:《左華丙子集叙》,見《四庫未收書輯刊》第六輯第二一册張光孝《左華丙子集》,第334頁。
② 《中國古籍總目·集部》第二册《别集類·明代之屬》,第694頁。
③ 李可久修,張光孝纂:《隆慶華州志》,見《中國地方志集成·陝西府縣志輯》,影印清光緒八年(1882)合刻華州志,第2頁。
④ 李可久:《華州志序》,見李可久修,張光孝纂:《隆慶華州志》,《中國地方志集成·陝西府縣志輯》,第1頁。
⑤ 張光孝:《華州志後序》,見李可久裁正,張光孝撰次:《(隆慶)華州志》,萬曆八年(1580)重刻本,國家圖書館藏,卷首第14頁b。
⑥ 《中國古籍總目·史部》第七册《方志類·叢編之屬》,第4071頁。
⑦ 《中國古籍總目·史部》第八册《方志類·地志之屬·陝西省》,第4721頁。
⑧ 《欽定四庫全書總目(整理本)》卷七五《史部三十一·地理類存目四》,第1010頁。
⑨ 《中國古籍總目·史部》第六册《政書類·水利之屬》,2012年,第3473頁。

部地理類。

其五《荍亭紀事》四卷,張光孝退閑鄉居後,築亭於茱荑之塢,詩酒之餘,筆述見聞,於萬曆九年(1581)編成是書。初刻於萬曆四十六年(1618),半頁九行,行二十字,四周雙邊,白口,單魚尾,版心有書名、卷次、頁數,傳世數量不多,未被藏書家著錄。《中國古籍總目》著錄爲:"明萬曆四十六年閩中張惟任刻本,'臺圖'。"①此處"閩中"當作"關中",收藏地尚有國家圖書館,只不過將書名誤題爲《蓃亭紀事》。

其六胡纘宗撰、胡統宗注、張光孝評《可泉擬涯翁擬古樂府》二卷,成書於嘉靖三十二年(1553),據《中國古籍總目集部》載,現存明嘉靖三十六年(1557)汪瀚刻本,半頁十行,行十九字,四周單邊,版心有卷次、頁數,無魚尾,藏於中科院、上海圖書館、遼寧圖書館。另有明嘉靖間刻本,藏國家圖書館,②實即嘉靖三十六年(1557)刻本。

七、張光孝佚文四則

此外,尚有以往研究未加提及的佚文,一是張光孝撰《杜律頗解序》。按明王維楨撰《杜律頗解》四卷附《李律頗解》一卷,明嘉靖三十七年(1558)華州知州朱茹委托張光孝進行校對編輯,現藏北京大學圖書館、"臺圖"。書中有朱茹、張光孝序,其中張光孝序云:

> 槐野先生評杜律,謂其老於體裁,玄思神運。當是作者顧以詔業藝之客,而日數千萬言,論杜公寄情紀律之妙,著爲解説,命曰《頗解》。辭不猥繁,而旨意即見,可以傳工部之心矣。予謂工部流離蜀中,愛君憂國、傷亂望治,不陳列而即吐奇諧律,以意勝也。作者念工部所以爲律之意,則忠義之情易於激烈,而神遇爲詩,可以言風矣。槐野先生曰:"行墨之士,學詩無本真意,幸於偶中律調,非也。"予亦謂幸於偶中律調者,非槐野先生解杜而示人意也,非泰谷公念杜老在蜀爲詩意也。③

二是張光孝撰《石川集序》。按明殷雲霄撰《石川集》,殷雲霄字近夫,山東壽張人,弘治十八年(1505)進士。④《石川集》版本眾多,據《中國古籍總目·集部》所載,與張光孝相關者有二:第一種《石川集》五卷,張光孝輯,嘉靖二十八年(1549)殷亦質刻本,藏於上海圖

---

① 《中國古籍總目·子部》第四册《雜家類·雜學雜説之屬》,第1701頁。
② 《中國古籍總目·集部》第二册《別集類·明代之屬》,第662頁。
③ 張光孝:《杜律頗解序》,見《杜詩叢刊》第一輯王維楨《杜律頗解》,第7—9頁。
④ 《明史》卷二八六《文苑二·殷雲霄傳》,第7357頁。

書館、北京大學圖書館;①第二種《石川集》十卷,"(明)殷雲霄(撰);(明)張光孝(序);(明)李夢陽(序);(明)陳方愚(序);(清)李棟(跋)。明嘉靖己酉(二十八年,1549)關中張光孝編刊本。"藏於"臺圖"。②

然而,"(清)李棟(跋)"與"張光孝編刊"兩相牴牾,有可能是清代重刻嘉靖二十八年(1549)張光孝編刊本,收錄了李棟跋語;也有可能是李棟在嘉靖二十八年(1549)張光孝編刊本上手題跋語。因客觀條件限制,暫時無法目驗此本,存疑待考。

三是《明故處士敏畦原公(密)泪配張氏合葬墓志銘》,作於萬曆八年(1580)十一月。1967年出土於陝西渭南蒲城縣城關鎮七一村,存於七一村。收錄於《新中國出土墓志·陝西(壹)》。

四是《明故國子監生東公(元)配石氏孺人合葬墓志銘》,作於嘉靖二十七年(1548)十二月。1985年出土於陝西渭南華州區城關鎮崖坡村,藏於原華縣文物管理委員會。收錄於《新中國出土墓志·陝西(壹)》。

八、結　語

張光孝出身關中名士之家,五世登第,延續至清,被譽爲"關中之巨族"。③他幼年喪父,專心業儒,廿八歲中舉,五十歲始得出任知縣,兩年後便隱退鄉居。撰成詩文、方志、筆記十一種之多,又與名士王九思、謝榛、王維楨等,以及官吏、士子、僧道、隱逸等廣泛交游,④是明代中期關中地區頗有影響力的詩人、學者之一。今重新梳理張光孝生平、著述,或可對進一步研究明代中期關中詩人學者群體,有所助益。

【作者簡介】鄒賀,男,1981年生,中國史博士、西安電子科技大學人文學院歷史系副教授,主要從事目錄學、版本學研究。

---

① 《中國古籍總目·集部》第二册《別集類·明代之屬》,第660頁。
② "臺圖""國家圖書館中文古籍聯合目錄",檢索地址:http://rbook.ncl.edu.tw/NCLSearch/Search/SearchDetail?item＝8fd7d68b03494fc2879aac0dfce5b40ffDI5NTgwMg2&page＝&whereString＝&sourceWhereString＝&SourceID＝0&HasImage＝
③ 《康熙續華州志》卷四《人物列傳·流寓考·明刑部左侍郎張公》,見《中國地方志集成·陝西府縣志輯》,第263頁。
④ 關於張光孝交游情况,參見鄒賀《明代華州鄉賢張光孝家世、婚姻及交游考》,《長安學研究》第六輯(待刊)。

新出與稀見文獻研究

新見三種隋代墓志銘附考*

王其禕　王　菁

一、開皇十年《夏侯君妻劉令華墓志》

圖一　劉令華墓志蓋

圖二　劉令華墓志

《夏侯君妻劉令華墓志》近年出土於陝西涇陽縣（圖一、圖二），志石今存民間。志文正書28行，滿行30字，有方界格。蓋文篆書4行，滿行4字，題"大隋大將軍東萊國大夫人劉氏墓志銘"，有方界格。志石拓本長寬均50厘米。志蓋盝頂，尺寸未詳，志蓋四殺綫刻四神與雲紋圖案。墓志録文披露於"黄的貔貅5580222167的博客"2018年12月新録墓志，[②]拓本圖版披露於孔夫子舊書網河南洛陽集古樓2021年2月16日。迄未見有研究文

＊ 本文係2020年全國高等院校古籍整理研究工作委員會直接資助項目（批准編號：2051）"新見隋代墓志銘疏證續集"相關成果。

② http：blog. sina. com. cnu5580222167。

字刊佈，因試爲附考。志文如下：

大隋使持節大將軍信州總管少司空質公沛國夏侯使君妻東萊國大夫人劉氏墓志銘并序

　　夫人諱令華，瀛州河間人也。自姬水澄景星之色，岐山起卿雲之氣。始得姓於軒宮，終承符於豐邑。瓊樹玉枝，既森梢於玄圃；三文五采，亦炳蔚於丹綬。夫人即漢中山靖王勝之後也，使持節車騎大將軍、儀同三司、恒夏康諸軍事恒州使君持芝之孫，使持節驃騎大將軍、渭秦康宜東雍五州諸軍事渭州刺史、侍中、太尉、長廣襄公亮之女。車騎則威馳北代，名彰魏策；太尉則才匡西夏，形圖周廟。故以功懸德門，姻光戚里。夫人幼閑内則，少習家儀。六行早聞，三從夙契。時年十四，言歸於我。靜恭待禮，秉□城之晈潔；亦既有行，守閨中之淑慎。彤管書其德音，緗史傳其簡約。詳而後聽，衛主因此知賢；時然後笑，楚相聞而進士。雖復九扃甲第，唯安容膝之居；六采備儀，終悅浣衣之服。質公威容儼肅，抱朴懷真。進善不進不□，退惡弗退弗止。寔當朝之水鏡，在室之嚴君。夫人製服成軍，斷絲勵學。夫夫婦婦，義盡唱隨。故能德合輔仁，福鍾餘慶。爲龍爲光，誕兹七子。質公即世，藐是諸孤。夫人撫心永慟，實見毀城之感；嚙指深慈，自釋下機之惑。夫人葦柎韡韡，室起光暉；和樂洋洋，家推元季。既邁五常之号，皆擅千里之名。大象二年八月，詔授東萊國大夫人。方謂德曰不孤，仁云可恃。製采服而懽親，頌白華而展養。豈意春露不留，寒風莫静，開皇十年六月廿五日薨於京第，春秋五十有七。世子上儀同、東萊公，次子龍山令，第三息儀同樂陵公，第四息大都督，第五息東宮直寢，第六息上臺親衛，第七息東宮親衛，并至性過人，率由深切，哀驚走獸，哭下翔禽，行童不歌，隣家癈社。灰飛水逝，弦望居諸。墨兆燋荆，俄從卜遠。以今歲次庚戌十月乙卯朔卅日甲申，奉窆於雍州雲陽縣水衡鄉明信里。將恐地變靈湖，山開愚谷。故命彼式鑴，用彰不朽。所冀節婦之墳，隨寶遷而可記；母師之行，表鏡石而方傳。銘曰：

　　夏紀勤王，彤弓錫商。御龍秉政，丹禽降祥。清瀾濬遠，慶緒悠長。代摽英彦，世挺珪璋。光兹儷德，邁姒超姜。玉唯心晈，蘭爲國香。義以治家，嚴能訓子。埋虵知貴，醉魚勵仕。五鳳紀年，八龍名里。德曰有隣，天云輔仁。母思慰子，子念懽親。枝搖不静，人百無身。浮箭迅飛，驚波騖急。先遠戒辰，窀期奄及。凄慘煙霞，蕭條原隰。隴上月垂，松間風入。山盡人蹤，空餘鳥泣。

附考：劉令華父劉亮，《周書》卷一七、《北史》卷六五有傳。劉令華祖父劉持芝亦附於《劉亮傳》，惟《周書·劉亮傳》記爲"劉持真"，①《北史·劉亮傳》則作"劉特真"，②今據墓志可知其名爲"持芝"。又，《周書·劉亮傳》記劉持芝在"魏大統中，以亮著勛，追贈車騎大將軍、儀同三司、恒州刺史"，③墓志中所記劉持芝官職乃死後贈官。劉亮子劉昶，尚北周太祖宇文泰第十四女西河公主，封彭國公，亦有傳附《周書》《北史》之《劉亮傳》後。且有新出土之開皇十七年(597)《劉昶妻西河公主宇文氏墓志》可資參詳。④

劉亮，墓志記爲"使持節驃騎大將軍、渭秦康宜東雍五州諸軍事渭州刺史、侍中、太尉、長廣襄公"。《周書》本傳記其初從賀拔岳西征，"以功拜大都督，封廣興縣子，邑五百户"，及賀拔岳爲侯莫陳悅所害，劉亮奉迎北周太祖宇文泰，"及太祖置十二軍，簡諸將以將之，亮領一軍"。北魏孝武帝與高歡構隙，西行入關，劉亮又"以迎駕功，除使持節、右光禄大夫、左大都督、南秦州刺史"。西魏文帝時期，東西魏交戰頻仍，劉亮追隨宇文泰效力疆場，屢立戰功："大統元年，以復潼關功，進位車騎大將軍、儀同三司，改封饒陽縣伯，邑五百户。尋加侍中。從擒竇泰，復弘農及沙苑之役，亮并力戰有功。遷開府儀同三司、大都督，進爵長廣郡公，邑通前二千户。"⑤劉亮不僅以軍功加官進爵，且獲宇文泰賜名亮并賜姓侯莫陳氏。西魏大統十年(544)，劉亮任東雍州刺史，在任三年後的大統十二年(546)卒於州，時年四十，則知劉亮生年當在北魏正始四年(507)。

劉令華開皇十年(590)薨於京第，春秋五十有七，則其生年當在北魏永熙三年(534)，正值社會局勢動蕩之時。劉令華十四歲，即西魏大統十三年(547)時出嫁夏侯公。夏侯公，墓志稱其爲"使持節大將軍信州總管少司空質公沛國夏侯使君"，與已出土的北周建德元年(572)《達符忠墓志》志主之郡望、歷官、封爵、贈官、諡號等皆相垺，⑥亦符合隋《劉令華墓志》中夏侯公先逝、劉令華親撫諸孤的情况。另外，《達符忠墓志》中提及志主的達符氏爲賜姓，則達符忠便應與劉令華夫君夏侯公爲同一人，即夏侯忠，考證可參陳財經《讀北周信州總綰(管)達符忠墓志》與王哲《北周〈達符忠墓志〉再考》。⑦依據《達符忠墓志》中的相關記載，可知劉令華夫君夏侯忠在北魏永熙中嘗任高歡帳内都督，其後在西魏大統三年(537)前降於宇文泰陣營，并得以與西魏功臣劉亮家族聯姻，效命於

---

① 令狐德棻等撰：《周書》卷一七《劉亮傳》，北京：中華書局，1971年，第284頁。
② 李延壽撰：《北史》卷六五《劉亮傳》，北京：中華書局，1974年，第2304頁。
③⑤ 《周書》卷一七《劉亮傳》，第284頁。
④ 周曉薇、王其禕著：《貞石可憑：新見隋代墓志銘疏證》，北京：科學出版社，2019年，第256—259頁。
⑥ 趙文成、趙君平編《秦晉豫新出墓志搜佚續編》，北京：國家圖書館出版社，2015年，第1册，第153頁。
⑦ 陳財經：《讀北周信州總綰(管)達符忠墓志》，見西安碑林博物館編：《碑林集刊》第14輯，西安：三秦出版社，2008年，第7—12頁。王哲：《北周〈達符忠墓志〉再考》，見西安碑林博物館編：《碑林集刊》第22輯，西安：三秦出版社，2016年，第71—78頁。

西魏北周。

　　雖然明確了達符忠即夏侯忠,然劉令華墓志所記七子皆僅列職官而未書名諱,故猶難知曉是否在傳世文獻中有絲迹可尋。又,墓志記"第六息上臺親衛、第七息東宫親衛","上臺親衛",未見於《隋書》制官,亦罕見於隋前。檢《隋書·文四子·房陵王勇傳》載:"時高祖令選宗衛侍官,以入上臺宿衛。高熲奏稱,若盡取强者,恐東宫宿衛太劣。高祖作色曰:'我有時行動,宿衛須得雄毅。太子毓德東宫,左右何須强武?此極敝法,甚非我意。如我商量,恒於交番之日,分向東宫上下,團伍不别,豈非好事?我熟見前代,公不須仍踵舊風。'蓋疑高熲男尚勇女,形於此言,以防之也。"①《隋書·楊素傳》又曰:"及上不豫,素與兵部尚書柳述、黄門侍郎元巖等入閣侍疾。時皇太子入居大寶殿,慮上有不諱,須豫防擬,乃手自爲書,封出問素。素録出事狀以報太子。宫人誤送上所,上覽而大恚。所寵陳貴人,又言太子無禮。上遂發怒,欲召庶人勇。太子謀之於素,素矯詔追東宫兵士帖上臺宿衛,門禁出入,并取宇文述、郭衍節度,又令張衡侍疾,上以此日崩,由是頗有異論。"②出土墓志所見有大業六年(610)《劉世安墓志》記"孝子上臺左親侍、建節尉永康",③大業十二年(616)《田行達墓志》記開皇"四年,入爲上臺勛衛",④大業十二年(616)《于緯墓志》記開皇"廿年,例入上臺,仍爲勛衛",⑤大業十二年(616)《于懿墓志》亦記開皇"二十年,仍奉敕追入上臺,改授領勛衛都督",⑥親侍、勛衛,皆與親衛性質同類。由是可知,"上臺親衛"應是隋代特有的武衛職銜,且在特殊情形下可緊急調動東宫宿衛之勇健者以爲皇宫守備之裨補,旨在鉗製和削弱太子府的軍事力量。以此推之,則"上臺親衛"品階或爲正七品上而稍高於從七品上的"東宫親衛"。再以墓志撰在開皇十年(590)且史傳亦多有"親衛"之説推之,"上臺親衛"絶非仁壽四年(604)應對緊急變故的臨時之制。又案唐承隋制,而以唐例隋,親衛、勛衛、翊衛之任,多重資蔭。《舊唐書·職官志》曰:"有唐已來,出身入仕者,著令有秀才、明經、進士、明法、書算。其次以流外入流。若以門資入仕,則先授親勛翊衛,六番隨文武簡入選例。"⑦《新唐書·百官志》亦曰:"武德、貞觀世重資蔭,二品、三品子,補親衛;二品曾孫、三品孫、四品子、職事官五品子若孫、勛官三

---

①　魏徵、令狐德棻撰:《隋書》卷四五《文四子·房陵王勇傳》,北京:中華書局,1973年,第1231頁。《北史》卷七一《楊勇傳》所記略同。
②　《隋書》卷四八《楊素傳》,第1288頁。《北史》卷四一《楊素傳》、《隋書》卷六一《郭衍傳》、《北史》卷七四《郭衍傳》及《資治通鑑》卷一八○《隋紀四·高祖文皇帝下》"仁壽四年"條等所記略同。
③　王其禕、周曉薇編著:《隋代墓志銘彙考》第4册,北京:綫裝書局,2007年,第35頁。
④　《隋代墓志銘彙考》第5册,第313頁。
⑤　《隋代墓志銘彙考》第5册,第276頁。
⑥　《秦晋豫新出墓志搜佚》,北京:國家圖書館出版社,2012年,第1册,第125頁。
⑦　劉昫等撰:《舊唐書》卷四二《職官志一》,北京:中華書局,1975年,第1804頁。

品以上有封及國公子,補勳衛及率府親衛;四品孫、五品及上柱國子,補翊衛及率府勳衛;勳官二品及縣男以上、散官五品以上子若孫,補諸衛及率府翊衛。"①惟劉令華夫君夏侯忠已先卒於北周,則開皇十年(590)其第六子得任上臺親衛,當不會考量其父在北周的官品,那麼其資蔭關係又會否考量到外家劉氏家族人物在隋代的地位與影響,尚難落實。

　　墓志曰"薨於京第"而"奉窆於雍州雲陽縣水衡鄉明信里",《隋書·地理志上》雍州統縣雲陽縣小注曰:"舊置,後周置雲陽郡,開皇初郡廢。有涇水、五龍水、甘水、走馬水。"②由知周隋之雲陽縣治當今陝西涇陽縣西北隅,此地亦有北周之雲陽宮,而北周武帝即崩殂於此。"水衡鄉明信里"爲新見之鄉里名稱,具體方位無考。然據《唐會要》卷七〇"州縣改置上關内道"曰:"雲陽縣,武德元年,分雲陽縣爲石門縣。三年,仍置東泉州,移雲陽於縣南十五里水衡城。貞觀元年,廢泉州,改石門縣爲雲陽。八年,併池陽入雲陽縣,屬雍州。"③《太平寰宇記》卷三一《關西道七·耀州》"雲陽縣"條亦曰:"唐武德元年分雲陽縣置石門縣;三年於石門縣置泉州,其雲陽縣仍於南十五里水衝城以安之。貞觀元年廢泉州,改石門縣爲雲陽縣,改雲陽縣爲池陽縣;至八年廢雲陽入池陽縣,仍改池陽爲雲陽。"④以今見劉令華墓志之"水衡鄉"名衡之,似當以"水衡城"爲是,而水衡鄉之所在,亦當與縣南十五里之水衡城有關。

二、仁壽元年《紇干廣墓志》

圖三　紇干廣墓志

---

①　歐陽修、宋祁撰:《新唐書》卷四九上《百官志四上》,北京:中華書局,1975年,第1281—1282頁。《唐六典》卷五《尚書兵部》所記略同。
②　《隋書》卷二九《地理志上》,第809頁。
③　王溥撰:《唐會要》下册卷七〇《州縣改置上》,上海:上海古籍出版社,1991年,第1472—1473頁。
④　樂史撰,王文楚等點校:《太平寰宇記》第2册卷三一《關西道七·耀州》,北京:中華書局,2007年,第664頁。

《紇干廣墓志》出土時地不詳(圖三),志石今存民間。志文正書兼隸書31行,滿行31字,有方界格。志石長寬均56厘米。墓志圖版與録文見載於葉煒、劉秀峰《墨香閣藏北朝墓志》。① 迄未見有研究文字,因附考之。志文如下:

隋驃騎大將軍直蕩正都督城陽縣開國公紇干公墓銘

　　君諱廣,字孟孫,高陸人。曾祖烏泥,興光三年,除都大官,贈征東大將軍、渤海康王。祖吐拔,東商曹尚書、李閏鎮大將、宜平男。父太平,右中郎將、御仗左右、清廉侯。自有魏握圖,光澤宇内,馳騁人傑,久藉帝鄉。故知龍吟雲起,蕭曹所以佐命;虎嘯風激,樊鄧於是立功。虞朝八愷,何以方其盛業;周家十亂,未足擬其元勳。紫蓋朱輪之熒,西漢所未有;七葉五公之貴,東京所不聞。無藉耆舊之書,詎假先賢之録。与國史而俱濟,憑皇源而共遠,萬古之外,可得而知。君藴豹變之資,探虎穴之氣,風彩驚物,志略如神。不讀孫吴,暗同前旨。百家嫌其小道,三史觀其大略。孝友天性,猶披陟岵之詩;信義自然,尚捨伐原之戰。少負膽氣,許燕丹之一言;本有俠骨,蒙漢皇之盛禮。彎弧穿雁門之石,擊劍化林於之猿,壯志雄圖,懍然蓋世。興和三年,訪第,勛附左右。武定六年,大將軍教補都將。八年,加威烈將軍。天保元年,加襄威。皇建年,加鎮遠將軍、勛武前鋒散都督,尋轉前鋒第二副都督。武平元年,劉項尚勍,鴻溝仍割,爭雄逐鹿,未有適歸。左丞相、咸陽王斛律明月分麾閫外,將定關隴,以君英略,屈參軍政,摧秦卒於崤陵,斃楚將於連縠。九功聊設,百樓不擬,轍乱旗靡,幕空鳥集,喪彼巢穴,我力多焉。加翊軍將軍、勛武前鋒第二正都督、征羌縣開國男,尋授直蕩副都督,品封如故。武平五年,南定淮肥,居功第一,賞以酬德,仰唯通典。詔曰:"紇干孟孫,比從戎麾,往討妖逆,援戈挺劍,氛祲斯除。命賞圖功,朝有常式。可授直蕩正都督、城陽縣開國子。"尋授東豫州羅城鎮城。周統,敕授治大都督。公自以身許國,策馬從戎,指撝起風雲,顧盼清淮渭。西上則秦兵喪膽,南度則吴人奪魄。積屍而成京觀,流血而沸川原。展意氣於一時,樹功名於千載。生平至此,不亦偉哉! 既而漏盡鐘鳴,夜行待息,撫心扼腕,何能已已。恨不能出金山之外,擊單于之頭;度玉門之表,破樓蘭之俗。報人主之盛恩,泄丈夫之憤氣。有志不遂,命也如何。以開皇十八年暴疾忽增,奄捐館舍,春秋八十。以仁壽元年歲次辛酉二月乙卯朔十八日壬申,安厝於孫村西北三里。勒英聲於玄石,表雄氣於千年。迺爲銘曰:

---

① 葉煒、劉秀峰主編:《墨香閣藏北朝墓志》,上海:上海古籍出版社,2016年,第224—225頁。

易水瀰汩,恒岳崢嶸。純臣載蘊,壯士挺生。不實將相,無絕公卿。武安秦日,淮陰漢庭。欝怏前古,我獨先鳴。天子思將,英人傑出。龍鱗燕頷,鳳毛虎質。出谷攀雲,昇山捧日。白登屢上,烏孫屈膝。電掃風驅,不飛而疾。論功開賦,山河唯水。漢日雖明,胡風未靜。一人大息,六軍思整。值我徂年,有志不逞。上慚俯愧,九思三省。風摧羽翮,人生若浮。將軍殁世,壯意長收。淒愴原野,搖落山丘。泉門少客,誰晏誰游。烏聲空思,松氣長秋。

附考:志主紇干廣爲代北鮮卑族系,歷仕東魏、北齊以迄於北周,嘗參與勘定關隴,又西征南伐,功勛卓著,且在北齊獲優詔賜爵,後卒於隋代,榮享高壽。雖然墓志葬地信息不詳,然研析志文,宏麗整飭,蓋非京師文臣手筆而不能爲之,且書法亦楷隸端嚴而近於開皇間長安樣式。更且志文"久藉帝鄉"之謂,疑即由志主祖父嘗任"李閏鎮大將"始徙籍關中而言。

紇干氏爲代北復姓,據《魏書·官氏志》:"紇干氏,後改爲干氏。"①紇干氏在北魏孝文帝南遷洛陽後,改爲干氏。《周書·田弘傳》記:"大統三年,轉帥都督,進爵爲公。從太祖復弘農,戰沙苑,解洛陽圍,破河橋陣,弘功居多,累蒙殊賞,賜姓紇干氏。"②田弘的紇干氏屬於賜姓,而從紇干廣父、祖輩的名字來看,應該本屬鮮卑諸部,與田弘不同。紇干廣曾祖紇干烏泥、祖紇干吐拔、父紇干太平,於史俱無徵,更且北朝正史除紇干弘外,於代北之紇干氏人物皆無載。即使入唐以後,亦僅有蓋爲田弘後裔之紇干承基一支見諸史籍焉。故欲研討中古紇干氏一族,還需據出土碑志文獻予以梳理。北魏正始元年(504)《元龍墓志》載"夫人洛陽紇干氏,祖和突,南部尚書、新城侯;父萇命,代郡尹"。③唐顯慶五年(660)《紇干承基墓志》曰:"曾祖良,齊征南大將軍、開府儀同三司、相州刺史。……祖雄,隋隴東王府司馬兼司州刺史。"④唐咸通十二年(871)紇干潛撰《李氏夫人河南紇干氏墓志》曰:"夫人其先本姓田氏……十二代祖諱弘,事周有勛,策拜司空、襄蔡六州節度使,封雁門公,仍賜姓紇干氏,義城公,庾開府信撰墓志及神道碑,具述錫姓之由,《北史》《周書》備叙勛烈。初,《官氏志》有紇干,與後魏同出於武川,孝文南遷洛陽,改爲干氏,逮周室之賜,則與

---

① 魏收撰:《魏書》卷一一三《官氏志》,北京:中華書局,1974年,第3010頁。
② 《周書》卷二七《田弘傳》,第449頁。然庾信撰《周柱國大將軍紇干弘神道碑》與1996年寧西固原出土北周建德四年(575)《田弘墓志》皆言"本姓田氏",而未有賜姓之説。《紇干弘碑》見庾信撰,倪璠注,許逸民校點:《庾子山集注》下册卷一四,北京:中華書局,1980年,第834頁。《田弘墓志》見毛遠明編著:《漢魏六朝碑刻校注》第10册,北京:綫裝書局,2008年,第287頁。
③ 趙萬里著:《漢魏南北朝墓志集釋》圖四一,桂林:廣西師範大學出版社,2008年,第3册第27頁。
④ 周紹良主編:《唐代墓志彙編》上册,上海:上海古籍出版社,1992年,第310頁。

彼殊塗,實以司空才冠一時,盡忠王業,虞言'紇干',夏言'依倚',爲國家之依倚。……高祖植,皇任穎王友;曾祖著,皇僕寺丞,累贈禮部尚書;祖息,皇河陽節度使,封雁門公,贈吏部尚書;父濟,見任工部員外兼侍御史,封雁門縣男,食邑三百户,賜緋,充魏博節度掌書記。"①岑仲勉在《元和姓纂》校記中分析認爲,紇干氏河南房所載"貞觀有紇干承基,貞元僕寺丞,紇干遂,其後也;生俞,渭南縣尉",紇干遂應即紇干著,紇干俞應即紇干濟。② 可知紇干承基一支確爲紇干弘亦即田弘之後裔。又,新舊《唐書》所見紇干泉、紇干皋與紇干息,皆當爲同一人,而應以前舉紇干濟撰《紇干氏墓志》作紇干息爲準。

　　志文稱紇干烏泥於興光三年除都大官,興光爲北魏文成帝拓跋濬年號,然僅有一年,此前年號爲興安,興安三年(454)七月改元興光,墓志或誤記爲興光三年。志文稱紇干吐拔任"東商曹尚書、李閏鎮大將",檢《隋書·百官志》知梁陳制官有"列曹尚書",品階第三;③北齊循北魏制官有"列曹尚書",爲第三品;④隋採北周官制亦有"行臺諸曹尚書,爲視正三品",⑤惟正史皆未見載"東商曹尚書"一職,故不詳東商曹之職司焉。李閏鎮即李潤鎮,在馮翊郡,今屬陝西澄城縣,北魏宕昌公王遇即馮翊李潤鎮羌人。⑥ 紇干太平嘗任御仗左右,據《魏書·官氏志》:"太和十八年十二月,降車、驃將軍,侍中,黄門秩,依魏晉舊事。十九年八月,初置直齋、御仗左右武官。"⑦《魏書·元澄傳》曰:"遂授節、銅虎、竹使符、御仗,左右,仍行恒州事。"⑧《北史·元澄傳》亦曰:"恒州刺史穆泰在州謀反,授澄節、銅武、竹使符、御仗左右,仍行恒州事。"⑨又,《資治通鑑》卷一四〇《齊紀六》"明帝建武三年"條:"遂授澄節、銅虎、竹使符、御仗左右。"胡三省注曰:"御仗左右,帶御仗在天子左右者,授澄以爲衛。"⑩再據《隋書·禮儀志》所記:"梁武受禪于齊,侍衛多循其制。正殿便殿閣及諸門上下,各以直閣將軍等直領。又置刀釽、御刀、御楯之屬,直御左右。兼有御仗、鋋矟、赤氅、角抵、勇士、青氅、衛仗、長刀、刀劍、細仗、羽林等左右二百七十六人,以分直諸

---

① 《唐代墓志彙編》下册,第 2453 頁。
② 林寶撰,岑仲勉校記,郁賢皓、陶敏整理,孫望審訂:《元和姓纂》(附四校記)卷一〇,北京:中華書局,1994 年,第 2 册,第 1526 頁。
③ 《隋書》卷二六《百官志上》,第 742 頁。
④ 《隋書》卷二七《百官志中》,第 765 頁。
⑤ 《隋書》卷二八《百官志下》,第 789 頁。
⑥ 《魏書》卷九四《王遇傳》,第 2023 頁。
⑦ 《魏書》卷一一三《官氏志》,第 2993 頁。
⑧ 《魏書》卷一九中《元澄傳》,第 468 頁。
⑨ 《北史》卷一八《元澄傳》,第 657 頁。
⑩ 司馬光編著,胡三省音注:《資治通鑑》卷一四〇《齊紀六》"明帝建武三年"條,北京:中華書局,1956 年,第 4403 頁。

門。"①可知紇干太平任御仗左右在北魏,而御仗左右則是南北朝皆有之武官設置。

志文稱紇干廣履歷曰"興和三年,訪第,勳附左右"。興和爲東魏孝靜帝年號,"訪第"之説,指對門第的考察,是東魏北齊時看重入仕者門資的一種體現,參詳《新出魏晋南北朝墓志疏證》195《王晒墓志》。②紇干廣在北齊孝昭帝皇建年間(560—561)"加鎮遠將軍、勳武前鋒散都督,尋轉前鋒第二副都督",屬直蕩官系統。據《册府元龜》卷三四〇《將帥部》載"大和二十三年,孝文再次職令命數,雖有升降,而大抵頗同北齊","其御仗屬官有御仗正副都督、御仗武職、御仗等員;其直蕩屬官有直蕩正副都督、直人正副都督、勳武前鋒正副都督、勳武前鋒五職等員"。③

據墓志可知,北齊武平元年(570),紇干廣參與了斛律明月對北周的作戰,使敵方"轍乱旗靡"潰敗而逃。關於此次戰役,據《北齊書·斛律光傳》記天統三年(567)十二月,"周遣將圍洛陽,壅絶糧道。武平元年正月,詔光率步騎三萬討之。軍次定隴,周將張掖公宇文桀、中州刺史梁士彦、開府司水大夫梁景興等又屯鹿盧交道,光擐甲執鋭,身先士卒,鋒刃纔交,桀衆大潰,斬首二千餘級。直到宜陽,與周齊國公宇文憲、申國公擒跋顯敬相對十旬。光置築統關、豐化二城,以通宜陽之路。軍還,行次安鄴,憲等衆號五萬,仍躡軍後。光縱騎擊之,憲衆大潰,虜其開府宇文英、都督越勤世良、韓延等,又斬首三百餘級。憲仍令桀及其大將軍中部公梁洛都與景興、士彦等步騎三萬於鹿盧交塞斷要路。光與韓貴孫、呼延族、王顯等合擊,大破之,斬景興,獲馬千匹。詔加右丞相,并州刺史"。④紇干廣因功"加翊軍將軍、勳武前鋒第二正都督、征羌縣開國男,尋授直蕩副都督,品封如故",其中,北齊翊軍將軍爲從二品。⑤

墓志又稱北齊武平五年(574),紇干廣"南定淮肥,居功第一"。據《通典》卷一七一《州郡第一·序目上》:"後主武平中,陳軍來侵,盡失淮南之地。"小注曰:"武平五年以後,陳將吴徹頻歲來侵,淮南城鎮皆不守,諸將累敗。"⑥南朝陳宣帝太建五年(573),以大將吴明徹都督征討諸軍事,統衆十餘萬發動北伐戰争,淮南各州復爲陳朝所取,《北齊書·後主紀》記武平四年(573)五月,"開府儀同三司尉破胡、長孫洪略等與陳將吴明徹戰於吕梁南,大敗,破胡走以免,洪略戰没,遂陷秦、涇二州。明徹進陷和、合二州。……六月,明徹進軍圍

---

① 《隋書》卷一二《禮儀志七》,第279頁。
② 羅新、葉煒著:《新出魏晋南北朝墓志疏證》(修訂本),北京:中華書局,2016年,第501頁。
③ 王欽若等編:《册府元龜》卷三四〇《將帥部一·總序》,北京:中華書局影印本,1960年,第4026頁。
④ 李百藥撰:《北齊書》卷一七《斛律光傳》,北京:中華書局,1972年,第224頁。
⑤ 《隋書》卷二七《百官志中》,第765頁。
⑥ 杜佑著,[日]長澤規矩也、尾崎康校訂,韓昇譯訂:《北宋版通典》卷一七一《州郡一·序目上》,上海:上海人民出版社,2008年,第7卷第364頁。

壽陽。……冬十月,陳將吳明徹陷壽陽"。①《陳書·宣帝本紀》所記戰爭經歷頗詳。按此,則北齊武平四年(即南朝陳太建五年,573),南朝陳大舉伐齊,北齊盡失淮南之地;至北齊武平六年(即南朝陳太建七年,575),吳明徹又在呂梁大破齊軍。在這兩年間,史書所記南朝陳所戰皆捷,北齊則屢戰屢敗,今據《紇干廣墓志》可知,北齊武平五年(即南朝陳太建六年,574),北齊在與南朝陳的爭奪戰中或亦曾有克捷,然不見諸正史,或僅爲曇花一現,終不能扭轉兩國交戰中北齊屢敗在局面。"東豫州羅城鎮城"爲紇干廣在北齊之終官,當即鎮城都督或大都督,而後進入北周及隋,則僅授治大都督,直至開皇十八年(598)卒世再未見其有所作爲,當然入隋之時,紇干廣畢竟已年逾六十矣。

　　墓志出土時、地不詳,志文亦僅曰"安厝於孫村西北三里",案以紇干廣爲"高陸人",且入隋後至卒世的十八年間其似未再歷官而可能回鄉養老,據此推之,墓志所言葬地之"孫村",是否即在高陸縣。高陸縣在北魏屬雍州馮翊郡,在隋屬京兆郡,大業初改高陸爲高陵,即今之陝西高陵縣。復以墓志書法之隸楷相間、整飭淳古而衡之,亦與隋初京師地區之風尚相諧,譬如西安出土的開皇十四年(594)《劉仁恩墓志》的隸書面貌即與此志差相伯仲。② 然則墓志銘文又言"易水潾洦,恒岳崝嶸",似與京師無涉而與河北西部地區有關,且紇干廣更以八十高齡而"奄捐館舍",似是卒於外鄉之客舍而非卒於家鄉之宅第,故"孫村"之所在,尚懸疑待考。

三、仁壽元年《赫連山妃墓志》

圖四　赫連山妃墓志蓋

圖五　赫連山妃墓志

---

①《北齊書》卷八《後主紀》,第 107 頁。
② 胡戟、榮新江主編:《大唐西市博物館藏墓志》上册,北京:北京大學出版社,2012 年,第 36 頁。

《赫連山妃墓志》2005年6月出土於西安市西郊漢城南路陝西省印刷科學技術研究所工地（圖四、圖五），志石今存陝西省考古研究院。志文正書19行，滿行19字，無界格。蓋文正書4行，滿行4字，題"大隋東宫故内司食赫連山妃墓志銘記"，無界格。志石長36厘米、寬37.5厘米、厚9厘米。志蓋長寬均36厘米、厚8.5厘米。志蓋盝頂，四殺素面。墓志基本信息嘗著録於王其禕、周曉薇《隋代墓志銘彙考》"存目〇三四"，[1]然迄無圖文披露，亦未見考證文字，乃略做附考。志文如下：

  大隋東宫故内司食赫連山妃，年五十五。赫連山妃者，夏裔本枝，既綿綿於大幕；漢姬遠降，亦壘壘於天山。晋室弛維，遂雄上國；苻氏失馭，是霸西秦。自時厥後，蟬聯奕世。司食藉其餘芳，幼挺明哲。女儀婦德，夙著令聞，故能超自閨閫，升兹闈閨。椒宫凝峻，早預彤階；桂殿□開，便司玉食。誠曰恩隆，實乃才進。雖半棲勞薪之敏，八珍十釀之工，以令儔古，彼有慚色。方希永侍仙厨，錫兹難老，而露華弗待，芳蕙先秋，以仁壽元年月日卒於别館，春秋如干，八月日歸空於某山。儲后愴惟舊之慈，動遺簪之念，以爲玄石弗紀，彤管誰聞，爰命下才，迺爲銘曰：

  彼美令姝，出自膏腴。式和鶴鼎，來司鷰厨。淄澠是判，鹽梅弗逾。婉順成德，温柔居性。蘭桂齊芬，珪璋比暎。承上以肅，御已斯正。紝組流名，言容可鏡。春日遲遲，春宫宴私。便煩玉俎，冉冉丹墀。庶憑朝景，永耀華滋。如何夕露，遽結秋悲。肅肅裊（裦）草，冥冥野霧。挽咽遥原，日隱寒樹。菊芳可久，流奔豈住。一謝華堂，永幽泉路。

附考：志文有"夏裔本枝，既綿綿於大幕"字樣，"大幕"即"大漠"，是知赫連山妃乃爲大夏國匈奴族後裔。所謂"漢姬遠降，亦壘壘於天山"，《晋書·赫連勃勃載記》曰："赫連勃勃字屈孑，匈奴右賢王去卑之後，劉元海之族也。曾祖武，劉聰世以宗室封樓煩公。"[2]復載赫連勃勃下書述其改姓緣由云："朕之皇祖，自北遷幽朔，姓改姒氏，音殊中國，故從母氏爲劉。子而從母之姓，非禮也。古人氏族無常，或以因生爲氏，或以王父之名。朕將以義易之。帝王者，係天爲子，是爲徽赫實與天連，今改姓曰赫連氏。"[3]可知墓志所謂"漢姬遠降"，則是援引赫連氏祖先"從母氏爲劉"的冒飾之辭。又據《魏書·鐵弗劉虎傳》，可知赫連氏本姓鐵弗，而"鐵弗"乃胡語"胡父鮮卑母"混血族之意，故赫連勃勃耻之而改爲"赫連"也。[4]

---

[1] 《隋代墓志銘彙考》第6册，第118頁。
[2] 房玄齡等撰：《晋書》卷一三〇《赫連勃勃載記》，北京：中華書局，1974年，第3201頁。
[3] 《晋書》卷一三〇《赫連勃勃載記》，第3206頁。
[4] 《魏書》卷九五《鐵弗劉虎傳》，第2054—2056頁。

是知赫連氏乃因先祖本爲劉姓,且與十六国时期前趙劉聰同族,及至赫連勃勃始耻姓鐵弗,遂改爲赫連氏。"晋室弛維,遂雄上國;苻氏失馭,是霸西秦",意爲在東晋將亡之時,大夏國始雄起於長安,且在苻氏前秦衰落之後,更成爲與後秦、西秦相鼎立的霸主。

赫連山妃以匈奴後裔而在隋初被納入太子府爲宮人,是迄今所見隋代宮人中可知其爲胡族身份的第一人。不僅如此,《赫連山妃墓志》的發現更具有三重意義,這三重意義是針對於迄今所見四十餘例隋代宮人墓志所呈現的三個顯著特點而言的。第一是下葬時間皆在隋煬帝大業年間,亦即目前所見隋代宮人墓志均爲隋煬帝時期所撰。第二是卒所皆在東都洛陽的宮人患坊或別館,而葬地皆在洛陽北邙山。第三是相較於唐代宮人墓志,隋代宮人墓志所記事迹頗爲詳實而清晰,書撰體裁也特別嚴謹而規範。① 以此分析赫連山妃墓志,便可首先打破隋代宮人墓志皆葬於大業時期的時間界限,而有了隋文帝仁壽元年(601)的案例。其次也打破了隋代宮人皆卒葬於洛陽的空間界限,而有了卒葬於京師長安的案例。再次則可以印證隋代宮人墓志的撰書在文帝一朝即已相當翔實而規範。其實就赫連山妃墓志而言,還有一點獨特之處值得提示,即以往的宮人墓志所見,皆爲在後宮内廷服務且在宮掖管理機構中擔任有職務的女官,唯有赫連山妃則是迄今所見唯一一位超出了"掌宮掖之政"範圍而服務於太子府的宮人,因爲開皇二十年(600)十月九日隋文帝已廢楊勇爲庶人,且於同年十一月三日即立楊廣爲太子,故仁壽元年(601)八月下葬的赫連山妃理當是楊廣府内的宮人。而以此類推,彼時的諸王府和公主府邸是否也會有宮人服務於其中,這是值得特別注意的。所惜墓志僅言"歸窆於某山",且目前尚未能知悉其出土地點,故不能知其葬地所在是否爲當時京師宮人的集中叢葬地。

赫連山妃的宮人職掌是"司食",亦即"管司膳,掌膳羞",且需"進膳先嘗",②,故墓志頻有"便司玉食""永侍仙厨","式和鵠鼎,來司鷫厨。淄澠是判,鹽梅弗逾","春日遲遲,春宮宴私。便煩玉俎,冉冉丹墀"云云,并贊譽山妃"雖半棲勞薪之敏,八珍十釀之工,以令儔古,彼有慚色"。據《隋書》卷三六《后妃傳》,可知掌管帝王皇后飲食的宮人在文帝朝叫"尚食",在煬帝朝叫"司膳",屬於六尚中的尚食局。此前所見此類宮人墓志中有曰"尚食"者二人,曰"司饎"者一人,今又可補"司食"者一人矣。

赫連山妃墓志在行文上謹守避諱制度,即在"椒宮""桂殿""儲后""春宮"前皆採用空一格避諱的方式,以示對太子的尊崇。以此再聯繫到仁壽元年(601)刊葬的墓志,若山妃不是當時的太子楊廣府内的宮人,而是廢太子楊勇府内的宮人的話,又豈敢如此冒天下大

---

① 參詳周曉薇、王其禕著:《柔順之象:隋代女性與社會》第七章"掖庭女職:隋代宮人制度新證",北京:中國社會科學出版社,2012年,第156—159頁。
② 《隋書》卷三六《后妃傳》,第1106頁。

不韙明目張膽地爲廢太子楊勇避諱呢？另外這種避諱形式在此前所見隋代宮人墓志中亦偶有呈現，但皆爲對"上""帝""明世"等代指皇帝的詞彙前作空格避諱。至於卒葬月日留空而又未能及時填補者，在宮人墓志中屬於常見，因爲宮人通常卒於内外患坊或別院，再轉由"爰命下才"的專門管理宮人的機構人員來負責撰寫刊刻墓志，故常常會因爲不得及時獲知準確信息而有所遺漏或未能及時填補。

志文"以令儔古"之"令"爲"今"字之訛，"春秋如千"之"千"爲"前"字之別。

【作者簡介】王其禕，男，1957年生，西安碑林博物館退休研究員，主要從事中古石刻文獻與隋唐史研究；王菁，女，1986年生，華東師範大學中文系博士後，主要從事中古藝術史研究。

論玄武門之變後唐太宗處理建成舊屬的政策

——以新見唐《辛儉墓志》爲中心

李　皓

新見唐貞觀二十年(646)《辛儉墓志》記載了辛儉家族及其個人行迹,值得注意的是其曾兩次出仕太子東宫,先任李建成太子舍人,再任李承乾太子中允,從而被捲入玄武門之變和承乾謀反的政治漩渦中,演繹了東宫舊屬在經歷政變後的仕途沉浮與悲慘命運。① 在梳理辛儉行迹的基礎上,結合相關墓志文獻及已有研究成果,② 亦可進一步深入考察唐太宗掌權後對建成舊屬所施行的策略。

一、辛儉初仕東宫與建成舊屬之命運

辛儉出身於關隴著姓隴西辛氏狄道房。據《周書》載:"韋、辛、皇甫之徒,并關右之舊族也。或紆組登朝,獲當官之譽;或張旃出境,有專對之才。既茂國猷,克隆家業。"③其在關右之勢可見一斑。正如墓志所言"漢朝上將,見稱仁勇;魏國名臣,有聞忠烈",④ 漢魏以

---

① 墓志圖版收録於《秦晋豫新出墓志搜佚續編》,志石長寬均46厘米。蓋文篆書"大唐故朝請大夫太子中允辛府君墓志"。志文正書27行,滿行27字。趙文成、趙君平編:《秦晋豫新出墓志搜佚續編》,北京:國家圖書館出版社,2015年,第241頁。
② 關於玄武門之變後太宗處理建成東宫舊屬政策討論已有的成果主要有:胡明曌《有關玄武門事變和中外關係的新資料——唐張弼墓志研究》,《文物》2011年第2期。胡明曌認同太宗在處理前宫舊屬問題上"例從降授"的原則。孟憲實《論玄武門事變後對東宫舊部的政策——從〈張弼墓志〉談起》,《唐研究》第17卷,北京:北京大學出版社,2011年,第199頁。收入氏著《出土文獻與中古史研究》,北京:中華書局,2017年,第371頁。孟憲實以張弼墓志爲切入點,通過分析正史中東宫職官,認爲李世民在處理建成東宫舊部時確有降授的情況,但絶不是例從降授,其態度經歷了一個從玄武門之變當天的追殺計劃到不追究再到任用的轉變。拜根興《新見初唐名將薛萬備墓志考釋》,《唐史論叢》第27輯,西安:三秦出版社,2018年,第275頁。拜根興認爲玄武門事變後太宗處在暴怒之餘,因而做出如張弼墓志、薛萬備墓志記載的苛刻决定,東宫僚屬們被"例從""咸從"降職處理,其記載具備很高的可信度。
③ 令狐德棻等撰:《周書》卷三九"史臣曰",北京:中華書局,1971年,第704頁。
④ "漢朝上將"係西漢名將辛武賢、辛慶忌父子,事見班固撰,顔師古注:《漢書》卷六九《辛慶忌傳》,北京:中華書局,1964年,第2996—2998頁。"魏國名臣"指曹魏名臣辛毗,事見陳壽撰,裴松之注:《三國志·魏書》卷二五《辛毗傳》,北京:中華書局,1959年,第695—699頁。

降,隴西辛氏有"三百年以上之人物",是中古政治社會最重要的世族之一。①

(一) 辛儉出仕建成東宫及出東宫之起因

辛儉正史無傳,檢傳世文獻,《元和姓纂》在述辛氏家族世次時載有:"處儉,中允。"②與墓志相合。志言"義寧元年,調補隴西公府鎧曹參軍",隴西公即隱太子李建成。《舊唐書·隱太子建成傳》載:"(義寧)二年,授撫軍大將軍、東討元帥,將兵十萬徇洛陽。"③義寧二年(618),建成爲東討元帥,辛儉爲行軍録事參軍。五月,高祖於太極殿即皇帝位,改義寧二年爲武德元年,六月立世子建成爲皇太子。④辛儉作爲隴西公府僚身份自然得以變化,武德元年任太子舍人,此乃辛儉第一次出仕東宫。

辛儉之所以能够入幕李建成隴西公府并任太子舍人,與其出身密不可分。曾祖辛靈,志載其任魏中書侍郎,廣化郡守,贈渭州刺史。祖辛彦之,《隋書》《北史》有傳。⑤辛彦之初爲宇文泰中外府禮曹,西魏草創之初,辛彦之因文化修養高被選去修訂儀注,在北周時率掌儀制,周宣帝時拜少宗伯。楊隋代周後除太常少卿,歷任國子祭酒、禮部尚書、隨州刺史、潞州刺史,撰有《墳典》《六官》《祝文》《禮要》《新禮》《五經異義》等著作。隋初制定禮儀之際,辛彦之乃核心人物。父辛孝舒,《北史·辛彦之傳》僅載"世子孝舒、仲龕,并早有令譽"。據墓志可補辛孝舒在隋任雍州從事、涇州安定縣令、忤城郡開國公等官爵。同時,志言辛儉在隋大業中曾舉明經,"材兼百行,學綜九流",本人應具有較高的文化造詣。依靠家族聲譽及個人才學,辛儉得以出仕東宫。

志云"五年,授上輕車都尉、上宜縣令",⑥辛儉武德五年(622)出爲上宜縣令,官品有所提高,但遠離了權力中樞。《新唐書·袁朗傳》載:"武德初,隱太子與秦王、齊王相傾,争致名臣以自助。"⑦辛儉因其顯赫家世及個人才學得以輔佐儲君,若按正常的仕途遷轉,應在東宫受到重用,何以在武德五年(622)突然外調? 其中原委值得推敲。檢諸文獻,此事

---

① 毛漢光:《中古家族之變動》,見毛漢光著:《中國中古社會史論》,上海:上海書店出版社,2002年,第58—60頁。
② 林寶撰,岑仲勉校記:《元和姓纂(附四校記)》卷三《十七真·辛》,北京:中華書局,1994年,第357頁。
③ 劉昫等撰:《舊唐書》卷六四《隱太子建成傳》,北京:中華書局,1975年,第2414頁。
④ 《舊唐書》卷一《高祖紀》,第6—7頁。
⑤ 魏徵、令狐德棻撰:《隋書》卷七五《儒林·辛彦之傳》,北京:中華書局,1973年,第1708頁。李延壽撰:《北史》卷八二《儒林·辛彦之傳》,北京:中華書局,1974年,第2752頁。
⑥ 上宜縣,屬關内道京兆府,隋開皇十八年(598)置,貞觀八年(634)廢,入岐州之岐陽縣。參見《舊唐書》卷三八《地理志》,第1395頁。
⑦ 歐陽修、宋祁撰:《新唐書》卷二〇一《文藝·袁朗傳》,北京:中華書局,1975年,第5727頁。

在史書中確有記載,據《貞觀政要》記載,貞觀二年(628)太宗欲聘隋通事舍人鄭仁基女爲充華,詔書已出,策使未發之際,魏徵聞鄭氏女已許嫁陸氏而進言,太宗大驚而停策使。房玄齡、王珪等大臣認爲大禮既行,不可中止,陸氏亦反覆自陳與鄭氏并無婚姻交涉。太宗遂以此事問諸魏徵:

> 徵曰:"以臣度之,其意可識,將以陛下同於太上皇。"太宗曰:"何也?"徵曰:"太上皇初平京城,得辛處儉婦,稍蒙寵遇。處儉時爲太子舍人,太上皇聞之不悦,遂令出東宮爲萬泉縣令,①每懷戰懼,常恐不全首領。陸爽以爲陛下今雖容之,恐後陰加譴謫,所以反覆自陳,意在於此,不足爲怪。"②

由此可知,辛儉出東宮確有隱情。《貞觀政要》記載辛儉因被高祖李淵奪妻而遭譴謫,③在當時新政權尚不穩定的情況下,高祖若全憑自身好惡來遷轉世家子弟,恐難服衆。其出東宮的原因應不盡於此。武德間,太子建成與李世民集團互相攻訐,雙方的鬥爭逐漸白熱化,高祖李淵不得不以譴謫心腹的方式來緩和雙方鬥爭,如楊文幹起兵,高祖不忍治罪建成,欲殺王珪、魏徵、左衛率韋挺及太子舍人徐師謩等以薄其罪。因此,辛儉出東宮亦極可能是東宮與秦府爭鬥的犧牲品。

"秩滿,遷隆州治中",隆州即閬州④(今四川省東北部),治中爲唐代府州上佐,後因避高宗諱改爲司馬,常用於優宗室、備貶謫、寄俸禄、位閑員。⑤ 武德五年(622)辛儉出東宮爲地方官,表面上看是遠離了中央,但却使得辛儉躲過了玄武門之變。然而以初唐職事官

---

① 《貞觀政要》各版本對辛儉出東宮後任職已有不同記載,如明初本及明成化本作"萬年縣",元刻、韓版注解本及《魏鄭公諫録》作"萬全縣",日本寫字臺文庫藏本作"萬泉縣"。參見吴兢撰,謝保成集校:《貞觀政要集校》,北京:中華書局,2003年,第115頁。顯然流傳中已出現訛誤。墓志出於當時,多本家譜、行狀,當以墓志所記"上宜縣"爲是。
② 《貞觀政要集校》,第113—114頁。
③ 太宗欲聘鄭仁基女一事在《新唐書·魏徵傳》及《資治通鑑》中皆有記載,所述文字有所删省,均未提及李淵奪辛儉妻之事,而《舊唐書》未載此事,恐怕已用隱諱之曲筆。參見《新唐書》卷九七《魏徵傳》,第3869頁;司馬光編著,胡三省音注:《資治通鑑》卷一九四"太宗貞觀八年",北京:中華書局,1956年,第6108—6109頁。
④ 《太平寰宇記》引《十道録》云:"果、閬二州貞觀中屬劍南道,開元中又屬山南道,天寶中屬劍南道,乾元中又屬山南道。"(樂史撰,王文楚等點校:《太平寰宇記》卷八六《劍南東道五》,北京:中華書局,2007年,第1713頁。)《新唐書·地理志》載先天二年(713)避唐玄宗諱改隆州爲閬州,屬上州。(《新唐書》卷四〇《地理志》,第1038頁。)《舊唐書·職官志》載:"武德令,上州治中,正五品下。"(《舊唐書》卷四二《職官志》,第1795頁。)
⑤ 大抵上佐品味頗崇,雖有"通判列曹""綱紀衆務"之名,但無具體職務。故除因特殊情形權知府事之外,平時實無所事。(嚴耕望:《唐代府州僚佐考》,見嚴耕望撰:《嚴耕望史學論文集》,上海:上海古籍出版社,2009年,第340—348頁。)

四考遷官來看,①辛儉上宜縣令秩滿約在武德九年(626)。其由京畿上宜縣至閬州任閑職,直到貞觀十年纔遷彭王府咨議參軍、遂州都督府司馬,應是遭到貶謫。② 其一貶再貶,雖出身名門才學過人却一直仕途不暢,其遭遇與東宮出身是否有關聯值得探討。

正史中玄武門之變後魏徵等名臣被不計前嫌啓用及太宗一再強調對建成舊屬概不追究的記載,爲後世營造出建成舊屬并未普遍受到事變影響的迹象。但如唐龍朔二年(662)《薛萬備墓志》"凡在寮寀,咸從左降"及調露元年(679)《張弼墓志》"前宮寮屬,例從降授"的記載却呈現出另一種歷史面貌。已有的關於太宗處理建成舊屬政策的研究基本集中在對以上兩方墓志所進行的討論,然仍有其他墓志材料未被利用,缺乏對相關墓志的整體研究。辛儉在玄武門之變後再度遭貶是否受東宮出身影響,需建立在對建成舊屬玄武門之變前後的仕宦情況的分析上。

(二) 墓志所見建成舊屬的仕宦情況

建成舊屬直接地經歷了玄武門之變,墓志爲我們提供了更多其在武德至貞觀年間的仕宦信息,或可窺探東宮出身對他們仕途的影響,爲太宗處理建成舊屬政策的討論提供新的佐證。

建成舊屬墓志所反映的仕宦情況如下:

表一　建成舊屬仕宦情況表(武德至貞觀)

墓志	志主籍貫	武德職官	貞觀職官	宮廢前後品階變化	備注
貞觀五年《李立言墓志》③	渤海蓨人	太子舍人、中舍人	主客郎中	正五品下→從五品上	父李綱,武德年間兼太子詹事,貞觀四年,拜太子少師。主客郎中雖爲美選,然閑簡無事。④

---

① 《通典》卷十八《選舉六》:"唐虞遷官,必以九載。魏晉以後,皆經六周。國家因隋爲四,近又減削爲三。"(杜佑撰,王文錦等點校:《通典》,北京:中華書局,1988年,第452頁。)
② 唐代貶官的形式包括由實職改任閑職、降職、京官貶授外官和州縣官貶至邊遠地區任官。參見彭炳金:《唐代貶官制度研究》,《人文雜志》2006年第2期。
③ 周紹良、趙超主編:《唐代墓志彙編續集》,上海:上海古籍出版社,2001年,第9頁。
④ 《太平廣記》引《兩京新記》:"尚書郎……唐武德、貞觀已來尤重其職。吏、兵部爲前行,最爲要劇,自後行改人,皆爲美選。……司門、都門、屯田、虞、水、膳部、主客皆在後行,閑簡無事。"(李昉等編:《太平廣記》卷二五〇《詼諧六》,北京:中華書局,1961年,第1937頁。)

續表

墓志	志主籍貫	武德職官	貞觀職官	宮廢前後品階變化	備註
貞觀五年《元軌墓志》①	河南洛陽人	齊王府戶曹參軍	林邑使副	正七品上→◎	武德九年任東宮左率府長史，尚無法判斷任職在宮廢前或後。
貞觀十一年《徐暮墓志》②	兗州高平人	太子舍人	晉州都督府司馬、魯王友、漢王府司馬	從六品→未任	即正史所載李建成太子舍人徐師暮。③ 武德九年宮廢至貞觀三年除晉州都督府司馬之間，應未任官。
貞觀十七年《李義方墓志》④	隴西城紀人	齊王府西閣祭酒	軍器鎧甲監、工部員外郎、少府監丞	正六品下→從六品上	祖李弼，父李衍。⑤ 軍器鎧甲監，品階不明。貞觀四年除工部員外郎，相較於武德九年西閣祭酒下降一品。
貞觀十八年《韋慶嗣墓志》⑥	長安杜陵人	宮門大夫、太子家令	冊單于大使、交州司馬	從四品上→◎	志載"俄屬宮廢，出宰華陰"，尚無法確定官職品階。冊單于大使為使職。
貞觀十九年《何相墓志》⑦	扶風平陵人	齊王府參軍事	未任官	正八品下→未任	
永徽五年(654)《席泰墓志》⑧	安定人	東宮左親衛	東宮右虞候府倉曹參軍、左屯衛鎧曹參軍、魏王府倉曹參軍事	從七品上→從八品下	墓志言席泰宮廢後以四科應詔擢補東宮右虞候率府倉曹參軍，應是應詔前受到降職或去職。
顯慶二年(657)《趙順墓志》⑨	南陽人	齊府進馬、車騎	山泉府左別將、藍田府統軍、右翊衛中郎將、武停府折衝、左領軍	七品下→正五品上	隋任鷹揚郎將，已是衛府高級武官。武德間任基層武官，貞觀後始終任衛府高級武官。

---

① 西安市長安博物館編《長安新出墓志》，北京：文物出版社，2011年，第34頁。
② 《唐代墓志彙編續集》，第19頁。
③ 《新唐書》卷二〇一《袁朗傳》，第5727頁。《資治通鑑》卷一九一"高祖武德七年"，第5986頁。
④ 齊運通、楊建鋒編：《洛陽新獲墓志二〇一五》，北京：中華書局，2017年，第69頁。
⑤ 《周書》卷一五《李弼傳》，第239頁。
⑥ 《長安新出墓志》，第48頁。
⑦ 《唐代墓志彙編》，第78頁。
⑧ 《唐代墓志彙編》，第203頁。
⑨ 齊運通編：《洛陽新獲七朝墓志》，北京：中華書局，2012年，第77頁。

續表

墓志	志主籍貫	武德職官	貞觀職官	宮廢前後品階變化	備注
顯慶六年《盧習善墓志》①	范陽涿人	齊王府右二護軍倉曹參軍事	監察御史	正七品上→正八品上	"貞觀三年應詔舉,射策高第",武德七年入齊王府,事變後應去職。
龍朔二年(662)《薛萬備墓志》②	河東汾陰人	太子千牛備身	匡道府校尉、通事舍人、尚輦奉御	正七品→從七品下	貞觀中後期出征昆丘道,俘獲龜茲王、說服于闐王歸唐,隨征高句麗、帥兵前往百濟等。
龍朔二年《張楚賢墓志》③	清河東武城人	東宮左衛率府錄事參軍	洺州錄事參軍、洺州都督府士曹參軍、隆州新政縣令、鄭州滎陽縣令	從八品上→從八品上至從七品上	從東宮衛佐美職轉爲外職事官,其後一直游弋在地方州府參軍及縣令的級別上。
麟德二年(665)《房德墓志》④	清河人	東宮虞候率府長史	彭王府倉曹參軍兼遂州都督府功曹參軍、太子門大夫、右屯衛長史、司農寺丞、貝州司馬、雅州司馬	正七品上→未任	房德任彭王府僚在貞觀十年,宮廢至貞觀十年間應未任職事官。
總章三年(670)《王大禮墓志》⑤	京兆灞城人	太子左千牛、右衛率府親府隊正	倉曹參軍事、司兵參軍事、定州義豐縣令	正七品上→未任	墓志言"以宮廢去職";後由武轉文。
調露元年(679)《張弼墓志》⑥	南陽西鄂人	太子通事舍人	右衛倉曹參軍、衛尉寺丞、尚書水部員外郎、越王府主簿兼揚州兵曹參軍	正七品下→正八品下	張弼任太子通事舍人不久即丁外憂去職,玄武門之變時并不在東宮任上。

注:◎表示無品階,或因史書缺載而無法確定品階者。

玄武門之變後,建成身死,東宮易主,李世民成爲新的太子,原秦王府屬自然會代替原東宮舊屬。從墓志反映的情況看,建成舊屬在玄武門之變後多出現由京官任地方官、由實職任閑職、由武官轉文職、降職甚至去職的情況,因此辛儉外任隆州治中并非個例,而是玄

---

① 《秦晉豫新出墓志搜佚續編》,第289頁。
② 胡戟著:《珍稀墓志百品》,西安:陝西師範大學出版總社有限公司,2016年,第68頁。
③ 周紹良、趙超主編:《唐代墓志彙編》,上海:上海古籍出版社,1992年,第126頁。
④ 西安市文物稽查隊編:《西安新獲墓志集萃》,北京:文物出版社,2016年,第53頁。
⑤ 周曉薇、王其褘:《唐高宗朝兩方〈王大禮墓志〉合考》,見史念海主編:《唐史論叢》第7輯,西安:陝西師範大學出版社,1998年,第318頁。
⑥ 胡戟、榮新江主編:《大唐西市博物館藏墓志》,北京:北京大學出版社,2012年,第224頁。

武門之變後整個東宫舊屬群體遭到貶謫的結果。可見，辛儉雖未親歷玄武門之變，但因其東宫出身，早已與建成舊屬形成命運共同體，雖未一榮俱榮，實則一損俱損。

二、辛儉重回東宫與太宗的懷柔政策

貞觀十年是處在貶謫低谷中的辛儉人生中的重要時間節點。志言："十年，授通直散騎常侍、彭王府咨議參軍、遂州都督府司馬。""彭王"指李淵第十二子李元則。貞觀十年封彭王，除遂州都督，不久因章服奢僭免官。① 與辛儉墓志契合。李元則被免官後，辛儉被再次召入東宫，"爲朝請大夫，守太子中允"。太子中允隸太子左春坊，是左庶子的副手，正五品下。② 辛儉再次出仕東宫，其命運又一次與東宫緊密聯繫起來。

辛儉雖因建成舊屬出身而受到牽連，但仍在貞觀十年後迎來仕途高峰，却最終又一次捲入東宫的政治震蕩。《舊唐書·恒山王承乾傳》載太子李承乾"嘗召壯士左衛副率封師進及刺客張師政、紇干承基，深禮賜之，令殺魏王泰，不克而止。尋與漢王元昌，兵部尚書侯君集、左屯衛中郎將李安儼、洋州刺史趙節、駙馬都尉杜荷等謀反，將縱兵入西宫"。被告發後太宗廢承乾爲庶人，徙黔州，漢王元昌賜自盡，侯君集等伏誅。"其宫僚左庶子張玄素、右庶子趙弘智令狐德棻、中舍人蕭鈞，并以材選用，承乾既敗，太宗引大義以讓之，咸坐免。"③作爲太子中允的辛儉"及宫廢，遷於容州"，容州屬嶺南道，嶺南是唐代流放罪犯最集中的地區。④ 辛儉於流放的第二年即貞觀十八年"卒於配所"。辛儉出身名門，却遭一貶再貶，最終因東宫政變而結束政治生涯乃至客死他鄉，實在令人唏嘘。

雖然辛儉最終仍難逃宫廷政變牽連，但他能夠在玄武門之變遭貶後再度出仕承乾東宫，是太宗對建成舊部從普遍降職到懷柔政策轉變的結果。太宗的懷柔政策表現在對建成舊屬任用範圍的逐步擴大，即不同於玄武門之變後爲迅速穩定局面而啓用魏徵、王珪、韋挺等名臣。貞觀三、四年始，部分舊屬陸續出任官職，如盧習善、徐師蕢、李綱李立言父子。貞觀中期，太宗對建成舊屬任用的範圍進一步擴大，如對辛儉、房德、薛萬備等人的任用。值得注意的是，房德出身清河房氏，其曾祖及祖皆爲周隋勛舊，武德間任東宫虞候率府長史。貞觀十年徙彭王府倉曹參軍兼遂州都督府功曹參軍，後轉太子門大夫，與辛儉同一時間入承乾東宫。可見，貞觀十年後建成舊屬被再度征入東宫并非個例。

---

① 《舊唐書》卷六四《彭王元則傳》，第 2428—2429 頁。
② 李林甫等撰，陳仲夫點校：《唐六典》卷二六《太子三師三少詹事府左右春坊内官》，北京：中華書局，2014 年，第 664 頁。
③ 《舊唐書》卷七六《恒山王承乾傳》，第 2649 頁。
④ 王雪玲：《兩〈唐書〉所見流人的地域分佈及其特徵》，《中國歷史地理論叢》2002 年第 4 期。

當然,即便太宗對建成舊屬態度上逐漸懷柔,他們的仕途仍呈現不同的發展趨勢。除了個人仕宦才能以外,初唐特殊的政治環境決定了官員們的仕途多經歷大起大落。正如辛儉、房德,雖被徵召入承乾東宫,但仍難逃東宫政變,以致或流或貶。唐前期頻繁宫廷政變的一個重要原因在於皇權的繼承失序,①而辛儉深受兩次東宫政變的影響,其經歷正反映了受此牽連官員的坎坷命運,具有一定的代表性。

三、關於太宗處理建成舊屬的政策考量

　　建成舊屬在玄武門之變後雖受到了普遍的降職甚至去職處理,但是從貞觀初開始,有一部分舊屬仍得到了啓用。他們能够被再次啓用的原因無疑是多方面因素綜合的結果,在這裏不妨做一些推測。

　　中古世家大族累世公卿、舉族爲官,同族不同支系甚至家族父兄之間可能依附不同的政治勢力,在政治上互相競争但也形成以家族爲中心的利益集團。如薛萬備、薛萬徹兄弟在宫廢後仍受到啓用以至於受到重用,應與其家族在對外戰争方面對唐廷的重要貢獻有關。《北史·薛世雄傳》記載:"子萬述、萬淑、萬鈞、萬徹、萬備,并以驍武知名。"②薛世雄在周隋時先後參與平齊、征吐谷渾、伐遼東等戰役,官至左御衛大將軍,薛氏五子出身將門,自小耳濡目染,具有較高的軍事素養。貞觀初年,朝廷面臨着來自西北部族的侵擾。唐太宗即位之初即武德九年八月,東突厥頡利可汗率軍大舉進犯,直逼長安。貞觀四年,李靖破東突厥,薛延陀隨之崛起并發展壯大。西部吐谷渾在隋末中原内亂時逐漸强大,唐邊境諸州屢受其害。③ 同時伴有回紇、黨項、吐蕃等部族的侵擾。薛氏兄弟中薛萬淑有戰功,貞觀三年"爲暢武道行軍總管,以伐突厥"。④ 薛萬鈞,李世民平劉黑闥時引爲右二護軍,北門長上;薛萬徹,玄武門之變時任建成東宫副護軍,玄武門之變後升任右領軍將軍。⑤ 貞觀年間討東突厥、討梁師都、討吐谷渾、討高昌等,薛萬鈞與薛萬徹兄弟皆立下戰功。⑥ 太宗出於安撫及拉攏薛氏家族,啓用薛萬徹、薛萬備亦是情勢所然。

　　韋慶嗣背後的韋氏家族也是太宗處理東宫韋氏舊屬時不得不考慮的因素。據《韋慶

---

① 孫英剛:《唐代前期宫廷革命研究》,見榮新江主編:《唐研究》第 7 卷,北京:北京大學出版社,2001 年,第 263—287 頁。
② 《北史》卷七六《薛世雄傳》,第 2607 頁。
③ 周偉洲著:《吐谷渾史》,桂林:廣西師範大學出版社,2006 年,第 82 頁。
④ 《新唐書》卷二《太宗紀》,第 30 頁。
⑤ 《資治通鑑》卷一九一"高祖武德九年",第 6016 頁。
⑥ 《新唐書》卷九四《薛萬鈞傳》,第 3830—3832 頁。

嗣墓志》,其爲"彭城敬公之元子",屬韋氏"彭城公房"。① 同屬彭城公房之韋雲起傳中亦有提及韋慶嗣:"隱太子之死也,敕遣軌息馳驛詣益州報軌,軌乃疑雲起弟慶儉、堂弟慶嗣及親族并事東宫,慮其聞狀或將爲變,先設備而後告之。雲起果不信,問曰:'詔書何在?'軌曰:'公,建成黨也,今不奉詔,同反明矣。'遂執殺之。"② 竇軌以韋氏兄弟親族并事東宫爲由誅殺韋雲起,可見武德間韋氏在東宫的勢力不容小覷之度竟致雲起殺身之禍。而與慶嗣同族的韋挺,曾在建成東宫任左衛率,因楊文幹事件流放於劍南道,韋挺在玄武門之變後不久被召回長安,并授主爵郎中。韋挺雖被召回,但從武官轉爲文職。太宗對追隨隱太子建成的韋氏家族并未趕盡殺絶,而是恩威并施,體現了太宗對世族既拉攏又打壓的傾向。

世族與皇權的博弈是推動中古社會政治發展的重要力量。從玄武門之變後建成舊屬啓用的情況看,拉攏與制衡世家大族是太宗啓用建成舊屬的重要考量因素。事變後世族人心浮動,曾追隨建成、元吉者人人自危,如何快速穩定政局是太宗所面臨的首要問題。太宗派魏徵安撫河北建成、元吉舊部,足見魏徵在河北勢力以及太子舊部中的威望。魏徵、韋挺、王珪等人不僅在建成舊部間享有盛譽,且背後隱藏着世族勢力的支持。太宗啓用魏徵等人在一定程度上反映了皇權對世族的妥協與制衡。其時大臣貴族們爲了獲得更多的權力和地位,分別擁護太子建成、齊王元吉或李世民,太子、齊王與秦王之爭,不僅是皇子之間對儲位的爭奪,也是依附各個皇族勢力的世族尋求生存與發展的手段。而皇權需要以授予世族一定的權力地位的手段來維持政權的穩定性。歸根結底,世族所支持的只是權力而已,因此建成殞身後即轉而投靠新的掌權者,皇權與世族、太宗與建成舊部,實乃互相利用之關係。

四、結　語

《辛儉墓志》包含豐富的歷史信息,爲我們提供了一位命運與初唐政局尤其是東宫政變緊密相關的典型案例。辛儉出身關隴文化士族,依靠家族聲譽及個人才學兩度出仕東宫,因出身建成東宫而在貞觀年間經歷仕途大起大落,又因出仕承乾東宫而被流放客死嶺南。玄武門之變時辛儉并不在東宫任上,同樣不在任上的張弼也因"前宫寮屬,例從降授"而降職。可見,即使是未親歷玄武門之變的建成舊屬亦會因東宫出身而受到政治牽連。

---

① 《新唐書》卷七四上《宰相世系表》,第3055—3073頁。
② 《舊唐書》卷七五《韋雲起傳》,第2633頁。

而通過搜檢建成舊屬墓志,分析他們在武德、貞觀年間的仕宦情況,可以看出,玄武門之變後建成舊屬確實受到了普遍的降職甚至去職處理。隨着政權的穩定,太宗逐漸啓用建成舊屬。但是,并不是所有的舊屬都得到了重新任用,太宗對建成舊屬選擇性的任用以其在舊部間的聲譽威望及隱藏在背後的世族勢力爲重要考量因素。爲了拉攏世家大族,重新啓用一些有政治污點但背靠世族的人物,在體現皇帝仁德的同時,亦可將世族勢力爲己所用。起用、重用與否,都在太宗的政治權衡之中,是帝王集權與制衡的手段運用而已。

歷史上太宗素以任人唯賢著名,從史料記載來看對建成舊屬亦是採取寬大不究的處理。但李世民弑兄奪權的既定事實令其芒刺在背,屢次干預修史以爲玄武門事變定基調。① 太宗在位期間屢次索觀國史、起居注,"見六月四日事,語多微文",②頗爲不滿,加之唐代宰相監修國史的制度使史學被納入到政治的軌道中,從而使得權力介入到國史、實錄編寫中。以國史、實錄爲源的正史極力掩蓋李建成在建唐過程中的功績,粉飾政變後的消極局面并強調太宗對建成、元吉舊屬的寬大處理。但從墓志所反映的仕宦情況來看,建成舊屬在玄武門之變後受到降職、去職的情況較爲明顯。太宗尤重史家評說,對魏徵等人的籠絡和重用可以説是一場用來顯示仁德的政治表演,正如陳寅恪所説"太宗沽名,徵又賣直",③對建成舊屬普遍的降職去職纔是政變初李世民的真實心態。通過墓志與正史記載太子建成舊屬的情況正可窺探正史爲太宗曲筆隱諱的事實。墓志中表現出普遍的降授現象與正史極力渲染太宗重用魏徵、王珪、韋挺等建成舊屬形成鮮明對比,反映出皇權干預對歷史書寫的規訓性。

附:《辛儉墓志》録文

大唐故朝請大夫太子中允辛府君墓志銘并序

君諱儉,字處儉,隴西狄道人也。高辛肇其洪緒,石紐基其靈命。承百世之祉,總三代之英。漢朝上將,見稱仁勇;魏國名臣,有聞忠烈。曾祖靈,魏中書侍郎、廣化郡守,贈渭州刺史。典司綸綍,聲高廊廟,刺此郡國,道著廉平。祖彦之,周中書侍郎、禮部大夫、龍門公,隋國子祭酒、太常卿、禮部尚書,隋、潞二州刺史,仵城郡開國公。内史揮毫,上序待問。儒傳金匱,文談天庭。父孝舒,隋雍州從事,涇州安定縣令,襲爵仵城郡開國公。苞經國之才,屈道州縣;達窮通之旨,隋時語默。君氣調閑遠,懷抱虛

---

① 牛致功:《關於唐太宗篡改〈實録〉的問題》,見史念海主編:《唐史論叢》第1輯,西安:陝西人民出版社,1988年,第274頁。
② 吳兢撰,謝保成集校:《貞觀政要集校》,北京:中華書局,2003年,第391頁。
③ 陳寅恪著:《陳寅恪集·金明館叢稿初編》,北京:生活·讀書·新知三聯書店,2001年,第256頁。

凝。蹈仁義以立身,履孝友而成性。從師負笈,百捨忘疲。敬業傳經,一聞咸記。隋大業中,以明經舉,對策高第。屬政虐道銷,時生世擾。君相時觀變,戢曜銷聲。及大聖啓期,人思效足,言從幽谷,且食場苗。義寧元年,調補隴西公府鎧曹參軍。王師東討,以君爲行軍録事參軍。武德元年,除太子舍人。五年,授上輕車都尉、上宜縣令。秩滿,遷隆州治中。十年,授通直散騎常侍、彭王府咨議參軍、遂州都督府司馬。尋入爲朝請大夫,守太子中允。及官廢,遷於容州。以貞觀十八年八月十二日卒於配所,春秋五十有九。君材兼百行,學綜九流。成務盡游刃之功,行己窮至道之要。騁駿足而和邦國,烹小鮮而宰名縣。端笏梁園,曳裾望苑。黼藻名行,藉甚公卿。慎而寡過,恭而知禮。溘從朝露,天道何言?粵以廿年歲次景午十一月乙丑朔二日庚寅葬於雍州長安縣之高陽原。閱通川於暮律,窮冬序於歲陰。劍池分匣,同穴之誠以固;婿閨獨處,晝哭之慟愈深。其子堯卿,感風枝而殞氣,追顧復而撫心。思勒銘於玄礎,庶播美於徽音,其辭曰:

　　美哉世業,恭矣重光。家聲不墜,門風克昌。謀孫翼子,韞義含章。行無可擇,游必有方。贏金待問,振玉弘嚮。蘭室騰芳,槐肆函杖。得自生知,非因外獎。泅潤可詠,峻堞難仰。兔菀背淮,龍樓從政。屬翰文美,治經道盛。會友曰仁,事君資敬。毓德可久,履忠無競。日月居諸,春秋回薄。一瞬俄遠,九京誰作。隴樹摧殘,夜臺冥漠。蘭菊方劭,儀形何托。

【作者簡介】李皓,女,1989年生,陝西師範大學歷史文化學院博士研究生,主要從事古籍整理與碑志研究。

新見唐大薦福寺《法振律師墓志》考釋

吴正浩

新見唐長安大薦福寺寺主法振律師墓志一合,有志有蓋,近年來出土於陝西西安南郊,拓片收録在《秦晉豫新出墓志搜佚續編》一書中。① 最近有學者對其做了録文,并就其書法特點做了進一步的研究和介紹。② 根據描述可知,志石長寬均59厘米。蓋文篆書3行,滿行3字,題"大唐故大德律師墓志"(圖一)。志文楷書27行,滿行27字,共計794字,志文首行題"大唐大薦福寺主臨壇大德法振律師墓志銘并序"(圖二)。

圖一　唐法振律師墓志蓋　　　　圖二　唐法振律師墓志

根據志文記載,志主法振律師爲唐長安城大薦福寺主、臨壇大德,俗姓蕭,名智宏,爲唐初宰相蕭瑀之後。關於法振其人,正史史書及僧傳文獻均無記載,志文較詳細記載了其家族世系及奉佛事迹,可對該時期蕭氏家族的世系及奉佛情況做一補充。其次,志文記載法振律師出家寺院爲長安城著名佛教寺院大薦福寺,其所師從的大智禪師、舟律師亦是唐代著名佛教高僧,本墓志可對唐代薦福寺等相關史事有所補充。最後,對志文所記載法振出家原因、信奉宗派的梳理和研究,有助於進一步了解該時期佛教的發展情況以及世家大

---

① 趙文成、趙君平編:《秦晉豫新出墓志搜佚續編》,北京:國家圖書館出版社,2015年,第842—843頁。
② 退之:《唐大薦福寺法鎮律師墓志》,《書法》2020年第6期,第146—152頁。

族和佛教之間的關係。因學界對此墓志所涉史事關注相對較少,①筆者不揣淺陋,試對此墓志做一考釋。不當之處,敬請方家指正。

一、墓志録文

爲下文討論方便,兹據墓志拓片,移録文如下:

大唐大薦福寺主臨壇大德法振律師墓志銘并序
朝散大夫、守中書舍人、晉陵縣開國男蕭昕撰
夫體寂滅之理,出名言之外。深入密藏,出於樊籠,心鏡達於圓明,戒珠護其清净。崇我法寶,律彼有情,誰其嗣之,則我振律師其人也。律師諱智宏,俗姓蕭氏。出於吾祖,吾實知之。肇於殷氏六族,系以齊梁二帝。迭興江左,讓位關西。高祖巋,梁孝明皇帝。曾祖瑀,皇相國司空、宋國公,於周爲客,在唐佐命。必復公侯,大開茅土。祖鋭,皇給事中。父戀,皇商州司馬。入趨中禁,駁正是司。出佐外臺,題輿見美。律師則商州府君之中子也。生而敦敏,長乃貞確。至性萌於自然,嚴操達乎先覺。居喪泣血,毀瘠過人。祥練之辰,遂求入道。母兄既許,帝亦嘉之。遂隸大薦福寺,寺則宋公之舊宅也。廷尉高門,豈唯駟馬;太尉餘慶,寧至五公。自削髮振衣,洗足敷座,探龍藏之密旨,究馬鳴之遺學。研核奧義,懸解真宗。初,依止大智禪師,得頓悟門;次,請益於舟律師,得戒藏妙。且三點俱列,始謂獸王;二翼或虧,未成飛鳥。語泡幻則定惠俱忘,存名數則威儀可象。論栰同歸於彼岸,傳燈自稟於本師。弘益則多,津梁斯在。然後窮子歸於長者,衆疾湊於醫門。遠近風趣,衣冠景附。衆請登壇,有詔使爲京城大德。大雲遍覆,群動息陰;一雨普霑,衆植皆潤。又丁太夫人憂,雖達理遺其蓋纏,而因心在乎樂棘。刀兵起難,豺豕當蹊。王室因而播蕩,法門罹其凶虐。律師久齊生死,大泯色空。游戲而來,暫因循於此宅;隨緣則適,或應現於他方。以乾元元年十一月十六日,乘化遷神於寺之方丈室,春秋卅有六,僧臘廿有二。律師兄弟有四,而存者二人。一妹出家,具承遺教。嗟乎,金山已滅,寶所何依;禪林已空,道場奚仰。門人玄宗等遷神起塔於萬年縣神禾原。徵實録於行狀,播遺芳於志石。銘曰:

---

① 主要有高慎濤:《洛陽新出〈有唐東都臨壇大德(行嚴)玄堂銘〉及相關問題考釋》,《中國典籍與文化》2014年第3期,第35頁;高慎濤:《洛陽新出盛唐文士邢巨墓志考釋》,《攀枝花學院學報》2014年第1期,第46—48頁;尚民傑著:《唐長安家族葬地出土墓志輯纂》,北京:商務印書館,2018年,第505—516頁;退之:《唐大薦福寺法鎮律師墓志》,《書法》2020年第6期,第146—152頁。

粤我至人，弘兹法要。清净外朗，圆明内照；戒珠久護，法印初傳。魔軍自潰，佛日長懸；芭蕉匪堅，優曇難遇。化迹斯來，隨方或去；門人喪道，法子亡師。志彼神塔，徵其誄詞。

二、法振家族世系考

據墓志記載，可知志主俗姓蕭，名智宏，法名爲法振。唐肅宗乾元元年（758）十一月十六日，法振圓寂於大薦福寺方丈室，卒年46歲，僧臘22歲，可以推算出其當生於唐玄宗開元元年（713），其受戒時間爲開元二十四年。

首先來看墓志對志主先祖的記載，志言法振出自蘭陵蕭氏，該家族"肇於殷氏六族，系以齊梁二帝。迭興江左，讓位關西"。其中"肇於殷氏六族"所指即商朝第二十七代君主帝乙庶子啓，受封於微，故又稱微子。周滅商後分封微子於宋國，微子之孫大心有平亂之功，故又封蕭國爲其附庸國。魯宣公十二年（前597），蕭國被楚國所滅後，宋微子後代遂以蕭爲氏。關於此，《元和姓纂》記載蕭氏家族爲宋微子之後，支孫封於蕭，蕭叔大心子孫有功，因邑命氏焉。① 《通志·氏族略》記載蕭氏出自子姓。② 《古今姓氏書辯證》亦載其"出自子姓"。③ 而《新唐書·宰相世系表》則載蕭氏得名於姬姓。④ 因此，根據以上記載可知蕭氏被認爲是殷商之後。關於志文中的"齊梁二帝"，所指是南齊高帝蕭道成和南梁武帝蕭衍，可知法振當爲蕭氏家族齊梁房之後。關於其家族在南朝時期的興衰，《南齊書》及《梁書》中均有所載，此處不贅。⑤

此後，志文對法振律師其高祖及之後的家族世系情況做了較詳細的記載。志言法振其高祖爲蕭巋。根據史書記載，蕭巋爲南梁昭明太子蕭統之孫，梁宣帝蕭詧之子，爲南梁的孝明皇帝，《隋書》中有其傳。⑥ 根據《新唐書·宰相世系表》記載可知，蕭巋之子分別爲蕭琮、蕭璟、蕭琢、蕭珣、蕭瑀。⑦ 志主曾祖蕭瑀即蕭巋之子。志載蕭瑀爲"皇相國司空、宋國公，於周爲客，在唐佐命"。根據《隋書》記載，蕭瑀其家族在隋朝發展興盛，其妹在隋朝

---

① 林寶撰，岑仲勉校記：《元和姓纂》（附四校記）卷五，北京：中華書局，1994年，第556頁。
② 鄭樵撰：《通志》卷二六，北京：中華書局，1987年，第451頁。
③ 鄧名世撰：《古今姓氏書辯證》卷十，北京：中華書局，1985年，第133頁。
④ 歐陽修、宋祁撰：《新唐書》卷七一下《宰相世系表一下》，北京：中華書局，1975年，第3277頁。
⑤ 蕭子顯撰：《南齊書》，北京：中華書局，1974年；姚思廉撰：《梁書》，北京：中華書局，1973年。
⑥ 魏徵、令狐德棻撰：《隋書》卷七九《蕭巋傳》，北京：中華書局，1973年，第1791—1793頁。
⑦ 《新唐書》卷七一下《宰相世系表一下》，第2287頁。

爲晉王(煬帝)妃,後爲蕭皇后。① 而蕭瑀其人,在兩《唐書》中有其傳。② 根據史書記載,蕭瑀曾先後入仕隋唐兩朝,隋亡後蕭瑀率先歸附唐朝,其妻是與高祖之母有較近血緣關係的獨孤氏。《舊唐書》載:"高祖每臨軒聽政,必賜升御榻,瑀既獨孤氏之婿,與語呼之爲蕭郎。"③ 由此可見蕭氏家族與皇室聯繫之緊密。志文又載法振其祖父爲蕭鉽,其官職爲唐給事中。關於蕭鉽其人,《新唐書·宰相世系表》中記載爲蕭鉞,其官職亦爲給事中。④ 又根據《蕭憼墓志》記載蕭憼"父鉽,給事中,利、榆二州刺史",⑤ 以及《惠源比丘尼志銘》中記載比丘尼惠源之父爲蕭鉽,⑥ 可知"鉞"當爲"鉽",法振律師即蕭憼、惠源之侄。根據法振墓志記載,可知蕭鉽之子蕭懋爲法振之父,曾任商州司馬。關於蕭懋其人,史書材料無載,據此可補蕭鉽家族世系。志文最後記載了法振有兄弟有四,其中二人已亡。另外法振還有一妹,已出家爲尼。但由於墓志記載有限,關於法振其妹奉佛情況尚不明確,需待新出土墓志材料纔能解決。法振墓志的撰寫者蕭昕,亦爲唐代蕭氏家族成員之一,其以文學見長,大曆初年曾出使回鶻,兩《唐書》有其傳。⑦ 另外,《全唐文》及《全唐詩》中還保留有其相關作品。⑧ 該墓志亦可作爲蕭昕所撰寫墓志銘作品的一個補充。志載蕭昕撰寫墓志時所任官職爲"朝散大夫、守中書舍人、晉陵縣開國男",可補蕭昕的仕宦情況。

因此,根據上述傳世文獻及相關墓志材料的記載,可知唐代蕭氏家族爲著名世家大族,其興起於南朝,進入隋唐後得到了進一步的發展。雖然在唐代該家族不再是顯赫一時的皇族,但是憑藉着其家族與皇室之間的聯姻、家族成員的政治參與,其家族依然保持着長盛不衰的社會地位。

三、法振奉佛事迹考

根據史書記載,蕭氏家族早在南朝時便對佛教有較深的信仰,其家族也曾出現大量的

---

① 《隋書》卷三六《蕭皇后傳》,第 1111 頁。
② 劉昫等撰:《舊唐書》卷六三《蕭瑀傳》,北京:中華書局,1975 年,第 2398—2404 頁;《新唐書》卷一〇一《蕭瑀傳》,第 3949—3952 頁。
③ 《舊唐書》卷六三《蕭瑀傳》,第 2400 頁。
④ 《新唐書》卷七一下《宰相世系表一下》,第 2287 頁。
⑤ 西安市長安博物館編:《長安新出墓志》,北京:文物出版社,2011 年,第 142 頁。
⑥ 姚亞麗:《〈惠源比丘尼志銘〉所反映的唐代蕭氏家族崇佛問題》,《成都大學學報(社會科學版)》2016 年第 2 期,第 88—93 頁。
⑦ 《舊唐書》卷一四六《蕭昕傳》,第 3961—3962 頁;《新唐書》卷一五九《蕭昕傳》,第 4951—4952 頁。
⑧ 董誥等編:《全唐文》(全十一冊),北京:中華書局,1983 年,第 3595—3601 頁;彭定求等編:《全唐詩》第五冊,北京:中華書局,1960 年,第 1615 頁。

信奉佛教者,如南梁武帝蕭衍等。進入隋唐之後,蕭氏家族佛教信仰并没有消失,而且進一步得到了發展,出現了較多著名人物,如蕭瑀等。志主法振爲唐代蕭氏家族中的成員之一,同時他也是唐長安城大薦福寺寺主,其奉佛事迹一定程度上也可以反映出該時期蕭氏家族對佛教的態度。因此,以下試對法振出家爲僧原因及所信奉的宗派等相關事迹做一梳理。

根據墓志記載,法振出家的直接原因是其家中長輩去世,法振悲痛不已,最終選擇出家爲僧,其出家一事也得到了其母親及兄長以及玄宗皇帝的支持。除此之外,促使法振出家的原因還有以下幾點。

其一,法振出家應當是受到了蕭氏家族長期以來奉佛、佞佛的影響,上文提到法振出自蘭陵蕭氏齊梁房,在南北朝至隋唐時期,該房支有衆多信佛、佞佛者,如志主法振先祖南梁武帝蕭衍、宣帝蕭詧、明帝蕭巋等,至唐代又有其曾祖蕭瑀等人。關於上述人物的奉佛事迹,史書記載頗豐,此處不贅。有學者認爲蕭瑀佛教信仰之深,影響至其子女。① 考慮到法振出家寺院爲薦福寺,該寺與蕭氏家族淵源頗深,在過去又曾是蕭瑀的西園,從一定程度上説明了法振出家是受到了其家族内部的影響。且志文中記載法振的妹妹亦出家爲尼,因此其家庭環境對法振出家爲僧起到了較爲關鍵的作用。

其二,法振選擇出家爲僧與該時期世家大族的社會生活有密切關係。前文提到蕭氏家族不僅僅是一個以佞佛著稱的家族,其家族的社會地位也并不只是建立在其佞佛的基礎之上。根據上述史書記載,蕭氏家族在進入隋唐之後,與當朝皇室之間均保持着密切的聯繫,促使該家族成爲隋唐時期的著名世家大族。關於這一問題,毛漢光先生在《隋唐政權中的蘭陵蕭氏》一文做過深入探討,他認爲蘭陵蕭氏齊梁房一支自唐初至唐末皆極貴盛,這與其家族與關中集團之間的婚姻有密切關係,如蕭瑀之妻即爲唐初八柱國之一的獨孤信之女。② 結合該時期世家大族的社會生活來看,除蕭氏家族外,還有其他較多的信仰佛教的家族。他們的家族成員在奉佛方面,或是出家爲僧,或是在家出家。有學者指出,在唐代士大夫的社會生活中,他們不會一帆風順,往往會遇到一些煩惱、困惑、挫折、打擊和不幸,如在目擊到人世滄桑、風雲變幻時,他們希望得到解釋;在患病體弱或家庭遭到變故時,他們需要慰藉,此時佛教便會趁虛而入。③ 而志文中所記載的法振"居喪泣血,毀瘠過人。祥練之辰,遂求入道",及其之後"丁太夫人憂"和"刀兵起難,豺豕當蹊。王室因而

---

① 趙晨昕:《蘭陵蕭氏宗教信仰轉變與時代變遷互動關係初探》,《北京理工大學學報(社會科學版)》2007 年第 3 期,第 11—14 頁。
② 毛漢光著:《中國中古社會史論》,上海:上海書店出版社,2002 年,第 405 頁。
③ 郭紹林著:《唐代士大夫與佛教》(增訂版),西安:三秦出版社,2006 年,第 289 頁。

播蕩,法門罹其凶虐",即與上述原因相關。親人的離世及現世的動蕩不安,也許是促成法振出家爲僧,并最終以僧人的身份圓寂於薦福寺方丈室的另外一個重要原因。

還有學者結合《惠源比丘尼志銘》等分析認爲蕭氏家族之所以奉佛,其原因是出於該家族對現實政治的逃避和懼禍心理。政治上的跌宕使蕭氏成員萌生了遁世的心態,其家族在政治上的浮沉使蕭瑀及其子孫對佛教的信仰更加熾熱。① 雖志文中未直接體現,但是從惠源與法振的姑侄關係來看,此原因可能也是法振最後選擇出家的重要方面。

唐代佛教發展興盛,曾産生過衆多的宗派。法振出家後所信奉的佛教宗派,通過墓志記載也可以略窺一二。志文中提到法振"研核奧義,懸解真宗。初,依止大智禪師,得頓悟門;次,請益於舟律師,得戒藏妙"。② 其中"懸解"有三層含義:一是指解脱束縛,二是指了悟,三是指解倒懸(救)。此處"懸解"應爲"了悟"之義。"真宗"一詞,在佛教語境中指佛教自宗爲"真宗"。《佛學大辭典》中解釋爲"謂真實道理之宗旨"。③ 對儒教而言,佛教謂真宗;又各宗均稱其自宗爲真宗。所以此處"懸解真宗"所指即"了悟通達佛教"之義。"頓悟門"中的"門"即方法和途徑,"頓悟門"所指即佛教中關於證悟成佛的步驟和方法,與漸悟相對,此處所指應該是禪宗的修行方法。事實上,"頓悟"與"漸悟"也是唐代不同佛教門派中爭論的焦點之一,"頓悟"所強調的是無需經過長期的修習,一旦把握佛教真理,即可突然覺悟、速疾證得妙果。④ 與頓悟相關的佛教經典著作有《頓悟大乘正理決》等,可見於敦煌石室遺書之中,有學者做了深入研究及輯校工作。⑤ 另外,有學者還結合敦煌所出土的由侯莫陳琰所撰《頓悟真宗要訣》以及相關墓志材料,對唐代侯莫陳家族的婚偶關係及奉佛情況做了深入研究,其中涉及蕭瑀家族的婚姻。⑥ 另外,通過法振習學"頓悟"思想時所師從的高僧爲大智禪師來看,也可知法振所信奉的應即禪宗一派。在習學禪宗"頓悟"思想後,法振又師從舟律師習學了"戒藏妙"的內容。其中,"戒藏"指的是一切戒律(合集),"妙"指的是優勝的地方。"戒藏妙"可以分解成"戒藏之妙",即一切戒律的優勝之處。⑦ 可知法振曾對佛教戒律有過深入的研究和學習,此後法振也成爲了一代律師,并擔任了大

---

① 姚亞麗:《〈惠源比丘尼志銘〉所反映的唐代蕭氏家族崇佛問題》,《成都大學學報(社會科學版)》,2016 年第 2 期,第 91 頁。
② 關於大智禪師、舟律師,見正文第三部分。
③ 丁福保編纂:《佛學大辭典》,北京:文物出版社,1984 年,第 881 頁。
④ 任繼愈主編:《佛教大辭典》,南京:江蘇古籍出版社,2002 年,第 1009 頁。
⑤ [法]戴密微著、耿昇譯:《吐蕃僧諍記》,蘭州:甘肅人民出版社,1984 年,第 1—33 頁;楊富學、李吉和輯校:《敦煌漢文吐蕃史料輯校》,蘭州:甘肅人民出版社,1999 年,第 38—70 頁。
⑥ 龍成松:《北朝隋唐侯莫陳氏家族與佛教研究——兼論〈頓悟真宗要訣〉之背景》,《敦煌研究》2017 年第 4 期,第 73—74 頁。
⑦ 《佛學大辭典》,第 558 頁。

薦福寺的寺主兼臨壇大德。

因此,綜合上文對法振信奉佛教原因的分析以及其所信奉的宗派的探討,可以看到法振是佛教禪宗一派的信奉者。另外,結合學者對侯莫陳氏家族的佛教信仰研究來看,禪宗應該也是該時期蕭氏家族成員所主要信奉的佛教派別之一。因此,這方墓志也爲了解這一時期禪宗的傳播和發展提供了新的參考材料。

四、法振與大薦福寺

上文討論了法振的家族世系、奉佛原因及信奉宗派,其中還涉及了與長安城大薦福寺、寺内高僧大智禪師、舟律師相關的歷史史事,以下試做一考釋。

根據志文記載可知,法振年幼時"至性萌於自然,嚴操達乎先覺"。在其家中長輩去世後不久,法振悲痛不已,最後皈依佛門,在大薦福寺出家爲僧。志載大薦福寺爲"宋公舊宅",宋公即志主曾祖蕭瑀,唐初曾被封爲宋國公。① 關於大薦福寺的建置情況,可見於《長安志》中,其中記載此寺所在地最早時爲隋煬帝之舊宅,唐武德中高祖李淵將此宅賜給了時任尚書左僕射的蕭瑀爲其花園。文明元年(684),高祖駕崩百日之後,此地改立爲大獻福寺。武則天天授元年(690),此寺又改名爲薦福寺。唐中宗神龍年之後,薦福寺成爲最主要的佛教譯經場所之一。② 關於薦福寺在唐代的歷史地位,有學者已做了深入研究,并認爲在唐中宗時期薦福寺實際上成爲了整個長安,甚至唐帝國的佛教中心,是全國最重要的佛寺之一。③

作爲長安城著名佛教寺院,大薦福寺也是唐代衆多求法僧、譯經僧等僧衆的主要活動場所。志文記載法振在出家之後,曾先後跟隨大智禪師及舟律師學習佛教經典及戒律。大智禪師爲唐代著名佛教高僧、北宗創始人神秀弟子,俗姓姜,名義福。在《唐代墓志彙編》中收錄有其《大唐故大智禪師塔銘》一方。④ 另外在西安碑林博物館中還收藏有一方大智禪師碑,有學者做了詳細考證。⑤ 關於舟律師,志文未明確記載其爲何人。但是根據藏於今陝西涇陽太壺寺的"唐上都薦福寺臨壇大戒德律師之碑"原碑碑文記載,這位薦福

---

① 《舊唐書》卷六三《蕭瑀傳》,第 2400 頁。
② 宋敏求撰,畢沅校正,辛德勇、朗潔點校:《長安志》卷七,西安:三秦出版社,2013 年,第 257 頁。
③ 申秦雁:《唐代薦福寺》,《文博》1991 年第 4 期,第 91—93 頁;王麗娜:《唐代大寺的政治功能探析——以長安薦福寺的活動爲中心的考察》,《歷史教學》(下半月刊)2019 年第 4 期,第 62—65 頁。
④ 周紹良、趙超主編:《唐代墓志彙編》,上海:上海古籍出版社,1992 年,第 1455 頁。
⑤ 張伯齡:《唐大智禪師碑考釋》,見西安碑林博物館編:《碑林集刊》(第四輯),西安:陝西人民美術出版社,1996 年,第 93—103 頁。

寺臨壇大戒德律師法名爲智舟,生於唐高宗永淳二年(683),大曆四年(769)圓寂於長安,僧臘六十餘年。① 前文曾推算法振律師的生卒年爲公元 713—758 年,受戒時間爲公元 736 年,從時間來看法振師從此人應該是符合的。在所習學經律方面,智舟律師時爲薦福寺的臨壇大戒德律師,可知與法振最後所學爲佛教戒律的方向也是一致的。而且在墓志書寫方面,有時高僧的法名也會有縮略,如法振墓志便記載法振"誰其嗣之,則我振律師其人也"。舟律師同樣可能也是這種情況。綜合上述原因,我們推測法振其所師從的舟律師也就是薦福寺臨壇大戒德律師智舟。

根據墓志記載,法振在大薦福寺期間,曾被詔爲臨壇大德。關於臨壇大德問題,學界已做了深入研究。② 此墓志可補充唐玄宗時期所設臨壇大德一職的情況。接著,志文記載此後不久法振其母去世。法振此時"雖達理遺其蓋纏,而因心在乎欒棘"。可知其悲痛之心。志文記載"刀兵起難,豺豸當蹊。王室因而播蕩,法門罹其凶虐"。此事所指,當即安史之亂。安史之亂不僅對唐朝政治局勢造成了動蕩,同時對佛教也有一定的影響。然而此時,法振律師已看淡生死,最後圓寂於大薦福寺方丈室。

最後需要對法振的圓寂一事做進一步的討論。根據志文記載,法振最終圓寂於薦福寺方丈室,其門人"遷神起塔於萬年縣神禾原。徵實錄於行狀,播遺芳於志石"。可知法振圓寂後,其門人曾爲法振舉行了佛教的喪葬儀式。衆所周知,僧人圓寂之後,在佛教儀式方面会爲其修建靈塔。法振律師塔建於萬年縣神禾原,即位於今西安長安區韋曲東南,因此該墓志可補唐代神禾原所建佛教舍利塔之史事。有意思的是,據志文記載,法振圓寂之後其相關事迹應該還被記載在了行狀之上。行狀是我國古代傳記文的一種,主要用作記載述死者世系身份、姓氏籍貫、生卒年月及其一生的行事大略,可以爲撰寫墓志或史官立傳提供依據,有學者對其職能做了深入研究。③ 但遺憾的是,關於法振其人,史書尚未見到其相關記載,只有這一方墓志存世。這從另一方面反映了法振雖然皈依佛教,但是其并未與現實社會脫節,墓志的出土一定程度上可以説明法振很有可能最後歸葬於其家族墓地之中。而關於蕭氏家族的葬地問題,尚民傑先生在《唐長安家族葬地出土墓志輯纂》一書對長安所出土的蕭氏家族的墓地、墓志做了系統性的輯纂,其中也包括有本文所討論的法振律師墓志。④ 但是由於資料所限,法振最終的葬地是何處我們尚不是很清楚。

---

① 曹旅寧:《〈唐上都薦福寺臨壇大戒德律師之碑〉讀記》,見西安碑林博物館編:《碑林集刊》(第十三輯),西安:陝西人民美術出版社,2007 年,第 32—37 頁。
② 姜伯勤著:《敦煌藝術宗教與禮樂文明》,北京:中國社會科學出版社,1996 年,第 341—344 頁;湛如著:《敦煌佛教律儀制度研究》,北京:中華書局,2003 年,第 96—98 頁。
③ 俞樟華、蓋翠琴:《行狀職能考辨》,《浙江師範大學學報(社會科學版)》2003 年第 2 期,第 1—4 頁。
④ 《唐長安家族葬地出土墓志輯纂》,第 505—516 頁。

通過對法振律師與大薦福寺相關史事的考釋，我們可對該時期的佛教史有所補充，同時也進一步了解了該時期佛教高僧的喪葬儀式。

小　結

綜上所述，本文通過對法振律師墓志的考釋，一方面補充了蕭氏家族的世系情況，可知蕭氏家族除了蕭瑀之女出家爲尼之外，至其曾孫蕭智宏（法振）一代，該家族中仍頻繁有出家爲僧者，這在一定程度上反映出蕭氏家族對佛教的信仰之深。另一方面，本文結合當時的社會背景對法振律師出家原因及其所信奉的佛教宗派做了討論，可以看出該時期禪宗信仰是較爲興盛的，同時這應該也是蕭氏家族所信奉的主要宗派。最後，本文還對志文所記載的大薦福寺的相關佛教人物做了考釋，可知大智禪師、舟律師均爲法振之師，其中舟律師所指當爲智舟律師，墓志可對這兩位高僧的門生情況做一補充。

【作者簡介】吴正浩，男，1994年生，陝西師範大學中國西部邊疆研究院博士研究生，主要從事中古出土文獻與西北民族關係史、文化史研究。

新見唐《李縱墓志》考釋

楊進冉　王慶昱

新見《唐故金州刺史贈吏部郎中高邑公墓志》收録於《洛陽流散唐代墓志彙編》①一書,并有録文。根據描述可知,墓志一盒,邊長58.5厘米。蓋文篆書"唐故金州刺史贈吏部郎中高邑公墓志"。志文正書34行,滿行33字。

根據墓志記載可知李縱生於唐開元十七年(729),貞元六年(790)去世於金州刺史任上,享年62歲,葬在長安,唐敬宗寶曆二年(826)遷葬回洛陽。李縱生活在唐朝由盛轉衰時期,而唐玄宗開元、天寶時期的相關史事記載,因爲"安史之亂"爆發而大量被毀。因而通過對李縱墓志涉及史事進行考釋,有助於加深對這一時期的政治發展的了解。另外,通過對李縱墓志的考釋,也有助於加深對其宦歷的了解及對唐代後期幕府制度的進一步認識。此外,安史之亂的爆發,士人的南下,聚集於兩京的狀況,墓志亦有所涉及。同時墓志還可補正《新唐書·宰相世系表》,對《唐刺史考全編》也有所訂正。因此筆者嘗試對這方墓志涉及的重要史事進行考釋,以求教於方家。

一、姓氏及家族考證

關於李縱的郡望,墓志記述了李縱出自趙郡李氏,"其先爲趙郡人,與隴西李氏出自周柱史老聃之後。老聃之曾孫曇始封於趙,其子孫遂爲趙人"。根據《元和姓纂》:"曾孫曇,生二子:崇、璣。崇子孫居隴西,璣子孫居趙郡。"②根據《古今姓氏書辯證》記載:"生曇,字季遠。趙柏人侯,入秦爲禦史大夫,葬柏人西,生四子:崇、辨、昭、璣。崇爲隴西房,璣爲趙郡房。"③岑仲勉先生考證了曇生有四子,與《元和姓纂》記載不合。④但是無論《元和姓

---

① 毛陽光、余扶危主編:《洛陽流散唐代墓志彙編》,北京:國家圖書館出版社,2013年,第542—543頁。
② 林寶撰,岑仲勉校記:《元和姓纂》(附四校記)卷一,北京:中華書局,1994年,第1頁。
③ 鄧名世撰,王力平校:《古今姓氏書辯證》卷二十一,南昌:江西人民出版社,2006年,第313頁。
④ 《元和姓纂》(附四校記)卷一,第1頁。

纂》還是《古今姓氏書辯證》都記載了李曇的兩個兒子分別爲隴西房和趙郡房。墓志也記載了李曇始封於趙爲趙郡李氏的來源,結合《元和姓纂》和《古今姓氏書辯證》趙郡李氏應當自李璣開始,李曇爲隴西、趙郡兩支的共同祖先。由此可見李縱出身於趙郡李氏。

墓志記載:"自曇二十八世而生善權,仕魏爲譙郡太守,始遷於譙。"根據《新唐書·宰相世系表》記載李敬玄爲李善權的六世孫,①《舊唐書·李敬玄傳》載:"李敬玄,亳州譙人也。"②《新唐書·宰相世系表》也載:"南祖之後有善權,後魏譙郡太守,徙居譙。"③墓志記載:"娶博陵崔信臣女,生慶,歷徐、梁二州刺史。梁州娶中山甄遠女,生嗣伯,爲北部大夫、馬頭郡太守。太守娶範陽盧莊女,生顯達,仕北齊爲都兵郎中、潁州刺史。潁州娶長樂馮敬實女,生遷,仕隋爲通事舍人。娶清河崔子愷女,生孝卿。武德初,自隋邵州長史璽書拜上大將軍、穀州別駕。"《新唐書·宰相世系表》的記載與墓志記載還是有些出入的。《新唐書·宰相世系表》記載李善權的兒子叫李延觀,徐、梁二州刺史,墓志記載作"李慶",歷徐、梁二州刺史,《白居易集箋校》則作"延觀",歷任徐、梁二州刺史。④墓志記載"李嗣伯",歷北部大夫、馬頭郡太守,《新唐書·宰相世系表》記載"李續",歷馬頭郡太守,《白居易集箋校》作"續",任某郡太守。⑤因而根據李縱的宦歷記載,墓志記載的"李慶"當是傳世材料中的"李延觀","李嗣伯"當是傳世材料中的"李續",墓志材料還增加了李嗣伯曾經擔任過北部大夫的宦歷。另趙超先生在《新唐書宰相世系表集校》一書中根據《白氏長慶集》記載"李延觀"作"李廷觀"。⑥

李顯達墓志記載其擔任北齊都兵郎中、潁州刺史,《新唐書·宰相世系表》記載是隋代的潁州刺史。⑦另倪廣龍先生《隋代刺史研究》也認爲李顯達擔任潁州刺史是在隋代。⑧則墓志記載李顯達擔任潁州刺史也當是隋代。墓志記載李遷在隋代擔任的是通事舍人,根據《隋書》記載通事舍人爲從六品,下郡的太守爲正六品。⑨《新唐書·宰相世系表》記載李遷爲德州刺史。⑩至於李遷的宦歷,只能待將來有更多的史料來充實和補充。墓志記載李孝卿爲穀州別駕,《新唐書·宰相世系表》記載其爲穀州治中,《舊唐書·李敬玄

---

① 歐陽修、宋祁撰:《新唐書》卷七十二上《宰相世系表二上》,北京:中華書局,1975年,第2480頁。
② 劉昫等撰:《舊唐書》卷八十一《李敬玄傳》,北京:中華書局,1975年,第2754頁。
③⑦《新唐書》卷七十二上《宰相世系表二上》,第2480頁。
④⑤ 朱金城箋校:《白居易集箋校》卷七十一《淮南節度使檢校尚書右僕射趙郡李公家廟碑銘并序》,上海:上海古籍出版社,1988年,第3791頁。
⑥ 趙超編著:《新唐書宰相世系表集校》卷二,北京:中華書局,1998年,第230頁。
⑧ 倪廣龍:《隋代刺史研究》,陝西師範大學碩士學位論文,2012年,第106頁。
⑨ 魏徵、令狐德棻撰:《隋書》卷二十八,北京:中華書局,1973年,第786頁。
⑩《新唐書》卷七十二上《宰相世系表二上》,第2480頁。

傳》則記載爲"父孝節,縠州長史"。① 根據以上墓志及傳世史料,李孝卿爲別駕的可能性極大。至於其任官,墓志記載的別駕級別低於治中和長史,則這裏也當以墓志記載爲是。

墓志還記載了唐初擔任過宰相的李敬玄和李元素,李敬玄在《舊唐書》有傳,②《新唐書·宰相世系表》也記載李敬玄相高宗。③ 李元素在兩《唐書》没有傳,《新唐書·宰相世系表》記載李元素相武后,④與墓志記載相符。李彦忱墓志記載其官至申州長史,承休縣男,《新唐書·宰相世系表》只是記載了李彦忱的名和字。李惠在兩《唐書》没有記載,僅有收録在《文苑英華》裏有一篇中唐詩人郎士元作《賦得長洲苑送李惠》,⑤根據年代,很有可能是墓志所記載的李惠。《新唐書·宰相世系表》作"李惠子"。⑥當以墓志記載爲是。

李希言墓志記載爲浙江東西節度使贈刑部尚書,在《新唐書·忠義中·張巡傳》有記載爲"浙東李希言",⑦根據《資治通鑑》記載李希言是抗拒永王璘的忠臣。⑧《唐方鎮年表》也記載了李希言爲浙東節度使。⑨那麽墓志記載浙江東西節度使記載當有誤,李希言擔任的是浙江東道節度使。墓志還記載了李希言的夫人出自太原王氏,李希言的丘父叫王齊休,擔任金吾將軍,《郎官石柱題名新考訂》也收録有"王齊休"一名。⑩墓志載:"我叔父時爲吏部侍郎。"根據《新唐書·宰相世系表》記載爲"李紓"。⑪ 李紓在兩《唐書》有傳。⑫根據墓志知道唐德宗貞元六年(790)李紓擔任吏部侍郎,《唐僕尚丞郎表》也收録了李紓擔任吏部侍郎的情况。⑬

墓志記載墓主李縱有六子,《新唐書·宰相世系表》只是記載了李縱爲金州刺史,而没有對其子的記載。⑭根據墓志可以知道其六子名字爲李方何、李友良、李宗邵、李師尚、李承聃、李虞,則可補《新唐書·宰相世系表》記載之闕。

---

①② 《舊唐書》卷八十一《李敬玄傳》,第2754頁。
③④⑭ 《新唐書》卷七十二上《宰相世系表二上》,第2480頁。
⑤ 彭定求等編:《全唐詩》卷二百四十八,北京:中華書局,1960年,第2789頁。
⑦ 《新唐書》卷一百九十二《張巡傳》,第5540頁。
⑧ 司馬光編著,胡三省音注:《資治通鑑》卷二百一十九,唐紀三十五,肅宗至德元載十二月條,北京:中華書局,1956年,第7125—7126頁。
⑨ 吴廷燮撰:《唐方鎮年表》卷五,北京:中華書局,1980年,第770頁。
⑩ 岑仲勉著:《郎官石柱題名新考訂》(外三種)卷十七、十八,北京:中華書局,2004年,第115、122頁。
⑪ 《新唐書》卷七十二上《宰相世系表二上》,第2481頁。
⑫ 《舊唐書》卷一百三十七《李紓傳》,第3764頁;《新唐書》卷一百六十一《李紓傳》,第4983頁。
⑬ 嚴耕望撰:《唐僕尚丞郎表》卷十,上海:上海古籍出版社,2007年,第590頁。

二、墓志所涉史事考釋

根據墓志記載李縱先是被授予"禦侮校尉",應當是用蔭,根據《通典》記載可知禦侮校尉是武散官。① 根據《新唐書》記載禦侮校尉是從八品上。② 根據《新唐書》記載五品官員蔭子爲從八品上。③ 按照唐代的制度來看,則李縱入仕之時,其父親李希言還没有擔任浙江東道節度使。李縱以禦侮校尉的武散官被授予右清道率府兵曹參軍,根據《唐六典》記載右清道率府兵曹參軍爲從八品下。④ 墓志記載"文公入覲,薨於汴州"。根據《唐方鎮年表》可知,李希言離任是在唐肅宗乾元元年(758),⑤則李希言在赴京的途中,薨於汴州,則當在乾元元年後不久。

除喪之後,李縱擔任右驍尉倉曹參軍、試太子通事舍人、浙西團練判官。根據《唐六典》記載右驍尉倉曹參軍爲正八品下,⑥太子通事舍人爲正七品下。⑦ 根據杜文玉先生的研究,試官有幾種情況,分別是試任其職、試假其職,也有個案授給試官的。⑧ 這裏"試"應當是試假其職。浙西團練判官則是幕府官。嚴耕望先生詳細考證了自玄宗以降,採訪使等皆有判官,并且判官地位也很重要。⑨ 張國剛先生認爲在唐代後期的行政體系中,幕職是地方政務的實際主持者,州府上佐及各曹參軍基本没有發揮作用的餘地。⑩ 之後李縱又擔任觀察支使試大理評事兼潤州延陵縣令,嚴耕望先生詳細考證了支使,并且認爲採訪使、觀察使設支使常見。⑪ 這裏的試大理評事也應當是試假其職,根據《舊唐書》記載大理評事爲從八品下。⑫根據《新唐書》記載延陵縣是緊縣。⑬《新唐書》只把縣分爲六等,則緊縣應當屬於上縣,則爲從六品上。⑭ 張國剛先生也提到了有些幕職也兼任縣令。⑮張國剛先生還提到唐代藩鎮職官有兩個系統,一個是州縣職事官系統,一個是使府幕職系

---

① 杜佑撰,王文錦等校:《通典》卷三十四,北京:中華書局,1988年,第942頁。
②⑫ 《舊唐書》卷四十二《職官一》,第1801頁。
③ 《舊唐書》卷四十二《職官一》,第1805頁。
④ 李林甫等撰,陳仲夫校:《唐六典》卷二十八,北京:中華書局,1992年,第719頁。
⑤ 《唐方鎮年表》卷五,第770頁。
⑥ 《唐六典》卷二十四,第619頁。
⑦ 《唐六典》卷二十六,第671頁。
⑧ 杜文玉:《論唐代員外官與試官》,《陝西師範大學學報(哲學社會科學版)》1993年第3期,第91頁。
⑨ 嚴耕望著:《唐史研究叢稿》,香港:新亞研究所出版社,1969年,第187—193頁。
⑩⑮ 張國剛著:《唐代藩鎮研究》(增訂版),北京:中國人民大學出版社,2010年,第137頁。
⑪ 《唐史研究叢稿》,第197頁。
⑬ 《新唐書》卷四十一《地理五》,第1057頁。
⑭ 《新唐書》卷四十九下《百官四下》,第1318—1319頁。

統。① 則李縱的任職既有來自中央的任命,也有來自使府的任命。當然在當時的情況下,地方的自主權更大一些。

　　墓志講到李縱先後擔任司直兼湖州司馬、本州團練副使;試太子洗馬兼常州長史;試秘書省著作郎兼别駕,加檢校駕部員外郎。根據《舊唐書》記載司直爲正七品上。② 根據《新唐書》記載湖州爲上州,③ 上州司馬爲從五品下。④ 關於團練副使,嚴耕望先生也有考證,認爲當時的團練普遍設有副使。⑤ 太子洗馬,根據《唐六典》記載爲從五品下。⑥ 根據《新唐書》記載常州爲望州,⑦ 望州屬於上,長史爲從五品上。⑧《全唐詩》有《送李縱别駕員外郎欲赴常州幕》,⑨ 應當就是李縱將要擔任常州别駕。根據《唐六典》記載秘書省著作郎爲從五品上。⑩ 根據《全唐詩》卷二七六的《送李縱别駕員外郎欲赴常州幕》,李縱還是在常州任職。根據《新唐書》望州屬於上,别駕爲從四品下。⑪根據《唐六典》記載駕部員外郎爲從六品上。⑫ 駕部屬於尚書省,嚴耕望先生認爲在唐代尚書省地位十分重要。⑬ 從李縱的這三任可以看到其升遷還是很快的,張國剛先生認爲唐代幕府官不僅升職快,俸禄也多,成爲中晚唐士子十分熱衷的一個重要仕進途徑。⑭ 因而通過對李縱擔任幕府的經歷來看,其仕宦還是相當可觀的。

　　墓志記載:"惟興元元年十二月詔以公爲房州刺史,比加朝議郎、朝散大夫、上柱國,開國爲高邑縣男,遷金州刺史。"唐德宗興元元年(784)由於"奉天之亂",唐德宗從奉天出奔梁州。關於這場戰亂,黄永年先生有精闢論述,可作參考。⑮ 根據《新唐書》記載:"(興元元年)十二月乙酉,渾瑊及李懷光戰於乾坑,敗績。"⑯兩《唐書》都記載了李紓奔赴梁州,此時其擔任兵部侍郎。⑰ 因而李縱擔任房州刺史應當是其弟李紓擔任兵部侍郎之時,爲了安全起見而調任。墓志記載李縱擔任金州刺史三年之後,在貞元六年(790)去世,則其擔

---

① 《唐代藩鎮研究》(增訂版),第132頁。
② 《舊唐書》卷四十二《職官一》,第1797頁。
③⑦ 《新唐書》卷四十一《地理五》,第1058頁。
④⑧⑪ 《新唐書》卷四十九下《百官四下》,第1317頁。
⑤ 《唐史研究叢稿》,第180頁。
⑥ 《唐六典》卷二十六,第666頁。
⑨ 彭定求等編:《全唐詩》卷二百四十八,北京:中華書局,1960年,第3126頁。
⑩ 《唐六典》卷十,第301頁。
⑫ 《唐六典》卷五,第162頁。
⑬ 《唐史研究叢稿》,香港:新亞研究所出版社,1969年,第1—2頁。
⑭ 《唐代藩鎮研究》(增訂版),第135—138頁。
⑮ 黄永年著:《文史探微》,北京:中華書局,2000年,第390—424頁。
⑯ 《新唐書》卷七《本紀第七德宗》,第192頁。
⑰ 《舊唐書》卷一百三十七《李紓傳》,第3764頁;《新唐書》卷一百六十一《李紓傳》,第4983頁。

任房州刺史也是三年的時間。根據《舊唐書》記載朝議郎爲正六品文散官,朝散大夫爲從五品下文散官,開國男爲從五品上。① 根據《新唐書》記載房州、金州都是上州,房州的人口和縣數少於金州。② 因而李縱從房州刺史調任金州刺史當屬於升官。根據墓志知道李縱在興元元年(784)擔任房州刺史一直到貞元三年,可補《唐刺史考全編》之闕。③ 李縱從貞元四年到貞元六年一直擔任金州刺史,《唐刺史考全編》只是推測其在貞元中擔任金州刺史,④墓志則明確了其擔任金州刺史的具體時間。

因而通過對李縱任職的簡單考釋,我們對中晚唐的幕府制度以及相關史事有了更深入的了解和認識。

餘 論

墓志主人李縱出身於趙郡李氏,而其墓志記載其爲河南人。凍國棟先生認爲唐代舊貴族的遷移有一個漫長的過程,主要是向兩京移動,這一趨勢大致在唐天寶接近尾聲。⑤ 李縱的家族就是這樣,先從趙郡遷到譙郡,李縱生於開元十七年(729),則其改爲河南人應在開元時期,這與凍國棟先生的研究也相吻合。

同時墓志也記載了安史之亂後,士人南奔的場景。根據凍國棟先生的研究,他認爲唐代安史之亂後士人主要從兩京向江南、劍南、荆南和嶺南地區遷移。⑥ 這正如墓志所載:"時中州喪亂之後,士人多奔江浙間,游公之門,稱爲食客者十餘人,皆名士也。"《新唐書》記載:"至德初,江東採訪使李希言表載自副,擢祠部員外郎、洪州刺史。"⑦《唐語林》還記載了元載用李紓爲官,後元載敗,李紓出爲刺史。⑧ 由此可見安史之亂後,大批士人南下,擔任幕府官。墓志所載不僅加強了傳世史料的可信性,也增添了新的史料作爲支撐。

因而從李縱墓志的記載,不僅可以了解到天寶十四年(755)以前唐代士族籍貫多向兩京遷徙的事實,也可以加深對安史之亂後士人南下江浙的認識。同時李縱的宦歷,也讓我

---

① 《舊唐書》卷四十二《職官一》,第 1795—1796 頁。
② 《新唐書》卷四十《地理四》,第 1032—1033 頁。
③ 郁賢皓著:《唐刺史考全編》卷一九七,合肥:安徽大學出版社,2000 年,第 2702—2709 頁。
④ 《唐刺史考全編》卷二〇三,第 2757 頁。
⑤ 凍國棟著:《中國人口史·隋唐五代時期》,上海:復旦大學出版社,2002 年,第 320—324 頁。
⑥ 《中國人口史·隋唐五代時期》,第 339 頁。
⑦ 《新唐書》卷一百四十五《元載傳》,第 4711 頁。
⑧ 王讜撰,周勛初校證:《唐語林校證》卷五,北京:中華書局,1987 年,第 503 頁。

們對中晚唐的幕府任職加深了認識和了解。通過對出土文獻的簡單考釋，能够加深傳世文獻記載的可信性和真實性，進一步地互證傳世文獻和出土文獻。

【作者簡介】楊進冉，女，1995年生，魯迅美術學院碩士研究生；王慶昱，男，1985年生，陝西師範大學人文社科高等研究院青年研究員，主要從事出土文獻研究。

新出唐張仲群墓志考釋

裴書研　楊雙榕

2018年12月,由西安市文物保護考古研究院聯合西安文理學院歷史文化旅游學院,對西安正馳置業有限公司擬建的文匯里項目進行考古發掘工作,發掘地點位於西安市雁塔區等駕坡街辦區內,西安市南三環與田馬路十字西南角,發掘區總面積17056平方米,發掘面積284.63平方米。發掘區域內共清理古墓葬13座,其中M1爲唐代墓葬,由於該墓早期被毀,僅存墓志1塊,蓋失。據出土墓志記載可知,墓葬主人爲張仲群。

一、墓志情况及録文

張仲群墓志,長93.1厘米,寬93.9厘米,厚13.8厘米。志文楷書41行,滿行約40字。劉異撰文,郭遠書,毛知儔篆蓋,尹僚刻。志文主要追溯張氏初祖始,列舉張氏歷代名臣功業,詳述了張仲群仕途履歷,并多有"非公同力而誰者哉""羽翰益高,風雲莫遏""聖代之奇才"等贊譽之辭。移録志文如下:

　　唐故鳳翔監軍使光禄大夫行内侍省内侍知内侍省事上柱國清河郡開國公食邑二千户贈左監門衛將軍張公墓志銘并序
　　鳳翔隴州節度觀察處置等使銀青光禄大夫檢校工部尚書兼鳳翔尹御史大夫柱國劉異撰
　　承奉郎試太子通事舍人郭遠書
　　翰林待詔朝請郎守左太子典膳丞上柱國毛知儔篆蓋
　　昔軒轅氏之子青陽,生子曰揮,爲弓正,仰觀弧星,遂爲弓矢,主祀星者,因張姓焉。晋有士魴,善成室之禱;趙則孟譚,畫强國之計。儀掉舌而雄秦,良借筯而興漢;飛爲萬人之敵,華擅王佐之才,并皆麟鳳當代,貔貅往時。麴蘖庶工,笙簧大化,解紛戡難,圍邑攻城,四海繫之安危,萬乘由之興廢,則歷代之盛,張氏居焉。公諱仲群,字不黨,博陵清河人也。代居京兆,累葉著姓。皇祖寵,不仕,衡泌自安,簞瓢取樂。皇考旿,贈光州長史,恩切慈訓,道弘義方。公河嶽孕靈,星辰騰秀,在庭闈漸,溫恭之行,入宮闈華,謹厚之名。元和十一年,章武皇帝思得賢臣,以侍從應對。公之嘉譽,臬鶴聲天,釋褐縻之綠綬將仕郎、行内侍省掖庭局官教博士,致身彤禁,盡節玉墀,累加征事朝議郎。寶曆初,孝閔踐祚,籍公器能,擢居内養,王事靡盬,夙夜在公。不逾旬時,旋錫銀艾,加朝散大夫。大和初,昭獻皇帝舉懋功之典,明獎善之文。道路彌長,按轡詎勞於專對;星霜屢換,飲冰寧倦於急宣,遂使密旨遐周,沉機遠播,加内僕局令,累遷朝議大夫、中大夫、太中大夫。會昌五年冬,詔公監渭北軍,師振嚴肅,羌戎諡清,藩翰滅烽,邊陲臥鼓,非公同力而誰者哉!尋加正議大夫,錄陪侍郊祀之禮也。宣宗龍飛之始,聿追孝思,高寢之衣莫游,原陵之樹難泣,每慮山園荒毀,松檟榛蕪,悄然疚懷,申旦不寐。遽召内樞之臣,選明幹可任之官,爲吾修補先皇章武帝之陵。即日奏公,与將作大匠同爲繕理。會昌六年興功,明年歲抄成績。於是陵臺暮色,鐘漏春聲,景象加新,丘壠猶故,歸奏彤墀,大契天旨。大中二年,命服金紫,累轉武德、五坊使,尋加供奉官,羽翰益高,風雲莫遏。大中四年,拜右神策軍副使。禁衛清嚴,軍師訓練,中護緊賴,天子稱嗟。是歲,始封清河縣開國男,食邑三百户。帶礪之始,茅土之榮,自非奉上竭忠,推公盡力,則何以膺兹列爵,服是崇班。尋監彭門節度軍。歸奏三日,授左三軍僻仗,歷内外尚食、内園、冰井、栽接等使。繁劇之務,非英才不可以專;清嚴之司,非重德不可以統。十一年,拜内飛龍使。明年,加内寺伯,飛龍務如故。馬政日班,驥德歲納,莫不緑虵服皁,白蟻歸閑。金駕春游,則騰驤如舞;玉鑾秋豫,則蠖略疑飛。言發當官,動無遺策。洎宣帝晏駕,普天大喪,聖上麻冕於貞陵。畢陌既掩,喬山益深,送往事居,無愧前哲。十四年二月,進封清河縣開國子,食邑五百户。夏四月,加光禄大夫、行内侍省内侍、知内侍省事飛龍使如故。高爵峻級,重望所歸,厚禄崇班,大賢迭處。詔以岐山近輔皇宗西門,雖上相新臨,誠資屬任,而良臣出護,可托憂勤。秋七月,除鳳翔監軍使,累進封清河縣開國公,食邑二千户。咸通四年九月,蒙恩圖形於内侍省功臣堂,且以昭示當代,用賞忠貞,旌殊勳也。異自新平,移鎮岐下。獲奉戎政,俄親吏師,至於討論利病,講貫古今,練達之能,聰敏之識,乃明廷之元老,實聖代之奇才。豈期曳杖早歌,中台夜坼蘭敗,何先玉埋太速!其年十二月十八日,被疾一宿,薨於鳳翔官舍,享年六十八。夫人太原王氏,封太原郡夫人。桃灼方鮮,桐枯可痛,絲羅絶托附之理,琴瑟收好合之音。以明年八月十八日葬於京兆府萬年縣龍首鄉袁蘭村,禮也。有子五人,長曰季殷,翰林副使、朝散大夫、行内侍省内僕局令、上柱國、賜緋魚袋;次曰紹敏,承奉郎、行内侍省内僕局丞、上柱國;次曰紹璥,儒林郎、行内府局丞、上柱國；次曰紹敫，登仕郎、行内侍省内府局丞；次曰紹歌，并皆器重堂構，業盛箕裘，駿騰千里之姿，鵬運九霄之勢。泣受遺旨，托於菲詞，載勒貞瑉，用圖徽烈。銘曰：

張氏之先，自軒轅帝，弓正之本，青陽流裔，仰觀威弧，俯弦其术。因職稱張，爰立宗族。前代諸賢，炟爀聲名。或文或武，振步天庭。厥後清河，爲國其彦。七朝近侍，位高名建。外監内侍，咸聞舉職。藩府官闈，聿修典則。岐陽視戎，事壯軍國。如何穹昊，殲我良人。杯盤纔罷，宴笑猶新。一夕之内，五鼓纔分。告公嬰庆，遽奄光塵。高位重德，抱義懷仁。收華聖代，揚采貞瑉。庶千萬年，長揖清芬。無由執紼，空下沾巾。投筆詞已，於嗟府君。

玉册官尹僚刻字。

張仲群墓志拓本

二、張仲群家世生平

張仲群在史料中并無記載，由志文可知張仲群宦迹及其祖輩、子嗣情况。據志云其咸通四年(863)十二月十八日薨，享年六十八。經推算可知張仲群生於唐德宗貞元十三年(796)，歷經德宗、順宗、憲宗、穆宗、敬宗、文宗、武宗、宣宗、懿宗、僖宗十帝。德宗貞元十三年至順宗繼位計 8 年、順宗在位 1 年、憲宗 15 年、穆宗 4 年、敬宗 3 年、文宗 14 年、武宗 6 年、宣宗 13 年、僖宗登基至張仲群薨共計 4 年，總計 68 年，與志文所載張仲群六十八歲薨逝相符。

張仲群字不黨，博陵清河人，世代居於長安京兆。文職曾任將仕郎、宫教博士、朝議郎、朝散大夫、朝議大夫、中大夫、太中大夫、正議大夫、光禄大夫九職，武職曾三任監軍及右神策軍副使四職，勛爵則先後獲封清河縣開國男、清河縣開國子、清河縣開國公三爵，最後在鳳翔病故於官舍。祖父張寵未曾出仕，父親張旷贈光州長史，二人在史書中均無相關記載。由九品侍從至正二品清河郡開國公，爲其功勛。夫人太原工氏，依唐制"三品已上母妻，爲郡夫人"，①與志文所載"太原郡夫人"相符。在張仲群五子中，有四子曾任郎官，其長子、二子、三子均封上柱國，且長子、二子、四子也均在内侍省爲官，應爲子承父業。

志文詳細記載了張仲群官職遷升的情况。從元和十一年(816)，到咸通四年病逝，爲官四十七載，歷經八位皇帝，實爲"七朝近侍""明廷之元老"。從光州長史之後，九品侍從直至清河郡開國公，其官職晋升爲研究唐中後期職官升遷制度提供了資料。

三、張仲群仕途宦迹

張仲群二十歲初入仕途，"章武皇帝思得賢臣，以侍從應對"，憲宗以侍從之職命張仲群侍奉左右，後以將仕郎爲從九品文散官，兼任行内侍省、掖庭局宫教博士爲從九品職事官，後累加正六品朝議郎。《舊唐書》輿服制載隋制中"三品以上緑綬，四品、五品青綬"，②緑綬之品唐代未曾載録。張仲群初入仕，官品尚低，緑綬爲六七品服緑。對比唐代李徵墓志，李徵與張仲群仕途經歷相近，初入仕即應對皇帝左右，官職同爲文散官，同在内侍省，

---

① 劉昫等撰：《舊唐書》卷四十三，北京：中華書局，1975 年，第 1821 頁。
② 《舊唐書》卷四十五，第 1931 頁。

最後均官至正三品上柱國。李徵墓志中稱其"身衣綠綬,面對天聽"。① 由此推測,墓主張仲群開始品階較低,後至大中二年(848)纔"命服金紫"上至三品,距其初入仕途時已有三十載,可見綠綬品級是謂低品,可續唐綠綬之品階。通過比對唐代中晚期多方墓志,可知將仕郎與掖庭局宫教博士常由一人同時擔任,"致身彤禁"説明張仲群已身處皇宫之中,即憲宗時爲"七朝近侍"之始。

敬宗寶曆元年(825)新帝看重張仲群才幹,志文載"籍公器能,擢居内養",故仍讓其在宫廷中供職,"王事靡盬,夙夜在公"可見其公事繁忙。"不逾旬時,旋錫銀艾",不久加從五品下階朝散大夫,"銀即銀印,艾即綠綬",②常用銀艾代指品級較高的官員。唐初時,憑藉祖輩蔭庇而獲得較高官職的現象仍有存在,"故貴戚子弟,例早取官,或韶齔之年,已腰銀艾,或童丱之歲,已襲朱紫",③而張仲群并非勛貴子弟,上無父輩蔭庇,憑一己之力,出仕九年,歷經二帝,"擢居内養"仍受到寵信,可見其人能力非凡。

文宗登基后,張仲群依舊在宫中供職,"按轡詎勞於專對,星霜屢换,飲冰寧倦於急宣",故加正八品下階内侍省内僕局令,累遷朝議大夫、中大夫、太中大夫。"正議大夫爲正四品上,通議大夫爲正四品下,太中大夫爲從四品上,中大夫爲從四品下,中散大夫爲正五品上,朝議大夫爲正五品下,朝請大夫爲從五品上,朝散大夫爲從五品下"。④ 在文宗一朝,張仲群經歷了由從五品下階到正五品下階,再到從四品下階,最後到從四品上階的官職晋升。

武宗會昌五年(845)冬,詔張仲群監軍渭北,以肅羌戎。張仲群不負所望,"師振嚴肅,羌戎謐清,藩翰滅烽,邊陲卧鼓",唐軍在與羌戎的戰役中取得勝利,邊陲戰事得到平息。戰事平定後不久,加正四品上階正議大夫,陪侍郊祀之禮。郊祀之禮,即皇帝於郊外祭祀天地的重要活動。在兩《唐書》中,對唐朝與羌戎之間的戰争記叙較少,會昌五年這場與羌戎的戰事更是無任何記載,此文可補兩《唐書》中唐朝與羌戎的戰事之缺。

會昌六年(846),武宗駕崩。"宣宗龍飛之始,聿追孝思",宣宗即位後,張仲群被新皇重用。"高寢之衣莫游,原陵之樹難泣,每慮山園荒毁,松檟蓁蕪,悄然疚懷,申旦不寐。"宣宗因思先帝陵寝荒蕪,徹夜難眠,於是選用親近之人修繕憲宗景陵。張仲群被選中擔此重任,"會昌六年興功,明年歲抄成績",一年修繕完工,次年即向宣宗復旨。"陵臺暮色,鐘漏春聲,景象加新,丘壟猶故",而本次修陵史書中也未曾載。墓志所叙本次修陵的時間、原

---

① 董浩等編:《全唐文》卷一千,北京:中華書局,1983 年,第 10724 頁。
② 馬端臨撰:《文獻通考》卷一百十五,北京:中華書局,2011 年,第 3519 頁。
③ 《全唐文》卷一六八,第 1715 頁。
④ 《舊唐書》卷四十二,第 1785 頁。

因、人物、結果,爲研究憲宗景陵提供了重要資料。大中二年,"命服金紫,累轉武德、五坊使,尋加供奉官"。唐代對官員的穿着要求嚴格,"文武三品已上服紫,金玉帶"。① 張仲群至會昌六年之前已是正四品正議大夫,大中二年命服金紫。可見,在此期間其仕途之路亦有所遷升。

五坊即唐代爲皇家飼養動物供游獵之用的官署,起初公苑內有鷹坊,設一使掌之,後增至雕、鶻、鷂、鶬、狗五坊,至於五坊在唐代始設於何年,并無明確記載。五坊之間應爲互相獨立的,各坊單獨設使,在各訪使者上再設立"五坊使"一職統領。② 玄宗時,五坊使還有承擔爲盛會訓練象、犀等作爲娛樂節目的職責。寶應二年(763)後,來瑱、牛仙客、李元祐、韋衢、章仇兼瓊、王鉷、吕崇賁、李輔國、彭體盈、藥子昂等人也曾爲五坊宮苑使,這些大多是在唐代宗即位時,於張皇后之亂中參與平亂之人,其中李輔國、藥子昂曾獲賜"寶應功臣"稱號,可見時任的五坊使多爲皇帝近信之人,皆爲親近或有功之臣。由文獻可知,五坊使雖無品級沒有實權,但却因其受皇帝信任而十分張狂,横行恣睢魚肉百姓,憲宗在做太子時就深銜五坊使之弊,即位後禁之,而從志文"累轉武德、五坊使"可知,宣宗時仍存有五坊使一職,武德使是唐代中後期興起的宦官職使,大概起源於德宗時期,負責主理兵器防務,隨着政局轉變承擔起宫廷的保衛工作,③可見所設武德使應由宦官出任,而張仲群非宦官,但其侍奉四任皇帝,擔任武德使應是其受皇帝重視信任的表現,擴充了武德使的授職範圍。

大中四年(850),張仲群被拜爲右神策軍副使。神策軍在唐中後期爲皇室重要禁衛力量,其統領多爲宦官或宦官之親信。張仲群在内侍省爲官多年,受歷代皇帝信任,還曾任武德使,授其神策軍副使之職是順理成章之事。同年,張仲群始封從第五品上階清河縣開國男,食邑三百户,此爲張仲群獲得爵位、食邑之始。不久,張仲群又監彭門節度軍,歸奏三日,授左三軍僻仗,歷内外尚食、内園、冰井、栽接等使。十一年(857),拜内飛龍使。次年,加内寺伯,飛龍務如故。十四年(860)二月,進封正五品上階清河縣開國子,食邑五百户。夏四月,加光禄大夫、行内侍省内侍、知内侍省事飛龍使如故。秋七月,除鳳翔監軍使,累進封正二品清河縣開國公,食邑二千户。

懿宗咸通四年"十二月十八日,被疾一宿,薨於鳳翔官舍","以明年八月十八日葬於京兆府萬年縣龍首鄉袁藺村"。萬年縣所轄的鄉中就有一個以龍首爲名的鄉,這個鄉在延興

---

① 《舊唐書》卷四十五,第1952—1953頁。
② 趙晶:《論唐代五坊的淵源與設立》,《首都師範大學學報》S1期,2011年2月,第45頁。
③ 趙雨樂:《從武德使到皇城使》,見榮新江主編:《唐研究》第六卷,北京:北京大學出版社,2000年,第255—264頁。

門外，①《宋應墓志》："權瘞於咸寧縣延興門外龍首鄉之原。"②出土地在今西安市南郊新開門。張仲群墓葬位置同在唐代龍首鄉範圍内。贈正三品左監門衛將軍，并將其畫像置於内侍省功臣堂。唐朝有賜功臣圖形於凌煙閣以示榮耀，太宗時置二十四功臣圖像於凌煙閣爲唐代功臣圖形之始，宣宗、代宗時還有將功臣圖形於禁中、别殿之例，但史料記載中并無對内侍省功臣堂的相關記載，故推測張仲群墓志中所説的功臣堂應當也是存放功臣圖像的場所，這也爲研究唐代功臣制度提供了補充資料。

四、張氏名臣考

張氏始祖歷代説法較爲統一，即爲青陽之子張揮。《新唐書》中就有"張氏出自姬姓。黄帝子少昊青陽氏第五子揮爲弓正，始制弓矢，子孫賜姓張氏"③的説法。與墓主張仲群同時期的姓氏學家林寶在《元和姓纂》中亦稱："黄帝第五子青陽生揮，爲弓正，觀弧星始制弓矢，主祀弧星，因姓張氏。"④與該墓志志文"昔軒轅氏之子青陽，生子曰揮，爲弓正，仰觀弧星，遂爲弓矢，主祀星者，因張姓焉"的記述幾乎完全一致，其與文獻互相印證，更是説明了這一説法在唐代的認可度。除此之外，志文中對士魴、張儀、張良、張飛、張華五位先代張氏名臣更是不吝贊美，稱其"四海繫之安危，萬乘由之興廢，則歷代之盛，張氏居焉"。

"晋有士魴，善成室之禱。"士魴是春秋時期晋國人，因於晋悼公有迎從擁立之功，故而被拜爲卿。史稱：成公十八年"春正月庚申，欒書、中行偃使程滑弑厲公，葬之於翼東門之外，以車一乘。使荀罃、士魴逆周子於京師而立之"，又云"士魴，士會子，因其食邑於彘，故又稱彘季。《晋語七》稱之爲彘恭子"。⑤除彘季、彘恭子之外，士魴又被寫作羸季，"'彘'舊作'羸'"，"《後紀》十一云：'士魴受彘，故氏爲彘。'今據改。按成十八年《左傳》，士魴稱彘季"。⑥對於士魴，古籍及校注資料中并没有稱其爲張氏的任何記載。但是撰文者却將士魴與其他張氏名臣放在一起，可能爲撰者之誤。

"趙則孟譚，畫强國之計。"文獻中對張孟譚的記載只有周曇在《全唐詩》中的《春秋戰國門・張孟譚》一詩。從詩句"强兵四合國將危，賴有謀臣爲發揮。城内蒿銅誠自有，無謀

---

① 史念海：《唐長安城外龍首原上及其鄰近的小原》，《中國歷史地理論叢》1997 年第 2 期，第 16 頁。
② 周紹良、趙超主編：《唐代墓志彙編續集》，上海：上海古籍出版社，2001 年，第 658 頁。
③ 歐陽修、宋祁撰：《新唐書》卷七十二下，北京：中華書局，1975 年，2675 頁。
④ 林寶撰，岑仲勉校記：《元和姓纂》卷五，北京：中華書局，1994 年，第 584 頁。
⑤ 楊伯峻編著：《春秋左傳注》，北京：中華書局，1995 年，第 906 頁。
⑥ 王符撰，汪繼培箋，彭鐸校正：《潛夫論箋校正》，北京：中華書局，1985 年，第 426 頁。

誰解見玄機"①中可知,張孟譚爲春秋戰國時期的謀臣。由該墓志志文所提,還能得知張孟譚爲趙國之謀臣,可補史料記載不足。

"儀掉舌而雄秦,良借筋而興漢。"張良是漢初謀臣,"韓相張開地,生平,凡相五君。平生良,字子房,漢留文成侯"。②劉邦在吃飯時,張良曾借劉邦的筷子在桌上爲之謀劃,分析了楚漢形式,爲劉邦戰勝項羽提供了戰略性建議。此句引用"臣請藉前箸爲大王籌之"③的"借箸"之典,故此處志文中的"筋"同"箸"。"飛爲萬人之敵,華擅王佐之才",此兩句爲古人贊張飛、張華之典。張飛,三國時期蜀漢名將,與張飛同時期的程昱評價"關羽、張飛皆萬人敵也"。④張華,西晉政治家、文學家。《新唐書》中稱其"始興張氏亦出自晉司空華之後,隨晉南遷,至君政,因官居於韶州曲江"。⑤時阮籍見到張華贊其曰:"王佐之才也!"。晉時詔書中贊其功績曰"典掌軍事,部分諸方,算定權略,運籌決勝,有謀謨之勛","有台輔之望"。⑥志文中列舉歷代張姓名臣,除追溯外,也有誇耀張氏能臣輩出之意。

五、結　語

張仲群墓志記載了其一生活動,包括其祖輩及子嗣任職情况,且該墓志多用典故,辭藻駢儷,對墓主極盡誇贊,稱頌之詞溢於言表。儘管張仲群本人的事迹并沒有在史書中有所記載,但就其墓志所叙也能管窺一二。張仲群歷經十帝,爲八朝元老、七朝近侍,歷經七次皇權變更,仍就能保持其官位不受影響,并且逐年加官進爵,其職務、勳官的等級變化爲研究唐代中後期普通官員子弟的官職升遷變動提供了十分重要的資料。

【作者簡介】裴書研,男,1986年生,陝西西安人,博士、副教授,西安文理學院歷史文化旅游學院副院長兼文博系主任,主要從事商周考古、青銅器與古文字等研究;楊雙榕,女,1995年生,西安文理學院學生。

---

① 彭定求等編:《全唐詩(增訂本)》卷七二八,北京:中華書局,1999年,第8430頁。
② 《新唐書》卷七十二下,第2675頁。
③ 司馬遷撰:《史記》卷五十五,北京:中華書局,1959年,第2040頁。
④ 陳壽撰:《三國志》卷十四,北京:中華書局,1959年,第428頁。
⑤ 《新唐書》卷七十二下,第2681頁。
⑥ 房玄齡等撰:《晉書》卷三十六,北京:中華書局,1974年,第4册,第1070頁。

2016—2020年刊佈陝西出土唐代墓志要録(上)*

党 斌

陝西是唐代墓志出土和存藏數量最多的省份之一。北宋以來歷代金石學家便開始關注陝西出土唐代墓志,《金石萃編》《關中金石記》《關中金石文字存逸考》等金石著述更詳細著録、考證陝西出土唐代墓志之情況。20世紀80年代以來,國内外學者持續關注陝西出土唐代墓志,相關成果頗豐,如:以《唐代墓志彙編》、[1]《唐代墓志彙編續集》、[2]《隋唐五代墓志匯編》(陝西卷)[3]《新中國出土墓志》(陝西卷)[4]爲代表的綜合性文獻整理成果均廣泛收録陝西出土唐代墓志;陝西省古籍整理辦公室編《全唐文補遺》[5]雖以國内唐五代碑刻和墓志爲整理對象,但陝西出土唐墓志是其最主要資料;吴敏霞主編的《陝西碑刻總目提要初編》兼收陝西境内碑刻、摩崖、墓志等,其中陝西歷年來出土唐代墓志亦在收録之列;日本學者気賀澤保規的《新版唐代墓志所在總合目録》先後多次增補,收録正式出版物中刊佈的唐代出土墓志12500餘件,陝西出土唐代墓志爲其中的重要部分,可與《唐代墓志彙編》《全唐文補遺》《新中國出土墓志》等書結合使用。

不過,由於近年來陝西境内仍不斷有唐代墓志出土和發現,相關資料的刊佈表現出分散性、遲滯性和重複性等特徵,故目前陝西境内出土唐代墓志的總體數量尚不夠明確,存藏和流轉情況則更爲複雜。

本文是綜合考察陝西唐代墓志出土、收藏、刊佈情況的階段性成果,以2016年至2020年間考古文博單位和相關研究、出版機構正式公佈的陝西出土唐代墓志資料爲基

---

* 本文係國家社科基金項目"陝西新出唐代墓志整理與研究(2007—2020)"(20XZS010)階段性成果。
[1] 周紹良主編:《唐代墓志彙編》,上海:上海古籍出版社,1992年。
[2] 周紹良、趙超主編:《唐代墓志彙編續集》,上海:上海古籍出版社,2001年。
[3] 王仁波主編:《隋唐五代墓志匯編》,天津:天津古籍出版社,1991年。
[4] 陝西省古籍整理辦公室、中國文物研究所編:《新中國出土墓志》(陝西壹),北京:文物出版社,2000年;陝西省古籍整理辦公室、中國文物研究所編:《新中國出土墓志》(陝西貳),北京:文物出版社,2003年;陝西省古籍整理辦公室、故宫博物院編:《新中國出土墓志》(陝西叁),北京:文物出版社,2015年。
[5] 陝西省古籍整理辦公室編:《全唐文補遺》,西安:三秦出版社,1994—2007年。

礎，主要包括：《西安新獲墓志集萃》、①《長安高陽原新出土隋唐墓志》、②《陝西歷史博物館藏墓志萃編》、③《1996—2017北京大學圖書館新藏金石拓本菁華續編》、④《西南大學新藏墓志集釋》、⑤《陝西省考古研究院新入藏墓志》、⑥《銅川碑刻》、⑦《秦晋豫新出墓志搜佚三編》⑧等。2016年之前曾刊佈，但上述出版物中集中刊佈者亦收入。而2016年—2020年間各類期刊零星刊佈者，未及系統整理，則待后續補充。出土於他省而現藏陝西考古文博單位者，不在收錄之列。

著錄信息主要包括標題、時間、志題、行款、出土地、現藏地、著錄情況等，所收墓志以年代先後排序。在編纂過程中，結合陝西省古籍整理辦公室實地調研獲取資料和收藏唐代墓志拓本進行核校。題名、年代、行款等信息有誤者均據拓本或圖版核實訂正。出土地和現藏地存在一些特殊情況，如：《陸景澄墓志》，《西南大學新藏墓志集釋》稱出土於西安市雁塔區高陽縣境内，表述有誤，予以更正；再如：《韓休墓志》和《韓休夫人柳氏墓志》，《陝西歷史博物館藏墓志萃編》《陝西省考古研究院新入藏墓志》均著錄，《陝西歷史博物館藏墓志萃編》稱2016年入藏，陝西省考古研究院則僅藏墓志拓本。

001. 竇幹墓志：武德三年(620)十一月十三日。蓋文篆書4行，滿行4字。志文楷書36行，滿行36字。出土於陝西省西安市郊區，現藏地不詳。《西南大學新藏墓志集釋》著錄。

002. 張嬪墓志：武德四年(621)閏十月七日。志題"唐故張嬪墓志"。志文楷書19行，滿行19字。出土於陝西省西安市灞橋區，現藏地不詳。《西安新獲墓志集萃》著錄。

003. 李仲粲墓志：武德七年(624)五月二十七日。志題"大唐左監門大將軍上柱國應國□謚曰胡公李公墓志"。志文楷書30行，滿行29字。出土於陝西省西安市，現藏地不詳。《1996—2017北京大學圖書館新藏金石拓本菁華續編》著錄。

004. 穆孝整墓志：武德八年(625)十一月十九日。志題"唐故驃騎將軍行軍總管穆君之墓志銘"。蓋文篆書4行，滿行4字。志文楷書29行，滿行28字。2004年出土於陝西省西安市長安區西北大學長安校區工地，現藏陝西省考古研究院。《長安高陽原新出土隋

---

① 西安市文物稽查隊編：《西安新獲墓志集萃》，北京：文物出版社，2016年。
② 陝西省考古研究院編：《長安高陽原新出土隋唐墓志》，北京：文物出版社，2016年。
③ 陝西歷史博物館編：《陝西歷史博物館藏墓志萃編》，西安：陝西師範大學出版社，2017年。
④ 北京大學圖書館金石組編：《1996—2017北京大學圖書館新藏金石拓本菁華續編》，北京：北京大學出版社，2018年。
⑤ 毛遠明整理：《西南大學新藏墓志集釋》，南京：鳳凰出版社，2018年。
⑥ 陝西省考古研究院編：《陝西省考古研究院新入藏墓志》，上海：上海古籍出版社，2019年。
⑦ 陝西省古籍整理辦公室編：《銅川碑刻》，西安：三秦出版社，2019年。
⑧ 張永華、趙文成、趙君平編：《秦晋豫新出墓志搜佚三編》，北京：國家圖書館出版社，2020年。

唐墓志》著録。

005. 裴眺墓志：武德八年(625)十一月三十日。志題"隋故儀同三司王屋郡太守裴公之墓志"。蓋文篆書4行，滿行5字。志文楷書27行，滿行27字。出土於陝西省西安市郊區，現藏地不詳。《西南大學新藏墓志集釋》著録。

006. 趙意墓志：武德九年(626)九月九日。志題"大唐故秘書省司辰師趙府君之墓志"。志文楷書18行，滿行19字。出土地不詳，現藏陝西省考古研究院。《陝西省考古研究院新入藏墓志》著録。

007. 張静藏墓志：貞觀元年(627)正月十三日。志題"大唐司閽故張氏墓志并序"。蓋文篆書3行，滿行4字。志文楷書20行，滿行21字。出土於陝西省西安市郊區，現藏地不詳。《西南大學新藏墓志集釋》著録。

008. 王裕墓志：貞觀元年(627)二月十九日。志題"大唐故隨州刺史上開府儀同三司王使君墓志之銘"。蓋文篆書4行，滿行4字。志文楷書32行，滿行31字。出土於陝西省西安市長安區，現藏地不詳。《秦晋豫新出墓志搜佚三編》著録。

009. 劉君夫人盧渠夷墓志：貞觀元年(627)八月三十日。志題"大唐營州都督劉使君夫人盧氏墓志銘"。蓋文篆書4行，滿行4字。志文楷書16行，滿行16字。2006年出土於陝西省西安市長安區陝西師范大學長安校區工地，現藏陝西省考古研究院。《長安高陽原新出土隋唐墓志》著録。

010. 鹿裕墓志：貞觀元年(627)十二月十七日。志題"唐西韓州刺史故鹿使君墓志之銘并序"。志文楷書26行，滿行26字。出土於陝西省西安市長安區，現藏地不詳。《秦晋豫新出墓志搜佚三編》著録。

011. 李建成墓志：貞觀二年(628)正月十三日。志題"大唐故息隱王墓志"。蓋文篆書3行，滿行3字。志文楷書7行，滿行9字。出土於陝西省西安市長安區，現藏地不詳。《西安新獲墓志集萃》著録。

012. 元君墓志：貞觀五年(631)十月二十日。志文朱書楷書7行，滿行7字。2010年出土於陝西省咸陽市渭城區咸陽國際機場二期擴建工程工地，現藏陝西省考古研究院。《陝西省考古研究院新入藏墓志》著録。

013. 郭素絜墓志：貞觀五年(631)十月二十三日。志題"周故豐鄉縣夫人郭氏墓志"。蓋文篆書4行，滿行3字。志文楷書25行，滿行25字。出土於陝西省西安市長安區，現藏地不詳。《秦晋豫新出墓志搜佚三編》著録。

014. 陳辯磚銘：貞觀六年(632)正月十九日。志文楷書3行，滿行7字。出土於陝西省西安市，現藏地不詳。《秦晋豫新出墓志搜佚三編》著録。

015. 段貴墓志：貞觀六年（632）九月二十九日。志題"大唐故太常寺卜正段府君墓志銘"。志文楷書12行，滿行8字。出土於陝西省西安市長安區，現藏地不詳。《秦晋豫新出墓志搜佚三編》著録。

016. 李元亨墓志：貞觀六年（632）十二月十一日。志題"大唐故鄭王墓志銘"。蓋文篆書3行，滿行3字。志文楷書34行，滿行34字。出土於陝西省西安市長安區，現藏地不詳。《西安新獲墓志集萃》著録。

017. 唐君夫人曹令姝墓志：貞觀七年（633）四月十四日。志題"隋故車騎上大將軍益昌侯唐君夫人曹氏墓志銘"。蓋文篆書3行，滿行3字。志文楷書20行，滿行20字。出土於陝西省西安市郊區，現藏地不詳。《西南大學新藏墓志集釋》著録。

018. 趙爽墓志：貞觀九年（635）八月十七日。志文楷書7行，滿行6字。出土地不詳，現藏陝西省考古研究院。《陝西省考古研究院新入藏墓志》著録。

019. 陳叔達夫人王氏墓志：貞觀十年（636）八月三日。志題"唐故左光禄大夫□□公陳叔達夫人王氏墓志"。蓋文篆書4行，滿行3字。志文楷書23行，滿行23字。出土於陝西省西安市郊區，現藏地不詳。《西南大學新藏墓志集釋》著録。據志文，志題殘損二字當爲"沂國"。

020. 韋長詮墓志：貞觀十四年（640）正月二十三日。志題"大唐故密雲縣令韋君墓志銘"。蓋文篆書4行，滿行4字。志文楷書26行，滿行26字。出土於陝西省西安市郊區，現藏地不詳。《西南大學新藏墓志集釋》著録。

021. 陰弘道墓志：貞觀十四年（640）二月二十九日。志題"大唐奉義郎行太常博士騎都尉陰府君墓志銘"。志文楷書20行，滿行20字。2004年出土於陝西省西安市長安區西北大學長安校區工地，現藏陝西省考古研究院。《長安高陽原新出隋唐墓志》著録。

022. 王贇墓志：貞觀十四年（640）十月二十一日。志題"隋故武賁郎將王君墓志"。志文楷書31行，滿行32字。出土於陝西省西安市長安區，現藏地不詳。《秦晋豫新出墓志搜佚三編》著録。

023. 李範墓志：貞觀十四年（640）十月。志題"大唐故左屯衛郎將李公墓志銘并序"。志文楷書32行，滿行34字。任齊書。1991年出土於陝西省西安市長灞橋區紡織城街道西北國棉四廠工地，現藏陝西省考古研究院。《陝西省考古研究院新入藏墓志》著録。

024. 元膺墓志：貞觀十四年（640）十二月九日。志題"大唐故隋益州城都廣漢二縣令安喜縣開國公元君墓志并序"。蓋文篆書3行，滿行3字。志文楷書26行，滿行26字。出土於陝西省西安市郊區，現藏地不詳。《西南大學新藏墓志集釋》著録。

025. 李寂墓志：貞觀十四年（640）十二月二十二日。志題"大唐故左武衛大將軍上柱國城陽郡開國公李君墓誌之銘"。蓋文篆書5行,滿行5字。志文楷書23行,滿行23字。1989年出土於陝西省西安市灞橋區洪慶鎮向陽公司工地,現藏陝西省考古研究院。《陝西省考古研究院新入藏墓誌》著錄。

026. 李毗墓誌:貞觀十七年(643)四月二十一日。志題"唐故處士李先生墓誌銘"。志文楷書25行,滿行26字。2004年出土於陝西省西安市長安區西北大學長安校區工地,現藏陝西省考古研究院。《長安高陽原新出土隋唐墓誌》著錄。

027. 杜整墓誌:貞觀十七年(643)九月二十六日。志題"隋故衛尉卿岐山縣開國公京兆杜君墓誌銘"。志文楷書38行,滿行38字。出土於陝西省西安市,現藏地不詳。《西南大學新藏墓誌集釋》著錄。

028. 賀蘭宜第四女墓誌:貞觀十七年(643)十月二十日。蓋文篆書3行,滿行3字。志文楷書8行,滿行10字。2003年出土於陝西省西安市長安區紫薇田園都市小區工地,現藏陝西省考古研究院。《長安高陽原新出土隋唐墓誌》著錄。

029. 韋楷墓誌:貞觀十七年(643)十月二十六日。志題"唐故上柱國侍御史韋君墓誌銘"。志文楷書18行,滿行18字。出土地不詳,現藏陝西省考古研究院。《陝西省考古研究院新入藏墓誌》著錄。

030. 陸彥衡墓誌:貞觀十八年(644)五月二十四日。志題"隋許州許昌縣令上庸郡開國公陸君墓誌銘"。志文楷書22行,滿行22字。出土於陝西省西安市長安區,現藏地不詳。《秦晉豫新出墓誌搜佚三編》著錄。

031. 張毅墓誌:貞觀二十年(646)十一月十四日。志題"大唐故辰州沅凌縣令張府君墓誌銘并序"。志文楷書21行,滿行24字。出土於陝西省西安市郊區,現藏地不詳。《西南大學新藏墓誌集釋》著錄。《秦晉豫墓誌搜佚續編》244著錄尺寸爲蓋邊長53.5厘米,志邊長41.5厘米。

032. 韋弘諒墓誌:貞觀二十二年(648)十二月二十七日。志題"唐故隋雍州牧郲國公孫韋弘諒墓誌之銘"。志文楷書15行,滿行17字。2004年出土於陝西省西安市長安區西北大學長安校區工地,現藏陝西省考古研究院。《長安高陽原新出土隋唐墓誌》著錄。

033. 程公墓誌:貞觀二十三年(649)二月九日。志題"大唐故右衛美泉府吏程公墓誌"。志文墨書楷書22行,滿行字數不等。2009年出土於陝西省咸陽市渭城區咸陽國際機場二期擴建工程工地,現藏陝西省考古研究院。《陝西省考古研究院新入藏墓誌》著錄。

034. 秦文義墓誌:貞觀二十三年(649)七月十五日。石一楷書4行,滿行14字。石二墨書楷書4行,滿行字數不等。2012年出土於陝西省榆林市靖邊縣紅墩界鄉白城子村,現藏陝西省考古研究院。《陝西省考古研究院新入藏墓誌》著錄。

035. 吴君妻田妊姒墓志：貞觀二十三年（649）七月十八日。志題"大唐華州鄭縣振威校尉吴君妻田氏之墓志"。志文楷書18行，滿行19字。出土於陝西省西安市郊區，現藏地不詳。《西南大學新藏墓志集釋》190、《秦晉豫新出墓志搜佚三編》172著錄。

036. 于哲墓志：永徽元年（650）十一月七日。志題"唐故使持節亳州諸軍事亳州刺史于使君墓志銘并序"。蓋文篆書3行，滿行3字。志文楷書39行，滿行39字。出土於陝西省西安市長安區，現藏地不詳。《西南大學新藏墓志集釋》著錄。

037. 張立德墓志：永徽二年（651）二月二十日。志題"大唐故秦城府果毅上柱國長壽縣開國子張府君墓志銘并序"。蓋文篆書4行，滿行4字。志文楷書30行，滿行32字。出土於陝西省西安市長安區大兆鄉，現藏地不詳。《西南大學新藏墓志集釋》著錄。

038. 長孫良墓志：永徽二年（651）三月四日。志題"大唐故上儀同周成公長孫府君墓志銘并序"。蓋文篆書4行，前3行，滿行5字，後行2字。志文楷書26行，滿行27字。出土於陝西省西安市，現藏地不詳。《秦晉豫新出墓志搜佚三編》著錄。

039. 費濤墓志：永徽二年（651）十二月十四日。志題"大唐故校書郎弘文館助教費君墓志銘并序"。志文楷書26行，滿行25字。出土於陝西省西安市長安區，現藏地不詳。《秦晉豫新出墓志搜佚三編》著錄。

040. 樂安公夫人秦玉勝墓志：永徽三年（652）正月二十六日。志題"唐故左監門將軍樂安公夫人秦氏墓志銘并序"。志文楷書30行，滿行30字。出土於陝西省西安市郊區，現藏地不詳。《西南大學新藏墓志集釋》著錄。

041. 辛氏墓志：永徽三年（652）六月二十九日。志題"大唐故尚服辛氏墓志銘并序"。蓋文篆書4行，前3行行4字，末行2字。志文楷書19行，滿行20字。出土於陝西省西安市長安區，現藏地不詳。《秦晉豫新出墓志搜佚三編》著錄。

042. 張僧瑗墓志：永徽四年（653）二月二日。志題"華州鄭縣普德鄉故人張僧瑗墓志"。蓋文篆書3行，滿行4字。志文楷書21行，滿行21字。2014年出土於陝西省華縣，現藏地不詳。《秦晉豫新出墓志搜佚三編》著錄。

043. 蕭鑒墓志：永徽四年（653）二月二十日。志題"大唐故右衛長史騎都尉蘭陵縣公蕭君墓志銘并序"。志文楷書26行，滿行26字。出土於陝西省西安市郊區，現藏地不詳。《西南大學新藏墓志集釋》著錄。

044. 四品宫人墓志：永徽四年（653）七月十一日。志題"大唐故四品宫人墓志銘并序"。蓋文篆書3行，滿行3字。志文楷書13行，滿行13字。出土於陝西省西安市郊區，現藏地不詳。《西南大學新藏墓志集釋》著錄。

045. 趙敏墓志：永徽四年（653）十一月十二日。志題"大唐故趙處士墓志銘"。志文楷書23行,滿行23字。出土地不詳,現藏陝西省考古研究院。《陝西省考古研究院新入藏墓志》著錄。

046. 趙洪茂墓志:永徽五年(654)九月十二日。志題"唐故朝請大夫趙君墓志銘并序"。志文楷書23行,滿行24字。出土地不詳,現藏陝西省考古研究院。《陝西省考古研究院新入藏墓志》著錄。

047. 許達墓志:永徽五年(654)九月二十五日。志題"大唐故隆州奉國縣令許君之墓志"。志文楷書19行,滿行18字。出土於陝西省西安市長安區,現藏地不詳。《秦晋豫新出墓志搜佚三編》著錄。

048. 尹暢墓志:永徽五年(654)十二月十九日。志題"隋故戎安府鷹揚郎將正議大夫尹府君墓志銘并序"。志文楷書26行,滿行25字。出土於陝西省西安市長安區,現藏地不詳。《西安新獲墓志集萃》著錄。

049. 尹君妻姬德墓志:永徽五年(654)十二月十九日。志題"大唐黔州彭水縣令尹府君故妻姬夫人墓志銘并序"。志文楷書20行,滿行22字。出土於陝西省西安市長安區,現藏地不詳。《秦晋豫新出墓志搜佚三編》著錄。

050. 韓相國墓志:永徽六年(655)二月二日。志題"大唐故弘州弘德縣令韓府君墓志銘"。蓋文篆書3行,滿行3字。志文楷書19行,滿行20字。出土於陝西省西安市長安區,現藏地不詳。《西安新獲墓志集萃》著錄。

051. 吕善感塔銘:永徽六年(655)二月二十日。志文楷書7行,滿行9字。出土地不詳,現藏陝西省考古研究院。《陝西省考古研究院新入藏墓志》著錄。

052. 王世静墓志:永徽六年(655)二月。志題"隋故武賁郎將王君墓志銘并序"。志文楷書35行,滿行35字。出土於陝西省西安市長安區,現藏地不詳。《秦晋豫新出墓志搜佚三編》著錄。

053. 元夫人墓志:永徽六年(655)十月二十五日。志題"隋故鄴縣公元夫人墓志并序"。志文楷書28行,滿行28字。出土於陝西省西安市,現藏地不詳。《西安新獲墓志集萃》著錄。

054. 周翼墓志:永徽六年(655)十月二十五日。志題"大唐故朝散大夫江王府友周君墓志銘并序"。志文楷書26行,滿行27字。出土於陝西省西安市長安區,現藏地不詳。《西南大學新藏墓志集釋》著錄。

055. 五品宫人墓志:顯慶元年(656)七月十九日。志題"唐故五品宫人墓志銘并序"。蓋文篆書3行,滿行3字。志文楷書10行,滿行10字。出土於陝西省西安市郊區,現藏地不詳。《西南大學新藏墓志集釋》著錄。

056. 梁世積墓志：顯慶元年(656)八月十一日。志題"唐故修仁府果毅梁府君墓志"。志文楷書21行，滿行22字。出土於陝西省西安市，現藏地不詳。《秦晋豫新出墓志搜佚三編》著録。

057. 王謙及夫人素和氏墓志：顯慶元年(656)九月十二日。志題"大唐故隆州司户參軍事王君及夫人素和氏墓志銘并序"。志文楷書25行，滿行25字。出土於陝西省西安市長安區，1997年入藏陝西歷史博物館。《陝西歷史博物館藏墓志萃編》著録。

058. 趙瓚墓志：顯慶二年(657)十一月十二日。志題"唐故前廓州達化縣令趙君墓志銘并序"。蓋文篆書3行，滿行3字。志文楷書22行，滿行22字。出土於陝西省西安市長安區，現藏地不詳。《秦晋豫新出墓志搜佚三編》著録。

059. 繭二洛夫人張弘墓志：顯慶三年(658)正月十四日。志題"唐故永濟縣白竹鄉君張夫人墓志銘"。蓋文篆書3行，滿行3字。志文楷書19行，滿行19字。2002年出土於陝西省西安市高新區鴻華通訊公司工地，現藏陝西省考古研究院。《長安高陽原新出土隋唐墓志》著録。

060. 戎瑚墓志：顯慶三年(658)五月十五日。志題"大唐故游擊將軍上柱國戎君墓志銘并序"。蓋文篆書2行，滿行2字。志文楷書24行，滿行28字。出土於陝西省西安市長安區，現藏地不詳。《西安新獲墓志集萃》著録。

061. 摯開緒妻陳氏墓志：顯慶三年(658)五月二十一日。志題"大唐雍州長安縣故摯開緒妻陳氏墓志"。志文墨書楷書16行，滿行字數不等。2003年出土於陝西省西安市長安區紫薇田園都市小區工地，現藏陝西省考古研究院。《長安高陽原新出土隋唐墓志》著録。

062. 柳雄亮墓志：顯慶三年(658)十一月十七日。志題"隋故黄門侍郎太子左庶子汝陽公柳君墓志銘"。蓋文篆書4行，滿行5字。志文楷書32行，滿行33字。出土於陝西省西安市郊區，現藏地不詳。《西南大學新藏墓志集釋》著録。

063. 鄭欽祚墓志：顯慶三年(658)十二月十二日。志題"故資陽縣鄭明府墓志銘并序"。志文楷書21行，滿行22字。出土於陝西省西安市長安區，現藏地不詳。《秦晋豫新出墓志搜佚三編》著録。

064. 獨孤瑛墓志：顯慶四年(659)二月二十五日。志題"唐故使持節滄州諸軍事滄州刺史上柱國冠軍縣開國男獨孤使君墓志銘并序"。志文楷書36行，滿行36字。出土於陝西省咸陽市，現藏地不詳。《西安新獲墓志集萃》著録。

065. 王隆妻趙氏墓志：顯慶四年(659)閏十月十二日。志題"□□□□□□□墓志之銘并序"。蓋文篆書4行，滿行4字。志文楷書20行，滿行20字。出土於陝西省西安市長安區,現藏地不詳。《秦晋豫新出墓志搜佚三編》著録。

066. 劉騰墓志:顯慶四年(659)十一月七日。志題"大唐故滄州清池縣尉劉公墓志之銘"。蓋文篆書3行,滿行3字。志文楷書22行,滿行21字。劉弘基撰。2004年出土於陝西省西安市長安區紫薇田園都市小區工地,現藏陝西省考古研究院。《長安高陽原新出土隋唐墓志》著録。

067. 李聰墓志:顯慶五年(660)四月二十六日。志題"大唐故忠武將軍上柱國行瀍州府折衝高平縣開國公李府君墓志銘"。志文楷書32行,滿行32字。出土於陝西省西安市長安區,現藏地不詳。《秦晋豫新出墓志搜佚三編》著録。

068. 王德表墓志:顯慶六年(661)二月十九日。志題"大唐故使持節淄州諸軍事淄州刺史上護軍王君墓志銘并序"。蓋文篆書5行,滿行5字。志文楷書36行,滿行35字。令狐菜撰。出土於陝西省西安市長安區,現藏地不詳。《秦晋豫新出墓志搜佚三編》著録。

069. 劉金光夫人吕氏墓志:龍朔元年(661)八月二十一日。志題"大唐故龍原府旅帥劉金光夫人吕氏墓志銘丙戌"。蓋文篆書3行,滿行3字。志文楷書20行,滿行20字。2002年出土於陝西省西安市長安區紫薇田園都市小區工地,現藏陝西省考古研究院。《長安高陽原新出土隋唐墓志》著録。

070. 劉君妻趙客女墓志:龍朔元年(661)十月八日。志題"大唐故登仕郎劉府君妻趙氏墓志銘"。蓋文篆書3行,滿行3字。志文楷書22行,滿行21字。2004年出土於陝西省西安市長安區西北大學長安校區工地,現藏陝西省考古研究院。《長安高陽原新出土隋唐墓志》著録。

071. 韓忠墓志:龍朔元年(661)十月二十三日。志題"唐故左千牛府中郎上柱國韓君墓志銘并序"。志文楷書37行,滿行38字。韓懷哲撰書。出土於陝西省西安市長安區,現藏地不詳。《秦晋豫新出墓志搜佚三編》著録。

072. 盧正玄墓志:龍朔元年(661)十月二十三日。志題"大唐故蔣王府典簽盧君墓志銘并序"。蓋文篆書4行,滿行3字。志文楷書18行,滿行20字。出土於陝西省西安市長安區,現藏地不詳。《秦晋豫新出墓志搜佚三編》著録。

073. 狄本墓志:龍朔元年(661)十一月二十九日。志題"大唐故營州都督府司馬兼東夷都護府司馬上柱國狄府君墓志銘并序"。蓋文篆書3行,滿行3字。志文楷書37行,滿行38字。出土於陝西省藍田縣,現藏地不詳。《秦晋豫新出墓志搜佚三編》著録。

074. 戴義墓志:龍朔二年(662)六月八日。志題"唐故左屯衛將軍上柱國戴公墓志銘并序"。蓋文篆書3行,滿行4字。志文楷書29行,滿行34字。出土於陝西省西安市長安區,現藏地不詳。《秦晋豫新出墓志搜佚三編》著録。

075. 李元會墓志：龍朔二年（662）十二月□日。志題"（上闕）李君之銘"。志文墨書楷書10行，滿行字數不等。2002年出土於陝西省西安市長安區紫薇田園都市小區工地，現藏陝西省考古研究院。《長安高陽原新出土隋唐墓志》著錄。

076. 賀蘭淹墓志：龍朔三年（663）正月二十七日。志題"大唐左肆府故車騎將軍賀蘭君墓志"。蓋文篆書3行，滿行3字。志文楷書30行，滿行31字。1988年出土於陝西省銅川市耀縣小丘鎮坳底村，現藏銅川市耀州區博物館。《銅川碑刻》著錄。

077. 胡仵墓志：龍朔三年（663）二月十八日。志題"大唐故上儀同安定胡君墓志并序"。蓋文篆書3行，滿行3字。志文楷書28行，滿行28字。2005年出土於陝西省西安市長安區，現藏陝西省考古研究院。《長安高陽原新出土隋唐墓志》著錄。

078. 王陵墓志：龍朔三年（663）九月二十三日。志題"唐故上騎都尉王君墓志銘并序"。蓋文篆書3行，滿行3字。志文楷書14行，滿行14字。出土地不詳，現藏陝西省考古研究院。《陝西省考古研究院新入藏墓志》著錄。

079. 董興墓志：麟德元年（664）正月二十四日。志文楷書15行，滿行15字。出土、現藏地不詳。《西安新獲墓志集萃》著錄。

080. 薩孤吴仁墓志：麟德元年（664）十一月五日。志題"唐故上柱國右金吾衛大將軍朔方公薩孤府君墓志"。志文楷書33行，滿行34字。出土於陝西省西安市灞橋區洪慶山，現藏地不詳。《山西大學學報》（哲學社會科學版）2020年第6期著錄。

081. 許孝義墓志：麟德元年（664）十一月二十八日。志題"大唐故秦府行參軍上騎都尉許府君墓志銘并序"。蓋文篆書3行，滿行3字。志文楷書23行，滿行23字。2005年出土於陝西省西安市長安區陝西師范大學長安校區工地，現藏陝西省考古研究院。《長安高陽原新出土隋唐墓志》著錄。

082. 王乾墓志：麟德元年（664）十一月二十八日。志題"大唐故王夫人墓志之銘并序"。志文楷書20行，滿行21字。出土於陝西省西安市長安區，現藏地不詳。《秦晉豫新出墓志搜佚三編》著錄。

083. 蘭氏墓志：麟德元年（664）十二月十七日。志題"夫人蘭氏墓志銘一首并序"。蓋文篆書2行，滿行2字。志文楷書16行，滿行17字。出土於陝西省西安市長安區，現藏地不詳。《秦晉豫新出墓志搜佚三編》著錄。

084. 江君夫人梁師娘墓志：麟德二年（665）二月四日。志題"大唐故朝請大夫江君妻梁夫人墓志銘"。志文楷書19行，滿行19字。出土不詳，現藏陝西省考古研究院。《陝西省考古研究院新入藏墓志》著錄。

085. 韋整墓志：麟德二年（665）二月十日。志題"大唐故司稼正卿韋公墓志之銘并序"。志文楷書 34 行,滿行 35 字。出土於陝西省西安市長安區,現藏地不詳。《秦晉豫新出墓志搜佚三編》著錄。

086. 房德墓志:麟德二年(665)二月三十日。志題"大唐故夔州都督府司馬上柱國房君墓志銘并序"。志文楷書 39 行,滿行 40 字。出土於陝西省西安市長安區,現藏地不詳。《西安新獲墓志集萃》《西南大學新藏墓志集釋》著錄。

087. 牛相仁墓志:麟德二年(665)五月一日。志題"大唐朝散大夫牛府君墓志銘并序"。蓋文篆書 3 行,滿行 3 字。志文楷書 17 行,滿行 16 字。2003 年出土於陝西省西安市長安區西北大學長安校區工地,現藏陝西省考古研究院。《長安高陽原新出土隋唐墓志》著錄。

088. 武傅墓志:乾封元年(666)六月二十五日。志題"大唐故上護軍振威校尉武君之墓志銘并序"。蓋文篆書 3 行,滿行 3 字。志文楷書 22 行,滿行 19 字。出土於陝西省西安市長安區,現藏地不詳。《西安新獲墓志集萃》著錄。

089. 吕文强墓志:乾封二年(667)正月二十四日。志題"大唐奉常寺太醫署故醫監上騎都尉吕君之墓志銘并序"。蓋文篆書 3 行,滿行 3 字。志文楷書 21 行,滿行 21 字。2006 年出土於陝西省西安市長安區陝西師範大學長安校區工地,現藏陝西省考古研究院。《長安高陽原新出土隋唐墓志》著錄。

090. 張慈墓志:乾封二年(667)正月二十四日。志題"唐故同州司馬夫人張氏墓志并序"。蓋文篆書 3 行,滿行 2 字。志文楷書 14 行,滿行 14 字。2002 年出土於陝西省西安市長安區紫薇田園都市小區工地,現藏陝西省考古研究院。《長安高陽原新出土隋唐墓志》著錄。

091. 王景興墓志:乾封二年(667)十月二十二日。志題"隋處士秀容郡公王府君墓志銘并序"。志文楷書 28 行,滿行 30 字。出土地不詳,現藏陝西省考古研究院。《陝西省考古研究院新入藏墓志》著錄。

092. 孫弘進墓志:乾封二年(667)十二月五日。志題"唐故品子孫大郎墓志銘"。志文朱書楷書 18 行,滿行字數不等。2011 年出土於陝西省西安市長安區郭杜街道萬科城工地,現藏陝西省考古研究院。《陝西省考古研究院新入藏墓志》著錄。

093. 元履謙墓志:乾封三年(668)正月十八日。志題"大唐故晉州司馬兵元府君墓志銘并序"。蓋文篆書 3 行,滿行 3 字。志文楷書 24 行,滿行 24 字。出土於陝西省西安市長安區,現藏地不詳。《秦晉豫新出墓志搜佚三編》著錄。

094. 牛度墓志:總章元年(668)五月十三日。志題"唐故眉州青神縣令牛君墓志銘并序"。蓋文篆書 4 行,滿行 3 字。志文楷書 29 行,滿行 29 字。2006 年出土於陝西省西安市長安區陝西師范大學長安校區工地,現藏陝西省考古研究院。《長安高陽原新出土隋唐墓志》著錄。該書記其行款信息爲志文14行,滿行14字,有誤。

095. 侯師仁墓志:總章元年(668)七月三日。志題"大唐故寧遠將軍越王府典軍□□君侯墓志銘并序"。志文楷書22行,滿行23字。出土於陝西省西安市長安區,2009年入藏陝西歷史博物館。《陝西歷史博物館藏墓志萃編》著錄。

096. 王德表妻辛媛墓志:總章元年(668)十月十九日。志題"大唐故使持節淄州刺史王府君夫人隴西郡君辛氏墓志銘并序"。志文楷書22行,滿行23字。出土於陝西省西安市長安區,現藏地不詳。《秦晉豫新出墓志搜佚三編》著錄。

097. 杜敬同妻韋茗華墓志:總章二年(669)二月二十三日。志題"大唐故中書舍人鴻臚少卿東陽郡開國公杜君夫人襄武郡君韋氏墓志銘并序"。蓋文篆書3行,滿行3字。志文楷書33行,滿行34字。出土於陝西省西安市長安區,現藏地不詳。《秦晉豫新出墓志搜佚三編》著錄。

098. 劉智墓志:總章二年(669)十一月二十七日。志題"大唐故朝散大夫行司宰寺丞上柱國劉府君墓志銘并序"。志文楷書34行,滿行34字。2004年出土於陝西省西安市長安區西北大學長安校區工地,現藏陝西省考古研究院。《長安高陽原新出土隋唐墓志》著錄。

099. 王思泰墓志:總章二年(669)十一月二十七日。志題"大唐故司衛少卿鄭州刺史王君墓志銘并序"。志文楷書41行,滿行41字。出土於陝西省西安市長安區,現藏地不詳。《秦晉豫新出墓志搜佚三編》著錄。

100. 辛陟墓志:總章三年(670)正月八日。志題"大唐故右武衛大將軍上柱國長山縣開國公贈使持節都督涼甘肅伊瓜沙六州諸軍事涼州刺史隴西辛府君之墓志銘并序"。志文楷書18行,滿行18字。出土於陝西省咸陽市,現藏地不詳。《西安新獲墓志集萃》著錄。

101. 李桐墓志:總章三年(670)正月。志題"唐故李府君之墓志銘并序"。蓋文篆書3行,滿行3字。志文楷書31行,滿行30字。2004年出土於陝西省西安市長安區西北大學長安校區工地,現藏陝西省考古研究院。《長安高陽原新出土隋唐墓志》著錄。

102. 竇及墓志:咸亨元年(670)三月十一日。志題"唐故石州離石府右果毅都尉竇府君墓志銘并序"。蓋文篆書3行,滿行3字。志文楷書33行,滿行35字。2005年出土於陝西省銅川市耀州區坡頭鎮華能銅川電廠基建工地,現藏陝西省考古研究院。《銅川碑刻》著錄。

103. 宋素墓志:咸亨元年(670)五月一日。志題"大唐故沙州敦煌縣令宋君墓志銘"。

蓋文篆書2行,滿行2字。志文楷書29行,滿行29字。2014年出土於陝西省渭南市華陰市夫水鎮連村,現藏陝西省考古研究院。《陝西省考古研究院新入藏墓志》著錄。

104. 尹僧護墓志:咸亨元年(670)閏九月年二十一日。志題"唐故司戎散官尹君墓志并序"。蓋文篆書3行,滿行3字。志文楷書20行,滿行21字。2003年出土於陝西省西安市長安區西北大學長安校區工地,現藏陝西省考古研究院。《長安高陽原新出土隋唐墓志》著錄。

105. 陳冲墓志:咸亨元年(670)十一月二十一日。志題"□唐故右衛勛衛陳君墓志銘并序"。蓋文篆書3行,滿行3字。志文楷書22行,滿行24字。出土於陝西省西安市,現藏地不詳。《秦晉豫新出墓志搜佚三編》著錄。

106. 李義墓志:咸亨二年(671)三月九日。志題"大唐故文林郎李義墓志銘"。蓋文篆書3行,滿行3字。志文楷書22行,滿行22字。2004年出土於陝西省西安市長安區西北大學長安校區工地,現藏陝西省考古研究院。《長安高陽原新出土隋唐墓志》著錄。

107. 韓令名墓志:咸亨二年(671)八月二十日。志題"大唐故昌黎縣開國子韓君墓志銘并序"。志文楷書27行,滿行29字。出土於陝西省西安市長安區,現藏地不詳。《秦晉豫新出墓志搜佚三編》著錄。

108. 駱長素墓志:咸亨三年(672)二月二十二日。志題"右領軍伏夷府折衝都尉駱君墓志銘并序"。志文楷書24行,滿行27字。出土於陝西省醴泉縣,現藏地不詳。《秦晉豫新出墓志搜佚三編》著錄。

109. 董貴墓志:咸亨三年(672)六月二日。志題"大唐故高處士董夫人墓志銘"。蓋文篆書3行,滿行3字。志文楷書21行,滿行21字。高元道撰。出土於陝西省西安市長安區,現藏地不詳。《秦晉豫新出墓志搜佚三編》著錄。

110. 許昱墓志:咸亨三年(672)六月二十五日。志題"大唐太子故文學河間縣開國公許君墓志銘并序"。蓋文篆書3行,滿行2字。志文楷書32行,滿行31字。出土地不詳,現藏陝西省考古研究院。《陝西省考古研究院新入藏墓志》著錄。

111. 李文舉墓志:咸亨四年(673)正月二十二日。志題"大唐故中散大夫行尚乘奉御李君墓志銘并序"。蓋文篆書4行,滿行4字。志文楷書34行,滿行34字。出土於陝西省西安市郊區,現藏地不詳。《西南大學新藏墓志集釋》著錄。

112. 裴爽墓志:咸亨四年(673)二月十六日。志題"大唐故梓州長史裴府君墓志銘并序"。蓋文篆書4行,滿行3字。志文楷書41行,滿行41字。出土於陝西省西安市長安區,現藏地不詳。《秦晉豫新出墓志搜佚三編》著錄。

113. 杜温妻韋三從墓志:咸亨四年(673)二月二十八日。志題"大唐益州大都督府功曹參軍杜温亡妻韋夫人墓誌銘并序"。蓋文篆書 3 行,滿行 3 字。誌文楷書 30 行,滿行 31 字。出土於陝西省西安市長安區,現藏地不詳。《秦晉豫新出墓誌搜佚三編》著録。

114. 宇文思約墓誌:咸亨四年(673)十月四日。志題"大唐故靈州都督靈武縣令宇文明府公墓誌銘并序"。誌文楷書 28 行,滿行 29 字。出土於陝西省銅川市耀州區,現藏地不詳。《銅川碑刻》著録。

115. 吕好娘墓誌:咸亨四年(673)十一月九日。志題"唐故吕夫人墓誌銘并序"。誌文楷書 18 行,滿行 22 字。出土於陝西省西安市郊區,現藏地不詳。《西南大學新藏墓誌集釋》著録。

116. 田寳墓誌:上元元年(674)八月二十三日。志題"大唐故金紫光禄大夫浠水公田府君墓誌銘并序"。蓋文楷書 29 行,滿行 29 字。誌文楷書 30 行,滿行 32 字。出土於陝西省西安市,現藏地不詳。《秦晉豫新出墓誌搜佚三編》著録。

117. 泉君妻高提昔墓誌:上元元年(674)八月二十五日。志題"大唐右驍衛永寧府果毅都尉泉府君故夫人高氏墓誌"。蓋文篆書 4 行,滿行 3 字。誌文楷書 20 行,滿行 19 字。出土於陝西省西安市灞橋區,現藏地不詳。《西安新獲墓誌集萃》著録。

118. 吕感墓誌:上元二年(675)正月二十八日。志題"大唐故吕君墓誌銘并序"。誌文楷書 23 行,滿行 23 字。出土於陝西省渭南市,2009 年入藏陝西歷史博物館。《陝西歷史博物館藏墓誌萃編》著録。

119. 柳大贇墓誌:上元二年(675)二月二十二日。志題"大唐故□監門直長柳君墓誌銘"。誌文楷書 10 行,滿行 10 字。出土地不詳,現藏陝西省考古研究院。《陝西省考古研究院新入藏墓誌》著録。

120. 楊法行墓誌:上元二年(675)四月。志題"唐至德觀上座楊仙師志文并序"。誌文楷書 18 行,滿行 17 字。出土於陝西省西安市長安區,現藏地不詳。《秦晉豫新出墓誌搜佚三編》著録。

121. 趙伏蓋墓誌:上元二年(675)八月十三日。志題"大唐趙君墓誌銘并序"。蓋文篆書 4 行,滿行 4 字。誌文楷書 25 行,滿行 26 字。出土於陝西省西安市長安區,現藏地不詳。《秦晉豫新出墓誌搜佚三編》著録。

122. 龐元約墓誌:上元二年(675)八月十九日。志題"大唐故梁州都督府户曹參軍龐府君之墓誌銘并序"。蓋文篆書 4 行,滿行 4 字。誌文楷書 34 行,滿行 34 字。出土於陝西省西安市長安區,現藏地不詳。《秦晉豫新出墓誌搜佚三編》著録。

123. 傅楷墓誌:上元二年(675)十一月二十七日。志題"大唐雍州華原縣左屯衛石泉府隊正驍騎尉傅故公志之銘并序"。誌文楷書 21 行,滿行 21 字。2006 年出土於陝西省

124. 李達磨墓志：上元三年(676)正月二十二日。志題"大唐故城陽郡李國公墓志銘并序"。蓋文篆書3行，滿行3字。志文楷書30行，滿行30字。假非有撰。1988年出土於陝西省西安市灞橋區洪慶鎮向陽公司工地，現藏陝西省考古研究院。《陝西省考古研究院新入藏墓志》著錄。

125. 程倫墓志：上元三年(676)二月五日。志題"大唐故宣德郎皇太子侍醫程府君墓志銘"。志文楷書26行，滿行27字。出土於陝西省西安市，1995年入藏陝西歷史博物館。《陝西歷史博物館藏墓志萃編》著錄。

126. 王傑墓志：上元三年(676)三月四日。志題"大唐故游騎將軍徐越二王典軍王公志銘并序"。蓋文篆書4行，滿行4字。志文楷書31行，滿行31字。1988年出土於陝西省西安市灞橋區洪慶鎮向陽公司工地，現藏陝西省考古研究院。《陝西省考古研究院新入藏墓志》著錄。

127. 趙君妻高氏墓志：上元三年(676)六月二十五日。志題"大唐朝散郎趙君故高氏夫人墓志銘并序"。志文楷書26行，滿行26字。2014年出土於陝西省西安市長安區，現藏地不詳。《秦晋豫新出墓志搜佚三編》著錄。

128. 虞秀姚墓志：上元三年(676)七月三日。志題"大唐故行右衛長史蘭陵公夫人虞氏墓志銘并序"。志文楷書25行，滿行25字。出土於陝西省西安市郊區，現藏地不詳。《西南大學新藏墓志集釋》著錄。

129. 楊從儉夫人韋氏墓志：上元三年(676)七月六日。志題"大唐左衛倉曹參軍事上護軍楊從儉夫人韋氏墓志"。志文墨書楷書17行，滿行17字。2002年出土於陝西省西安市雁塔區曲江街道西安理工大學曲江校區工地，現藏陝西省考古研究院。《陝西省考古研究院新入藏墓志》著錄。

130. 李建成妃鄭觀音墓志：上元三年(676)七月七日。志題"大唐故隱太子妃鄭氏墓志銘并序"。蓋文篆書3行，滿行4字。志文楷書35行，滿行35字。出土於陝西省西安市長安區，現藏地不詳。《西安新獲墓志集萃》著錄。

131. 史融墓志：上元三年(676)十月二十六日。志題"大唐故宣節校尉史府君墓志銘并序"。蓋文篆書3行，滿行3字。志文楷書18行，滿行18字。出土於陝西省西安市長安區，現藏地不詳。《西安新獲墓志集萃》《西南大學新藏墓志集釋》著錄。

132. 劉少卿墓志：上元三年(676)十一月八日。志題"大唐故游擊將軍劉府君墓志并序"。志文楷書31行，滿行31字。出土於陝西省西安市長安區，現藏地不詳。《秦晋豫新出墓志搜佚三編》著錄。

133. 胡叔良墓志：儀鳳元年（676）十一月二十八日。志題"□□□□□□□都督胡府君墓志銘并序"。志文楷書36行，滿行36字。李儼撰。出土於陝西省西安市長安區，1999年入藏陝西歷史博物館。《陝西歷史博物館藏墓志萃編》著錄。

134. 劉行敏墓志：儀鳳元年（676）十二月三日。志題"大唐故夔州都督劉府君墓志銘并序"。蓋文篆書4行，滿行4字。志文楷書35行，滿行35字。出土地不詳，現藏陝西省考古研究院。《陝西省考古研究院新入藏墓志》著錄。

135. 劉弘智墓志：儀鳳元年（676）十二月三日。志題"大唐左清道細引劉君墓志銘并序"。蓋文篆書3行，滿行3字。志文楷書18行，滿行18字。出土地不詳，現藏陝西省考古研究院。《陝西省考古研究院新入藏墓志》著錄。

136. 辛澄墓志：儀鳳元年（676）十二月二十七日。志題"唐故青州司馬上護軍辛府君志銘并序"。蓋文篆書4行，滿行3字。志文楷書30行，滿行29字。出土於陝西省西安市長安區，現藏地不詳。《西南大學新藏墓志集釋》著錄。該書稱其出土於蒲城縣，有誤。

137. 皇甫武達墓志：儀鳳二年（677）五月十一日。志題"大唐故寧遠將軍上柱國左領軍衛長城府折衝都尉皇甫君墓志并序"。蓋文篆書3行，滿行3字。志文楷書26行，滿行27字。出土於陝西省西安市三橋鎮簡家村，2001年入藏陝西歷史博物館。《陝西歷史博物館藏墓志萃編》著錄。

138. 輔啓墓志：儀鳳二年（677）十月二十日。志題"大唐故左屯衛長史輔君墓志銘并序"。蓋文篆書1行，滿行2字。志文楷書19行，滿行18字。出土於陝西省西安市，現藏地不詳。《秦晉豫新出墓志搜佚三編》著錄。

139. 陶通墓志：儀鳳二年（677）十一月十四日。志題"大唐故幽州德間府左果毅都尉上柱國陶公之墓志銘并序"。蓋文篆書3行，滿行3字。志文楷書22行，滿行24字。2006年出土於陝西省西安市長安區摯信櫻花園小區工地，現藏陝西省考古研究院。《長安高陽原新出土隋唐墓志》著錄。

140. 席處節墓志：儀鳳二年（677）。志題"大唐故潞州涉縣令席君之墓志銘并序"。志文墨書楷書19行，滿行15字。2005年出土於陝西省西安市長安區陝西師范大學長安校區工地，現藏陝西省考古研究院。《長安高陽原新出土隋唐墓志》著錄。

141. 禰軍墓志：儀鳳三年（678）十月二日。志題"大唐故右威衛將軍上柱國禰公墓志銘并序"。蓋文篆書4行，滿行4字。志文楷書31行，滿行30字。出土於陝西省西安市長安區，現藏地不詳。《西安新獲墓志集萃》《秦晉豫新出墓志搜佚三編》著錄。

142. 伍穎墓志：調露元年（679）十月十四日。志題"大唐故朝請大夫伍府君墓志銘并序"。志文楷書21行，滿行30字。出土於陝西省扶風縣，現藏地不詳。《西安新獲墓志集萃》著録。

143. 亡尼七品墓志：調露元年（679）十二月二十□日。志題"唐故亡尼七品墓志"。志文楷書 12 行，滿行 11 字。出土於陝西省西安市，現藏地不詳。《秦晉豫新出墓志搜佚三編》著録。

144. 盧昭道墓志：調露二年（680）八月十八日。志題"唐故尚書比部員外郎盧君墓志銘并序"。蓋文篆書 4 行，滿行 4 字。志文楷書 34 行，滿行 34 字。李嗣真撰。出土於陝西省西安市長安區，現藏地不詳。《秦晉豫新出墓志搜佚三編》著録。

145. 盧勤禮墓志：永隆元年（680）十一月二十五日。志題"大唐故盧勤禮墓志銘并序"。志文楷書 20 行，滿行 20 字。出土、現藏地不詳。《秦晉豫新出墓志搜佚三編》著録。

146. 折婁惠墓志：永隆元年（680）十二月二十日。志題"大唐故監門長上小尉折婁府君之墓志并序"。志文楷書 16 行，滿行 17 字。2002 年出土於陝西省銅川市新區，現藏西安碑林博物館。《銅川碑刻》著録。

147. 鄧有意墓志：永隆二年（681）二月二十日。志題"大唐故鄧君墓志銘并序"。蓋文篆書 3 行，滿行 3 字。志文楷書 18 行，滿行 18 字。2004 年出土於陝西省西安市長安區西北大學長安校區工地，現藏陝西省考古研究院。《長安高陽原新出土隋唐墓志》著録。

148. 馮孝約墓志：永隆二年（681）二月二十二日。志題"大唐故洛州密縣令馮君墓志銘并序"。蓋文篆書 4 行，滿行 3 字。志文楷書 38 行，滿行 38 字。2015 年出土於陝西省西安市户縣大王鎮西咸北環綫高速公路工地，現藏陝西省考古研究院。《陝西省考古研究院新入藏墓志》著録。

149. 殷仲容夫人顔頵墓志：永隆二年（681）閏七月十三日。志題"大唐相王府咨議殷君故夫人顔氏墓志銘并序"。蓋文篆書 5 行，滿行 4 字。志文楷書 25 行，滿行 26 字。2004 年出土於陝西省西安市長安區西北大學長安校區工地，現藏陝西省考古研究院。《長安高陽原新出土隋唐墓志》著録。

150. 比丘尼真意墓志：開耀元年（681）十一月二十日。志題"大唐建法寺大比丘尼墓志銘并序"。蓋文楷書 4 行，滿行 4 字。志文楷書 19 行，滿行 20 字。2004 年出土於陝西省西安市長安區紫薇田園都市小區工地，現藏陝西省考古研究院。《長安高陽原新出土隋唐墓志》著録。

151. 史君妻李藥玉墓志：開耀二年（682）二月八日。志題"大唐故史府君妻李夫人墓志銘并序"。蓋文篆書 3 行，滿行 3 字。志文楷書 24 行，滿行 23 字。2002 年出土於陝西省西安市長安區安装機械廠工地，現藏陝西省考古研究院。《長安高陽原新出土隋唐墓志》著録。

152. 趙自慎墓志：開耀二年(682)三月二十八日。志題"大唐故太僕主簿趙府君墓志銘并序"。志文楷書39行，滿行40字。出土於陝西省西安市郊區，現藏地不詳。《西南大學新藏墓志集釋》著錄。

153. 殷泰初墓志：永淳元年(682)五月四日。志題"唐故宣義郎殷泰初墓志銘并序"。蓋文篆書3行，滿行3字。志文楷書25行，滿行25字。2004年出土於陝西省西安市長安區西北大學長安校區工地，現藏陝西省考古研究院。《長安高陽原新出土隋唐墓志》著錄。

154. 衛藹墓志：永淳元年(682)十一月十三日。志題"大唐故上柱國衛君墓志銘并序"。蓋文篆書3行，滿行3字。志文楷書24行，滿行25字。2003年出土於陝西省西安市長安區紫薇田園都市小區工地，現藏陝西省考古研究院。《長安高陽原新出土隋唐墓志》著錄。

155. 元昭墓志：永淳二年(683)正月十八日。志題"大唐故涇州司户參軍事元君墓志銘并序"。蓋文篆書4行，首行2字，後三行行4字。志文楷書23行，滿行25字。出土於陝西省西安市，現藏地不詳。《秦晋豫新出墓志搜佚三編》著錄。

156. 李烈墓志：永淳二年(683)十二月二十日。志題"櫟陽縣令李府君墓志銘并序"。蓋文篆書3行，滿行3字。志文楷書34行，滿行34字。出土於陝西省西安市，現藏地不詳。《秦晋豫新出墓志搜佚三編》著錄。

157. 袁利貞墓志：光宅元年(684)十一月十三日。志題"大唐故祠部員外郎贈許王府咨議參軍事袁府君墓志銘并序"。蓋文篆書5行，滿行4字。志文楷書24行，滿行25字。出土於陝西省西安市長安區，現藏地不詳。《秦晋豫新出墓志搜佚三編》著錄。

158. 韋月尚墓志：垂拱元年(685)二月十四日。志題"大唐故韋君墓志銘"。志文楷書21行，滿行20字。出土地不詳，現藏陝西省考古研究院。《陝西省考古研究院新入藏墓志》著錄。

159. 亡尼墓志：垂拱元年(685)六月二十二日。志題"大唐故亡尼七品墓志銘并序"。志文楷書9行，滿行15字。出土、現藏地不詳。《秦晋豫新出墓志搜佚三編》著錄。

160. 劉初墓志：垂拱元年(685)七月五日。志題"大唐故謁者臺員外郎騎都尉劉初墓志銘"。志文楷書24行，滿行23字。出土於陝西省西安市，現藏地不詳。《秦晋豫新出墓志搜佚三編》著錄。

161. 竇氏墓志：垂拱元年(685)七月。志文朱書楷書9行，滿行11字。2010年出土於陝西省西安市長安區郭杜街道陝西日報社工地，現藏陝西省考古研究院。《陝西省考古研究院新入藏墓志》著錄。

162. 王仁安墓志：垂拱元年(685)八月十一日。志題"大唐故丹州門山縣令王府君墓志銘并序"。蓋文篆書4行,滿行4字。志文楷書28行,滿行28字。出土於陝西省西安市長安區,現藏地不詳。《秦晉豫新出墓志搜佚三編》著錄。

163. 陸景澄墓志:垂拱二年(686)四月二十八日。志題"大唐紀國王第四女安德縣主婿梓州郪縣令陸君墓志銘并序"。蓋文篆書3行,首次兩行三字,末行2字。志文楷書25行,滿行25字。出土於陝西省西安市郊區,現藏地不詳。《西南大學新藏墓志集釋》著錄。是書稱其出土於雁塔區高陽縣境內,表述有誤。

164. 高懷義墓志:垂拱三年(687)十月二十五日。志題"大唐故綿州萬安縣令高府君墓志銘并序"。志文楷書34行,滿行33字。出土於陝西省西安市郊區,現藏地不詳。《西南大學新藏墓志集釋》著錄。

165. 楊滿墓志:垂拱三年(687)十二月七日。志題"唐故龔州皇化縣主簿宋府君夫人楊氏銘并序"。志文楷書18行,滿行18字。出土於陝西省西安市,現藏地不詳。《秦晉豫新出墓志搜佚三編》著錄。

166. 李仁泰墓志:垂拱四年(688)五月三日。志題"皇四從侄大唐故游擊將軍守右武威衛龍原府右果毅都尉上柱國李公墓志銘并序"。志文楷書27行,滿行26字。出土於陝西省西安市郊區,現藏地不詳。《西南大學新藏墓志集釋》著錄。

167. 韋鏉墓志蓋:永昌元年(689)五月二十一日。蓋題"唐故益州大都督府成都縣令韋府墓志"。蓋文篆書4行,滿行4字。1986年出土於陝西省西安市長安縣韋曲鎮東韋村,現藏陝西省考古研究院。《陝西省考古研究院新入藏墓志》著錄。志石見《隋唐五代墓志匯編》。

168. 任智才墓志:載初元年(689)七月八日。志題"唐故處士任君墓志銘并序"。志文楷書14行,滿行22字。出土於陝西省西安市,現藏地不詳。《秦晉豫新出墓志搜佚三編》著錄。

169. 劉文禕墓志:永昌元年(689)十月二十三日。志題"大唐故左豹韜衛將軍上護軍河間縣開國男劉府君墓志銘并序"。蓋文篆書4行,滿行4字。志文楷書38行,滿行38字。出土於陝西省西安市長安區,現藏地不詳。《秦晉豫新出墓志搜佚三編》著錄。

170. 李德墓志:天授二年(691)正月十八日。志題"唐戎州都督府開邊縣令李君墓志銘并序"。蓋文篆書3行,滿行3字。志文楷書18行,滿行18字。出土於陝西省西安市長安區,現藏地不詳。《西安新獲墓志集萃》著錄。

171. 李禮墓志:天授二年(691)正月十八日。志題"唐鄧州內鄉縣令李君墓志銘并序"。志文楷書18行,滿行18字。出土於陝西省西安市長安區,現藏地不詳。《西安新獲墓志集萃》著錄。

172. 韓君夫人梁二娘墓志：天授二年(691)二月七日。志題"大周文林郎韓府君故夫人梁氏墓志銘并序"。蓋文篆書4行，滿行4字。志文楷書21行，滿行20字。2004年出土於陝西省西安市長安區陝西師范大學長安校區工地，現藏陝西省考古研究院。《長安高陽原新出土隋唐墓志》著錄。

173. 竇孝慈夫人豆盧氏墓志：天授二年(691)三月一日。志題"大周使持節瀛洲諸軍事潁州刺史我先君莘國竇公夫人即我先妣大周莘國太夫人豆盧氏墓志銘并序"。蓋文篆書4行，滿行3字。志文楷書40行，滿行38字。出土於陝西省西安市長安區，現藏地不詳。《西安新獲墓志集萃》著錄。

174. 焦新婦墓志：天授二年(691)六月三日。志文楷書5行，滿行13字。2012年出土於陝西省西安市長安區郭杜街道萬科城工地，現藏陝西省考古研究院。《陝西省考古研究院新入藏墓志》著錄。

175. 解昭德墓志：天授三年(691)七月九日。志題"大周故□□□□解府君墓志銘并序"。蓋文篆書3行，滿行3字。志文楷書28行，滿行28字。出土於陝西省西安市三橋鎮簡家村，2001年入藏陝西歷史博物館。《陝西歷史博物館藏墓志萃編》著錄。

176. 樊禎墓志：天授二年(691)十月十二日。志題"大周朝散大夫行宮尹府主簿右臺御史樊君墓志銘并序"。志文楷書24行，滿行25字。出土於陝西省西安市長安區，現藏地不詳。《秦晉豫新出墓志搜佚三編》著錄。

177. 蕭珪墓志：天授二年(691)十月十二日。志題"唐故朝散大夫濮州長史蘭陵蕭府君墓志銘并序"。志文楷書34行，滿行34字。蕭發暉撰，蕭令忠書。出土於陝西省西安市長安區，現藏地不詳。《秦晉豫新出墓志搜佚三編》著錄。

178. 王九言墓志：天授二年(691)十月二十四日。志題"唐故朝議大夫并州大都督府司馬上柱國清源縣開國男王府君墓志銘并序"。志文楷書31行，滿行32字。出土於陝西省西安市長安區，現藏地不詳。《西安新獲墓志集萃》著錄。

179. 李正因墓志：天授三年(692)二月二十四日。志題"大周故贈使持節潤州諸軍事潤州刺史王府君夫人李氏墓志銘"。蓋文篆書4行，滿行4字。志文楷書24行，滿行24字。李顒撰。出土於陝西省西安市長安區，現藏地不詳。《西安新獲墓志集萃》、《西南大學新藏墓志集釋》314著錄。

180. 竇孝忠墓志：天授三年(692)四月七日。志題"大周故朝議大夫使持節簡州諸軍事守簡州刺史長清縣開國男竇府君墓志銘并序"。蓋文篆書3行，滿行3字。志文楷書31行，滿行30字。出土於陝西省西安市郊區，現藏地不詳。《西南大學新藏墓志集釋》著錄。

181. 鄒鸞昉墓志：長壽三年(694)正月二十一日。志題"大周故徵士上柱國鄒府君墓志文并序"。志文楷書26行,滿行26字。出土於陝西省西安市長安區,現藏地不詳。《西安新獲墓志集萃》《秦晋豫新出墓志搜佚三編》著錄。

182. 范履慎墓志:長壽三年(694)四月十四日。志題"大周故范處士墓志"。志上方横刻篆書5行,滿行2字。志文楷書1行,滿行11字。2002年出土於陝西省西安市長安區陝西師范大學長安校區工地,現藏陝西省考古研究院。《長安高陽原新出土隋唐墓志》著錄。

183. 柳景文墓志:長壽三年(694)五月十九日。志題"周故□□柳君墓志銘并序"。志文楷書25行,滿行25字。2013年出土於陝西省西安市,現藏地不詳。《秦晋豫新出墓志搜佚三編》著錄。

184. 韋傑墓志:長壽三年(694)五月十九日。志題"大周故魏州昌樂縣令韋君墓志銘"。志文楷書33行,滿行33字。出土地不詳,現藏陝西省考古研究院。《陝西省考古研究院新入藏墓志》著錄。

185. 米仁慶墓志:延載元年(694)十月二十日。志題"大周故飛騎隊正米府君墓志銘并序"。蓋文篆書3行,滿行3字。志文楷書26行,滿行26字。出土於陝西省盩厔縣,現藏地不詳。《秦晋豫新出墓志搜佚三編》著錄。

186. 劉君妻李娘墓志:證聖元年(695)正月二十九日。志題"唐故太子右千牛衛率井陘縣開國公劉府君夫人隴西郡李氏墓志銘并序"。蓋文篆書4行,滿行3字。志文楷書31行,滿行32字。劉玄暕述。出土於陝西省涇陽縣,現藏地不詳。《秦晋豫新出墓志搜佚三編》著錄。

187. 七品亡尼墓志:證聖元年(695)五月十五日。志文楷書11行,滿行14字。出土於陝西省咸陽市,現藏地不詳。《秦晋豫新出墓志搜佚三編》著錄。

188. 趙君夫人劉英墓志:天册萬歲元年(695)十月二十八日。志題"大周天水趙君劉夫人墓志銘并序"。志文朱書楷書19行,滿行字數不等。2012年出土於陝西省西安市長安區郭杜街道萬科城工地,現藏陝西省考古研究院。《陝西省考古研究院新入藏墓志》著錄。

189. 李善墓志:證聖元年(695)。志題"大周故公士李君志銘并序"。蓋文篆書4行,滿行3字。志文楷書23行,滿行23字。出土於陝西省西安市郊區,現藏地不詳。《西南大學新藏墓志集釋》著錄。

190. 戴君妻閻履墓志:天册萬歲二年(696)正月二十八日。志題"大周清廟臺令戴君故夫人樂壽郡君閻氏墓志銘并序"。蓋文篆書3行,滿行3字。志文楷書26行,滿行25字。出土於陝西省西安市長安區,現藏地不詳。《秦晋豫新出墓志搜佚三編》著錄。

191. 韋挹墓志：萬歲通天二年(697)二月五日。志題"大周故處士京兆肅府君墓志銘并序"。蓋文篆書3行，滿行3字。志文隸書17行，滿行16字。出土地不詳，現藏陝西省考古研究院。《陝西省考古研究院新入藏墓志》著錄。

192. 杜君妻閻氏墓志：萬歲通天二年(697)二月十七日。志題"大周故唐綿州司户參軍京兆杜君夫人閻氏墓志銘并序"。志文楷書24行，滿行24字。出土於陝西省西安市長安區，現藏地不詳。《秦晋豫新出墓志搜佚三編》著錄。

193. 劉玄意妻馮顒墓志：萬歲通天二年(697)二月十七日。志題"大周寧遠將軍守右衛中郎檢校甘州刺史劉玄意故妻馮夫人墓志銘并序"。志文楷書30行，滿行30字。出土於陝西省西安市長安區，現藏地不詳。《西安新獲墓志集萃》著錄。

194. 駱玄運墓志：萬歲通天二年(697)三月六日。志題"大周故處士駱府君墓志銘并序"。志文楷書22行，滿行22字。出土於陝西省咸陽市涇陽縣，現藏地不詳。《西南大學新藏墓志集釋》著錄。

195. 杜君妻□氏墓志：神功元年(697)十月二十二日。志題"大周故使持節瀛州刺史杜君夫人□氏墓志銘并序"。志文楷書26行，滿行27字。出土於陝西省西安市長安區，現藏地不詳。《秦晋豫新出墓志搜佚三編》著錄。

196. 樊君妻寶氏墓志：聖曆元年(698)正月十二日。志題"大周前中散大夫檢校司州長史樊君故妻美陽縣君寶氏墓志并序"。蓋文篆書3行，滿行3字。志文楷書29行，滿行29字。出土於陝西省西安市長安區，現藏地不詳。《秦晋豫新出墓志搜佚三編》著錄。

197. 史伏寶墓志：聖曆二年(699)五月七日。志題"大周故寧遠將軍上柱國隴州閑川府折衝都尉史府君志銘并序"。志文楷書24行，滿行24字。出土於陝西省西安市長安區，現藏地不詳。《秦晋豫新出墓志搜佚三編》著錄。

198. 趙本道墓志：聖曆二年(699)八月九日。志題"大周故晋王府執仗趙君墓志銘并序"。蓋文篆書3行，滿行3字。志文楷書28行，滿行29字。陽廉撰。出土於陝西省西安市長安區，現藏地不詳。《秦晋豫新出墓志搜佚三編》著錄。

199. 戴恭紹墓志：聖曆三年(700)二月二日。志題"大周故銀青光禄大夫使持節涪州諸軍事涪州刺史柱國譙縣男戴府君墓志并序"。志文楷書33行，滿行33字。出土於陝西省西安市長安區，現藏地不詳。《秦晋豫新出墓志搜佚三編》著錄。

200. 李志覽墓志：聖曆三年(700)二月十六日。志題"大唐故朝議大夫上柱國前趙州司馬李府君墓志銘并序"。蓋文篆書3行，滿行3字。志文楷書30行，滿行29字。劉諲撰。1999年出土於陝西省長安縣細柳鄉高廟村，1999年入藏陝西歷史博物館。《陝西歷史博物館藏墓志萃編》著錄。

201. 韋君妻崔氏墓志：聖曆三年(700)三月二十三日。志題"大周秦州韋參軍故夫人崔氏墓志銘并序"。蓋文篆書3行，滿行3字。志文楷書17行，滿行18字。出土於陝西省西安市長安區，現藏地不詳。《秦晉豫新出墓志搜佚三編》著錄。

202. 楊弘嗣墓志：聖曆三年(700)三月二十三日。志題"大周故殷王執仗楊府君墓志銘并序"。蓋文篆書3行，滿行3字。志文楷書28行，滿行29字。出土於陝西省西安市郊區，現藏地不詳。《西南大學新藏墓志集釋》《秦晉豫新出墓志搜佚三編》著錄。

203. 王德徹墓志：久視元年(700)十月五日。志題"大周故太中大夫行會州司馬王府君墓志銘并序"。蓋文篆書5行，滿行4字，末行2字。志文楷書38行，滿行38字。出土於陝西省西安市長安區，現藏地不詳。《秦晉豫新出墓志搜佚三編》著錄。

204. 高乙德墓志：大足元年(701)九月二十八日。志題"周冠軍大將軍行左清道率府頻陽折衝都尉高乙德墓志并序"。蓋文楷書12行，滿行12字。志文楷書21行，滿行21字。出土於陝西省西安市長安區，現藏地不詳。《秦晉豫新出墓志搜佚三編》著錄。

205. 李寶墓志：長安二年(702)二月二十三日。志題"大周故行唐縣令李君墓志"。蓋文篆書3行，滿行3字。志文楷書24行，滿行24字。2004年出土於陝西省西安市長安區西北大學長安校區工地，現藏陝西省考古研究院。《長安高陽原新出土隋唐墓志》著錄。

206. 李格墓志：長安二年(702)二月二十三日。志題"大周故行唐縣令息李君墓志"。蓋文篆書3行，滿行3字。志文楷書17行，滿行17字。2004年出土於陝西省西安市長安區西北大學長安校區工地，現藏陝西省考古研究院。《長安高陽原新出土隋唐墓志》著錄。

207. 李南墓志：長安二年(702)二月二十三日。志題"大周故婺州司倉李君墓志"。蓋文篆書3行，滿行3字。志文楷書23行，滿行23字。2004年出土於陝西省西安市長安區西北大學長安校區工地，現藏陝西省考古研究院。《長安高陽原新出土隋唐墓志》著錄。

208. 邊公夫人王令順墓志：長安二年(702)五月三十日。志題"大周秦府倉曹金城邊公王妻王夫人墓志銘并序"。志文楷書20行，滿行20字。1988年出土於陝西省西安市灞橋區洪慶鎮向陽公司工地，現藏陝西省考古研究院。《陝西省考古研究院新入藏墓志》著錄。

209. 鄭福善第四女墓志：長安二年(702)十一月。志文朱書7行，滿行13字。2013年出土於陝西省西安市長安區郭杜街道萬科城工地，現藏陝西省考古研究院。《陝西省考古研究院新入藏墓志》著錄。

210. 殷仲容墓志：長安三年(703)七月十七日。志題"大周故通議大夫行麟臺丞上柱國建安縣開國子殷府君墓志銘并序"。蓋文篆書4行，滿行3字。志文楷書33行，滿行33字。楊志□撰，殷承業書，殷損之篆蓋。2004年出土於陝西省西安市長安區西北大學長安校區工地,現藏陝西省考古研究院。《長安高陽原新出土隋唐墓志》著録。

211. 郭君夫人劉氏墓志:長安三年(703)八月十三日。志文楷書8行,滿行7字。2003年出土於陝西省西安市長安區,現藏陝西省考古研究院。《長安高陽原新出土隋唐墓志》著録。

212. 王超墓志:長安三年(703)十月十五日。志題"大周太原王公墓志銘并序"。志文楷書28行,滿行28字。出土於陝西省西安市,現藏地不詳。《秦晉豫新出墓志搜佚三編》著録。

213. 謝文智墓志:長安三年(703)十月二十七日。志題"大周故昭武校尉并州封戍主謝公墓志銘并序"。蓋文篆書3行,滿行3字。志文楷書17行,滿行17字。出土於陝西省西安市長安區,2008年入藏陝西歷史博物館。《陝西歷史博物館藏墓志萃編》著録。

214. 李夫人墓志:長安三年(703)十二月十七日。志題"□□□隴西李夫人墓志銘"。志文朱書楷書14行,滿行14字。□令婉書。2003年出土於陝西省西安市長安區西北大學長安校區工地,現藏陝西省考古研究院。《長安高陽原新出土隋唐墓志》著録。

215. 盧氏墓志:長安四年(704)二月十五日。志題"大周范陽郡盧夫人之墓"。蓋文篆書3行,滿行3字。志文楷書15行,滿行14字。出土於陝西省西安市長安區,現藏地不詳。《秦晉豫新出墓志搜佚三編》著録。

216. 薛君夫人費氏墓志:長安四年(704)。志題"薛氏費夫人墓"。志文楷書3行,滿行字數不等。2006年出土於陝西省西安市長安區摯信櫻花園小區工地,現藏陝西省考古研究院。《長安高陽原新出土隋唐墓志》著録。

217. 氾義協墓志:神龍元年(705)十月十四日。志題"大唐故將仕郎氾府君墓志銘并序"。蓋文篆書3行,滿行3字。志文楷書29行,滿行29字。2004年出土於陝西省西安市長安區西北大學長安校區工地,現藏陝西省考古研究院。《長安高陽原新出土隋唐墓志》著録。

218. 關君墓志蓋:武周時期(690—705)。志題"大周故關君墓志之銘"。蓋文篆書3行,滿行3字。出土、現藏地不詳。《西安新獲墓志集萃》著録。

219. 亡尼墓志:武周時期(690—705)。志題"大周故亡尼墓志"。蓋文篆書3行,滿行3字。志文楷書9行,滿行11字。出土、現藏地不詳。《西安新獲墓志集萃》著録。

220. 韋知藝墓志:神龍二年(706)閏正月一日。志題"大唐故中大夫使持節箕州諸軍事守箕州刺史上護軍韋府君墓志之銘并序"。志文楷書29行,滿行29字。岑義撰,韋望之書。出土於陝西省西安市郊區,現藏地不詳。《西南大學新藏墓志集釋》著録。

221. 林公妻姜九□墓志:神龍二年(706)六月十二日。志題"唐故高平縣令林公故夫人姜氏墓志銘"。志文楷書 29 行,滿行□字。沈佺期撰。出土、現藏地不詳。《秦晉豫新出墓志搜佚三編》著錄。

222. 武太墓志:神龍二年(706)十一月二日。志題"唐故朝請大夫彭州唐昌縣令柱國公士武君墓志"。蓋文篆書 3 行,滿行 3 字。志文楷書 32 行,滿行 30 字。吳延陵撰。2014 年出土於陝西省西安市高陵縣西部工業物流項目工地,現藏陝西省考古研究院。《陝西省考古研究院新入藏墓志》著錄。

223. 安武臣墓志:神龍三年(707)二月十五日。志題"大唐故雲麾將軍行右屯衛翊府中郎將安侯墓志銘并序"。蓋文篆書 3 行,滿行 3 字。志文楷書 18 行,滿行 18 字。出土於陝西省西安市郊區,現藏地不詳。《西南大學新藏墓志集釋》著錄。此志係磨去武周時期果州南充縣令李及字光遠的舊志而改刻。

224. 支元亨夫人李氏墓志:神龍三年(707)五月四日。志題"大唐宣德郎行鎮國太平公主府典簽上騎都尉支元亨亡夫人李氏墓志銘"。志文墨書楷書 14 行,滿行 13 字。2002 年出土於陝西省西安市長安區紫薇田園都市小區工地,現藏陝西省考古研究院。《長安高陽原新出土隋唐墓志》著錄。

225. 柳警微妻韋氏墓志:神龍三年(707)八月十九日。志題"大唐朝散郎行右衛率府兵曹柳警微妻韋氏墓志銘并序"。志文楷書 25 行,滿行 24 字。2009 年出土於陝西省西安市長安區,現藏地不詳。《秦晉豫新出墓志搜佚三編》著錄。

226. 宇文去惑墓志:景龍元年(707)十一月三日。志題"大唐故漢州長史宇文府君墓志銘并序"。志文楷書 30 行,滿行 31 字。出土於陝西省西安市長安區,現藏地不詳。《秦晉豫新出墓志搜佚三編》著錄。

227. 韋泚暨妃鄭氏墓石:景龍二年(708)十月三日。志文楷書 39 行,字數不等。1988 年出土於陝西省西安市長安縣韋曲鎮南里王村,現藏陝西省考古研究院。《陝西省考古研究院新入藏墓志》著錄。

228. 韋洵暨妃蕭氏墓石:景龍二年(708)十月三日。志文楷書 39 行,滿行字數不等。1988 年出土於陝西省西安市長安縣韋曲鎮南里王村,現藏陝西省考古研究院。《陝西省考古研究院新入藏墓志》著錄。

229. 韋洞中央鎮墓石:景龍二年(708)十一月一日。上部篆書 6 行,滿行 3 字。志文楷書 21 行,滿行 8 字。1988 年出土於陝西省西安市長安縣韋曲鎮南里王村,現藏陝西省考古研究院。《陝西省考古研究院新入藏墓志》著錄。

230. 蘇通墓志:景龍二年(709)二月十五日。蓋文篆書 3 行,滿行 3 字。1986 年出土於陝西省咸陽市煤校工地,現藏陝西省考古研究院。《陝西省考古研究院新入藏墓志》

著錄。

231. 韋君妻賈氏玄堂志：景龍四年（710）二月二十二日。志文楷書14行，滿行15字。1986年出土於陝西省西安市灞橋區長樂東路附近，現藏陝西省考古研究院。《陝西省考古研究院新入藏墓志》著錄。

232. 劉野王墓志：唐龍元年（710）七月二十四日。志題"大唐故工部侍郎使持節陝州諸軍事陝州刺史上柱國譙縣開國侯劉府君墓志銘并序"。蓋文篆書3行，滿行3字。志文楷書35行，滿行35字。出土於陝西省西安市長安區，現藏地不詳。《秦晉豫新出墓志搜佚三編》著錄。

233. 上官昭容墓志：景雲元年（710）八月二十四日。志題"大唐故婕妤上官氏墓志銘并序"。蓋文篆書3行，滿行3字。志文楷書32行，滿行33字。2013年出土於陝西省咸陽市渭城區空港新城南大道工地，現藏地不詳。《陝西省考古研究院新入藏墓志》《秦晉豫新出墓志搜佚三編》著錄。

234. 羅君夫人李大娘墓志：延和元年（712）六月十六日。志題"唐前邛州安仁縣丞羅君故人李氏墓志銘并序"。志文墨書楷書14行，滿行字數不等。2009年出土於陝西省西安市長安區皋曲街道黃河上游水電開發公司工地，現藏陝西省考古研究院。《陝西省考古研究院新入藏墓志》著錄。

235. 韋志潔墓志：先天元年（712）十一月十九日。志題"唐故陝州河北縣尉京兆韋府君墓志銘并序"。蓋文篆書3行，滿行3字。志文楷書31行，滿行31字。寇泚撰。出土於陝西省西安市長安區，現藏地不詳。《秦晉豫新出墓志搜佚三編》著錄。

236. 潘君妻楊氏墓志：先天二年（713）十二月五日。志題"大唐故處士潘府君夫人弘農楊氏墓志銘并序"。蓋文篆書3行，滿行3字。志文楷書21行，滿行23字。出土於陝西省銅川市耀州區，現藏地不詳。《秦晉豫新出墓志搜佚三編》著錄。

237. 李器墓志：開元二年（714）五月十日。志題"大唐故左羽林衛左武衛將軍宜春縣開國子李公墓志銘并序"。志文楷書41行，滿行42字。崔日用撰，從希榮書。出土於陝西省西安市長安區，現藏地不詳。《西安新獲墓志集萃》著錄。

238. 韋縱墓志：開元三年（715）八月二十三日。志題"大唐故中大夫衛州司馬韋府君墓志銘并序"。蓋文篆書3行，滿行3字。志文楷書22行，滿行22字。1989年出土於陝西省西安市灞橋區紡織城街道西北國棉五廠工地，現藏陝西省考古研究院。《陝西省考古研究院新入藏墓志》著錄。

239. 趙琮墓志：開元三年（715）十一月二十八日。志題"唐故朝議郎行并州大都督府晉陽縣令天水趙君墓志銘并序"。蓋文篆書3行，滿行3字。志文楷書24行，滿行24字。

出土於陝西省西安市長安區,現藏地不詳。《秦晉豫新出墓志搜佚三編》著錄。

240. 楊嬉墓志:開元四年(716)五月二十一日。志題"前益州犀浦縣尉隴西李君夫人弘農楊氏墓志銘并序"。志文楷書20行,滿行22字。韓休撰,楊汪書。出土於陝西省西安市長安區,現藏地不詳。《秦晉豫新出墓志搜佚三編》著錄。

241. 杜智墓志:開元四年(716)七月十日。志題"大唐故右衛翊二府杜君墓志銘"。蓋文篆書3行,滿行3字。志文楷書18行,滿行18字。20世紀80代年出土於陝西省銅川市耀縣,現藏耀州區博物館。《銅川碑刻》著錄。

242. 張偉墓志:開元四年(716)八月六日。志題"大唐故朝散大夫尚乘奉御上柱國張墓志銘并序"。志文楷書18行,滿行18字。2013年出土於陝西省西安市長安區,現藏地不詳。《秦晉豫新出墓志搜佚三編》著錄。

243. 孫承嗣妻高氏墓志:開元五年(717)二月一日。志題"大唐右衛翊衛兵部常選富陽孫承嗣故妻渤海高氏墓志銘并序"。志文楷書16行,滿行17字。2002年出土於陝西省西安市長安區陝西師範大學長安校區工地,現藏陝西省考古研究院。《長安高陽原新出土隋唐墓志》著錄。

244. 竇君夫人顏氏墓志:開元五年(717)八月五日。志題"大唐故涼府都督竇府君夫人顏氏墓志銘并序"。志文楷書23行,滿行23字。出土於陝西省咸陽市,現藏地不詳。《西安新獲墓志集萃》著錄。

245. 元蔚豹墓志:開元五年(717)十月十六日。志文楷書18行,滿行18字。元福將撰。出土於陝西省銅川市新區,現藏陝西省西安市鄠邑區。《銅川碑刻》著錄。

246. 蕭璿墓志:開元五年(717)十一月二十四日。志題"唐故河南尹上柱國鄧縣開國男蕭公墓志銘"。志文楷書46行,滿行45字。馬懷素撰。出土於陝西省西安市郊區,現藏地不詳。《西南大學新藏墓志集釋》著錄。

247. 李文舉夫人竇氏墓志:開元六年(718)五月三日。志題"大唐皇再從叔尚乘奉御李君夫人扶風郡太夫人竇氏墓志銘并序"。蓋文楷書3行,滿行3字。志文楷書27行,滿行27字。出土於陝西省西安市郊區,現藏地不詳。《西南大學新藏墓志集釋》著錄。

248. 韋維墓志:開元六年(718)七月十日。志題"大唐故銀青光祿大夫行右庶子上柱國南皮縣開國南韋公墓志銘并序"。蓋文篆書3行,滿行3字。志文楷書36行,滿行36字。崔日用撰。2004年出土於陝西省西安市長安區西北大學長安校區工地,現藏陝西省考古研究院。《長安高陽原新出土隋唐墓志》著錄。

249. 李敬墓志:開元六年(718)七月十一日。志題"大唐上柱國李公墓志銘并序"。志文楷書16行,滿行16字。出土於陝西省銅川市耀州區,現藏地不詳。《銅川碑刻》

著録。

250. 田元墓志：開元六年(718)八月二十九日。志題"大唐故田君墓志銘并序"。志文楷書16行，滿行16字。出土於陝西省銅川市耀州區孫塬鎮五臺村，現藏爲私人收藏。《銅川碑刻》著録。

251. 韋虚心妻崔氏墓志：開元七年(719)七月十五日。志題"户部郎中韋氏妻崔氏墓志銘并序"。蓋文楷書4行，滿行3字。志文楷書27行，滿行26字。韋虚心撰。2004年出土於陝西省西安市長安區西北大學長安校區工地，現藏陝西省考古研究院。《長安高陽原新出土隋唐墓志》著録。

252. 李念兒墓志：開元七年(719)十一月五日。志題"隴西李夫人墓志銘并序"。蓋文篆書3行，滿行3字。志文楷書16行，滿行15字。出土於陝西省西安市長安區，現藏地不詳。《秦晋豫新出墓志搜佚三編》著録。

253. 王承憬妻姜温墓志：開元八年(720)二月二十六日。志題"大唐朝請郎前國子監明經王承憬故妻姜氏墓志銘"。志文楷書25行，滿行25字。出土於陝西省西安市郊區，現藏地不詳。《西南大學新藏墓志集釋》著録。

254. 田瑀墓志：開元八年(720)十一月十一日。志題"齊國田府君墓志銘并序"。志文楷書21行，滿行21字。2004年出土於陝西省西安市長安區陝西師范大學長安校區工地，現藏陝西省考古研究院。《長安高陽原新出土隋唐墓志》著録。

255. 于榮德墓志：開元八年(720)十一月十二日。志題"唐故朝議郎沁州沁源縣令護軍於公墓志銘并序"。志文楷書29行，滿行29字。張景撰，于迥書。出土於陝西省西安市長安區，現藏地不詳。《秦晋豫新出墓志搜佚三編》著録。

256. 丁元裕墓志：開元九年(721)二月二十五日。志題"大唐故使持節集州諸軍事集州刺史上柱國清河丁公志石文并序"。蓋文篆書3行，滿行3字。志文楷書32行，滿行32字。丁羽客撰，甘思齊書序，丁羽客書銘并篆蓋。出土於陝西省西安市長安區，現藏地不詳。《秦晋豫新出墓志搜佚三編》著録。

257. 王晤微墓志：開元九年(721)五月二十六日。志題"唐故太子宮門郎京兆王府君墓志銘并序"。蓋文篆書3行，滿行3字。志文楷書23行，滿行23字。出土於陝西省西安市長安區，2009年入藏陝西歷史博物館。《陝西歷史博物館藏墓志萃編》著録。

258. 韋君妻元淑姿墓志：開元九年(721)十二月二十九日。志題"大唐前豳州參軍韋君故妻元氏紀年銘"。蓋文篆書3行，滿行3字。志文楷書15行，滿行15字。出土於陝西省西安市郊區，現藏地不詳。《西南大學新藏墓志集釋》著録。

259. 解大威墓志：開元十年(722)三月七日。志題"大唐故□氏揭夫人墓志銘并序"。

志文朱書楷書 17 行,滿行 16 字。張宗撰并書。2002 年出土於陝西省西安市長安區陝西師范大學長安校區工地,現藏陝西省考古研究院。《長安高陽原新出土隋唐墓志》著錄。

260. 杜守曁夫人魚氏墓志:開元十年(722)八月十五日。志題"大唐故禦侮校尉杜府君夫人魚氏墓志銘并序"。蓋文篆書 3 行,滿行 3 字。志文楷書 28 行,滿行 28 字。出土於陝西省銅川市耀州區,現藏銅川市耀州區博物館。《銅川碑刻》著錄。

261. 竇舜舜墓志:開元十年(722)十一月二十九日。志題"大唐嗣趙王故妃竇氏墓志銘并序"。蓋文篆書 3 行,滿行 3 字。志文楷書 27 行,滿行 27 字。出土於陝西省西安市長安區,現藏地不詳。《秦晋豫新出墓志搜佚三編》著錄。

262. 崔元弈墓志:開元十一年(723)十月五日。志題"故刑部郎中崔公墓志銘并序"。蓋文篆書 3 行,滿行 3 字。志文楷書 28 行,滿行 29 字。杜鈒撰。出土於陝西省西安市長安區,現藏地不詳。《秦晋豫新出墓志搜佚三編》著錄。

263. 趙王妃竇娀墓志:開元十一年(723)十一月二十八日。志題"嗣趙王妃竇氏墓志并序"。蓋文篆書 3 行,滿行 3 字。志文楷書 22 行,滿行 24 字。2004 年出土於陝西省西安市長安區西北大學長安校區工地,現藏陝西省考古研究院。《長安高陽原新出土隋唐墓志》著錄。

264. 樊大惠墓志:開元十二年(724)七月二十八日。志題"大唐故朝議郎行夔州都督府兵曹參軍事樊君墓志銘并序"。志文楷書 20 行,滿行 20 字。2006 年出土於陝西省西安市長安區昊瑞花苑小區工地,現藏陝西省考古研究院。《長安高陽原新出土隋唐墓志》著錄。

265. 馮客墓志:開元十二年(724)十一月十六日。志題"大唐故正議大夫行内給事上柱國馮君墓志銘并序"。蓋文篆書 3 行,滿行 3 字。志文楷書 22 行,滿行 22 字。出土於陝西省西安市長安區,現藏地不詳。《秦晋豫新出墓志搜佚三編》著錄。

266. 姚君妻任夫人墓志:開元十二年(724)十二月五日。志題"夫人樂安任氏墓志銘并叙"。蓋文篆書 3 行,滿行 3 字。志文楷書 19 行,滿行 20 字。出土於陝西省西安市,現藏地不詳。《秦晋豫新出墓志搜佚三編》著錄。

267. 殷日德墓志:開元十三年(725)五月二十三日。志題"唐故朝散大夫行漢州什邡縣令上柱國馬府君夫人殷墓志"。蓋文篆書 3 行,滿行 3 字。志文楷書 25 行,滿行 25 字。出土於陝西省西安市長安區,現藏地不詳。《秦晋豫新出墓志搜佚三編》著錄。

268. 李玄及墓志:開元十三年(725)九月二十九日。志題"大唐故左領軍衛長上陪戎副尉李府君墓志銘并序"。蓋文篆書 3 行,滿行 3 字。志文楷書 26 行,滿行 26 字。出土於陝西省延安市富縣,現藏陝西省延安市考古所。《陝西青年職業學院學報》2020 年第 4

期著録。

　　269. 劉君妻溫氏墓志：開元十五年（727）二月二十九日。志題"大唐長春府果毅劉君故妻溫氏墓志銘并序"。蓋文篆書 3 行，滿行 3 字。志文楷書 20 行，滿行 20 字。出土於陝西省西安市長安區，現藏地不詳。《秦晋豫新出墓志蒐佚三編》著録。

　　270. 皇甫恂墓志：開元十五年（727）八月二十日。志題"唐故殿中少監錦州刺史皇甫公墓志銘并序"。蓋文篆書 3 行，滿行 3 字。志文楷書 43 行，滿行 44 字。王諲撰，顔鼎書。出土於陝西省銅川市，現藏地不詳。《西安新獲墓志集萃》著録。

　　271. 韋慎名墓志：開元十五年（727）十一月四日。志題"大唐故銀青光祿大夫彭州刺史上柱國京兆韋府君墓志并序"。蓋文篆書 3 行，滿行 3 字。志文楷書 31 行，滿行 33 字。2002 年出土於陝西省西安市長安區陝西師範大學長安校區工地，現藏陝西省考古研究院。《長安高陽原新出土隋唐墓志》著録。

　　272. 范公墓志：開元十六年（728）三月十九日。志題"大唐錢塘郡上柱國故范公墓志銘并序"。蓋文篆書 3 行，滿行 3 字。志文楷書 23 行，滿行 23 字。出土於陝西省銅川市新區，現藏大唐西市博物館。《銅川碑刻》著録。

　　273. 韋虚舟妻李氏墓志：開元十七年（729）十一月十六日。志題"大唐將作主簿韋虚舟亡妻李氏墓志銘并序"。蓋文楷書 4 行，滿行 4 字。志文楷書 23 行，滿行 23 字。韋虚心撰，韋虚舟書，于休烈撰銘。2003 年出土於陝西省西安市長安區西北大學長安校區工地，現藏陝西省考古研究院。《長安高陽原新出土隋唐墓志》著録。

　　274. 段麗質墓志：開元十八年（730）九月十九日。志題"唐故申王贈惠莊太子孺人五郡主母段氏墓志銘并序"。志文楷書 21 行，滿行 21 字。出土於陝西省西安市郊區，現藏地不詳。《西南大學新藏墓志集釋》著録。

　　275. 馮本墓志：開元十八年（730）十一月十二日。志題"大唐故馮君墓志銘并序"。蓋文篆書 3 行，滿行 3 字。志文楷書 22 行，滿行 23 字。出土於陝西省旬邑縣，現藏地不詳。《秦晋豫新出墓志蒐佚三編》著録。

　　276. 楊洛墓志：開元十九年（731）二月五日。志題"大唐故臨汾令楊府君墓志銘并序"。志文楷書 26 行，滿行 26 字。出土於陝西省西安市長安區，現藏地不詳。《秦晋豫新出墓志蒐佚三編》著録。

　　277. 李登墓志：開元十九年（731）七月十五日。志題"唐故大中大夫使持節沁州諸軍事守沁州刺史致仕上柱國李公墓志銘并序"。志文楷書 24 行，滿行 27 字。吴鞏撰，張懷瓌書。出土於陝西省西安市長安區，現藏地不詳。《秦晋豫新出墓志蒐佚三編》著録。

　　278. 韋知遠夫人竇氏墓志：開元十九年（731）十二月二十七日。志題"故監察御史隆康縣男韋府君夫人故安豐縣君竇氏墓志銘并序"。蓋文楷書3行,滿行3字。志文楷書15行,滿行14字。2014年出土於陝西省西安市長安區郭杜街道萬科城工地,現藏陝西省考古研究院。《陝西省考古研究院新入藏墓志》著錄。

279. 韋鎣墓志:開元二十年(732)正月十七日。志題"大唐故隴州司倉參軍京兆韋公墓志銘并序"。蓋文篆書3行,滿行3字。志文楷書27行,滿行26字。出土於陝西省西安市郊區,現藏地不詳。《西南大學新藏墓志集釋》著錄。

280. 劉裦墓志:開元二十年(732)五月十九日。志題"唐故劉夫人墓志銘并序"。蓋文篆書3行,滿行3字。志文楷書18行,滿行18字。出土於陝西省西安市長安區,現藏地不詳。《秦晉豫新出墓志搜佚三編》著錄。

281. 長孫元翼墓志:開元二十年(732)十月十六日。志題"大唐故雲麾將軍左監門衛將軍上柱國趙國公長孫府君墓志銘并序"。蓋文篆書3行,滿行3字。志文楷書30行,滿行33字。出土於陝西省西安市長安區,現藏地不詳。《秦晉豫新出墓志搜佚三編》著錄。

282. 韋俶妻鄭氏墓志:開元二十年(732)十二月二十一日。志題"唐綿州參軍韋俶妻鄭氏墓志銘并序"。志文楷書18行,滿行18字。薛伯連撰。出土於陝西省西安市長安區,現藏地不詳。《秦晉豫新出墓志搜佚三編》著錄。

283. 來慈墓志:開元二十年(732)。志題"大唐故康州司馬上柱國來府君墓志銘"。志文楷書22行,滿行22字。出土於陝西省銅川市宜君縣,現藏地不詳。《銅川碑刻》著錄。

284. 趙弘春墓志:開元二十一年(733)二月一日。志題"□□故都尉上柱國內教供奉趙府君銘并序"。蓋文楷書3行,滿行3字。志文楷書17行,滿行18字。出土地不詳,現藏陝西省考古研究院。《陝西省考古研究院新入藏墓志》著錄。

285. 韋有鄰墓志:開元二十一年(733)二月十六日。志題"大唐故左千牛韋君墓志銘并序"。蓋文篆書3行,滿行3字。志文楷書23行,滿行23字。2004年出土於陝西省西安市長安區西北大學長安校區工地,現藏陝西省考古研究院。《長安高陽原新出土隋唐墓志》著錄。

286. 韋誠美妻張慈愛墓志:開元二十一年(733)九月二十一日。志題"唐故京兆韋誠美故夫人范陽張氏墓志"。蓋文篆書3行,滿行3字。志文楷書15行,滿行16字。出土於陝西省西安市長安區,現藏地不詳。《秦晉豫新出墓志搜佚三編》著錄。

287. 寇太珪墓志:開元二十一年(733)十月四日。志題"大唐故使持節渝州刺史寇府君墓志"。蓋文篆書3行,滿行3字。志文楷書27行,滿行27字。出土於陝西省西安市郊區,現藏地不詳。《西南大學新藏墓志集釋》著錄。

288. 楊志忠墓志：開元二十二年（734）正月九日。志題"故朝議郎沂州長史柱國楊府墓志銘并序"。蓋文篆書3行，滿行3字。志文楷書20行，滿行20字。出土於陝西省西安市郊區，現藏地不詳。《西南大學新藏墓志集釋》著録。

289. 韋虔晃妻李氏墓志：開元二十三年（735）五月十七日。志題"唐濟州長史京兆韋君故夫人李氏墓志銘并序"。蓋文篆書3行，滿行3字。志文楷書22行，滿行22字。出土地不詳，現藏陝西省考古研究院。《陝西省考古研究院新入藏墓志》著録。

290. 崔君夫人陳婉墓志：開元二十三年（735）六月二十八日。志題"唐京兆府雲陽縣崔少府故夫人陳氏志文并序"。志文楷書17行，滿行17字。出土於陝西省西安市長安區，現藏地不詳。《西安新獲墓志集萃》著録。

291. 楊公夫人皇甫淑墓志：開元二十三年（735）十一月十日。志題"大唐故蒲州河東縣令楊公夫人安定皇甫氏墓志并序"。蓋文篆書3行，滿行3字。志文楷書20行，滿行22字。2002年出土於陝西省西安市雁塔區曲江街道西安理工大學曲江校區工地，現藏陝西省考古研究院。《陝西省考古研究院新入藏墓志》著録。

292. 韋虔晃墓志：開元二十四年（736）正月二日。蓋文篆書3行，滿行3字。志文楷書28行，行存字數不等。出土地不詳，現藏陝西省考古研究院。《陝西省考古研究院新入藏墓志》著録。

293. 韋慎名夫人劉氏墓志：開元二十四年（736）正月五日。志題"大唐故銀青光禄大夫彭州刺史韋府君故夫人彭城劉氏墓志銘并序"。蓋文篆書3行，滿行3字。志文楷書25行，滿行26字。2002年出土於陝西省西安市長安區陝西師范大學長安校區工地，現藏陝西省考古研究院。《長安高陽原新出土隋唐墓志》著録。

294. 柳正訓墓志：開元二十四年（736）五月十七日。志題"大唐故柳府君墓志銘并序"。志文楷書22行，滿行26字。2013年出土於陝西省，現藏地不詳。《秦晉豫新出墓志搜佚三編》著録。

295. 孫承嗣墓志：開元二十四年（736）五月二十二日。志題"大唐故兵部常選富陽孫君墓志銘并序"。蓋文篆書3行，滿行3字。志文楷書23行，滿行23字。張瑝撰。2002年出土於陝西省西安市長安區陝西師范大學長安校區工地，現藏陝西省考古研究院。《長安高陽原新出土隋唐墓志》著録。

296. 楊文昱墓志：開元二十五年（737）十月九日。志題"唐故楊君墓志銘并序"。額文篆書4行，滿行2字。志文楷書19行，滿行25字。2017年出土於陝西省銅川市耀州區董家河鎮馮家橋村，現藏銅川市耀州區博物館。《銅川碑刻》著録。

297. 韋最墓志蓋：開元二十五年（737）十二月三日。蓋文篆書3行，滿行3字。1985

年出土於陝西省西安市長安縣韋曲鎮東韋村，現藏陝西省考古研究院。《陝西省考古研究院新入藏墓志》著錄。墓志刊佈於《隋唐五代墓志匯編》第3冊。

298. 韋涓墓志：開元二十六年（738）正月二十八日。志題"唐故處士京兆韋公志銘并序"。志文楷書17行，滿行18字。出土地不詳，現藏陝西省考古研究院。《陝西省考古研究院新入藏墓志》著錄。

299. 杜珽墓志：開元二十六年（738）二月二十日。志題"唐故下邽縣令贈衛州司馬京兆杜公墓志銘并序"。蓋文篆書3行，滿行3字。志文楷書26行，滿行26字。出土於陝西省西安市長安區，現藏地不詳。《西安新獲墓志集萃》著錄。

300. 柳崇敬墓志：開元二十六年（738）五月二十九日。志題"唐故朝散大夫行括州長史上柱國柳府君墓志銘并序"。志文楷書28行，滿行30字。出土於陝西省西安市郊區，現藏地不詳。《西南大學新藏墓志集釋》著錄。

301. 楊思言墓志：開元二十六年（738）七月五日。志題"大唐故朝散大夫行左驍騎長史上柱國弘農楊公墓志銘并叙"。蓋文篆書3行，滿行3字。志文楷書29行，滿行28字。出土於陝西省西安市郊區，現藏地不詳。《西南大學新藏墓志集釋》著錄。

302. 李遂墓志：開元二十六年（738）十月二十六日。志題"故揚州海陵主簿李君墓志文"。志文楷書18行，滿行19字。出土於陝西省西安市長安區，現藏地不詳。《秦晋豫新出墓志搜佚三編》著錄。

303. 韋最妻裴氏墓志蓋：開元二十六年（738）十一月八日。蓋文楷書3行，滿行3字。1985年出土於陝西省西安市長安區韋曲北原，現藏陝西省考古研究院。《陝西省考古研究院新入藏墓志》著錄。墓志刊佈於《隋唐五代墓志匯編》第3冊。

304. 柳正勖墓志：開元二十七年（739）二月十日。志題"大唐故朝議郎慶王府文學柳公墓志銘并序"。志文楷書25行，滿行27字。韓洪撰。2013年出土於陝西省銅川市耀州區，現藏地不詳。《秦晋豫新出墓志搜佚三編》著錄。

305. 薛崇允墓志：開元二十七年（739）四月九日。志題"大唐故游騎將軍守左衛勳一府中郎將上柱國翼城縣開國男薛府君墓志銘并題"。志文楷書31行，滿行32字。賀蘭晋撰，田敦庭書。出土於陝西省西安市，現藏地不詳。《秦晋豫新出墓志搜佚三編》著錄。

306. 解有忠墓志：開元二十七年（739）七月十二日。志題"故游騎將軍絳州桐鄉府折衝上柱國雁門解府君志銘并序"。蓋文篆書3行，滿行3字。志文楷書20行，滿行21字。2006年出土於陝西省西安市長安區摯信櫻花園小區工地，現藏陝西省考古研究院。《長安高陽原新出土隋唐墓志》著錄。

307. 張君夫人韋氏墓志：開元二十七年（739）八月二十四日。志題"唐藍田縣尉張君故夫人韋氏墓志并序"。志文楷書19行,滿行19字。於履順撰,謝運刻。出土地不詳,現藏陝西省考古研究院。《陝西省考古研究院新入藏墓志》著錄。

308. 陳少游墓志:開元二十七年(739)九月七日。志題"大唐故右衛勳衛柱國陳君墓志銘"。蓋文墨書篆書3行,滿行3字。志文墨書楷書11行,滿行字數不等。2003年出土於陝西省西安市長安區紫薇田園都市小區工地,現藏陝西省考古研究院。《長安高陽原新出土隋唐墓志》著錄。

309. 崔春卿墓志:開元二十七年(739)十月十四日。志題"大唐故孝廉博陵崔公墓志銘并序"。蓋文篆書3行,滿行3字。志文楷書17行,滿行17字。出土於陝西省西安市長安區少陵原,現藏地不詳。《秦晉豫新出墓志搜佚三編》著錄。

310. 張琬妻王氏墓志:開元二十七年(739)十月十四日。志題"大唐開元二十七年十月十四日故會州刺史張府君夫人太原王氏墓志銘"。蓋文篆書3行,滿行3字。志文楷書10行,滿行11字。出土、現藏地不詳。《秦晉豫新出墓志搜佚三編》著錄。

311. 格承恩墓志:開元二十七年(739)十月二十五日。志題"大唐故安北都護格君墓志銘"。志文楷書23行,滿行24字。出土於陝西省西安市三橋鎮簡家村,2001年入藏陝西歷史博物館。《陝西歷史博物館藏墓志萃編》著錄。

312. 羅某夫人墓志:開元二十七年(739)十月二十六日。志文墨書楷書20行,滿行字數不等。2009年出土於陝西省西安市長安區韋曲街道黃河上游水電開發公司工地,現藏陝西省考古研究院。《陝西省考古研究院新入藏墓志》著錄。

313. 韋秀墓志:開元二十八年(740)五月十一日。志題"大唐故順妃墓志銘并序"。蓋文篆書3行,滿行3字。志文楷書24行,滿行25字。出土於陝西省西安市長安區,2012年入藏陝西歷史博物館。《陝西歷史博物館藏墓志萃編》著錄。

314. 張君妻楊容墓志:開元二十八年(740)六月二十七日。志題"唐京兆府華原縣丞張君故夫人弘農楊氏墓志銘并序"。蓋文篆書3行,滿行3字。志文楷書19行,滿行19字。出土於陝西省銅川市耀州區,現藏地不詳。《秦晉豫新出墓志搜佚三編》著錄。

315. 韓休墓志:開元二十八年(740)八月十八日。志題"大唐故太子少師贈揚州大都督昌黎韓府君墓志銘并序"。蓋文篆書3行,滿行3字。志文楷書41行,滿行44字。席豫撰。2014年出土於陝西省西安市長安區大兆街道郭新莊村。《陝西歷史博物館藏墓志萃編》《陝西省考古研究院新入藏墓志》著錄。《陝西歷史博物館藏墓志萃編》稱2016年入藏。

316. 史獻墓志:開元二十九年(741)二月二十日。志題"大唐故史君墓志銘并序"。蓋文篆書3行,滿行3字。志文行書20行,滿行21字。2003年出土於陝西省銅川市新區華陽小區,現藏銅川市考古研究所。《銅川碑刻》著録。

317. 蘇偘墓志:開元二十九年(741)二月二十日。志題"大唐故寧州司法參軍事蘇府君墓志銘并序"。志文楷書 23 行,滿行 23 字。出土於陝西省西安市,現藏地不詳。《秦晉豫新出墓志搜佚三編》著録。

318. 張神智墓志:開元二十九年(741)八月六日。志題"大唐故忠武將軍行右龍武軍翊府中郎將張公墓志銘并序"。志文楷書 22 行,滿行 23 字。出土於陝西省西安市,現藏地不詳。《秦晉豫新出墓志搜佚三編》著録。

【作者簡介】党斌,1981 年生,歷史學博士,陝西省社會科學院古籍整理研究所副研究員,主要從事碑刻文獻整理與研究。

宋《盧察墓志銘》考釋

黄澤凡

盧察（985—1039），字隱之，北宋初年著名宰相盧多遜第三子。盧多遜死後數月，盧察纔出生。但受盧多遜謀反案的影響，盧察長期"深感家世蒙禍，居常自傷"，終其一生，都在爲盧多遜及其家族聲譽奔走。因此，盧察是"家世儒素"的盧氏家族由盛轉衰的見證者。傳世典籍和出土文獻對盧多遜案多有相關記載，本文結合正史文獻、尹洙所撰"《故朝奉郎尚書司門員郎通判河南府西京留守司兼畿内勸農事上輕車都尉賜緋魚袋盧公墓志銘并序》（《河南先生文集》卷一六，以下简称《盧察墓志銘》）"，以及近年來陸續出土的盧得一夫婦、盧真啓、盧價等盧氏家族成員墓志，綜合考察盧察家族世系、生平事迹、仕途履歷、人際交游等。

一、《盧察墓志銘》

故朝奉郎尚書司門員外郎通判河南府西京留守司兼畿内勸農事上輕車都尉賜緋魚袋盧公墓志銘并序

公諱察，字隱之，河内人。舉進士，授復州司士參軍，累調光化軍乾德襄州襄陽二主簿，夔州復節令，泉州觀察推官，遷大理寺丞，登朝爲太子中舍，殿中丞、國子博士。入尚書省，爲水部、司門員外郎。凡歷知河南密、江陵公安、彭州永昌三縣，知蒙州事，白波發運判官。最後通判河南府事。寶元二年八月十日以疾終於官，年五十五。初，公景德初以進士貢，有名稱，禮部薦在高等。有以先相名聞者，具曰："盧某男，不當與科第。"上亟命以官，吏部復持，公年未中格，遂以閑曹授之。公既見詆於時，益以風節自屬，所至朝夕勤事，勇於行己，不以上官不合易其守。前後斷疑獄，濟飢民，發奸吏，

---

* 本文係陝西省社會科學院2021年青年課題（21QN07）相關成果。

復逋亡。所部監司以其狀爲薦者相繼,始終以幹理聞。能爲古文章,有集三十卷,別著《晦書》一卷,《靈感志》三卷。注《孫子》三卷。雅愛《太玄》,爲之注,未成,臨終命焚之,獨留一篇并序。且曰:"後世必有吾繼者。"善撫宗屬,及姊妹子之無依者,親爲嫁娶,凡十人。篤尚風義,侍御史臧奎於公有舊恩,名其次子,示不忘臧氏。景佑(祐)中,嘗得召對,從容敘及丞相得罪事,言已流涕。上感動,即贈丞相工部尚書,夫人蘇氏追封河南郡太夫人。初丞相以兵部尚書相太宗,後徙朱崖。雍熙二年以疾終,其九月公始生。公感家世蒙禍,居常自傷,至是五十年,追命常伯,卒獲其志。世皆異焉。蘇夫人漢相禹珪之女,當丞相貴,封齒國夫人。公祖諱億,少府監,嘗贈太師。妣母李氏,鄭國太夫人。公娶張氏,封清河縣君。其父文勝,爲達州司理參軍,遇盜起,迫署以官,不屈,以兵死。公之子九人:戡、臧、珹、成、烖、鉞、戩、戒、感。珹有文行,早世。戡、成、烖、戩、鉞(鉞、戩)皆幼亡。臧以進士第,爲河陽尉。戒、感并學爲辭章。二女,一夭亡,一未嫁。孫壽康、壽寧、壽祺尚幼。慶曆五年十月辛酉,臧奉公及清河君之喪葬於河陽某村之西北。原銘曰:

　　既艱其生,又窒其仕。匪俗以同兮將永躓,公來常兮方以屬。道不屈兮文益肆,追命其先兮如始志。惟此孝心兮德之至,能銘其烈兮公之嗣。①

二、盧察家族世系

據《宋史·盧多遜傳》記載:"(盧多遜)曾祖得一、祖真啓皆爲邑宰。父盧億,字子元,少篤學,以孝悌聞。"盧察爲盧多遜第三子,故可知"盧得一——盧真啓——盧億——盧多遜——盧察"之世系情況。但傳世典籍關於盧察先祖的相關記載較爲簡略。直到2007年9月五代後梁時期盧真啓、後周時期盧價兩合墓志,及2013年4月盧得一夫婦兩合墓志出土,盧察先世變得更爲清晰。上述四合墓志均出土於河南省焦作市中站區後辛莊。此處按墓主所處時代先後順序逐一介紹。

1.《懷州司倉參軍攝河內縣令盧府君(得一)墓志銘并序》,②志文由鄉貢進士薛琭撰文,楊重殷刻石。一石,方形,無志蓋(疑爲當時村民挖出時遺失)。志石邊長41厘米,厚8.5厘米。志文豎行,共23行,滿行24字,共446字,隸書。

---

① 宋尹洙:《河南先生文集》卷一六,《四部叢刊初編》本第823册。
② 盧得一及妻李氏墓志錄文并釋讀,詳見馮春豔、趙志强、張志傑:《唐盧得一及其妻李氏墓志考》,《中原文物》2015年第2期,第89—95頁。

2.《唐試太常寺奉禮郎攝齊州長史盧畫之家婦鄉貢進士囗之妻(盧得一妻)隴西李氏軍王囗》,該志文由王寂撰文、劉承宣書丹。一合兩石,均爲方形,志蓋呈盝形,已殘。中間殘存小篆刻文"唐故范陽盧公……"。志石邊長 35.5 厘米,厚 8 厘米。志文竪行,共 20 行,滿行字數多少不一,最多 28 字,最少 6 字,共 461 字,隸書。

3.《梁故將仕郎檢校尚書工部員外郎守河南府鞏縣令盧府君(真啓)權塋墓志》,①文渙撰文。一合兩石,志蓋略小於志石。志蓋呈方形,盝形頂,邊長約 42 厘米,厚約 10 厘米。蓋頂竪刻"梁故范陽盧府君墓志",3 行,每行 3 字,楷書。志石爲方形,邊長約 43.5 厘米,厚 6 厘米。志文竪行,共 20 行,每行字數不等。在志石的左、右、下側面生肖人物之間,補刻有 26 字,"後唐天成二年三月二十一日遷於武德縣期至鄉馮村里大塋之右"。

4.《大周故禮部尚書致仕盧公(價)墓志銘并序》②,墓志由其親侄朝議郎、行左補闕、充集賢殿修撰盧多遜撰文并書丹。墓志爲一合兩石,均呈方形,邊長 73 厘米。志蓋呈盝形,頂部上刻"大周故范陽盧公墓志"。志石厚 16 厘米。志文竪行,共 31 行,滿行 32 字,共 939 個字。楷書,陰刻。

依據上述四合墓志對盧察一支世系进行系統梳理。盧得一(840—885),字子正,范陽人。曾祖盧液,衛州黎陽縣令。祖盧瑗,滑州靈昌縣丞。父盧畫,齊州長史。咸通末,任澤州司倉。後以懷州司倉"攝其宰"。娶二妻,先娶隴西李氏,生二子,長子真啓,前任懷州修武縣尉;次子緯,應明經舉。後娶河東薛氏,有四子二女,尚幼。

盧真啓(861—911),字子光,范陽人也。盧得一嫡長子。初授懷州修武縣尉。歷任内作使判官、許州録事參軍、河南府鞏縣令,後加尚書工部員外郎。娶滎陽鄭氏,夫人早亡,無子。姬人陳氏生二子:長子三備(價),次子科(億)。③ 另有二女:長十一女,適前大安府醴泉縣主簿李賓;次十二女,適鄉貢進士滎陽鄭崇龜。

盧億,字子元,盧真啓次子。舉明經,調補新鄉主簿。復舉進士,爲校書郎、集賢校理。後晋天福中,歷著作佐郎、鄆州觀察支使。入後漢,任開封府推官。後周,除侍御史,不久以本官知雜事,擢主客度支郎中。"後任司封郎中、充弘文館直學士。"④周世宗卒,出任河南令。撰《大周續編敕》二卷。宋初,遷河南府少尹。太祖乾德二年(964),以少府監致仕。

盧多遜(934—985),字多遜。後周顯德初,舉進士。解褐秘書郎、集賢校理,遷左拾遺、集賢殿修撰。入宋後,任權知貢舉。開寶四年(971),入爲翰林學士。歷任中書舍人、參

---

① 羅火金、張長傑:《五代至後梁時期盧真啓墓志考》,《中原文化》2010 年第 1 期,第 66—71 頁。
② 羅火金:《五代時期盧價墓志考》,《中國歷史文物》2009 年第 1 期,第 72—79 頁。
③ 羅火金、張長傑:《五代至後梁時期盧真啓墓志考》,《中原文化》2010 年第 1 期,第 68 頁。
④ 羅火金:《五代時期盧價墓志考》,《中國歷史文物》2009 年第 1 期,第 73 頁。

知政事等。歷太祖、太宗兩朝。生三子,長子雍,端拱元年(988),録爲公安主簿;次子寬,咸平五年(1002),録爲襄州司士參軍,生子又玄;三子察。妻蘇氏,後追封河南郡太夫人。

盧察,盧多遜第三子,關於其生母,據《盧察墓志銘》載,其"妣母李氏,鄭國太夫人"。而《全宋文》第 28 册《故朝奉郎尚書司門員外郎通判河南府西京留守司兼畿内勸農事上輕車都尉賜緋魚袋盧公(察)墓志銘并序》(第 109 頁)校勘記四載:"妣母李氏:右引無'妣'字。按此似當作'妣李氏',指盧察之祖母(察母蘇氏已見上文)。"關於盧察之祖母,即盧多遜母親,盧億之妻,是否姓李,暫不可考。但盧察出生時,盧多遜已 52 歲。又端拱元年(988),其長子盧雍被録公安主簿,年紀應當不小。故而推斷,盧察似非盧多遜嫡妻蘇氏所生,其生母爲李氏。

張氏,盧察妻,達州司理參軍張文勝之女,封清河縣君。生子九人:戭(幼亡)、臧、瑊、成(幼亡)、戮(幼亡)、鉞(幼亡)、戡(幼亡)、戒、感。而成年的只有臧、瑊、戒、感四人。其中,盧臧舉進士,爲河陽尉。盧瑊有文行,早世。盧戒、盧感皆學辭章。女二人,一夭亡,一未嫁。其孫三人,壽康、壽寧、壽祺。

綜上所述,可製盧察的家世世系圖,見表一:

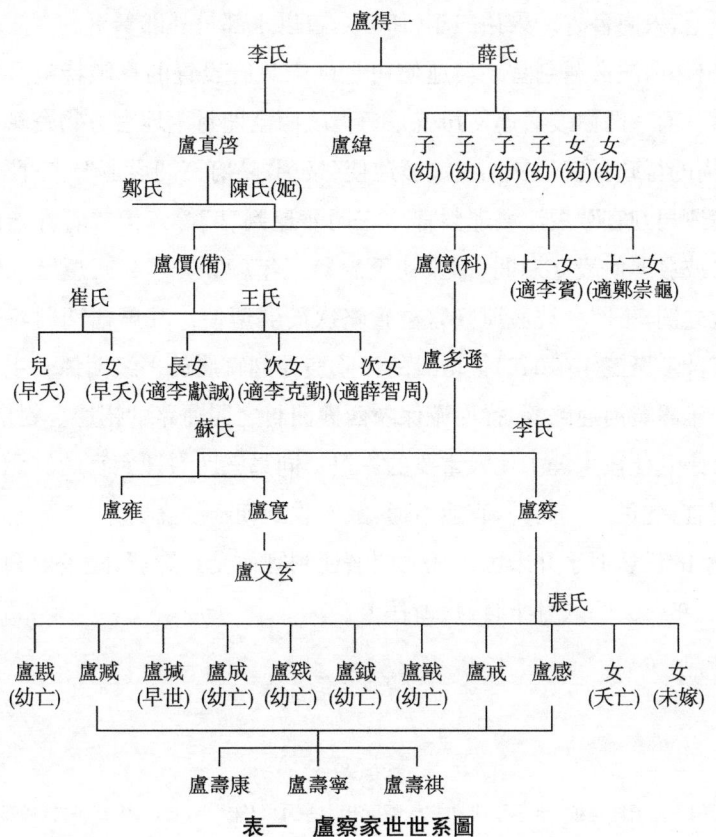

表一　盧察家世世系圖

三、盧察的仕途履歷

宋真宗景德二年(1005),年僅二十歲的盧察舉進士第,《宋史·盧多遜傳》:"(盧)寬弟察,中景德進士,將廷試,特詔授以州掾。大中祥符二年,始改簿尉。"此處,寥寥數語,語焉不詳。而《盧察墓誌銘》在篇頭記錄了"舉進士,授復州司士參軍,累調光化軍乾德襄州襄陽二主簿"的仕宦履歷後,又在中間詳細記載了整件事的來龍去脉,即"初,公景德初以進士貢,有名稱,禮部薦在高等。有以先相名聞者,具曰:'盧某男,不當與科第。'上亟命以官,吏部復持,公年未中格,遂以閑曹授之。"此處"先相",應指盧多遜。即盧察中進士第本應在高等,但由於有人質疑其父親盧多遜,最終僅授"閑曹",這也解釋了《宋史·盧多遜傳》中的"特詔授以州掾"。事實上,盧察一生的仕宦、人生定位都與其父盧多遜有莫大關係,詳見下文。

此後,盧察任夔州復節令,泉州觀察推官。最遲至仁宗天聖元年(1023)他已經出任大理寺丞、知彭州縣,并在是年十一月"乞官襄州以灑掃墳墓"。① 明道二年(1033)十月,已在國子博士任上,入尚書省。景祐四年(1037),曾以水部員外郎奏事。

隨後,他出任白波發運判官。發運使司是兩宋政府設置的專職特定區域內物資轉輸的官員或機構。而三門白波發運使司就是負責陝西至開封兩地官方物資轉輸的地方性財政機構,該機構的行政長官稱三門白波發運使(又稱"陝府三門發運"),三門白波發運判官(亦稱"白波發運司判官""白波發運判官""三門發運判官"等),但二者并無固定的隸屬關係。在三門白波發運使設立期間,即宋初至慶曆三年(980—1043)、慶曆八年至嘉祐五年(1048—1060)之間,三門白波發運判官位置略次於發運使。其廢罷期間,三門發運判官、白波發運判官及慶曆三年(1043)後增設的河陰發運判官屬於平級關係。主要負責催發綱運、捕捉盜賊、維護黃河運路等,從而確保陝西與開封之間運路的暢通。對盧察而言,出任白波發運判官是其仕宦生涯中比較重要的一筆。同為三門發運判官的許元在任滿之後調任江淮發運判官,此後一直高升,官運亨通,數次收到朝廷的嘉獎。

但是,盧察的任途似乎并未因出任三門發運判官而受到影響,隨後他調任通判河南府事,并於寶元二年(1039)八月十日,病逝任上。

---

① 李燾撰:《續資治通鑑長編》卷一〇一,仁宗天聖元年十一月"己未"條,北京:中華書局,1995年,第2343頁。

四、盧察交游

盧察生於文人官宦世家,其家族先賢曾效力於後漢、後周、宋三朝,"以仁義貞厚率其家,廉慎清白莅其仕"。① 其父親盧多遜曾知制誥,擔任翰林學士等重要職位,是當時元老級的人物,在宋廷中政治地位顯赫。誠如盧億所説:"家世儒素,一旦富貴暴至,吾未知税駕之所。"②而改變這一支命運的歷史事件是其父盧多遜被捲入趙廷美謀逆案。③

太平興國七年(982)三月,宣徽北院使柴禹錫、趙鎔等人向太宗報告趙廷美"將有陰謀竊發",④且與兵部尚書盧多遜私下交通。柴禹錫聲稱去年九月盧多遜派中書堂吏趙白向趙廷美表示"願宮車晏駕,盡力事大王",⑤而廷美則命樊德明回復"承旨言正會我意,我亦願宮車早晏駕"。⑥太宗聽後,即令翰林學士承旨李昉、翰林學士扈蒙、衛尉卿崔仁冀、祠部郎中知雜事滕中正等雜治之。不久,太宗和文武常參官在都堂集議。王溥等人按宋朝刑法,認定趙、盧二人所犯是謀反罪。隨即,太宗下令廷美勒歸私第,留守西京;而盧多遜削奪追毀在身官爵及三代封贈、妻子官封,其一家親屬,并配流崖州(今海南三亞)。

雍熙二年(985),時年 52 歲盧多遜病逝崖州,同年九月,盧察出生,終其一生,他都活在盧多遜的身影中。後太宗"詔徙其家於容州,未幾,復移置荆南"。⑦三年後,即端拱元年(988),盧多遜長子盧雍録爲公安主簿,并歸還盧家懷州籍没先塋。至此,盧察一家政治地位略有改善,但受盧多遜案的影響依舊深遠。前文提及盧察中進士、初官等事件就是例子。

這導致盧察在後來的任官、爲人處世上,都變得格外敏感而小心。據《盧察墓志銘》載:"公既見詆於時,益以風節自厲,所至朝夕勤事,勇於行己,不以上官不合易其守。"所以,他斷疑獄,濟飢民,發奸吏,復逋亡。并得到了上級監司的舉薦。最終得以"以幹理聞"。而他并不滿足於此,終其一生,他都在爲其父親及家族的身後名奔走。

宋仁宗天聖元年(1023)十一月,大理寺丞、知彭州縣盧察乞官襄州以灑掃墳墓。宋仁

---

① 轉引自羅火金《五代時期盧價墓志考》,《中國歷史文物》2009 年第 1 期。
② 脱脱等撰:《宋史》卷二六四《盧多遜傳》,北京:中華書局,1977 年,第 9120 頁。
③ 關於趙廷美謀逆案,參見劉愛静《古代法律審判中的政治影響—探析宋初趙廷美和盧多遜謀反案》,山東大學 2012 年碩士學位論文;龐明啓《相權、儒術、勳舊三重奏——趙普與盧多遜之争探論》,《雲南民族大學學報(哲學社會科學版)》2015 年第 3 期。
④ 《宋史》卷二四四《宗室一》,第 8666 頁。
⑤⑥ 《宋史》卷二四四《宗室一》,第 8667 頁。
⑦ 《宋史》卷二六四《盧多遜傳》,第 9120 頁。

宗問盧察家世，王欽若回答説：＂察父多遜，故宰相，謫死朱崖。＂①仁宗聽後惻然，并准許盧察請求。明道二年（1033）十月十九日，國子博士盧察言＂臣父多遜位重成釁，福禍生災，官秩消除，田園籍没。先父前兵部尚書；亡母邠國夫人蘇氏，乞援增典，俾遂官封＂。② 隨後，仁宗下詔盧多遜特贈秘書少監，蘇氏追封京兆郡太君。景祐四年（1037）三月一日，水部員外郎盧察再次上奏：＂臣先父多遜前兵部尚書；妣蘇氏前邠國夫人，昨籍田蒙恩，亡父贈秘書少監，妣追封京兆郡太君。伏睹南郊敕，望許復舊官。＂③詔贈盧多遜工部尚書，蘇氏追封郡太夫人。據《盧察墓誌銘》載：＂景祐中（1034—1038），嘗得召對，從容叙及丞相得罪事，言已流涕。上感動，即贈丞相工部尚書，夫人蘇氏追封河南郡太夫人。＂蘇氏追封的是河南郡太夫人。且＂言已流涕＂四個字，包含了盧察對其父親的所有情感。

另一位對盧察影響較大的是臧奎。臧奎，陝人，早年家貧，與魏野（字仲先，號草堂居士，陝州陝縣人，《宋史》卷四五七有傳）交好。咸平二年（999），臧、魏、陳越（字損之，開封尉氏人，《宋史》卷四四一有傳）等人夜宿河亭聯句。④ 大中祥符八年（1015），任夔州路轉運使。⑤ 天禧元年（1017）正月，利州路轉運使。⑥ 天禧四年（1020）九月，侍御史、知鳳翔府，＂坐於（周）懷政、（朱）能交結相稱薦＂，⑦罰銅二十斤，通判寧州，尋换都官員外郎。⑧《盧察墓誌銘》載：＂篤尚風義，侍御史臧奎於公有舊恩，名其次子，示不忘臧氏。＂此處＂舊恩＂具體是什麽，暫不可知。但其次子確名盧臧，後舉進士，爲河陽尉。由此可推，盧察知恩圖報。事實上，他也友愛親屬，＂善撫宗屬，及姊妹子之無依者，親爲嫁娶，凡十人＂。

五、結　語

盧多遜，北宋初年著名的政治家，對太祖、太宗兩朝均産生較大影響。太平興國七年（982），隨着他被認定爲趙廷美謀反案的核心成員之一，其本人乃至家族迅速進入了衰敗期。盧察，作爲盧多遜的遺腹子，正是這一家族突變的見證者、親歷者，其科舉經歷、仕宦、

---

① 《續資治通鑑長編》卷一〇一，仁宗天聖元年十一月＂已未＂條，第 2343 頁。
②③ 徐松輯，劉琳、刁忠民、舒大剛、尹波等校點：《宋會要輯稿》儀制一〇，上海：上海古籍出版社，2012 年，第 2507 頁。
④ 關於臧奎生平，詳見傅璇琮、祝尚書主編：《宋才子傳箋證·北宋前期卷·史部·傳記類·魏野傳》，瀋陽：遼海出版社，2011 年，第 122 頁。
⑤ 《續資治通鑑長編》卷八四，真宗大中祥符八年六月＂辛未＂條，第 1932 頁。
⑥ 《續資治通鑑長編》卷八九，真宗天禧元年正月＂戊辰＂條，第 2039 頁。
⑦ 歐陽修撰，李之亮箋注：《歐陽修集編年箋注》卷二七《墓誌銘·翰林侍讀學士給事中梅公（詢）墓誌銘》，成都：巴蜀書社，2007 年，第 399 頁。
⑧ 《續資治通鑑長編》卷九六，真宗天禧四年九月＂壬戌＂條，第 2217 頁。

性格等均於此有莫大的關係。

盧察生母李氏,當爲庶出,但依舊承擔着恢復盧氏的職責。盧察一生風節自厲,友愛親屬;做官朝夕勤事,謹慎愛民;能作古文章勇,著書立説。在他自身的努力下,儘管飽受爭議,終究出任三門發運判官,終通判河南府,并使得盧多遜在死後53年,終於獲贈工部尚書,且妻蘇氏追封郡太夫人。可以説,盧察是盧氏家族繼盧多遜之後關鍵性的人物之一。

【作者簡介】黄澤凡,女,1991年生,陝西綏德人,文學博士,現就職於陝西省社會科學院古籍整理研究所,主要從事宋代政治制度史與宋代文獻研究。

稀見非物質文化遺産眉户劇選本
《羽衣新譜續編》成書及其文獻價值*

崔金明

在陝西，戲迷常説："一清二簧三越調，梆子跟着瞎胡鬧。"清戲現在一般稱爲"眉户"，俗稱"迷胡"或"曲子"等，文人慣稱爲"清曲"。這是眉户愛好者對眉户的偏愛之辭，從一個側面説明部分群衆更喜歡欣賞眉户。眉户廣泛流行於黄河兩岸，尤其在陝西和山西交界處，包括"二華"（華陰和華縣）、晋南和豫西等地區，至今眉户仍廣爲傳播。除此之外，眉户還流傳到甘肅、青海、寧夏、新疆等地區，在發展過程中形成了同源異流的地方戲。眉户於2008年已入選第二批國家級非物質文化遺産名録。

《羽衣新譜》①是現存最早的眉户古籍，對研究眉户的歷史源流和藝術特徵具有非常高的價值。之所以眉户的書面研究資料如此之少，大致有以下幾個原因。一是眉户作爲口傳心授的一門藝術，它在傳承中多是師徒和父子口口相傳，行之於文字的機會很少。二是眉户在清乾隆年間成型，形成的歷史不長，從而歷史文獻留存也就不多。三是眉户最初主要流行於底層人民群衆之中，他們大都識字不多，更没有意識記録和撰寫文字性的資料。四是受秦腔强勢戲曲文化的衝擊，文人大都把注意力集中到秦腔的研究上。總之，歷史上眉户戲一直名不見經傳，文獻中很難見到關於它的記載，這給研究工作帶來諸多不便。②儘管如此，作爲一種深受廣大人民群衆喜愛的戲曲，爲了保存和發展這一文化遺産，有人付出了巨大的努力。這個人就是王小屏，他給後人留下了研究眉户的珍貴資料。

---

* 本文係國家社科基金項目"絲綢之路沿綫眉户戲曲語言與民俗研究"（18BYY070）相關成果。

① 完整的《羽衣新譜》包括《羽衣新譜》五卷及《羽衣新譜續編》一卷。爲行文方便，以下《羽衣新譜》簡稱《羽》，《羽衣新譜續編》簡稱《續編》，統稱則爲"《羽》及《續編》"，引用時仍按原文。本文的引用均來自：《陝西省社科基金古籍整理與研究項目成果彙編（2015年度）》下編《羽衣新譜》校注，陝西省古籍整理辦公室編、吴敏霞主編，崔金明校注，西北大學出版社2020年12月版，以下對該書的引用簡稱"《校注》"。

② 郭永鋭：《山陝眉户戲研究綜述》，《山西師大學報（社會科學版）》2006年第6期，第108頁。

一、《續編》作者及成書

1. 作者概況

《羽》作者王小屏的有關情況，在當地官方歷史文獻，比如縣志、府志等均無記載。通過《羽》，可以推知"敬一"是其名，小屏是其字，"慧泉""仲愚"是其别名。① 王敬一生於清末，是陝西富平縣（古稱頻陽）人，在家鄉有一定名氣。他雖在政府做官，但身上没有官員的俗氣却有文人的雅情。他嗜好曲歌且熟習韻律，常召集曲友切磋曲韻，編製曲歌。②《羽》完成時作者曾在《自序》說："援序數語，願後之同嗜此事者，鷺序集焉。"這個"鷺序集焉"的人還是王小屏，他認爲《羽》的收入曲目尚不完備，所以又集成《續編》。

2.《續編》成書時間

《續編》的成書在《羽》之後。要弄清楚《續編》的成書時間，需以《羽》的成書時間爲綫索。關於《羽衣新譜》的成書，目前唯一可用的就是《羽衣新譜》中的序跋材料，現依據書前序跋對《羽》及《續編》的成書詳細論述。

王小屏摯友馬浚通的《序》中提及："丙午冬，予契友慧泉王公，偶出《羽衣新譜》數卷。"丙午冬，指1906年冬，③已經完成《羽衣新譜》數卷，但没有提及具體的卷數。《序》所作時間"光緒歲在丁未孟春之吉"。"丁未"，指丙午的下一年，即1907年。"孟春之吉"，春季的第一個月稱"孟春"，即陰曆正月；吉日，農曆每月初一。"孟春之吉"指農曆正月初一。此序完成時的署名時間在1907年2月13日。

楊進作《序》的時間爲"宣統元年歲次屠維作噩，如月在閏"。"宣統元年"，年號紀年，指1909年；"屠維作噩"，干支紀年，指己酉年。如月在閏，指閏月。依此，可斷定在此年閏二月完成此序，即1909年3月22至4月19日之間。

李藩擇在《叙》中也未具體說清楚《羽》的卷數："雅好古詞曲，裒集若干卷，名曰《羽衣新譜》。"作《叙》的時間在"光緒歲在丁未庚伏前三日"。庚伏，指三伏之第三伏。光緒丁未年的三伏時間爲30天，從1909年7月19日開始至該月8月18日止。庚伏從8月8日庚

---

① 崔金明：《清孤本眉户集錦〈羽衣新譜〉的版本内容及文獻價值》，《古籍整理研究學刊》2014年第3期，第35頁。
② 崔金明：《眉户集錦〈羽衣新譜〉考述》，《西華大學學報（哲學社會科學版）》2014年第6期，第29頁。
③ 丙午，係干支紀年法。本文干支紀年換算成農曆時用漢字"零、一、二、三"等表示；換算成西曆用"0、1、2、3"等阿拉伯數字表示。

子日開始,庚伏前三日指 1909 年 8 月 5 日。

由此可見,從 1906 年冬開始,《羽》可能已具雛形,以上三人較早得到《羽》的"數卷"本進行閱讀并作《序》。我們可暫稱之爲"初稿本"。

徐三涵在《叙》中説:"裒集曲詞若干篇,輯爲《羽衣新譜》一書。"徐三涵的叙述較爲粗略,既没有説明曲詞的篇數,也没有提到卷數,但明確提到《羽》已經成書。

李盈海在《序》中也説卷數是五卷。他説:"竭數年之精力,使能集腋成裘,訂爲五編,名曰《羽衣新譜》。"但該《序》没有寫明作序時間。而王敬之《贊》提到《羽》爲一套四本。他説:"每於閒談之頃,持出其少時所集《羽衣新譜》一帙四本,囑予爲贊。"雖然没有提及卷數,但是可以推論,《羽》已經成套,共四本,含五卷。李盈海和王敬之作《序》《贊》時見到的當爲五卷本。

張爾均《序》中説:"少讀書不果,棄而習律,見而憂之。於公餘時,旁搜遠紹,求斷簡殘編,採而輯之,去其重複,正其紛亂,親手楷書,訂成五卷,顔曰《羽衣新譜》。"該序除了告訴我們卷數爲五卷外,還指出是王小屏"親手楷書"的,也就是説《羽》有了作者的"手寫本"。

馬錫綬《跋》明確説明《羽》搜集成書的起止時間和總時間。他説:"始集於光緒乙未,終帙於宣統己酉。十五年來,集腋成裘,無閒寒暑;殫精竭力,親善成編。"光緒乙未是 1895 年。宣統己酉是 1909 年。可以推算王小屏從 1895 年開始搜集整理,直到 1909 年最終完成。同時也提到總數爲一函五卷:"尤博採古今,宏羅雜調,擇韻句之流麗,訪篇章之樸實,總匯一函,分爲五卷。"原作哲認爲:"它是富平人王敬一在武功縣做官時用 14 年時間(1895—1909)廣爲收集關中地區當時民間流行傳唱的曲目分類選刊的。"原先生認爲是從 1895 年到 1909 年一共 14 年,爲什麽馬錫綬説是 15 年呢? 原因是"宣統己酉"年,指該年的陰曆十二月,西曆爲 1910 年 1 月 11 日至 2 月 9 日。這樣實際成書的時間是 1910 年,歷時 15 年就順理成章了。證據還有雲章甫的《跋》,其中也有類似説法。雲章甫説作《序》時間爲"宣統己酉年嘉平月"。嘉平,正是陰曆十二月。當然馬錫綬説"十五年",很有可能只是説了一個概數而已。

關於收集《羽》所花的總時間,張濟瀛《跋》和無名氏《跋》都是説的概數,他們都説是"數十年"。張濟瀛説:"王君數十年來,不憚煩勞,集成《羽衣新譜》一書。"無名氏説:"積數十年之聰明,旁搜遠紹,截取摘録,不知幾經審慎,編成《羽衣新譜》一册。"無名氏明確提及出版的時間。他説"己酉仲冬,出版是册"。"仲冬",指陰曆十一月,時間範圍從 1909 年 12 月 13 日到 1910 年 1 月 10 日。這個時間比雲章甫作《序》的時間(己酉年嘉平月)早了一個月,應該先有《序》然後再出版,所以推論,這裏説的"出版"不是已經出版,而是指送到出版社待排印出版。這可以在馬振藩《跋》中找到旁證。此《跋》作於"宣統元載殘臘"。又説:"竭數年之心力,搜羅古調,摭拾新詞,集而爲譜,共得二百餘首。將欲出版是譜,問叙於余。"既然説到"將欲出版是譜",可知寫作此《跋》時,還未出版。"宣統元載殘臘","殘臘",指殘冬將盡,農曆年底。那麽,農曆一九零九年底《羽》還未出版。農曆一九零九年年底,西曆爲 1910 年 1 月 10 日之前。因此出版的時間應在 1910 年 1 月 10 日以後。那無名氏提到的"己酉仲冬,出版是册"的"出版"具體是指什麽呢？李春官給出了答案:"己酉冬月,仲愚主人,俾工新鎸,取其所好,以公同好。"冬月,指農曆十一月。與無名氏序所説的"己酉仲冬,出版是册"時間相同。原來無名氏説的"出版"是指"新鎸",指刻書的時間。因爲原爲手寫本,現在要刻印成本,所以説是"新鎸"。"新鎸"本可稱之爲"刻印本"。"刻印本"先出,後隨之付印,付印的版本就是現在富平縣圖書館所藏的孤本,係鉛印本,所以可以把正式出版本稱爲"鉛印本"。

綜上,王小屏一生酷愛眉户曲子,他收集眉户大概很早就開始了。他把眉户整理成《羽》從 1895 年開始到 1910 年結束,一共用了 15 年左右的時間。在搜集成書的過程中,他至遲在農曆一九零六年冬就把還未完稿的"初稿本"贈給朋友閱讀；等到 1909 年 8 月以後他又把集成五卷(共四本)的本子親手楷書,這時出現了"手寫本"。到了 1910 年 1 月 10 日之前他把書稿送至出版社,出版社開始鎸刻,産生"刻印本",等刻印好後開始出版發行,就是現在所見的"鉛印本"。①

而以上的本子并不含《續編》,《羽衣新譜》成書時是五卷本,現在所見"鉛印本"也是五卷本。那《續編》是何時出現的？有没有出版發行呢？現存的《續編》只有油印本,而且數量稀有。郭永鋭稱"没有見過原書",認爲"恐怕傳世極少"。② 另據藝術工作者米晞(1925—2011)的回憶,1974 年華縣名爲崔華生的老藝人在臨終前交付給他殘破不全的《羽》一册,經識别,這本書是《續編》。③ 筆者爲了研究眉户,曾從 2011 年開始,去富平縣、鳳翔縣、武功縣、眉縣、户縣(今鄠邑區)、華陰縣、高陵區進行田野調查,遍訪眉户藝人,終於在 2013 年暑期在西安未央區馬浮沱村訪得《續編》一册,共 156 頁,屬"油印本"。封面有"西北軍政委員會文化部戲曲改進處創作研究會"的字樣,油印時間爲 1950 年。書中正文之前有三篇序跋,提供了《續編》成書的一點綫索。

三篇序言分别爲福堂氏《序》、郭文濤《叙》和馬浚德《序》。三篇序言均未署寫作時間。福堂氏《序》説:"竭半生心血,曾選小曲四集,續編一册。有美皆登,無調不古,名曰《羽衣新譜》。"文中提到的"小曲四集",即指前述四册五卷《羽衣新譜》,"續編一册"即指《續編》。

---

① 鉛印本係孤本,現藏富平縣圖書館。
② 郭永鋭:《山陝眉户戲研究綜述》,《山西師大學報(社會科學版)》2006 年第 6 期,第 108 頁。
③ 姜德華、曹希彬編:《傳統曲子彙編》,咸阳:咸陽地區群衆藝術館,1984 年,第 5 頁。

在"鉛印本"中,只提《羽衣新譜》未言及《續編》,而《續編》之序言兩者并提,這也説明《羽》及《續編》不是同時出版發行的。況且《續編》的序言作者和《羽》的序跋作者無一人重複,這更説明兩者是相對獨立的。郭文濤《叙》提到了《續編》成書的時間,但并不具體。他説:"公退之餘,嘗輯《羽衣新譜》一書。一時同志之士争先賞識,迭爲弁文,已成其美,斯亦無容贊頌矣。乃者編成未幾,而小屏又出《續編》以示余。"即《羽》編成後"未幾"(很短的時間),《續編》就出現了。

總之,《羽》及《續編》使《羽》得以最終完成,至於《續編》成書時間,只可推知,《羽》成書不久後《續編》便出現了,出現的時間很可能是在宣統年間。至於《續編》有無出版發行,還未可知。油印本《續編》之前是否還有"鉛印本"出版,仍需考證。

二、文獻價值

《續編》成書大約在清末民初,成書後,時局動蕩,戰亂頻仍,文獻損毁亡佚嚴重,尤其是民間流傳的各種抄本、油印本,如今搜尋起來更不容易。而清中葉到民國初年的戲曲文獻,是中國戲曲文獻的一大寶藏,[①]"樹從根掘起,水從源處流",若是缺少這類文獻,對這一時期眉户戲的形態以及俗文學的研究就很難全面和深入。《續編》具有重要的的文獻價值,主要體現在以下三個方面。

首先,所收録的三篇序跋是進一步了解作者編纂動機的寶貴資料。

郭文濤《叙》説:"前編未備之美,新聲娓娓。"這説明《羽》并不完備,所以纔編輯了"新生娓娓"的《續編》。馬浚德《序》也云:"先集《羽衣新譜》一帙四本,因其尚未完璧,復續一編。"這説明,《羽》所收曲子并非完璧,《續編》可補其不足。《羽》所收五卷分别爲《全月調》《月背調》《平調》《情曲》和《雜調》,現依次選擇《喜吉慶》《賀新春》《十二將》《大相思》《景陽崗打虎》五首戲曲與《續編》比較。

中國戲曲的演出,往往在正式劇目開始前演一段吉慶劇。[②]《羽》中的《全月調》正屬於此類。它的曲調主要由小曲小調組成。《全月調》中的曲子由兩個曲牌【月調】和【月尾】組成。請看《萬壽無疆》:

【月調】萬壽無疆,江河湖海長。長命富貴,金玉滿堂,堂生瑞草降吉祥。

---

① 廖可斌:《向後、向下、向外——關於古典戲曲研究的重心轉移》,《文學遺産》2016年第6期,第24頁。
② 洪惟助:《昆曲的〈賜福〉與臺灣北管的〈天官賜福〉——比較兩者在文辭、音樂的異同與變化》,見華瑋、王璦玲主編:《明清戲曲國際研討會論文集:下集》,臺北:"中央研究院"中國文哲研究所籌備處發行,1998年,第779頁。

【月尾】祥雲繚繞，五色毫光。光明一副金字對聯，懸掛在中堂上。上寫着：春年春月春光好，好一個人正人德人的壽長。①

《全月調》中眉户曲子組成簡單，適合於地攤子清唱形式，常常在農村喜慶的節日或者社火廟會上演唱。

《月背調》曲牌結構比較複雜，曲子內容一般有鮮明的主題。如《賀新春》，包含【月調】【背弓】【五更】【金錢】【背尾】【月尾】六個曲牌，主題就是祝賀新春：

【月調】春打六九頭，春水往東流。春風擺動楊柳枝頭，牧牛的童子騎春牛。

【背弓】喜遇新春到元旦，五穀豐登大有年。出門來，家家大小把春喚。一夜成雙歲，五更分二年。又只見，賜福天官雲端站。

【五更】喜雀兒報三元，進禄又加官。誤入斗牛名叫張騫，又來了和合二大仙。

【金錢】一杯酒大謝蒼天，二杯酒國泰民安，三杯酒連中三元，喜的是一年四季樂平安。

【背尾】新年已過用目觀看，元宵節家家門首把花燈懸。飲的長春酒，喜的是太平年，清明節個個堆塋化紙錢。

【月尾】看春的人兒賞春酒，思春的佳人動春愁，對對春花插滿頭。蠢丫頭，你聽那書房中的學生，讀的《春秋》。②

同類的曲子還有表示慶祝開業的《慶開市》，拜壽的《大慶壽》，求子的《天仙送子》等。

《月背調》，主要包括【月調】【月尾】【背弓】和【背尾】四個曲牌。一般始於【月調】終於【月尾】，或始於【背弓】終於【背尾】；第二個曲牌若是【背弓】，倒數第二個曲牌必定是【背尾】。第二個曲牌也可以不是【背弓】，如《大賜福》的曲牌依次是【月調】【一朵紅雲】【背弓】【五更】【金錢】【背尾】【釘缸】【打連相】【月尾】。它的第二個曲牌是【一朵紅雲】，倒數第二個曲牌也不是【背尾】。

《平調》曲調簡單，僅有一個曲牌【平調】。曲子的結構採用聯章體，就是在同一個主題下，幾段結構相同的唱詞同詠一事的歌唱。它的來源多爲是民歌、山曲、樵歌等。例如《十二將》：

---

① 《校注》，第638頁。
② 《校注》，第688頁。

新春正月正，十五玩花燈。白馬銀槍小將羅成，夜打登州救出秦瓊。
二月龍抬頭，和風陣陣游。長阪坡大戰趙子龍，七進七出闖過曹營。
三月清明天，家家上墳垣。楊六郎鎮守在三關，楊五郎出家五臺山。
四月四月八，個個亂穿紗。尉遲公單鞭救過駕，混世魔王把寨下。
五月五端陽，吃酒飲雄黄。韓信官封三齊王，立逼霸王喪烏江。
六月熱難當，荷花都開放。常遇春打戰水面上，鄱陽湖擒拿北漢王。
七月七月七，牛郎會織女。李廣領兵把慶陽出，救出娘娘功無比。
八月中秋節，家家都玩月。沙陀國搬來老英傑，純孝要把彦章滅。
九月重陽到，才子去登高。趙太祖大戰董家橋，盤龍棍喝退衆英豪。
十月十月一，家家送寒衣。諸葛亮死治司馬懿，用計火燒葫蘆峪。
十一月朔風冷，滴水凍成冰。興周滅紂姜太公，八百八年算得清。
眼看臘月天，不遠過新年。張翼德夜戰葭萌關，收來孟起歸西川。
十二月大不同，王莽設松棚。銚期、馬武立大功，光武爺穩坐洛陽城。①

《十二將》，用十二個月來對應人物，按十二個月的順序反復吟詠來叙述人物故事。《十二將》并非是"十二將"，其實總共是十七將，他們是羅成、趙子龍、楊六郎和楊五郎、尉遲公和程咬金、韓信、常遇春、李廣、李克用和李存孝、趙匡胤、諸葛亮、姜子牙、張飛、銚期和馬武。《平調》中的主題一般是簡單的人物故事或者人物感情的變化和發展。類似的曲子還有《四季相思》《四小景》等。

《情曲》一般爲抒發思夫的感情或者講述男女愛情故事，有簡單的故事情節。曲牌結構類同【月背調】，一般自【月調】始，【月尾】止或者【背弓】始，【背尾】止；第二個曲牌若是【背弓】，倒數第二個去曲牌必定是【背尾】。《情曲》的來源多爲情歌。如《大相思》：

【月調】風掃紅殘，月照北欄，俏佳人悶坐倚欄杆。不由人思思量量、悲悲切切，恰好似斷了的群珠兒灑濕胸前。

【背弓】相思害得渾身顫，走不得路來手扶着丫鬟。懶殘怕照菱花把形容看，對銀燈，手掣指花把歸期算。

【反五更】一更裏月兒高，一更裏月兒高，銀蟬浪浪飛過松梢，蛩聲起，蛩聲起，答着寒蟬兒叫，答着寒蟬兒叫，奴家好心焦。奴家好心焦，月影層層上了墙了，却怎麽偏

---

① 《校注》，第745頁。

把他忘不了,却怎麽偏把他忘不了。

【五更】二更裏月兒中,奴家仔細聽,紗窗兒以外,一陣一陣兒風,風吹紙,好似郎回程。瞧也瞧不見,叫也叫不應。竹簾不動,那裏來得風?不是風,却是奴心頭病。

【反落江院】三更鼓催,月照羅幃,奴家孤單,影兒相隨。傷心悔意,眼呀眼流淚,眼呀眼流淚。眼流淚,心已成灰。奴家爲郎,郎呀,你却爲誰?冤家你呀,你把你的良心昧,你把你的良心昧。

【銀扭絲】四更裏鐘鼓兒分外有聲,傷心鼓兒驚動奴的心。叫聲有情人,摸摸你的心。你説你好,我全然不信,我全然不信。郎君一去杳然無音,辜負了奴家正是青春。意兒陣陣怨,病兒漸漸深。海角天涯呀,恨殺人怎不招人恨?恨殺人怎不招人恨?

【反金錢】五更裏夜盡星殘,盼夫君晝夜不眠。費盡心總是枉然,只惹得淚珠滚滚染杜鵑。耳聽得雨灑北欄,紗窗外雨鷄愁寒。風吹動落葉緩緩,猛聽得金鷄報曉聲不斷。

【背尾】孤雁在天邊叫得人心酸,却有情聲聲是恨離情斷,不由人勾起奴的心頭怨。

【反背弓】强打着精神步轉金蓮,染霜毫,修就一封離情傳。賓鴻雁飛進前來,代奴家央煩,將這封情書,下奔郎前。你叫他即早回還,你就説,直心婦人要見他無義漢。

【月尾】他那裏,縱有羊羔美酒將你牽連,可憐奴,粉豔豔一枝花兒無人作伴。你那裏不回還,奴這裏受孤單。無奈了叫丫鬟,你與我把門關。等他回來時站在門兒外,可等,等一個不耐心煩。①

《大相思》描寫了妻子焦急地盼望夫君回家的心情,採用聯章體,情節或心情的發展是層層遞進的,這和【平調】的平鋪直叙并列結構不同。《情曲》既可以一人唱幾個角色,也可以幾個人共同表演一首曲子。如《西廂請宴》裏面就有紅娘、張生、崔鶯鶯等人物。類似的曲子還有《秋思》《小閨怨》等。

《雜調》主要講述一個故事,結構較爲複雜,有一定的的戲劇性,節奏富於變化,演唱起來有一定技巧和難度,可以作爲舞臺戲演出。出場人物多於兩人。以叙述民間傳説或歷史演義爲主。如《景陽岡打虎》:

---

① 《校注》,第845頁。

【月調】天罡星下降,整立綱常。武二郎回家望兄長,辭别柴進小梁王。

【漫數】收拾包裹,打點行裝,走了些山路,過了許多村莊。見一座酒館,大路一旁,酒簾兒高挑,五鳳朝陽。

豪傑好飲,吃幾杯何妨,進了酒館,擺設得排場。一座首席,坐在中央,喚來酒保,細問端詳:有什麼高酒,抱來一壇俺嘗。

酒保聞言,膽戰心慌。不知他量有多大,酒能飲幾缸?抱來一壇美酒,放在桌上。

豪傑自酌自飲,美味清香。忙還了酒資,要上山崗。

酒保上前,攔住此商:此山多出猛獸,時常他把人傷。

豪傑聞言,氣滿胸膛:咱本是英雄好漢,何懼他虎豹豺狼。俺這裏低頭,出了酒坊,微風兒吹面,酒氣上揚。自覺得酒,行走顛狂。

【滚】俺醉了,醉了,帶了酒了。信口胡唱,解解豪傑心慌。

【緊數】俺唱的:戰國春秋子胥强,强霸兒媳楚平王。王莽執劍趕劉秀,袖統八卦吕純陽。

楊林秦瓊鐧封棒,棒打薄德滅隋唐。唐王宫門去掛帶,待仁義不過名宋江。

姜維會把中原反,反賊秦檜害死忠良。梁山泊一百單八將,將中純孝世無雙。

雙戰典韋人難當,當陽橋前翼德張。張郃命喪木門道,倒叫武二上山崗。

【月尾】一言未罷把景陽崗上,又只見斑斕猛虎闖下山崗。拳打足踢在路旁,喜洋洋。這本是,武二郎打死猛虎在景陽崗,美名兒天下揚。①

《景陽崗打虎》取材於《水滸》故事,故事簡潔但完整,人物有酒保和武松兩人。值得注意的是曲詞中加入了【滚】調,説唱結合,節奏緊凑,更富於表現力。類似的曲目有《金鷄嶺》《黑訪白》《燕青打擂》等。

《羽》的眉户戲曲中,《全月調》和《平調》曲牌最簡單,而《月背調》《情曲》和《雜調》均採用了曲牌聯綴體,結構相對複雜,特别是《雜調》更複雜,已經是適合登臺演出的舞臺劇了。比《雜調》更複雜的是《續編》,它收入的曲子命名爲《月背雜調》,是《月背調》和《雜調》的結合。它融合了《月背調》的曲牌聯綴體和《雜調》的複雜故事情節及較强的戲劇性特徵,已經是完整的舞臺劇了。《續編》中有 13 齣戲。從内容來看,大都是歷史題材和傳奇題材,更適合宏達的舞臺演出和人物性格的刻畫,至今還活躍在戲曲的舞臺上。比如《古城聚義》(因爲故事較長,限於篇幅,從略),取材於《三國演義》,曲牌複雜有 22 個:【月調】

---

① 《校注》,第 1066 頁。

【背弓】【五更】【金錢】【漫數】【銀扭絲】【打連廂】【哭海】【打連廂】【哭海】【打連廂】【哭海】【打連廂】【哭海】【打連廂】【哭海】【打連廂】【哭海】【打連廂】【緊數】【背尾】【月尾】，其中【打連廂】【哭海】在劇中反復使用多次。故事中人物衆多，除了劉關張外，還有蔡陽、兩個皇嫂等。在演唱的時候需要幾個角色分工配合纔能完成。另外曲牌多用【哭海】【滿江紅】【落江怨】【吹腔】【韻調】【長城】等富有表現力的調子。《續編》同時有少量的江湖曲子代表作，如《釘缸》和《克財》，原爲賣場藝人演唱，但收入《續編》的兩齣戲，已由小戲改變爲大戲的形制，更適合舞臺演出總之，《續編》中的眉户戲更具舞臺性和戲劇性，更能體現眉户從小曲發展到大戲的歷程，這也是王小屏在《羽》之外，編寫《續編》的原因所在。

其次，所收眉户折戲成熟完備，其中六齣存錄改編者姓名，有利於了解眉户舞臺戲的具體歷史形態和成書的一些情況。

《續編》中的戲曲具名的有六齣：連三氏的《嘆世情》，雲章氏的《伯牙奉琴》《醉寫嚇蠻》《醉罵禄山》，福堂氏的《蝴蝶杯定緣》《金琬釵借水》。相對於《羽》中的曲子一篇也未署名來說，可以推斷《續編》中的曲子多經過文人加工和改編，更有利於聽曲者陶冶情操。馬浚德在《序》中說："見其寫幽雅於詩調，演歌詠之新聲，修短合度，風雅宜人。不知者以爲只取乎游嬉，其知者以爲有關於陶淑。"既然戲曲是唱"新聲"且"合度"，那麼可以設想曲子在收集時有人爲的加工和改造。讀連三氏《嘆世情》，不難發現文人"以詞言志"的母題。其辭藻典雅，富有文人自己的恬淡的思想和看破世情的旨趣：

【月調】地闊天空，誤盡英雄。春去秋來秋復冬，是何人能識破古今情？

【背弓】人生奔忙爲利名，巧去強圖任相爭，漫道說得時比人多受用。家財積萬貫，爵位到三公，須知曉到頭纔是黃粱夢。

【五更】位高推卧龍，將相掌握中，鞠躬盡瘁報答知己情，實想說吞吳滅魏把劉興。

富豪推王愷，相鬥有石崇，以蠟代薪四十彩棚，稱金玉誰不稱他富家翁！

學廣稱子建，文章冠群英，才高八斗七步把詩成，博古今諸子百家無不通。

楚霸王甚猛勇，滅秦據關中，後遇韓信烏江命喪生。把這些富貴才力終何用！

落花隨流水，盡是一場空，援古證今看破世情，纔算得世人皆醉我都醒，纔算得衆人皆濁我獨清。

【金錢】目所睹漁舟釣艇，耳所聞伐木丁丁。口所念養性《黃庭》，忙了時鞭牛犁斷寒煙影。

【銀扭絲】眼底光陰疾似梭，四時佳興莫空過。怕秦《長楊賦》，樂詠"太平歌"，琵琶一曲愁難破。

春日天氣正融合,桃杏花開柳綫拖。千紅與萬紫,錦綉滿山河,傍花隨柳把前川過。

夏景天長如小年,閑來不履又不衫。緑樹陰濃處,高枕石頭眠,薰風瀟灑涼不斷。

秋水長天一色流,風飄丹桂露枝柔。暢飲黄花酒,高登玩月樓。萬里光明白如畫,冬冷天寒萬事休。

朔風凛凛雪壓廬,緑蟻新醅酒,紅泥小火爐,醉醺醺無憂無慮無榮辱。

【背尾】不在水湄便在山巔,做一個樵子漁翁樂安然。五湖歸范蠡,三徑隱陶潛,不學那被放屈子吟澤畔。

【月尾】清風明月長作伴,愛的是緑水和青山,琴棋書畫任我玩,樂清閑。竊笑那辛辛苦苦、經經營營皆是枉然。①

《羽》中的曲子更適合在民間婚喪嫁娶、祝壽、節日、孩子滿月、喬遷、社火等場合演唱,具有廣泛的群衆娛樂性。而《續編》中的曲子更適合陶冶人的性情,改變人的心性,讓人"可以變情暴之氣質,可以化野蠻之性情"。正可謂福堂氏《序》中所寫的詩:"陽春白雪久消沉,流水高山自寫心。識得曲折真意味,不開笑口是癡人。"

第三,有助於了解劇本雅俗共賞的特色,也爲研究清末俗文學的藝術提供了資料支持。

《續編》經過文人們的潤色和改編,曲詞更加典雅,但這種雅也是俗中之雅,它的本質還是俗文化。從《續編》所選戲曲來看,它們與《羽》其他五卷差别較大,舞臺劇的特點尤爲突出,舞臺藝術更爲精嚴,但雅俗共賞的性質没有改變。説其雅是因爲"有美皆登,無調不古""有東都才子之思,無西方神佛之怪""有南國佳人之想,無北鄙殺伐之聲"(福堂氏《序》)。説其俗是因爲"不卑不亢,剛柔合宜;不野不文,雅俗共賞"。試舉《釘缸》爲例説明。

《釘缸》也叫《王大娘釘缸》,故事來源於明代傳奇《鉢中蓮》。故事内容是:百草山上一個降臨旱災的鬼怪,他變成王家莊百姓王大娘。爲了躲避雷劈,他藏在修煉而成的黄瓷缸中。後缸被巨靈神毁壞,於是鬼怪找人修缸。觀音派土地神化爲補缸者爲其補缸,却有意將缸弄碎。鬼怪大怒,欲加害土地神,但被觀音派天兵天將擊敗。可以看出,原來的故事傳奇色彩極爲濃厚,而改變後已經帶有非常濃厚的民間氣息,請看【打連廂】中的一段:

---

① 《校注》,第1199頁。

王大娘氣滿腔,聞言罵聲箍漏匠:放的生活你不做,偷着偷着看老娘。你把老娘缸打破,我看你箍漏兒怎下場?①

這段王大娘的話不是鬼怪"旱魃"的話,活脫脫是農村鄰家大媽的形象。《釘缸》可以説取材於古雅的傳奇,但描寫的是農村的俗事,是以雅瓶裝俗酒的一個典範作品。《續編》中的一些作品可以看作是清末俗文學藝術的傑出代表。作爲異於詩文等雅文化系統的地方戲曲,文獻價值非常高,其中"雅俗"的成分及其成因還未完全研究透徹,這也是《續編》等文獻需要深入發掘的價值。

結　語

總之,作爲現存極少的《續編》,是在《羽》成書不久後由王小屏編寫的又一眉户集錦。它補了先前《羽衣新譜》之不足,是眉户劇史上理論和實踐并行的重要作品。它輯錄的的戲曲更具有舞臺劇的特點,能反映眉户劇較爲本真的形態。它的編輯出版,不僅見證了眉户戲曲從坐攤清唱發展爲舞臺演唱的歷史嬗變,也展現出作者數年累月苦心孤詣堅持爲曲子的傳承默默貢獻的深情,留下了中國古代説唱藝術發展變化的歷史遺迹。它是研究陝西曲藝史、戲曲史的活標本、活化石、活教材,具有重要的歷史意義和現實價值。《續編》具有重要的歷史文獻價值,對研究眉户腔系戲曲藝術的發展演變和清末民初的通俗文學乃至地方民俗具有重要的研究價值。

【作者簡介】崔金明,男,1981年生,山東青州人,博士後,西安外國語大學副教授,碩士研究生導師,主要從事語言學及漢語國際教育研究。

---

① 《校注》,第1310頁。

[金文文獻研究]

釋堂、嘗

——從上海博物館藏的三版甲骨卜辭談起

胡嘉麟

上海博物館所藏的甲骨一部分接受于原孔德研究所,編號爲"2426"字頭。濮茅佐先生編著的《上海博物館所藏甲骨文字》重新進行了整理,對其中 2426.2、2426.33、2426.283 (39459.36+46451+2426.283 合綴)三版卜辭作了釋文,但是却只將"冗"字摹寫出來,未作隸定。這個字在《甲骨文合集》(以下簡稱合集)裏隸爲"汎"、《殷墟甲骨刻辭類纂》(以下簡稱類纂)裏隸爲"䆏",對其釋義也是衆說紛紜。因爲卜辭裏還有"㕣"(合集 242)、"㕣"(合集 32035)、"㕣"(合集 31128)諸字,構形非常相似,所以學術界多將這些字放在一起討論。

楊樹達先生認爲"㕣"即《說文》"貴"字的古文"肖",通作"惠"。① 饒宗頤先生贊成此說,將"冗""㕣"視作"肖"字的異文,"貴"的本字則釋爲"饋"的祭名。②

商承祚先生懷疑此字爲"祭字之省"。③ 葉玉森先生不同意此說,却也沒有提出其他解釋。《甲骨文字典》將"冗"歸入水部,釋作"沙",讀爲"裂"。④

于省吾先生認爲此字"與祭形迥別,亦與用義不同","釋貴亦誤,因爲商周金文遺字從貴屢見,無一從肖者"。他將之隸定爲"䆏","冗字所從之凡、凡、凡,均象几案形。其或一足高一足低者,斜視之則前足高後足低。其有橫者,象橫距之形,今俗稱爲橫撐……冗從數點象血滴形,與䆏之從血同義。"⑤《說文》:"䆏,以血有所刉塗祭也,从血幾聲。"甲骨文的"冗"表示刉物牲或人牲,獻血以祭的祭法。李孝定先生質疑此說,"契文小點爲抽象符號,或爲雨滴,或爲水滴,或爲酒漿,或爲沙石,其誼悉視所施而異。此字下從偏旁不一,其行

---

① 楊樹達:《釋𠂤》,見楊樹達著:《積微居甲文說》,上海:上海古籍出版社 2007 年,第 4 頁。
② 饒宗頤:《巴黎所見甲骨錄》附錄四篇,TOO Hung 印刷公司 1956 年,第 25—27 頁。
③ 商承祚編:《殷虛文字待問編》,北京:北京圖書館出版社 2000 年,第 4 頁。
④ 徐中舒編:《甲骨文字典》,成都:四川辭書出版社 1988 年,第 1229 頁。
⑤ 于省吾:《釋冗》,見于省吾著:《甲骨文字釋林》,北京:中華書局,第 22—25 頁。

已不可必其爲'几'。且'几'上薦血必將貯之以皿，不然則爲以血塗几，將爲釁几矣。几之與血義既不屬，則上从小點亦殊難必其爲血"。①

金祥恒先生將甲骨文"㐭"隸定爲"率"，釋爲"皆"。② 陳劍先生贊同此說，通過古音假借將"汎"釋爲副詞"皆"，并聯繫金文字形認爲"兀"的上半部爲"几"字省文，所從的小點既非"水"，也不是所謂"血滴形"，而是繁化的裝飾性小點或小橫。"率用""汎用"都讀作"皆用"。③

以上諸說都是將這些字視作異形同字的解釋。但是，小屯南地甲骨的整理者却把這些字當作兩個字，認爲"㐭""兀"用處相同，屬於同一字在不同時代的寫法，甲骨文一、二期大多寫作"㐭"，三、四期則多寫作"兀"。可是甲骨文"㐭"與"兀"字形有異，用處也不同，"兀"字大多出現於祭祀辭的用辭中，而"㐭"則未見於用辭。所以，"㐭"與"兀"應該不是同一字。④

郭静雲先生也持有相同的看法，認爲"㐭"字在卜辭中指某種狀態，"兀"字也并非是祭牲的祭法，或是提供祭品時卜問全部使用或部分使用的問辭，應是一種祈禱問辭。并將"兀"隸定爲"禨"，"'兀'字的象形意義是在祭几上享祀祖先，而得祖先降下的瑞兆，同時在祭几上的'一''冖''氵'符號可以視爲'示'字的省文。若將'示'的一豎以'几'形取代，則可寫成從'几''示'的'礼'字，即古代'禨'字。""禨"即文獻中的"禨祥"，指祭祀以求福祥的動作。⑤

那麼，這些字體究竟是否屬於同字異形，以及如何正確認識和釋讀，是本文所要討論的問題。首先，從上海博物館所藏的三版甲骨卜辭來看這個字的具體用法，擇相關辭條隸定釋文如下：

1. 上博 2426.2（圖一）：
　　（1）丁卯貞，畐以羌，其用自上甲，兀至于父丁
　　（2）丁卯貞，畐以羌于父丁（合集 32028）
2. 上博 2426.33（圖二）：
　　（1）丁未貞，其大祁（禦）王自上甲盟用白豭九，下示兀牛，在父丁宗卜

---

① 李孝定編：《甲骨文字集釋》，臺北："中央研究院"歷史語言研究所 1965 年，第 4497—4498 頁。
② 金祥恒：《釋率》，見《中國文字》第 18 册，臺北：臺灣大學文學院中國文學系，1965 年，第 2013—2018 頁。
③ 陳劍：《甲骨文舊釋"眢"和"蠱"的兩个字及金文"䜌"字新釋》，見復旦大學出土文獻与古文字研究中心編：《出土文獻與古文字研究》第一輯，上海：復旦大學出版社 2006 年，第 101—154 頁。
④ 中國社會科學院考古研究所編：《小屯南地甲骨》，北京：中華書局 1983 年。
⑤ 郭静雲：《甲骨文"兀"、"㐭"、"㐭"字考》，見宋鎮豪主編：《甲骨文與殷商史》新三輯，上海：上海古籍出版社 2013 年，第 197—221 頁。

(2) 丁未貞,叀(惠)今夕酒卸(禦),在父丁宗卜(合集 32330)
3. 上博 39459.36＋46451＋2426.283(圖三):
　　(1) 癸亥貞,丁卯王又百毁、百羌、百牛(合集 32044)
　　(2) 丙寅貞,今日其用五十毁于父丁,兹用(合集 32686)
　　(3) 乙亥貞,其用㝬于祖乙

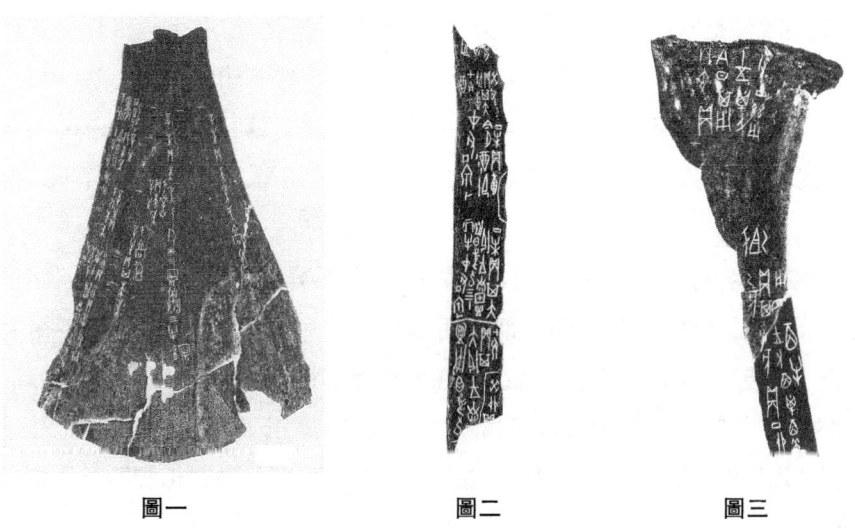

圖一　　　　　　　圖二　　　　　　圖三

　　卜辭 1 的介詞"自"與"至於"組成固定結構,表示範圍。"用自上甲"與"㝬至於父丁"的語法結構相同,"用"與"㝬"都是祭祀動詞,這個動作的實施方式和對象就是前文的"舌以羌"。在同版卜辭"舌以羌于父丁"中,動賓結構"舌以羌"作主語,"舌"就是内涵明確的祭祀動詞,因此,卜辭裏的"㝬"與"用"表示一種涵義比較寬泛的祭祀動詞。吴其昌曾有"㝬之與用,義殆不異"的説法,①不無道理。卜辭還有:

　　庚戌卜,王貞,翌辛亥乞酚肜祀自上甲,衣至於多毓,無害,在十一月(合集 22646)

"乞"是副詞,"酚肜祀"是祭祀動詞聯合詞組,每一個字都可單獨作爲一種祭名或祭法。"衣"也是祭祀動詞,陳夢家認爲名詞的"衣"作地名,動詞用作祭名,"衣祭"也就是"殷祭"。②雖然裘錫圭先生釋"衣"爲"卒",稱"卒至於"應該是最終至於、一直至於的意思。③

---

① 吴其昌著:《殷墟書契解詁》,武漢:武漢大學出版社 2008 年。
② 陳夢家:《殷墟卜辭綜述》,北京:中華書局 1988 年,第 259 頁。
③ 裘錫圭:《釋殷墟卜辭中的"卒"和"祩"》,《中原文物》1990 年 3 期,第 14 頁。

但是文獻提出殷祭爲合祭的説法仍然不能忽視,《公羊傳·文公二年》:"大祫者何? 合祭也。其合祭奈何? 毁廟之主,陳於太祖。未毁廟之主,皆升,合食於太祖,五年而再殷祭。"卜辭裏所出現的"兄"和"衣"應該都是指合祭。例如:

(1) 甲辰卜,貞,王賓桒祖乙、祖丁、祖甲、康祖丁、武乙衣,無尤(合集 35803)
(2) 丁巳卜,貞,王賓自武丁,至於武乙衣,無尤(合集 35816)

在相同結構的卜辭中,祭祀動詞"衣"還有後綴於賓語的情況,例如:

(1) 辛亥卜,涿貞,王賓翌祀自上甲,衣至於毓,無尤(合集 22621)
(2) 辛亥卜,貞,王賓祀自上甲,至於多毓衣,無尤(合集 35438)
(3) 癸巳卜,爭貞,翌甲午肜肜自上甲,至於多毓衣(懷特 32)

一般而言,卜辭的雙賓語結構是"祭祀動詞+於+神祇+祭牲"或"祭祀動詞+自+神祇+祭牲"的格式。卜辭 2"自上甲盟用白豭九"的"盟用"爲祭祀動詞聯合詞組,構成"神祇+祭祀動詞+祭牲"的結構。這個格式與後面"下示兄牛"的語法結構是一致的,是將"神祇"賓語移到祭祀動詞前作主語,類似的還有:

(1) 甲申卜,即貞,羌甲歲一牛(合集 23021)
(2) 丁酉卜,即貞,毓祖乙召牡,四月(合集 23163)
(3) 丙申卜,即貞,父丁歲豐一卣(合集 23227)
(4) 庚午貞,上甲燎一小牢(屯南 4530)
(5) 大乙伐十羌又五(懷特 1558)

"祭於某"或"祭自某"的辭例,亦可作"於某祭"或"自某祭",比如:

(1) 于父乙䇂羊(合集 2226)
(2) 辛亥卜,至伊尹用一牛(合集 21575)
(3) 于兄己彀犬(合集 22276)
(4) 乙巳,貞,于父丁告牛(合集 33054)
(5) ……于父丁卯三牢,羌十(合集 32076)

(6) 于示壬告三牛（屯南 783）

(7) 貞,于父甲侑犬（英藏 75 正）

郭静雲先生稱目前未見有"冘於某"或"冘自某"的辭例,因此否定"冘"作爲祭牲的祭法解釋。① 通過上海博物館所藏的甲骨卜辭,這個意見顯然是不成立的。卜辭 3"其用冘于祖乙"與"其用五十鬯于父丁"爲對文,"用冘"和"用鬯"是"用＋名詞"結構活用爲動詞,"冘""鬯"也可以表示一種祭法。"冘於某"或"冘自某"的辭例還有如下幾例：

(1) 丁亥,貞,冘至兄…（合集 32090）

(2) 甲申酒小丁自上甲,冘至於多…（合集 32372）

(3) □子卜,冘自大示幸（合集 34089）

(4) 乙巳,歲祖乙牢、牝,冘于妣庚小宰

(5) 甲寅,歲祖甲牝,歲祖乙宰、白豕,歲妣庚宰,祖甲冘侑卯（花東 115）

卜辭裏還有不少將"冘用"、"冘伐"作爲聯合動詞的例子,比如：

(1) 丙申,貞,射舌以羌冘用自上甲（合集 32024）

(2) 丁未卜,其冘伐（合集 32256）

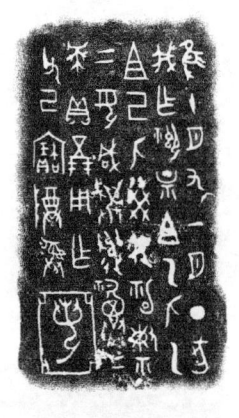

圖四

因此,無論是陳劍先生將"冘"解釋爲副詞的"皆",還是郭静雲先生否認其爲祭牲的祭法都有一定的片面性。通過辭例比較可以提供其反證。如果從文義上理解,商承祚先生釋讀爲"祭"可能比較接近"冘"字在卜辭中的内涵。臺北"故宫博物院"所藏的我鼎,銘文作"唯十月又一月丁亥,我作禦祟祖乙、妣乙、祖己、妣癸,延衸祟二母,咸。舁遣祼二,𥅽貝五朋,用作父己宝尊彝,亞若"。（圖四）其中,"祟"字金文寫作"𥅽"（集成 2763）,上半部分象物中有血,下半部分从示得聲。楊樹達先生認爲"𥅽从血从示,象薦血於神前,蓋祭字也"。② 金文辭例有"祌𥅽",卜辭中有"冘祌"（屯南 250）。

① 郭静雲：《甲骨文"𡰥"、"冘"、"𠂤"字考》,見《甲骨文與殷商史》新三輯,第 203 頁。
② 《積微居金文説》,第 132 頁。

但是,甲骨文"祭"有專字,通常寫作"㪿"(合集7905)或"㪿"(合集32625)。李孝定認爲:"'祭'字像以手持肉,肉在滴血。"①《甲骨文字典》稱:"《説文》:'祭,祀也。从示,以手持肉。'甲骨文祭不从示,示爲後加意符。甲骨文祭字以手持月,月即肉。或以數量不等之點象血點之形,會祭祀之意。祭爲殷代五種祭祀系統中一種祀典之專名。"②"冗"似從几得聲,"祭"从示得聲,雖然兩字的上古音相同,然字形差異頗大,若將"冗"當作"祭"的異體字證據并不充分。

儘管有部分學者主張應該將"冗""숬"與"쑴"區別對待,但是大部分學者還是傾向於認同兩者爲一字。這種看法是正確的,參看本文所列附表可以發現字形的差異應該是由於貞人的契刻習慣而造成的。卜辭文例也顯示了兩者意義大體相同:

其一,"冗用""숬用"與"쑴用":

　(1) 丙申,貞,射畐以羌冗用自上甲(合集32024)
　(2) 丙寅卜,賓貞,小來羌,來甲戌숬用(合集242)
　(3) 其弗賓三匚曰,其쑴[用]。大吉(合集27084)

其二,"勿督冗""勿숬""勿쑴督":

　(1) 弜(勿)督冗…(合集33713)
　(2) …貞,弜(勿)숬…(合集26064)
　(3) 弜(勿)쑴督,叀舊卌用(合集30677)

其三,"冗十祭牲""쑴十祭牲":

　(1) 甲申卜,貞,酒秦自上甲十示又二牛,小示冗羊(合集34115)
　(2) 其秦年冗於小山,쑴豚(合集30393)

陳劍先生曾對三種字形進行了分析,指出何組和無名組僅有"쑴"一種,出組僅有"숬"一種,賓組有"숬""쑴"兩種,歷組有"숬""冗"兩種。并且"几"形的特點具體表現在"歷組主要是用没有一斜筆或一橫筆的,偶爾也用帶斜筆或一橫筆的字形,但是賓組、出組、何組和無名組只用有一斜筆或一橫筆的字形"。③

通過附表中對這些字體分組分期的研究,顯示"쑴"是從一期到四期使用時間跨度最長的一種字體。"숬"和"冗"兩種字體也并非是像小屯南地甲骨的整理者所説"甲骨文一、二

---

① 《甲骨文字集釋》,第64頁。
② 《甲骨文字典》,第18頁。
③ 陳劍:《甲骨文舊釋"督"和"蠱"的兩个字及金文"鼏"字新釋》,見《出土文獻與古文字研究》第一輯,第103頁。

期大多寫作𠔉,三、四期則多寫作𠇗"。"𠇗"字沒有一橫劃或一斜劃的寫法雖然發現的字體數量是最多的,但是行用時間比較短暫,基本不晚於二期。殷墟花園莊東地甲骨的非王卜辭,研究者一致認爲其時代爲一期。還有師組小字和賓組一類也屬於一期,可見在一期卜辭中已經囊括了這三種字體。

此外,以往所認爲的午組卜辭中還有一字隸作"兟",卜辭有:

(1) 甲午卜,兟卯(禦)於妣至妣辛
　　甲午卜,兟卯(禦)於入乙至父戊,牛一(合集 22074)
(2) 庚申卜,帝卯(禦)子自祖庚兟至於父戊卬。(合集 22101+22129)

"兟",以前多當作貞人名。經由魏慈德先生綴合的卜辭(2)可知,"兟"字位於命辭中,(1)版的兩個"兟"也應該在命辭中,而非貞人之名。通過辭例的比較可知,"兟"與"𠇗"的用法大體相近。① 林澐先生在考察卜辭(1)後稱:"凡冠兟,均言'兟某至某,似有合祭之義。"這與本文上述辭例對"𠇗"字用法的分析也是吻合的。"𠇗"與"兟"也是異形同字,魏慈德先生還認爲"兟"是"𠇗"的繁寫。

"兟"字从几得聲,"祭"字从示得聲。"祭"字的"示"是後來添加的意符,亦作爲聲符,甲骨文中還未出現。從古文獻和出土材料來看,从几得聲的字多與从示得聲的字通假。《周禮·春官·肆師》:"及其祁珥夏官小子。"鄭玄注:"祁或作幾。"《史記·晉世家》:"餓人,示眯明也。"索隱:"鄒誕云:'示眯爲祁彌,即《左傳》之提彌明也。'《史記》作示,鄒爲祁者,蓋由示、祁、提音相近,字遂變而爲祁也。"

郳祁鬲銘文有"郳妅"(集成 634),"妅"字金文寫作𡚸,從几得聲讀作"祁"。"几"是見母脂部字,"祁"是群母脂部字。單叔鬲銘文有"孟嬭",②"嬭"字金文寫作𡚸,讀作"祁"。"嬭"的右半邊寫作𠂉,讀作"祇",此字金文見於史墻盤"祇景穆王"(集成 10175)、六年琱生簋"有祇有成"(集成 4293),以及魏三體石經的"祇若此"。《正字通》:"祇,與祗通。"郭沫若先生認爲其字形可解釋爲兩"𠂉"相抵之形,或象兩缶之間有物以墊之,是"抵"或"底"的本字。③《説文》:"祇,地祇,提萬物者也。从示,氏聲。""祇"是群母脂部字,"祗"是章母脂部字。章母和群母的聯繫非常密切,又如"旨"在章母脂部,从"旨"的"耆"在群母脂部,

---

① 魏慈德:《殷墟 YH127 坑甲骨卜辭研究》,臺北政治大學中國文學系博士學位論文 2001 年,第 127—128 頁。
② 陝西省考古研究所、寶雞市考古研究所、眉縣文化館編著:《吉金鑄華章——寶雞眉縣楊家村單氏青銅器窖藏》,文物出版社 2008 年。
③ 郭沫若:《由壽縣蔡器論到蔡墓的年代》,《考古學報》1956 年 1 期。

"旨"與"示"、"几"的古音俱可通假。杜伯鬲銘文"叔媵"（集成 698）的"媵"字寫作"[字]"，"畠"形下爲兩"几"之形。"郘妣"的"[字]"字則是省"[字]"形，从几得聲。

于省吾先生將"[字]"釋爲"釁"，作取牲血塗几的說法意斷性太強。正如李孝定先生所懷疑的"[字]"字上的點狀符號既不似血，視爲"水"也相當牽強。①"[字]"字有兩形，一是寫作"[字]"（合集 22074），兩個"几"形均省略數點；一是寫作"[字]"（合集 22129），兩個"几"形上均有一橫。若没有血滴，又何以意會"[字]"是取牲血塗几的"釁"。所以又有陳劍先生提出的"[字]"字的上形是上半部"几"字省文的說法，②以及郭靜雲先生提出的"几"字數點是"示"字省文的說法。③

以往在討論這個字的時候，學者們都囿於"几"形爲几案的認識。如果說"[字]"字的特點仍不明確的話，屯南甲骨卜辭一條的對文正好爲我們提供了論證的綫索：

□□貞，射甾以羌其用自上甲，[字]至於父丁，叀（惠）甲辰用
甲辰貞，射甾以羌其用自上甲，[字]至於父丁，叀（惠）乙巳用，伐四十（屯南 636）

"[字]"字若是兩個"几"形上下對稱，那麽"[字]"字則是將"几"形包裹在"冂"形内，"几"形周圍的短橫應該是"冂"形的省文。"冂"形并非是"宀"形，甲骨文的"宀"形通常寫作"[字]"（合集 22246），象房屋有屋檐之形。甲骨文有"牢"字寫作"[字]"（合集 22274），但是大多數仍是寫作"[字]"（合集 32412）或是"[字]"（合集 37147）。"[字]"是圈牢的象形初文，"冂"是"[字]"的異寫，有時候也訛爲"宀"，同樣也是表示一定的居室義。

甲骨文中從"冂"構形的文字并不多，例如有"[字]"（合集 1034）、"[字]"（合集 9103），象在室内雙手奉玉之形，合集隸作"弄"，類纂隸作"巫"。這個字應該是"[字]"（合集 6211）、"[字]"（合集 6980）、"[字]"（合集 18180）等字的省文。"冂"形應該就是"堂"字的初文，省"山"形寫作"冂"，或將"山"形簡化爲數點寫作"[字]"，與甲骨文"火"字的簡化類同。《釋名》："堂，高顯貌。"表示居室的"冂"形上加"山"形，會意爲高大居室的"堂"。《周禮·春官》："男巫冬堂，贈無方無算"，注："冬歲之窮，設祭於堂，贈送萬鬼也。""[字]"字表現的應該就是在明堂内所進行的巫事活動。

1974 年北京房山縣琉璃河燕國墓地 M52 出土的復尊銘文有"燕侯賞復冂（堂、裳）、

---

① 《甲骨文字集釋》，第 4497—4497 頁。
② 陳劍：《甲骨文舊釋"昏"和"蠻"的兩个字及金文"飆"字新釋》，見《出土文獻與古文字研究》第一輯，第 115—116 頁。
③ 郭靜雲：《甲骨文"[字]"、"[字]"、"[字]"字考》，見《甲骨文與殷商史》新三輯，第 207 頁。

衣、臣妾、貝,用作父乙寶尊彝,冀"(圖五)。"堂"字金文寫作"冂"(集成5978),讀爲"裳"。大盂鼎銘文也記有"錫汝鬯一卣,冂(堂、裳)、衣、市(韍)、舄、車、馬"(圖六),"堂"字也寫作"冂"(集成6015),與甲骨文"冂"、"冂"的上半部基本相同。2001年山西曲沃北趙晋侯墓地M114出土的叔矢鼎銘文同樣有"蠶叔矢以堂(裳)、衣、車、馬、貝卅朋"(圖七),"堂"字却寫作"冂"(銘圖2419)。此器時代爲西周早期早段,"几"形上有兩竪筆與甲骨文的寫法非常相似,顯示了甲、金文遞變的關係。2005年山西絳縣橫水墓地M2出土的肅卣銘文有"承令堂(賞)汝"(圖八),"堂"字寫作"冂"(銘續30882)。"賞"有專字,金文中通常寫作"賞"(集成2709),這裏的"堂"讀作"賞"。此器時代爲西周中期早段,"几"形上兩竪筆已經變成兩横筆。

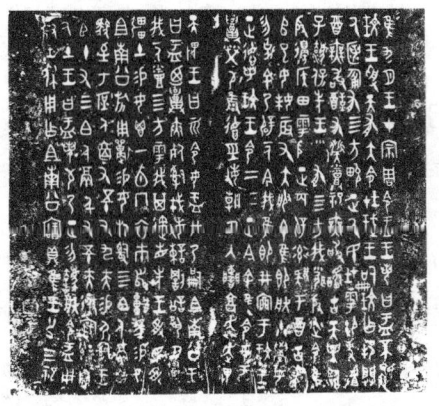

圖五　　　　　　　圖六

圖七　　　　　　　圖八

"堂"字的古文寫作"坐",《説文》:"堂,殿也。"段注:"《釋宮室》曰:'殿,有殿鄂也。'殿鄂即《禮記》注之沂鄂。沂,《説文》作垠、作圻。《釋名·釋形體》亦曰:'臀,殿也,高厚有殿鄂也。'古音屍聲、斤聲、皀聲互通。合音作幾、作畿。是以《禮記》彫幾謂有沂鄂。堂之所以稱殿者,正謂前有陛四緣皆高起。""皀",《五音集韻》作"皀",《廣韻》稱"乃皀字之訛。這個字从日从匕,亦可能作"旨","屍"爲从几得聲,與旨聲的古音正好相通。由此可見,訓"殿"的"堂"亦是从几得聲,而非《説文》所謂的"从土尚聲"。一期的甲骨文作"冎"(花東 115)、"冗"(合集 18780),兩側底有折邊的"几"形

圖九

正象有陛作高起狀。2012 年山東沂水縣天上王城景區春秋墓出土的江伯歔之孫鼜君季鬷鑑銘文有"永寶是尚(常)"(圖九),"尚"字寫作"𧴮"(銘續 30535),保留了甲骨文字形折邊作高階狀的寫法。

《爾雅·釋宮》曰:"古者有堂,自半巳前虛之,謂之堂,半巳後實之,謂之室。"一期甲骨文"冎"(合集 9946 正乙)、"冎"(合集 14172)等字的"几"形中从一橫劃,并非是代表几案之橫距,可能是象徵着"自半之堂"的意思。所以這種"几"形从一橫劃的寫法基本貫穿了整個殷墟甲骨時代,是甲骨文中"堂"的正體字。寫作無橫劃的"冗"則僅見與一、二期,以及西周金文的簡體字。春秋、戰國時期从"⺌"之字多增添有"口"形應該就是從這一橫劃訛變來的。1978 年陝西岐山縣京當鄉鳳雛村西周銅器窖藏出土的伯尚鼎(圖十),"尚"字金文寫作"𠮷"(集成 2538),即是訛變爲"口"形的中間環節。

圖十

西周中期的具鼎銘文作:"唯九月既生霸甲申,具隋(尊)厥京堂异(登),敢即祀于公,公復具裸,錫具馬。具拜手稽首,揚朕皇君休,用作朕文考寶鼎,具孫孫子子其永寶"(圖十一)。堂字金文寫作"𢍱"(銘續 30229),从⺌从土是後世通行的標準寫法。這個時期文字多已增添意符或聲符,以適應和分別日漸繁多的詞彙。上海博物館藏效卣銘文有"王觀于嘗"(圖十二),"嘗"字金文寫作"𠌶"(集成 5433),从⺌从旨,增添聲符"旨"。北京故宮博物院藏姬鼎銘文有"用烝用嘗"(圖十三),亦寫作"𡉦"(集成 2681),可知"嘗"即"嘗",爲嘗祭。效卣爲西周早期晚段器,姬鼎爲西周晚期器,此時的"⺌"字保留了甲骨文"冎"的寫法,高緣狀的"几"形上有兩短橫,兩側的則省略。

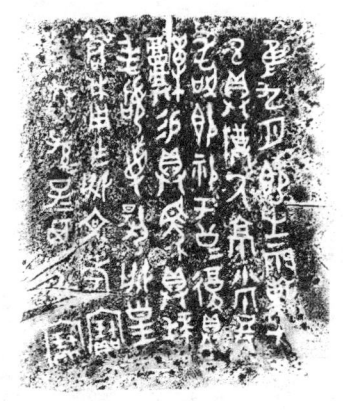 

圖十一　　　　　　圖十二　　　　　　圖十三

春秋、戰國時期寫法開始發生變化，"几"形上添一點或一劃，如同甲骨文的"常"，并且"几"内一横訛變爲"口"，寫法已經十分接近小篆。例如十四年陳侯午敦"以烝以嘗"（圖十四），"嘗"寫作"常"（集成4646）。中山王𰯼壺的"賞"字寫作"賞"（集成9735）。楚系文字的"嘗"不從旨從示，春秋晚期的卲王之諻鼎"春秋奠嘗"（圖十五）作"嘗"（銘續S0224），戰國晚期楚王酓忎簠"以供歲嘗"（圖十六）作"嘗"（集成4551），俱是"山"形下從口從示。《説文》云："嘗，從旨尚聲。"從兩周金文可知，嘗乃是從旨得聲，幾（几）、示、旨上古音相同。

 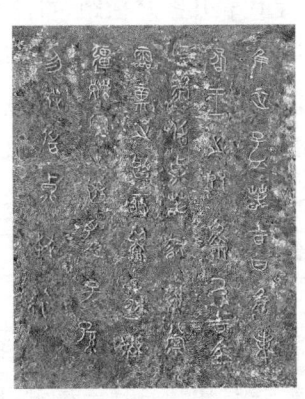 

圖十四　　　　　　圖十五　　　　　　圖十六

綜上所述，"堂""常""常"皆是"堂"的本字，隸作"山"，象有陛作四緣高起狀。"堂"字的短横是"冖"形的省文，西周金文的"几"形簡化爲"冖"形，"常"字的數點或爲"山"形的省文。甲骨文還有的寫作"常"，或是寫作"常"，即意會重閣高堂義。金文中隸定爲"堂""尚"的字形，構形與甲骨文相近，有的讀作"裳""賞"。甲骨文的"堂"，以"几"爲聲符，可讀爲"嘗"。《爾雅·釋天》："秋祭曰嘗。"《玉篇》："嘗，祭也。"堂、嘗同源，名詞用作祭祀場所，即後世的明堂，動詞用作嘗祭。甲骨卜辭多以"凶"讀作"嘗"，表示祭祀動詞。西周早期增設聲符"旨"作爲"嘗"的專字，春秋、戰國的楚系文字"嘗"字从示，仍保留了早期某些構形的孑遺。

引用甲骨、金文著録書簡稱：
合集　中國社會科學院歷史研究所：《甲骨文合集》，中華書局1978—1982年。
屯南　中國社會科學院考古研究所：《小屯南地甲骨》，中華書局1980年。
懷特　許進雄：《懷特氏等收藏甲骨文集》，加拿大皇家安大略博物館1979年。
英藏　李學勤、齊文心、艾蘭：《英國所藏甲骨集》，中華書局1980年。
花東　中國社會科學院考古研究所：《殷墟花園莊東地甲骨》，雲南人民出版社2003年。
集成　中國社會科學院考古研究所：《殷周金文集成》，中華書局1984—1994年。
銘圖　吴鎮烽：《殷周青銅器銘文暨圖像集成》，上海古籍出版社2012年。
銘續　吴鎮烽：《殷周青銅器銘文暨圖像集成續編》，上海古籍出版社2016年。

附表：甲骨文"元""令""𠙴"字形分組分期表

組類	第一期 武丁（早）	第一期 武丁（晚）	第二期 祖庚	第二期 祖甲	第三期 廩辛	第三期 康丁	第四期 武乙	第四期 文丁	第五期 帝乙
非王類	花東 115								
師組小字		合集 18780							
賓組一類		合集 9946 正乙							
賓組二類 典型賓組		合集 1203	合集 14172						
賓組三類		合集 32214 合集 33314	合集 242 合集 553	合集 25996					
出組一類				合集 26063 英藏1924					
出組二類			合集 32035	屯南 488 屯南 2707					
何組一類					合集 27084	合集 31128	合集 31129		
黃組								合集 39423	
歷組一類			屯南 751						
歷組二類					合集 27087	合集 30393	合集 30677	合集 31127	
無名組									

【作者簡介】胡嘉麟，男，1982 年生，陝西西安人，歷史學博士，上海博物館副研究館員，主要從事青銅器與古文字學研究。

性别视角下的两周铜盨随葬现象研究

孫曉鵬

盨是一種周人新創的粢盛器，始見於西周中期，盛行於西周晚期，自春秋中期以後罕見。針對青銅盨的來源、消亡及使用人群等相關内容前輩學者已有專論。[①] 在研究周代女性社會地位問題方面，亦有學者關注到了盨在媵器和女性祭器中均有存在，并做了相關統計。[②] 以往性别考古研究多着眼於鼎簋組合隨葬差異，對銅盨在兩性墓葬的隨葬情况，關注較少。本文擬通過整理墓葬出土銅盨的資料，對盨在兩性墓葬中的使用問題略談淺見，以求抛磚引玉。

截至2020年，隨葬銅盨的兩周墓葬共有二十二座，[③]完整墓葬共十座，年代自西周中期至春秋中、晚期。確知爲女性墓的有五座（兩座被盗），男性墓有九座（三座被盗），性别未知的有八座[④]（七座被盗）。盨的類型採用張懋鎔先生[⑤]的結論，以耳部、足部和圈足缺

---

* 本文係國家社科基金西部項目"以青銅器爲中心的西周女性墓葬研究"（2017XKG008）的階段性成果。本文亦受到第61批中國博士後科學基金面上二等項目"西周女性青銅器研究"（2017M613045）的資助。

① 張懋鎔：《兩周青銅盨研究》，見張懋鎔著：《古文字與青銅器論集（第二輯）》，北京：科學出版社，2006年，第84—113頁；岳連建等：《銅盨的淵源及演變》，《考古與文物》2014年第2期，第40—45頁；王世民等著：《西周青銅器分期與斷代研究》，北京：文物出版社，2017年，第102—109頁。

② 陳昭容：《周代婦女在祭祀中的地位——青銅器銘文中的性别、身份與角色研究（之一）》，見李貞德等主編：《婦女與社會》，北京：中國大百科全書出版社，2005年，第1—45頁。陳昭容：《兩周婚姻關係中的"媵"與"媵器"——青銅器銘文中的性别、身份與角色研究之二》，見《"中央研究院"歷史語言研究所集刊》（臺灣），第七十七本第二分，2006年6月，第193—278頁。

③ 這二十二座墓葬不包括隨葬録盨和乘父士杉盨兩座戰國、西漢墓。以上兩墓都用前代收藏做隨葬品，與本文主題不符，故不討論。

④ 性别不明、被盗嚴重或未發表的墓葬，限於篇幅將不詳談。具體墓葬資訊如下：1. 禹縣吴灣M1取土破壞，餘一鼎一盨，見姜濤等：《禹縣吴灣西周晚期墓葬清理簡報》，《中原文物》1988年第3期，第7—9頁；2. 長安張家坡墓取土挖去2/3，餘三鼎四盨兩壺，見趙永福：《陝西長安張家坡西周墓清理簡報》，《考古》1965年第9期，第447頁；3. 岐山賀家村M3被盗，餘一鼎二盨，見戴應新：《陝西岐山賀家村西周墓葬》，《考古》1976年第1期，第31—38,67—70頁；4. 寧縣宇村墓取土發現，餘一鬲一盨，見許俊臣等：《甘肅寧縣宇村出土西周青銅器》，《考古》1985年第4期，第349—352頁；5. 黄縣春秋墓，餘一鼎一鬲四盨一盤一匜，見王獻唐：《山東古國考》，濟南：齊魯書社，1983年，第17頁；6. 周原賀家村北M30西周晚期墓，餘四鼎二盨，見周原考古隊：《2015年周原遺址賀家北（ⅡC3區）墓葬發掘簡報》，《考古與文物》2019年第5期，第25—44頁；7. 高青陳莊M36未發表，有盨、壺等禮器，見任相宏、張光明：《高青陳莊遺址M18出土豐簋銘文考釋及相關問題探討》，《管子學刊》2010年第2期，第97—102頁。完整墓爲洛陽西周C5M906，見趙振華等：《洛陽東郊C5M906號西周墓》，《考古》1995年第9期，第788—791頁。另：筆者曾於山西青銅博物館見大河口墓地有西周晚期盨陳列，但資料未發表。

⑤ 張懋鎔：《兩周青銅盨研究》，見《古文字與青銅器論集（第二輯）》，第84—87頁。

口爲主要區分依據。

因用盨者多身份貴重，小墓用盨者較少。本文判定墓葬等級的主要依據是墓主人身份，鼎的隨葬數量作爲輔助依據。國君和夫人均屬國君級墓，其餘墓葬爲非國君級墓。

一、女性墓用盨特點

用盨的女性墓葬有五座，合計隨葬十三件。這些墓葬均位於姬姓諸侯國境内。其中四座爲國君夫人墓，一座爲貴族夫人墓。年代從西周中期至春秋早期。

（一）年代

四座女性墓年代是西周時期，春秋時期僅見一例。西周中期用盨女性墓一座，爲晉侯夫人 M13，[1]該墓完整，隨葬一件無銘文盨，盨的資料未公佈。王世民先生認爲該盨與伯敢罪盨屬於年代最早的銅盨。[2] 西周晚期用盨女性墓數量較多，共三座，一座完整，兩座被盜。晉侯夫人 M92[3]隨葬二件無銘文盨，該墓完整。盨的資料未公佈。晉侯夫人 M2[4]隨葬四件有銘文盨，該墓被盜。盨的銘文顯示爲晉侯對所作，[5]形制、大小和紋飾均相近，年代晚於 M92。應侯夫人 M88 隨葬盨，因被盜未實際發掘，盨自水塘撈出，發掘者認爲是見工夫人墓。墓内隨葬四件，大小、形制均相似，兩件有銘文。[6] 春秋早期僅一座女性墓用盨，該墓完整。虢國 M2006 隨葬兩件有銘文盨，銘文顯示是父親爲女兒所作媵器。[7]

女性墓用盨始於西周中期，盛行於西周晚期，此時是女性墓用盨的高峰期，有三座女性墓，佔用盨女性墓總數的六成之多。目前所見最晚用盨女性墓虢國 M2006 爲春秋早期墓。

---

[1] 北京大學考古學系等：《天馬——曲村遺址北趙晉侯墓地第二次發掘》，《文物》1994 年第 1 期，第 4—28，97—98 頁。
[2] 《保利藏金》編輯委員會編：《保利藏金——保利藝術博物館精品選》，廣州：嶺南美術出版社，1999 年，第 96 頁。
[3] 北京大學考古學系等：《1992 年春天馬——曲村遺址墓葬發掘報告》，《文物》1993 年第 3 期，第 11—31 頁。
[4] 北京大學考古學系等：《天馬——曲村遺址北趙晉侯墓地第五次發掘》，《文物》1995 年第 7 期，第 4—39，97—98，100 頁。
[5] 吴鎮烽編著：《商周青銅器銘文暨圖像集成》第 12 卷《食器·簋 盨》，上海：上海古籍出版社，2012 年，第 399 頁。
[6] 河南省文物考古研究所等編：《平頂山應國墓地 1》，鄭州：大象出版社，2012 年，第 734，735 頁。
[7] 河南省文物考古研究所等：《上村嶺虢國墓地 M2006 的清理》，《文物》1995 年第 1 期，第 4—31，97—98，100 頁。

（二）組合

由於女性墓組合中粢盛器比較重要，盨因其粢盛器屬性，故出現在女性墓的時間很早。西周中期墓晉侯夫人 M13 爲五鼎四簋墓，僅隨葬單件盨。至晚期不僅用盨墓葬較多，墓内盨數量開始增加，至多可有四件。墓内隨葬的盨形制、大小均相近，稱之爲列盨。① 完整墓晉侯夫人 M92 中兩件盨，該墓二鼎二盨無簋。其他兩墓被盜，組合不清，晉侯夫人 M2 隨葬一組四件盨，應侯夫人 M88 至少隨葬一組兩件或四件盨。春秋早期列盨制度仍有延續，虢國 M2006 中隨葬兩件盨，該墓隨葬三鼎二盨無簋。有兩座完整墓葬中僅有盨無簋，分別是晉國 M92 和虢國 M2006。

在盨流行的年代，多數女性墓仍用鼎簋組合。晉侯墓地西周晚期五座女性墓中兩座用盨，佔 40%。應國、虢國也僅爲一例，顯示女性用盨不具備普遍性。

（三）墓主國別、身份

5 座女性墓均位於姬姓諸侯國境内，晉國三座，應國和虢國各一座。晉國境内女性墓用盨可早至西周中期，最晚至西周晚期中葉。② 應國墓地西周晚期資料公佈不多，目前僅見 M88 一例。虢國女性墓資料以春秋早期爲主，目前僅見 M2006 一例用盨。

從五座墓的墓主人身份來看，屬於國君夫人四例（佔 80%），貴族女性僅虢國 M2006 一例（佔 20%）。可見盨的使用者以國君夫人爲主。

西周晚期女性墓的盨開始有銘文，有銘文者共三組八件。這些盨全部爲男性所作，僅 M2006 中盨爲媵器明確受器者爲女性，其餘均爲男性自作器。這一現象顯示出女性在作盨方面自主權較小。

簡而言之，女性墓用盨特點如下：首先，始於西周中期，西周晚期盛行，春秋早期僅一例。其次，西周晚期起在女性墓中扮演主要粢盛器角色，部分女性墓有盨無簋。鼎盨組合在女性墓中并不普遍，鼎簋組合仍爲主流。最後，雖然兩周時期可以用盨的女性身份地位均較高，以姬姓諸侯國夫人爲主，但是在作盨方面自主權很小。（女性墓用盨情況見表一）

---

① 孫華：《關於晉侯對組墓的幾個問題》，《文物》1995 年第 9 期，第 55 頁。
② 晉侯夫人 M2 的年代多認爲是西周晚期中葉，見朱鳳瀚著：《中國青銅器綜論》，上海：上海古籍出版社，2009 年，第 1451 頁。

表一　兩周用盨女性墓葬統計表

墓葬	墓葬面積(m^2)	葬盨情況	食器組合	年代	墓主人身份
晉侯墓地 M13	未知	1 未知	5鼎、4簋、1甗	西周中期	晉侯 M9 夫人
晉侯墓地 M92	29.2	2 未知	2鼎	西周晚期	晉侯 M91 夫人
晉侯墓地 M2（被盜）	21.2	4 半環耳盨	1殘鼎	西周晚期	晉侯 M1 夫人
應國墓地 M88（被盜）	未知	2或4① 附耳盨	3鼎	西周晚期	應侯見工夫人
虢國墓地 M2006	14.23	2 半環耳盨	3鼎、1方甗、4鬲、1簋	春秋早期	虢國貴族夫人

二、男性墓用盨特點

九座墓葬內隨葬盨，共隨葬二十件。這些墓葬除多見於姬姓諸侯國，還見於秦國，墓主身份除了國君還有一般貴族。盨在男性墓的隨葬時間持續較長，自西周中期至春秋中晚期均有使用。

（一）年代

用盨男性墓西周時期三座，春秋時期六座，與女性墓多見於西周的情況略有不同。男性墓用盨亦是西周中期，應侯墓 M84② 出應侯再盨一件。晚期用盨墓兩座，分別是應侯墓 M95，③隨葬應伯盨兩件盨，墓內另有一件明器盨；晉侯墓 M1④ 中隨葬四件盨，爲晉侯對所作，但形制與 M2 中的盨不同，該墓被盜。另有西周中期張家坡 M152 中有帶銘漆盨，盨的蓋板部分銅質。⑤

---

① 因兩件應侯見工盨和兩件無銘文盨均爲採集品，見工墓和夫人墓遭到嚴重破壞。報告中因該組器鑄造品質較差判定屬於夫人墓，在無確鑿證據時確實無法否定這種可能性。但因傳世器中有至少兩件應侯見工簋，故無法確定水塘撈出這四件盨中是否都屬於夫人墓，還是應侯見工與夫人墓中各兩件。
② 《平頂山應國墓地1》，第 564—654 頁。
③ 河南省文物研究所等：《平頂山應國墓地九十五號墓的發掘》，《華夏考古》1992 年第 3 期，第 92—103 頁。
④ 北京大學考古學系等：《1992年春天馬——曲村遺址墓葬發掘報告》，《文物》1993 年第 3 期，第 11—31 頁。
⑤ 中國社會科學院考古研究所編著：《張家坡西周墓地》，北京：中國大百科全書出版社，1999 年，第 352 頁。張家坡 M152 中有至少三件漆盨，蓋板和底爲銅質，其他部分爲漆木質。漆盨是否屬於禮器暫不能確定，故本文不討論該墓。

春秋早期四座位於虢、魯兩國,中晚期兩座位於秦國。虢國 M2001① 和 M2009 中均隨葬四件盨。魯國故城 M48② 隨葬兩件盨,M30 隨葬一件盨,均有銘文。秦國圓頂山 M2 和 M4,③各隨葬一件盨,這兩墓均被盜。原報告中認爲是秦國中等級貴族,M2 規格略高於 M4。原報告中稱盨爲簋,祝中熹、④張懋鎔⑤兩位先生證其爲盨,張懋鎔先生還認爲這兩件盨是目前所見年代最晚的盨。

(二) 組合

男性墓中用盨亦經歷了由單出至多出的發展軌迹,最多可隨葬四件,多件盨者都爲列盨。除年代,墓葬等級也是盨隨葬數量的重要制約因素。非國君男性墓中有的隨葬一件(魯國 M30、兩座秦墓),有的隨葬兩件(魯國故城 M48)。絕大多數男性墓中有盨有簋,僅應國 M84 和魯國故城 M30 有盨無簋,其餘男性墓中盨的隨葬均不影響簋的個數。張懋鎔認爲,盨在男性墓的作用應當是提升食器組合的作用,此説甚確。⑥ 目前僅能找到九例男性墓用盨,可證其不具備普遍性。

(三) 墓主國別、身份

九座用盨男性墓分別位於應、晋、虢和秦國墓地。用盨男性墓墓主除有諸侯國國君,亦有一般貴族,其中非國君者共四例,佔比爲 44.44%,遠高於女性墓的 20%。使用範圍不僅限於姬姓貴族,還有秦人。至春秋早期後盨幾乎絕迹於周文化圈的男性墓葬,僅一心模仿周文化的秦人還繼續使用盨。

男性墓中盨全部有銘文,多數爲男性自作器。僅虢國 M2009 的盨是墓主虢仲爲妻子作器,四件同銘。據報導 M2009 中有虢仲自作器四十四件,僅盨爲其妻所作寶器。⑦ 這組盨出現於虢仲墓説明兩個問題:1. 男性專爲女性作盨,顯示盨在食器組合中的地位不高;

---

① 河南省文物考古研究所等:《三門峽虢國墓 第一卷》,北京:文物出版社,1999 年,第 51—55 頁。
② 山東省文物考古研究所等編:《曲阜魯國故城故城》,濟南:齊魯書社,1982 年,第 120—121 頁。
③ 甘肅省文物考古研究所等:《甘肅禮縣圓頂山 98LDM2、2000LDM4 春秋秦墓》,《文物》2005 年第 2 期,第 4—27,97—98 頁。
④ 祝中熹:《試論禮縣圓頂山秦墓的時代與性質》,《考古與文物》2008 年第 1 期,第 70—77 頁。
⑤ 張懋鎔:《禮縣圓頂山秦墓銅器瑣談》,見《古文字與青銅器論集(第二輯)》,第 77 頁。
⑥ 張懋鎔:《試論商周盛食器的興衰》(代序),見胡嘉麟著:《中國古代青銅器整理與研究·青銅簠卷》,北京:科學出版社,2018 年,第 X X 頁。
⑦ 侯俊傑等:《三門峽虢國墓地 2009 號墓獲重大考古成果》,《光明日報》1999 年 11 月 2 日。

2. 盨作爲提升食器組合作用時需先滿足男性需要，這一點在虢國夫婦異穴合葬墓 M2001 中有盨和 M2012① 中無盨亦可證明。

通過男性墓中葬盨情況來看，西周中期開始用盨，一直延續至春秋中晚期。多數用盨男性墓都同時用簋，因而盨在男性墓中更多表現出提升食器組合的作用。用盨者身份上至姬姓諸侯國國君，下至魯、秦國一般貴族。（具體情況見表二）

表二　兩周用盨男性墓葬統計表

墓葬	墓葬面積（m²）	葬盨情況	食器組合	墓葬年代	墓主人身份
應侯再墓 M84	10.6	1 半環耳盨	2 鼎、1 甗	西周中期	應國國君？
應侯 M95	15.56 帶一墓道	2 附耳盨	5 鼎、4 簋、4 鬲、1 甗、1 匜，另有 2 簋、1 盨（形制似簋）組成的明器食器一組	西周晚期	應國國君
晉國 M1（被盜）	33 帶一墓道	4 附耳盨	殘 1 鼎、1 簋	西周晚期	晉國國君
虢國 M2001	19.98	4 半環耳盨	7 鼎、6 簋、8 鬲、1 甗、2 簠、2 鋪，另有 3 鼎、3 簋組成的明器食器一組	兩周之際	虢國國君虢季
虢國 M2009（未發表）	未知	4 半環耳盨	9 鼎、8 簋、8 鬲等	兩周之際	虢國國君虢仲
魯國故城 M48	9.79	2 半環耳盨	3 鼎、1 甗、2 簋、1 簠	兩周之際	魯司徒仲齊
魯國故城 M30	4.66	1 半環耳盨	1 鼎	兩周之際	魯伯悆？
圓頂山 M2（被盜）	20.31	1 半環耳盨	5 鼎、6 簋等	春秋中晚期	未知
圓頂山 M4（被盜）	15.9	1 半環耳盨	5 鼎、4 簋、1 甗等	春秋中期	未知

三、特殊墓葬分析

兩性用盨墓葬數量本就不多，雖有的墓被破壞，但仍有參考價值。另外，還有兩座男性墓的墓主身份有爭議，導致墓葬組合特異。通過對被盜墓葬和墓主身份有爭議墓葬分

---

①　墓葬登記表顯示 M2012 食器組合情況爲五鼎四簋一甗二簠二豆，另有一組六鼎六簋的明器食器。《三門峽虢國墓　第一卷》，第 314—316 頁。

析,有助於理清盨在兩性墓葬的使用特點。

(一) 女性墓特例分析

前文已述,應國 M88 和晉國 M2 被盜,情況不明。限於應國 M88 并未實際發掘,故不對其進行推測。晉國因西周晚期女性墓資料公佈較多,有進一步推測 M2 組合的可能性。

筆者竊以爲 M2 中有盨無簋,原因有三:首先,該墓所處時期很多盨自銘爲簋,如伯鮮盨等。[①] 盨以簋自名的方式不僅顯示出其可能源於簋,是簋的派生物,[②]還顯示了盨與簋在實際使用功能上的一致性。在功能重合的情況下,擁有盨的女性墓似乎很難再同時有簋的隨葬。其次,晉侯墓地完整的西周晚期女性墓共四座(即 M31、M92、M63 和 M62),這些墓葬中除 M92 有盨無簋,其餘均有簋且至多隨葬四件。有四件者如 M62,有兩件者 M63 和 M31。[③] 因而無論是盨還是簋,四件似乎是晉國西周晚期女性最多可擁有的粢盛器數量。最後,同等級情況下,女性墓隨葬品等級、數量低於男性墓是不爭的事實,盨作爲一種簋的派生物,地位低於簋。同組夫妻墓中男性墓 M91 用鼎簋、女性墓 M92 用鼎盨可證盨的地位低於簋。[④] 同時,在年代序列上,M2 是緊隨 M92 組其後的晉侯夫人墓,年代接近,組合亦接近。因而盨在女性墓組合中代替簋是順理成章的。故筆者認爲,鑒於以上三點理由,晉國 M2 墓中存在四件盨的情況下,可能無簋,與 M92 中一樣以盨代簋。

(二) 男性墓特例分析

男性墓中應國 M84、魯國故城 M30 和晉侯 M1 情況較爲特殊,其中前兩墓因墓中無簋,後一墓因被盜破壞嚴重。

西周中期的應國 M84 普遍被認爲是應侯禹之墓,發掘者在報告中多次陳述該墓雖被漢墓破壞,但組合完整。[⑤] 同時還列舉墓内禮器組合完備,有甗、盨等高級貴族纔可用銅器,有玉禮器、原始瓷器和金箔,所葬車馬器合於七乘,有銅面具等若干理由,力證其確爲

---

① 張懋鎔:《試論青銅器自名現象的另類價值》,見張懋鎔著:《古文字與青銅器論集(第三輯)》,北京:科學出版社,2010 年,第 129 頁。
② 張懋鎔:《試論中國古代青銅器器類之間的關係》,見张懋鎔著:《古文字與青銅器論集(第二輯)》,北京:科學出版社,2006 年,第 135 頁。
③ 具體數據參考《中國青銅器綜論》,第 1445 頁。
④ 張懋鎔:《試論商周盛食器的興衰》(代序),見《中國古代青銅器整理與研究·青銅簋卷》,第ⅩⅩ頁。
⑤ 《平頂山應國墓地 1》,第 564—654 頁。

應侯之墓。朱鳳瀚先生因墓葬面積小、墓內鼎數少疑該墓爲應侯再後人之墓。① 應侯墓的分佈有規律，國君及夫人墓都東西并列於滍陽嶺的中脊部。② M84 恰好在中脊部區域，墓內隨葬大量兵器和車馬器，男性墓特徵明顯，似乎也很難做應侯再以外的解釋。整個西周時期應國墓葬規格均不甚高，其遠離王畿地區，深受殷商文化和周邊土著文化的影響，故出現墓葬組合食、酒并重的情況也就不足爲奇了。③ 盨出現初期的定位并不明晰，從同時期的盨多自名爲簋可知，其與簋的區分亦不明顯。M84 所隨葬的應侯再盨④亦採用尊彝這種籠統的稱謂，而非盨、簋這類專名。因而很難説當時在偏遠的諸侯國應國境内，貴族可以區分出盨、簋的區别，并正確使用兩種器類。

魯國故城 M30 原報告中認爲該墓屬於西周時期，但近年來已有學者明確指出其與魯國故城 M48 均應屬兩周之際，⑤因兩墓內盨近於虢國 M2001 盨（見圖一），其説可從。該墓面積雖不足五平米，但仍隨葬壺和盤、匜各一件，顯然墓主身份不低。然而比照年代相近的 M48 無論是墓葬面積，還是隨葬品規格都偏低。盨出現在 M30 有可能與動亂的時局有關，該貴族地位不低，却困於經濟困頓，而没有很多的隨葬品。

圖一　春秋早期部分虢國、魯國墓葬出土盨對比圖

男性墓中有三例被盜，僅晋侯 M1 嚴重被盜，禮器組合不清。有學者對 M1 組合進行過推測，認爲應是五鼎四盨墓。M1 屬於以盨代簋，可能没有簋隨葬。⑥ 這種可能性固然是存在的，但從晋侯墓地的其他墓葬情況來看，隨葬鬲、簠、豆或盂等食器均不影響簋的隨

---

① 《中國青銅器綜論》，第 1354 頁。
② 《平頂山應國墓地1》，第 14 頁。
③ 張懋鎔：《西周姬姓諸侯國青銅禮容器的比較研究》（代序），見《中國古代青銅器整理與研究·應國青銅器卷》，第Ⅴ—ⅩⅠ頁。
④ 應侯再盨銘文爲"應侯再肇乍氒丕顯文考釐公尊彝，用綏朋友，用寧多福，再其萬年永寶"。王龍正等：《平頂山應國墓地八十四號墓發掘簡報》，《文物》1998 年第 9 期，第 11 頁。
⑤ 《中國青銅器綜論》，第 1654 頁；畢經緯：《魯國銅禮器的初步整理與研究》，《考古與文物》2018 年第 1 期，第 87—88 頁。
⑥ 孫華：《關於晋侯對組墓的幾個問題》，《文物》1995 年第 9 期，第 55 頁。

葬。M1 殘存青銅食器中還有簠和豆各一件，集同時期流行粢盛器於一墓。很難想象這樣一座高規格的晉侯墓葬，只有一些當時的小衆粢盛器，而没有最流行的簠。因而 M1 中很可能也是有簠的，且應不少於四件。

應國 M84 墓主僅用盨不用簠，或因當時盨、簠區別不明顯有關，可能錯用盨爲簠。魯故城 M30 墓主則可能囿於經濟困頓。根據其他晉侯墓地夫婦墓的情況，推測晉侯 M1 有盨有簠，晉侯夫人 M2 有盨無簠。

四、兩性墓葬用盨對比

盨的特點在張懋鎔先生的系列研究中已有總結，[①]在此基礎上，筆者將對墓葬中的兩性用盨異同做總結。

（一）兩性用盨的四處相同點

1. 兩性墓葬用盨的發展軌迹大致相同。首先，開始出現在墓葬中的年代接近，且最早使用盨的貴族等級均較高。其次，兩性墓葬中隨葬盨都是由單個發展至多件成組使用。最後，兩性墓葬用盨的高峰期均爲西周晚期至兩周之際，[②]五座女性墓中有四座使用，九座男性墓中有六座使用。張懋鎔先生曾做過統計，認爲西周晚期是青銅盨發展的興盛時期。[③] 十座墓葬的集中分佈也證明了兩性用盨高峰期的相近。

2. 年代、等級相近的兩性貴族墓葬用盨數量一致。雖然傳世虢仲盨蓋的銘文顯示虢仲自作旅盨十二件（《殷周金文集成》04435），但這一數字并不適用於墓葬。目前所見墓内至多隨葬四件盨，中小墓中一般隨葬單件或兩件。這一規律不受國别限制，所有的姬姓諸侯國均嚴格遵循國君和夫人至多葬四件盨，非國君兩性貴族減至兩件盨，個别男性墓隨葬一件盨。

3. 用盨兩性墓多分佈於姬姓諸侯國境内，使用者多爲姬姓高等級貴族（或其妻子）。兩例秦墓的隨葬品規格也顯示出墓主身份較爲尊貴。盨的使用者身份較爲尊貴，多爲中

[①] 張懋鎔：《兩周青銅盨研究》，《考古學報》2003 年第 1 期，第 11—12 頁；張懋鎔《青銅盨補論》，見張懋鎔著：《古文字與青銅器論集（第四輯）》，北京：科學出版社，2014 年，第 124—125 頁。

[②] 因虢國 M2009 和魯國故城 M30 資料未完全公佈，分期尚有争議，但當不晚於兩周之際，因而本文所劃男性墓高峰期順延至兩周之際。

[③] 張懋鎔：《兩周青銅盨研究》，《考古學報》2003 年第 1 期，第 5—6 頁。

型及以上貴族所用,這一點張懋鎔先生已有論述,①其説甚確。

4. 盨始終未成爲中高等級墓葬組合的常設成員,鼎簋組合仍是主流食器組合。無論是男性墓還是女性墓,用盨的墓葬數量并不多。

(二) 兩性墓葬用盨的五處不同點

圖二　燕下都 M16 出土陶盨

1. 盨在男性墓中的延續時間更長,使用範圍更廣。首先,女性墓用盨最晚見於春秋早期,男性墓却用至春秋中晚期,盨在女性墓葬中出現雖不遲,但結束時間却較早;其次,數量上用盨男性墓(九座)多於女性墓(五座)接近一倍;最後,低級別男性墓用盨更多,非國君級的男性貴族用盨四例,遠多於女性的一例。另外,姬姓男性貴族對盨的使用不止限於銅盨,還有漆盨和陶盨(見圖二)。②

2. 墓葬組合關係方面,兩性存在差異。西周晚期以來多數男性墓葬中的盨是作爲組合中的配器身份而存在,不影響簋的隨葬,而在女性墓葬中有盨則無簋。王世民先生認爲盨與簋的用途不同,兩者不存在相互替代,③這一觀點顯然在用盨女性墓葬是不成立的。西周晚期鼎(鬲)盨組合代替鼎簋組合的現象已被學者注意到,④但是對於何種情況下出現鼎(鬲)盨組合并未言明。從本文的分析來看,性別因素導致器用制度上的男尊女卑,可能是鼎(鬲)盨組合出現的最主要原因。

3. 兩性墓内多數盨爲男性自作器。女性墓中的盨并没有女性自作器,而男性墓中全

---

① 張懋鎔:《兩周青銅盨研究》,見《古文字與青銅器論集(第二輯)》,第 95—96 頁。
② 雖然文獻中無盨的蹤影,但戰國時期燕國高等級墓葬的仿銅陶禮器中仍有兩件盨。這兩件盨的形制與應侯再盨較爲接近,使用方式上也是兩件成組,形制、尺寸均相同。盨的使用範圍并不廣泛,存續時間也較短,傳世器中并無燕國用銅盨的痕迹。即便如此,仍有仿銅陶盨出現在燕國。這并非偶然現象,説明盨可能在當時并不少見,應該是周人廣泛使用的一種粢盛器,姬姓貴族均熟悉其使用方式。因此燕國的姬姓貴族在銅盨消亡後仍有深刻的記憶,體現出了對周文化的深層次文化認同。陶盨資料見於孫德海《河北易縣燕下都第十六號墓發掘》,《考古學報》1965 年第 2 期,第 79—102,166—175,178—179 頁。圖二攝於《慷慨悲歌——燕趙故事》河北博物院展廳。
③ 王世民:《關於西周春秋高級貴族禮器制度的一些看法》,見王世民著:《考古學史與商周銅器研究》,北京:社會科學文獻出版社,2017 年,第 406 頁。
④ 《中國青銅器綜論》,第 1310 頁。

部爲男性作器。有銘盨隨葬的女性墓有三座，應國和晉國的女性隨葬其夫自作的盨，虢國M2006隨葬的盨可能是墓主的媵器。男性墓中僅虢國M2009中隨葬墓主爲其妻子作器，其餘均爲男性自作器或爲父作器。這一現象與傳世盨的情況也較爲類似，即女性在作盨方面幾乎無自主權，也較少成爲盨的受器者。

4. 部分男性墓中的盨特別華麗，製作精良。部分女性墓的盨則較爲簡樸，製作粗糙。墓葬中的盨，雖然多爲男性所作，但兩性選擇葬盨時却存在差異。男性墓中的盨型式更多，除常見器形外還隨葬一些異形器（如M1中晉侯對盨和秦墓兩盨），裝飾更爲華麗，有的還有浮雕動物裝飾（如魯伯悆盨和秦墓中兩盨都有浮雕虎形裝飾）。女性墓中的盨造型簡樸，製作粗糙。將晉侯M1和M2中的盨對比，可以看出雖都是晉侯對自作，但男性墓用盨尺寸更大、重量更重，也更華麗（見圖三，數據見表三）。另外應侯夫人M88的盨與年代接近、同爲瓦楞紋的M95應伯盨相比，不僅兩耳不等高、器型不規整，且附耳處無横樑連接，製作粗糙（見圖四）。因列盨的紋飾、形制和尺寸均接近，故每組只列一件，其他兩性墓葬內盨的具體情況，見表三。

圖三　晉侯墓地M1、M2中晉侯對盨對比圖

圖四　應國墓地西周晚期兩性墓葬出土盨對比圖

表三　部分兩周兩性墓葬出土盨尺寸、紋飾簡表

器名	墓號、墓主性別	年代	類型	通高(厘米)	口橫(厘米)	口縱(厘米)	腹深(厘米)	重量(公斤)	紋飾
應侯禹盨	M84 男	西周中期	半環耳盨	22(具蓋)	28.8	19.8		7.5	蓋、器口沿分尾鳥紋、圈足環帶紋
應伯盨	M95 男	西周	附耳盨	14.5	18	12.5			通體瓦楞紋
應侯盨(XGH：采6)	M88 女	西周晚期偏晚	附耳盨	17.6	23.7	16.5			通體瓦楞紋
晉侯對盨甲	M1 男	西周晚期	附耳盨	22.2(具蓋)	26.7	20		5.2	口沿重環紋、腹瓦楞紋，人形足，蓋鈕爲圓環狀
晉侯對盨甲	M2 女	西周晚期	半環耳盨	17.5(具蓋)	21.3	13.6		3.08	口沿爲夔龍紋，腹部爲瓦楞紋，蓋鈕、器足均爲圓環狀
虢仲盨	M2009 男	兩周之際	半環耳盨	24.3(具蓋)	30	20			口沿、蓋沿、圈足S形雲紋，腹部瓦楞紋，蓋頂竊曲紋
虢季盨甲(M2001:81)	M2001 男	春秋早期	半環耳盨	19.4(具蓋)	23.4	16.4	8.8	4.9	口沿、蓋沿和蓋頂爲竊曲紋，腹部瓦楞紋，圈足目雷紋
獸叔奂父盨(M2006:55)	M2006 女	春秋早期	半環耳盨	20.4(具蓋)	23	16.5	9.3		口沿、蓋沿重環紋，腹部瓦楞紋，圈足垂鱗紋，蓋頂竊曲紋
魯司徒仲齊盨	M48 男	春秋早期	半環耳盨	22(具蓋)	23.8	15.7			口沿竊曲紋，腹部瓦楞紋，蓋夔紋
魯伯念盨	M30 男	春秋早期	半環耳盨	19.2(具蓋)	23.5	15.2	8.7		口沿竊曲紋，腹部瓦楞紋，蓋象鼻紋和虎型鈕
圓頂山98LDM2:35	M2 男	春秋中晚期		21.4(具蓋)	23		7		口沿、蓋沿和圈足飾蟠虺紋，器體四角均有浮雕動物裝飾

5. 用盨兩性墓葬在國別上的差異是較爲明顯的，不同地區人群對盨的偏好是不同的。從使用人群看：晉國國君用盨少，夫人用盨多；應國和虢國國君盨多，夫人用盨少；魯國和秦國目前僅見非國君級的貴族男性用盨。從出土數量較多的應、虢、晉三國來看，三地的偏好風格亦不同。應國的七件盨中僅應侯禹盨爲半環耳盨，其餘皆爲附耳盨。虢國的十件盨全部爲半環耳盨。晉國已公佈的八件晉侯對盨，爲四件附耳盨、四件半環耳盨，沒有明顯的選擇傾向。另外，晉、應兩國用盨早，也結束的早，而剩餘墓葬則年代較晚。具體情況見表四。

表四 目前所見兩性墓葬用盨的地域性特徵

國別	時代	男性用盨墓數量	女性用盨墓數量
晉國	西周中期至西周晚期	1①	3
應國	西周中期至西周晚期	2	1
虢國	兩周之際	2	1
魯國	春秋早期	2	0
秦國	春秋中晚期	2	0

（三）兩性墓用盨差異的原因分析

在周代重食文化的背景下，盨雖也屬食器範疇，但始終不甚流行，更早早退出歷史舞臺。即便如此，盨的出現仍擴大了粢盛器的選擇空間，爲貴族提供了一些新的食器組合。盨的出現更被學者認爲是西周禮制改革的重要表現。② 兩性用盨最大的差異莫過於使用頻次和組合中的位置兩點。

根據筆者對具銘盨的統計，女性自作盨只有三件，男性爲女性作盨二十五件，男性爲父母或夫妻雙方共同作盨六件。女性用盨數量之少與女性墓中較少隨葬盨的情況一致。相比於同時期的粢盛器如豆、盆、簠，盨具有器體巨大、具蓋和可鑄造長銘（如鑄有九十八個字的遂公盨）的優勢，所以對作器者的身份有較高的要求。從盨流行的西周晚期和春秋早期來看，此時女性的作器權力已被嚴重削弱，更限制了女性擁有盨的可能性。

自西周晚期以來，男性墓中盨多作爲食器中的配器在組合中出現，并不進入核心組合，作用應當是提升食器組合。③ 對於男性來説，禮制規範已定，鼎、簋的使用要與身份匹配。從山西曲沃北趙晉侯墓地和平頂山應國墓地的情況來看，西周中、晚期晉、應國國君墓多是五鼎規格。在非國君男性貴族墓中，因其身份更低，故可隨葬鼎、簋數量更少。對於掌權的男性來説，在禮制允許的框架内，亟需配器來提升食器組合彰顯身份尊貴。盨的器體厚重、體量更大，氣派非凡，自然是絶佳的配器選擇。

西周晚期罕見女性爲丈夫殉葬的現象，因而女性的死亡時間與其夫并不一定同時。可能早於其夫，也可能晚於其夫。如果一個女性的死亡時間晚於其夫，那麼她的隨葬品就

---

① 北趙晉侯墓地西周中晚期男性墓被盗掘嚴重，故暫時只能確定 M1 用盨。
② 曹瑋《從青銅器的演化試論西周前後期之交的禮制變化》，見曹瑋著：《周原遺址與西周銅器研究》，北京：科學出版社，2004 年，第 93—98 頁。
③ 張懋鎔：《試論商周盛食器的興衰》（代序），見《中國古代青銅器整理與研究·青銅簠卷》，第ⅩⅩ頁。

必然是以丈夫下葬後的丈夫自作器或爲其所作禮器中的剩餘禮器爲主,再添加一些當時在位統治者所賵賻的禮器拼湊而成。以西周晚期的晉國爲例,夫人墓中青銅禮器拼湊現象十分明顯,如隨葬盨的 M92 中埋藏有晉侯喜父、晉侯僰馬和晉侯對三位晉侯的青銅器。① 極可能盨是其夫 M91 隨葬 6 件簋之後,簋不足情況下拼湊入 M92 的。同時期應國、晉國女性墓的食器組合也偏好於傳統的鼎、簋,不隨葬甗、鬲、豆、簠等青銅器,并無使用配器的傳統。因而在功能相近的情況下,女性墓中的盨只能是簋的替代品,而不能成爲配器。正常情況下,簋不足的情形應當不會經常發生,這也就能解釋女性墓爲何用盨更少。

西周時期的禮制改革除了强化周人重食傳統,區別兩性身份地位也當是重要議題。至遲於西周晚期時,兩性墓葬的差距開始拉大,女性墓超越或接近男性墓規格的情況幾乎不見,女性墓比其夫墓低一個等級成爲常態。盨本身的厚重、氣派特性,使其更爲稀有,甚少爲女性所有。盨的流行時間,又恰逢女性地位顯著下降時期,更使其無法同時擁有盨和簋,造成兩性用盨的組合差異。

五、盨與其他粢盛器對比及盨在墓主性别鑒定方面的意義

雖然近些年來有不少學者認爲盨源於方鼎,②但通過上文的分析,基本可以確定盨來自於簋,兩者可以在一定條件下相互替代。盨流行的時期,簋仍爲最主流的粢盛器,同時簋的數量也在增多。已有學者注意到西周中期開始粢盛器的種類越來越多,但簋的核心地位從未被盨所取代。③ 簠的出現時間雖然早於盨,但流行時間與盨接近。

(一) 盨與簠的區別

前文已用較大篇幅揭示盨與簠在墓葬組合中的關係,不再贅述。盨與簠的區別也非常明顯,主要體現在四點:1. 同時期、同等級的兩性貴族用盨數量是一致的,用簠却有數量上的差異;2. 同一組夫妻合葬墓中有的男性用簠,女性用盨,如晉侯 M91、M92 組和晉

---

① 北京大學考古學系等:《天馬——曲村遺址北趙晉侯墓地第五次發掘》,《文物》1995 年第 7 期,第 100 頁。
② 岳連建等:《銅盨的淵源及演變》,《考古與文物》2014 年第 2 期,第 40—45 頁;《西周青銅器分期與斷代研究》,第 102—109 頁;田率:《内史盨與伯克父甘婁盨》,見北京大學出土文獻研究所編:《青銅器與金文(第一輯)》,上海:上海古籍出版社,2017 年,第 418—432 頁。
③ 陳芳妹:《盆、敦與簠:論春秋早、中期間青銅粢盛器的轉變》,《文物與考古》(臺灣),1983 年 9 月,第 13—72 頁。

侯 M9、M13 組男性不用盨,女性用盨;有的男性用盨,女性不用盨,如虢國 M2001 和 M2012 組,屬於一種性別區分方式;3. 兩性墓中用盨墓葬的數量始終少於用簋墓葬數量,簋的使用範圍更廣,部分小型女性墓葬僅隨葬一件青銅簋。4. 盨的隨葬數量非常固定,不受地域、時代限制的。然而隨葬簋的制約因素却很多,如地域、時代和性別等。

(二) 盨與簠的區別

除了盨,簠在西周晚期至春秋早期開始較多在墓葬中使用。胡嘉麟博士認爲簋、盨、簠爲粢盛器的三個級別,鼎簠組合低於鼎簋和鼎盨組合,因而多爲女性所用。① 盨與簠的區別在於:1. 該時期所有等級墓葬中簠的角色無論是代簋或是配器,數量一般不超過兩件;2. 簠在高等級墓葬中均爲配器,盨在中高等級女性墓中則不同;3. 以簠代簋的中低等級墓葬兩性均有,不像盨代簋多爲女性墓。4. 簠的延續時間更長,使用者也更廣泛。

(三) 盨在墓葬性別鑒定方面的意義

盨出現於西周中期,此時周人已形成自己的重食風格。盨的出現豐富了粢盛器的種類。女性本身更重粢盛器,從晉國最低等級銅器墓的情況來看,男性最低葬一鼎而女性葬一簋。盨自然也就會被中、高等級女性墓使用,作爲簋的替代品。

不通過數量差異,而通過使用方式不同來顯示性別差異是盨的特點。盨與簋和簠在兩性墓葬中的使用方式不同,使得其有資格成爲一條輔助鑒定墓主人性別的標準。這條標準的適用範圍是高、中等級貴族墓,適用時期在西周晚期至春秋早期。在高等級墓的情況下,如果該墓有盨有簋,盨的數量不影響列簋數量,基本可以確定其爲男性墓。如果墓內有且僅有盨,很大概率會是女性墓。在中等級墓的情況下,有盨有簋仍然是男性墓的可能性較大,僅有盨是女性墓的概率會更大些。

需要特別説明的是,在性別不明墓中最完整者有洛陽 C3M906。該墓隨葬一鼎二盨,有壺和盤、匜各一,組合上與魯國故城 M30 相近,但有車馬器無兵器隨葬。盨銘顯示屬召伯虎爲文考作,因而報告認爲可能是召伯虎父親幽伯之墓。② 召伯虎是西周晚期活躍在王室的重臣,其父幽伯是姬姓召氏宗君,因此幽伯墓不太可能僅是一鼎規格。作爲一座食

---

① 《中國古代青銅器整理與研究・青銅簠卷》,第 414 頁。
② 趙振華等:《洛陽東郊 C5M906 號西周墓》,《考古》1995 年第 9 期,第 791 頁。

器、酒器和水器齊全的中型墓,該墓不僅不隨葬工具、兵器,而且無整車或拆車隨葬。墓中雖隨葬二書、一銜、二鑣共五件車馬器,但數量、種類較少,更似女性墓。西周晚期爲母親作器的情況已大爲減少,姬姓貴族更不喜爲母親作器。① 在西周時期男性爲父所作器葬於其母墓中的現象并不罕見,②因而此墓墓主爲幽伯之妻幽姜即召伯虎母親的可能性不能輕易被排除。

綜上所述,兩性墓用盨存在着一些共同點。兩者有相同的發展軌跡。兩性用盨的墓葬多位於姬姓諸侯國和王畿附近,均屬墓地中等級較高墓葬,且同等級兩性墓葬用盨數量是一致的。

兩性用盨方面的差異主要體現在使用人群和墓葬組合中的位置方面。女性墓中有盨無簋,男性墓中盨與簋的關係則與等級有關。另外,女性用盨結束時間比男性略早,使用範圍亦不如男性廣泛,盨的華麗程度也遜於男性。

兩性用盨地域性特點也很明顯,各個地區用盨風格選擇和使用人群各具特色。應國偏愛附耳盨,虢國偏愛半環耳盨。晉國男性用盨少,女性用盨多,應國、虢國則男性用盨多,女性用盨少。

相比於同時期的簋、簠等粢盛器,盨在使用方面有着明顯的性別差異。一般男性墓中有盨有簋,多數女性墓有盨無簋,這使得盨在西周晚期至春秋早期中、高等級墓墓主性別鑒定方面有一定的積極作用。

附記:

本文寫作過程中得到陝西師範大學歷史文化學院張懋鎔、畢經緯老師的指導和幫助,特此致謝。

【作者簡介】孫曉鵬,女,1988年生,山東煙臺人,陝西師範大學中國史博士後流動站助理研究員,主要從事西周青銅器研究。

---

① 張懋鎔:《商周之際女性地位的變遷——商周文化比較研究之二》,見《古文字與青銅器論集(第三輯)》,第260頁。
② 如晉侯墓地女性墓 M92 内有祖孫三代所作禮器,見北京大學考古學系等:《天馬——曲村遺址北趙晉侯墓地第五次發掘》,《文物》1995年第7期,第100頁。

紹興 M306 提梁盉討論

俞珊瑛

浙江紹興 M306 提梁盉(M306:采 1),爲坡塘公社知青在獅子山西麓取土時發現,推測可能置於墓葬壁龕之內,因出土場景部分被破壞,故編號冠以"采"。[①] 盉直口,平蓋,有直裙,扁圓腹,前有獸首流,後有扉棱鋬,上有龍形提梁,圜底,三獸蹄形足。平蓋正中的鈕部塑七條蟠螭,螭背有圓環。蓋面以菱形紋爲地,其上堆塑十一螭、十六獸,其中面向蓋鈕的八只小獸將蓋面等分成四個區域,每個區域外弧上按逆時針方向各塑小獸二只,有熊、虎、象、鹿等;各區域內緣飾一周伏地昂首的蟠龍,蟠龍嘴上各有一個微笑的小人。腹部以四道凸綯紋間隔,中間一周菱形紋,上下各一周三角紋。盉嘴爲立體的螭首,耳呈角狀向後蟠曲,額塑成圓環狀,首兩側及後頂加塑四組小蟠螭。提梁截面呈八棱柱形,各面皆飾三角形雲紋。提梁背部有二段鏤空扉棱,一側有圓環,貫以鏈環與平蓋相接。蹄足上段飾蟠螭十二條,外側各立塑一小虎。全器共計堆塑立獸十九頭,蟠螭五十六條(圖一)。

圖一　紹興 M306 螭紋提梁盉

[①] 浙江省文物管理委員會:《紹興 306 號戰國墓發掘簡報》,《文物》1984 年第 1 期。

同類器也見於浙江安吉良朋上馬山殘墓出土的一件提梁盉。形制与紹興 M306 相同，龍形提梁鏤空，作絞索狀。平蓋上原有捉手，已殘。腹部前有流，後部扉棱已佚。流嘴作爲立體的螭首狀，耳呈角狀向後蟠曲，額上原應有塑，首後頂加塑二組小蟠螭。器身紋飾三周，以凸絢紋相間，上下各飾一周三角紋。第一、三周飾三角形蟠螭紋帶，第二周飾菱形雲雷紋。蹄足上段飾蟠螭紋，外側立塑一小虎。器底存有煙炱痕，應是使用痕迹（圖二）。

圖二　安吉良朋上馬山提梁盉

一、提梁盉發展序列與源流

提梁盉基本特徵爲直口，平蓋，扁圓腹，前流後鋬，上有提梁，圜底，蹄足。其發展時序較長，從西周晚期至戰國晚期；分佈地域廣泛，主要集中在江淮地區，山西、陝西、河北等地也發現有數件。爲厘清紹興 M306 提梁盉的製作脉絡和文化屬性，有必要先考察提梁盉的源流及其時空位置。以往關於提梁盉的研究，主要有李雲朋、[1]彭裕商等[2]在青銅盉的

---

[1] 李雲朋：《商周青銅盉整理與研究》，陝西師範大學 2011 年碩士學位論文。
[2] 彭裕商、韓文博、田國勵：《商周青銅盉研究》，《考古學報》2018 年第 4 期。

研究中涉及提梁盉，毛穎①以南方青銅盉的角度探討過提梁盉等。借鑒前人研究成果，結合考古出土材料，可知其發展序列如下（圖三）。

AI 式　繁昌湯家山盉
（《全集》11—083，《皖南》56）②

AI 式　潢川磨盤山盉
（《信陽》春秋 50）

AII 式　銅陵鳥蓋盉
安徽博物館藏

AII 式　滕州薛國故城 M4 盉
（《薛國》第 151 頁）

AII 式　淅川下寺 M8:6 盉
（《淅川》65）

BI 式　襄陽卸甲山盉
（《出土》12—371）

BI 式　潛山七里山盉
（《江淮》132）

BII 式　下寺 M1 盉
（《全集》10—105）

BII 式　蘇州虎丘盉
（《越王時代》178）

---

①　毛穎：《南方青銅盉研究》，《東南文化》2004 年第 4 期。
②　圖片引用出處書目名，爲簡明採用簡稱，具體書目信息如下：《全集》：中國青銅器全集編輯委員會編《中國青銅器全集》，北京：文物出版社，1994—1998 年。《出土》：李伯謙著《中國出土青銅器全集》，北京：科學出版社、龍門書局，2018 年。《皖南》：安徽大學，安徽省文物考古研究所編著《皖南商周青銅器》，北京：文物出版社，2006 年。《江淮》：宮希成等主編《安徽江淮地區商周青銅器》，北京：文物出版社，2014 年。《鎮江》：楊正宏等主編《鎮江出土吳國青銅器》，北京：文物出版社，2008 年。《淅川》：浙江縣博物館編著《淅川楚國青銅器精粹》，河南：中州古籍出版社，2013 年。《信陽》：信陽博物館編著《信陽博物館藏青銅器》，北京：文物出版社，2018 年。《薛國》：山東博物館等編《惟薛有序，於斯千年——古薛國歷史文化展》，浙江：浙江人民美術出版社，2016 年。

C 型　江陵望山 M1 盉
（《出土》13—494）

D 型　長治分水嶺 M270 盉
（《出土》4—355）

D 型　長治分水嶺 M36 盉
（《出土》4—391）

D 型　遼寧朝陽盉
（《出土》20—303）

E 型　安吉五福 M1 盉
安吉博物館藏

E 型　六安白鷺洲 M566 盉
（《出土》8—194）

圖三　提梁盉發展序列圖

目前爲止，最早的提梁盉發現於安徽皖南、湖北京山、河南潢川等地，列爲 AI 式。其中繁昌湯家山盉（《皖南》56）的年代最早，爲西周晚期；其次爲湖北京山（《全集》10—148）、河南潢川磨盤山（《信陽》春秋 50）二件銅盉，年代在春秋早期。器形爲敞口，穹形蓋，圓腹罐形，斜直流或龍首曲流，半環形鋬，獸首形柱足或圈足。紋飾上的共同特徵是器腹主要飾竊曲紋、夔紋、波曲紋，流、鋬、柱足均有獸首形裝飾。AII 式盉出現在安徽銅陵、山東滕州、河南淅川下寺等地，年代稍晚於 AI 式，在春秋早中期。形制特色爲直口、平蓋、Z 形龍首曲流、三蹄足。紋飾上，銅陵火車站盉腹部紋飾以兩道凸綯紋界欄、上下各飾一周垂葉三角紋（《皖南》96）；下寺 M8∶6 盉腹部飾一周弦紋（《淅川》65），已出現 B 型盉的特徵，可視爲 A 型盉向 B 型提梁盉的過渡器形。

BI 式提梁盉見於春秋中期的江漢地區和安徽江淮地區，包括湖北襄陽卸甲山（《出土》12—371）、安徽壽縣肖嚴湖、潛山七里村（《江淮》131、132）、繁昌新塘（《皖南》57）出土盉等。器形特徵爲平蓋上有圓環，有鏈條與提梁相連，龍首圓拱形提梁，提梁呈扁圓形或圓形，Z 形龍首曲流，獸尾鋬，三蹄足較高。主要紋飾有凸綯紋、三角形雲紋、夔紋等，提梁、鋬部出現扉棱裝飾，爲下一階段盉的先聲。BII式提梁盉數量衆多，廣泛分佈於春秋晚期至戰國早期前後的淅川下寺（《淅川》66、67）、岳陽鳳形嘴山（《出土》12—156）、湘潭牛形山（《出土》12—157）等楚墓，蚌埠雙墩M1（《出土》8—153）、鳳陽卞莊①鐘離墓，邳州九女墩徐墓（《出土》7—139），以及丹徒諫壁王家山（《鎮江》110）、蘇州虎丘、②廣東羅定南門洞、③四會鳥旦山④等吳越和百越地區的墓葬中。與BI式盉相比，形制上的變化爲提梁截面呈六棱柱或八棱柱形，三蹄形足略矮。主要紋飾爲蟠螭紋、S形紋、凸綯紋、三角紋等，并大量流行扉棱裝飾。

C型盉出現於河南信陽長臺關、⑤信陽城陽城（《信陽》戰國12），湖北江陵天星觀、⑥九連墩M2（《出土》13—495）、望山M1（《出土》13—494）、九店、⑦荊門包山、⑧黃岡羅漢山、⑨黃岡曹家崗⑩等戰國中晚期的楚墓中。與B型盉相比，形制方面的變化爲器足變得瘦長，增高明顯，足在腹中部或接近中部，無鋬。紋飾趨於簡樸，器表多光素，或僅飾一二道凸弦紋。

D型盉出現於山西長治分水嶺（《出土》4—354、355、391）、長子牛家坡、⑪潞城縣潞河、⑫河南洛陽，⑬以及河北平山（《全集》9—160）、遼寧朝陽（《出土》20—303）等地，年代從春秋晚期到戰國末。形制特徵爲無鋬，提梁作龍身前後足分立於器肩、龍首張口欲噬流首狀，或雙龍首張口噬立於器肩上的圓環，龍首或虎首流，戰國以後流行鳳首流，蹄足略矮。風格與B、C型盉差異較大。

E型盉見於戰國中晚期至秦漢之際的安徽潛山彭嶺M32，⑭湖北雲夢、⑮襄樊鄭家

---

① 安徽省文物考古研究所等編著：《鳳陽大東關與卞莊》，北京：科學出版社，2010年，第60—61頁。
② 蘇州博物館考古組：《蘇州虎丘東周墓》，《文物》1981年第11期。
③ 廣東省博物館：《廣東羅定出土一批戰國青銅器》，《考古》1983年第1期。
④ 廣東省博物館：《廣東四會鳥旦山戰國墓》，《考古》1975年第2期。
⑤ 顧鐵符：《有關信陽楚墓銅器的幾個問題》，《文物》1958年第1期。
⑥ 湖北省荊州地區博物館：《江陵天星觀1號楚墓》，《考古學報》1982年第1期。
⑦ 湖北省文物考古研究所編著：《江陵九店東周墓》，圖一四〇—4，北京：科學出版社，1995年。
⑧ 湖北省荊沙鐵路考古隊：《包山楚墓》，圖六八—1，北京：文物出版社，1991年。
⑨ 黃州古墓發掘隊：《黃岡羅漢山楚墓》，《江漢考古》1987年第1期。
⑩ 黃岡市博物館等：《湖北黃岡兩座中型楚墓》，《考古學報》2000年第2期。
⑪ 山西省考古研究所：《山西長子縣東周墓》，《考古學報》1984年第4期。
⑫ 山西省考古研究所等：《山西省潞城縣潞河戰國墓》，《文物》1986年第6期。
⑬ 洛陽市文物工作隊：《洛陽市針織廠東周墓（C1M5269）的清理》，《文物》2001年第12期。
⑭ 安徽省文物考古研究所等：《安徽潛山彭嶺戰國西漢墓》，《考古學報》2006年第2期。
⑮ 湖北省博物館：《1978年雲夢秦漢墓發掘報告》，《考古學報》1986年第4期。

山,①浙江安吉五福M1、②陝西銅川石室墓③等。形制特徵爲矮足,無提梁,腹部有一長柄。基本無紋飾。另外安徽六安白鷺洲盉(《出土》8—194)平底無足,年代在戰國中晚期,應是這類器物較早的形態。

由上述提梁盉的發展序列來看,AI式盉是提梁盉的最早形態,形制較爲原始;AII式盉形體特徵雖已基本具備,但未見拱形提梁。這二式盉的年代在西周晚期至春秋早中期,屬於濫觴期。BI式盉是提梁盉的成熟形態,基本定型,年代在春秋中期,屬於成熟期。BII式盉的形制没有大的變化,裝飾更爲華麗、繁縟,流行年代在春秋晚期至戰國早期前後,屬於高峰期。C型盉爲晚期階段,器形上三足有漸高的趨勢,裝飾也變的簡樸,流行年代在戰國中晚期,屬於衰落期。D型盉與B、C型盉的風格差異較大,爲中原地區受南方影響的改制器形。E型盉爲提梁盉的變化器形,提梁演變爲曲尺把形,年代也最晚,在戰國中晚期至秦漢之際,屬於尾聲階段。A、B、C、E各型盉的承接關係清楚。比較紹興M306盉的形制、紋飾特徵,明顯屬於BII式盉,爲提梁盉發展到高峰階段的産物,年代約爲春秋戰國之際。安吉盉的形制、紋飾均與紹興M306提梁盉基本接近,爲同一時期、同一文化區的産物。

關於提梁盉的屬性與來源,過去的研究有不同的意見,主要是兩種:一種觀點認爲起源於江淮地區,成型於楚吴兩國,流行於徐蔡楚吴越等國及百越地區。④另一種觀點認爲提梁盉是楚人所創造的,其在春秋中期以後擴展到各地區,一直延續到戰國晚期。⑤濫觴期的提梁盉皆在江淮地區北部。安徽皖南地區在商周時期與中原、江北地區的文化交流與互動程度較高。張愛冰、陸勤毅分析了繁昌湯家山所出青銅器的形式特徵,認爲該組青銅器接受了中原與江北地區的較大影響;⑥劉建國通過江南出土的青銅鬲、甗和小口鼎等器的比較分析,得出寧鎮及皖南沿江地區青銅器在相當程度上傾向於江淮青銅文化風格的認識。⑦成熟期的提梁盉也基本出現在江淮地區。襄陽卸甲山盉的裝飾和提梁均較特别,該器與江淮地區文化特色的平蓋鼎和缶共出,也應來自江淮地區。⑧提梁盉小口、平

---

① 湖北省文物考古研究所等:《湖北襄樊鄭家山戰國秦漢墓》,《考古學報》1999年第3期。
② 浙江省文物考古研究所等:《浙江安吉五福楚墓》,《文物》2007年第7期。
③ 盧建國:《陝西銅川發現戰國銅器》,《文物》1985年第5期。
④ 毛穎:《南方青銅盉研究》,《東南文化》2004年第4期。
⑤ 彭裕商、韓文博、田國勵:《商周青銅盉研究》,《考古學報》2018年第4期。
⑥ 張愛冰、陸勤毅:《繁昌湯家山出土青銅器的年代及其相關問題》,《文物》2010年第12期。
⑦ 劉建國:《論江南周代青銅文化》,《東南文化》1994年第3期。
⑧ 張昌平:《春秋中期江淮地區青銅文化對江漢地區的影響——從襄陽卸甲山出土青銅器談起》,《江漢考古》2015年第3期。

蓋、圓腹罐形等的器形特徵也爲江淮地區青銅器所流行，如小口鼎、平蓋鼎等。① 小口鼎器腹小口、直沿、扁圓腹的特徵，也與提梁盉較爲類似，特別是安徽銅陵火車站盉的形制爲平蓋、小口、雙環耳、扁圓腹、三蹄足，與安徽銅陵市區、青陽廟前汪村出土的二件小口鼎基本接近，説明皖南地區在春秋早期對小口類器物的嘗試。② 因此，提梁盉起源并成型於江淮地區。春秋中期以後的提梁盉獲得高度發展，在南方的楚國、江淮、吴越及百越地區大量流行，進而影響到中原及北方地區。戰國中晚期爲楚文化中持續流行，最終被長柄盉代替。

二、裝飾特色

紹興 M306 提梁盉的裝飾繁縟，既有華麗的扉棱，也有大量的動物裝飾，手法包括浮雕、附於器表的圓雕等。不誇張的説，這件盉是東周提梁盉中裝飾最爲精美的一件。就裝飾部位和内容來看，可分爲主體裝飾、附件裝飾二類，其中主體裝飾包括器腹的主紋菱形紋與三角紋裝飾；附件裝飾包括蓋面、蹄足上的圓雕動物紋、浮雕龍紋裝飾，以及提梁和鋬上的扉棱等。

紹興 M306 盉與安吉盉腹部紋飾皆以四道凸絢紋間隔，中間一層爲菱形紋，上下兩層爲折綫紋間隔的三角紋，菱形紋、三角紋内填有雲紋（圖四-1）。其裝飾内容和佈局與邳州九女墩小口鼎（M3:39）腹部紋飾相近。菱形紋、三角紋是通行於東周各國的裝飾紋樣，但紹興 M306 盉的紋飾佈局較有特色，主紋上下各飾一周三角形雲紋，并以凸絢紋間隔。春秋晚期如諫壁王家山、蘇州

圖四-1　腹部紋飾

虎丘、羅定南門垌、四會鳥旦山等吴越和百越地區的提梁盉，其腹部紋飾的流行做法是在二周 S 形紋上下各飾一到二周三角形雲紋，并以三道凸絢紋間隔。S 形紋是吴越文化的特色裝飾，這類紋飾雖不見於紹興 M306 盉，不過在主紋上下各飾一周三角形雲紋的作風是一致的。此外這種裝飾風格也見於紹興 M306 小口鼎、邳州九女墩小口鼎（M3:62）等，其在腹部主紋圓渦紋帶上下也各飾有一周三角形雲紋。以上紋飾的佈局特徵與春秋戰國之際楚墓提梁盉流行的腹部主紋爲一至二周蟠螭紋的裝飾風格有别。

---

① 毛穎：《南方青銅盉研究》，《東南文化》2004 年第 4 期。
② 張莅：《再探古蓼國：由故宫博物院藏鄧公銅器談起》，《故宫學術季刊》第 35 卷第 2 期。

圖四-2　蓋面紋飾

提梁盉的蓋面以面向蓋鈕的八只小獸將蓋面等分成四個區域，每區外弧上按逆時針方向塑小獸八只，有虎、牛、鹿等，其中鹿做顧首望尾狀，共計十六只小獸（圖四-2）；另外蹄足上段蟠螭外側也各置一向上的立虎（圖四-3）。同樣的裝飾手法也見於邳州九女墩三號墩小口鼎（M3：39）蓋上。該器直口，平蓋，圓腹罐形，肩上兩環耳，爲圓雕立虎形。腹部飾三周菱形幾何紋，以四道凸絢紋間隔，上下各飾一周垂葉三角紋。平蓋上以菱形紋爲地，以回首相顧的兩蟠螭形成的環鈕爲中心，面向蓋鈕的八只立獸將蓋面分成四區，其中內圈爲四豬，外圈爲四虎。各區外弧上按逆時針方向各塑熊、鹿二只，鹿作顧首望尾狀，共計十六獸。蹄足跟部有浮雕交體龍紋，外側各置一向上的立虎（《出土》7—113，圖五）。虎、牛、豬、熊以及顧首望尾的鹿等立體動物塑像，讓人聯想到北方草原地區的動物，虎、豬、熊等皆爲北方草原的常見動物，顧首望尾的鹿則被認爲是北方地帶、西伯利亞及其以西地區的典型特徵。這種北方寫實動物形象的裝飾，早在西周青銅器上就有較多發現。春秋以後持續流行，流行範圍除了秦、楚、晉等大國，也及於淮河上游至淮泗一帶。傑西卡·羅森認爲西周時期鑄造的這些動物形青銅器和器足、器蓋呈動物形的青銅器，可能是西周封國對北方和西方影響的一種反映，表明了其與草原地區的聯繫。而春秋時期像淅川下寺、新鄭李家樓銅壺等，則是動物形象發展到下一個階段的產物，是草原的動物形象影響了這類主要器形的外觀。①

圖四-3　足上段的立虎

圖五　邳州九女墩 M3：39 鼎上的動物裝飾（《出土》7—113）

---

①　［英］傑西卡·羅森著，鄧菲等譯：《祖先與永恒》，北京：生活·讀書·新知三聯書店，2011年，第449頁。

绍兴 M306 提梁盉、邳州 M3∶39 小口鼎皆在三蹄足外侧各竖立一个向上的小老虎。在一侧竖立一个小动物,其足与器足部相连的艺术表现方式,在云南晋宁石寨山 M71 出土的铜戚上也可见到,①此外也同样出现在黑海沿岸、伊朗及中国北方地区。② 绍兴 M306 提梁盉、邳州 M3∶39 小口鼎盖面动物皆以顺时针方向围绕盖钮排列,这种形式也见于云南滇文化青铜器中的多件贮贝器上,其器盖上有数头牛首尾相连围绕盖面中心作顺时针排列一圈(《全集》14—30)。这种在圆形环面的装饰技艺,也见于新疆新源县那拉提出土的一件承人和小动物的高足铜器,这些似羊的小动物沿圆盘的四周作顺时针排列一周,年代在公元前五至前三世纪。③ 哈萨克斯坦 Saka 文化动物饰件在圆形托盘的边缘也有一周猫科动物作顺时针环绕状。④ 黄维认为青铜时代的滇文化通过北方欧亚草原地带与中亚、西亚有着直接或间接的文化交往,而以铜啄、动物环绕一圈、浮雕等为代表的造型特征,显示了器物制作技术和艺术风格的交流,这反映了物质形态相似性背后的文化思想、价值观的认同与模仿。⑤

提梁盉盖面四个区域内缘各饰一周昂首突起的蟠龙,龙嘴上还有一个微笑的小人(图四-4)。这种昂首突起的蟠龙纹造型,立体感很强,其渊源可以追溯到周代早期的长江下游,如繁昌汤家山铜盉盖(《皖南》56)、皖南屯溪 M3 铜盉、⑥丹徒烟墩山二件铜盉(《镇江》9)、广东信宜铜盉⑦盖上的昂首蟠龙纹等。蟠龙及其嘴上的小人构成了一幅龙食人的场景,龙或

图四-4 龙食人

虎食人装饰,是商周青铜器上的流行母题。龙食人装饰也见于一件商代玉器,人形蹲踞,背后有一头上生角的龙,正张口噬食其首。⑧ 美国弗利尔美术馆藏一件西周初期铜刀,背

---

① 云南省文物考古研究所:《晋宁石寨山:第五次发掘报告》,彩版五四,北京:文物出版社,2009 年。
② 转引自黄维:《再论滇文化的金属饰件——中国西南与欧亚草原、中亚文化交流的一些新例证》,《四川文物》2020 年第 4 期。
③ 白建尧主编:《丝路瑰宝:新疆馆藏文物精品图录》,乌鲁木齐:新疆人民出版社,2010 年,第 264 页。
④ Jeannine Davis-Kimball, Vladimir A. Bashilov, Leonid t. Yablonsky, Nomads of the Eurasian Steppes in the Early Iron Age. CA: Zinat Berkeley Press, 1995, p. 214. 转引自黄维:《再论滇文化的金属饰件——中国西南与欧亚草原、中亚文化交流的一些新例证》,《四川文物》2020 年第 4 期。
⑤ 黄维:《再论滇文化的金属饰件——中国西南与欧亚草原、中亚文化交流的一些新例证》,《四川文物》2020 年第 4 期。
⑥ 安徽省文化局文物工作队:《安徽屯溪西周墓葬发掘报告》,《考古学报》1959 年第 4 期。
⑦ 广东省博物馆:《广东信宜出土西周铜盉》,《文物》1975 年第 11 期。
⑧ [美]弗莱瑟:《美拉尼西亚有中国古代艺术影响吗?》,转引自李学勤:《试论虎食人卣》,《南方民族考古》第 1 辑,1987 年。

部有側視人形，人首上爲龍口作噬食狀，人足下有一虎頭。① 而虎食人題材就更多了，施勁松統計了帶虎食人母題的商周青銅器約三十餘件，器類包括禮器、樂器、兵器、車器和飾件五類，其中有六件尊、卣、觥、鼉鼓出自長江流域，并認爲長江流域出土虎食人母題的青銅器年代普遍早於中原出土的同類器，因此這類母題的青銅器應起源於長江流域。②

關於這類裝飾題材的含義，學術界有多種解釋。張光直認爲虎食人紋表現的是巫師與其動物助理的關係，即巫師作法通天，動物幫助巫師上賓於天。③ 弗萊瑟引用了美國西北岸誇秋托印地安人的兩件雕刻作品和蘇門答臘巴塔克人短劍象牙柄端的雕刻，認爲這些雕刻均屬於所謂"他我"的類型，即設想他物轉變爲另一自我。誇秋托人的兩件雕刻，其意義是"作爲新手的這個人被熊吞食了，但通過這一過程便取得該動物的保護"。④ 李學勤分析了虎食人、龍食人各例中的人形，人形有軀體的都作一樣的姿態，人的兩臂總是略曲而分舉，手向上揚，雙腿則分開折曲。而虎或龍都是神話動物，歷來象徵威權，所以吞食象徵自我與具有神性的動物的合一。⑤ 就紹興 M306 提梁盉上的龍食人圖像來看，龍正在吞食小人的下半身，小人神態安詳，面帶微笑，兩臂上舉，與前述虎食人、龍食人各例中的人形基本相同，可以說明兩者之間的親密關係。

紹興 M306 盉的提梁龍形，截面呈八棱柱形，各面飾三角雲紋，提梁前後飾兩段獸尾狀扉棱，腹部一側也飾有同樣的獸尾狀扉棱形鋬。獸尾狀扉棱最早見於春秋早期的安徽銅陵火車站盉鋬上，其在春秋中期得到較多的運用，如繁昌、潛山、壽縣等盉的提梁和鋬皆有扉棱裝飾。春秋晚期以後在鐘離國、吳越和百越地區的提梁盉上大量流行，如蚌埠雙墩 M1、鳳陽卞莊 M1、諫壁王家山、蘇州虎丘、淮陰高莊墓 II 式盉、羅定南門垌、四會鳥旦山盉等上皆可見到。獸尾狀扉棱應即抽象化的龍尾，長江中下游地區的周代早期青銅器中，龍尾的裝飾出現頻率較高。如群舒青銅器中流行的器類犧首鼎，尾部有一條扉棱裝飾以象徵獸尾，此外在簋形器、折肩鬲的腹部也有較多的扉棱裝飾等。⑥ 同樣的扉棱形飾在皖南屯溪西周墓群青銅器上也有較多發現，如方鼎、扁體簋等。⑦ 提梁、鋬的獸尾狀扉棱裝

---

① 弗利爾美術館：《中國古代青銅器圖説》，1946 年。轉引自李學勤：《試論虎食人卣》，《南方民族考古》第 1 輯，1987 年。
② 施勁松著：《長江流域青銅器研究》，北京：文物出版社，2003 年，第 303—312 頁。
③ 張光直著：《中國青銅時代》，北京：生活・讀書・新知三聯書店，1983 年，第 332、333 頁。張光直：《濮陽三蹻與中國古代美術史上的人獸母題》，《文物》1981 年第 11 期。
④ ［美］弗萊瑟：《美拉尼西亞有中國古代藝術影響嗎？》，轉引自李學勤：《試論虎食人卣》，《南方民族考古》第 1 輯，1987 年。
⑤ 李學勤：《試論虎食人卣》，《南方民族考古》第 1 輯，1987 年。
⑥ 朱華東：《群舒青銅器研究三則》，見《東方博物》第 57 輯，北京：中國書店，2015 年。
⑦ 李國梁主編：《屯溪土墩墓發掘報告》，合肥：安徽人民出版社，2006 年。

飾罕見於楚系墓葬中，楚墓中盉的提梁一般作雙龍、鳳首，如淅川下寺盉、壽縣楚幽王盉等；也有前飾龍首、後飾卷尾的，如途爲盉等。鋬則由數條纏繞的龍紋組成，沒有獸尾狀扉棱裝飾。而螭龍紋鋬最早出現於廣東信宜出土的一件西周銅盉上，該盉的鋬比較特別，是由兩條鏤空的夔紋連接而成，類似附耳的設計。這種與衆不同的鋬非常少見，其造型并不實用，因爲當盉盛滿液體後很難被拿起或移動。① 但是到了東周時期却在提梁盉上大量出現，究其原因，是提梁的出現解決了實用性的問題，鋬於是淪爲了裝飾。戰國時期隨着提梁盉裝飾的趨簡，鋬也逐漸被淘汰。

提梁、鋬的不同裝飾手法，形成了不同的風格，從而在一定的範圍內表現出了差異性。提梁盉上的扉棱裝飾最先出現在春秋中期的安徽江淮地區盉上，具體表現爲在提梁的尾部、鋬部各飾一段扉棱（圖六-1）；春秋晚期以後爲吳越和百越地區盉繼承并發展，表現在提梁上飾前後兩段扉棱，更爲發達（圖六-2、六-3）。而楚系盉無論是提梁還是鋬都沒有扉棱（圖六-4、六-5）。這種扉棱裝飾在周代早期的長江中下游就已出現并流行，具有較長的傳統。另外吳越地區的原始瓷仿銅提梁盉上也常見在提梁前後飾兩段扉棱的（圖六-6），可以認爲這是吳越地區的裝飾特色。②

圖六-1　安徽潛山盉提梁尾部、鋬部的扉棱

圖六-2　夫差盉提梁和鋬部的扉棱

圖六-3　侯古堆盉提梁和鋬部的扉棱

圖六-4　途爲盉龍形提梁和螭紋鋬（無扉棱）

圖六-5　下寺M3楚墓盉雙龍鳳首提梁與螭紋鋬（無扉棱）

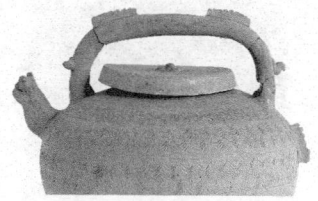

圖六-6　原始瓷盉提梁和鋬部的扉棱

---

① 陳佩芬：《記上海博物館所藏越族青銅器——兼論越族青銅器的紋飾》，見陳佩芬著，丁一民編：《陳佩芬青銅器論集》，北京：中西書局，2016年。

② 毛穎：《南方青銅盉研究》，《东南文化》2004年第1期。

綜上所述，紹興 M306 盉的裝飾特徵，腹部主紋雖然是通行於東周各國的菱形紋、三角紋，没有明確的文化標識意義，但是佈局特徵與春秋戰國之際楚墓出土提梁盉的裝飾風格有别。盉的蓋面和蹄足上段的立體動物裝飾具有北方草原文化風格，春秋時期在各大國流行，而其獨特的佈局手法與邳州九女墩三號墩徐墓出土的小口鼎完全相同，顯示了器物製作技術和藝術風格的交流，所以有理由認爲這兩件器物有着更爲接近的文化屬性。① 蓋面上龍食人的裝飾母題，爲江淮流域的傳統；另外扉棱形鋬、提梁加飾兩段扉棱的特點，也具有吴越地區的特色。因此紹興 M306 提梁盉既有一定的江淮文化因素，也具有吴越地區的特色，是江淮文化與吴越文化融合的産物。

三、工藝技術

紹興 M306 提梁盉附件獸首流、扉棱、足、提梁皆分鑄，腹範在獸首流、扉棱位置縱向二分，底範三角形。獸首流的首與身爲分鑄焊接，流爲分鑄後鉚接到主體，在流與主體相接處的内面有一圈類似鉚釘的凸痕，銅液係從内壁澆鑄，這種工藝技術也見於紹興 M306 甗形盉等的流與器身連接處等，爲後鑄鉚接。扉棱先鑄。足與主體、盉蓋上的動物與蓋之間爲鉚鑄，提梁爲榫式焊接於主體。獸首流上之龍形附飾與流壁之間，盉蓋上翹首的龍與龍身、蓋壁之間，蓋鈕上的龍與蓋鈕之間，附件與器身紋飾不連貫，顔色各異，皆爲分鑄鑄接而成。至於内部結構如何，冀將來以 CT 掃描確定。提梁盉的肩部觀察到數枚方形墊片（圖七）。② 另外，提梁盉蓋面立體動物雕塑採用失蠟法鑄造③。安吉盉的工藝也基本同於紹興 M306 盉，其中提梁在脱落處殘留有榫頭。腹部扉棱先鑄，在脱落處有明顯的内凹痕。不同的是提梁上的扉棱爲後鑄，脱落處露出預鑄的長方形孔（圖八）。

鏈節

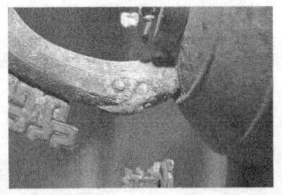
焊接的提梁 （蘇榮譽攝）

鉚鑄的蓋面動物 （蘇榮譽攝）

---

① 林夏、林留根：《關於邳州九女墩三號墓出土的"湯鼎"》，見山東省文物考古研究所等編：《青銅器與山東古國學術研討會論文集》，上海：上海古籍出版社，2017 年，第 466、467 頁。
② 譚德睿等：《吴越青銅技術考察報告（之一）》表三，見馬承源主編：《吴越地區青銅器研究論文集》，中國香港：兩木出版社，1997 年，第 298—299 頁。
③ 蘇榮譽：《塊範法與中原式失蠟法——春秋世變下青銅技術的本與末》，見浙江大學藝術與考古研究中心編：《浙江大學藝術與考古研究》（特輯二），浙江：浙江大學出版社，2021 年。

 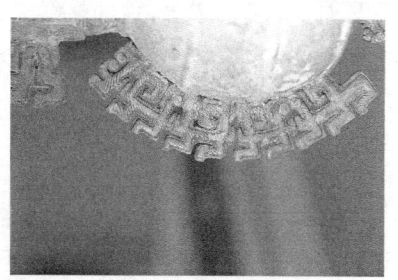

蓋上翹首的龍與龍身、器壁之間　　　　　　　　扉棱先鑄　（蘇榮譽攝）
分鑄鑄接　（蘇榮譽攝）

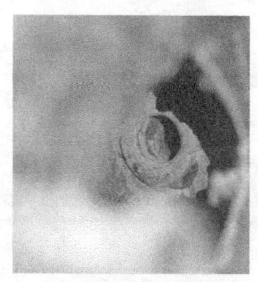 

提梁盉流與主體　　　　　　　　　　獸首流上之龍形附
連接處的凸榫　　　　　　　　　　飾分鑄鑄接　（蘇榮譽攝）

圖七　紹興 M306 盉鑄造工藝

腹後部扉棱脫落後　　　提梁上扉棱脫落處長方形孔　　提梁脫落後露出的榫頭
的合範綫位置

圖八　安吉盉鑄造工藝

紹興 M306 盉蓋面正中螭背與提梁內側面各有一環耳，貫以鏈條相接，鏈節形制爲兩條纏繞的螭龍口銜雙環狀，惜鏈節不全，僅剩一節順鏈。東周提梁盉的鏈節形制以雙環鏈爲主，次以單環鏈；雙環鏈節間的連綴方式存在順式和反式的差異；提梁接鏈方式包括提梁内侧置環耳、套接單環等，蓋面接鏈方式有環耳、環耳銜環二種。目前所見保存完整提鏈的提梁盉，主要是春秋晚期及以後。共收集到二十八件，其中楚國十件，吳越和百越地區五件，安徽江淮地區一件，魯中南地區三件，晋周地區五件，燕代—中山地區四件。具體情況見下表一。

表一　東周提梁盉結鏈方式統計表

序號	時代	器物	提梁結鏈方式	鏈節順次（自梁至蓋）	蓋面結鏈方式
1. 楚提梁盉					
1	春秋晚期	淅川下寺 M1	環耳	一順二反	環耳
2	春秋晚期	淅川下寺 M3	環耳	一順二反	環耳
3	春秋晚期	吳縣何山途爲盉	環耳	一反一順	環耳
4	戰國中期	丹江口北泰山廟	環耳	一順(?)二反	環耳
5	戰國中期	襄陽谷城尖角墓地	環耳	三順	環耳
6	戰國中期	江陵天星觀 M1	套一單環	?	環耳
7	戰國中期	棗陽九連墩 M2	套一單環	一順	環耳銜環
8	戰國中期	淮陽平糧臺 M17	環耳（流口）	?	環耳
9	戰國中期	長沙三公里	環耳	三反	鳥形鈕
10	戰國晚期	壽縣楚幽王墓	套一單環	一反	環耳銜環
2. 吳越和百越地區提梁盉					
1	春秋晚期	吳王夫差盉	環耳	五順	環耳
2	春秋晚期	蘇州虎丘	環耳	五順	環耳
3	春秋晚期	丹徒諫壁王家山	環耳	五順	環耳
4	春戰之際	固始候古堆 M1	環耳	四順	環耳
5	戰國早期	羅定南門垌 M1	環耳	七順	環耳
3. 安徽江淮地區提梁盉					
1	春秋晚期	肥東龍城 M7	環耳	三反（六枚單環）	環耳
4. 魯中南地區提梁盉					
1	春秋晚期	臨沂鳳凰嶺	套一單環	二順二反	環耳
2	戰國早期	曲阜魯國故城 M52	套一單環	?	環耳
3	戰國早期	曲阜魯國故城 M58	套一單環	?	環耳

續表

序號	時代	器物	提梁結鏈方式	鏈節順次（自梁至蓋）	蓋面結鏈方式
			5. 晉周地區提梁盃		
1	春秋晚期	長治分水嶺 M269	套一雙環	一反一順	環耳
2	春秋晚期	長治分水嶺 M270	環耳	四反一順	環耳
3	戰國中期	洛陽針織廠 C1M5269	套一單環	一枚單環	環耳
4	戰國中期	長治分水嶺 M36	套一單環	三枚單環	環耳
5	戰國晚期	春成侯盃	套一單環	三枚單環	環耳
			6. 燕代—中山地區提梁盃		
1	戰國中期	平山汲縣 M6	套一單環	一枚單環	環耳
2	戰國中期	平山汲縣 M1	套一單環	?	環耳
3	戰國中期	承德平泉縣	套一單環	二枚單環	環耳
4	戰國晚期	朝陽地區	套一單環	三枚單環	環耳

由表一可知，楚國提梁盃的結鏈方式與春秋晚期提梁結鏈方式皆爲内側置環耳，鏈節多用一節順鏈加多節反鏈，順鏈一般置於鏈中或鏈尾；戰國中晚期提梁結鏈出現套接一枚單環的方式，或不再結鏈，代之以在蓋面設環耳銜環或四環等，鏈節使用全順鏈或全反鏈（若一枚單環等效爲一節順鏈、二枚單環等效爲一節反鏈）。吴越和百越地區盃的提梁結鏈方式皆爲内側置環耳，鏈節使用全順鏈。安徽江淮地區盃提梁内側置環耳，鏈節使用三節反鏈（六枚單環）。晉周地區盃春秋晚期鏈節常用多節反鏈加一節順鏈的鏈序，戰國中晚期流行一或三枚單環連結（圖九-1 至九-5）。

圖九-1 淅川下寺 M3 盃鏈接一順二反

圖九-2 楚叔之孫途爲盃鏈節一順一反

圖九-3 蘇州虎丘盃鏈節全順式鏈

圖九-4　長治分水嶺 M269 盉提梁鏈接一順一反　　圖九-5　長治分水嶺 M36 提梁盉三枚單環鏈

　　春秋晚期以來提梁盉上較複雜的結鏈方式,與春秋中期興起的提鏈壺有關。提鏈青銅器自春秋早期起就出現於海岱地區,這一區域是目前所見提鏈器出現最早、使用較多的區域,也是提鏈壺結鏈方式的來源地。春秋晚期至戰國早期階段的齊地、戰國早中期階段的三晉兩周地區,提鏈壺的結鏈方式較爲穩定,分別以提梁外附環接一順多反鏈入環耳、提梁接環承多反一順鏈入環耳的結鏈方式。而春秋晚期至戰國早期,南方的楚國等提鏈壺的結鏈方式較爲雜亂無規,鏈序多變,標準化程度較差,常見一節順鏈加多節反鏈,其中順鏈一般置於鏈中或鏈尾,且偏愛使用全順式鏈;戰國中晚期,楚地以全反鏈爲主,間以少量全順鏈。①

　　綜合分析,可知不同時期楚國提梁盉的結鏈方式特徵與變化情況,與相應階段的楚國提鏈壺的結鏈方式較爲一致,可以認爲是借鑒了後者。安徽江淮地區盉鏈節爲全反鏈,此器腹上部置環鈕的特徵與楚墓提梁盉接近,或與楚文化的影響有關。與楚地不同的是,春秋晚期至戰國早期吴越和百越地區提梁盉的結鏈方式基本穩定,採用全順式鏈,這種情況可能與鄰近的沂泗地區偏愛使用全順式鏈有關,如邳州九女墩 M3 提鏈壺的鏈序即爲三順(《出土》7—131)。春秋晚期至戰國早期楚國提梁盉的鏈節形制爲雙環銜式鏈,吴越和百越地區盉的鏈節形制則以 8 字形爲主。結合兩地提梁盉結鏈方式與鏈節形制的差異,說明南方提梁盉可能有多個產地。紹興 M306 提梁盉的鏈節形制雖爲雙環銜式鏈,但鑒於該器與吴越和江淮文化的關係更密切,推知其缺失的鏈節順次可能也是採用了全順式鏈。

　　感謝中國科學院自然科學史研究所教授蘇榮譽拍攝了大量紹興 M306 提梁盉的細部照片并指點工藝技術!

　　【作者簡介】俞珊瑛,女,1981 年生,浙江省博物館副研究館員,主要從事青銅器研究。

---

① 張吉:《試論東周齊地提鏈壺的結鏈方式》,《中國國家博物館館刊》2019 年第 7 期。

八年相邦吕不韋戈銘文及其現代價值解讀

楊倩　閆凡

寶鷄青銅器博物院館藏有一件秦國的兵器——八年相邦吕不韋戈。① 戈通體長21.7厘米,重0.3千克,1978年從寶鷄市銅件廠揀選入藏,據調查,出土地可能在陝西三原一帶。該戈器形、銘文最早由李仲操先生撰文發表在《文物》1979年第12期。② 戈的援部上揚,無中脊;内部(内音nà,就是穿入木柄的部分)、援部和胡部都有鋒刃(圖一)。内部兩面均鑄刻有銘文。正面豎

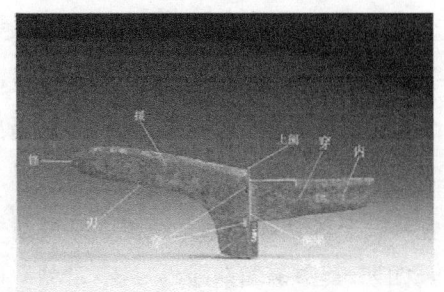

圖一　秦八年吕不韋戈各部位名稱示意圖

行刻有三行十五字。據最新研究,内正面銘文的合理釋文與斷句應爲:"八年,相邦吕不韋造,詔事圖、丞蕺、工奭。"③背面横書鑄有"詔事"兩字,又豎刻有"屬邦"二字。此件藏品的珍貴之處正在於它的銘文。銘文應作如下理解:

1. "八年"。交代了此件器物的鑄造時間爲秦王政八年,即前239年。(論證詳見下文)

2. "相邦吕不韋造"。是説時任秦國相邦的吕不韋擔任督造官。

3. "詔事圖"。"詔事"既是當時秦國兵器鑄造機構名稱,又是該機構長官的職務,"圖"是詔事私名。

4. "丞"是詔事機構的副職,"蕺"爲詔事丞私名。

---

① 該戈器形、銘文著録見:a. 中國社會科學院考古研究所編:《殷周金文集成・第十七册》,第11395號,北京:中華書局,1992年,第465頁。b. 吴鎮烽編著:《商周青銅器銘文暨圖像集成・第卅二卷》,第17259號,上海:上海古籍出版社,2012年,第332頁。

② 李仲操:《八年吕不韋戈考》,《文物》1979第12期,第17頁。

③ 王輝編著:《秦銅器銘文編年集釋》,西安:三秦出版社,1990年,第93頁;王輝、王偉著:《秦出土文獻編年訂補》,西安:三秦出版社,2014年,第122頁。

5. "工㭒",即一個名叫㭒的工人。

内背的"詔事"爲此件戈的鑄造機構。"屬邦"爲戈的保管和使用機構,負責戍衛王室。

全銘大意是説,此件戈爲秦王政即位八年時,由相邦吕不韋監造,詔事負責生產,長官名叫圖,副官名叫䇞,鑄工名叫㭒。該戈由詔事生產,由屬邦保管和使用。

詔事和屬邦都屬於秦中央機構,説明這件戈的原始置用地在中央。

戈銘中的"八年"應該是秦王政在位的第八年,吕不韋時任相邦。據《史記·吕不韋列傳》記載:"莊襄王即位三年,薨,太子政立爲王,尊吕不韋爲相國,號稱'仲父'。""秦王十年十月,免相國吕不韋。"① 莊襄王即位後三年就死了,太子嬴政即位,尊稱吕不韋爲相國,號稱"仲父"。到秦王政十年十月的時候,罷免了吕不韋的相國職位。漢代時因爲避漢高祖劉邦的名諱,改"邦"爲"國",所以傳文中的"相國"就是銘文中的"相邦",職位高於丞相。按此,吕不韋出任相邦之職,是在秦王政元年至秦王政十年這段時間裏,所以戈銘中的八年,應該就是秦王政八年,這件器物是吕不韋主政秦國時期製造的。目前全國各地發現的吕不韋督造的紀年銘文銅戈還有三年、四年、五年、七年、九年等数件。

吕不韋執政時期是秦工官制度發生重大轉變的時期。有學者將秦國兵器製造制度分爲四期,其中第四期即爲"吕不韋執政時期"。② 吕不韋在秦王政初期對國家鑄造機構進行了改革,取消了"太府"的兵器製造權,改屬王室"少府"所有,八年吕不韋戈銘文中的"詔事""屬邦"就是"少府"的下屬機構。吕不韋的改革將兵器鑄造權收歸中央,加強了中央的軍事實力,有效防止了地方反叛的發生,爲秦王政後來的中央集權打下了基礎。③

八年吕不韋戈銘文内容可與《吕氏春秋》"物勒工名,以考其成。工有不當,必行其罪,以窮其情"④的記述相印證。這種在産品上寫明責任人和責任單位的做法,有利於强化各級責任意識,提高産品品質。從吕不韋八年戈銘可以了解到,秦國兵器生產製造,實行監造者、主造者、造者三級責任監管制度,并且要把各級負責人的名字鑄刻在兵器上,便於日後稽查。"監造者"由當時的最高行政長官相邦或丞相擔任;"主造者"爲鑄造機構的長官及其副手;具體負責的"造者"爲工匠。當產品出現品質問題時相邦一聲令下,依據銘文中的機構和人名,層級溯源,追究責任。在這種森嚴的監管制度下,從事兵器鑄造者必須兢兢業業,不敢有絲毫馬虎。

---

① 司馬遷撰,裴駰集解,司馬貞索隱,張守節正義:《史記》(點校本二十四史修訂本),北京:中華書局,2013年,第3030頁。
② 黄盛璋:《秦兵器的分國、斷代與有關制度研究》,見吉林大學古文字研究室編:《古文字研究》第二十一輯,北京:中華書局,2001年,第233頁。
③ 董珊:《戰國題銘與工官制度》,北京大學中國語言文學系博士論文,2002年5月,第216頁。
④ 吕不韋撰,張雙棣譯注:《吕氏春秋》,北京:中華書局,2010年,第280頁。

"物勒工名"在秦國的推行,使秦國建立起一套嚴密的産品品質標準管理體系,保障了軍工生産的效率和品質,使秦軍裝備精良,兵戈尤利,在後來的統一六國中起到了積極作用。有學者將秦的這種制度文化稱之爲責任倫理,體現着國家公利原則和理性精神,是中華民族寶貴的制度遺産,對當代社會治理體系和治理能力現代化建設具有重大借鑒價值。①

歷史的車輪滾滾向前,塵埃落定,轍迹可尋。這件鑄造於兩千兩百三十九年前的秦戈歷經時光的磨洗依然熠熠生輝,透射出制度文明的光芒,映照今古,啓迪後人。

八年吕不韋戈充分體現了秦國兵器的特徵,銘文内容可與文獻記載的秦國嚴密的軍工生産機制相印證,爲研究秦式兵器和秦國軍工管理制度提供了可靠依據。

【作者簡介】楊倩,女,1969年生,寶鷄青銅器博物院副研究館員,主要從事青銅器、陶瓷器等文物的保護與修復;閆凡,男,1993年生,寶鷄青銅器博物院助理館員,主要從事青銅器、先秦史研究。

---

① 王興尚著:《秦國責任倫理研究》,北京:人民出版社,2011年,第296頁。

羅振玉舊藏青銅器研究

——以旅順博物館藏品爲中心

劉述昕

近代大收藏家羅振玉收藏的文物種類繁多,這些文物因諸多原因相繼流散。得天獨厚的地緣優勢,使旅順博物館成爲徵集、保存羅氏舊藏文物最多的收藏機構之一。2017年,旅順博物館設立"羅振玉舊藏青銅器研究——以旅順博物館藏品爲中心"課題,筆者作爲主要參與人參加了對這批傳世青銅器進行整理、研究的工作。2020年底課題結項,撰寫此文介紹和探討羅振玉的青銅器收藏的緣起、著録、數量,旅順博物館所藏青銅器的來源,以及課題研究的特點和意義。

一、羅振玉的青銅器收藏與研究

羅振玉(1866—1940),字叔藴、叔言,號雪堂,晚年自號貞松老人、松翁。出生於淮安,祖籍浙江省上虞縣永豐鄉。清朝末年曾任學部二等咨議官、參事、京師大學堂農科監督等職務。他涉獵廣博,在甲骨學、金石學、文獻學、敦煌學、農學、教育學等諸多領域都有着奠基之功與精深造詣。同時,他也是近代著名的收藏家。

羅振玉出生與成長的同治、光緒時期,正是傳統的金石學歷經鼎盛而餘風猶存之時,金石收藏、研究和交流的學術氛圍濃厚。受此薰陶和感染,羅振玉對青銅器和石刻文字產生興趣。他在自序中曾發出"我朝藏器之風,至道咸而寢盛美富殆百倍於前人。若濰之陳氏、吴之潘氏,輪指不可計也"①之類贊嘆。總體來看,他的青銅器收藏源於金石學的文字考釋、校補,而受地利、財力、見識、時局等因素影響。其青銅器及拓本的收藏參照著述刊印時間和序跋所記大略可以分爲四個時期。

第一,1880—1895年,年少居家時就開始購藏銅印、銅鏡等小件青銅器,但主要以碑

---

① 羅振玉:《夢鄣草堂吉金圖序》,上虞羅氏影印本,1917年。

帖拓本爲主,并常常感慨"予少好古器貧不能致"①,"予平生無他好,圖書以外惟喜收集古文物"。② 著述以碑文和史籍校補爲主。

第二,1896 年至上海,經濟情況改善,"故家所藏偶獲一二",③開始收藏傳世的青銅器,終日賞鑒,愛不釋手。著述主要是農學、教育領域,但 1900—1901 年所輯《金石書錄》值得關注,是其對已讀金石學著錄的輯述。也可以理解爲羅振玉對石刻、青銅器等收藏、研究和編撰現狀的系統考察。

第三,1906—1911 年,因奉調學部至北京,傳世和新出土的古器物薈萃於此,有利於其對青銅器及拓本的收藏。1912—1919 年間"既至海東,無所仰給,此古器者稍稍出以易米,尋復悔之"。④但青銅器流出不多,第一次世界大戰致使海外市場收縮,羅振玉應時收購反而有所補益。這一時期,關於青銅器收藏記述和考證的筆記、跋文有《俑廬日劄》《金石泥屑》,著錄方面體現爲旅居日本時期的三部著作《殷文存》《夢郼草堂吉金圖》《夢郼草堂吉金圖續編》。1916 年《殷文存》,影印青銅器的銘文拓片 718 件,⑤但沒有考釋。這是最早的專門輯錄殷商金文的著作,羅振玉用商代人以日爲名及圖像文字作爲商代有銘文青銅器的鑒別和斷代標準。1917 年刊《夢郼草堂吉金圖》珂羅版影印,收錄 151 器,其中包括購自盛昱、端方、陳介祺、劉鶚、吳大澂、陸心源等家流散於市的青銅器數 10 件。1918 年刊《夢郼草堂吉金圖續編》,珂羅版,收錄 68 器,其中包括購自端方與山東收藏家流散於市的青銅器 30 餘件。另外,還有《癸丑以來所集金石文字》,⑥收錄 1913—1917 年間所得拓本 224 張。

第四,1919 年以後,寓居天津、旅順時,國內的時局動蕩,新出土文物和藏家收藏流散於市,古董商人登門求售,客觀上爲繼續大量收集青銅器創造條件。這一時期涉及青銅器藏品的著述種類、數量都非常之多,書籍編印中往往石刻、青銅器、雜器的混雜,尤其是涉及器物記述和考證的筆記、跋文,多按照大概的時段整理,符合羅振玉對"古器物學"的界定。青銅器記述和考證的筆記、跋文有《雪堂藏古器物目錄》《古器物識小錄》《雪堂金石文字跋尾》等。拓本集册有《貞松堂藏器墨影》《貞松堂藏器墨影續集》⑦《雪堂藏器拓本》⑧《貞松堂藏吉金墨本》⑨等。流傳較廣地有刊印的青銅器圖錄《雪堂所藏古器物圖錄》《貞

---

① ④ 羅振玉:《夢郼草堂吉金圖序》,上虞羅氏影印本,1917 年。
② ③ 羅振玉:《貞松堂吉金圖序》,墨緣堂印,1935 年。
⑤ 王小嬌:《羅振玉與古器物學研究》,陝西師範大學碩士論文,2010 年 11 月,第 41 頁。
⑥ 大連圖書館藏拓本集册,書衣頁署:"丁巳四月寄上海裝訖。"
⑦ 大連墨緣堂拓片粘貼本,1931 年。
⑧ 上海博物館藏王國維題跋本。
⑨ 日本早稻田文庫藏影印本。

松堂集古遺文》《貞松堂集古遺文補遺》《貞松堂集古遺文續編》《貞松堂吉金圖》《三代吉金文存》。1930年刊《貞松堂集古遺文》收錄三代器1273,秦漢以降器252,共1525器。1931年刊《貞松堂集古遺文補遺》收錄三代器205,秦漢以降器133,共338器。1933年刊《貞松堂集古遺文續編》收錄345器墨本。1935年刊《貞松堂吉金圖》收錄198器。1936年刊《三代吉金文存》著錄傳世的商周青銅器銘文拓本4835器,是20世紀30年代品質較高的集金文拓本之大成的金文合集。另外,還有1938年《貞松堂藏物總目錄》,1943年《貞松堂所藏長物轉移滿州國立中央博物館》兩份目錄手稿,其中分別包括青銅器321件和304件,以及《上虞羅氏捐贈吉林大學文物室燹餘藏器目》中青銅器60件,拓本51紙。

通過上述目錄與圖集,鑒於物聚物散,以及有的青銅器可能還沒有收入其中,雖然無法準確得知羅振玉舊藏青銅器和拓本的真實數目,但也可以大略地了解其收藏的基本情況。尤其是《夢郼草堂吉金圖》及《續編》,《貞松堂集古遺文》及《補遺》《續編》,《貞松堂吉金圖》《三代吉金文存》,這些羅振玉對青銅器及其拓本的專門著錄,是此次課題研究中對羅振玉舊藏青銅器進行比對、鑒選的主要依據。從它們的刊印時間順序,也可以推斷和掌握這批傳世青銅器的大致收藏時間,依據每件器物頁內的記載,我們也可以了解相關的流傳經歷。根據書籍的序言可確定,《夢郼草堂吉金圖》《夢郼草堂吉金圖續編》《貞松堂吉金圖》所載,均爲珂羅版影印器形,爲羅振玉舊藏青銅器;《貞松堂集古遺文》及《補遺》《續編》,《三代吉金文存》所載,爲羅振玉舊藏青銅器的拓本。這些拓本至少包括以下來源,即羅振玉舊藏青銅器的拓本、羅振玉鑒賞過青銅器的拓本以及羅振玉收集的其他藏家的青銅器拓本。由於存在着精區分的困難,在課題研究中,收錄了據吉金圖集可確定爲羅振玉舊藏的青銅器,以及據羅振玉收藏的金石拓本,但青銅器存在於旅順博物館館藏的兩類器物,將它們并稱爲"羅振玉舊藏青銅器"。

二、旅順博物館的羅振玉舊藏青銅器來源

1928年秋,羅振玉選址旅順新市街扶桑町(今旅順洞庭街1巷3號)購地建宅,年末竣工,舉家遷居旅順。1931年於寓所後買地2畝,建築1座3層樓房。落成後,沿用在日本時藏書樓的名字"大雲書庫",因羅振玉曾藏有珍貴的北朝寫本《大雲無想經》而得名。大雲書庫和住宅裏存放着羅振玉數十年來收集的甲骨、青銅器、書畫、碑刻、拓本、古籍圖書等,數量極其可觀。他還在大連接手一家名爲"墨緣堂"的書鋪,印製、銷售古籍、圖書、紙墨等。1940年病逝,羅振玉葬於水師營西溝。

1945年,日本投降,蘇聯紅軍進駐,整個旅順陷入一片混亂、匆忙之中。羅家收藏的

文物、書籍也未能幸免,流散民間。20世紀50年代,在中國共産黨對文化事業的關懷下,博物館事業蓬勃發展。通過徵集、調撥、捐獻等方式,旅順博物館藏品得到極大豐富。自1952年起,旅順博物館組成專門的隊伍,足迹遍及大連徵集文物。另外,從大連的文物店也陸續購入大量文物。這一時期共徵集文物12000餘件,涉及青銅器、陶瓷器、石器、貨幣、書畫等類别,其中包括散佚民間的羅振玉舊藏青銅器。如著名的羉生盨、過伯簋等。在中華人民共和國成立初期全國博物館稀少的情況下,旅順博物館作爲東北地區頗具規模的博物館,成爲國家及省、市各級主管部門行政調劑的重點。旅順地方政府也多次調撥查收的各類文物。其中,羅振玉舊藏文物的徵集主要來自鐵山鎮(今鐵山街道)、登峰街道,表現出徵集時地比較集中的特點。目前,旅順博物館除甲骨、古籍和檔案,保存有羅氏舊藏古器物約3500餘件。[1]

三、羅振玉舊藏青銅器分類

羅振玉倡導并重新定義了"古器物學",他在撰寫於1919年的《古器物研究議》中,將文物收藏和研究的領域分爲十五目,包括:禮器、樂器、車馬器、古兵器、度量衡諸器、貨泉、符契璽印(含封泥)、服御諸器、明器、古玉、古陶瓷、瓦當墓磚(含墓中壁畫)、古器物範、書畫刻石、佛教造像等。他在諸多青銅器著録中也是這樣進行編目分類的。先以時代分段,將夏商周三代爲一段,繼以秦、漢⋯⋯六朝至元、明、清爲序;時代之下的器物類别按前述中樂器、禮器、車馬器、古兵器、度量衡諸器類次排列。

在此次對羅振玉舊藏青銅器的整理研究中,我們遵循上述原則鑒選館藏青銅器,從館藏近2000件(套)青銅器中,選出128件。除禮器、樂器、車馬器、度量衡諸器外,如所比對的吉金圖録或金文集所載,還有少量雜器、符牌璽印、火銃、農具等也收録其中,以揭示羅振玉青銅器收藏的特點及全貌。青銅器的類别和排序,參照《中國青銅器》[2]分爲:食器,鼎、鬲、甗、簋、盨、簠、豆、盆、鎗;酒器,爵、角、觚、觶、斝、尊、壺、卣、方彝、罍;水器,盤、匜;樂器,鉦、鈴;雜器,熨斗、燈、車書;度量衡器,量、權。

四、羅振玉舊藏青銅器研究的特點、意義

旅順博物館依托地緣優勢,通過種種努力,收藏、保存了大量的羅振玉定居旅順并帶來

---

[1] 王若:《旅順博物館與羅振玉》,見郭富純主編:《旅順博物館精華録》,大連:大連出版社,2011年5月,第34頁。
[2] 馬承源主編:《中國青銅器》,上海:上海古籍出版社,2003年1月。

的收藏品。這批藏品備受關注,青銅器更是如此。一直以來,館内工作人員對它們進行着整理、保護、研究。20世紀中後期以來,國家文物局專家組、青銅器研究專家等,先後來館鑒定青銅器。館藏青銅器的銘文拓片也被各種著録金文、銘文書籍所收録。館内帳册上的各種文字記録,可以看到銘文釋讀、專家鑒定意見、書籍收録等逐步增補的資料。此次,我們對羅振玉舊藏青銅器的整理、編輯,不是應時之作,也不是應題之作,可以説是這批青銅器整理和研究成果的彙總。這本書裏彙集了羅振玉關於青銅器的記録與跋文,彙集了近百年來金文和青銅器相關著作的信息,彙集了數十年來旅順博物館相關人員的勤懇工作。

此次研究是百餘年來羅振玉舊藏青銅器的首次彙集。旅順博物館藏羅振玉舊藏青銅器,是這批傳世青銅器收藏中數量最爲集中的一例。目前已知注明爲羅振玉舊藏青銅器300餘件(商周時期),除旅順博物館藏器外,中國國家博物館、北京故宫博物院、遼寧省博物館、吉林大學博物館、上海博物館、首都博物館、天津博物館、廣東省博物館、臺北"故宫博物院"、臺北"中央研究院"歷史語言研究所、日本東京出光美術館、日本東京湯島孔廟斯文會、瑞典斯德哥爾摩遠東古物館等機構也或多或少收藏有羅振玉舊藏青銅器。實際上,經過羅氏收藏的青銅器總數遠超過目前能夠確定的已知數目。要想更加接近這批傳世青銅器的真實數目,還需要各個收藏機構對青銅器流傳經歷的整理、補充、公佈。另外,在其他機構或藏家也會有未經發現的青銅器收藏。如果在未來這些資料得以更加充實和完善,從青銅器收藏史的角度,可以促進對近代以來傳世青銅器的遞藏和流傳的研究;從博物館展示角度,可以使分散收藏於各處的器物構件整合成爲可能,講述完整的文物背後的故事。

此次研究將旅順博物館收藏的羅振玉舊藏青銅器作爲館藏青銅器中的一個系列專門輯録,這是有别於以前的《旅順博物館》①《旅順博物館館藏文物選粹——青銅器卷》②《旅順博物館藏雪堂遺珍・文物卷》③。其一,相較於以前三部圖録,收録羅振玉舊藏青銅器數量大幅增加,而且去除了兵器、部分佛像等。其二,進一步完善著録信息和形制紋飾,對流傳經歷、出土時地有所補充。

相對已有青銅器和銘文的著作來説,此次研究在保持金文字學風貌的同時,更加貼近器物學。在整理、研究的過程中,或直面藏品,或查看清晰的影像圖片。這樣得天獨厚的條件可以觀察到很多細節,完善、糾正已有著録存在的問題。一、器物的紋飾。如:西周早

---

① 旅順博物館編:《旅順博物館》,北京:文物出版社,2004年。
② 旅順博物館編:《旅順博物館館藏文物選粹——青銅器卷》,北京:文物出版社,2008年。
③ 旅順博物館編:《旅順博物館藏雪堂遺珍・文物卷》,大連:大連出版社,2012年4月。

期的敄觶,現有著録對於紋飾描述爲"頸部飾兩道弦紋,圈足飾一道弦紋"。① 經過仔細觀察器物,在書中將紋飾描述爲"頸部環繞一道微凸的弦紋帶,上飾雲雷紋,圈足飾一道凸弦紋帶"。二、器物的命名。如西周時期的"右馬銜",形制描述爲"兩旁作圓環,中有鏈條連接"。②書中沿用羅振玉的命名,稱"左馬銜",描述改爲"兩旁作扁圓環,中間以扁直杆相連,近環處有一道凸弦紋"。并附有羅振玉自述:"貞松堂藏此器,銘作ナ,即左字。古左右本作ヨト或作ナヨ。今ヨ存而ナ廢矣。"③課題研究名爲"羅振玉舊藏青銅器",收録器物和跋文都爲羅氏所藏所記,故儘可能地保存原貌,客觀展現羅振玉收藏和考釋時的語境。三、完善收藏信息。如下宫車書、泃城都小器等,記收藏者羅振玉,補充現藏於旅順博物館。另外,據《雪堂所藏古器物目録》等書,以及徵集時地、方式等因素,補充一些不爲羅振玉青銅器著作所收録的館藏青銅器。四、補充秦代以後的器物,保持羅氏著録的編排方式。如漢代杜宣鼎、宜子孫熨斗、斤十兩官鏊,六朝張二銅鏵,唐代縉雲殘魚符,元代犁範,明代嚮聲流転塔鈴、火銃等。

課題研究中收録128件館藏青銅器,内容包括青銅器的英文目録、時代、尺寸重量、紋飾描述、銘文釋文、著録情況、高清圖像、銘文拓片等,還儘可能的增補遞藏情況、羅振玉的跋文考釋、出土時地等信息。以期更直接地展現羅振玉舊藏青銅器的收藏、著録、研究過程,提供更加詳盡地可供檢索和參考的文物信息。

【作者簡介】劉述昕,男,1981年生,旅順博物館館員,主要從事館藏文物、羅振玉、東北文化史等研究。

---

①② 吴鎮烽:《商周金文資料通鑒》(電子版),2005年。
③ 羅振玉:《貞松堂集古遺文》卷十一,摹寫石印本,1930年,第17頁。

> 學術論衡

《尚書·君奭》"耈造德不降"新解

張寅瀟　黃巧萍

《尚書·君奭》是周公勉勵召公與自己共同輔佐周成王的一篇講話,該篇有"耈造德不降,我則鳴鳥不聞,矧曰其有能格"①一句。其中對於"耈造德不降"的解釋,古今學者意見不一,有的將"耈"釋爲"老","造"訓作"成","耈造德"即爲"老成德(者)""老成人";有的則將"造"釋爲"至","耈造"就是"老至";有的將"降"釋爲"降意",有的理解成"和、同"。

然而,無論何種解釋,將"耈"釋爲"老"則是學者們公認的,但《文選·天監三年策秀才文》李善注引《尚書》却作"苟造德弗降",②其中"耈"作"苟",這樣的異文無疑給我們以啓示:"耈造德"中的"耈"字有可能不是通常意義上的"老、壽"之意,而是通爲"苟"字,作"假設"講。有鑒於此,筆者認爲有必要對《尚書·君奭》"耈造德不降"中的"耈"字及整句話進行重新解讀,以期還原經典的真實含義。

一、"耈造德不降"的傳統釋義及不足

根據對"耈造/耈造德"指代對象認識的不同,大體上可以把學界關於"耈造德不降"的解釋劃歸兩類,一爲"老成人說",一爲"召公說",二說又可細分爲幾種。

1."老成人說"

(1)"老成德者不肯降意說"

古代學者對"耈造德"一語的解釋以鄭玄所注"老成德之人"爲代表,《三國志·魏書·管寧傳》注引鄭玄曰:"耈,老也。造,成也。《詩》云:'小子有造。'老成德之人,不降志與我

---

① 《尚書正義》卷一六《君奭》,見阮元校刻:《十三經注疏》,北京:中華書局影印本,1980年,第225頁上欄。
② 蕭統編,李善注:《文選》卷三六《任昉·天監三年策秀才文》,北京:中華書局影印本,1977年,第513頁下欄。

并在位,則鳴鳥之聲不得聞,況乃曰有能德格於天者乎!"①孫詒讓《尚書駢枝》、皮錫瑞《今文尚書考證》和孫星衍《尚書今古文注疏》等均主鄭説。②

與鄭説類似的還有孔穎達《尚書正義》,後者不僅解釋了"耇造德",也對老成德者不肯降意的原因進行了分析。"經言'耇造德不降'者,周公以己年老,應退而留,因即博言己類,言己若退,則老成德者悉退,自逸樂,不肯降意爲之,政無所成,祥瑞不至,我周家則鳴鳳不得聞。"③《僞孔傳》則將"耇造德"釋作"老成德",不過從語意上看,"老成德"仍爲"老成德者",實與鄭注、《正義》同。"今與汝留輔成王,欲收教無自勉、不及道義者,立此化,而老成德不降意爲之,我周則鳴鳳不得聞,況曰其能有格於皇天乎?"④

今人劉起釪、李振興、張道勤和臧克和等諸先生也基本贊同鄭説,⑤只個別有所補充。臧氏《尚書文字校詁》根據《尚書·康誥》"耇成人"認爲"耇、老形近而誤,或以同義字易之者"。⑥張氏《書經直解》認爲"耇造"有兩説,一爲"年老德高之人",一則"老成有德之臣"。⑦

(2) "老成人之德不能降於民説"

不同於鄭説將"耇造德"釋爲"老成有德者"的觀點,宋儒蔡沈《書經集傳》認爲應作"老成人之德",又以《君奭》篇的創作背景是"召公告老而去,周公留之",故云:"'耇造德不降'言召公去,則耇老成人之德不下於民"。⑧其中,對於"降"的認識也與鄭説"降意"有異,蔡氏認爲是"降於民"。今人郭仁成《尚書今古文全璧》承襲蔡説,將"耇造德不降"譯作"老成人的美德又不能下降民間"。⑨

蔡説關於《君奭》寫作動機的觀點雖然我們并不認同,但其以"耇造德"爲偏正結構,又以"降"爲"降於民"的觀點相當具有啓發性。從字面上看,鄭玄釋"耇"爲"老","造"爲"成"

---

① 陳壽撰,裴松之注:《三國志》卷一一《魏書·管寧傳》注,北京:中華書局點校本,1982年,第359頁。
② 孫詒讓:《尚書駢枝》,見《續修四庫全書》第51册《經部·書類》,上海:上海古籍出版社,1996年,第41頁下欄;皮錫瑞撰,盛冬鈴、陳抗點校:《今文尚書考證》卷二一《君奭》,北京:中華書局,1989年,第390—391頁;孫星衍撰,陳抗、盛冬鈴點校:《尚書今古文注疏》卷二二《君奭》,北京:中華書局,1986年,第455頁。
③④ 《尚書正義》卷一六《君奭》,第225頁上欄。
⑤ 顧頡剛、劉起釪著:《尚書校釋譯論》(第三册),北京:中華書局,2005年,第1595頁;李振興:《尚書君奭篇大義探討》,原載《"國立"政治大學學報》1982年第45期,後收入氏著《尚書流衍及大義探討》下編第五章,臺北:文史哲出版社,1982年,第283頁。
⑥ 臧克和著:《尚書文字校詁》,上海:上海教育出版社,1999年,第456頁。
⑦ 張道勤直解:《書經直解》,杭州:浙江文藝出版社,1997年,第167頁。
⑧ 蔡沈:《書經集傳》卷五《君奭》,見《四書五經》,上海:世界書局影印本,1936年,第107—109頁。
⑨ 郭仁成著:《尚書今古文全璧》,長沙:岳麓書社,2006年,第256頁。

是没有問題的。《爾雅·釋詁》"耇、老,壽也",①文獻中以"黄耇""壽耇"等指代老者的例子比比皆是。至於"造"爲"成"義,典籍中亦有迹可循,《左傳·成公十三年》"則是我有大造於西也",杜注曰:"造,成也。"②《管子·地員》"凡草土之道,各有穀造",注曰:"造,成也。"③

先秦文獻中也確有"老成人"或"耇成人"之語,《詩經·大雅·蕩》"雖無老成人,尚有典刑",④《尚書·盤庚上》"汝無侮老成人",⑤《尚書·康誥》"汝丕遠惟商耇成人"。⑥ 關於"老成人"的具體含義,《後漢書·孝和孝殤帝紀》注曰:"'老成'言老而有成德也。"⑦《詩經·大雅·蕩》鄭玄箋曰:"老成人,謂若伊尹、伊陟、臣扈之屬。"⑧無論是年老德高之人,還是如伊尹、伊陟等老而有德的大臣,這些元老宿舊如果不能下及周朝輔政,的確是"我周家"的一大損失。鄭玄所言"老成德之人,不降志與我并在位,則鳴鳥之聲不得聞"看似貼合文意,實則與本義相去甚遠。

首先,據筆者目力所及,先秦文獻中并無以"耇造""耇造德"或"耇造人"代指"老成人"的例證,以"耇造"或"耇造德"釋"老成人"本身就有增字解經之嫌。其次,聯繫前後語句可知,如將"耇造德"釋爲"老成德者",則缺少條件狀語"如果",與後文"我則鳴鳥不聞"的"則"字難以構成完整的假設關係。最後,從上下文來看,"老成人"的説法也不符合文意(詳見後文)。故而,我們認爲,無論"老成人之德"還是"老成德之人"的説法,都是不能令人信服的。

2. "召公説"

(1) "召公不肯降意説"

鄭玄雖從字面上解釋了"耇造德",却未指明"老成德者"具體爲何人,宋儒林之奇《尚

---

① 《爾雅注疏》卷一《釋詁上》,見《十三經注疏》本,第 2569 頁中欄。按:中華書局《十三經注疏》影印本的《爾雅注疏》并没有在"耇老"間斷開,但上海古籍出版社和北京大學出版社的整理本均作"耇、老",參見王世偉整理:《爾雅注疏》,上海:上海古籍出版社,2010 年,第 22 頁;李傳書整理,徐朝華審定:《爾雅注疏》,北京:北京大學出版社,2000 年,第 18 頁。根據郭璞等人的注解來看,他們顯然是將"耇"與"老"字分別對待,所以整理本的標點是正確的,"耇"和"老"二字并爲壽義。
② 《春秋左傳正義》卷二七《成公十三年》,見《十三經注疏》本,第 1912 頁上欄。
③ 黎翔鳳撰,梁運華整理:《管子校注》卷一九《地員》,見程樹德等撰:《新編諸子集成》,北京:中華書局,2004 年,第 1096 頁。
④⑧ 《毛詩正義》卷一八之一《大雅·蕩》,見《十三經注疏》本,第 554 頁上欄。
⑤ 《尚書正義》卷九《盤庚上》,見《十三經注疏》本,第 170 頁上欄。
⑥ 《尚書正義》卷一四《康誥》,見《十三經注疏》本,第 203 頁中欄。
⑦ 范曄撰,李賢等注:《後漢書》卷四《和帝紀》注,北京:中華書局,1965 年,第 167 頁。

書全解》明確指出"耇造德"爲召公,"汝奭乃老成有德之人,苟不降意留輔天子"。①清儒朱駿聲《尚書古注便讀》將"降"釋作"降心相從","召公若自高其德,以左右之故,不肯降心相從,則周業恐不能守成"。② 與林説類似。王先謙《尚書孔傳參正》沿襲《正義》之説,認爲"我(周公)今日若斂退去位而不勉其(指成王)所不及,君以老成之德而不降志,我則不復聞在岐之鳴鳥矣"。③

(2)"召公不和同於我(周公)説"

清儒戴鈞衡《書傳補商》雖也認可"耇造德"爲召公的説法,但却把"降"釋作"和同",并以鄭注"老成德之人,不降志與我并在位"爲證,將"我"字上讀。整句譯作"汝老成德若不和同於我,則不能致太平而來鳳凰之鳴矣"。④ 近人曾運乾《尚書正讀》也將"耇造"釋作"老成","降"爲"和同",却未言明是召公。然從其所釋"耇造不和、賢俊未登,汝雖頌歌吉士,我則鳴鳥未聞"⑤來看,似也認爲周、召二公不和,與戴説同。今人李民、王健《尚書譯注》採納戴説,譯爲"如果連年長有德的您都不能與我和睦一致,那麼我就聽不到鳳凰的鳴聲了"。⑥ 王世舜:《尚書譯注》則取曾説,譯作"如果我們這些年長有德的人不能和睦團結,那麼我就不會聽到鳳凰的鳴聲了。"⑦

(3)"召公不降德説"

有别於鄭説"降意"與戴説"和同"的觀點,近人金兆梓、朱廷獻等先生則將"降"與"德"合釋爲"降下德惠"。金氏《尚書詮譯》也將"我"字上讀,認爲"耇造德不降我"就是"老成人不降我以德也",整句譯作"倘若你這樣的老成典型也不將你的認識來協助我,那麼岐山靈鳳也會反舌無聲"。⑧ 朱氏《尚書君奭篇考釋》與金説類似,"你這老成人,若不把德惠降下(謂不同心輔佐),那我連鳳鳥叫都不可能聽到"。⑨

值得注意的是,雖然金、朱二人將"德不降"釋爲"不把德惠降下",看似與"降意説""和同説"不同,但"不降德"的實質仍是"不能與周公同心輔佐",與戴説同。以上三種見解事實上殊途同歸,都是在説"假若召公不與自己同心輔政"。

---

① 林之奇著,陳良中點校:《尚書全解》卷三三《君奭》,北京:人民出版社,2019年,第570頁。
② 朱駿聲集訂:《尚書古注便讀》卷四中《君奭》,成都:華西協和大學出版社,1936年,第29頁。
③ 王先謙撰,何晋點校:《尚書孔傳參正》卷二五《君奭》,《十三經清人注疏》,北京:中華書局,2011年,第805頁。
④ 戴鈞衡:《書傳補商》卷一三《君奭》,見《續修四庫全書》第50册《經部·書類》,第140下欄—141頁上欄。
⑤ 曾運乾撰,黄曙輝點校:《尚書正讀》卷五《君奭》,北京:中華書局,1964年,第232頁。
⑥ 李民、王健撰:《尚書譯注》,上海:上海古籍出版社,2004年,第327頁。
⑦ 王世舜:《尚書譯注》,成都:四川人民出版社,1982年,第228頁。
⑧ 金兆梓著:《尚書詮譯》,北京:中華書局,2010年,第135—142頁。
⑨ 朱廷獻:《尚書君奭篇考釋》,原載《中華文化復興月刊》1985年第1期;後收入氏著《尚書研究》下編《君奭考釋》,臺北:臺灣商務印書館,1987年,第604頁。

與"老成人説"類似,"召公説"在句法結構和前後文意上也都存在着問題。而且從《君奭》整篇文字來看,周公稱呼召公,一般會用"君奭""君"和"汝"等,而非"耇造",典籍中也没有類似的例子。所以以"耇造"或"耇造德"指代召公的説法,同樣是值得商榷的。

3. "(周公)老至,無德降於民説"

以上説法雖各有不同,但對於"耇造"釋爲"老成"的觀點并無異議("召公説"也是先將"耇造"釋爲"老成",然後再將其具體化)。然而,臺灣學者程元敏和屈萬里兩位先生却提出了不一樣的看法。程氏《尚書君奭篇義證》認爲"耇造"謂"老至","周公謂己老邁而德惠尚不能降於下民也"。① 屈氏《尚書今注今譯》和《尚書集釋》也認可程説。②

相較於"召公説"與"老成人説"的傳統看法,屈、程兩位先生的觀點顯得比較新穎。"造"的確有"至、到"之意,然除《君奭》外,典籍中再無"耇造"或"耇至"的用法。而且從整篇文意來看,并無迹象表明周公有訴説自己年老之意,何況這種"德惠"也非周公降下。所以,"周公老至"的説法也略顯牽强。

4. 其它説法

除了以上幾種解釋外,個別學者也提出了自己的看法,這些見解雖然影響力不如前六種,但亦屬一家之言,這裏列舉若干,以資借鑒。

周秉鈞《尚書易解》不僅將"我"字,而且將"則"字一并上讀,"耇造德不降我則",認爲是"老成不示我法則"。③ 江灝、錢宗武《今古文尚書全譯》也採周説。④

楊筠如《尚書覈詁》則將"耇造"上讀,"誕無我責收,罔勖,不及耇造",認爲"成王童蒙在位,不責成於公也。及,猶至也。……因不責成,故曰罔勖;因罔勖,故曰不至於老成也"。⑤

黄懷信《尚書注訓》在楊説的基礎上有所發展,認爲"小子同未在位,誕無我責。收罔勖不及,耇造德不降"的意思是"如今年幼不懂事的孩子在位即君,還不知道責求我們。如果我們勉勖不及,老成之德不降施於他,我們就連鳥叫也聽不見"。⑥

---

① 程元敏:《尚書君奭篇義證》,《"國立"編譯館館刊》1976年第1期,第233頁。
② 屈萬里注釋:《尚書今注今譯》,臺北:臺灣商務印書館,1977年,第146頁;屈萬里著,李偉泰、周鳳五校:《尚書集釋》,上海:中西書局,2014年,第214頁。
③ 周秉鈞著:《尚書易解》卷四《周書中·君奭》,長沙:岳麓書社,1984年,第249頁。
④ 江灝、錢宗武譯注,周秉鈞審校:《今古文尚書全譯》(修訂版),貴陽:貴州人民出版社,2009年,第279—280頁。
⑤ 楊筠如著,黄懷信標校:《尚書覈詁》卷四《周書下·君奭》,西安:陝西人民出版社,2005年,第374頁。
⑥ 黄懷信注訓:《尚書注訓》,濟南:齊魯書社,2009年,第263頁。

与黄説類似的還有樊東《尚書譯注》,但後者理解的"耇造德"似指他人,而非周、召二公,"如果年老有德的人再不指導他(指成王)的話,我們就連鳳凰的叫聲都聽不見了"。①

顧寶田《尚書譯注》將"造德"釋爲"年高有德者",未涉及"耇"字,整句譯作"你這年高有德的人不親臨輔導,我就聽不到鳳凰的鳴聲"。②

游唤民《西周初年思想戰綫上的一場大鬥爭——〈尚書·君奭〉新釋》認爲周公與召公思想不一致,周公要求召公放棄不信天的觀念,"你老人家達到不信天的水平不往下降,我就聽不到鳳凰的聲音了(指國家治理不好)"。③

以上諸説新則新矣,但也各有缺陷,限於篇幅,不再一一分析。綜合各家見解,我們認爲:蔡沈和郭仁成等人"老成人的美德不能下降民間"的説法,相對來講最爲貼近《君奭》本義,但把"耇造"釋爲"老成人"的觀點有待商榷。如果能够破除成見,將"耇"通爲"苟",或許離經典的原意就更近一步。

二、"耇造德不降"考釋

1. "造德"

釋讀"耇造德不降"的關鍵之一在於對"德"的認識,"德"是何人、何種之德? 只有解釋清楚這一問題,方可對整句話進行正確釋讀。楊筠如《尚書覈詁》早已指出"'德不降',與上文'蔑德降於國人'之意正同",④誠爲精識。

我們先來看周公之前是如何説的,他説:"君奭,在昔上帝割申勸寧王(即文王)之德,其集大命於厥躬? 惟文王尚克修和我有夏。亦惟有若虢叔,有若閎夭……無能往來,兹迪彝教,文王蔑德降於國人。"⑤"君奭啊,在過去爲什麼上帝一再嘉勉文王的美德,而把大命降在他身上呢? 這是因爲只有像文王這樣的人,纔可以把我們中國治理好,也正是有了像虢叔、閎夭等衆賢臣的輔佐……如果没有這些賢臣奔走效勞,文王便不能將美德降於國人了。"⑥

---

① 樊東注:《尚書譯注》,上海:上海三聯書店,2013年,第193頁。
② 顧寶田注釋:《尚書譯注》,長春:吉林文史出版社,1995年,第185—186頁。
③ 游唤民:《西周初年思想戰綫上的一場大鬥爭——〈尚書·君奭〉新釋》,《湖南師範大學社會科學學報》,1999年第1期,第21頁。
④ 《尚書覈詁》卷四《周書下·君奭》,第374頁。
⑤ 《尚書正義》卷一六《君奭》,見《十三經注疏》本,第224頁中、下欄。
⑥ 此處譯文參考了李民、王健《尚書譯注》,第327頁。以下譯文也多有參考,不再一一標注。

周公又説:"武王,惟兹四人,尚迪有禄……惟兹四人,昭武王惟冒,丕單稱德。"①"武王時只剩四位賢臣,正是由於他們盡心輔佐,武王這纔成就美德。"

從這兩段中可以明顯地看出,周公所言之"德"指的是文王和武王之德。與之相類,"耇造德不降"中的"德"自然也是天子(這裏指成王)之德,而非"老成人之德",當然也不是召公或周公之德。② 天子之德要靠賢臣盡心輔佐、宣傳教化纔可以降下,文王、武王時均有賢臣輔佐,故而能够"降德於國人"。然而,到了成王時,諸賢臣多已凋零,只剩下周公與召公二人。

周公接着説:"今在予小子旦,若游大川,予往暨汝奭其濟,小子同未在位,誕無我責,收罔勖不及。"③"現在我好像在大河裏游渡,我要和君奭您一同涉渡,我雖在位,但愚昧無知,朝中又没有一個能够能給我提意見、匡正勉勖我之所不及的人。"④由於缺少賢臣輔佐,所以纔有可能出現"德不降"即君王美德無法降於國人的危險。"耇造德不降"中的"降德"正與上文"文王降德""武王稱德"同義,楊先生所論甚是。

然而,天子之德具體是一種怎樣的德? 歷來解説者都是將"耇造"合在一起解釋,但事實上我們認爲應該將"耇"和"造德"分開釋讀,"耇/造德/不降"。"造德"雖於傳世文獻無徵,但青銅銘文却有"冬(終)用造德"(麥方尊)之語。

關於"造德"的含義,連劭名《金文所見周代思想中的德與心性學説》認爲即"至德",并引《尚書·盤庚》孔傳"造,至也"爲證。⑤ 鄒芙都《歷史人類學視域下的青銅禮樂器社會教化功能述論》則根據《增韵》"造,建也,作也,爲也"的解釋,認爲"造德"即"建德""爲德"。⑥ 鄒文以"造"爲"建"在"耇造德不降"一句中并不合適,因爲從文意來看,"耇造德"中的"造"應爲名詞或形容詞,而非動詞。

至於連文所言"至德",指"至高無上之德",與"耇造德"中的"造德"比較類似,其説可取,《禮記·禮器》"天道至教,聖人至德",⑦《論語·泰伯》"子曰:'泰伯其可謂至德也已

---

① 《尚書正義》卷一六《君奭》,見《十三經注疏》本,第 224 頁下欄—225 頁上欄。
② 關於周代"德"觀念等相關問題,可參考晁福林《先秦時期"德"觀念的起源和發展》,《中國社會科學》2005 年第 4 期;羅新慧:《"帥型祖考"和"内得於己":周代"德"觀念的演化》,《歷史研究》2016 年第 3 期。
③ 《尚書正義》卷一六《君奭》,見《十三經注疏》本,第 225 頁上欄。
④ 此處譯文參考了吳汝綸著:《尚書故》,上海:中西書局,2014 年,第 249 頁;顧頡剛、劉起釪著:《尚書校釋譯論》(第三册),北京:中華書局,2005 年,第 1595 頁。
⑤ 連劭名:《金文所見周代思想中的德與心性學説》,《文物春秋》2009 年第 2 期,第 12 頁。
⑥ 鄒芙都:《歷史人類學視域下的青銅禮樂器社會教化功能述論》,《西南大學學報(社會科學版)》2013 年第 5 期,第 137 頁。
⑦ 《禮記正義》卷二四《禮器》,見《十三經注疏》本,第 1440 頁下欄。

矣！三以天下讓，民無得而稱焉。'"①鄭玄將"造"釋爲"成"亦可，"造德"即"成德"。《尚書·伊訓》"伊尹乃明言烈祖之成德"，②《左傳·成公十三年》"不穀惡其無成德"。③ "成"，《釋名·釋言語》"盛也"，王先謙曰："成、盛聲義互通，見於經典者甚多"，④ "成德"即"盛德"。《禮記·聘義》："外無敵，内順治，此之謂盛德。"⑤《大戴禮記·盛德》："聖王之盛德，人民不疾，六畜不疫，五穀不灾，諸侯無兵而正，小民無刑而治，蠻夷懷服。"⑥由此可知，"盛德"是一種外無征戰、内政順治、興旺繁盛的天子大德。

綜合以上分析，我們認爲，"造德不降"就是說天子的盛德不能降於國人，惠澤萬民。

2. "耇"

釋讀"耇造德不降"的另外一個關鍵之處在於對"耇"字的理解，前賢諸家囿於"耇"僅爲"老"義的成見，都在"老"字上下功夫，但如果能夠换個角度來看問題，或許更能接近經典的真意。

我們注意到，不僅《文選》李善注引《君奭》"耇"作"苟"，《尚書》的另外一種版本——上圖本(八行本)中的"耇"字亦作"苟"。⑦ 這樣的異文無疑給我們以啓示："耇造德"中的"耇"字可能通"苟"，作"假如"講。《墨子·兼愛》"苟君説之，則士衆能爲之"，⑧《左傳·昭公四年》"苟利社稷，死生以之"。⑨ 如此，則"苟"與後文"我則鳴鳥不聞"的"則"字便可構成完整的假設關係，比"耇"釋爲"老"更爲符合句法結構。

從音韵學的角度來看，"耇"與"苟"均爲見母侯部字，可以通假。青銅銘文有"黄句、吉康"(師器父鼎)，"句"通"耇"。上博三《彭祖》篇有"狗老"與"句是"，整理者認爲其中的"狗"與"句"均通"耇"。⑩ 而文獻中"苟"與"句"通假的例子不勝枚舉。那麽，"耇"與"苟"亦可通，"耇造德"即"苟造德"。

行文至此，大概可以明了"耇造德不降"的真正含義："假如(天子的)盛德不能降(於國

---

① 《論語注疏》卷八《泰伯》，見《十三經注疏》本，第 2486 頁中欄。
② 《尚書正義》卷八《伊訓》，見《十三經注疏》本，第 163 頁上欄。
③ 《春秋左傳正義》卷二七《成公十三年》，見《十三經注疏》本，第 1912 頁下欄。
④ 劉熙撰，畢沅疏證，王先謙補，祝敏徹、孫玉文點校：《釋名疏證補》卷四《釋言語》，北京：中華書局，2008 年，第 128 頁。
⑤ 《禮記正義》卷六三《聘義》，見《十三經注疏》本，第 1694 頁上欄。
⑥ 王聘珍撰，王文錦點校：《大戴禮記解詁》卷八《盛德》，見《十三經清人注疏》，第 142 頁。
⑦ 轉引自顧頡剛、顧廷龍輯：《尚書文字合編》，上海：上海古籍出版社，1996 年，第 2313 頁。
⑧ 孫詒讓撰，孫啓治點校：《墨子閒詁》卷四《兼愛中》，北京：中華書局，2001 年，第 104 頁
⑨ 《春秋左傳正義》卷四二《昭公四年》，見《十三經注疏》本，第 2036 頁上欄。
⑩ 馬承源主編：《上海博物館藏戰國楚竹書(三)》，上海：上海古籍出版社，2003 年，第 304 頁。

人)。"具體來説,就是"如果我們不能像文王、武王時的賢臣一樣盡心輔佐,使我王的美德降於國人"。周公此語是在向召公强調事態的嚴峻性,假如不能降德於國人,就會出現"我則鳴鳥不聞"的不利局面。

3. "我則鳴鳥不聞"

關於"我則鳴鳥不聞,矧曰其有能格"一句的解釋還要從前文中尋求綫索,周公説"惟文王尚克修和我有夏",還説"今汝永念,則有固命,厥亂明我新造邦"。① 據此可知,"我則鳴鳥不聞"中的"我"與"我有夏""我新造邦"中的"我"一樣,指的是《正義》所云"我周家"。

"鳴鳥",馬融、鄭玄、蔡沈等認爲是"鳳凰",《書經集傳》云:"是時周方隆盛,鳴鳳在郊,《卷阿》'鳴於高岡'者,乃咏其實。"② 孫詒讓、劉起釪等則認爲是"高論、讜言"。③ 對"鳴鳥"二字理解的關鍵是如何認識"我"的指代對象。上文已述,"我"指周王朝,所以"讜言"并不適合,還應以馬説"鳳凰"爲是。古代常以"鳳鳥至"作爲盛世祥瑞,《論語·子罕》"子曰:'鳳鳥不至,河不出圖,吾已矣夫。'"④"我則鳴鳥不聞"意爲"我周家便聽不到鳳鳥的叫聲",比喻德政不足、周室不興。

周公又説:"君奭,我聞在昔成湯既受命,時則有若伊尹,格於皇天。在太甲,時則有若保衡。在太戊,時則有若伊陟、臣扈,格於上帝。"⑤

朱駿聲《尚書古注便讀》云:"'格'如上文'格於皇天''格於上帝'也。"⑥ 其説可取,"享配"之意。"矧",況也,"矧曰其有能格"就是説"哪里還談得上在祭祀時享配於天呢"? 由此可知,周公也有意在百年之後與召公共同作爲賢臣享配於天,但如果召公不能與己同心同德、盡心輔佐成王,則可能出現不能享配的嚴重後果。

綜上所述,"耇造德不降,我則鳴鳥不聞,矧曰其有能格"整句話意爲"如果(我們不能使)我王的美德降於國人,我周家就聽不到鳳鳥的鳴叫聲,(君奭您同我二人)哪里還有資格在祭祀時享配於天呢"?

現在回過頭再來看整段話:"今在予小子旦,若游大川,予往暨汝奭其濟,小子同未在位,誕無我責,收罔勖不及,耇造德不降,我則鳴鳥不聞,矧曰其有能格?"⑦ 周公先概説眼

---

① 《尚書正義》卷一六《君奭》,見《十三經注疏》本,第 224 頁中欄。
② 《書經集傳》卷五《君奭》,見《四書五經》本,第 109 頁。
③ 《尚書校釋譯論》(第三册),第 1585 頁。
④ 《論語注疏》卷九《子罕》,見《十三經注疏》本,第 2490 頁中欄。
⑤ 《尚書正義》卷一六《君奭》,見《十三經注疏》本,第 223 頁下欄。
⑥ 朱駿聲集訂:《尚書古注便讀》卷四中《君奭》,成都:華西協和大學出版社,1936 年,第 29 頁。
⑦ 《尚書正義》卷一六《君奭》,見《十三經注疏》本,北京:中華書局影印本,1980 年,第 225 頁上欄。

下的時局非常艱難,自己猶如在大河中泅渡,需要召公奭與自己同舟共濟。繼而説自己雖然在位,却愚昧無知,周圍又無賢臣責求、勖勉自己的不足,這樣的話,就不能把君王的美德降於世人。最後再揭示出不能降德的嚴重後果,那就是:象徵祥瑞的鳳鳥不會爲我周家鳴叫,更不消説在祭祀時能有資格享配於天了。

缺少賢臣則不能降德,不能降德則鳳鳥不鳴,鳳鳥不鳴則無法格天,整段話條理分明,層層遞進,充分顯示了周公對於無人輔弼可能導致周家不昌的深深擔憂,也向召公明確表達出希冀其與自己能够同輔成王的殷切之情,《君奭》全篇主旨正在於此。

三、餘論

《尚書》由於成書年代較早,文字艱澀難懂,一向以"佶屈聱牙"著稱,《君奭》"耇造德不降"一語便是其中的典型代表。前賢多囿於"耇"爲"老"義的傳統觀念,以致牽强附會,枝蔓叢生,殊不可解。幸運的是,近些年來,隨着上博簡、清華簡等地下文獻的相繼問世,學界可資利用的新材料越來越多,雖然這些出土的簡牘所載或許并非典籍原文,但其透露出一些看似不經意的信息却往往可以爲釋讀、校勘古籍提供重要的借鑒。

本文正是受上博(三)《彭祖》"耇、狗"通假的啓發,從而對《尚書·君奭》篇中的一段文字做出了相對合理的解釋,這無疑是一次有益的嘗試。不拘於成見,不囿於舊識,换個角度看問題,或許就有新的發現,離經典的原意也能更近一些。

【作者簡介】張寅瀟,男,1986年生,歷史學博士,陝西省社會科學院文化與歷史研究所助理研究員,主要從事秦漢三國史、歷史文獻學研究;黃巧萍,女,1982年生,陝西省社會科學院古籍整理研究所博士,主要從事先秦秦漢史、商周考古研究。

《戰國縱橫家書》成書問題探討*

——兼論與其它戰國題材作品之關係

葉 崗

《戰國縱橫家書》是長沙馬王堆漢墓三號所出帛書中的一部分，11000多字，書名與篇章名均爲整理者所加。① 埋藏時間在文帝初元十二年（前168年）；抄寫時間由避"邦"字諱可推斷爲前195年左右；底本編作時間則更早。自1976年整理出版以來，歷經40餘年，出現了不少研究成果，對推進戰國史研究、古文字釋讀和早期古書認知等，起到了一定作用。然而，關於其書抄寫、材料來源、底本編作情況、書籍性質及價值等與成書相關的基本問題，學界較少綜合性研究，即使個別有所涉及，意見亦未及一致，這影響到對文獻的利用。此外，《戰國縱橫家書》的發現，向今人展示出在漢初流傳的類似文本所代表的戰國文獻的豐富度，它與同類題材作品如《戰國策》《史記》《燕丹子》之關係，亦有助於對這些作品的研究。

一、關於抄寫問題

關於此書與抄寫方面有關的情況，最新的編纂者有如下説明：

> 本帛書寬約23厘米，長約192厘米，文字共計325行。全書主要用三種書風明顯不同的筆迹抄寫（第一種筆迹從第1行抄到第235行第9字以前，第三種筆迹主要抄寫的是第27章；其餘部分用第二種筆迹抄寫），每行抄寫三四十字不等。帛書首尾基本完整，最後留有餘帛。

---

* 本文係教育部人文社科基金項目"《燕丹子》研究"（11YJA751086）階段性成果。

① 對於書名和篇章名，從帛書甫一整理發表至今，學界一直有不同意見，相關討論文章如諸祖耿：《關於馬王堆漢墓帛書類似〈戰國策〉部分的名稱問題》，《南京師範大學學報（社會科學版）》1978年第4期；裴登峰：《〈戰國縱橫家書〉〈戰國策〉文相關辭主問題考論》，《文獻》2013年第6期等。

> 原帛折叠狀態是對折三次,然後三折,叠爲二十四層,出土時已斷裂爲二十四片。……全書可分 27 章,章與章之間用小圓點隔開,不提行。27 章中見於《史記》《戰國策》著録的有 11 章,此外 16 章爲佚書。全書大致由三個部分彙集在一起。第一部分爲第一章至第十四章,除第十三章外,都和蘇秦直接有關,只有第五章見於《史記》和《戰國策》;第四章的一部分見於《戰國策》,但脱誤很多。第二部分爲第十五章至第十九章,應有另一個來源,其中僅第十七章不見於《戰國策》。這五章的每一章後都記有字數,最後還記有總字數。第三部分爲第二十至二十七章,其中第二十五、二十六和二十七章不見於傳世文獻。①

此處所言之"第 235 行第 9 字以前",依整理者所標注的每章所在行數來判斷,可定爲第二十二章以前。帛書有三位抄寫者,字體爲古隸,但風格不一,他們分別抄寫開頭 22 章、中間 4 章、最後 1 章。全書抄寫於連續性長帛,最後折叠成 24 層,可見以"篇"對應竹簡木牘、以"卷"對應縑帛的觀點難以成立,而在這個觀點基礎上所引申出來的以"篇""卷"爲簡策、帛書的計量單位詞的結論,也經不起推敲。全書所分三部分,并非由書風和内容而定,而是根據中間 5 章均於章末所記之字數以及 5 章之末所記之總字數來劃分,之前的 14 章爲第一部分,之後的 8 章爲第三部分,中間的 5 章則爲第二部分,總計 27 章。這三部分各有來源,是從 3 份不同的材料中抄録下來的。第一部分抄寫中出現錯簡,從這一情況來看,起碼第一部分的原本爲竹簡書。三號漢墓總計出土 20 多種帛書、計 12 萬多字數,屬於諸侯王一級的大墓,墓葬主人軑侯利倉的經濟實力和學術愛好可見一斑。

古籍的抄寫,影響到古籍成書問題,余嘉錫先生《古書通例》總結了一些原則性意見,很有價值,但缺少從古人抄寫層面論及對古書的影響。② 故此,不妨以此論議古籍的抄寫現象。爲使行文流暢,下面以"帛書"指稱《戰國縱橫家書》。

(一) 文字方面,因抄寫不當而出現的問題有三种

1. 文字增多,表現爲多字、衍字、重出。例如:

第十一章:"臣已好處於齊,齊王終臣之身不謀燕燕。"③誤多一"燕"字;

第十二章:"臣以爲不利於足不下。"誤多一"不"字;

---

① 裘錫圭主編,湖南省博物館、復旦大學出土文獻與古文字研究中心編纂:《長沙馬王堆漢墓簡帛集成》(第三册),北京:中華書局,2014 年,第 201 頁。
② 余先生只在《緒論》中談及"古書皆不免闕佚"時提過一句:"蓋傳寫之際,鈔胥畏其煩難,則意爲删并;校刻之時,手民恣其顓頇,則妄爲刊落。"見余嘉錫撰:《古書通例》,上海:上海古籍出版社,1985 年,第 5 頁。
③ 馬王堆漢墓帛書整理小組編:《馬王堆漢墓帛書 戰國縱橫家書》,北京:文物出版社,1976 年,第 35 頁。因引文較多,下面引述該書之例,不再一一出注。

第十二章："攻秦，寡人之上計，講，最寡人之太下也。""最"字疑因與"寡"字形近而衍；

第二十四章："夫輕絕强秦而强〔信〕楚之謀臣，王必悔之。"後之"强"字當是誤衍，抄寫者出現誤衍的心理與前一"强"字有關係，正字應爲"信"；

第二十四章："是我困秦、韓之兵，免楚國楚國之患也。""楚國"，誤重出；

第二十六章："臣請爲將軍言秦之可可破之理，願將軍察聽之〔也〕。""可"，誤重出。

2. 文字缺少，表現爲脱字、缺字。例如：

第十二章："今王棄三晉而收秦、返齎也。"根據之前的文意，後半句前疑脱"棄彗而"三字；

第十五章："今又走孟卯，入北宅，此非敢梁也。""敢"字下疑缺"攻"字。

3. 文字錯誤，表現爲錯字、誤倒。例如：

第十二章："韋非以梁王之命，欲以平陵貤薛，以陶封君。""陵"爲錯字，正字應爲"陸"。平陸在宋地，與薛公封地相近，符合文意。"陵"字與"陸"字，古書多亂；

第十四章："夏后堅欲爲先薛公得平陵，願王之勿聽也。"除了"陵"應爲"陸"之外，"爲先"倆字疑誤倒，應作"先爲"；

第十七章："一死生於趙，毁齊，不敢怨魏。""毁齊"兩字疑誤倒，應作"齊毁"。

以上文字方面的錯誤主要出現在 7 章之中；前 10 章、中間第十八至二十三章計 6 章，整體無錯。

(二) 句子方面，出現脱落現象，判斷標準爲《戰國策》《史記》之文

第二十章："夫以宋加之淮北，强萬乘之國也，而齊兼之，是益齊也。"在"夫以宋"之前疑有脱落，《戰國策・燕策一》多 80 餘字，《史記・蘇秦列傳》多 50 餘字。

第二十一章："臣聞甘露降，時雨至，禾穀豐盈，衆人喜之，賢君惡之。""臣聞"下疑有脱落，《戰國策・趙策一》和《史記・趙世家》并多 30 餘字。

第二十一章："恐天下之疑己，故出質以爲信。"此句前後疑有脱落，《戰國策・趙策一》和《史記・趙世家》或前或後都有征兵於韓事。

第二十三章："乃謂魏王曰。"此下疑有脱略，《戰國策》中《楚策四》《韓策一》均有相同内容。

第二十四章："因興師言救韓，此必陳軫之謀也。"此下疑有脱略，《戰國策・韓策一》《史記・韓世家》并多 16 字（文字上有微細差異）。

句子脱落現象，既可能出自抄寫時的無意脱簡，也可能來自編簡時的删落。如果是後一方面的原因，則是由編作者造成的而不是抄寫者的責任。爲此，以上所舉 5 例，已排除了兩種情况：一是有明顯脱落但核以章末所記字數無差者；二是《戰國策》《史記》文有一顯

示爲脱落而另一與帛文相同者。事實上，如果附上被排除了的這兩種情况，帛書的脱落更爲嚴重。

（三）涉及句子和篇章方面，出現錯簡現象

出現在第十一、十二章，唐蘭先生介紹説："第 98 行'而功'下脱 96 字，前 49 字誤入 95 行'惡燕者'下，後 47 字誤入 101 行'寡人'下。説明原本寫在竹簡上，每簡約 23 至 25 字。後來編簡的繩子斷了，有四條錯簡，兩簡誤在前，兩簡誤在後，編此書的人没有發現，照抄下來了。"①核以全書，由於錯簡而形成的抄寫錯誤，唯此四簡。

從上述三個方面可以看出，抄寫影響到古書的品質和面貌，也影響到後人的釋讀。成書年代越早的古籍，其傳寫時間也越久，出現錯誤的概率也越高，給判斷古書關係、鑒別古書真僞帶來不少困惑。甚至，抄寫者遇到看不懂或難理解的古字而徑以别字來替代，如此，若簡單地從文字史或辭彙史的角度來認定古書的成書年代，則容易發生錯誤。

二、關於底本編作問題

《戰國縱橫家書》的底本是獨立的三本書，儘管它們内容互有聯繫。因此，討論它們的編作問題，有可能只是涉及這三本書中的某一、二本而并非全部。如果能涉及全部三本書，則是幸運。之所以用"編作"而不是其他的用語，是想涵蓋"創作"和"編纂"這兩個方面。因爲從具體篇章來看，這兩個方面的因素都存在，難以區分。此外，在此討論的現象或問題，有可能并非針對《戰國縱橫家書》的直接底本，而會涉及其祖本。

從帛書現有的面貌裏，存在着幾點與底本編作有關係的現象：

（一）編作者對源材料有過編纂處理，表現在脱簡上

第十九章："誠爲鄭世世無患。"按《戰國策·秦策》文，"誠"字下疑脱一簡，19 字。從章末所記字數來看，抄寫時底本已脱漏了，是爲編作者之因。

在這裏，不是一味地認定《戰國策·秦策》無錯，更直接的理由在於帛書該句子不通。至於該篇甚至這一部分——也就是三本書中的第二本書——與《戰國策》之間的關係，下面再議。這條脱簡，至少説明了這第二本書的編作者主要的身份是編纂者而不是創作者，他所依據的源材料接近於"戰國策"材料，儘管有可能不是在宫廷秘藏中而是散在内廷之外。

---

① 唐蘭：《司馬遷所没有見過的珍貴史料——長沙馬王堆帛書〈戰國縱橫家書〉》，見《馬王堆漢墓帛書 戰國縱橫家書》，第 124 頁。

(二) 年份和地點的記載不很準確,編作者的身份可能不是出於諸侯史官

第八章:"薛公相齊也,伐楚九歲。"這裏的"九",疑爲"五"。《戰國策·燕策一》"蘇秦死"章,記齊攻楚只有5年;《史記·楚世家》記齊、韓、魏三國共同伐楚的時間是自前303年開始的5年。這兩條材料可證帛書之誤。

至於地點記載方面的錯誤,前面所例舉的第十二、十四章的"平陵"應爲"平陸"的現象,出錯方既有可能是抄寫者也有可能是編作者,如果仔細推敲,兩個錯誤雷同,則很有可能是底本的問題,即編作者的問題。

這三個錯誤集中在第八、十二、十四章,在第一本書裏面。所謂"編作者的身份可能不是出於諸侯史官",主要指的是第一本書的編作者。

(三) 編作帛書的意圖,這流露在三個篇章的篇末語中

第十八章:"子義聞之曰:'人主子也,骨肉之親也,猶不能持無功之尊,不勞之奉,而守金玉之重也,然況人臣乎。'"

這是篇末垂誡的格式,多出現於諸子論議文之中,見出此章并非寫史,而是借史料來說理,屬於先秦"教""論"之類的文體。這裏的議論者"子義"不必實有其人,可能是趙之賢人,也不妨是天下賢人的代稱。《戰國策》《史記》也保留了這一篇末語,顯出與此章在史料上的同源性。《史記》將此事繫於趙孝成王元年(前265年),只是針對觸龍見趙太后這一事件而言,其實文章的編寫之年當遠在此事廣爲傳播之後。

第二十四章:"故韓氏之兵非弱也,其民非愚蒙也,兵爲秦擒,智爲楚笑者,過聽於陳軫,失計韓倗,故曰:'計聽知順逆,雖王可。'"

這篇末評語由兩部分組成:一是直接對篇章所記之事的總結和提煉;二是以"故曰"提起的一句當時的諺語或成語,將此故事意義推到更大範圍,進一步提升其價值。與該章之編作有着幾乎相同史料來源的《戰國策》和《史記》,在編校和編纂之時作了不同的處理。《韓策一》保留了"故曰"之前的總結語,鑒於劉向編《戰國策》時對文本內容基本不作編輯處理而保留原本,因此,有可能帛書的編作時間要遲於"戰國策"材料被收集進漢代內廷的時間。《韓世家》不載全部評語,太史公可能見出這種"講故事、提教訓"的議論文體式明顯與史傳體式相違礙,故在編纂之時,截去了這兩部分評語。

第二十七章:"若由是觀之,楚國之口雖□□,其實未必。故□□應。且曾聞其音以知其心。夫顙然見於左耳,麛皮已計之矣。"

該章的麛皮之對,發生在前354年,較之《戰國縱橫家書》各章所述事件之時間,當屬最早。然而,由此篇末評語觀之,其編作年代應較晚;篇章的性質,也由此反映出非爲寫史而爲論議。

以上三例，流露出編作者的意圖和旨趣在於從歷史背景、事件設置和策士應對中總結出勝敗得失的道理。即便在沒有明顯地安排"外掛式"篇末評語的其他篇章中，勝敗得失的態勢以及策士的言對價值，也灼然可見。如果將這種編作模式推及到現在，則屬於一種典型的案例教學的製作方法。它們固然含有若干真實的歷史成分，但其史料價值勢必受到這種文體體式和編作旨趣的限制。鑒於所舉三例分別在帛書的第二、三部分，因此，可以說作爲《戰國縱橫家書》底本的第二、三本書非爲歷史書。如果再聯繫到前面所講的對源材料做過編纂處理、所記年份和地點不很準確等現象，那麼，上述結論不僅可以被進一步予以強化，還可以推及到包括第一本書在内的《戰國縱橫家書》全部底本。

（四）編作帛書的大致時代，可從第二十六章見出

學界一般認爲，帛書中記事較晚的爲第二十五、二十六章。第二十五章所記呂不韋、蒙驁、王齮及其文内之事，當在前 235 年，距離秦統一還有 15 年。第二十六章所記秦拔鄢陵、進攻大梁城之事，參考《史記·魏世家》"（王假）三年，秦灌大梁，虜王假，遂滅魏以爲郡縣"，①約在魏王假三年（前 225 年）之前。如此，若按篇章主要歷史事件發生時間來計，則第二十六章爲最晚。如將上面第三點的因素考慮在内，那麼編作年代當會更遲。然而，這一"更遲"的概念，當大致定於何時呢？暫以第二十六章爲例，作一大致推測。

此章展開方式是某一謀士游說魏將和魏王，主要内容是謀士所提出的面對秦軍的進攻魏王應離開首都大梁城而出居東邊的單父城，如此，不但可以救魏甚且可以寄希望於齊、楚之軍合攻秦軍，從而"可以轉禍爲福矣"。謀士從正面和負面反復演義的中心點即在於篇中所言之"梁王出梁"，這其實是在"秦灌大梁"、魏國被滅之後所設想出來的避免亡國的虛擬對策，很有可能出於魏人後代在被滅國之後的沉痛反思和對魏王的緬念，"二十二年，王賁攻魏，引河溝灌大梁，大梁城壞，其王請降，盡取其地"。② 如果再稽以六國滅後縱橫之術再度復興的歷史時代，那麼，此篇的編作年代或可推遲到楚漢爭霸結束之後。

其實，此篇編作者的緬懷對象除了魏王之外，還應包括信陵君。對史家所概括的"秦灌大梁"這一歷史悲劇，信陵君無忌在對魏王的陳言中早就作了預警："夫韓亡之後，兵出之日，非魏無攻已。秦固有懷、茅、邢丘，城垝津以臨河内，河内共、汲必危；有鄭地，得垣雍，決熒澤水灌大梁，大梁必亡。"③對於這一"水可以亡人之國"的道理，當時魏王并沒有吸納和重視。只有在事件過去、教訓變得極其慘痛之後，後人纔銘心刻骨地回想起它。時隔多年的太史公走訪故墟大梁，還能聽到魏國後人的叙說："吾適故大梁之墟，墟中人曰：

---

① 司馬遷撰，裴駰集解，司馬貞索隱，張守節正義：《史記》卷四四《魏世家》，北京：中華書局，1963 年，第 1864 頁。
② 《史記》卷六《秦始皇本紀》，第 234 頁。
③ 《史記》卷四四《魏世家》，第 1858 頁。

'秦之破梁,引河溝而灌大梁,三月城壞,王請降,遂滅魏。'説者皆曰魏以不用信陵君故,國削弱至於亡。"①太史公時代,遠在楚漢争霸結束之際。帛書中的該篇,編作者當出於三種複雜的心理:一是緬懷故國、魏王和信陵君;二是在虛擬中展現信陵君之策的神威;三是以信陵君作爲一代策士的典範,在其軀體中吹進隔代魏人對於縱横之士的無盡嚮往。篇中不具名的謀士,如信陵君之隔代復現,拯其"以毁廢,乃謝病不朝"②之命運於國勢危急之際。

楚漢戰事結束之際,借分析漢朝之建立進而延伸到以探討秦起、秦興、秦亡爲主題的歷史回顧思潮,啓動了天下士人的政治熱情和文化情懷。這種思潮一直延續到太史公編纂《史記》的漢武年間。在這過程中,出現了許多彪炳於史的政論作品,也涌現出數量更多的春秋戰國故事。這裏的《戰國縱橫家書》爲此類作品,劉向所編校的《戰國策》和被吸收進《史記》的"戰國之權變"資料也近似於此類作品,這同樣也包括《燕丹子》。

值得一提的是,帛書第一部分、第十六章"朱己謂魏王章"所記正是信陵君預警"決熒澤,大梁必亡"的部分,這成爲《戰國策·魏策三》《史記·魏世家》的底本和史料,也與帛書第二十六章遥相呼應。儘管這兩章在帛書中分屬於來自兩個不同的底本即第二和第三本書,但有理由相信,這兩章的編作年代或均在楚漢戰争之後。由此,帛書底本的編作之年或在前 202 年左右,距離抄寫之年(前 195 左右)、埋葬之年(前 168),時隔實不遠矣。

三、與《戰國策》《史記》之關係

帛書有 10 章見於《戰國策》、8 章見於《史記》,除去重複,共著録 11 章。這 11 章見於帛書三個部分,第二部分著録爲多,但第十七章不見於兩書。這説明如果認定帛書來源於三本不同的書,那麽,没有任何一本書被漢代皇家和中央政府機關書庫所收藏,除非太史公捨棄了類似帛書第十七章的内容,而劉向除了"複重"材料之外不可能做捨棄處理,很明顯這第十七章不在"複重"之列。可以進一步説,帛書所源自之三本書,絶非祖本而同樣是傳抄本,傳抄本所載之内容,作爲單篇别行的材料或某本書中的一部分,散於各處,并被各種官方機構和民間所收藏。古書不題撰人和書名,因此有關帛書的底本的情況我們所知甚少,它們中的一部分則被著録進《戰國策》和《史記》。

延續着前面最後一部分的内容,有些未盡之語其實與本論題相關,即《戰國縱横家書》

---

① 《史記》卷四四《魏世家》,第 1864 頁。
② 《史記》卷七七《魏公子列傳》,第 2384 頁。

來源書之流傳情況,這是構成它們與《戰國策》《史記》關係的基礎。約而言之,有三種方式或渠道:

第一種是民間編作和流傳。第二十六章與第十六章的内容,就信陵君"預警"大梁城被灌、魏國將滅的核心内容來看,實際上來自於同一種題材,是有着緊密聯繫的,不妨將它們視作爲出自於同一個編作者。第十六章不僅見於《戰國策》,而且被太史公糅進《魏世家》;相比之下,第二十六章内容因太過於虛擬故而未被兩書著録,甚至它没有被官方收藏,否則劉向是很有可能將此編進《戰國策》的。以上説法,是假定這兩篇作於民間并通過民間流傳。

第二種是官方保存并輾轉傳遞。如果將第十六章視作信陵君向魏王之上書,它作爲真實的史料而被魏國官方所收藏,魏滅之後被秦國再被漢朝收藏,并被作爲中、外書來對待。這種通過官方機構的代際收藏或遞次流轉,也不是没有可能。這方面可以舉證的是太史公編纂《魏世家》,存留着許多未及改削的痕迹,比如用"'我'四十三次、'來'五次",①這説明在編纂之時大量採用了韓國史官當初記載下來的類似於"韓史記"之類的史料。

第三種較爲複雜。若仍將此視作信陵君向魏王之上書,它作爲官方史料隨着魏國被滅而消失,但通過信陵君私下備份的形式或由門客追記而留存,後外傳直到被漢家收藏,最終被太史公和劉向所用。

解剖這兩章的三種流傳方式,是想説明帛書其他部分大致相同的流傳方式。通過這些流傳渠道,它們中的一部分被《戰國策》《史記》所著録,從而建立起與兩書的關係。下面所討論的内容,限定在帛書被著録的 11 章,主要情況有這樣幾類:

(一) 國名、地名、人名、數字等不一致

帛書第十六章"又不攻燕與齊矣","燕、齊甚卑",《戰國策》《史記》作"又不攻衛與齊矣""衛,齊甚畏"。顯然,兩書所據材料如此,不僅國名由"燕"變"衛",而且"卑"字也錯訛爲形近之"畏",蓋由傳抄致誤。國名不一致的情況,在第二十一章也出現,"齊"字在《戰國策》變爲"韓",但《史記》没變。可見,劉向所整理的中書材料與太史公所接觸到的材料,也不一樣。

帛書第五章"楚將不出沮、漳,秦將不出商於,齊不出吕隧",《戰國策》作"秦不出崤塞,齊不出營丘,楚不出疏、章",蓋由音近、形近致誤;帛書第十五章"北宅",《戰國策》作"北地",《史記》没變;帛書第十六章"涉縠""冥厄""茅""垝津""許""葉"等地名,《戰國策》《史記》均出現不一致的情況,甚而將地名作爲動詞來用。

---

① 趙生群:《〈史記〉取材於諸侯史記》,見趙生群著:《太史公書研究》,西安:陝西人民出版社,1994 年,第 154 頁。

帛書第五章,篇中對話雙方的人名被《戰國策》《史記》著録時,分别被作爲"蘇秦""蘇代"以及"燕易王""燕昭王"。帛書第十五章"孟卯",《戰國策》《史記》均作"芒卯";"子之",《史記》作"子良",《戰國策》没變;"暴子",《戰國策》作"犀子",《史記》没變。帛書第十六章"朱己",《戰國策》作"朱已",《史記》作"無忌",蓋由音近、形近致誤。作爲戰國四公子并被漢高祖所推重的信陵君之名,尚且寫法不一,更遑論其他人了。帛書第二十章"句淺",考古發現的越王劍即作"淺",可印證帛書之確,而《戰國策》作"勾踐",《史記》作"句踐"。傳抄者有可能將"淺"與"踐"視作異體字,帛書第二十三章"淺亂燕國",《戰國策》則作"践亂燕"。如此,"勾"與"句"則只能解釋爲形近而誤。

帛書第十五章"七仞之城",《戰國策》作"十仞之城",形近而誤,《史記》則没變。"七"與"十"的不一致,也出現在《戰國策》所編帛書第十六章的内容中。同樣在第十六章,"大縣數十,名部數百",《戰國策》作"大縣數百,名都數十",《史記》作"大縣數十,名都數百";"伐楚,道涉穀,行三千里而攻冥戹之塞",《戰國策》作"伐楚,道涉而穀行三十里,而攻危隘之塞",《史記》作"伐楚,道涉山谷,行三千里,而攻冥厄之塞"。

國名、地名、人名、數字等一般被認爲是古書中比較重要的表述内容,但是,依靠手寫的傳抄方式而形成的文本,同樣會在這些重要之處出現錯誤。上述這些錯誤,有一些或是在《戰國策》《史記》成書以後形成的,但更多的是在成書過程中產生的。導致這些不一致甚至錯誤的現象,與太史公、劉向所面對的材料有關。帛書也有類似於這些材料。

(二) 文字及一般表述方面的不一致

帛書第十五章,引《周書》"唯命不爲常",《戰國策》《史記》均作"唯命不於常",引用時文字有歧異;"勝甲"一詞,《戰國策》作"勝兵",《史記》則没有變化;"陶啓兩畿,近故宋"一句,《戰國策》作"陰啓兩機,近故宋",《史記》作"陶開兩道,幾近故宋",蓋因對"畿"義理解不一、"陶""陰"形近,造成句子錯訛,這裏既有字誤也有義誤。帛書第十六章"王之使者大過",《史記》作"王之使者出過",《戰國策》没有變化,可見太史公改字致誤;帛書第十八章"太后盛氣而胥之",《戰國策》作"太后盛氣而揖之",《史記》没有變化。帛書第十九章"陶爲廉監而莫之據",《戰國策》作"陶爲鄰恤,而莫之據也",分别由聲近、形近而生誤。帛書第二十一章"衆人喜之,賢君惡之",《史記》作"衆人善之,然而賢主圖之";"以秦爲憂趙而憎齊",《戰國策》作"以秦爲愛趙而憎韓",《史記》作"非愛趙而憎齊也",可能是兩書所據底本不一而致;"燕盡齊之河南"一句,《戰國策》作"燕盡韓之河南",《史記》作"燕盡齊之北地",或出於不同底本,衡以史實,當以《史記》所言爲是;"代馬、胡狗不東"一句,《戰國策》作"代馬、胡駒不東",《史記》作"代馬、胡犬不東下";"詳計某言"一語,《戰國策》作"卒計而重謀",疑爲傳抄致誤。帛書第二十二章"寡人弗能支",《史記》作"寡人弗能拔",形近而誤;"魏氏轉,韓氏從",《史記》作"魏氏轉,韓從秦",改動致誤。帛書第二十三章"所以言之",《戰國策》作"所以信之",形近而誤;"關甲於燕",《戰國策》作"鬥兵於燕",或因底本不一而致。帛書第二十四章"韓之德王也,必不爲逆以來",《戰國策》《史記》均作"韓必德王也,必不爲雁行以來",或因底本不一。

（三）少句子。這種情況有兩例

帛書第五章被《戰國策》中的《燕策一》"人有惡蘇秦於燕王者"，"蘇代謂燕昭王"以及《史記·蘇秦列傳》著錄。篇章中"今日願藉於王前"一句,各本均無。帛書第二十一章"昔者,楚久伐,中山亡"一句之後,《史記》尚有 40 多字,而帛書與《戰國策》均無,或因《史記》所據材料與帛書、《戰國策》不一。

（四）缺段落。帛書只以殘篇形式被收錄,且次序、文字也有出入

這主要體現在第四章,獻書者也由"臣秦"變爲"蘇代"。此篇被編在《戰國策·燕策二》中的帛書材料,明顯是被多次傳抄而流進內廷中的。傳抄過程便是原件逐漸散佚并被改變面貌的過程,內容只餘 37%。句子有缺漏,如:帛書"以孥自信,可;與言去燕之齊,可;甚者,與謀燕,可。期於成事而已"句,《燕策二》作"以女自信,可也。與之言曰:去燕之齊,可也。期於成事而已"。文字有錯訛,如:帛書"臣之所處者,重卵也"句,《燕策二》作"臣之所重處,重卵也"。劉向即使有造化之工,面對這樣的缺件,亦無回天之力,只是難爲了歷代注家和讀者。

此外,帛書第二十三章,《戰國策》中《楚策四》收錄帛書全篇,但人名、國名和句子有變化;《韓策一》則收錄帛書後半部分,佔帛書全篇的 30%,前面殘缺了,句子也有變。可見,與此篇內容相似或相同的傳抄本,被作爲中書收藏時,既有全篇也有殘篇,且被安置在不同名目的主題之下。因爲裏面句子等方面有不一致處,劉向難以甄別,故不作捨棄而一事兩錄。

上述例子,說明《戰國縱橫家書》的原本并非是《戰國策》《史記》所著錄的直接材料,但與原本相似的傳抄材料爲《戰國策》《史記》所著錄。這些材料有可能是以篇章集束、捆扎爲書的形式被官方收藏,也可能是以散亂單篇的形式。《戰國策》與《史記》在很多地方都顯示出相同而又不盡相同、相異而又不盡相異的同異互雜的情況,進一步印證它們之間不存在互爲"借鑒"成書的可能,而只能說明它們中的相近部分來源於那些出自同一祖本的不同傳抄本,而且也并不全然相同。帛書也是由這樣的傳抄本編集起來的,只不過其原本中的 16 章在那時可能已經散佚,只見於民間抄本而沒有被官方收藏。至於有專家認爲這

批帛書是爲太史公所"唾棄的材料",①未免言過其實,因爲哪怕是有關"臣秦"的篇章,出自於不同傳抄本的同類内容太史公也用了不少甚至還有原封不動予以照抄的,更何况,以"編校"中書爲目的并對原始文獻視之如命的劉向,没有理由"唾棄"這批材料,儘管有可能他所見到的材料形式與太史公不一樣。但是,幾乎相同的内容,即與《戰國縱横家書》的原本聯繫緊密的傳抄本,他們都先後看到并予以著録。

承續着戰國諸子的餘烈和楚漢相争的歷史動蕩,漢前期是一個言説騰涌的時代,再加上諸侯分封、復設博士制、廢挾書律、開獻書之路、書出壁中等,各種古書新作雜出於世。其時人才輩出,長安城活躍着一批論議天下、善説會寫的貴閣之臣,而在梁國、淮南國和長沙國等處,亦文事興盛、著作宏富。探討經術大端、秦政之失和帝國新制等,固然是學術世界的主流,但是文人墨客的豪興逸志、政治熱情和淑世情懷則每每叢聚在那個"王道既微"、游士借助於諸侯之力干預天下的戰國時代,從而演化出許多話題并塑造出衆多形象。後世所津津樂道的意在突出游士治政能力的"縱横之説",意在强調士子獨立品格的"禮賢下士説",意在構築霸道失天下之理的秦王形象,意在延續養賢傳統的"四公子"形象,意在表現反抗暴政的刺客和俠士形象,所有種種,漢初文人均傾注了大量心血。在真實的戰國歷史的基礎上,他們給我們營造了另一個"希望如此"的戰國世界,從而構成了後人世界觀中的戰國圖景。帛書所載材料,正出於這一時代,它所涵納的主題和所塑造的游説之士的形象烙印着時代的痕迹。它被官方收藏、被民間傳抄,正説明其與時代需求的契合度。與其相關材料的抄本,在武帝和成帝年間還被太史公、劉向諸人著録,并通過《戰國策》和《史記》,繼續向後代傳誦着戰國故事。

漢初到漢中期,文字方面由秦篆到隸書,其定型尚在逐漸演進之中,所謂"《蒼頡》多古字,俗師失其讀,宣帝時徵齊人能正讀者",②正道出了漢前、中期古書讀解困難的客觀情况。無論是古書還是新作,其傳播主要依靠抄寫。抄寫者的識字能力和文化水準,影響着這些作品的面貌,而且抄寫頻次越高,出現錯誤的可能性也就越大。如此,則傳世越久的作品,在印刷術没有被發明、書籍難以定型的漫長歷史時期中,不僅存在着佚失的多種可能,而且還隱藏着字句變異、段落缺失、内容變動的危險。帛書在漢初即已抄寫并沉土,它比《戰國策》《史記》所據材料較早地擺脱了可能進一步失真的命運。我們不僅可以據此發現并校正兩書之失,還可以通過帛書的存在,了解它們的成書情况。《戰國策》《史記》中許多相似或相同的篇章,正來源於帛書的各種傳抄異本。

---

① 安平秋、趙生群:《如何對待〈史記〉中的抵牾與疏略》,《重慶教育學院學報》2002年第4期。
② 班固撰,顔師古注:《漢書》卷三〇《藝文志》,北京:中華書局,1962年,第1721頁。

以戰國史料和故事爲題材,在那個時代有着衆多的傳抄本,帛書只是其中之一。它的出土,證明民間對於戰國題材作品的熱衷,暗示同類傳抄本的廣泛存在。《燕丹子》儘管没有見於帛書,但不能説没有被傳抄,因爲在反映戰國時事、表現時代性主題、塑造抗暴形象等方面,與《戰國縱横家書》所代表的同類傳抄本可屬同調。甚至,在語言風格和用詞方面,也比較接近,如帛書有"臣之德王,深於骨髓",①《燕丹子》則有"丹每念之,痛入骨髓"。② 更有意味的是,《戰國策》有類似的"吾每念,常痛於骨髓",③《史記》也有"每念之,常痛於骨髓"。④ 這些蛛絲馬迹,都在昭示一個迹象,即《燕丹子》與帛書之間、帛書與《戰國策》和《史記》之間,存在着很强的相關性。《戰國策》和《史記》儘管所據并不完全相同,但它們從與傳抄本相接近的材料來源裏,著録了相當多的同異互雜的記載,其中帛書裏的某些篇章,就被兩書幾乎一模一樣地著録了。"荆軻刺秦"事同見於《戰國策》《史記》,其材料來源很大程度上就是像帛書之類的傳抄本。

【作者簡介】葉崗,男,1965年生,浙江紹興人,紹興文理學院教授,主要從事中國傳統文化研究。

---

① 《馬王堆漢墓帛書 戰國縱横家書》,第11頁。
② 無名氏撰,程毅中點校:《燕丹子》,北京:中華書局,1985年,第4頁。
③ 何建章注釋:《戰國策注釋》,北京:中華書局,1990年,第1193頁。
④ 《史記》卷八六《刺客列傳》,第2532頁。

西漢後期儒生的任職與遷轉*

張凱寧

漢元帝以降,儒生群體活躍於西漢後期政壇之中,形成一種獨具特點的政治現象,被稱之爲"儒生政治"。① 儒生政治的前提條件是儒生仕進制度的發展。自漢武帝"罷黜百家,獨尊儒術"之後,西漢王朝所推行的一系列崇儒政策,使得儒生群體逐漸成爲西漢中後期政局中一支不可忽視的政治勢力,同時也對當時的政治文化產生重要影響。② 在這一研究過程中,儒生群體仕進無疑是重要一環。有關儒生仕進制度,學界往往是將其置於整個漢代官僚制度之中進行研究,側重於職官制度整體框架的變化。并且認爲儒生仕進是漢武帝時期選官制度改變的一個重要表現,尤其是察舉制度的確立。③ 而對以儒生視角觀察儒生仕進本身和仕進活動過程仍然可以作進一步探討。

西漢後期,隨着儒生入仕途徑的確立與發展,儒生群體在朝局之中居高位者多。正如清儒皮錫瑞在其《經學歷史》中言:"武帝始以公孫弘爲丞相封侯,天下學士靡然向風。元帝尤好儒生,韋、匡、貢、薛并致輔相。自後公卿職位,未有不從經術進者。"④ 從傳世文獻中,確實可以看到儒生群體活躍於西漢後期政局之中。一部分儒生通過各種途徑入仕,并在官僚體制中不斷地進行升遷,最終獲得中央政府的公卿高位。這部分儒生是整個儒生

---

* 本文係陝西省社會科學院 2021 年青年課題(21QN 09)階段性成果。

① 目前儒生群體與政治的關係研究十分豐富。較爲系統地介紹儒生群體與政治關係的著作有劉澤華主編:《士人與社會・秦漢魏晉南北朝卷》,天津:天津人民出版社,1992 年;于迎春著:《秦漢士史》,北京:北京大學出版社,2000 年。研究儒生與政治關係時,學者一般使用"儒生的政治參與""儒生政治化"等詞彙來敘述。使用"儒生政治"一詞的是蘇誠鑒:《論漢元帝的儒生政治》,《安徽師大學報》1987 年第 3 期,第 47—55 頁。他認爲自元帝全面實施儒生政治開始,西漢便走向衰亡。但并未對儒生政治這一概念作進一步説明。

② 這一方面的整體論述參見閻步克:《秦政、漢政與文史、儒生》,《歷史研究》1986 年第 3 期,第 143—159 頁;閻步克著:《士大夫政治演生史稿》,北京:北京大學出版社,2015 年;陳蘇鎮著:《〈春秋〉與"漢道":兩漢政治與政治文化研究》,北京:中華書局,2011 年。

③ 相關研究參見勞幹:《漢代察舉制度考》,見《"中研院"歷史語言研究所集刊論文類編・歷史編・秦漢卷》,北京:中華書局,2009 年,第 541—591 頁;黃留珠著:《秦漢仕進制度》,西安:西北大學出版社,1985 年;閻步克著:《察舉制度變遷史稿》,瀋陽:遼寧大學出版社,1991 年;卜憲群著:《秦漢官僚制度》,北京:社會科學文獻出版社,2002 年。

④ 皮錫瑞著,周予同注釋:《經學歷史》,北京:中華書局,1959 年,第 101 頁。

群體中的幸運者,當然也是少數者。同時,從尹灣漢墓簡牘《東海郡下轄長吏名籍》中,可以大致推測出大多數儒生的任職遷轉之路是十分漫長的,他們在整個官僚體制的序列中處於中下層,這需要分層次地看待儒生群體的任職與遷轉情況,并且需要以文吏群體作爲參照系,觀察儒生在任職遷轉過程中所具有的不同特點。

一、西漢後期儒生任職遷轉軌迹

儒生,即儒者,通常是指通習六藝者。《漢書·儒林傳》言:"古之儒者,博學乎六藝之文。"[1]儒生入仕,意味着儒生群體由"士"向"吏"的身份轉變,參與政治,成爲官僚體制中的一員。[2] 學界對於自武帝之後,儒生入仕途徑的多樣化與制度化的研究成果頗爲豐富。根據漢代選官途徑,可將西漢後期儒生入仕途徑分爲兩大類:一類是只適用於儒生特定身份的入仕途徑,包括察舉制中的"明經""賢良文學"科目、博士弟子射策。另一類是文吏、儒生皆適用的入仕途徑,包括察舉制中的"舉孝廉"科目、皇帝徵召與私人薦舉、辟除與任子制。[3] 儒生群體通過多種途徑進入官僚體制後,他們所擔任的官職與遷轉過程是本文將要討論的重點。

西漢後期儒生的任職升遷是一個動態性的過程。筆者通過對相關傳統文獻與出土文獻的梳理,可以觀察到儒生群體在這一時期官僚體制中擔任的具體職位,從而能夠更爲細緻地勾勒出儒生任職遷轉軌迹。

漢代仕進可以分爲兩個階段:仕爲屬吏與仕爲朝廷命官。[4] 少部分仕進者未曾擔任屬吏,而因爲特殊原因直接由民的身份被任命爲朝廷命官。但是大多數仕進者必須經歷成爲屬吏,進而通過各種升遷途徑成爲朝廷命官。這對於儒生群體而言,同樣也是如此。

首先,先看儒生仕爲朝廷命官這一階段,這部分儒生是儒生入仕群體中的幸運者。他們入仕後,直接被任命爲朝廷命官,其中較爲常見的是擔任博士官與郎官。

"博士"一詞,在戰國末至秦漢時期,逐漸成爲一種官職,即博士官。經歷了漢文帝時期設置諸子專書博士與儒家專經博士到武帝時期設置五經博士,儒家在此之後壟斷了博

---

[1] 班固撰,顏師古注:《漢書》卷八十八《儒林傳》,北京:中華書局,1962年,第3589頁。
[2] 許倬雲在討論漢代知識分子所擔任的角色類型時,依循政治性和學術性兩條綫索進行劃分。本文中所探討的儒生,是指具有儒學知識背景而入仕擔任官吏者。參見許倬雲著:《求古編》,北京:商務印書館,2014年,第375頁。
[3] 參見黃留珠《秦漢仕進制度》;張凱寧:《西漢後期儒生政治研究》,西安:西北大學碩士論文,2020年6月。
[4] 廖伯源著:《簡牘與制度》卷一《漢代仕進制度新考》,桂林:廣西師範大學出版社,2005年,第3頁。

士職位,同時兼具議政官、禮儀官、學官的多重身份。① 博士官,"秩比六百石,員多至數十人"。② 在西漢後期,一部分儒生入仕就是直接被徵召或者推舉爲博士。這其中有的儒生擔任博士,主要就是從事經學研究,之後有可能擔任帝師或者諸侯太傅等職。而有的儒生以博士官爲起點,開始了他的仕宦之路,從學官向職事官轉變。如貢禹在宣帝時期就"以明經潔行著聞,徵爲博士",③不久之後就直接擔任了涼州刺史。因病去官之後,"復舉賢良爲河南令"。④元帝即位後,又先後擔任了諫大夫、御史大夫,一躍成爲三公。這種任職遷轉的速度是令人驚嘆不已的。成哀時期的彭宣任職也是從博士官開始的,"治《易》,事張禹,舉爲博士"。⑤ 因爲張禹作爲帝師的關係,他向成帝推薦彭宣出任政事,後彭宣遷轉爲廷尉,最終在哀帝時期,擔任大司空,封長平侯。通過上述兩例,可以看到入仕成爲博士官,任職遷轉的起點是比較高的。

儒生直接仕爲朝廷命官,還有一種職位是比較普遍的,那就是成爲郎官。郎,是皇帝身邊的侍從官員。根據《漢書·百官公卿表》,可知郎官的最高長官是郎中令,在武帝太初元年(前104)更名爲光禄勳,九卿之一。郎中令往往由皇帝心腹擔任,極具重要性。郎官系統包括大夫、郎、謁者、期門、羽林。⑥ 其中,儒生所擔任的職位主要是大夫與郎官中的議郎之職。大夫中又包含太中大夫、中大夫(光禄大夫)、諫大夫,這些職位與議郎的主要職能是負責掌故應對、代表皇帝出使等。其中需要注意的是,郎官往往被視爲入仕之通階,地方長吏多以郎官出補。他們由於在皇帝身邊,與皇帝關係較近,往往能夠在擔任郎官之後,出任中央公卿或地方長吏。例如京房在元帝初元四年"以孝廉爲郎",之後出任魏郡太守;博士弟子通過射策也可爲郎,然後進行遷轉,成爲地方長吏,最後又在中央擔任公卿之職;⑦成帝時期王崇則是通過"以父任爲郎",之後擔任刺史、郡守、御史大夫等職。

任職博士官與郎官之間是可以相互遷轉的。如孔光"經學尤明,年未二十,舉爲議郎;光禄勳匡衡舉光方正,爲諫大夫;成帝初即位,舉爲博士"。

一部分儒生在中央入仕時最初多擔任博士官與郎官,然後通過舉薦或者皇帝的賞識而出任中央公卿與地方長吏。而大多數儒生入仕之初擔任中央公卿府或地方郡縣的屬

---

① 有關博士制度的演變與發展參見張漢東:《論秦漢博士制度》,收録在安作璋、熊鐵基著:《秦漢官制史稿(上册)》,濟南:齊魯書社,1984年,第409—491頁。
② 《漢書》卷十九上《百官公卿表》,第726頁。
③④ 《漢書》卷七十二《貢禹傳》,第3069頁。
⑤ 《漢書》卷七十一《彭宣傳》,第3051頁。
⑥ 具體參見嚴耕望:《秦漢郎吏制度考》,見"中研院"歷史語言研究所集刊論文類編·歷史編·秦漢卷》,第699—753頁;成祖明:《郎官制度與漢代儒學》,《史學集刊》2009年第3期,第35頁。
⑦ 博士弟子射策是儒生成爲官吏的重要途徑。射策的主要內容是:"一歲皆輒課,能通一藝以上,補文學掌故缺;其高第可以爲郎中,太常籍奏。"見《漢書》卷八十八《儒林傳》,第3594頁。

吏,從屬吏向朝廷命官遷轉晉升。

在傳世文獻中,可以發現很多最終在中央任職公卿高位的儒生都具有擔任屬吏的經歷。

表一　仕爲屬吏向朝廷命官遷轉表

姓名	屬吏經歷	屬吏轉爲朝廷命官	任職時間	史料出處
薛廣德	蕭望之爲御史大夫,除廣德爲屬。	(蕭望之)薦廣德經行宜充本朝。爲博士,論石渠,遷諫大夫。	元帝	《漢書》卷七十一《薛廣德傳》
諸葛豐	以明經爲郡文學,名特立剛直。貢禹爲御史大夫,除豐爲屬。	(貢禹)舉待御史。	元帝	《漢書》卷七十七《諸葛豐傳》
孫寶	以明經爲郡吏;御史大夫張忠辟寶爲屬。	(張忠)上書薦寶明經質道,宜備近臣。爲議郎,遷諫大夫。	成帝、哀帝、平帝	《漢書》卷七十七《孫寶傳》
平當	少爲大行治禮丞,功次補大鴻臚文學。	察廉爲順陽令,栒邑令。	元帝、成帝、哀帝	《漢書》卷七十一《平當傳》
翟方進	方進年十二三,失父孤學,給事太守府爲小史。	以射策甲科爲郎。二三歲,舉明經,遷議郎。	元帝、成帝	《漢書》卷八十四《翟方進傳》
谷永	永少爲長安小史,後博學經書。建昭中,御史大夫繁延壽聞其有茂材,除補屬。	(繁延壽)舉爲太常丞。	元帝、成帝	《漢書》卷八十五《谷永傳》
李尋	丞相翟方進除尋爲吏。	(哀帝)召尋待詔黃門。	成帝、哀帝	《漢書》卷七十五《李尋傳》
鄭崇	崇少爲郡文學史,至丞相大車屬。	(傅喜)薦崇,哀帝擢爲尚書僕射。	哀帝	《漢書》卷七十七《鄭崇傳》

根據上表,儒生成爲屬吏的途徑主要是辟除。辟除是高級官員任用屬吏的一種制度,分爲公府辟除與州郡辟除。① 公府辟除是三公九卿、大將軍等中央高級官員自辟掾屬。儒生成爲公卿屬吏後進入中央官署,經過試用,則有可能會被公卿舉薦出任中央官或外出地方郡縣擔任長吏。這種遷轉較快,一旦被公卿舉薦,儒生會一躍成爲朝廷命官,這裏的主動權掌握在公卿手中。

地方郡縣長吏也可以進行辟除,儒生在郡縣中所擔任的職務一般是郡文學、小史等學官,這與武帝時期設置太學與郡國學校有關。從簡牘中可以根據職位判斷官吏的儒生身份。

---

① 關於辟除制參見安作璋、熊鐵基著:《秦漢官制史稿(下册)》第三編第一章《選官制度》,濟南:齊魯書社,1984年,第 326 頁;《秦漢仕進制度》,第 200 頁。

尹灣六號漢墓出土的 3 號、4 號木牘，記載了成帝時期關於東海郡所轄縣、邑、侯國、都官的長吏名籍(《東海郡下轄長吏名籍》)。① 在簡文中根據職位能肯定任職者是儒生身份的主要是郡太守文學與郡太守文學卒史。擔任過郡太守文學 1 人、郡太守文學卒史 9 人。摘錄兩條如下：

> 朐邑左尉，楚國甾丘田章始，故東郡太守文學，以廉遷。(三正)②
> 曲陽丞，沛郡(相)朱博，故東郡太守文學卒史，以功遷。(三反)③

根據以上兩條簡文。可以看到，《東海郡下轄長吏名籍》的基本格式是現任職位＋籍貫＋姓名＋原來擔任職位＋遷轉原因。田章始與朱博分別擔任過郡太守文學與郡太守文學卒史。郡太守文學是郡國學校的吏員。同時《漢書·儒林傳》言："(元帝時)郡國置五經百石卒史"④與簡文中郡太守文學卒史相對照。二者分別通過"以廉遷""以功遷"成爲朐邑縣左尉與曲陽縣丞。根據《漢書·百官公卿表》"(縣)皆有丞、尉，秩四百石至二百石，是爲長吏"，⑤田章始與朱博完成了從郡縣屬吏向朝廷命官的轉變。

儒生群體在地方郡縣官府中除了擔任特定學官吏員外，也可以擔任其他屬吏職位，如張敞、鮑宣入仕之初都曾擔任過縣鄉嗇夫，之後又分別擔任太守卒史、都尉太守功曹。

西漢後期儒生任職遷轉軌跡表明，儒生入仕逐漸突破了自秦及漢初以來擔任學官等特定職位的慣例，而向職事官轉變。在這一時期，儒生群體入仕後的任職遷轉途徑包括：一是因爲自身在經學上的成就，使其直接被任命爲朝廷命官，大多最先擔任的職位爲博士官或郎官；二是因爲辟除制度成爲中央或州郡長官的屬吏，然後再向朝廷命官轉變。需要說明的是，無論是直接入仕爲朝廷命官或從屬吏向朝廷命官轉變的儒生，他們都是儒生群體中的佼佼者與幸運者。對於大多數儒生而言，所擔任的職位可能更多的還是郡縣屬吏。這就意味着，儒生與文吏在郡縣屬吏的位置上存在競爭。

二、西漢後期儒生任職遷轉原則與特點

通過對儒生群體入仕後擔任職位與遷轉過程的觀察，可以將儒生入仕群體以官僚

---

① 連雲港市博物館等編：《尹灣漢墓簡牘》，北京：中華書局，1997 年。
② 《尹灣漢墓簡牘》，第 86 頁。
③ 《尹灣漢墓簡牘》，第 89 頁。
④ 《漢書》卷八十八《儒林傳》，第 3596 頁。
⑤ 《漢書》卷十九上《百官公卿表》，第 742 頁。

體制序列分爲兩類:一爲直接擔任中央官府公卿或中央屬吏的儒生們;二爲擔任郡縣屬吏的儒生們。前者佔整個群體的少數,處於漢王朝官僚體制的上層,而後者佔大多數,處於中下層。後者中的一部分儒生也有從郡縣屬吏向郡縣長吏,再向中央公卿遷轉的機會與可能。那麼,入仕後的儒生群體在官僚體制不同層級中地任職遷轉原則是什麼?

擔任中央官府公卿或中央屬吏的儒生任職遷轉原則是"明經學"與"通政事",主要依據皇帝徵召與察舉制度。①

西漢後期,元、成、哀三帝皆好儒,他們本身接受了良好的儒術教育。儒生因"明經學"得到皇帝賞識而直接被任命爲朝廷命官,最初所擔任的職位一般爲博士官或郎官。儒生也可以依據"明經學"擔任中央公卿屬吏。根據衛宏《漢官舊儀》記載:

> 故令丞相設四科之辟,以博選異德名士,稱才量能,不宜者還故官。第一科曰德行高妙,志節清白。二科曰學通行修,經中博士。三科曰明曉法令,足以決疑,能案章覆問,文中御史。四科曰剛毅多略,遭事不惑,明足以照奸,勇足以決斷,才任三輔令。皆試以能,信然後官之。第一科補西曹南閤祭酒,二科補議曹,三科補四辭八奏,四科補賊決。②

"丞相四科"是西漢後期丞相府辟除屬吏的標準。其中第二科要求被選者"學通行修,經中博士"。然後可以補其爲議曹,成爲丞相屬吏。在之後的遷轉中,也可以因明經被舉薦爲博士或郎官。《漢書·薛廣德傳》:

> 薛廣德字長卿,沛郡相人也。以魯詩教授楚國,龔勝、舍師事焉。蕭望之爲御史大夫,除廣德爲屬,數與論議,器之,薦廣德經行宜充本朝。爲博士,論石渠,遷諫大夫,代貢禹爲長信少府、御史大夫。③

薛廣德因教授《魯詩》,而被蕭望之除爲屬吏。之後蕭望之"薦廣德經行宜充本朝",顏師古注曰:"經明行修,宜於本朝任職也。"薛廣德便是依據"明經學"被蕭望之舉薦成爲博士,之後又遷爲諫大夫,擔任長信少府、御史大夫等職。

---

① 察舉制度可作爲儒生入仕途徑,同時在其升遷過程中仍然發揮作用。
② 衛宏:《漢官舊儀》卷上,見孫星衍等輯,周天游點校:《漢官六種》,北京:中華書局,1990年,第37頁。
③ 《漢書》卷七十一《薛廣德傳》,第3047頁。

閻步克在《察舉制度變遷史稿》一書中，認爲"丞相四科"辟召府屬的標準與王朝選官的一般情況和總體標準實際是一致的，因而也逐漸影響到了察舉標準。① "明經學"是這類儒生任職遷轉的重要原則。同時，儒生與舉薦者的關係是否密切，決定着其能否通過察舉方式進行升遷。這是儒生遷轉過程中的非制度因素。如鄭崇"少爲郡文學史，至丞相大車屬。弟立與高武侯傅喜同門學，相友善。喜爲大司馬，薦崇，哀帝擢爲尚書僕射"，②因爲其弟與傅喜的關係，而被傅喜舉薦。

這類儒生在其後的遷轉過程中，主要是看其"通政事"的能力。成帝時期的博士三科，就是用專門的制度規定考核博士官，根據高第與否分配職位。《漢書·孔光傳》記載："（成帝）是時，博士選三科，高爲尚書，次爲刺史，其不通政事，以久次補諸侯太傅"。③高第評判的標準是"通政事"。儒生在擔任博士官後，如果需要向職事官遷轉，主要原則就是"通政事"的能力。"不通政事"而僅是"明經學"，只會擔任諸侯太傅等學官，而無法向職事官遷轉。

擔任郡縣屬吏的儒生任職遷轉原則與漢王朝官僚體制中官吏遷轉原則是一致的，即以功勞升遷。

《漢書·百官公卿表》記載："吏員自佐史至丞相，十二萬二百八十五人。"④這描述的是西漢後期官吏群體人數。龐大的官吏群體在官僚序列任職遷轉中不斷流動與變化，這其中官員升遷任用的主要方式是以功勞升遷。⑤ 尹灣漢簡《東海郡下轄長吏名籍》中東海郡下轄長吏一共145人，能夠討論觀察到任職原因的人員中，"以功遷"的人數所佔比例較大，是官員遷轉中最普遍與基礎的制度規定。⑥

關於儒生群體在任職遷轉中，應當大部分遵守"以功勞遷"的原則，尤其是擔任郡縣屬吏職位的儒生。梳理《東海郡下轄長吏名籍》中能夠確認儒生身份的職位，一共10條，其

---

① 《察舉制度變遷史稿》，第18頁。
② 《漢書》卷七十七《鄭崇傳》，第3254頁。
③ 《漢書》卷八十一《孔光傳》，第3353頁。
④ 《漢書》卷十九上《百官公卿表》，第743頁。
⑤ 相關研究參見朱紹侯：《西漢的功勞閥閱制度》，《史學月刊》，1984年第3期；蔣非非：《漢代功次制度初探》，《中國史研究》，1997年第1期，第62—72頁。
⑥ 李解民認爲可供討論任職原因人數有120人，其中以功遷者有74人，佔了61.7%，比例最大。廖伯源認爲名籍中所列諸長吏中有101條可以看到升遷原因。其中以功遷者42條、軍吏2條，佔有效總數的43.56%。雖然二者討論的樣本數不同，但是總體來看，以功遷是郡縣屬吏遷轉中最爲普遍的方式。參考李解民：《〈東海郡下轄長吏名籍〉研究》，見連雲港市博物館、中國文物研究所編：《尹灣漢墓簡牘綜述》，北京：科學出版社，1999年，第59頁；《簡牘與制度》卷一《漢代仕進制度新考》，第35頁。

中郡太守文學1人,郡太守文學卒史9人。① 他們經歷了從郡縣屬官向朝廷命官(縣長吏)的轉變。升遷原因中,"以功遷"8人,"以廉遷"2人。這表明儒生作爲郡縣屬吏,大部分也需要遵守基本的以功遷轉原則。

隨着官僚序列的下移,擔任郡縣屬吏的儒生群體,除了特定學官職位對"明經學"的要求。其他郡縣屬吏,如諸曹等職,對屬吏的明經與儒學知識背景要求并非主要判斷標準,更多的是對其行政技能的要求。這類儒生入仕後,與文吏群體存在着競爭關係。學者認爲文吏群體是隨着戰國時期列國之間的戰争并起,各國興起的變法運動使得一種更爲嚴密、層級分明的專制官僚制度得到發展,而形成的一批專門化的行政人員,構成官僚制度的主體。② 儒生群體因其不擅長行政技能,從而在某些職位的選擇上,與文吏相比不佔優勢。故西漢後期,揚雄曾經對郡縣辟除不任儒生的情況進行感嘆:

> 當今縣令不請士,郡守不迎師,群卿不揖客,將相不俯眉;言奇者見疑,行殊者得辟,是以欲談者宛舌而固聲,欲行者擬足而投迹。鄉使上世之士處呼今,策非甲科,行非孝廉,舉非方正,獨可抗疏,時道是非,高得待詔,下觸聞罷,又安得青紫?③

但是,從另一個角度出發,根據郡縣屬吏的職遷轉原則可以推測,這類儒生入仕後,若想要完成從屬吏向朝廷命官(長吏)的遷轉,就需要他們熟悉法律條文,提高自己處理具體行政事務的能力。這時,他們與"文吏"群體是一樣的,區分并不明顯。他們的儒學知識背景成爲一種額外附加條件,使得其比不明經的文吏群體有更多任職遷轉的可能與機會。《漢書·翟方進傳》記載:

> 翟方進字子威,汝南上蔡人也。家世微賤,至方進父翟公,好學,爲郡文學。方進

---

① 臧知非通過職位與升遷原因推斷官員的儒生身份,他認爲像曾任郡文學卒史、太守卒史、郎中、中郎等屬吏和孝廉、方正、秀才者肯定是儒生。根據牘文,認爲東海郡140餘名現任長吏中能推定爲儒生出身的至多一半。筆者認爲由於史料的不足,儒生身份的官員進入到官僚體制之中後,與文吏身份的官員在文獻記載中并不能十分確定。《漢書》中記錄的儒生身份官員,會很明顯的看到他的儒學背景。但是隨着職位的下移,傳世文獻的記載并不詳細,出土文獻中關於官員身份也不明顯。所以只能從其職位與入仕途徑的特殊性入手考察。像有些職位例如太守卒史、有些升遷途徑如"以孝、以廉遷"并不能直接表示官員是否爲儒生出身。"以秀才遷"也不太能够確定其儒生身份。根據衛宏《漢官舊儀》記載"刺史舉民有茂才,移民丞相,丞相考召,取明經一科,明律令一科,能治劇一科,各一人",可以看到秀才三科并非是以明經作爲唯一標準,從而也不能根據"以秀才遷"判斷其儒生身份。見衛宏:《漢官舊儀》卷上,收錄於《漢官六種》,第37頁;臧知非:《兩漢之際儒生價值取向探微》,《史學集刊》2003年第2期,第72—73頁。
② 《士大夫政治演生史稿》第六章《文吏政治與秦帝國的興亡》,第199—236頁。
③ 《漢書》卷八十七下《揚雄傳》,第3570頁。

年十二三,失父孤學,給事太守爲小史,號遲頓不及事,數爲掾史所詈辱。方進自傷,乃從汝南蔡父相問己能所宜。蔡父大奇其貌,謂曰:"小史有封侯骨,當以經術進,努力爲諸生學問。"方進既厭爲小史,聞蔡父言,心喜,因病歸家,辭其後母,欲西至京師受經。母憐其幼,隨之長安,織屨以給方進讀,經博士受《春秋》。積十餘年,經學明習,徒衆日廣,諸儒稱之。以射策甲科爲郎。二三歲,舉明經,遷議郎。①

翟方進在成帝時期擔任丞相,時人稱他"知能有餘,兼通文法吏事,以儒雅緣飾法律,號爲通明相"。② 他最初擔任郡文學、給事太守府小史。因爲被掾史詈罵,聽從汝南蔡父的建議"當以經術進"的建議,辭掉小史而前往長安學習經術。之後因博士弟子射策甲科擔任郎官,又因明經,遷議郎。從翟方進的入仕經歷,可以看到,儒生在擔任郡縣屬吏時,仍是需要像文吏一樣,熟悉日常的行政職能。這時的儒學知識背景并不是官吏遷轉的主要評判標準。翟方進通過十餘年經學的學習,因明經實現了自己任職遷轉的跳躍,成爲中央公卿。但這對於大多數擔任郡縣屬吏的儒生而言,通過明經改變自己的任職遷轉,實非易事。他們仍需遵循以功勞遷轉、提高自我行政技能的遷轉原則。③

官僚體制中處於不同層級的儒生群體,他們的任職遷轉特點也有不同。擔任中央公卿或中央官府屬吏的儒生,他們的任職遷轉起點高、機會大。察舉制也使得這部分儒生通過被中央公卿或州郡長吏推舉,順利地完成從屬吏向朝廷命官階段的轉變。侯旭東認爲,最晚至西漢末年,無論科目,察舉一次晋升的秩級要高於通常的以功次遷。正是因爲察舉較功次遷能夠更快地升至高位,從而佔據了金字塔式官員隊伍的上層,纔會出現元、成以後儒生出身的官吏把持朝政的局面。④ 在西漢後期,中央公卿具有儒學知識背景的官吏佔比較大。擔任郡縣屬吏的儒生,在職位上與文吏存在競爭關係,這對他們的行政能力提出要求,而他們的知識背景與身份特徵不能成爲遷轉的根據。郡縣屬吏中具有儒學知識背景的官吏佔比較少。

---

① 《漢書》卷八十四《翟方進傳》,第3411頁。
② 《漢書》卷八十四《翟方進傳》,第3421頁。
③ 于振波以翟方進的例子,表明受制於經濟條件和師資條件、時間與精力等因素,對於普通家庭而言,求學實爲不易。作者側重於對少吏中文吏群體的觀察,認爲在郡縣少吏隊伍中,文吏的比例大於儒生。并且少吏的考核與任用,所重視的是實際才幹而非儒學素養。以上觀點對本文有所啓發,筆者側重於儒生在擔任郡縣少吏時,由於考核任用的標準并非儒學,促使其在實際任職中,注重行政能力的提高,這與文吏是一樣的。參見于振波:《從尹灣漢簡看兩漢文吏》,《湖南大學學報(社會科學版)》2008年第3期,第32—37頁。
④ 侯旭東著:《寵:信—任型君臣關係與西漢歷史的展開》,北京:北京師範大學出版社,2018年,第176頁。

三、結　語

西漢後期,儒生身居高位者多。一方面由於經學興盛,儒家思想逐漸成爲漢王朝官方思想理論的基礎。另一方面,儒生仕進也是這一現象的重要原因與制度支持。從儒生群體任職遷轉軌迹來看,儒生在這一時期的任職遷轉已經突破了自秦及漢初擔任學官等特定職位的限制,向官僚體制中的職事官轉變。這不僅僅要求儒生"明經術",而且還要"通政事"。在官僚體制序列中,處於不同層級的儒生群體,他們任職遷轉的原則與特點并不相同。

傳世文獻中對於一部分儒生的入仕經歷記載是較爲詳細的。他們的儒學知識背景,是可以了解到的。對於擔任郡縣以下的大多數官吏,難以辨别其是否具有儒學背景與儒生身份。這導致并不能對郡縣儒生身份的官吏所佔據整個官僚體制的比例有具體的分析。從簡牘資料中,利用儒生特定的職位和升遷方式,可以斷定該名官吏的儒生身份。但擔任其他職位的官吏身份,也有是儒生的可能。

入仕爲吏,無論是儒生還是文吏,都是皇帝—官僚制度中的"吏"群體。隨着西漢後期對儒學推崇,具有儒學背景成爲官吏升遷的評判標準之一,但并非唯一標準。儒生在官僚體制中,尤其是中央官府中所佔比例越來越大。但是,對於大部分官吏而言,尤其是身處郡縣屬吏職位的儒生而言,評判升遷的標準還是以功勞爲主,要求他們必須盡快熟悉日常工作所需要的行政技能。這時儒學知識背景顯得并不是那麽重要。從這一角度來看,擔任郡縣屬吏的儒生與文吏之間的區分并不明顯。①

【作者簡介】張凱寧,男,1995 年生,山西運城人,歷史學碩士,現就職於陝西省社會科學院古籍整理研究所,主要從事文獻學和官制史研究。

---

① "文吏、儒生"問題與儒生仕進的關係密不可分。儒生進入到官僚體制之中,自然而然形成了一種新的官僚類型,與原有的文吏官僚群體間的區别、差異甚至競争、融合成爲研究"文吏、儒生"問題的基本範式。但是需要思考的是文本化區分有利於研究範式的成立,但是容易忽略現實的複雜性。雷戈在研究西漢中後期吏治生態時提出了良吏、酷吏、循吏三分法,認爲"儒生、文吏"二分法似乎不能覆蓋西漢後期"良吏"的含義。筆者認爲二分法主要是强調了文吏與儒生的入仕途徑與知識背景的不同而産生的行政風格與能力間的差異,但是從入爲吏、任職遷轉原則與特點的角度來看,二者的區分其實并不是很大。具體參見閻步克:《秦政、漢政與文吏、儒生》,《歷史研究》1986 年第 3 期,第 143—159 頁;《士大夫政治演生史稿》,1996 年;《秦漢官僚制度》,2002 年;雷戈:《三吏分治:西漢中後期吏治生態研究》,《史學月刊》2013 年第 9 期,第 5—21 頁。

韋虔晃的田園生活

杜 鎮

唐代俚語"城南韋杜,去天尺五"爲杜詩所化引,①即"鄉里衣冠不乏賢,杜陵韋曲未央前。爾家最近魁三象,時論同歸尺五天。……"一首,②由於具體指向不明,遂成一段公案。③杜詩中的"時論"論者及"尺五"説定型傳播過程中之接受者,在不同時代對該説或有不同理解。今人每每提及"去天"之論,大概是要表達"貴不可及"的引申涵義。對韋氏家族來説,不同房支存在的意義特别是相互影響的狀態,似爲史家所忽略,乃以籠統的"韋氏"代稱。"諸韋"背後所隱含的"同祖不同宗"事實與各房支距離權力中樞之遠近、因地位升降而致不同境遇,皆因此種籠統指代而被遮蔽。具體表現爲,無論在正史還是墓志文獻中,"諸韋"的互動難得一見(或曰對"諸韋"與"諸"韋的理解有别)。看似"壁壘森嚴"的不同房支對同一歷史時期共存的"他房"有何體認?本文藉助《韋虔晃(濟州長史)墓志》記載嘗試探討相關問題,涉及鎮國太平公主府的興廢、僚屬遷轉,韋虔晃悠游人生與投身韋氏譜牒文獻編纂整理工作等内容。

韋氏郿城公房後裔韋虔晃④的人生經歷并不傲人,官至濟州長史,出身方面繼承了曾祖韋元禮、祖韋(孝)恪、父韋(弘)挺一支餘緒,自隋至唐執州掌縣,家聲數代不輟。關於杜詩《贈韋七贊善》一首創作時間,研究者多繫於大曆五年(770)左右。考慮到俚語入詩前的傳播,⑤那麽出生於永徽四年(653)的韋虔晃,大概已經頭頂"城南韋杜,去天尺五"的時代祥雲。顯然在這般世家——官僚環境中出生成長,對虔晃意義重大。

---

① 程大昌撰,黄永年點校:《雍録》卷七"韋曲杜曲薛曲",北京:中華書局,2002年,第157頁。《類編長安志》卷八《數目故事》頗同,第270頁。中古長安韋杜所居川水,當以杜陵、少陵二原爲中心。
② 杜甫著,仇兆鰲注解:《杜詩詳注》卷二三《贈韋七贊善》,北京:中華書局,1997年,第2065頁。
③ 此處"具體指向"是指有别於"韋氏"而專指"韋氏何房何支何家何人"而言。見李浩:《釋"城南韋杜,去天尺五"——從杜甫〈贈韋七贊善〉談起》,《杜甫研究學刊》1984年4期,第57—60頁。
④ 陝西省考古研究院編:《陝西省考古研究院新入藏墓志》,上海:上海古籍出版社,2019年,第64、265—266頁。
⑤ 學者據韋杜二氏真正形成以長安城南爲"望"的過程與"去天尺五"説之關係"推斷本文('城南韋杜,去天尺五')非《三秦記》文",意即該説秦漢時或尚未流行,漢唐間當仍屬其"形成期"。見辛氏撰,劉慶柱輯注:《三秦記輯注·關中記輯注》,西安:三秦出版社,2006年,第104頁。

韋虔晃生活的時代需由本族一房一支的全部歷史積澱，結合時人認知共同形成。"城南韋杜，去天尺五"之説既是形成過程與結果，也是意識層面的整體反映。這種反映得以在他者角度予以體現，而韋氏後人"我者"也在文字的譜系層面有所響應。如遲至唐僖宗廣明二年（881）的"越國太夫人"韋媛《墓志》聲稱"……我外族與京兆杜氏俱世家於長安城南。諺有云'城南韋杜，去天尺五'，望之比也。所居别墅，一水西注，占者以爲多貴婿之象。其實姻妻之盛，他家不侔。……"①值得注意的是，撰書者楊漢公夫婦之子楊篆，由後人和外家雙重身份出發，援引了"城南韋杜，去天尺五"之説，對生母韋媛的家世進行了回顧。此種有意識的文獻運用，雖仍然不夠具體且難以凸顯典故的時代感，但對該説流傳接受提供了一個本朝的時間下限。大概在杜甫《贈韋七贊善》成詩後一百年，如不考慮有關家世記憶的模糊性，反倒能看出整個漢魏時期的"韋杜史"通過該諺俚被濃縮并集中投射到唐代，爲後世廣爲使用。

一、"尺五"説本意蠡測

　　"去天尺五"之説頗令人費解，具體的字面含義竟然無法與現實中的長安城（宮城、皇城、皇帝、天子）形勝相模擬。如地理類著述"語謂'城南韋杜，去天尺五'，以其迫近帝都也"，②就是以地域上的韋曲杜曲到宮城的距離而言。按隋唐尺最長不超過 30 厘米，③"尺五"當在 45 厘米左右，大致相當於普通人一步之距。如果這種聯繫是合理的，那麽也就意味着"去天尺五"意即"一步登天"，當然這裏的"天"應即上文所示以天子爲對象的借指。也就是説，"尺五"説必然藉助中間意象進行了加工，且爲特定時代特定尺制下的"一尺五寸"。

　　對"數""量"問題，尤以洪邁所論最有啓發："俗語謂錢一貫有畸曰千一、千二，米一石有畸曰石一、石二，長一丈有畸曰丈一、丈二之類。按，《考工記》：'殳長尋有四尺。'注云：'八尺曰尋，殳長丈二。'《史記·張儀傳》：'尺一之檄'，漢淮南王安書云'丈一之組'，《匈奴傳》'尺一牘'，《後漢》'尺一詔書'，唐'城南去天尺五'之類，然則亦有所本。"④

　　卒於麟德二年（665）的唐人吕才博學多藝，王珪、魏徵等人曾盛贊其："能爲尺十二枚，尺八長短不同，各應律管，無不諧韻。"⑤《新唐書》記同事曰："製尺八凡十二枚，長短不同，

---

① 陝西省古籍整理辦公室編：《全唐文補遺》第六輯，西安：三秦出版社，1999 年，第 199—200 頁。
② 《雍録》卷七"杜縣地名圖·説"，第 155 頁。
③ 王國維：《觀堂集林》卷一九《記現存歷代尺度》，北京：中華書局，1961 年，第 939—953 頁。矩齋：《古尺考》，《文物參考資料》1957 年 3 期，第 26—28 頁。
④ 洪邁著：《容齋隨筆》卷三《9. 俗語有所本》，上海：上海古籍出版社，1978 年，第 35 頁。
⑤ 劉昫等撰：《舊唐書》卷七九《吕才傳》，北京：中華書局，1975 年，第 2720 頁。

與律諧契。"①吕才其人精通樂律,継祖孝孫、王長通、白明達等人之後,爲太宗所重,多所製作。兩《唐書》所載"尺八",有實物多件仍存日本正倉院、法隆寺等地。② 吕才所製樂器,唐前或已有之。其"尺八"之名與"尺五"之説,是否存在關聯,以及"去天尺五"之意象具體如何反映,還有待對中古樂律制度等進一步發掘。

二、"諸韋"與他"韋"

"諸韋"的結構在認識上大致可由兩部分組成:1. 漢魏以來逐漸形成的由開枝散葉關鍵人物倒後一兩代而形成"房支進化律",由此規律支配形成隋唐前部分韋氏,比如平齊公房、閬公房、逍遥公房、鄖公房;2. 彭城公房、南皮公房、駙馬房、龍門公房、鄖城公房等"近代"衍生房支。不同房支間"階段性"特徵大於"關聯性"。

韋虔晃一生大概至少有兩次經歷韋氏其他房支的衝擊,第一次是駙馬房韋玄貞一支。武后廢黜中宗後,清算韋后一族,韋后生父韋玄貞首當其衝。無論是否因中宗"我讓國與玄貞豈不得,何爲惜侍中耶",還是"欲將天下與韋玄貞"③的欲加之罪,都將李武矛盾引向后族,進一步發展成爲韋武矛盾。玄貞被貶,妻、子俱被流放欽州,"玄貞配流欽州而死。后母崔氏,爲欽州首領寧承兄弟所殺。玄貞有四子,洵、浩、洞、泚,亦死於容州。后二妹,逃竄獲免,間行歸長安"。④ 其後中宗復位,韋后再爲皇后,先後追贈韋玄貞上洛郡王、鄭王、崔氏、四位弟弟皆行封贈,極盡哀榮。韋玄貞貶配、流死欽州在嗣聖元年(684),追贈上洛郡王在神龍二年(705)、鄭王在神龍三年(706),這個階段正是韋虔晃三十歲至五十二歲之間。

駙馬房遭遇韋后父系一支的族滅,雖因哀榮而獲得短暫的權力巔峰,實則折損了韋氏外戚勢力。而隨着中宗復位韋后再次干政,臨淄王太平公主集團成功合作,一舉誅滅韋氏,徹底肅清駙馬房勢力。⑤ 唐隆政變中被誅的"諸韋"大致包括韋后、安樂公主、韋温、宗楚客等核心人物以及"時詔諸府折衝兵五萬人分屯京城,列爲左右營,諸韋子侄分統

---

① 歐陽修、宋祁撰:《新唐書》卷一〇七《吕才傳》,北京:中華書局,1975年,第4062頁。
② [日]林謙三著:《東亞樂器考》,北京:音樂出版社,1962年,第501、502頁。傅湘仙:《中日尺八考》,《藝術探索》1994年1期,第55—64頁;傅湘仙:《中日尺八考(續)》,《藝術探索》1995年1期,第57—65頁。
③ 《舊唐書》卷八七《裴炎傳》,第2843、2844頁。
④ 《舊唐書》卷一八三《外戚・韋温傳》,第4743頁。
⑤ 董誥等編:《全唐文》卷九九《誅韋氏制》《大赦詔》,北京:中華書局,1983年,第1020、1021頁。

之",①即領左右屯營、羽林、飛騎、萬騎兵的韋濯、韋播、韋捷、韋璿等。② 由於韋虔晃曾有過一段太平公主府倉曹的履歷,直至府廢纔轉隸岐王、薛王,這後一次誅"諸韋"的經歷與感受想必更加直接。

事後郿城公房諸"韋"大概還能依稀記得駙馬房韋玄貞一支流配嶺南、客死異鄉、韋后集團覆滅等事件,并因此心有餘悸。郿城公房距政治鬥争旋渦較遠且本房支普遍職階不高,看上去似乎要比"尺五"距離遠得多,因而未受株連。從距離上看,韋虔晃離權力中樞最近的經歷應該就是擔任太平公主府倉曹參軍事了。

三、鎮國太平公主府之興廢

韋虔晃的官履之中,引人注目者爲"太平公主府倉曹"。神龍元年(705)中宗即位,太平公主因"預誅"二張有功,加號"鎮國太平公主",相王李旦則封"鎮國相王",開府,食封五千户。③ 神龍二年(706)正月公主府置,④"設官署,鎮國太平公主,儀比親王。……公主開府建寮,崇置法官,秩若親王,以女處男職……"⑤繼則天武后稱帝,李唐公主們突破了內外朝限制開府建牙,且爲官方承認。除太平公主置府外,還有長樂公主、安樂公主,區別在於不置長史,餘并同親王。宜城、新都、安定、金城等公主因非皇后親生,置員減半。其中金城公主因和親吐蕃,特宜置司馬。長樂、安樂以下皆無法與太平公主府之規模級別相比。雖然在景龍四年(710)六月公主府曾停置數天,⑥依舊"置邑司",大概形成三個級別的公主府之制:

表一　諸"公主府"開府表

公主府(號)	設置	級別	備注
鎮國太平公主府		秩比親王	
長樂、安樂公主府	不置長史	餘并同親王	
宜城、新都、定安、金城公主府	置員減半		金城府置司馬

上文所言公主府之罷停,正值中宗暴崩,韋后總政,太平公主與上官昭容立少帝李重

---

① 《舊唐書》卷七《中宗本紀》,第 150 頁。
② 《新唐書》卷七六《韋庶人傳》,第 3487 頁。
③ 《舊唐書》卷七《中宗本紀》,第 135、136 頁;卷一八三《太平公主傳》記載略同,第 4738 頁。
④ 《舊唐書》卷一八三《太平公主傳》,第 4739 頁。
⑤ 王溥撰:《唐會要》卷六《雜錄》,北京:中華書局,1955 年,第 69 頁。
⑥ 據《唐會要》"停公主府"是從景龍四年(710)六月二十二日至唐隆元年(710)六月二十六日。

茂之際。韋后勢力蠢蠢欲動"遵武后故事……(宗)楚客又密上書稱引圖讖,謂韋氏宜革唐命",①如安樂公主、韋温等皆預謀其中。太平公主與臨淄王李隆基發動所謂"唐隆政變",起兵誅韋后、安樂公主、宗楚客等,於唐隆元年(710)六月二十三日擁立睿宗即位。據《唐會要》載此前一天(六月二十二日)諸"公主府"已經罷置。安樂公主被殺後廢爲庶人,金城公主則於本年春正月已入吐蕃,②府除。太平公主竭力促成少帝讓位,六月二十六日敕曰:"公主置府,近有敕總停。其太平公主有崇保社稷功,其鎮國太平公主府,即宜依舊。"③可知此時除太平公主府外,其餘"公主府"皆已罷置。"太平公主府"的僚屬設置情況如何,以下將結合史傳與墓志文獻予以探討。

親歷"神龍政變""唐隆政變",誅武誅韋,太平公主在李唐宗室政局中影響力大增,除"實封萬户"及各類特權,史載"宰相七人,五出公主門"。④ 鎮國太平公主府自設置,史載其府屬有"典簽王師虔"。⑤ 墓志顯示除韋虚晃任"太平公主倉曹"外,支元亨(不詳)、袁仁、崔祖、劉庭訓、韓思等曾先後有過太平公主府僚屬之經歷:

支元亨:宣德郎行太平公主府典簽上騎都尉(題首)⑥

袁仁(字仁愛):"……唐十周出身。釋褐太平公主府邑丞,尋遷太僕寺典牧署令。……春秋五十七,以開元四年歲次景辰五月景子朔十四日己丑,終於立行里之私第。以二十七日壬寅,權殯於北邙山之高原,禮也。"⑦

崔祖(字同穎):"選授絳州翼城縣尉……轉□州唐昌縣丞。尋遷太平公主府東閤祭酒。無何,選補岐王府西閤祭酒、上柱國。……粤以開元七年七月十二日,率然遘疾,奄矣潛輝,終於洛陽毓德里之私第,春秋六十有四。"⑧

劉庭訓:由游擊將軍、龍興府折衝"轉太平公主府典軍……(其後)加忠武將軍,遷崇信、懷音二府長上折衝都尉。公前後八任,歷仕四朝,頗倦繁華,游心江漢。……以開元十六年八月十六日,終於揚府之旅亭,時年七十有二。……用十八年十月十六日

---

① 司馬光編著,胡三省音注:《資治通鑑》卷二〇九《唐紀二十五·睿宗景雲元年》,北京:中華書局,1956年,第6643頁。
② 《舊唐書》卷七《中宗本紀》,第149頁。
③ 杜佑撰,王文錦、王永興等點校:《通典》卷三一《職官十三·歷代王侯封爵》,北京:中華書局,1988年,第870頁。
④ 《舊唐書》卷一八三《太平公主傳》,第4739頁。
⑤ 《新唐書》卷五《玄宗本紀》,第121頁。
⑥ 陝西省考古研究院編:《長安高陽原新出土墓志》,文物出版社,2016年,第142、143頁。
⑦ 周紹良、趙超主編:《唐代墓志彙編》上"開元〇三九",上海:上海古籍出版社,1992年,第1181頁。徐松撰,李健超增訂:《最新增訂唐兩京城坊考》卷五"外郭城"知袁仁宅在東都"立行坊",西安:三秦出版社,2019年,第541頁。
⑧ 《唐代墓志彙編》上"開元〇八七",第1213—1214頁。

葬於邙山上東里。"①

韓思(字思盛):"解褐拜登州參軍。會闕不成,直太平公主府,後任邑司錄事,加柱國。……以開元十九年十一月十四日,春秋六十有五,卒於私第。……合葬於河南府北邙山……"②

按唐制,親王府府屬大致有從九品下至從三品 29 員,據鎮國太平公主府"儀比親王、秩若親王"情況來看,規模至少應涵蓋下表:

表二　親王府府屬大致構成

品級	員額	品秩
從三品	1	傅
從四品上	1	長史
從四品下	1	司馬
正五品上	1	咨議參軍
從五品下	1	友
正六品上	2	掾、屬
從六品上	4	主簿、記室參軍(2)、錄事參軍事
從七品上	2	東閤祭酒(1)、西閤祭酒(1)
正七品上	7	功曹、倉曹、户曹、兵曹、騎曹、法曹、士曹
正八品下	2	參軍事
從八品上	4	行參軍
從八品下	2	典簽
從九品下	1	錄事

而公主邑司還包括:令一人(從七品下),丞一人(從八品下),錄事一人(從九品下)。③比照唐制與墓志材料,大致能夠對應各人之品級與執掌,可略窺太平公主府(邑)之規模。隨着公主個人權勢日熾,其執掌府邑之權重當亦隨之變化,同樣也能貫穿於府興府廢之過程。

---

① 《唐代墓志彙編》下"開元三〇八",第 1369—1370 頁。洛陽劉庭訓墓所出一套三彩俑今存倫敦大英博物館,見霍宏偉:《大英博物館一組唐代三彩俑來源追溯》,《中國國家博物館館刊》2017 年 4 期,第 35—55 頁。
② 《唐代墓志彙編》下"開元三八三",第 1421—1422 頁。
③ 李林甫等撰,陳仲夫點校:《唐六典》卷二九《諸王府公主邑司》,北京:中華書局,1992 年,第 728—734 頁。

這裏需要注意的是，先天二年(713)七月李隆基與岐王範、薛王業、郭元振、王毛仲、王琚等護駕，誅蕭至忠、岑羲、竇懷貞等"公主黨羽"。① 岐王、薛王有功，其後從玄宗"誅太平公主，以功賜封，與薛王業并滿五千户"②。太平公主死後，其在東都尚善坊宅邸被賜給薛王，岐王所得武三思宅亦在此坊。③

該綫索顯示崔祖、韋虔晃在太平公主府廢之後轉隸岐王府，分別爲西閤祭酒、録事參軍，韋虔晃更在由岐王府出棣州司馬後又遷薛王掾等事，大致可見原太平公主府僚屬去向及不同處置政策。首先是解散公主府原僚屬系統，將人員調離，分隸太僕寺、府兵等系統，離散七品以下舊屬。其次對這些大致出身於州郡世家的子弟來説，王室宗親府屬無疑是進身妙途。反過來，府主的政治命運也直接影響到了韋虔晃們。由墓誌可見袁仁、崔祖、劉庭訓、韓思等其後官運不暢，甚至有"頗倦繁華，游心江漢"(劉庭訓)、"歷游梁沁"(韋虔晃)者，大概難免鬱鬱終老。

除韋虔晃卒葬長安，支元亨情況不詳，其餘四人皆葬洛陽，時間在開元四年(716)至二十四年不等。與"終於揚府之旅亭"的劉庭訓相比，韋虔晃在長安頗過了一段寄情山水的"富家翁"生活。

四、長安田園意象

韋虔晃先於太平公主府任倉曹參軍事，府罷，後轉隸岐王、薛王，任以參軍、録事、司馬、長史等職，并在濟州長史任上終結了仕途。無論是受到駙馬房還是太平公主府人事履歷的影響，朝堂政争對一個長期出任五品以下官職的韋氏鄖城公房後裔來説，其影響似乎遠没有那麽直接。

《韋虔晃墓誌》緊隨着誌主仕途的終結，夾入一段"論議"内容，耐人尋味：

> 公之爲政也，通而不雜，直而不撓，信必由衷，仁非外飾，不枉道以附下，不違心以詔上。由是宦途邅迴，屢踐屯否，前後凡九茬職，再免一，左遷二，以家事去其平除者四而已。君子是以知性命之難以言也。

習慣於史書、墓誌"尊尊諱親""虛美隱惡"風格的現代研究者，可能會將這一段"具文"

---

① 《新唐書》卷一二一《王琚傳》，第4333頁。
② 《新唐書》卷八一《惠文太子範傳》，第3601頁。
③ 《最新增訂唐兩京城坊考》卷五《外郭城‧尚善坊》，第365、366頁。

歸入"志主藉孫侄職方郎中之口表露心迹"或"其人生經歷於家族姻親之影響"這兩個"撰志動機"之中。以虔晃生卒年(653—735)判斷,其大致經歷了高宗—武后—中宗—睿宗—玄宗數朝,上元二年(675)爲孝敬挽郎,後一直在州府參軍、司馬、長史等職間徘徊,據此閱歷看,他的官職級別不高但任職經歷豐富,大概就是志文所言"通而不雜"。正由於"不枉道違心"纔導致宦途不順,前後九遷,①總結起來定是"性命難言"而已。這是虔晃富家翁生活的心靈來源。

韋虔晃悠游山水田園的"富家翁"心態實際在長安、神龍時就已顯露,《墓志》載其時胞兄韋昱正任隴州行參軍,②韋虔晃在梁沁一帶游歷最終落脚長安,由"禄廩有資,枌榆可樂"之描述推測,家資豐厚經營有年則是富家翁生活的經濟來源。韋虔晃在長安的日常生活狀態亦頗受其父影響,據《韋弘挺墓志》,弘挺被擢至輕車都尉、朝議郎、行魏州長樂縣令後:

> 君畏榮守賤,去危乘安,思泰往而否來,念功成而身退,遂謝病也。遭家艱,竟不之任。雖子臧逃禄,何以加於此乎?爰自隔閡名利,保乂魂神,自少至長也。由是道迹彰矣,高致備矣。③

韋弘挺作爲齊王侍讀,與王府兵曹參軍杜行敏在平定李祐謀叛的事件中"設奇制變,生行死地,霜刃未染,而凶渠喪元;虹旗不陣,而孽黨已贓,不假天兵矣"。④齊王李祐被賜死後,原王府舊屬"牽連誅死者凡四十餘人"。⑤杜行敏因功擢爲巴州刺史,封南陽郡公。而韋弘挺則急流勇退、稱病丁憂辭不就任,冥冥之中爲後來韋虔晃憂讒畏譏歸園田居作了鋪墊。

在長安的田園中,韋宅大興土木,設計住宅結構,在不逾制前提下合理利用空間:緑柳蔣蘿立於屋前檐下,引入的水流映於房邊舍周。在這般加工過的人居環境中,每每有貴賓親族往來其間,觥籌交錯言笑晏晏,花木繁茂人影雜亂。大宴小宴,席間自然少不得美酒肥羊。陳説一段前朝舊事、本朝逸聞笑談,好不快活,往昔榮耀與當下安樂同一時間涌上心頭。作爲士紳一份子,當然不能按人下菜,周窮濟困既是外部道德準則,也是内裏嚴格

---

① 參文末附録二"韋虔晃任職'九轉'圖"。
② 《韋昱墓志》記爲"隴州行參軍",見陝西省古籍整理辦公室編:《長安碑刻》,西安:陝西人民出版社,2014年,第70頁。關於韋昱職務,《韋虔晃墓志》記爲"雍令"。
③④ 陝西省考古研究院編:《陝西省考古研究院新入藏墓志》,上海:上海古籍出版社,2019年,第45頁。
⑤ 《新唐書》卷八十《庶人李祐傳》,第3573頁。

要求。韋虔晃終於從一個世家子弟的"官"活成了一名"士",既無勾心鬥角也無案牘勞神,平日里養花種樹含飴弄孫自得其樂,而得壽得仁。

更有甚者,每至伏、臘、上元、中元、下元等四時節令,比如上元佳節,想必韋家也曾全家出動,享受宵禁解除觀燈起舞的快樂。① 每到祭天祀祖,鮮花、貢品往往佈置停當,或列於兩道旁或敬置案上。全家大小,上至古稀花甲、下至髫齔童稚,有條不紊排列堂下,熱鬧異常。嚴肅的祭祀程序完成,輪到序家禮環節。長者領祭完畢,尊坐上首,再接受兒孫輩祝福。這時候威嚴轉化爲慈愛,上了年紀的免不了要説上兩句,用先輩榮耀、父慈子孝等套話訓示一番。緊接着來到更爲輕鬆的飲宴環節,祝酒之詞內容可能會包括祝願長者長壽,希冀子孫成才。至少韋虔晃墓志中顯示,即便在一種"窮則獨善其身"的氛圍中,家族仍對後輩報以最大的希望,這似乎也并未打破韋虔晃前後生活、心境、態度變化的邏輯。

墓志在簡要羅列韋虔晃豐富的日常生活之後,又插入一段"議者曰":"五常之首,仁也,五福之貴,壽也。非仁無以享其壽,非壽曷能廣其仁,倬哉我公,誠有之矣。""議者"辨析"仁"與"壽"之關係,爲韋虔晃的人生蓋棺定論。

整理韋氏鄖城公房相關資料時,偶然發現在重經重史的世家教育文化氛圍中,有一點比較突出,那就是對譜牒類著述似乎透出不一般的熱情。下文將結合史傳予以概説。

五、鄖城公房與譜牒之學

唐代史家韋述,爲鄖城公房韋弘機曾孫,大致家族譜係爲:韋範—韋恪—韋弘機—韋餘慶—韋景駿—韋述。韋述家中"厨書二千卷",其人嗜書嗜學,先後任集賢院直學士、起居舍人,作爲史官從封泰山。後至國子司業、集賢學士,工部侍郎。韋述掌圖書典籍四十餘年,與當朝名流儒素交往,著有《兩京新記》等,且"述好譜學,見柳冲所撰《姓族系録》,每私寫懷之,還舍則又繕録,故於百氏源派爲詳,乃更撰《開元譜》二十篇"。② 該書著録於《新唐書·藝文志》。③

初唐所修《隋書·經籍志》中已收載不著撰者《韋氏家傳》一卷,④ 而韋氏在譜牒方面的興趣之所以更爲濃厚,一方面是世族升降變化在文化層面的滯後反映,如《貞觀氏族志》《姓氏録》的撰作頒行天下,另一方面也是對本族本支系前世今生根本淵源的好奇與主動

---

① 《唐代風俗史鈔·(篇一)元宵觀燈》,見[日]石田幹之助著,錢婉約譯:《長安之春》,北京:清華大學出版社,2015 年,第 37—45 頁。
② 《新唐書》卷一三二《韋述傳》,第 4530 頁。
③ 《新唐書》卷五八《藝文志》,第 1500 頁,作"二十卷"。
④ 魏徵等撰:《隋書》卷三三《經籍志二》,北京:中華書局,2019 年,第 1106 頁。

維護。這一點有由南朝入隋的韋鼎作《韋氏譜》①(十卷)、韋絢撰《韋氏諸房略》②(一卷)可略得窺見。

同爲鄖城公房後裔的韋氏父子對經史學術特別是譜牒之學可謂一脉相承,或許與韋恪"豫章王文學"、韋弘挺"齊王侍讀"之職的特殊性頗有關係,以至於韋虔晃發揮了譜牒編纂之長,"纂輯本系,撰《韋氏官婚譜》十三卷、《宗派圖》一卷,斯亦敦叙之深旨,貽厥之素業也",凸顯譜牒意義與政治意涵。《韋氏官婚譜》與《宗派圖》不見於史載,即便如此,由書名大致可知主要內容是本族房支源流、婚宦關係。另外,在整理鄖城公房世系時也發現了一些問題,下文嘗試討論。

六、韋弘挺名字及相關問題

《韋弘挺墓誌》顯示,弘挺以字行,本名"傑",有兄弘楷、弘機,可校訂《元和姓纂》相關記載。韋弘挺有三子旭、晃、昇,似與韋昱、韋虔晃不大對應。

《韋昱墓誌》顯示其家族世系爲:韋元禮—韋恪—韋挺—韋昱(字照容)。《韋虔晃墓誌》顯示爲韋元禮—韋恪—韋弘挺—韋虔晃(字虔晃)。問題出在韋挺姓名、字號及子輩名字上。

首先,韋恪三子極可能是以字行於世,即弘機、弘挺、弘楷,簡化之後爲機、挺、楷。而韋挺之名則與逍遥公房韋挺重名,"逍遥公房韋挺"大致生活於開皇九年至貞觀二十年(589—646),卒年五十八,其家族世系略爲:韋夐—韋冲—韋挺—韋待價,其時鄖城公房"韋挺"業已二十二歲,雙方或許明知有一位"同名同姓"者的存在。

其次,韋昱卒於瀘州都督府參軍任上,時年三十八。其時其父韋弘挺依然健在,年五十九歲。《韋昱墓誌》中仍稱乃父簡名單字"挺"。在《韋弘挺墓誌》中之嗣子"韋旭"可能即"韋昱",但房州司户參軍一職又不見於《韋昱墓誌》記載,殊不可解。而"韋晃"則極有可能即"韋虔晃",可知弘挺三子分別字虔昱(旭?)、虔晃、虔昇,而韋晃之"隆州參軍"又不見於《韋虔晃墓誌》,亦怪。

第三,出於以上考慮,完全存在韋弘挺成年後爲避免因與"韋挺"撞名而後改名爲"傑"之可能,改名之後完全不影響"弘挺"的字號,因此也就未予改動。而子輩墓誌撰書時似乎對能够體現鄖城公行輩特徵的"原名"——韋(弘)挺——考慮更多,因此就出現了《韋昱墓

---

① 《隋書》卷七八《韋鼎傳》,第1989—1991頁。
② 《新唐書》卷五八《藝文志》,第1502頁。

志》《韋虔晃墓志》襲用父親原名,而《韋弘挺墓志》反而使用了更改之名這一現象。

話説回來,韋虔晃在給兒子們取名時也頗費了一番心思,由《墓志》可知虔晃六子①分別爲:長子撰、次子帝臣、三子康、四子堯臣、五子舜臣、六子禹,以下結合史傳繪製《郿城公房韋虔晃族支世系》(見表三)。②

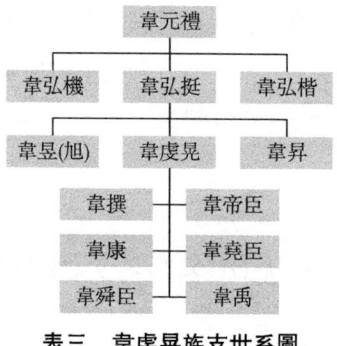

表三　韋虔晃族支世系圖

結　語

由韋虔晃的人生經歷,其後半生的田園生活全部建立在前半生的官履基礎上,在維繫本房支的現實秩序與文化建設方面,虔晃投入了相當心力,他感知到不同房支的存在。諸韋的構造自有過程,模仿大宗—小宗"序昭穆"的同時也追溯上古聖王與中古賢良名臣將相,站在後人認知立場上,必然經由縱向衍生叠加纔得"橫向"體認,絶非今人所感知的"并立共存"狀態。以"功、言、行"累積的表象——職官級别數量長久與否來看,如只籠統談"韋氏家族"或將是一個"僞命題"。

本文通過開元二十四年(736)《韋虔晃墓志》鈎沉志主經歷及其所在家族房支與政治運作之關係,發掘游離的"政治人"形象。大概反映"去天尺五"既可以放馬歸山,又有一條"終南捷徑"。韋虔晃在觥籌交錯之中,想必也偶然得以直面内心波瀾,恍惚忘記自所從來之地,身在何處,最終將去往哪裏。

---

① 虔晃夫人李氏還誕有女兒三人,見《陝西省考古研究院新入藏墓志》,第 45 頁。
② 該圖内容參考《元和姓纂》《韋虔晃墓志》《韋昱墓志》《韋弘挺墓志》《韋弘挺夫人李氏墓志》及《韋豫墓志》(《長安碑刻》,第 471—472 頁)。吕卓民著:《古都西安——長安韋杜家族》,西安:西安出版社,2005 年。尚民傑著:《唐長安家族葬地出土墓志輯纂》,北京:商務印書館,2018 年。

附録一:《韋虔晃墓志》録文

大唐故韋府君墓志銘

唐故濟州長史韋公墓志銘并序

公諱虔晃,字虔晃,京兆萬年人也。自翊商命氏,輔漢稱家,四牡龍旂,世爲卿族。曾祖元禮,隨〔隋〕淅州刺史、鄩城公;祖恪,皇侍御史、洺州別駕;父弘挺,昌樂令。文武嗣徽,忠賢載美,勛庸茂於當世,福履垂於后葉。公稟授夷簡,踐履中和。行周而密,言博而要。猶琴瑟之在御,叩朱弦之正聲;若卜筮之是孚,應黃裳之元吉。弱冠孝敬挽郎,初爲雅閬二州參軍,各以憂去職。服闋,授滑州録事參軍,坐公事免。俄拜太平公主府倉曹,府廢,改岐王府録事參軍。保累出棣州司馬,遷薛王掾,歷延州司馬、濟州長史,復以事罷。

公之爲政也,通而不雜,直而不撓,信必由衷,仁非外飾,不枉道以附下,不違心以諂上。由是宦途遭迴,屢踐屯否,前後凡九莅職,再免一,左遷二,以家事去其平除者四而已。君子是以知性命之難以言也。

初,長安、神龍之際,公之元昆仕爲雍令,公又歷游梁沁,留在長安,禄廩有資,枌榆可樂。於是築宅仁里,開門達巷。緑篠蒔於檐間,清流周於舍下。肥羜旨酒,招延賓族。不以貴賤爲厚薄,不以親疏爲輕重。無家者館之,無糧者饋之。如是積年,曾無厭怠。及乎掛冠植杖,華髮在堂,内外繁祉,子孫盈百。每以四時伏臘,三元分至,迥長花而獻壽,羅廣庭而上祝,班白在列,童稚相推,或冠或丱,或攜或抱,未嘗不解威嚴,賜恩泰,示以禮讓,訓其恭儉。將使萬石之謹,八龍之茂,日就月將,在吾門矣。

議者曰:五常之首,仁也,五福之貴,壽也。非仁無以享其壽,非壽曷能廣其仁,倬哉我公,誠有之矣。

公又纂輯本系,撰《韋氏官婚譜》十三卷、《宗派圖》一卷,斯亦敦叙之深旨,貽厥之素業也。開元廿三年孟春之月,夫人李氏偕老即世,公嘆有生之必遷,雖後雕而何幾,啓手無恨,瞑目同歸。即以其年十月廿二日遘疾,終於京城永崇里第,春秋八十有二。粵以開(元)廿四年正月二日歸厝先塋,合於夫人之舊隧,禮也。長子清義府果毅撰、次新井丞帝臣、次三水令康、次橐城令堯臣、次郃陽尉舜臣、次薛王府典籤禹,逾禮致毁,崩心僅存,刊石玄堂,永昭懿德。其銘曰:

赫矣我祖,國自扶陽,聞詩聞禮,爲龍爲光。我公纂修,構此層堂,行成規矩,言應宫(商)。進仕郡邑,式歌惟康,退守閭里,捨之則藏。珠玉盈庭,羔羊成行,教之誨之,如珪如璋。壽以佑仁,則惟其常,位不稱德,於何不臧。同□新阡,歸全舊鄉,紀於斯文,庶垂烈芳。

侄孫職方郎中述文

附錄二：韋虘晃職任"九轉"圖

品級	上元二年（675）								
正六品上									濟州長史
從七品上								延州司馬	
正六品上							薛王掾		
正六品下						棣州司馬			
從六品上					岐王府錄事參軍				
正七品上				太平公主府倉曹					
從八品上			滑州錄事參軍						
		雅閬二州參軍							
	孝敬挽郎								

【作者簡介】杜鎮，1985年生，陝西長安人，西安石油大學馬克思主義學院講師，主要從事中古石刻文獻與隋唐史研究。

《飲中八仙歌》研究綜述

劉亞旭

《飲中八仙歌》是杜甫早期詩歌中一首具有獨特性的代表作,引起了古今衆多學者的關注。程千帆先生稱其"是杜甫早期詩作發展軌迹上一個值得注意的點"。① 全詩由八章構成,人各一段,依次寫賀知章、汝陽王李璡、左相李適之、崔宗之、蘇晋、李白、張旭、焦遂八人,狀其醉態。據筆者所掌握的資料,古人對其進行箋注的有 10 餘種,今人對其進行研究的專題論文有 22 篇,另陳貽焮著《杜甫評傳》、莫礪鋒著《杜甫評傳》以及莫礪鋒著《杜甫詩歌講演録》中也都有針對這首詩歌的相關論述。本文擬從六個方面對這些研究成果作全面梳理。

杜甫《飲中八仙歌》

知章騎馬似乘船,眼花落井水底眠。
汝陽三斗始朝天,道逢麴車口流涎,恨不移封向酒泉。
左相日興費萬錢,飲如長鯨吸百川,銜杯樂聖稱避賢。
宗之瀟灑美少年,舉觴白眼望青天,皎如玉樹臨風前。
蘇晋長齋繡佛前,醉中往往愛逃禪。
李白斗酒詩百篇,長安市上酒家眠,天子呼來不上船,自稱臣是酒中仙。
張旭三杯草聖傳,脱帽露頂王公前,揮毫落紙如雲煙。
焦遂五斗方卓然,高談雄辯驚四筵。②

一、作品繫年

《飲中八仙歌》的繫年因資料有限,難以確定。給出了確切繫年的有三家,一是四川省

---

① 程千帆:《一個醒的和八個醉的——杜甫〈飲中八仙歌〉札記》,《中國社會科學》1984 年第 5 期,第 155 頁。
② 杜甫撰,仇兆鰲注:《杜詩詳注》,北京:中華書局,2015 年,第 71—74 頁。

文史研究館編《杜甫年譜》以爲,詩中獨厚李白,"獨於白一人著四句",①故將該詩定爲天寶三載(744)李杜二人相逢期間作;二是宋代蔡興宗(生活於北宋後期)定爲天寶五載(746);三是宋代梁權道(約生活於南宋中葉以前)編爲天寶十三載(754)。後兩種説法都無確證。②

考《飲中八仙歌》的確切繫年唯有一條證據爲學界公認,即詩中有"銜杯樂聖稱避賢"句。此句明顯用李適之《罷相作》"避賢初罷相,樂聖且銜杯"成句句意。查該詩作於天寶五載(746)四月,故上文所述天寶三載(744)説明顯有誤。

影響較大的説法是宋人黃鶴"天寶間追憶舊事而賦之"説,仇兆鰲從之,只給了一個大概時限,爲古注中最可信服者。③今人研究繼承此説。莫礪鋒説"作於天寶五載以後的數年間",以上述李適之詩定作年上限,但未給出作年的下限,④孫微、⑤吳增輝⑥在其論文中贊同此説,韓春平更在其論文中對此問題進行詳細考證,作者先考證杜甫何時進入長安,再引諸家説法進行比對,最後表明態度,贊同莫礪鋒説。⑦

今人更有另闢蹊徑,從詩作情感傾向入手,考證其作年者。程千帆通過分析"八仙"的歷史事迹,得出了"八仙"的放縱行爲與時代風貌有關的結論。他看到了當時社會盛世下潛伏着的危機。詩中的"浪漫精神"是表面的,"八仙"并非真正歡樂,而是屈從世俗的被迫無爲,他們的種種行爲是苦悶的抒發。作者又結合杜甫觀照"八仙"時錯愕、悵惋的態度以及杜甫本人對現實的清醒認識進一步斷定,《飲中八仙歌》當作於杜甫進入長安後稍晚時期,"它不可能寫於初到長安不久的年代裏,而應當遲一些,雖然無法斷定究竟遲多久"。⑧連波和田璞、⑨賈丹⑩等在其論文中贊同此説。

蕭滌非有不同看法,他着眼於詩中浪漫飄逸的風格以及對盛唐縱酒之風的反映,斷此

---

① 四川省文史研究館編:《杜甫年譜》,四川:四川人民出版社,1981年,第18頁。
② 二、三兩説見於仇注引文。《杜詩詳注》,第71頁。
③ 《杜詩詳注》,第71頁。
④ 莫礪鋒著:《杜甫評傳》,南京:南京大學出版社,1993年,第78頁。
⑤ 孫微:《〈飲中八仙歌〉源於漢代謠諺考》,《杜甫研究學刊》2003年第4期,第55—57頁。
⑥ 吳增輝:《自由的吟唱 盛世的挽歌——〈飲中八仙歌〉主題深探》,《杜甫研究學刊》2006年第2期,第40—46頁。
⑦ 韓春平:《〈飲中八仙歌〉的主旨及其藝術"創格"》,《韶關學院學報(社會科學版)》2004年第10期,第20—23頁。
⑧ 程千帆:《一個醒的和八個醉的——杜甫〈飲中八仙歌〉札記》,《中國社會科學》1984年第5期,第154頁。
⑨ 連波、田璞:《一首獨具風格的好詩——從杜甫〈飲中八仙歌〉的思想性談起》,《安陽師專學報》1980年,第51—55頁。
⑩ 賈丹:《論杜甫〈飲中八仙歌〉人物與形式結構藝術》,《河北北方學院學報(社會科學版)》2008年第1期,第14—16,33頁。

詩爲天寶五載(746)初到長安時所作,因爲"往後生活日困,不會有心情寫這種歌",①別是一家之論。陳貽焮也着眼於詩中的"樂觀情緒和浪漫精神",並結合杜甫本人的生活經歷和其對李適之罷官、被殺的應有態度作出判斷,直言"這估計是可信的",對這種觀點表示贊同。②

總體來看,認爲此詩繫年距天寶五載(746)較近者以蕭滌非、陳貽焮爲代表,主要着眼於詩中體現的浪漫風格;認爲此詩繫年距天寶五載(746)稍遠者以程千帆、莫礪鋒爲代表,主要着眼於詩中對社會現實的清醒態度,兩派都是以個人對詩歌內容的解讀來作繫年依據的,都不可説是確證。

就目前所有材料而言,對詩歌繫年的斷定上限可以李適之詩句爲確證,定爲不早於天寶五載(746)四月,下限無明確根據,但考詩中未見安史之亂帶來的戰亂變化迹象,故繫年不得晚於安史之亂爆發,即天寶十四載(755)十一月。正如程千帆言:"從宋以來,爲杜詩編年的學者,對安史亂前的作品,大都採取了這種宜粗不宜細的想法和做法。"③這於《飲中八仙歌》的繫年斷定也同樣適用。在没有新力證出現的前提下,只定此詩繫年下限爲杜甫"長安十年時期"所作即可。

二、文本疏辨

字詞方面的分歧,主要針對《飲中八仙歌》流傳過程中產生的異文和對文辭的不同理解。此一方面,有四點分歧。

一是賀知章章。首先,"知章騎馬似乘船"一句中關於"乘船"一詞的理解有歧義。大多數學者注意到了賀知章的籍貫與生活習性問題,皆以爲"乘船"是一種比喻,因賀知章爲吴人,故以"乘船"比其"騎馬"。宋人趙次公、④清人錢謙益(1582—1664)⑤和楊倫(1747—1803)⑥皆主此説。而宋人蔡夢弼另主一説,他認爲"乘船"實有其事,句意謂知章乘船安

---

① 蕭滌非選注:《杜甫詩選注》(增補本),北京:人民文學出版社,2017年,第14頁。
② 陳貽焮著:《杜甫評傳》,北京:北京大學出版社,2003年,第121—122頁。
③ 程千帆:《一個醒的和八個醉的——杜甫〈飲中八仙歌〉札記》,《中國社會科學》1984年第5期,第146頁。
④ "公以知章在馬上,傲中如乘船。"見趙次公注,林繼中輯校:《杜詩趙次公先後解輯校》,上海:上海古籍出版社,2012年,第38頁。
⑤ "吴人善乘船,醉後馬上傲兀,安穩如乘船,言醉鄉之樂也。"見錢謙益箋注:《錢注杜詩》,上海:上海古籍出版社,2009年,第22頁。
⑥ "騎馬似乘船,以知章吴人故云。"見楊倫箋注:《杜詩鏡銓》,上海:上海古籍出版社,1981年,第17頁。

若騎馬,"此倒用文"。① 宋人劉辰翁(1232—1297)所言更甚,説此處杜甫對賀知章有嘲弄之意,②爲明人王嗣奭(1566—1648)反駁,語言亦較爲激烈。③ 其次,"眼花落井水底眠"一句,"水底眠"一詞有歧義。一説非有其事,只是爲了"極狀其醉態",清人錢謙益④和張溍(1621—1678)⑤主此説;一説實有其事,知章確爲"失足",宋人趙次公主此説,并尋得事典支持,⑥明末清初人胡夏客(1599—1672)附之;⑦清人楊倫則加以調和,既説"極狀其狂態",又含糊其辭,認爲或有此事,可見晚出注本欲調和衆説之意。⑧ 宋人蔡夢弼又自成一説,承其上文,謂指"醉卧舟中",獨樹一幟。⑨ 總之,其差别單純體現在對語詞的理解上,無害對人物形象的塑造。

　　二是李適之章。"銜杯樂聖稱避(世)賢"一句有異文,"避賢"一作"世賢"。考諸家文本,宋人注本多作"世賢",蔡夢弼注本原文如此,清人錢謙益從之,但他們對這個文本并不認同,⑩趙次公⑪本原文亦如此,今人謝思煒從之;⑫明清之際注本多認爲作"避賢",仇兆鰲

---

① "知章乘船安若騎馬,故曰騎馬似乘船,此倒用文。"見蔡夢弼箋注:《杜工部草堂詩箋》,北京:中華書局,1985年,影印《叢書集成初編》本,第 198 頁。

② "浙人不喜騎馬而喜乘船,杜蓋嘲之。"見杜甫撰、佚名集注:《集千家注杜工部詩集》,北京:中華書局,2005年,影印《欽定四庫全書薈要》本,第 13 頁下。

③ "須溪云:'浙人不喜騎馬而喜乘船,杜蓋嘲之。'真胡説也。"見王嗣奭《杜臆》,上海:上海古籍出版社,1983年,第 8 頁。

④ "眼花落井水底眠,極狀其醉態之妙。眼花落井,便如安眠於井底。"見《錢注杜詩》,第 22 頁。"如安眠於井底",見非真"水底眠"也。

⑤ "眼花落井,極狀其醉態。"見張溍著,聶巧平點校:《讀書堂杜工部詩文集注解》,山東:齊魯書社,2014年,第 29 頁。文字、理解基本與錢注同。

⑥ "落井而眠於水底,又言其安於水也。""水底眠又暗用事。《抱樸子》曰:時有葛仙公者,每飲酒醉,嘗入人家門陂水中卧,竟日乃出。"見《杜詩趙次公先後解輯校》,第 38 頁。

⑦ 仇注云:"胡夏客謂落井水眠,當是賀監實事,或偶然失足所致。"見於仇注引文,《杜詩詳注》,第 71 頁。

⑧ "眼花落井,乃極狀其狂態,或當時偶有此事也。"見《杜詩鏡銓》,第 17 頁。

⑨ "眼花落井水底眠,謂醉卧舟中。任其泛泛所之,豈非水底眠乎。"見《杜工部草堂詩箋》,第 198 頁。

⑩ 蔡夢弼本原文作"世",但注道"世當作避,傳寫誤也。見《杜工部草堂詩箋》,第 199 頁。錢謙益本原文作"世",但注道"世賢當作避賢,傳寫誤也。見《錢注杜詩》,第 22 頁。

⑪ 趙次公本原文作"世",注文未有考辨,但趙注有散佚,未可做定論。見《杜詩趙次公先後解輯校》,第 38 頁。

⑫ 謝思煒校注:《杜甫集校注》,上海:上海古籍出版社,2015年,第 103 頁。筆者按:謝思煒在注文中爲詩本作"世賢"找了兩個理由,反駁洪邁"今所行本誤以'避賢'爲'世賢',絶無意義,兼'世'字是太宗諱,豈敢用哉"(《容齋三筆》)的説法。一是用"以杜證杜"的方式,從杜詩中找到"世賢張子房"(《入衡州》)、"長吟不世賢"(《秋日夔府詠懷奉寄鄭監李賓客一百韻》)二句爲證,二是説"避賢","直刺當朝,詩人或有所顧忌乎"？(見《杜甫集校注》第 106 頁)但這兩理由皆有待商榷。第一,謝引兩句詩皆非一個固定詞語,前者意爲"世人以張子房爲賢","世賢"是主謂關係,後者"不世"是一個詞語,意爲"非凡",語出《後漢書·隗囂傳》,"不世"是修飾"賢"的。此處只能説明唐人不嚴格諱"世"字,不能説明"世賢"有意義。第二,唐人文網本不密,杜甫《麗人行》有"炙手可熱勢絶倫,慎莫近前丞相嗔"句,豈非"直刺當朝"？説"或有所顧忌",恐非確論。

（1638—1717）、①浦起龍（1676—1761後）、②朱鶴齡（1606—1683）、③楊倫、④張溍⑤皆主此說，今人蕭滌非⑥從之。此處反映了明清之際學者對杜詩語詞來源的尋找與重視。此處異文很重要，它直接關係到作品的繫年問題（詳上章）。現在學界絕大多數人認爲，當作"避賢"爲是。

三是蘇晉章。"逃禪"一詞有歧義。是"逃避禪修"還是"避世參禪"，古今注家頗有分歧，這也成了對這首詩研究的一個熱點問題。主前說者以仇兆鰲、⑦王嗣奭⑧爲代表，今人蕭滌非、⑨莫礪鋒⑩等從之，影響很大。主後說者以浦起龍⑪爲代表。今人譚偉結合當時盛行的北宗禪學指出，"逃禪"即"類似禪定的狀態"，別是一說。⑫而後王曉敏則廣泛爬梳辭書與歷代杜詩注本，最終贊同仇注的說法，認爲"杜詩'逃禪'一詞，本爲'逃出禪戒'義"。⑬再後王朝華又有專文進行考辨，回歸宋注，他明確主張"逃禪"即"參禪"，他引用北大錢志熙說，并引證前人詩文，力證"逃禪"是一個詞義明確之詞，只有"避世參禪"一義，另從詩意本身看，也應作"參禪"解，考辨明晰。⑭張賢明亦支持王朝華說，他用"以杜證杜"法并聯繫後世"逃禪"一詞使用情況，得出了"逃禪實爲逃入禪"的結論。⑮"逃禪"一詞的解釋在諸家中竟至針鋒相對，矛盾較爲突出。⑯從宋代到明清，對詞義的理解竟至產生了顛覆性

---

① 仇注云："樂聖避賢，即述適之詩中語。"見《杜詩詳注》，第72頁。
② 浦注云："舊作世，非。"見浦起龍著：《讀杜心解》，北京：中華書局，1961年，第226頁。
③ 朱注云："舊本作世，《邵氏聞見錄》定作避。"見朱鶴齡輯注，韓成武等點校：《杜工部詩集輯注》，河北：河北大學出版社，2009年，第22—23頁。
④ 《杜詩鏡銓》，第17頁。
⑤ 《讀書堂杜工部詩文集注解》，第29頁。
⑥ 見其書《飲中八仙歌》【校記】第二條。蕭滌非主編：《杜甫全集校注》，北京：人民文學出版社，2014年，第143—144頁。
⑦ 仇注云："逃禪，猶云逃墨、逃楊，是逃而出，非逃而入。"見《杜詩詳注》，第73頁。
⑧ 王注云："今人以學佛者爲逃禪，誤矣。"見王嗣奭撰：《杜臆》，上海：上海古籍出版社，1983年，第8頁。
⑨ 蕭滌非以"逃禪"爲"不守法戒"意，并言"'逃禪'，與'逃墨''逃楊'語法相同"，可見他從仇兆鰲說。見《杜甫詩選注》（增補本），第15頁。
⑩ 莫礪鋒言"杜甫寫的'醉中往往愛逃禪'，就是逃避禪，要從禪的境界逃出去。"見莫礪鋒著：《杜甫詩歌講演錄》，廣西：廣西師範大學出版社，2007年，第151頁。
⑪ 浦注云："逃禪，即是事佛。"《讀杜心解》，第227頁。
⑫ 譚偉：《杜詩"逃禪"解詁》，《西南民族學院學報（哲學社會科學版）》2001年第4期，第155—156頁。
⑬ 王曉敏：《杜詩"逃禪"一詞議》，《重慶工學院學報（社會科學版）》2007年第8期，第13—15,73頁。
⑭ 王朝華：《杜甫〈飲中八仙歌〉中"逃禪"一詞辨義》，《寧夏大學學報》2015年第3期，第86—89頁。
⑮ 張賢明：《逃禪考》，《宿州學院學報》2016年第9期，第56—58頁。
⑯ 王嗣奭明言"以學佛者爲逃禪，誤矣"（見注⑧），仇注引之以表贊同（《杜詩詳注》，第73頁）。而浦起龍直言"《杜臆》以背其教爲逃禪，穿鑿可笑"（《讀杜心解》，第227頁），可謂針鋒相對。

的變化,這一現象也值得注意。①

四是李白章。"上船"一詞,諸家注解歧義較多。仇兆鰲、②浦起龍、③楊倫、④錢謙益、⑤朱鶴齡⑥并解"上船"爲"登舟",趙次公則謂此爲"長安方言","襟謂之船也",并明確反對"登舟"說,⑦《集千家注杜工部詩集》又載一說,謂"蜀人謂衣領爲船",⑧莫衷一是,亦不見今人有專文考釋。⑨

總體說來,關於字詞的分歧主要在於兩方面,一是對語詞理解上的歧義,因爲"詩無達詁",詩詞語言的特殊性會造成理解上的分歧。二是牽涉到了對語源、事典的探討。杜甫善於繼承前人的文化遺產,又"讀書破萬卷",故其詩語詞多有所本。此處可見歷代注家對杜詩語詞來源的重視,也是對黃庭堅杜詩語詞"無一字無來處"思想的體現與繼承。

宋人注杜詩語詞多引前人詩文,間引筆記、小說,但有時不注引文來源。明清人注杜詩語詞則在宋人的基礎上作了大量的增補工作,除前人詩文、筆記、小說之外,更引正史、諸子、佛典等注杜詩語詞,引證詳博,且出處標注清楚,反映了杜詩注釋學的巨大進步及清人樸學學風的影響。

---

① 筆者按:對"逃禪"一詞詞義理解出現顛覆性轉變的標志是元人李冶《敬齋古今黈》。出現這一現象可能與兩個原因相關,一是唐宋時人的詞語明清之際的人已不能確解,故致誤解;二是以"逃禪"爲"逃避禪修"更直觀地顯出曠達之氣,更有利人物形象塑造,未知是否,待考。

② 仇注引吳見思論:"白蓮池之召,扶以登舟。"另引范傳正《李白新墓碑》:"玄宗泛白蓮池,公不在宴。皇歡既洽,召公作序。時公已被酒翰苑中,命高將軍扶以登舟。"爲杜詩詩句尋得事典,可謂力證。見《杜詩詳注》,第73頁。

③ 浦注亦引范正傳(當作傳正)《白墓碑》爲證,文字與仇注小異:"玄宗泛白蓮池,皇懽既洽,召公作序。時已被酒,命高將軍扶以登舟。"見《讀杜心解》,第227頁。

④ 楊注亦引范傳正《李白新墓碑》,文字與仇注小異:"玄宗泛白蓮池,公不在宴。皇歡既洽,召公作序。時公已被酒,命高將軍扶以登舟。"見《杜詩鏡銓》,第17頁。

⑤ 錢注駁斥趙次公說,斥爲"兒童之語"(見注⑦),認爲"夫天子呼之而不上船,正以扶曳登舟,狀其酒狂也,豈竟不上船耶"? 見《錢注杜詩》,第23頁。

⑥ 朱注亦引范傳正《李白新墓碑》,文字全同仇注,并下按語:"呼來不上船,正指此事而言,舊注俱謬。"見《杜工部詩集輯注》,第23頁。

⑦ 趙注云:"以此(即范傳正《李白新墓碑》)之意,則竟上船矣,非不上船也"。見《杜詩趙次公先後解輯校》,第39頁。

⑧ 注者隨後自言"妄也",并不贊同此說。見《集千家注杜工部詩集》,第14頁上。

⑨ 筆者按:據《康熙字典》,船字有"衣領"義,見於元人黃公紹、熊忠《古今韻會舉要》;又有"衣襟""襟穿"義,見於明人張自烈《正字通》,張自烈已明確指出,以此義解釋杜詩詩句是錯誤的。又據《漢語大詞典》,船字有"衣紐"義,詞條引陸游詩句"科跣到門衣不船"爲證。綜上所述,以"上船"爲"登舟"有事典支持,而其餘諸義皆見於南宋以後,無唐人用例,故應以仇注等主流說法爲是。

三、"八仙"事迹輯考

關於"八仙"生平事迹,古注中蔡夢弼、①浦起龍、②楊倫、③錢謙益、④朱鶴齡⑤皆有之,而以仇兆鰲⑥所輯最爲完備。所注重點在"八仙"姓名、身份、官職及與詩歌所言有關之行事等,屬於資料性質。

宋人注本於事典似不嚴謹,引事典多不注明出處。注明出處者有兩類:一類爲僞書,如用僞王洙注、《唐史拾遺》,⑦可見宋人注杜尚在打基礎的探索階段;一類則是唐時較爲原始的史料,去杜甫時尚不遠,如范傳正《李白新墓碑》,反映了宋注保存資料的獨特性與原始性。

明清注本則進行了增補資料的工作,以仇兆鰲《杜詩詳注》所輯最爲完備,可作代表。資料來源主要在兩方面:一是兩《唐書》,用《舊唐書》尤多。⑧《舊唐書》在代宗前的部分多抄録唐人吳兢、韋述的國史舊文,詳盡而富有史料價值,"事迹明白,首尾該贍",⑨對它的利用反映了當時學者對《舊唐書》史料原始性和豐富性的珍視。宋元時期,《舊唐書》流傳不廣,至明嘉靖年間,纔又重新刊行,故明清注家得以利用。二是唐人筆記小說,如《金壺記》《甘澤謠》等,資料比較詳實,是清人樸學"實事求是""無證不信"學風的體現。

今人論文研究中提及"八仙"生平事迹較詳者有鄧魁英,⑩程千帆,⑪張天健、崔炳揚,⑫李炎,⑬楊玉山⑭所作五篇,他們叙述"八仙"事迹較爲翔實的目的在於爲自己的立論尋找事實依據。還有學者通過事迹將"八仙"進行分類,而後加以研究。代表爲鄧魁英、王波

---

① 《杜工部草堂詩箋》,第 198—201 頁。
② 《讀杜心解》,第 227 頁。
③ 《杜詩鏡銓》,第 17—18 頁。
④ 《錢注杜詩》,第 22—23 頁。
⑤ 《杜工部詩集輯注》,第 23—24 頁。
⑥ 《杜詩詳注》,第 71—74 頁。
⑦ 此書今佚,或爲僞書。
⑧ 《舊唐書》引用 6 條,《新唐書》引用 2 條。
⑨ 清人顧炎武評語。
⑩ 鄧魁英:《關於杜甫的〈飲中八仙歌〉》,《北京師範大學學報》1982 年第 3 期,第 14—24 頁。
⑪ 程千帆:《一個醒的和八個醉的——杜甫〈飲中八仙歌〉札記》,《中國社會科學》第 5 期 1984 年,第 145—155 頁。
⑫ 張天健、崔炳揚:《獨特奇篇——杜甫〈飲中八仙歌〉試論》,《杜甫研究學刊》1995 年第 1 期,第 46—49,59 頁。
⑬ 李炎:《寓慨於諧的絶唱——杜甫〈飲中八仙歌〉論析》,《固原師專學報》1992 年第 4 期,第 14—17 頁。
⑭ 楊玉山:《釋讀杜甫〈飲中八仙歌〉》,《華夏星火》2005 年第 2 期,第 60—61 頁。

平。① 鄧魁英是從"八仙"本身特點以及地位與性格角度進行歸納,而王波平則是從杜甫創作時的主觀意圖角度進行歸納。

今人注本注"八仙"事迹較爲詳盡的有蕭滌非、②謝思煒③二家,所注引史籍較多,尤重《舊唐書》,并大量參考了前人舊注,屬於資料彙編性質。

陳貽焮在其《杜甫評傳》的相關章節中,也對《飲中八仙歌》中"八仙"的相關事迹作了介紹,目的是便於讀者理解、把握詩歌,省去翻檢之勞。④

筆者認爲,這些有關於"八仙"的事迹還有一定的發揮空間,如果通過對"八仙"事迹的歸納總結,能夠提煉出一個關於他們的新的共同點,將有助於對詩歌主旨的探尋、內容的把握,從而提出理解《飲中八仙歌》的一家之言,很有意義。

四、主旨探尋

關於《飲中八仙歌》的主旨,所説最偏激者爲傅庚生,他只關注該詩的藝術手法,却直言"其内容殊無可取",⑤似欠缺深入思考,後無回應者,可置不論。當今,學界有兩種差異較大的但都頗具影響的意見。一種以蕭滌非、陳貽焮爲代表,認爲這首詩是浪漫情懷的體現;另一種以程千帆、莫礪鋒爲代表,認爲這首詩是對黑暗現實的關照,是借酒消愁。現在後者得到了大多數學者的支持,成爲學界的主流意見。

先説浪漫情懷的體現。這種意見古已有之,《集千家注杜工部詩集》説此詩"醉中出口而成,更見佳趣",⑥浦起龍説"寫來都有仙意",⑦王嗣奭説"描寫八公都帶仙氣",⑧都着眼於詩中人物所表現的浪漫灑脱的情懷。這影響到了今人學者,這派學者受古注影響較深,認爲《飲中八仙歌》中描摹的"八仙"具有浪漫主義情懷,灑脱不羈。杜甫創作的這首詩歌,正是對大唐盛世氣象的描繪。蕭滌非認爲這首詩是盛唐時期豪放的"縱酒之風"的體現,⑨陳貽焮也評此詩爲"謳歌酒徒、標榜曠達的名篇"。⑩鄧魁英則認爲"它有助於我們去

---

① 王波平:《醉眼朦朧下的沈鬱悲辛——讀杜甫的〈飲中八仙歌〉》,《語文學刊》2013年第22期,第67—68頁。
② 《杜甫全集校注》,第136—141頁。
③ 《杜甫集校注》,第103—108頁。
④ 《杜甫評傳》,第120—122頁。
⑤ 傅庚生著:《杜詩析疑》,西安:陝西人民出版社,1979年,第8頁。
⑥ 《集千家注杜工部詩集》,第13頁下。
⑦ 《讀杜心解》,第227頁。
⑧ 《杜臆》,第8頁。
⑨ 《杜甫詩選注》(增補本),第16頁。
⑩ 《杜甫評傳》,第122頁。

了解盛唐的時代面貌",説此詩"情調瀟灑、奔放",與杜甫早期心境一致,是盛唐時代風氣的反映。① 贊同這一觀點的論述多在 20 世紀 70、80 年代,是《飲中八仙歌》早期研究的産物。進入 21 世紀後,有楊軍會、②楊玉山③回應此説,不過二者都不太能在學理方面拿出令人信服的新證據。

這裏有一個值得注意的現象,即 21 世紀以來考辨"逃禪"一詞歧義的論文皆認爲《飲中八仙歌》是對盛唐浪漫豪放風氣的體現,詩中"八仙"皆具有時代精神,詩歌主色調是積極的。他們從"逃禪"一詞進而關注到蘇晉這個人物形象,再進而關注到"八仙"群像。無論是主"逃入禪説"還是主"逃出禪説",他們都把"逃禪"看作一種浪漫瀟灑的行爲,只就文本本身文字進行情感解讀,從而爲蘇晉勾勒出了一個不羈的形象,再進一步影響到了對詩歌主旨的判斷。這一部分學者可以王朝華爲代表,他直言"《飲中八仙歌》是一首從詩題到内容都具有鮮明的喜劇色彩的詩,有人却要把它讀作一首富於悲劇意味的專寫痛苦的詩,顯然是歪曲了詩意",④直接批判了程千帆、莫礪鋒的觀點。

再説黑暗現實的觀照。這一派學者認爲《飲中八仙歌》中的"八仙"是借縱酒爲名,表達自己對黑暗社會現實的不滿,并試圖全身遠害。杜甫創作這首詩并非是浪漫主義的體現,而是"清醒的現實主義",是對現實社會的深刻觀察與清醒認識。實際上,這種觀點立足於"知人論世",更緊密地結合了作者生平和時代背景。這種觀點是程千帆在《一個醒的和八個醉的——杜甫〈飲中八仙歌〉札記》最早提出的,也以其闡述的最爲透徹。程千帆在對八人進行了細緻的分析之後,得出了他們"并非真正無憂無慮,心情歡暢的歡樂"的結論,而杜甫這首詩對他們的描寫,則是"客觀的歷史記録",是對黑暗現實的觀照。這首詩本身,則是杜甫詩歌創作中的一個轉折點,"清醒的現實主義的起點"。⑤ 莫礪鋒在其《杜甫詩歌講演録》與《杜甫評傳》中重申并支持了程千帆的觀點。今人論説《飲中八仙歌》主旨多採此説。

另有一種調和的聲音。這一派學者關注到了《飲中八仙歌》主旨的多樣性,對前兩派學者的意見都有吸收。如連波、田璞説此詩既有"對過去朋友們自由浪漫生活的懷念",有着"幽默詼諧的情調",又有"精神上的苦悶","曲折地反映了當時的社會現實"。⑥ 近幾年

---

① 鄧魁英:《關於杜甫的〈飲中八仙歌〉》,《北京師範大學學報》1982 年第 3 期,第 14—24 頁。
② 楊軍會:《以〈飲中八仙歌〉爲例談唐代"肖像詩"品讀》,《中學語文教學參考》2015 年第 24 期,第 14—15 頁。
③ 楊玉山:《釋讀杜甫〈飲中八仙歌〉》,《華夏星火》2005 年第 2 期,第 60—61 頁。
④ 王朝華:《杜甫〈飲中八仙歌〉中"逃禪"一詞辨義》,《寧夏大學學報》2015 年第 3 期,第 88 頁。
⑤ 程千帆:《一個醒的和八個醉的——杜甫〈飲中八仙歌〉札記》,《中國社會科學》1984 年第 5 期,第 145—155 頁。
⑥ 連波、田璞:《一首獨具風格的好詩——從杜甫〈飲中八仙歌〉的思想性談起》,《安陽師專學報》1980 年,第 51—55 頁。

的仲瑶看到了魏晋風度與盛唐氣象的聯繫,詩中塑造的"八仙"既有"嗜酒、高談、傲視王侯"的浪漫瀟灑的一面,還有蘊含"濃厚的悲劇意味和反抗色彩"的一面;杜甫在這裏既有對自己與時代的"清醒的反思",又有對"八仙"與盛世的"追懷與渴慕"。① 還有孫少華的文章,作爲《飲中八仙歌》研究的最新成果,他看到了"八仙""快樂背後的失望"與杜甫"失望背後的快樂",從而判斷《飲中八仙歌》"可以説是一篇表現唐代詩人内心與現實衝突、失望與希望交織、痛苦與快樂并存的經典作品"。② 他們都充分注意到了《飲中八仙歌》的複雜性,考量問題更爲全面,并把"八仙"的形象豐滿、立體化了。這一派學者給研究《飲中八仙歌》提供了一個較好的思路。

關於《飲中八仙歌》主旨理解的差異,主要在於對詩歌解讀的角度不同。蕭滌非、陳貽焮一派主要關注了以下三點:一是詩歌本身的浪漫主義風格,杜詩本就有"極豪邁之氣",③"有奮迅馳驟若泛駕之馬者"④的一面。而這一方面恰好通過對"八仙"的勾勒在《飲中八仙歌》中有所表現。二是看到了"盛唐氣象"對杜甫詩歌創作的影響。杜甫在開元、天寶盛世生活了40餘年,深受"盛唐氣象"的影響。反映到文學創作上,就是充實的内容、深刻的寄托、鮮明的藝術形象等方面,《飲中八仙歌》自然有盛唐詩風的體現。三是着眼於當時表面繁榮的社會現實。天寶年間雖已政治腐敗,弊竇叢生,但社會表面仍舊繁榮,是一種"不正常的繁華"。史載,天寶年間,"僅地税一項,歲入粟一千二百四十多萬石",⑤國力之盛可見一斑,這樣繁榮的社會現實自然是滋生"縱酒之風"的温床。總之,這一派學者立論的根據在於更多地關注了詩歌中體現的積極因素。程千帆、莫礪鋒一派則主要關注了以下二點:一是當時社會的黑暗現實與突出問題。這一派學者歸納了詩中"八仙"的事迹,得出了他們失意於世,佯狂於酒的結論,進而看到了詩歌背後時代現狀的另一面,也是更爲深層的一面。天寶時,玄宗開始"驕奢淫逸,揮霍無度","專用投其所好者",⑥并窮兵黷武,表面的繁榮之下早已暗流涌動,而這個時代現狀,正是《飲中八仙歌》創作的時代背景。第二是杜甫本人的經歷與認識,這是"知人論世"的具體體現。杜甫於天寶五載(746)進長安,天寶六載(747)即遭受了一場"野無遺賢"的考試騙局,而後更是四處干謁不成,從而頭腦更加清醒,也更加深刻地認清了社會現實。可以説,杜甫在創作《飲中八仙歌》的時候,

---

① 仲瑶:《盛唐文士與魏晋風度——以杜甫及其〈飲中八仙歌〉爲中心》,《文史哲》2017年第2期,第55—64,165頁。
② 孫少華:《詩與酒——〈飲中八仙歌〉與杜甫在長安的"快意"生活》,《杜甫研究學刊》2017年第4期,第10—18頁。
③ 仇注《諸家論杜》引秦觀語,見《杜詩詳注》,第1908頁。
④ 北宋陳正敏《遯齋閑覽》引王安石語。
⑤ 白壽彝總主編:《中國通史》(修訂本)第9册,上海:上海人民出版社,2004年,第675頁。
⑥ 《中國通史》(修訂本)第9册,第707頁。

把自己也融入了"八仙"群體中,詩中有着自己的影子,寄寓了自己的思考,體現了他"善陳時事"的一面。總之,這一派學者試圖把《飲中八仙歌》與時代背景作更爲緊密的結合,并加以深入挖掘,認爲它是時代開始轉變的鏡像,更多地關注了詩歌中體現的社會現實中的消極因素。

綜上所述,杜詩内容本就十分廣博,"光掩前人,後來無繼",①有其複雜性。在討論《飲中八仙歌》主旨時,既要看到詩人對大唐盛世由衷贊頌的一面,也要看到詩人對社會現實清醒認識的一面,結合多方面的因素考量,纔能得出一個較爲全面的結論。

事實上,對《飲中八仙歌》主旨探尋的這三派觀點大致上可以説是一個由淺入深的過程,從20世紀70、80年代未走出古注影響,主要對詩歌浪漫風格的關注,到80年代開始歸納、總結"八仙"事迹與探尋詩歌與作者本人經歷及當時時代背景的緊密聯繫,再到當下對《飲中八仙歌》主旨結合多種因素進行多元化考量,對《飲中八仙歌》主旨的探尋在逐步走向成熟,考慮到了更多的相關因素。仲瑶、孫少華的説法在當下是比較客觀而全面的,對詩歌文本本身乃至作者與時代的關注都非常到位。

五、藝術手法

《飲中八仙歌》作爲一首特點鮮明的作品,在創作過程中使用了多樣的藝術手法,這一點得到了古今學者的注意,并對此作出了相關研究,本文將其歸納爲如下幾點。

第一是章法結構問題。除蔡夢弼言"此歌當分四章,一章五句,二章六句,三章六句,四章五句"②外,諸家注本皆認爲當人各一章,這種章法得到了許多古代學者的關注,如唐汝詢言"八仙歌,人各記一章",③吴見思言"此詩一人一段"。④古人關注點多在其獨創性,如蔡絛言"古未見其體",⑤沈德潛言"格法古未曾有"。⑥

今人在此基礎上進一步關注到了此詩特殊的空間藝術。"空間藝術"這個概念爲程千帆最早提出,直言"這篇詩却在很大的程度上採取了空間藝術的形式",即八人各自獨立,互不相關,却又"服從於共同的主題"。⑦賈丹對此以專章加以論述,并得出了"(杜甫)創

---

① 北宋陳正敏《遯齋閑覽》引王安石語。
② 《杜工部草堂詩箋》,第199頁。
③⑤ 《杜詩詳注》,第74頁。
④ 《杜詩詳注》,第75頁。
⑥ 沈德潛編:《唐詩别裁集》,北京:中華書局,1975年,第94頁下。
⑦ 程千帆:《一個醒的和八個醉的——杜甫〈飲中八仙歌〉札記》,《中國社會科學》1984年第5期,第155頁。

作出 8 個相互獨立的小空間,而後融入自身情感使其組合連綴成一個大空間"的總結。①

還有許多學者對《飲中八仙歌》的章法結構也加以肯定,以孫微所言最系統,認爲其章法是受柏梁體與漢末清議謠諺影響,尤其是在形式與内容上都有對於漢末清議謠諺的繼承,并"加以改造和創新",是"藝術形式和藝術形象的完美結合",也是對東漢時品評人物風氣的繼承。②張天健、崔炳揚説其在章法上"互不連貫,縱控自如又渾然一體",③還有鄧魁英、④李炎⑤在其論文中也關注到了《飲中八仙歌》這一藝術特點并加以論述。

第二是重韻。關於重韻問題,最早加以論述的當爲趙次公,他統計"所重用者,船字二,眠字二,天字二,前字三也",并爲杜甫解釋道"古詩蓋有重押韻之格",又引阮籍、謝靈運、陸機三人詩具有的重韻現象爲證。⑥後來注家也大都不以此爲病。今人研究對此也是多加肯定的。孫微認爲其重韻作法與柏梁體有相似之處,但就品評刻畫人物等方面來説更接近漢末清議謠諺,并非是"老杜自創之體"。⑦韓春平也把"重韻"作爲一種修辭手法對待,認爲"這裏是形式完全服務於内容"。⑧張天健、崔炳揚説重韻可以使"韻律自然,和諧流轉,毫無滯澀感"。⑨

第三是傳記體創作手法。古人已提及杜甫採用此手法有如"詩中傳記手"(徐增語)、"風雅中司馬太史",⑩只是没有進一步論述。今人研究注意到了《飲中八仙歌》人物塑造對《史記》藝術手法尤其是人物合傳形式的繼承與發揚,是一種"開創性的成功嘗試",沈成翃對此有專文論述,其從人物塑造、含蓄客觀、抒發感慨、合傳并叙等角度來論述《史記》藝術經驗對《飲中八仙歌》創作的影響。⑪韓春平也注意到了這一點,并重點關注了"合傳"的形式。⑫

此外在客觀描寫中藴含自己主觀的情感,寓主觀論斷於客觀叙事之中,這也是傳記體

---

① 賈丹:《論杜甫〈飲中八仙歌〉人物與形式結構藝術》,《河北北方學院學報(社會科學版)》2008 年第 1 期,第 16 頁。
② 孫微:《〈飲中八仙歌〉源於漢代謠諺考》,《杜甫研究學刊》2003 年第 4 期,第 55—57 頁。
③ 張天健、崔炳揚:《獨特奇篇——杜甫〈飲中八仙歌〉試論》,《杜甫研究學刊》1995 年第 1 期,第 46 頁。
④ 鄧魁英:《關於杜甫的〈飲中八仙歌〉》,《北京師範大學學報》1982 年第 3 期,第 14—24 頁。
⑤ 李炎:《寓慨於諧的絶唱——杜甫〈飲中八仙歌〉論析》,《固原師專學報》1992 年第 4 期,第 14—17 頁。
⑥ 《杜詩趙次公先後解輯校》,第 37 頁。
⑦ 孫微:《〈飲中八仙歌〉源於漢代謠諺考》,《杜甫研究學刊》2003 年第 4 期,第 55 頁。
⑧ 韓春平:《〈飲中八仙歌〉的主旨及其藝術"創格"》,《韶關學院學報(社會科學版)》2004 年第 10 期,第 23 頁。
⑨ 張天健、崔炳揚:《獨特奇篇——杜甫〈飲中八仙歌〉試論》,《杜甫研究學刊》1995 年第 1 期,第 46 頁。
⑩ 見於清乾隆間《唐宋詩醇》。
⑪ 沈成翃:《試論杜甫的〈飲中八仙歌〉——兼談〈史記〉對杜甫的影響》,《鹽城師專學報(社會科學版)》1987 年第 3 期,第 27—28 頁。
⑫ 韓春平:《〈飲中八仙歌〉的主旨及其藝術"創格"》,《韶關學院學報(社會科學版)》2004 年第 10 期,第 23 頁。

手法的特點,是《飲中八仙歌》突出的藝術手法。沈成翊注意到了這一點,直言"通篇也都是客觀地敘述描摹,但詩人強烈情感的暗流却貫注於全詩",①連波、田璞也説杜甫用筆"寄托着自己的思想感情,不是純客觀的描寫"。②筆者認爲,這種藝術手法的起源很早,可以追溯到《詩經》中的《七月》篇,是一種以直觀方式感染讀者的成功手法。

第四是寫意筆法的運用。以仲瑶論述最爲詳盡。他主要論述了唐人及杜甫對魏晋風度的體現,"八仙"身上的魏晋風度及"八仙"塑造所受到的來自《世説新語》的影響。具體而言,就是"凝練而富於風神的筆法",他看到了六朝志人小説對《飲中八仙歌》的影響,所見獨特。③

第五是具體修辭手法。關於《飲中八仙歌》中運用的具體修辭手法,王美春進行了總結,并歸納爲用典、誇張與矛盾三種,結合具體詩句进行翔實的論證,這是一種細化的研究手法。④

綜上所述,筆者認爲,《飲中八仙歌》藝術手法多樣,融合了詩歌、謡諺、傳記、小説,是對漢魏六朝文學經驗的全面繼承,是一篇成功的作品。

六、後世影響

古人對此詩的評價多集中於兩方面。一是這首詩的獨特性,認爲這首詩在形式上是一種大膽而新奇的嘗試,如王嗣奭言"此係創格,前古無所因,後人不能學";⑤二是這首詩瀟灑飄逸的風格,如浦起龍言"(八人)寫來都有仙意"。⑥

今人研究亦有把《飲中八仙歌》放在文學史長河中加以考察的,以此來看其對後人的影響。主要是毛益華《〈畫中九友歌〉研究》中的第三章第一節,探討的是《飲中八仙歌》對

---

① 沈成翊:《試論杜甫的〈飲中八仙歌〉——兼談〈史記〉對杜甫的影響》,《鹽城師專學報(社會科學版)》1987年第3期,第28頁。
② 連波、田璞:《一首獨具風格的好詩——從杜甫〈飲中八仙歌〉的思想性談起》,《安陽師專學報》1980年,第53—54頁。
③ 仲瑶:《盛唐文士與魏晋風度——以杜甫及其〈飲中八仙歌〉爲中心》,《文史哲》2017年第2期,第55—64,165頁。
④ 王美春:《醉態各異妙筆生——李白〈山中與幽人對酌〉與杜甫〈飲中八仙歌〉比較談》,《古典文學知識》2004年第3期,第17—21頁。
⑤ 此處據仇注引文,與今本《杜臆》文字小異。見《杜詩詳注》,第75頁。
⑥ 《讀杜心解》,第227頁。

《畫中九友歌》①在詩歌形式、形象塑造與精神情感方面的明顯影響。②

另還有《揚州八怪歌》、③《畫中七友歌》、④《後畫中九友歌》⑤等後世模仿之作,皆是用這種詩歌形式來描繪、品評畫家。可見《飲中八仙歌》與繪畫藝術(主要是人物畫)之間的緊密關聯,以及用這種形式來爲畫家做速寫的適合性。程千帆説吳作"只是狗尾續貂","不自量力",⑥實在失之偏激。

總之,《飲中八仙歌》并不是孤立存在的,關於其對後人的影響,還有很大空間可以探尋,應當將其放在文學史的長河中,把脉絡梳理清晰。

另外,由於《飲中八仙歌》"象一架屏風,由各自獨立的八幅畫組合起來","採取了空間藝術的形式",⑦所以對《飲中八仙歌》的研究還涉及美術學的領域,這以牟驚瑋的《從〈飲中八仙歌〉看杜甫對"詩中有畫"的貢獻》一文爲代表,⑧該文結合繪畫理論方面的知識,從藝術技法和藝術精神兩方面來論述,闡明了《飲中八仙歌》"詩中有畫"的特點,并指出了其形式上的局限性,試圖在此基礎上探討後世較少模仿《飲中八仙歌》進行創作的原因。

七、結　語

綜上所述,對《飲中八仙歌》的研究已有了一定的成果。自宋至清學者的研究多採用注釋文本的形式,較爲碎片化,但提出了許多有價值的見解。這主要集中在文本疏辨、"八仙"事迹輯考和章法結構、重韵問題的探討方面。20世紀70、80年代以來,學者對《飲中八仙歌》的關注開始密切,《飲中八仙歌》的創作年代、藝術手法等問題引起了廣泛關注。尤其是詩歌主旨的解讀,產生了"浪漫情懷的體現"與"黑暗現實的關照"兩種針鋒相對的意見。這一時期研究的特點是密切結合"八仙"的相關史料記載,在論文中對"八仙"生平事迹的論述較爲詳盡,這是對"以史證詩"方法的運用。21世紀初,學者仍舊關注《飲中八

---

①　清人吳偉業作,記述明末清初董其昌、楊文聰、程嘉燧、張學曾、卞文瑜、邵彌、李流芳、王時敏、王鑒等9位畫家。
②　毛益華:《〈畫中九友歌〉研究》,山西:山西師範大學碩士論文,2012年4月,第32—34頁。
③　清人凌霞作,記述鄭燮、金農、高鳳翰、李鱓、李方膺、黄慎、邊壽民、楊法等8位畫家,與通常所言"揚州八怪"略有不同,見《天隱堂稿》。
④　清人吳大澂作,吳大澂結社顧氏怡園,以此詩記述顧澐、許鏞、顧潞、陸恢、金涷、倪田、顧麟士等7位畫家。
⑤　近人葉恭綽作,記述近代齊白石、黄賓虹、夏鏡丞、吳湖帆、馮超然、溥心畬、余越園、張大千、鄧誦先等9位畫家。
⑥⑦　程千帆:《一個醒的和八個醉的——杜甫〈飲中八仙歌〉札記》,《中國社會科學》1984年第5期,第155頁。
⑧　牟驚瑋:《從〈飲中八仙歌〉看杜甫對"詩中有畫"的貢獻》,《杜甫研究學刊》2002年第2期,第85—89,97頁。

仙歌》的主旨問題，并結合史料對前人意見進行了進一步探討。這一時期有幾個新的學術點被關注：一是《飲中八仙歌》的源頭問題；二是"逃禪"一詞含義的細化考辨，"逃禪"究竟是"逃出禪"還是"逃入禪"，諸家學者通過歷史上對"逃禪"一詞注解的梳理與分析，給出了不同意見；三是學科交叉（與美術學）和對比研究（與李白相關作品）。

　　筆者認爲，對該詩的研究還有很大的開拓空間。第一，可着眼於與同時代人作品的横向比較研究。現已有王美春《醉態各異妙筆——李白〈山中與幽人對酌〉與杜甫〈飲中八仙歌〉比較談》一篇，該文從人物情態與刻畫手法兩方面把兩篇詩作加以比較研究，可謂立意新穎，爲《飲中八仙歌》的研究開闢了一個新的探索領域。第二，可以重點關注該詩對後世產生的影響，如《畫中九友歌》《揚州八怪歌》的出現等，思考其聯繫與異同。第三，可以進行學科交叉研究，如看該詩對後世繪畫在題材和技法上的影響。我們衷心希望，關於這首詩的疑問可以早日得到解決，關於這首詩的研究可以再結碩果。

　　【作者簡介】劉亞旭，男，1993年生，寶雞文理學院碩士研究生，主要從事隋唐五代文學研究。

蕭雲從《易存》抄本考略

沙　鷗

蕭雲從六十歲後完成《易存》一書，此書一直以抄本形式流傳於弟子之中，故而影響并不廣遠。至乾隆廣收漢文典籍欲編輯《四庫全書》，纔從本朝刑部侍郎王昶處得蕭雲從《易存》一書。但四庫只存其目，却以"誤用其心""其説頗屬支離"爲由，未收其中。故自乾隆之後此書并未引起學人重視，也未見對其詳加考證。蕭雲從作爲明末清初大畫家，姑孰畫派領袖，其影響海內外，故而對立體地展示蕭雲從的學識修養，有必要對其研究分析。

一、蕭雲從生平及其著述

蕭雲從（1596—1673）[①]字尺木，號無悶道人、又號于湖漁人、石人、王硯山人、默思、江梅、謙翁、梁王孫、鐘山老人、梅石道人、東海蕭生、夢履、小字咬臍、梅主人等。[②] 當塗人。蕭雲從自幼聰慧，"八九歲從師講《孟子》六律五音"，[③]"亦自解詁章句"，[④]十五歲便開始臨摹唐寅作品，[⑤]"篤志繪事，寒暑不廢"。[⑥]成年後學識更加超凡。"二十五六""復從《左傳》《國語》《史》《漢》注疏，歷代志論及程朱邵蔡所著，廣爲閱心"，"學算術及歌唱、琴筝蕭管，無不替之精熟"，"三十六歲""忽然悟子産七音六律以奉五聲"。[⑦]他經歷了明朝萬曆、泰昌、天啓、崇禎以及清朝順治、康熙數代。崇禎十一年（1638）和其弟參加了復社。曾兩次參加科舉均副榜。心情十分憂鬱。"尺木既久困場屋不得志，遂決意不出，無心仕進。"[⑧]明亡後他隱居不仕，寄興於山水之間。"晚年交游散盡，性厭人事，嘗謝客杜門"，[⑨]正如他

[①] 沙鷗：《蕭雲從生卒年考》，見沙鷗著：《蕭雲從與姑孰畫派》，合肥：黃山書社，1997年。
[②] 見蕭雲從《太平山水圖》題畫署名及印章。
[③][④][⑦] 蕭雲從：《易存》一卷，清抄本，浙江圖書館藏。
[⑤][⑥] 《蕭雲從年譜》，見沙鷗：《正在舒展的畫卷——蕭雲從評傳》，上海：上海文藝出版社，2006年，214頁。
[⑧] 宋起鳳：《稗說》卷三《蕭尺木畫學》，見中國社會科學院歷史研究所明史室編：《明史資料叢刊》第二輯，南京：江蘇人民出版社，1981年。
[⑨] 宋起鳳：《稗說》卷三《蕭尺木畫學》，見《明史資料叢刊》第二輯，1981年。

自己所説:"老焉學虛恬,養生貴天得,無事銘藥盦。展卷揩鬆幾……大悟始沉漸……明霞餐百尺,不飲也厭厭。"①他專心致志於詩、書、畫的研究創作,五十歲完成《離騷圖》,五十三歲完成《太平三水圖》。"六十歲外纔明太史公律書,以易逆數法得三合四氣五行及十九年七閏日食星變占推之法,著有《易存》之書。"②蕭雲從一生著述甚多,除《易存》外,文獻還記載有《韻通》《杜律細》《梅花堂遺稿》,惜均未刊行。今僅見抄本《易存》、③《韻通》。④

二、四庫提要有關《易存》表述訂正

自清康熙以降,凡志書記載蕭氏,均曰其著有《易存》。《四庫全書總目提要》曰:"易存無卷數,大理寺卿王昶家藏本。國朝蕭雲從撰。雲從字尺木,蕪湖人。前明崇禎己卯副榜貢生。是書乃雲從年八十時所撰。"⑤

這段話,有二個問題需要進行一番辨別。一是蕭雲從生卒年,二是蕭氏的里籍。首先文曰蕭雲從《易存》爲八十歲所撰。然蕭雲從的生卒年,昔日文獻均沒有明確記載,清代較早的幾本史籍《國朝畫徵錄》、⑥《圖繪寶鑒續纂》、⑦《讀畫錄》⑧中皆無明確記載。但可從現存的蕭雲從傳世作品的署款及著錄款識中推斷出來。

有明確記載生卒年的,僅爲乾隆末年成書的《于湖畫友錄》⑨中。且自稱爲蕭雲從同鄉的黃鉞謂之:"卒於康熙七年己酉,年七十八。"按康熙七年爲戊申,西元1668年,己酉年是西元1669年。

然從現存蕭雲從的畫迹中可以找到幾種證據,證明黃鉞的記錄錯誤。

其一,蕭雲從經常使用的二方印章,一曰"歲丙申生"(陰文),⑩一曰"前丙申生"(陰文)⑪(查蕭雲從同時的新安畫家查士標等人,也常在畫上鈐上自己生年的印),丙申是西元1596年,爲明萬曆二十四年,這與黃記顯然不合。

---

① 蕭雲從:《百尺明霞圖》,上海博物館藏。
② 蕭雲從:《易存》一卷,清抄本,浙江圖書館藏。
③ 浙江圖書館藏清抄本《易存》。
④ 北京圖書館藏清抄本《韻通》。
⑤ 永瑢等撰:《欽定四庫全書總目提要》卷九,北京:中華書局,1997年,第71頁。
⑥ 張庚:《國朝畫徵錄》,乾隆四年刊本。
⑦ 《圖繪寶鑒續纂》,清借綠草堂刻本。
⑧ 周亮工:《讀畫錄》,乾隆六年魚付抄本。
⑨ 黃鉞撰,陳育德等點校:《壹齋集》,黃山:黃山書社,1999年,779頁。
⑩ 蕭雲從:《秋林出雲卷》,見陸心源:《穰梨館過眼續錄》卷十三,清光緒十七年刻本。
⑪ 《蕭尺木山水軸》,見龐元濟撰:《虛齋名畫錄》卷十,烏程龐氏1909年刊本。

其二,查蕭雲從畫迹,如廣東省博物館所藏蕭雲從《梅石水仙圖》軸上,自署:"戊申冬,七十三翁雲從。"(此圖被公認爲真迹,曾刊於《廣東省博物館藏畫集》中)以此推算,亦當生於 1596 年。

其三,《石渠寶笈續編》"乾清宫"册,①所録蕭雲從畫《秋山行旅》一卷,有款文曰:"……今予年六十有二,重一相遇……丁酉(1657 年)花朝題,鐘山蕭雲從。"以此推之,亦當生於 1596 年。

其四,《虚齋名畫録》卷十記有《蕭尺木山水軸》,識曰:"胡公九十好林居,三十年前老秘書……文章善後延松鶴,敬爲胡公賦遂初。曰從先生長余十二歲,别三十年,偶來金陵拜瞻幾枝,年開九秩,人景千秋,猶鎸小印,篆成蠅頭,神明不隔,真壽徵也,丁未九月區湖七十二弟蕭雲從詩畫呈教。"丁未是 1667 年,是年七十二歲,前推也正好是 1596 年丙申。又,曰從即著名的十竹齋主人胡正言,安徽休寧人,後寓居南京,以創制《十竹齋書畫譜》《十竹齋箋譜》等聲溢藝林。胡生於萬曆壬辰(1584 年),向無疑義。按蕭雲從"曰從先生長余十二歲"推算,仍是 1596 年。因之,蕭雲從生年當以 1596 年爲確。其他有紀年款識的繪畫真迹,都可以推算出生於 1596 年,不一一舉證。

蕭雲從卒時七十八歲,《蕪湖縣志》、②《畫友録》等文獻皆作此説,向無疑據。考之蕭雲從畫迹以及其他方面的佐證,此説可信。故知蕭卒於西元 1673 年,其時爲清康熙十二年。故而證明四庫所記應有誤。

那麼,四庫提要是依據什麽説《易存》是他八十歲所撰呢? 查閲抄本蕭雲從《易存》,原來蕭雲從在《易存》四學開篇之首文末有落款"己未八月七日"字樣,想必是依照此落款所下結論。

既然是四庫所誤,因而所依據的抄書也誤,誤將"乙未"抄爲"己未"。若是"乙未",即與蕭雲從所云"至六十歲外……著有《易存》之書"相合,乙未爲 1655 年,恰爲蕭氏六十歲。

其次,蕭雲從的里籍在《四庫全書》裏記載有所出入,一爲四庫全書提要《易存》篇,記爲蕪湖人,二爲《欽定補繪蕭雲從離騷圖》篇記爲"當塗貢生"。故而導致後人爭議。那麽究竟是何地,筆者在《蕭雲從與姑孰畫派》③一書證爲當塗人,均有詳細考證,不一一贅述。然四庫記爲蕪湖人應以居住地而言,記爲當塗是針對蕭氏出生地而言。

---

① 《石渠寶笈續編》,民國譚氏區齋影印本。
② 《蕪湖縣志》卷十三《人物志·文學》,清嘉慶本;《蕪湖縣志》卷五十《人物志·文學》,民國本。
③ 沙鷗著:《蕭雲從與姑孰畫派》,合肥:黄山書社,2014 年。

三、清抄本蕭雲從《易存》考略

　　抄本《易存》現藏於浙江圖書館，爲蕭雲從弟子方兆曾所抄。抄本爲行楷字體。按"方兆曾，字沂夢，號省齋。其先世新安莫考，兆曾流移避地（蕪湖），性孤介。……蕭雲從尺木暮年一見，深契之，輒不朽事相托。……又嘗客游邗上，與征逐者絶迹往來"。① 又蕭雲從在《易存》自序中也云："此書無一人寓目……惟方沂夢、汪梅崖讀之。"故而此抄本真實不虚。

　　方兆曾與蕭氏有過交往，并爲蕭氏弟子，有許多資料可以證明。美國洛杉磯博物館藏蕭雲從《山水長卷》爲蕭氏六十歲所畫，跋文有記："乙未三月十七日，沂夢先生以藏墨二笏，下易余畫。乃歸山寺，解衣静坐紛披，五日擱筆，而風雨大作時，心寂抈間，遂多稱意，蓋不務修飾，獨攄性情也。昔吾家潁士梅花詩云'醜怪驚人能嫵媚'，此語與寫山水甚合。第世人畫山水務墨氣而不知筆氣，余見大癡全以三寸弱翰爲千古擅場，雖復格纖皺以蒙茸雜亂，而力古勢健，流覽而莫盡者，筆爲之也。沂夢爲詩畫宗匠，勉以小幅應教，必有鑒於驪黄之外者矣。"

　　方兆曾尾跋："尺木先生嘗教予以六法矣，曰：世人知有墨氣，而不知有筆氣，故濃淡遠近以語境界則可，而情致風韻非運腕之妙不能語也。予雖領其言而未獲師其意，每用自歉。今觀此卷，姑無論丘壑佈置、亭館安頓之妥，想見握管揮毫時，實有一種自得之趣，今人不可企及者爲之也。先生游心此道凡五十餘年，而後入是三昧，豈近日偶然盤礡者所仿佛？秘此卷，在其矜慎之。省齋方兆曾漫識。"

　　此後過了兩年，方沂夢又奉紙上門求教，蕭雲從再次畫山水立軸一幅給了他，還題詩贊揚他："筆墨之耕倩石田，洮泓冷碧積寒煙。先生自愛春流水，池上融冰寫太玄。"并謙虚地說："隨手應教不足觀也。"②

　　從佳士得香港有限公司 2007 年秋季拍賣會 0935 號蕭雲從立軸設色紙本《洗硯圖》知，戊戌冬方兆曾携蕭雲從《洗硯圖》至金陵梅庵。上有方兆曾跋文如下："幽人寫圖畫，雅意娱山林。清溪動寒流，陽波藹層陰。點筆臨石欄，灑研當芬潯。化此世外想，逸致良可尋。藏我行笈束，不減雙南金。道逢玄契心，相賞有同心。披軸一展玩，意在立壑深。分手脱相贈，至物獲所欽。卧游自此其，蕩然滌塵襟。此尺木先生爲余所作《洗硯圖》也。戊戌冬季，携至金陵，悔崖尊姑丈見輒欲之，因割愛以贈。昔南宫强攫祇益俗懷靈寶深藏，實增癡態，吾兩人故不作此論也。方兆曾識。"可見蕭氏與方兆曾的關係感情有多深，方兆曾對其師的畫作有多喜愛。

---

① 清康熙十二年《太平府志》卷二十九《人物志·流寓》。
② 蕭雲從立軸設色紙本山水《洗硯圖》，佳士得香港有限公司 2007 年秋季拍賣會 0935 號拍品。

蕭雲從在《易存》自序中不僅叙述了他治學的經過也確定了《易存》完成的時間："余自八九歲從師講《孟子》六律五音，便欲學習，然亦自解詁章句已，而後閱大全，蓋不作解詁，欲深明其事，恨無有共業者，二十五六猶懵懵也。復從《左傳》《國語》《史》《漢》注疏、歷代志論及程、朱、邵、蔡所著，廣爲閱心，亦只作理道觀，因學算術及歌唱、琴筝、簫管，無不習之精熟，雖優人宮譜、南北韻會亦講習焉。乃至三十六歲，爲辛未冬矣，忽然悟子産七音六律以奉五聲，寒夜舉火以識其圖，遂爲泄古今之秘，而樂律之書雖充棟何益耶？至六十歲外，纔明太史公律書，以《易》逆數法得三合四氣五行及十九年七閏、日食、星變占推之法，著有《易存》之書。"并説明"其鈔本者亦數十人"。并云其《易存》名之緣由。"嘗慨《元史》《天文志》曰：璣衡之志載於《書》，日星霜雹之災異載於《春秋》，慎而書之，非史氏之法當，然固所以求合於聖人之經者也。第輒中亂年衰，不能整齊，徒皇皇也。蓋理本於《易》，天地定位，八卦爲十干十二支六十四氣三百六十五度，推以律元，原以卦氣，卦以兩起數，律以三起數，表裏致用，因名爲《易存》。"

蕭氏在序言中對弟子們有所贊賞："(蕭氏)著有《易存》之書。此書無一人寓目……惟方沂夢、汪悔崖讀之，皆透徹底裏，各覃精思……藉是明吾道之……"

方兆曾也確實對蕭氏《易存》有獨特見解，他在序言中云："《易》之爲道，五行陰陽而已。陰陽五行，未嘗一日不在天地，則《易》固未嘗一日不在天也。《易》何以亡？亦亡於人之心也云爾。聖人灼見，古今之事難億，類不齊而莫不本於自然之理，舉一以該萬，即始以見終，於是竭其心思，以寄耳目於天下後世，今天下後世皆得以聞其所聞，見其所見，而聖人之心思不越是矣。夫《易》以《河》《洛》統數，而律曆之用由此以生，聲音象數各協其致而相通焉。後人棄本逐末，穿鑿附會，弊端雜出，其夫益遠，其鋼益深，遂使聰明之士束縛於其中而不可解，談理著書幾如聚訟，將不息之餘蘊數千年，而誰抉之乎？"更是對師蕭雲從之著倍加推崇："無悶先生以絶人之智，運博物之思，深觀天下之理，於是著《易存》一書。凡夫律吕、曆象、蓍策、占變之法，器數精熟，潛心會悟，臻極其妙，義意深微，一掃前人之藤葛，天道、人事昭然可見，是故由鐘吕而得三合之原則，知本於天、日、月之相會，而隔八月相生，爲有用之學矣。由律書而得兩截之算，則知備乎律法卦氣而三九二八無差忒之數矣。由律數之統於《河》《洛》，則知通夫曆度歲差而十有九章得盈虛消息之故矣，以七音而奉五聲，而變宮變徵之説誕矣，知黃鐘之無定在而候氣截管之術疏矣。探始索源，無不出以精微平正之論，直欲振天下之聾瞽而開其聰明焉。大抵習器以遺理伶倫之故事，執理而昧氣儒者之常談，自非本末兼該烏能合體用而一之以探，造化之妙有如是耶！"并謙虛地説："以予之頑鈍，其受益於先生者，如六書五經之學，所著編集心領神契皆能獲夫精確之所在，因於是書之奧亦有所窺，姑舉其大略，以見誦法之端，要訣指歸，終不外陰陽五行之用,以本於《易》,尤欲與有志之士講明其説而廣推焉,庶幾神而明之,將天下之理無往而不存矣。孰謂《易》道之在人心而有異旨哉?新安後學方兆曾拜撰。"

蕭氏《易存》,按蕭氏自序,無刻本。在當時"其鈔本者亦數十人"。現浙江圖書館所藏抄本《易存》魚尾處有"樞原藏本"字樣,想必此藏本已不再是王昶所藏本,可能較王昶之後本,因抄本之末後,刻有《四庫提要存目》文字。此抄本前有方兆曾序,蕭雲從自序。正文開篇爲"易存四學"弁言。"稱學者先讀《易》卦爻詞、《大傳》蓍法,次學卦氣以及支干陰陽、五行生克、氣運衰旺,次學算歸、除、因、乘,次學音律、詞曲、聲調、管弦以及翻切諸法方得。"①由二十六篇論文組成。論文標題爲《論洛書圖合方卦爲算術》《論九十合一而洛書即運算元之數》《論筮法曆法同爲之前用》《論大衍之數與堯典禹疇律呂以證三合之原》《論河洛交錯爲曆律之堯論》《論河圖之數而折乘於律》《論河洛合一而統於律呂之數》《論易象律數合一爲曆元》《論圖書豳風備乎律學》《論六合雖本日月合朔寔分姤複以建律元》《論三合從日月六合之辰衆非律呂上下之生無從見》《論三易得律理之偏全》《論史記律數有兩端爲合一之用》《論卦律三合之數始》《論陽六律陰六呂因數以分》《論律元九九之數用八十一歸除之而成三合》《論卦氣八八九數用六十四歸除之而成三合》《論八九之數爲六合三合同一歸法》《論易律必逆數乃神》《論律九九之數》《論卦八八之數》《論卦律合而虛中五十之神》《論律三合藏造曆之法爲有用》《論卦氣歲差同於律數》《論歲差當本卦氣律元以立法》《論二十八宿昏旦所見爲律呂上下相生之證》。其中《論歲差當本卦氣律元以立法》裏,附有《十歲之日至時藝》之"求月法""求節氣法""求閏法""求時法"。

其内容正如四庫提要所言:"以數言《易》,而其數乃以律呂、曆算爲宗,旁及於三命、六壬之術。"②對於蕭氏所論,四庫提要評價認爲"其説頗屬支離"。進而批評云:"夫奇偶陰陽爲萬事萬物之根本,故《易》道廣大,推之無所不通。律呂爲《易》中之一理,非因律呂作《易》,亦非因《易》作律呂也。曆算亦《易》中之一理,非因曆算作《易》,亦非因《易》作曆算也。即以醫術而論,榮衛者陰陽也,七竅者奇偶也,心腎者《坎》《離》之宅也,其消長則《姤》《復》之機,其升降則《既濟》《未濟》之象也。至於五運六氣、司天在泉,無一不與《易》理通。亦將曰因醫有《易》,因《易》有醫乎哉!"③這可能就是四庫只存目而不收的真正原因。

【作者簡介】沙鷗,男,1963年生,安徽當塗人,馬鞍山市文聯四級調研員,兼任華南理工大學中國版畫研究所副所長、研究員,主要從事文獻學、書法、繪畫等方面研究。

---

① 《欽定四庫全書總目提要》卷九,第71頁。
②③ 《欽定四庫全書總目提要》卷九,第71頁。

從關中書院典籍整理談文獻在"關學"研究中的重要作用

高葉青　劉康樂

中國文化源遠流長,延續至今,已經有幾千年的深厚積澱。而這種文化的傳承與發揚與各種形式的教育和機構設置密不可分。"教學",是中國文化始終堅持的主要傳承方式。我國古代教育機構從大的方面來講,分爲"官學"和"私學"兩種,而書院是其中重要的組成部分。書院既有官辦,也有私辦,自唐至清末存在了一千多年,在中國古代教育史上扮演了極其重要的角色,在宋明理學的弘揚及學術思想交流方面起到了不可或缺的作用。作爲一種特殊的機構,書院的功能經歷了一系列的演變,例如祠祀先賢、修書或侍講、教育生徒、學術研討、藏書刻書等。[①]

一、陝西古代書院初步統計

陝西歷史悠久,文化底藴深厚,是中華民族的搖籃和中華文明的發祥地之一,是古代中國的政治、經濟、文化中心之一。其境内書院的興衰存亡,與全國其他區域書院的發展狀況及時代密切相關。據不完全統計,以當前行政區劃而言,陝西境内的古代書院如下所列:[②]

西安市及所轄區縣約有23所,分別爲關中、正學、養正(崇化)、魯齋、少墟、横渠、渭北、居善、驪山、白鹿、柳塘、漢陂、二曲、明道、瀛洲、芸閣、秦關、玉山、集賢、對峰、渭上、涇野、景槐書院;

寶鷄市及所轄區縣約有22所,分別爲岐陽、東横渠、西横渠、鷄峰、石鼓、金臺、岐陽、

[①] 高葉青:《關中地區古代書院概況及功能探微——以書院藏書與刻書功能爲主》,《寶鷄文理學院學報(社會科學版)》2013年第2期,第41頁。

[②] 按,凡創建之後又更名者,算一種,加圓括號注明;凡名稱相同但隷屬地不同的,加圓括號注明;在原書院基礎上重修後更名且横跨幾個時代者,以時代靠前者爲準,加圓括號注明。

文憲、崇德(文明)、三王、三公、鳳鳴、董仲舒、麟東、鳳棲、鳳儀、岍山、五峰、鳳起(正誼)、啓文、多賢、鳳翼書院；

咸陽市及所轄區縣約有 26 所，分別爲渭陽、槐里、宏仁、翠屏、緑野、有邰(静山)、東里、西麓、飲鳳(驁南)、星聚、煙霞、紫陽(乾陽)、乾陽、瀛洲、涇幹、味經、崇實、正誼、學古、宏道、嵯峨、紫薇、宜山、樂育、石門、雲陽書院；

渭南市及所轄區縣約有 49 所，分別爲正學、五鳳、香山、像峰、渭川、酒西、渭陽、景賢、蘿石、龍門、少梁、古柏、四知、太華、仰華、雲臺、新城、南湖、通川、西魏、錦屏、金粟、東壁、頻陽、水東、玉泉、壺前、育英、豐登、馮翊、西河(大荔縣境内)、華原、友仁、文介、鏞陽、明新、鳳山、關西(潼川)、明德、城隍、彭衙、正學、崇禮、堯山、西河(合陽縣境内)、古莘、華山、秀峰、少華書院；

銅川市及所轄區縣約有 5 所，分別爲崇正、問以、潁陽、文興、文正書院；

延安市及所轄區縣約有 29 所，分別爲嘉嶺、龍溪、夢雲、楊公、雲峰、雲岩、趙公、育英、和鳴、金鳴、時雨、永康、正學(丹山、瑞泉)、敬學、汾川、文山、筆峰、正誼、文廟、育才、定湯、橋山、新樂、蘋生、登峰、西山、龍山、雕陰(經正)、朝陽書院；

榆林市及所轄區縣約有 16 所，分別爲榆陽(頤貞、興文)、榮河、希文、懷陽(固陽、岩緑)、龍圖(崇正)、新城、定陽、衞道、雕山(文屏、重文)、龍文、龍泉、龍潭、成德、筆峰、興文、正鄉書院；

安康市及所轄區縣約有 14 所，分別爲仰山、文峰(關南)、嶺南、敷文、錦屏(五峰)、仙峰(東來)、石城(銀屏)、天池、太乙、洵江、育英、城内(全城)、嵐河、三山書院；

漢中市及所轄區縣約有 22 所，分別爲興元、連雲、定淳(武康、洋州)、樂城、南鄭縣(漢南)、嘉陵、沔縣、廉泉(高臺)、振文、漢源、啓賢、班城、作新(正宜)、龍崗、留河(紫柏)、崇德、桂林、斗山、迎秀、中梁、天臺、豐寧書院；

商洛市及所轄區縣約有 8 所，分別爲商山、洛源、冠山(崇正)、青山、豐陽(山陽)、安業、義川、薰德書院。

以上所列陝西境内的古代書院共計約 214 所，時代跨度大，數量衆多。宋代關學創始人眉縣張載曾受聘爲長安學宫教授，他"語學而及政"，主張"學則須疑""頑强不息""學爲聖人"。後世關中儒者多繼其講學傳道文風，書院便成爲他們傳播儒家思想、培養人才的主要場所。馮從吾在關中書院講學多年，治學主張調停朱王，互救其失，力圖恢復本旨，務使關中之學秉承儒家宗旨。當時影響很大，時常幾千餘人濟濟一堂，相與講心性之旨。關中書院先後培養了一大批優秀人才，《關中書院科第題名記》中，所記載自明萬曆"辛卯甲午後,科第濟濟稱盛"。① 後來,關中書院教學重考課舉業,"關中鄉省中式膺館選者大半皆書院之士,一時稱盛事焉"。魯齋書院創立之初,主持教事的是"以書經魁鄉校"的奉元學者同恕,"先後來學者殆千數"。② 正學書院於萬曆十三年(1585)許孚遠督關中之時,聘藍田王之士、長安馮從吾共同"講切關洛宗旨","多士興起"。③ 柳塘書院爲金朝末年學者楊焕因進士落榜,隱居於户縣終南山下的柳塘教授生徒時所創建,當時遠近從學者上百人。

　　總之,書院承載了關學文化傳播的歷史使命,培育了衆多優秀的關學人才。由於代遠年湮、兵燹毁壞以及時勢之需,這些書院或遭毁棄蕩然無存,或改作他途,現存者已寥寥無幾,與其相關的史料也非常稀少,散見於方志、碑石及文集等鄉邦文獻之中。資料的零散匱乏以及主觀意識的不重視,是造成陝西古代書院研究滯後的重要原因,而文化興盛且資料充裕的南方江浙等地則是另一番景象。兩相對比,令陝西學人頓生唏噓之嘆。因此,要想將關學研究得更爲深入,搜集整理與陝西古代書院相關的史料,其重要性不言而諭。筆者多年來一直關注陝西古代書院的相關研究,曾申請到陝西省社會科學院2012年度青年課題資助項目"陝西古代書院研究",并撰寫了論文《關中地區古代書院概況及功能探微——以書院藏書與刻書功能爲主》。在研究本課題之際,梳理了陝西古代書院的相關資料,在這些書院之中,以關中書院最爲重要,影響最大。關中書院坐落於西安市南門裏(現爲西安文理學院北校區),先後有多位名儒大師在此講學傳道,爲促進關學的傳播與發揚作出了不可磨滅的貢獻。基於前期研究,筆者與課題組成員又成功申請到陝西省"十二五"規劃重大項目和陝西省社科基金重點項目《陝西古代文獻集成》子項目"《關中書院志》及相關典籍的整理"。本文結合這一項目的申請及研究情況,略述與關學相關的幾個問題。

二、《關中書院志》及相關典籍整理

　　在關注陝西古代書院的基礎上,認識到書院這一特殊機構在關學文化傳播及關學人才培養方面的重要作用,進而發心整理與書院相關的文獻以供學界研究之需,是課題組成員近年來的大致工作思路。目前所見各種書院整理成果,例如《中國書院史》《中國書院制度研究》《中國書院史資料》《中國書院學規集成》均以全國書院爲範圍,進行縱向整理,分

---

① 馮從吾:《少墟集》,見影印文淵閣《四庫全書》本,第1293册,251c頁。
② 《少墟集》,345c頁。
③ 劉於義:《陝西通志》,見影印文淵閣《四庫全書》本,第552册,407c頁。

門别類,或側重"史",或側重"制度",并未以一種書院爲座標,窮盡搜集其相關資料。國家社科基金重大項目"中國書院文獻整理與研究"(項目編號:15ZDB036),採用影印的形式,彙集了一些書院文獻。《中國書院文獻叢刊》(第一輯)①第 96—100 册,影印了《關中書院志》(明萬曆刻本)、《關中書院課士詩》(清道光二十三年刻本)、《關中書院課士賦》(清道光二十三年刻本)、《關中書院試帖》(清道光三十年刻本)、《關中書院課藝》(清光緒十四年刻本,卷1—3)。這五種影印本只是關中書院的部分文獻。楊遠徵的《陝西古代書院研究》,②以時代爲順序,從歷史、講學、制度等方面對陝西古代書院進行了研究,是這一領域較具代表性的成果。但該文在撰寫過程中所參考的文獻,大多是正史、類書、明清筆記、方志及近現代人所編纂的資料集,并未深入挖掘陝西各書院的精細資料,無法從中了解每所書院的完整情況以及與其他書院之間的關聯。因此,整理陝西古代書院文獻非常必要,惟其如此,纔能將研究引向深入。《關中書院志》及相關典籍的整理,正是這一工作思路的實踐。本次整理的形式是"校點",儘可能搜羅彙集了與關中書院相關的典籍,使其集於一本,以便於研究者參檢。爲使眉目清晰,校點者依據内容,將所整理的典籍進行了分類編排,大致分爲四部分,即志書、語録類、課藝、書目類,規章制度類,以及附録部分。這是學界首次對關中書院相關文獻的彙集整理。現擇其要加以介紹:

《關中書院志》 明何載圖輯纂,凡九卷。國圖藏明萬曆年間畢懋康刻本(膠卷),即爲本次整理所依據之底本。黑口,單黑魚尾,半頁 9 行行 18 字,左右單邊。志中有多處漫漶不清,且有幾處缺頁。卷首爲崔應麟序(缺第一、二頁),編纂姓氏、關中書院總圖和關中書院圖,無目録。卷一公移,收録了西安府、陝西等處承宣布政使司、陝西等處提刑按察使司自萬曆三十七年(1609)十月初七日至萬曆三十九年(1611)十二月二十九日所頒行的九篇公文,這些公文記録了當時官府對關中書院宣導道德仁義,盡徹性命之精斷,潛消鄙吝之習,引領關中風教的宗旨的肯定,并寄以厚望,"以爲關中人士講學之所","誠育才之藪,且得有道爲之依歸,將見豪傑蔚起";對書院的創建者馮少墟給予了高度的肯定,"先生身任綱常","潛心理學,明道淑人,續横渠之遺風,提儒門之正印"。公文明確了書院地產房屋歸屬及四至、書院公田、坐具茶餅之費由公家勘定撥發,西安府長安縣還請善書之人書寫"關中書院""允執堂"兩塊匾文,備列司道官銜,刊刻懸掛,以示興起斯文、表章學術之意。由此可見關中書院在當時的影響及所受到的重視。卷二建造,記録了關中書院的建築佈

---

① 鄧洪波主編:《中國書院文獻叢刊》,北京:國家圖書館出版社、上海:上海科學技術文獻出版社,2018年。按,筆者與項目組成員前期調查各種版本時,是在 2014 至 2015 年,早於《中國書院文獻叢刊》三四年,曾奔赴國家圖書館、天津圖書館、陝西省圖書館、陝西師範大學圖書館、商洛少兒圖書館、三原縣圖書館等地,因有些古籍不提供全本複製及項目經費有限,只能就地抄録、核對,其中艱辛,至今回味,記憶猶新。

② 楊遠征:《陝西古代書院研究》,陝西師範大學碩士學位論文,2005 年。

局及牌匾楹聯内容、撰書者等。卷三學約、會約、諭俗。擇取朱熹白鹿洞書院教規中的五教之目、爲學之序、修身之要、處事之要、接物之要,作爲關中書院的學約。會約則規定了會期時間、講論禁忌(包括内容、人際交往)等各項,側重綱常倫理之學,要求學生修身養性、謹言慎行、戒奢崇儉。諭俗展示了關中書院開門辦學、有教無類的理念,凡有志向之農工商賈均可來聽講,并以"作好人、存好心、行好事"作爲教育的宗旨。卷四講章、士戒,士戒與會約内容相類,也是對書院學生行爲的規範。卷五關中書院記,馮從吾自述創建關中書院始末及相關重要人員。卷六收録了若干首時政要人的賀詩,關中書院各處楹聯,從關中書院八景(聖域聳瞻、羲臺啟秘、豐芑發祥、白鹿芳蹤、中南新霽、清渭流長、雙閣凌霄、方塘活水等)詩中,可以窺知當時書院的規制及園林設計之匠心、所藴含的文化。卷七公田。卷八書籍志,記録了關中書院藏書的名目、數量及來源。卷九器物,相當於關中書院的可移動財産清單。

《關中書院語録》 以《少墟集》卷十二所收録之《關中書院語録》爲底本,并參照了《中國歷代書院學記》。① 不分卷,以問答的形式,對道心、人心的概念及二者之間的辯證關係等問題進行了富有哲理性的辨析。

《(光緒)關中書院課藝》 所用本子係光緒十四年(1888)關中書院藏板刻本,内封題"關中書院課藝志學齋附 本院藏板"。牌記位於内封次頁,題"光緒歲次戊子孟秋上澣開雕"。清柏子俊選刊。卷首爲撫陝使者皖懷葉伯英序、長安柏景偉序、目録,未明確分卷,以四書文、五經文、賦、論、説、序、書後、解、辨、考、議、贊、詩、演算法等體裁爲目,統轄若干優秀作品,作爲範本,供書院學生研習。陝西師範大學圖書館亦藏有兩種名爲《關中書院課藝》的本子,經實地考察,與本項目所整理的本子屬於同名異書。一種爲清童槐訂,清嘉慶二十年(1815)終南仙館藏板刻本,内封題"關中書院課藝 終南仙館藏板"。白口,四周單邊,單黑魚尾,除一篇序言(嘉慶乙亥蘇成額序)及目録有欄綫外,正文無欄綫。一册。另一種爲清孫山長評選,清道光二十一年(1841)文筠堂刻本。内封題"關中書院課藝 孫山長評選 文筠堂藏板 翻刻必究 道光辛丑年刊",朱墨套印本。白口,單黑魚尾,除序言(道光辛丑長白富呢揚阿撰)一篇及目録有欄綫外,正文無欄綫。一册。爲避免閲者迷惑,故在本次所整理的《關中書院課藝》之前冠以"光緒"二字,以示區別。行文至此,有一點需要説明。當初《陝西古代文獻集成》(第一輯)擬收録書目中,僅有《關中書院志》一種,由於筆者向項目主持人賈三強教授提交了建議書,故此纔得以將其他幾種與關中書院相關的資料一併收入。調查文獻時,由於疏忽,未發現嘉慶、道光兩種《關中書院課藝》,及至

---

① 王涵主編:《中國歷代書院學記》,北京:首都師範大學出版社,2010年,第143—148頁。

發現時,已經立項,無法再加進去,也無法再以此單獨申請《陝西古代文獻集成》第二輯的整理項目,至今心有愧憾。如果有機會,將嘉慶、道光、光緒三個時期的課藝一併整理,必定會對研究關中書院考課情況大有裨益。

《關中書院課解》　清孫景烈著,孫燮錄、瑪星阿校刊。以陝西省圖書館所藏乾隆二十六年(1761)滋樹堂藏板刻本爲底本。内封題"乾隆辛巳孟冬刊　滋樹堂藏板"。卷首有《刻太史孫西峰先生課解序》(瑪星阿)、《西峰先生課解後序》(張洲百)。正文分爲五卷,逐句對《論語》《孟子》進行解讀。

《關中書院賦課》　清劉維湦讀。以道光十八年(1838)本爲底本,簡稱"原本"。此本内封題"關中書院課士賦　道光戊戌嘉平月鋟板",白口,單黑魚尾,四周單邊,半頁9行行22字,除序文及目錄外,正文無欄綫。以道光二十一年(1841)來鹿堂本(簡稱"來鹿堂本")及道光二十三年本(1843)本(簡稱"三原本")爲對校本。原本與來鹿堂本均藏於陝西師範大學圖書館古籍部,三原本藏於咸陽市三原縣圖書館。來鹿堂本、三原本"弦"字均缺末筆。"關中書院課士賦(内封題名)",即"關中書院賦課(卷首題名)"。不分卷,内容包括劉源灝序、關中書院賦課目錄及二十餘篇賦。每篇賦之後,均有三部分内容,即針對具體句詞的簡練評語、對全篇賦的品評及引經據典解讀賦中的關鍵字詞。

《關中書院課士詩》　清路德輯注。本次整理對象爲光緒六年(1880)興文堂刻本,白口,單黑魚尾,四周單邊,半頁9行行25字,版框16.5厘米×11.7厘米,開本22.6厘米×13.3厘米。内封題"關中書院課士詩　較正無訛"。《關中書院課士詩》有多種版本,例如清道光十八年(1838)裕和堂藏板刻本、道光二十一年(1841)來鹿堂藏板刻本、道光二十三年(1843)文筠堂書局刻本、道光二十三年仁在堂藏本經餘堂刻本、咸豐元年(1851)來鹿堂刻本、同治八年(1869)仁在堂藏板聚興堂刻本、光緒六年(1880)文義堂梓、光緒十年(1884)聚原堂刻本、光緒二十一年(1895)書業德刻本等,除此之外,還有很多,可見此書刊佈之多、流傳之廣。本次整理,僅於其中擇一種刊印精良、文字舛誤較少的本子進行整理。據路德序稱,《關中書院課士詩》是從三原宏道書院和關中書院兩所書院中士子所作詩賦中"擇其佳者,改而梓之,以爲多士勸"。至於書名冠以"關中",是因爲"凡宏道士子亦皆關中人也"。《關中書院課士詩》分爲上下兩卷,書前有路德所撰序,正文編排結構與《關中書院賦課》相同。

《關中書院試帖》　清童槐輯。清同治間刻本,中國國家圖書館有藏,《今白華堂集》收錄。童槐(1773—1857),字晉三,一字樹眉,號萼君,浙江鄞縣(今寧波)人,頗有詩才,每脱稿,人爭傳寫,才筆踔絶,醖釀尤厚。他曾於清嘉慶二十年(1815)主講關中書院,"衡文之暇,拔士之尤者數十人,專課以試帖,旬日一舉,日辨體裁,譜聲律,孜孜講解,不少倦"。這部《試帖》即是他從衆多舉人、廩生、增生、蔭生等平時所作詩文中選拔出來的代表作。

《關中書院志學齋藏書目》 清梅鬱九等編,内封題"志學齋儲書目　梁積樟題籤",光緒十七年(1891)關中書院刻本。卷首彭懋謙序,叙述治學齋修建緣由及編纂本書目的。志學齋簡明章程四條,相當於治學齋圖書管理、借閱的規章制度,第四條還指出了圖書閱讀的方式方法。正文以經、史、子、集、類書、叢書爲分類標準,每種包括書名及典藏册數。此外,還有舊存殘雜諸書目録、院内刊存書板目録、志學齋續購書目。關中書院治學齋的藏書可謂豐沛,楹櫥累櫝,牙簽四溢。書院藏書或刊印書籍的對象,主要包括五種:第一,教學所需之儒家經典,例如程朱理學之類的書籍;第二,歷代先儒大師的經典著作及山長的著作,以廣流傳;第三,彙集刊印歷史上重要的叢書、文集;第四,有關自身書院歷史的書籍;第五,本縣志書或本縣籍人士所著之書。① 通過這些藏書,可以了解當時關中書院在培育學生方面的書籍涉獵範圍、價值取向,還可爲陝西古代書院藏書、刻書功能的研究提供佐證。

本項目除了對以上八種典籍進行校點之外,還在附録部分整理了《關中書院學規》《關中書院志學齋學規》《關中書院會約》《關中書院學程》《關中書院學約》《關中書院科第題名記》《寶慶語録》等與關中書院密切相關的單篇文字。

三、馮從吾與關中書院

關中書院的創建,與一個人密切相關,那就是人稱"關西夫子"的儒學大師馮從吾。馮從吾(1556—1627),字仲好,號少墟,今西安市長安區杜曲鎮馮家村人,明神宗萬曆十七年(1589)進士。據《明史》卷二四三《馮從吾傳》記載,他爲人耿介,爲官清廉,心繫社稷,不畏權貴。馮從吾的家學淵源,與他的外祖父劉璽密不可分。《陝西通志》卷六三《儒林·劉璽傳》:"劉璽,宜川人,賦性端方,博覽群書……以道學自任,不急進取,徙家長安,教授諸生,人爭師事之,關中以理學名者多出其門。馮從吾,璽外孫也,少時,璽口授五經,昕夕誨育,其後竟傳其學。"②馮從吾曾拒閹人修刺之謁,發禮科都給事中胡汝寧之奸,抗章指斥神宗"郊廟不親,朝講不御,章奏留中不發試"之過,③懲治長蘆鹽商之劣,創建關中書院與首善書院,善政善行,不可枚舉。

馮從吾中進士之時,已届三十四歲之齡。萬曆二十年(1592)正月,上《請修朝政疏》,

---

① 高葉青:《關中地區古代書院概况及功能探微——以書院藏書與刻書功能爲主》,《寶鷄文理學院學報(社會科學版)》2013年第2期,第46頁。
② 劉於義:《陝西通志》,見影印文淵閣《四庫全書》本,第554册,第758b頁。
③ 馮從吾:《少墟集》,見影印文淵閣《四庫全書》本,第1293册,316b頁。

指斥神宗之過,有"困曲蘖而歡飲長夜,娛窈窕而宴眠終日(《名儒言行錄》卷十《馮從吾》)"等語,險遭廷杖,閣臣力解得免,馮從吾悲憤之下,請求辭官回鄉。萬曆二十年(1592)四月二十一日,上《請告疏》,以身體不適爲由,請求辭官歸鄉。回鄉之後,馮從吾自述生活是這樣的:"余自壬辰請告,杜門謝客,足未逾閾者三年,自藥裏外,惟以讀書遣懷,無它營也。間有二三同志及伯兄月夜過存,相與講孔曾、思孟之學,辨析疑義,嘗至漏分,或撫琴一曲,或歌詩數首始別,蓋忘其身之病而亦忘其寒暑之屢更也。"(《少墟集》卷二《疑思錄序》)又《少墟集》卷十四《座右二箴》:"三載静攝,庶幾寡過。"三年以來,他過着隱居的生活,不問世事,倒也樂得清閑。"二年,起督長蘆鹽政,每按部德教爲先,復建言,降爲民。"(《名儒言行錄》卷十《馮從吾》)此次遭到朝廷"削籍"處分,與前次奏疏有密切關係,也就是新賬舊賬一起算。馮從吾辭官回鄉,當時身體狀況尚可,他自述"賤體頗適"(《少墟集》卷十五《答朱平涵同年》),因此與山林舊游會講學於寶慶寺。儘管地方狹小,條件艱苦,但在當時的影響極大,一時縉紳學士執經問難,即農工商賈,亦環視竊聽。萬曆二十五年(1597)十二月,隨着就學生員的日益增多,爲了規範行爲規則,他親自撰寫了《關中士夫會約原序》。萬曆二十六年(1598)正月,馮從吾等人舉行"關中會",周傳誦以使事過裏,參與了這次會面。但是馮從吾此後很快就又病了,這一病就是九年。關於馮從吾其人以及這次卧病休養,武陵後學楊鶴時是這樣描述的:"少墟先生生而善病,弱不好弄,甫就外傅,即銳然志於聖學,先後從敬庵、魯源兩先生游。及官中秘柱史,未嘗一日輟講。歸而卧病,閉關九年,精思力踐,遂入聖人之室。"(《少墟集》卷一《辨學錄原序》)這九年間,馮從吾自稱爲"閉關""杜門",但是他未曾停止精進學問,而是發奮鑽研,漸入佳境。萬曆三十四年(1606)九月,馮從吾於静觀堂書《關學編原序》,編纂《馮氏家乘》。這年冬天,身體轉好,於是復舉寶慶之會。萬曆三十五年(1607)春,周傳誦與馮從吾時隔九年之後,始再於斯會,蓋相視而慨會合之難也。(《少墟集》卷五《關中會語跋》)萬曆三十六年(1608)春,馮從吾與劉孟直等人同游華嶽,并在嶽廟之灝靈樓講學論道。(《少墟集》卷十《重游華山有感》)又講於青柯坪,講於宜氏園,越數日始歸。萬曆三十七年(1609)十月初一這一日,幾千餘人歡聚一堂,相與講心性之旨,臨別之際,布政使汪可受、按察使李天麟,副使陳寧、段猷顯等人對馮從吾説:"寺中之會,第可暫借,而難垂久遠,當別有以圖之。"(《少墟集》卷十五《關中書院記》)此項提議正合馮從吾之意。眼見每次來聽講的人愈來愈多,學術氛圍愈加濃厚,深諳孔孟之學的馮從吾内心之欣喜,自不必多言。次日,在汪、李、陳等人的努力下,將寺東小悉園改爲關中書院,至此,馮從吾結束了在寶慶寺約十二年的講學生涯,正式擁有了自己的書院,院址在府治東南(今書院門西安文理學院北校區)。萬曆三十九年(1611)孟冬二十一日,馮從吾等人在涇陽(即今陝西省涇陽縣和三原縣的部分地區)河北西寺聽講。(《少墟集》卷十一《池陽語録》)萬曆四十年(1612),從游諸生得隽者伐石題名於書院,請求馮從吾撰文爲記。此年春季,馮從吾前往太華書院講學。(《少墟集》卷十《壬子春月馮仲好直指赴新辟太華書院講座余病未偕詩以送之》)萬曆四十二(1612)年仲夏二日,"按臺紫海龍公偕茶臺見平張公會講關中書院,鄉士大夫及孝廉諸生約千有餘人,而環橋觀聽者不可勝計,濟濟雍雍如也"。(《少墟集》卷十三《聖學啓關臆説序》)馮從吾與會。明光宗即位,擬重新起用,馮從吾以兄喪未赴。此時的馮從吾已過花甲之年。明熹宗天啓二年(1622),馮從吾復出爲官,在廷議"三案"①之中,其見解持正不阿,觸怒權貴。同年,與鄒元標共建"首善書院",集同志講學其中,遭給事中朱童蒙、郭允厚、郭興治上疏詆毁,再次引疾求歸。天啓四年,朝廷累詔不起,終致仕。天啓五年(1625)八月,御史張訥奏毁天下書院,削奪鄒元標、孫慎行、馮從吾、余懋衡等六十人官職,馮從吾再次被朝廷削籍,其政治生涯正式結束。爲討得主子魏忠賢的歡心,加之與馮從吾素有仇怨,王紹徽(西安人)帶人搗毁關中書院,將先聖像擲之城隅。馮從吾不勝憤悒,於次年去世,享年七十二歲。謚恭定,學者稱少墟先生。著有《馮少墟集》二十二卷,又有《元儒考略》《馮子節要》及《古文輯選》等。馮從吾治學主張"調停朱王,互救其失",力圖"恢復本旨",務使關中之學秉承儒家宗旨。因馮從吾學術觀點鮮明,講授得當,吸引了大批的聽衆,時人評價説:"出則真御史,直聲震天下;退則名大儒,書懷一瓣香。"馮從吾在關學傳承過程中起到了非常關鍵的作用,清初關中學者李顒曾總結説:"關學一脉,張子開先,涇野接武,至先生(即馮從吾)而集其成,宗風賴以大振。"②

關中書院最初的格局是:講堂六楹,匾額題"允執";左右各爲屋四楹,均南向,若翼;東西號房各六楹,堂後假山一座,三峰聳翠;堂前方塘半畝,豎亭於中,砌石爲橋;偏西南不數武掘井及泉,引水注塘,井覆以亭;二門四楹,大門二楹,舊開於南,後改於西巷;西巷地基乃用價易民居,大門外復搆屋,南北相向,各三楹,門北隙地復搆小屋數楹,仍居數家,以供灑掃之役。松風明月,鳥語花香,焕然成一大觀。太原府同知長安人劉養性專門爲關中書院做了八首詩,名爲《關中書院八景》,足見當時佈局之精巧,環境之雅致。八景分別爲:聖域聳瞻、羲臺啓秘、豐芑發祥、白鹿芳蹤、中南新霽、清渭流長、雙閣凌霄、方塘活水。汪憲長爲書院置公田,涂宗濬、汪可受、李天麟等人也捐金助修,部分解決了書院的經濟來源問題。關中書院之設立,盛况空前,一時同志川至雲集,爲天下士人所重。至於書院爲何命名爲"關中",馮從吾在《關中書院志》中是這樣解釋的:"且書院名'關中'而匾其堂爲'允執',蓋借關中'中'字,闡'允執厥中'之秘耳。"清康熙十四年(1675)盩厔李顒主講於關中

---

① 按,中國明代晚期宮廷中發生的梃擊、紅丸、移宮三起政治案件的總稱,是萬曆末年以後最高統治集團内部激烈權力鬥争的反映。

② 李顒撰,陳俊民點校:《二曲集》卷十七,北京:中華書局,1996年,第181頁。

書院,訂有講授與自修兩部分規程,企圖溝通陸王(陸九淵、王陽明)與程朱(程頤、程顥與朱熹)兩派之學,并主張"匡時",培養"明體適用"的通儒。李顒對於弘揚關學思想,啓發陝西民衆心智起到了非常重要的作用。晚清時期,關中書院已經具備了相當的規模,成爲西北地方最大的一座高等級學府。關中書院教學重考課舉業,以至於出現了"關中鄉省中式膺館選者大半皆書院之士,一時稱盛事"的盛況,但務實的學風仍然存在。道光十六年(1836)林則徐爲陝西巡撫,令關中書院以《關中水利議》爲題進行考試,以徵詢籌畫關中水利的意見。咸豐、同治年間,因太平軍、西撚軍、回民起義等戰事不斷,書院被迫停學。同治末年,布政使譚鍾麟整頓書院,訂立課程,恢復教學。光緒年間,長安柏景偉主講於關中書院,以外患日棘,思造士以濟時艱,以經史、道學、政事、天學、地輿、掌故、演算法分門肄習,士風丕變。光緒三十二年(1906),關中書院改爲陝西師範學堂,結束了它輝煌而坎坷的歷程。這是一座被世人稱作"活着的書院",如今依舊是陝西厚重歷史底蘊的一個標志。

與關中書院有密切聯繫的還有兩所書院,即養正書院和正學書院。養正書院,清嘉慶七年(1802)由清軍同知葉世倬在卧龍寺巷購屋建立,乾隆三十八年(1773)和四十年,咸寧、長安兩縣各於城外郭内建立學舍,東曰春明,西曰青門,專教兩縣童子,後因年久頹廢。葉世倬歸併兩學舍爲養正書院,與關中書院分課生童,關中書院招收"附學生員",養正書院招收未入學的"學童"。正學書院所在地,原爲宋代理學家、關學創始人張載講學處,吕大鈞等人皆受教於此并得其傳。元代省臣於此建立書院,聚徒講學,并設祠合祀張載、許衡及鄉賢楊恭懿。明代百年間遭兵、民佔據,明弘治九年(1496)學使楊一清重新擇地建立,定名"正學書院"(今正學街西側)。馮從吾曾講學於此,清康熙六十一年(1722)併入關中書院。首善書院與關中書院的關係,一直以來,在不少研究論著中都被混淆,例如有人認爲首善書院是關中書院的前身,後來易名爲關中書院,更有意思的是還憑空捏造出了"關中首善書院"這一名稱。① 接着又在後面的行文中説道:明熹宗即位,馮從吾復出爲官,與鄒元標等人創建"首善書院"。這顯係前後矛盾,不尊重史實。還有專著持此觀點,認爲從明萬曆三十七年(1609)關中書院創建,到康熙二年(1663)陝西巡撫賈漢復重建改名爲關中書院止,就没有過關中書院這個名稱,而是首善書院。② 對此,有學者已經提出了質疑。據筆者查證,關中書院和首善書院的異同爲:(1)馮從吾均爲創建人之一,且在不同時期在其中講學。(2)創建及被毀時間有別。前者創建於明萬曆三十七年(1609),後者則爲明天啓二年(1622)。前者被毀於明天啓六年(1626),後者則毀於明天啓五年

---

① 佚名:《關西夫子——馮從吾》,《國學》2009年第2期,第39頁。
② 秦暉、韓敏、邵宏謨著:《陝西通史·明清卷》,西安:陝西師範大學出版社,1998年,第493—496頁。

(1625)。(3) 名稱涵義不同。關中書院地處西安,且書院名"關中",而區其堂爲"允執",蓋借關中"中"字,闡"允執厥中"之秘耳。首善書院地處明王朝當時的首都北京,"額曰首善者,以在京師爲首善地也"。① 二者自創立之日起就用本名,未曾改名。

四、結　語

陝西擁有約214所古代書院,這些書院在秦人風氣、習性形成、文化傳承以及秦地社會發展方面,起到了非常重要的作用。書院本身雖然已經隨着社會發展的步伐消失於歷史長河之中,但是其文化精髓及在教育方面的可貴經驗,對當今的教育事業仍有諸多可資借鑒之處。近年來,"文獻"的重要性逐漸突出,國家社科基金立項課題之中,有相當一部分都是整理研究類,這是一個很好的導向。部分學者在研究時,輕視文獻的考證與挖掘,在義理闡釋方面用力過甚,其中弊病,類同無本之源、無根之木,并不能落到實處。

《關中書院志》的重要性,已經得到有些專家的重視,例如西北大學關學研究院教授王美鳳的《〈關中書院志〉的史料價值和文化意義》②一文,從關中書院的創建背景和過程、關中書院創建格局及其文化意義、關中書院高揚的儒家學術主張等四個方面,對《關中書院志》這部珍貴的文獻進行了解讀,或發前人之所未發,或訂誤補缺,這是以文獻爲基礎進行扎實研究的可貴嘗試。借《陝西古代文獻集成》項目之東風,筆者與項目組成員纔有機會將關中書院的相關資料進行彙集整理,除《關中書院志》以外,本項目還整理了其他幾部關中書院的文獻,期待有更多學者對這些文獻進行系統研究、深度挖掘。當然,"校書如秋風掃落葉,旋掃旋生"。已經由陝西人民出版社出版的這部文獻,筆者又從中發現了一些標點斷句等問題,期待學界同仁不吝賜教,或指出問題,或提供補充,期待最終能夠形成一部比較完備的《關中書院文獻集成》。在此基礎上,希冀大家集思廣益,重新撰寫一部《關中書院志》。以此爲開端,再延及陝西其他書院資料的搜集整理研究,最終形成一套《陝西古代書院文獻集成》和一部《陝西古代書院史》,爲陝西書院歷史研究及關學傳播作出新的貢獻。

【作者簡介】高葉青,女,1978年生,咸陽市涇陽縣人,陝西省社會科學院古籍整理研究所研究員,主要從事陝西地方志、碑石整理研究;劉康樂,男,1979年生,安徽泗縣人,長安大學副教授,主要從事中國哲學、道教史研究。

---

① 孫承澤:《春明夢餘錄》,見影印文淵閣《四庫全書》本,第0869册,109d頁。
② 王美鳳:《〈關中書院志〉的史料價值和文化意義》,《唐都學刊》2019年第2期,第61—66頁。

校勘札記

《史記》校讀舉隅

王志勇

《史記》是中國第一部紀傳體通史,其史料價值歷來受到學者的重視。因其成書較早,且在流傳過程中難免有訛誤,故有不少句子、詞語目前還很難解讀。其中一些問題可以利用傳世文獻予以討論。而隨着出土材料不斷發現和公佈,能與《史記》聯繫起來的材料越來越多,整合這些材料,能够解決一些疑難問題,或者將討論推進一層。本文主要利用出土文獻中與《史記》相關文句、語詞聯繫密切者,參考相關傳世文獻,對《史記》中一些疑難句子、詞語如"始飢""織皮昆侖、析支、渠搜,西戎即序""復作""弛刑""間左"等進行了新的解讀與考證。所引《史記》原文據中華書局 2014 年 8 月出版的"點校本二十四史修訂本"《史記》,括注内容爲篇名、册數及頁碼。

舜曰:"棄,黎民始飢,汝后稷,播時百穀。"(《五帝本紀》1—46)

按:"始飢"一語頗費解。《集解》引徐廣曰:"今文《尚書》作'祖飢'。祖,始也。"《索隱》云:"古文作'阻飢'。孔氏以爲阻,難也。祖阻聲相近,未知誰得。"從以上二家注解來看,"始飢""祖飢"義同,只能理解爲"開始飢餓";"阻飢"則可以理解爲"困於飢餓"。二者比較,飢荒無時不有,不宜言"始",顯然後者較勝。"始飢"又見於《周本紀》"棄,黎民始飢,爾后稷播時百穀"(1—146),文字基本同於《五帝本紀》。《漢書·食貨志》云"舜命后稷以'黎民祖飢'",作"祖飢"。"阻飢"見於《古列女傳》卷一:"棄,黎民阻飢,汝后稷播時百穀。"①

值得注意的是,《史記》有"阻疾"一語,有助於考察上述問題。《魯周公世家》:"史策祝曰:'惟爾元孫王發,勤勞阻疾。……'"(5—1834)《集解》引徐廣曰:"阻,一作'淹'。""阻疾""淹疾"義同,都是困於疾病的意思,與"阻飢"用法一致。與《魯周公世家》本段相關内

---

① 劉向:《古列女傳》卷一,《四部叢刊》本。

容亦見於出土文獻,《清華大學藏戰國竹簡(壹)·金縢》簡 2—3:"史乃册祝告先王曰:爾元孫發也,遘害虐疾……"①這裏的"遘害虐疾"顯然就是"阻疾"的另一種説法。孔安國以"難"釋"阻",非常準確,通俗地説,"阻"就是遭遇。我們推測,古文《尚書》作"阻飢"爲正字,今文《尚書》作"祖飢"爲假借,《史記》以"祖飢"難於理解,而改"祖"爲"始"。

　　黑水、西河惟雍州:……其土黄壤。田上上,賦中下。貢璆、琳、琅玕。浮於積石,至於龍門西河,會於渭汭。織皮昆侖、析支、渠搜,西戎即序。(《夏本紀》1—81)

　　按:本段及前後文出自《禹貢》,"織皮昆侖、析支、渠搜,西戎即序"《禹貢》作"織皮崑崙、析支,渠搜,西戎即叙",文字大致同,但"織皮"置於昆侖等國之前,頗費解。孔安國注《禹貢》云:"織皮,毛布。有此四國,在荒服之外,流沙之内,羌髳之屬皆就次叙。美禹之功及戎狄也。"未就"織皮"與四國的關係作明確説明。孔穎達《正義》引鄭玄云:"以爲衣皮之人居昆侖、析支、渠搜,三山皆在西戎。"首次作出解釋,但不能讓人完全信服。宋蘇軾首先提出異議,《東坡書傳》云:"《禹貢》之所篚皆在貢後立文,而青、徐、揚三州皆萊夷、淮夷、島夷所篚,此云'織皮崑崙、析枝、渠搜,西戎即叙',大意與上三州無異,蓋言因西戎即叙而後崑崙、析枝、渠搜三國皆篚織皮,但古語有顛倒詳略爾,其文當在'厥貢惟球、琳、琅玕'之下,其'浮於績石,至於龍門西河,會於渭汭'三句當在'西戎即叙'之下,以記入河水道,結雍州之末。簡編脱誤,不可不正也。"②蘇軾的觀點概括起來就是:"織皮崑崙、析枝、渠搜"即"崑崙、析枝、渠搜織皮",屬於"古語有顛倒詳略",而"織皮崐崙、析支、渠搜,西戎即叙"當在"厥貢惟球、琳、琅玕"之下。

　　我們認爲,蘇軾的觀點有一定合理性,此文應當有錯簡,"織皮"亦與"篚"有關。九州之中,除此雍州之外,言及"篚"者有六,如沇州"其篚織文",青州"其篚檿絲",徐州"其篚玄纖縞",揚州"其篚織貝",荆州"其篚玄纁璣組",豫州"其篚纖絮"。此類文句均接貢獻之後,所以我們同意蘇軾觀點,"織皮"亦當在貢獻之後,而其前或脱"其篚"二字。孔安國對"其篚織文"的解釋爲"織文,錦綺之屬,盛之筐篚而貢焉",大概是説"用筐篚盛錦綺而貢獻"。我們認爲似乎還有另一種解釋,即將"織文""檿絲""玄纖縞"等看作篚裝飾物,各州不同,以示區别。"織皮"移置"貢璆、琳、琅玕"之後,"昆侖、析支、渠搜,西戎即序"的標點則需要進一步明確,若據鄭玄以"昆侖、析支、渠搜"屬"西戎",則"渠搜"後用逗號,若據孔

---

① 清華大學出土文獻研究與保護中心編,李學勤主編:《清華大學藏戰國竹簡》(壹),上海:中西書局,2011 年,第 158 頁。

② 李之亮箋注:《蘇軾文集編年箋注》,成都:巴蜀書社,2011 年,第 338 頁。

安國以"昆侖、析支、渠搜、西戎"并列爲四國,則"渠搜"後用頓號,古之地名從屬關係不易考察,單從句法角度看,以"昆侖、析支、渠搜、西戎"并列爲四國則文從字順。《五帝本紀》有文句云:"南撫交址、北發,西戎、析枝、渠廋、氐、羌,北山戎、發、息慎,東長、鳥夷,四海之內咸戴帝舜之功。"在這裏"西戎、析枝、渠廋"亦爲并列關係,可爲佐證。本段文字宜整理爲:

  貢璆、琳、琅玕,(其篚)織皮。浮於積石,至於龍門西河,會於渭汭。昆侖、析支、渠搜、西戎即序。

  武王使師尚父與百夫致師,以大卒馳帝紂師。(《周本紀》1—160)

  按:關於"大卒",《正義》云:"大卒,謂戎車三百五十乘,士卒二萬六千二百五十人,有虎賁三千人。"《正義》的觀點,大卒包括武王兵力的全部戎車、虎賁和半數士卒。這種説法雖然不一定準確,但有助於理解"大卒"的真正含義。"卒"在古代爲軍隊編制之一,《周禮·地官·小司徒》:"乃會萬民之卒伍而用之。五人爲伍,五伍爲兩,四兩爲卒,五卒爲旅,五旅爲師,五師爲軍。"是百人爲卒。"卒"還可泛指"士卒",《國語·楚語》"故榭度於大卒之居,臺度於臨觀之高",韋昭注云:"大卒,王士卒也。"①"以大卒馳帝紂師"中的"大卒"顯然應爲泛指,而"大"爲形容語。《吕氏春秋》卷八:"以能鬥衆與不能鬥衆,軍雖大,卒雖多,無益於勝。軍大卒多而不能鬥衆,不若其寡也。"②這裏"大""多"均爲形容詞,"大卒"可以理解爲現代意義上的"主力部隊",軍隊中不是所有人員都參加戰鬥(或者說以參加戰鬥爲主要職責),這一點古今無異。《岳麓書院藏秦簡》(貳)簡六九:"營軍之述(術)曰:先得大卒數而除兩和各千二百人而半棄之,有(又)令十而一,三步直(置)戟,即三之……"③簡文中提到的"大卒"即以"營軍"爲職責的主力部隊,與《史記》中"大卒"義同。

  其赦天下,如乙卯赦令。行所過毋有復作。(《孝武本紀》2—603)

  按:"復作",漢刑罰名。《孝武本紀》下文又云:"乃下詔曰:甘泉防生芝九莖,赦天下,毋有復作。"(2—606)又見《平準書》:"孝景時,上郡以西旱,亦復修賣爵令,而賤其價以招民;及徒復作,得輸粟縣官以除罪。"(4—1714)"復作",《史記》無注,《漢書》卷六《宣帝紀》:

---

① 上海師範大學古籍整理組校點:《國語》,上海:上海古籍出版社,1978年,第545頁。
② 吕不韋:《吕氏春秋》,見《諸子集成》(六),北京:中華書局,2006年,第81頁。
③ 朱漢民、陳松長主編:《岳麓書院藏秦簡》(貳),上海:上海辭書出版社,2011年,第70頁。

"使女徒復作淮陽趙徵卿、渭城胡組更乳養。"注云:"李奇曰:'復作者,女徒也。謂輕罪,男子守邊一歲,女子頓弱不任守,復令作於官,亦一歲,故謂之復作徒也。'孟康曰:'復音服,謂弛刑徒也。有赦令詔書去其鉗釱赭衣。更犯事,不從徒加,與民爲例,故當復爲官作,滿其本罪年月日,律名爲復作也。'師古曰:孟説是也。"①李奇認爲"復作"即"女徒",孟康則認爲是"弛刑徒",并進一步肯定爲律名,顔師古同意孟康説。古籍中明確説"復作"爲"女徒"的見於《漢官舊儀》卷下:"罪爲司寇,司寇男備守,女爲作,如司寇,皆作二歲。男爲戍罰作,女爲復作,皆一歲到三月。"②這裏"男爲戍罰作"與"女爲復作"并列,顯然"復作"爲刑罰之中最輕者。但"復作"是否僅僅爲女徒制定的刑罰,尚屬疑問。

《史記新證》云:"《居延漢簡釋文》卷二、二十四頁,有簡文云:'(上缺)延四月旦見徒復作三百七十人,□六十人,付肩水部,部遣吏迎受。'又卷三、四十六頁,有簡文云:'復作大男轂市。'又同卷十八頁,有簡文云:'居延復作大男王建。'據此復作之名,男女兼稱,并非專屬於女徒之稱。"③陳氏據漢簡材料中屢見"復作大男"指出復作"并非專屬於女徒之稱",可謂確論。《敦煌懸泉漢簡釋粹》亦見相關證據,第一四一號云:"……復作李則、耿癸等六人雜診橐佗丞所置前,橐佗罷亟死,審。……(Ⅱ0216③:137)"④從人名、事項來看,"李則"等人應該是男復作。《宣帝紀》中"女徒復作"一語是强調復作爲女徒。

  鄭吉,家在會稽。以卒伍起從軍爲郎,使護將弛刑士田渠梨。(《建元以來侯者年表》3—1266)

按:"弛刑"《史記》僅一見,《三家注》無説。《漢書·趙充國辛慶忌傳》"時上已發三輔太常徒、弛刑",顔師古注云:"弛刑爲不加鉗釱者也。"⑤《漢書新證》云:"弛刑二字,在兩漢中或有作施刑者,是假借字,不是誤字。居延木簡亦二字隨用,'施刑桃勝之',見《居延漢簡釋文》三二五頁。"⑥《漢書·趙充國辛慶忌傳》又云:"願罷騎兵,留弛刑應募,及淮陽、汝南步兵與吏士私從者。"⑦《漢書新證》云:"居延木簡中,徒與弛刑,其區別徒帶有罪名,弛刑不帶罪名,或稱爲弛刑士。"⑧綜合上引各説,"弛刑"較"徒刑"爲輕,顔師古云"爲不加鉗

---

① 班固撰,顔師古注:《漢書》,北京:中華書局,1962年,第235—236頁。
② 孫星衍等輯,周天游點校:《漢官六種》,北京:中華書局,1990年,第53頁。
③ 陳直著:《史記新證》,北京:中華書局,2006年,第68—69頁。
④ 胡平生、張德芳編纂:《敦煌懸泉漢簡釋粹》,上海:上海古籍出版社,2001年,第107頁。
⑤ 《漢書》,第2977頁。
⑥ 陳直著:《漢書新證》,北京:中華書局,2008年,第351頁。
⑦ 《漢書》,第2986頁。
⑧ 《漢書新證》,第355頁。

釱者",近是。《後漢書·光武帝本紀》"將衆部施刑屯北邊"下注曰:"施讀曰弛。弛,解也。"①

出土文獻中亦有作"弛刑"者,如又居延新簡EPT49·13A:"弛刑迹負薪水輒持服兵。"②EPT49·70B:"弛刑朝文山迹持出入。"③據此,作"弛刑""施刑""弛刑"義皆同。三者中"施刑"出現次數最多。如:《肩水金關漢簡》(壹)73EJT8:35:"安定郡施刑士鶉陰大富里陳通年卅五黑色長七尺。"④《肩水金關漢簡》(貳)73EJT23:886:"守令史孫黨迎取四人書到願令史以施刑付黨報。"⑤馬圈灣烽燧遺址簡三三八:"施刑成有,三斗,十月食。"⑥居延漢簡簡二六九·一一:"……五百六十三,徒許放、施刑胡敢當入。"⑦從上面幾個例子可以看出,"徒許放""施刑胡敢"并稱,可見二者身份不同,再者,"弛刑"有籍,按月發放口糧,可從事傳書等多種工作,可見"弛刑"有一定人身自由,與前文討論的"復作"身份接近,或是不同時期的不同稱呼。張俊民在綜合前人研究成果并梳理出土文獻材料之後,認爲:"'施行'的産生不僅是'囚徒'因爲詔書方能施刑,而且施刑的遠途徵調也是有詔書的背景。……在西北漢簡中施行,除了用於遠征西域的人員之外,更多的則是在西北邊塞地區直接參與勞作的施刑人員。……施行人員不僅可以通過赦令而免除勞作,甚至可以從遙遠的邊塞回歸故里,而且也可以根據他們的意願繼續在邊地從事勞作。"⑧這些意見有助於更準確、深入地探討漢代的"弛刑"。

> 冬,十一月,襄公與楚成王戰於泓。楚人未濟,目夷曰:"彼衆我寡,及其未濟擊之。"公不聽。(《宋微子世家》5—1964)

按:關於"目夷",有一些爭議。事亦見《長沙馬王堆漢墓簡帛集成(叁)·春秋事語》行78—79:"[●]宋荆戰泓水之上,宋人□□陳(陣)矣,荆人未濟。宋司馬請曰:'宋人寡而荆人衆,及未濟,擊之,可破也。'"⑨整理者原注:"《左傳》作'大司馬固'。按《國語·晉語四》:'公子(重耳)過宋,與司馬公孫固相善。'韋昭注:'固,宋莊公之孫大司馬固也。'後來

---

① 范曄撰,李賢等注:《後漢書》,北京:中華書局,1965年,第60頁。
② 甘肅省文物考古研究所等編:《居延新簡——甲渠候官與第四燧》,北京:文物出版社,1990年,第144頁。
③ 《居延新簡——甲渠候官與第四燧》,第148頁。
④ 甘肅簡牘保護研究中心等編:《肩水金關漢簡》(壹),上海:中西書局,2011年,第95頁。
⑤ 甘肅簡牘保護研究中心等編:《肩水金關漢簡》(貳),上海:中西書局,2013年,第119頁。
⑥ 中國簡牘集成編輯委員會編:《中國簡牘集成》(三),蘭州:敦煌文藝出版社,2001年,第45頁。
⑦ 中國簡牘集成編輯委員會編:《中國簡牘集成》(七),蘭州:敦煌文藝出版社,2001年,第159頁。
⑧ 張俊民:《西北漢簡所見'施刑'探微》,《石河子大學學報(哲學社會科學版)》2015年第2期,第39頁。
⑨ 裘錫圭主編:《長沙馬王堆漢墓簡帛集成》(叁),北京:中華書局,2014年,第192頁。

宋成公時,公孫固是宋國執政。《穀梁傳》作'司馬子反',當有誤字。《韓非子·外儲説左上》作'右司馬購',固購音近。《史記·宋世家》誤作目夷。按公子目夷時官左師,不官司馬。"①原整理者認爲《史記》"目夷"應同《左傳》作"司馬",即"大司馬固"。《集成》引用此説,并無補充,應該是認同原整理者的意見。但據《史記》《左傳》上下文來看,《史記》未必有誤。"戰於泓"之前,《左傳》記云:"楚人伐宋以救鄭,宋公將戰,大司馬固諫曰:'天之弃商久矣,君將興之,弗可赦也已。'"注云:"大司馬固,莊公之孫公孫固也。"《史記》則記曰:"秋,楚伐宋以救鄭。襄公將戰,子魚諫曰:'天之棄商久矣,不可。'"《左傳》"司馬曰:'彼衆我寡,及其未既濟也,請擊之。'""司馬"下注云:"子魚也。"是《左傳》以"大司馬固"與"子魚"爲一人。據《史記》記載,"目夷"與"子魚"爲一人。其實"大司馬固""子魚""目夷"同指一人。至於子魚是否當過司馬,或在戰時臨時任命爲司馬亦未可知。《太平御覽》卷三〇一:"宋公及楚人戰於泓,司馬子魚曰:'彼衆我寡,及其未濟,請擊之。'公曰:'不可。'"②此處直言"司馬子魚",與《左傳》杜注合。總之,《史記》寫作"目夷",不宜視爲誤字。

> 臣聞古之賢君,其德行非布於海内也,教順非洽於民人也,祭祀時享非數常於鬼神也。甘露降,時雨至,年穀豐孰,民不疾疫,衆人善之,然而賢主圖之。(《趙世家》6—2188)

按:"圖之",《校勘記》云:"'圖',《戰國策·趙策一》作'惡'。"(6—2213)按《戰國策》卷一八:"臣聞古之賢君,德行非施於海内也,教順慈愛非布於萬民也,祭祀時享非當於鬼神也。甘露降,風雨時至,農夫登,年穀豐盈。衆人喜之,而賢主惡之。"③《趙世家》此段文字取材於《戰國策》應該没有疑問,文字略有異同亦屬正常,但"圖"與"惡"意義相距甚遠,需要討論。《長沙馬王堆漢墓簡帛集成(叁)·戰國縱橫家書》行223—224亦有相關文句:"臣聞甘露降,時雨至,禾穀豐盈,衆人喜之,賢君惡之。……"④帛書亦作"惡之",關於此處異文,整理者云:"惡,《趙策》同,疑有誤。《趙世家》作圖。"又有學者如李人鑒認爲:"《世家》'善'字當作'喜','圖'字當作'惡'。"⑤

帛書亦作"惡之",可證《戰國策》文字未出現訛誤,但不能證明《史記》文字有誤。司馬氏父子編撰《史記》在引用其他文獻時,有時會改動個别文字以便於理解,或者"以今語釋

---

① 《長沙馬王堆漢墓簡帛集成》(叁),第192頁。
② 李昉等撰:《太平御覽》,北京:中華書局,1960年,第1384頁。
③ 諸祖耿撰:《戰國策集注匯考》(增補本),南京:鳳凰出版社,2008年,第900頁。
④ 《長沙馬王堆漢墓簡帛集成》(叁),第248頁。
⑤ 李人鑒著:《太史公書校讀記》,蘭州:甘肅人民出版社,1998年,第727頁。

古語",或者對一些他們認爲不合理的記述進行加工處理,這已是共識。《史記》改"惡"爲"圖",應該是認爲"賢主惡之"不合情理,將"惡之"的對象認定爲"甘露降,時雨至,年穀豐孰,民不疾疫",故改"惡"爲"圖"。但據文意來看,"衆人善之,然而賢主圖之"或"衆人喜之,而賢主惡之"兩句之間,意有轉折。即"衆人"與"賢主"的態度是對立的。而喜、惡之對象各有差。"衆人"所喜,甘露時雨、年穀豐盈;而"賢主"所惡,是達成這一結果的方式,即自己承擔何種角色。此段討論的是"古之賢君",上文云:"臣聞古之賢君,其德行非佈於海內也,教順非洽於民人也,祭祀時享非數常於鬼神也",從三"非"字可以看出古賢君之治,大不同於今。《孟子·滕文公上》有一段文字可以很好地解釋這個問題:"賢者與民并耕而食,饔飧而治。今也滕有倉廩府庫,則是厲民而以自養也,惡得賢。"①是以,古賢君與民同作,而今之君僅僅是發號施令者。《戰國策集注匯考》引鮑彪云:"惡,心不安也,以其無以致之故。"又引金正煒云:"惡,猶耻也。與《孟子·公孫丑篇》'無羞惡之心'義同。"②這兩種對"惡"的訓解都有一定道理,但理解"惡"字含義,重點是聯繫上文。

二世元年七月,發閭左適戍漁陽,九百人屯大澤鄉。陳勝、吳廣皆次當行,爲屯長。(《陳涉世家》6—2366)

按:"閭左",《索隱》云:"閭左謂居閭里之左也。秦時復除者居閭左。今力役凡在閭左者盡發之也。又云,凡居以富強爲右,貧弱爲左。秦役戍多,富者役盡,兼取貧弱者也。""閭左"又見《淮南衡山列傳》:"往者秦爲無道,殘賊天下。興萬乘之駕,作阿房之宮,收太半之賦,發閭左之戍。"(10—3754)《正義》:"閭左邊不役之民,秦則役之也。"兩處關於"閭左"的注解已出現不同意見,之後也引起了衆多學者關於"閭左"身份的熱烈討論,意見紛紜,比較重要的如:盧南喬據晁錯、應劭所述"七科之謫"與張晏所提及的不同之處,認爲"張晏所説的'亡命'就是《史記》所説的'閭左'"。③ 田昌五認爲"所謂'浮萌'或'賓萌',就是這樣的人"。④ 臧知非進一步發展前説,認爲"居住在里門左側的浮浪人口的統稱"。⑤以上諸家討論還單純就"閭左"的身份發表意見,但也有些學者從假借、訛誤這一角度提出新的意見,如王子今等認爲"'閭左'確在復除之列,但地位高於一般平民,'閭左'應即'里

---

① 焦循:《孟子正義》,見《諸子集成》(一),北京:中華書局,2006年,第215頁。
② 《戰國策集注匯考》(增補本),第902頁。
③ 盧南喬:《"閭左"辨疑》,《歷史研究》1978年第11期,第73頁。
④ 田昌五著:《中國古代農民革命史》(第一册),上海:上海人民出版社,1979年,第57頁。
⑤ 臧知非:《"閭左"新證——以秦漢基層社會結構爲中心》,《史學集刊》2012年第2期,第49頁。

佐',是秦王朝的統治植根於鄉里的主要依靠力量"。①（按：王子今後又發表《里耶秦簡與"閭左"爲"里佐"説》一文，載《湖南大學學報（社會科學版）》2014年第4期，重新討論了舊説，曾提到張漢東較早提出此説，但張文我們没有尋到。王氏同時也指出：里耶秦簡中似乎尚未見可判定當時基層行政體系存在"里佐"的確證。）近期，孟彦弘又提出新説，認爲："'閭左'乃'閭五'之訛。閭即里、閭里，泛指地方基層組織或居住之地；閭五，指閭或里之士伍。"②

以"閭左"爲"里佐"説并未被廣泛認可，王子今自己也説并没有找到可靠的證據，即便有"里佐"存在，那麽讓這些屬於"秦王朝的統治植根於鄉里的主要依靠力量"去戍邊也未必符合情理。孟彦弘認爲"閭左"乃"閭五"之訛，指閭或里之士伍，有一定可能，但還不能完全令人信服。孟氏指出"閭伍"見於《後漢書·鄭孔荀列傳》李賢注，其實《史記·司馬穰苴列傳》已有"臣素卑賤，君擢之閭伍之中"之語，但"閭伍"爲基層組織名，孟氏將其認定爲"閭或里之士伍"的簡稱，將社會組織名轉換爲群體名，在其所舉文獻材料中并無確鑿證據。出土文獻中確實常見"某里士五"之語，這也恰恰説明"里""閭""閭伍"與"士五（伍）"完全是不同的概念。《漢書·爰盎晁錯傳》："先發吏有謫及贅婿、賈人，後以嘗有市籍者，又後以大父母、父母嘗有市籍者，後入閭，取其左。發之不順，行者深怨，有背畔之心。"③在晁錯的上書中，已有"後入閭，取其左"之語，可見"閭左"從文字上，不可能出現訛誤。孟彦弘認爲："'閭左'作爲閭里士五的簡稱，使用得并不普遍，至少漢人雖明了士五（伍）的含義，却已不知'閭五'乃'閭（里）士五（伍）'的簡稱。"④這是非常武斷的，漢去秦未遠，而與今懸隔千年，在没有確實證據之前，只能説現代人還未厘清"閭左"的確切身份。《漢書·食貨志》"收泰半之賦，發閭左之戍"句下顔師古注云："應劭曰：'秦時以適發之，名適戍。先發吏有過及贅婿、賈人，後以嘗有市籍者發，又後以大父母、父母嘗有市籍者。戍者曹輩盡，復入閭，取其左發之，未及取右而秦亡。'師古曰：'閭，里門也。言居在（閭）[里]門之左者，一切發之。此閭左之釋，應最得之，諸家之義煩穢舛錯，故無所取也。'"⑤應劭説與《漢書·爰盎晁錯傳》中晁錯上書所説基本一致，顔師古以爲"最得之"，這應該是最合理的解釋。

---

① 王子今：《"閭左"爲"里佐"説》，《西北大學學報（哲學社會科學版）》1985年第1期，第65頁。
② 孟彦弘：《〈史記〉"閭左"發覆》，《文史哲》2016年第6期，第146頁。
③ 《漢書》，第2284頁。
④ 孟彦弘：《〈史記〉"閭左"發覆》，《文史哲》2016年第6期，第148頁。
⑤ 《漢書》，第1126—1127頁。

淮南王有女陵，慧，有口辯。王愛陵，常多予金錢，爲中詗長安，約結上左右。（《淮南衡山列傳》10—3747）

按："詗"，《集解》："徐廣曰：'詗，伺候采察之名也。'"《索隱》："鄧展曰：'詗，捕也。'徐廣曰：'伺候探察之名。'孟康曰：'詗音偵。西方人以反間爲偵。'"（10—3747）上述諸家解說，當以徐廣"伺候采察"之説爲是。《岳麓書院藏秦簡（叁）》簡 148："洋以智治研詗，廉求而得之。洋清潔，無害。敦愨，守事，心平……"①整理者注云："詗，刺探、秘密偵察。"②并引《史記》本段文字《集解》《索隱》爲證，并指出"詗"亦見於《奏讞書》簡 210、211"晨昧里（理）訮（研）詗"，是也。"詗"亦見於睡虎地 11 號秦墓竹簡，《日書甲種》簡 157 云："主君苟屏詗馬，驅其殃，去其不祥……"③《合集》注引饒宗頤説亦引"詗長安"爲證。④ 此言"詗馬"類於"診馬"，"詗"亦有"探察"義。

【作者簡介】王志勇，男，1981 年生，遼寧朝陽人。南京師範大學中國古典文獻學博士研究生，陝西省社會科學院古籍整理研究所助理研究員，主要致力於先秦文獻整理和研究。

---

① 朱漢民、陳松長編：《岳麓書院藏秦簡》（叁），上海：上海辭書出版社，2013 年，第 181 頁。
② 《岳麓書院藏秦簡》（叁），第 183 頁。
③ 武漢大學簡帛研究中心等編，陳偉主編：《秦簡牘合集》（壹下），武漢：武漢大學出版社，2014 年，第 507 頁。
④ 《秦簡牘合集》（壹下），第 510 頁。

《宋史·藝文志》人名訂誤

李德輝

　　正史藝文志中,《宋史·藝文志》的錯誤程度最爲嚴重,難以全部發現和指正。其中又以人名錯誤最多,超過了書名重複著録和書名錯誤、歸類錯誤等錯誤類型。除已經被學者發現的外,尚有八十七條未予指正,不少錯誤還隱藏較深,不是僅僅通過校勘可以解決的,需要綜合其他手段。其中八十條以上爲撰人姓氏、名字之誤,另有數條爲撰人標署之誤,弄錯作者。鑒於其性質相同,可以統稱爲人名錯誤。由於是出自藝文志,人名錯誤關係到作品歸屬和人名的正確使用,故而這一問題顯得尤爲重要。鑒於問題比較專門,重要程度較高,頗有必要將其集中起來,做一次徹底的清理,以免繼續貽誤讀者,也爲人們科學利用此書提供幫助。今以中華書局點校本爲底本,校正如下。具體條文的排列順序仍依《宋志》原文,區分部類,逐一排列。

　　1.《宋志一》禮類:"徐行《周禮微言》十卷。""行"爲"筠"之誤。徐筠,字孟堅,南宋前期江西人。《玉海》卷三九:"《周禮微言》,《續書目》:徐筠學《周官》於陳傅良,記所口授,成書十卷,自謂聞於傅良曰:'《周禮》綱領有三……'"《宋志三》譜牒類:"徐筠《姓氏源流考》七十八卷。"《宋志三》地理類:"徐筠《修水志》十卷。"是《宋志》本身即可證本條之誤。《江西通志》卷七三:"徐筠字國(孟)堅,得之長子。早歲擢第。初主攸縣簿,後知金州。乞免本州和糴,郡人刻石記其事,又肖像以祀。嘗爲《漢官考》四卷,其餘若《周禮微言》《姓氏源流》等書,皆藏於家。《林志》。"《郡齋讀書志》袁州本卷五上職官類:"《漢官考》四卷,右徐筠孟堅所著也。西京二百年品秩爵列位號名數,自三公而下,至於筦庫,厘爲十九門,總一百四十九條,韋楫爲之序。孟堅,清江人,淳熙甲辰進士。"《直齋書録解題》卷六職官類:"《漢官考》六卷,知金州清江徐筠孟堅撰,以《百官表》官制爲主,而紀傳及注家所載,皆輯而録之。"卷八地理類:"《修水志》十卷,分寧宰徐筠撰。"周必大《文忠集》卷五四《漢兵本末序》:"臨江自三劉有功漢史,其學盛行。今徐筠孟堅既爲《漢官考》四卷,李天麟仲祥又惜司馬

---

* 本文係國家社科基金重大項目"中國古代文學制度研究"(17ZDA238)相關成果。

遷、班固不爲兵志,於是究極本末,類成一書。"可證作"筠"是。

2.《宋志一》樂類:"趙惟簡《琴書》三卷。""簡"爲"睞"之誤。《新唐書·藝文志一》樂類:"趙惟睞《琴書》三卷。"《通志·藝文略二》的"樂類·琴"同。《文獻通考》卷一八六引《崇文目》:"《琴書》三卷,唐翰林待詔趙惟睞撰。"《直齋書錄解題》卷一四音樂類:"《琴書》三卷,唐待詔趙惟睞撰,稱'前進士、滁州全椒尉'。"《玉海》卷一〇五:"琴譜則又有趙惟睞、陳拙等九家。"卷一一〇引《書目》:"《琴書》三卷,唐翰林待詔趙惟睞述製琴、律呂、上古琴名、弦法,共十二篇。"知作"睞"是。

3.《宋志一》春秋類:"崔昇《春秋分門屬類賦》三卷。楊均注。"《郡齋讀書志》卷一四類書類:"《魯史分門屬類賦》三卷,右皇朝楊筠撰,以《左氏》事類分十門,各爲律賦一篇。乾德四年奏御,詔褒之。"袁州本作"楊鈞"。《玉海》卷四〇:"乾德四年四月庚戌,國子丞楊均上《魯史分門屬類賦》三卷,詔褒之。"卷五九:"《魯史分門屬類賦》,楊鈞,三卷。"此楊鈞又見《郡齋讀書志》袁州本卷五:"《石經周易》,右《周易》十卷,經注六萬六千八百四十四字,將仕郎、守國子助教臣楊鈞,朝議郎、守國子毛詩博士、柱國臣孫逢吉書。"《蜀中廣記》卷九一:"《孝經》《論語》《爾雅》,廣政甲辰歲張德釗書。《周易》,辛亥歲楊鈞、孫逢吉書。"知《宋志》均爲"鈞"之誤,作"筠"亦誤。

4.《宋志一》小學類:"王之明《述書後品》一卷。""之"爲"智"之誤。《玉海》卷四五引《書目》:"《述書後品》一卷,唐開元中王知(智)明撰。取今古二百五十人,分七等。"其人即《大唐新語》卷九之左補闕王智明。開元前期,嘗兩應書判拔萃科,《文苑英華》卷五〇八、五二四存有其判文兩道。開元十九年三月,蕭嵩奏其與李元成、陳居注《文選》,未成。《遂初堂書目·雜藝類》有《述書品》,或爲此書之簡稱。

5.《宋志一》小學類:"蔡希宗《法書論》一卷。"宗爲綜之奪。《玉海》卷四五引《書目》:"蔡希綜《法書論》一卷。"《宣和書譜》卷二〇"八分書叙論":"爲八分之説者多矣,一曰東漢上谷王次仲……又以楷法變八分,此蔡希綜之説也。"《通志·藝文略二》法書:"《法書》一卷。蔡希綜。"《宋秘書省續編到四庫闕書目》卷一小學類作蔡希綜《法書》一卷。《金石錄》卷七:"第一千三百十三《唐冶浦橋記》,蔡希綜撰并行書,天寶十二載正月。"知作"綜"是。

6.《宋志二》別史類:"歐陽迥一作炳。《唐錄備闕》十五卷。"《崇文總目》卷二雜史類上:"《唐錄備闕》十五卷,歐陽炳撰。"《通志·藝文略三》雜史·唐:"《唐錄備闕》十五卷。僞蜀歐陽炳撰,記武宗、僖宗中和初事。"知作"炳"是,作"迥"或"烱"均爲誤文,本條誤署撰人。《資治通鑑考異》卷二三亦引及《唐錄備闕》,惟未記撰人。

7.《宋志三》別史類:"程光榮一作柔。《唐補注記注記一作紀》三卷。""光"爲"匡"之避改,"榮"爲"柔"之誤文。《宋志二》編年類:"程正柔《大唐補紀》三卷。""正"爲"匡"之避改。

《崇文總目》卷二雜史類下:"《唐補記》三卷。"《直齋書錄解題》卷五雜史類:"《大唐補記》三卷,南唐程匡柔撰。序言:懿宗朝,有焦璐者,撰《年代紀》,述神堯,止宣宗。匡柔襲(撫)《三百年曆》,補足十九朝,起咸通戊子,止癸巳,附璐書中。乾符以後,備存《補紀》。末有《後論》一篇,文辭雖拙,論議亦正。"《通志·藝文略三》雜史·唐:"《唐補紀》三卷。唐程柔撰,記宣、懿、僖宗事。""程柔"爲"程匡柔"之避省。《遂初堂書目·雜史類》亦有《唐補記》。《資治通鑑考異》卷二五引《唐補記》一條,《唐補紀》二十六條,皆程氏書之同書異名。

8. 《宋志二》故事類:"大惟簡《塞北紀實》三卷。""大"爲"文"之訛。《遼史拾遺》卷一四:"文惟簡《北使事實》曰……"《日下舊聞考》卷六〇:"臣等謹按:文惟簡《塞北事實》稱,燕山京城東壁寺,名憫忠。"顧炎武《金石文字記》卷四:"憫忠寺……宋文惟簡《北庭事實》曰:燕京城東壁,有大寺一區,名曰憫忠,唐太宗征高麗回,念忠臣義士没於王事者,建此寺,爲之薦福。"知作"文"是。

9. 《宋志二》傳記類:"曹希逵一作逢。《孝感義聞錄》三卷。"《宋志五》小說類又有"曹希達《孝感義聞錄》三卷",重複著錄。《崇文總目》卷二傳記類:"《孝感義聞錄》三卷,曹希達撰。"《通志·藝文略三》傳記·孝友:"《孝感義聞錄》三卷。曹希達撰。"知作達是,"逵""逢"均爲"達"之誤。

10. 《宋志二》傳記類:"李淑一作渤。《六賢傳》一卷。"《新唐書·藝文志二》雜傳記類:"李渤《六賢圖贊》一卷。"《崇文總目》卷二傳記類下同,列入晚唐著述。《通志·藝文略三》史類·傳記·高隱:"《六賢圖贊》一卷。唐李渤撰,前代夫婦偕隱者六人。"同書傳記·名士類重複著錄此書,知作"渤"是,非李淑撰。

11. 《宋志二》傳記類:"温龠一作'畬'。《天寶亂離記》一卷。"龠爲畬之形訛。《新唐書·藝文志二》雜史類:"温畬《天寶亂離西幸記》一卷。"《崇文總目》卷二雜史類、《通志·藝文略三》"史類·雜史"同,人名當以此三書爲正。《新唐書·藝文志三》小說家類:"温畬《續定命錄》一卷。"《唐會要》卷五六:元和"十五年八月,山陵始復土。先是,追邠寧節度使李光顏,徐泗節度使李愬赴闕。或言欲及重陽節,與百僚内宴,拾遺李珏、宇文鼎、温會(畬)、韋瓘、馮約等上疏。"《新唐書》卷一八二《李珏傳》:"穆宗即位,荒酒色。景陵始復土,即召李光顏於邠寧,李愬於徐州,期九月九日大宴群臣。珏與宇文鼎、温畬、韋瓘、馮药同進曰:道路皆言陛下追光顏等,將與百官高會。"知作"畬"是。載天寶十五載(756)玄宗西幸故實,與姚汝能《安禄山事迹》、宋巨《明皇幸蜀記》同一題材。《遂初堂書目》雜史類作《天寶西幸略》。《文淵閣書目》卷二史雜作《天寶西幸記》一部一册。《資治通鑑》《資治通鑑考異》卷一四引用四條。

12. 《宋志二》傳記類:"劉諫一作練。《國朝傳記》三卷。""諫""練"均爲"餗"之誤。《新唐書·藝文志二》雜傳記類:"劉餗《國朝傳記》三卷。"《新唐書·藝文志三》小說家類:"劉餗《傳記》三卷。"注:"一作《國史異纂》。"人名當以此爲正。《舊唐書》卷一〇二《劉知幾傳》:"子貺、餗、彙、秩、迅、迥,皆知名於時……餗,右補闕,集賢殿學士、修國史,著《史例》三卷、《傳記》三卷、《樂府古題解》一卷。"《新唐書》卷一三二《劉知幾傳》:"六子:貺、餗、彙、秩、迅、迥。"《册府元龜》卷五五六:"劉竦(餗)爲右補闕、集賢殿學士,著《傳記》三卷。"《郡齋讀書志》袁州本卷二上雜史類:"《國史補》二卷,右唐李肇撰,起開元,止長慶間事。初,劉餗記元魏迄唐開元事,名曰《國朝傳記》,故肇續之。"《玉海》卷四七引《書目》:"劉餗《國史異纂》三卷,載齊梁以來雜事。"《直齋書錄解題》卷一一小說家類:"《劉餗小說》三卷,唐右補闕劉餗鼎卿撰。"又:"《隋唐嘉話》一卷,劉餗撰。"《崇文總目》卷二傳記類同,均作餗。《宋志一》經解類:"劉餗《六說》五卷。"《宋志二》傳記類:"劉餗《國史異纂》三卷。"《宋志四》儒家類:"劉餗《續說苑》十卷。"《宋志四》小說類:"劉餗《傳記》三卷,又《隋唐佳話》一卷,《小說》三卷。"《宋志八》文史類:"劉餗《史例》三卷。"此五條來自《宋志》本書之證據,亦可正《宋志》本條之誤。

13.《宋志二》傳記類:"于政立《類林》十卷。"《宋志六》類事類:"于政立《類林》十卷。"此二"于政立"均爲"于立政"之倒誤,其書亦屬重複著錄。《通志·藝文略七》類書上:"《六帖》三十卷。唐于政立編。"《玉海》五五引《中興書目》:"唐于政立《類林》十卷,分五十目,記古人事迹。"亦均倒誤。《新唐書·藝文志三》類書類:"于立政《類林》十卷。"《崇文總目》卷三類書類上同。又見敦煌殘卷伯2635,中有子目,存卷八之末、卷九、卷一〇之半,每條均有出處。撰人于立政,高宗顯慶、調露中人,于志寧子。《舊唐書》卷七八《于志寧傳》:"子立政,太僕少卿。"《金石錄》卷四有"第七百二十三《唐國子司業于立政碑》,撰人姓名殘缺,陳遺玉八分書,調露元年十二月。"《太平廣記》卷三九三引《廣古今五行記》載其顯慶元年,爲虢州刺史,知作"立政"是,其書乃高宗前期古書。

14.《宋志三》儀注類:"鄭洵瑜《書儀》一卷。"洵瑜爲珣瑜之誤,其人爲德、憲宗朝名臣。貞元十九年(803),與高郢并命爲宰相。永貞元年(805)十月,卒於吏部尚書任上,見《新唐書》卷一六五《鄭珣瑜傳》、《新唐書·宰相表》、《册府元龜》卷七七九。《唐大詔令集》卷五五有《鄭珣瑜吏部尚書高郢刑部尚書制》,可證作"珣瑜"是。

15.《宋志三》儀注類:"李商隱《使範》一卷。"《崇文總目》卷二儀注類:"《使範》一卷。"在杜有晋《書儀》二卷之後。《宋秘書省續編到四庫闕書目》卷一職官類有李商隱《使範》一卷。《演繁露》卷一一:"節將入界,每州縣須起節樓……右出李商隱所撰《使範》,在'臺儀'後。"同書續集卷二引李肖隱《使範》:"節使未有平章事,即不合稱台階、台造、鈞慈、鈞造,不兼郡牧,亦不合著某官銜,上事後早晚兩衙。右出李肖隱所撰《使範》。"其中"肖""商",

均爲"尚"之形訛,此李商隱、李肖隱爲李尚隱之誤。其人乃武后、玄宗時人,《舊唐書》卷一八五下、《新唐書》卷一三〇《良吏傳》有《李尚隱傳》,以循吏著名。大足元年(701),與修《三教珠英》。景龍中,爲左臺監察御史。此《使範》當其所記唐監察御史出使規範,爲其景龍中任監察御史臺時所著,與任職有直接關係,與李商隱無關。李商隱未任監察御史,不司御史臺儀注。

16.《宋志三》儀注類:"徐閏《家祭儀》一卷。"《新唐書·藝文志三》儀注類、《崇文總目》卷二儀注類同,閏爲潤之奪。《通志·藝文略二》儀注·家禮祭儀作"徐潤",是。《直齋書錄解題》卷六禮注類:"《徐氏家祭禮》一卷,唐左金吾衛倉曹參軍徐潤撰。"《國史補》卷下:"大曆已後……講禮章廷珪、薛伯高、徐潤,并通經。"《晦庵集》卷三七《答鄭景望》:"《家祭禮三策》并上,不知可補入見版本卷中否?若可添入,即孟詵、徐潤兩家,當在賈頊《家薦儀》之後,孟爲第七,徐爲第八。"保存了正確記載,知閏爲潤之奪。

17.《宋志三》譜牒類:"裴楊休《百氏譜》五卷。""楊"爲"揚"之形訛,百衲本作"揚",不誤。《玉海》卷五〇《唐百氏譜》:"《書目》:五卷,國子助教裴揚休撰,凡三百五十八姓。漢姓三百七,蕃姓一百二十五。"《小學紺珠》卷七《百氏譜》:"凡三百五十八姓,漢姓三百七,蕃姓一百二十五。唐裴揚休《百氏譜》。"

18.《宋志三》譜牒類:"陶苃麟《陶氏家譜》一卷。"作"苃麟"誤,此書撰人爲陶直夫。《直齋書錄解題》卷八譜牒類:"《陶氏家譜》一卷,懷州教授陶直夫録。侃之後也。"《千頃堂書目》卷一〇譜系類:"陶直夫《陶氏譜》一卷。陶侃裔,鄱陽人。"宋葛勝仲《丹陽集》卷一四《著作佐郎陶公墓志銘》:"晋著作佐郎陶淵明之後十六世,有孫曰直夫,字次汲,仍居潯陽,仕宋,亦佐著作。大觀三年,年四十七,二月庚寅,以疾卒官……公嗣舉進士,中第,調建昌軍司户參軍……知亳州録事參軍,改教授懷州。"即此人,《宋志》誤署撰人。

19.《宋志三》地理類:"達奚弘通《西南海蕃行記》一卷。"達奚弘通、達奚洪均達奚通之誤。下文又有"達奚洪一作通。《海外三十六國記》一卷"。重複著録,不知同書異名。其人唐肅宗上元中,爲唐州刺史。後以大理司直出使東南亞諸國,自赤土國行至虔郁國,凡經三十六國。歸國之後,整理所得,著爲《海南諸蕃行記》,略載其使途經見。其《海南諸蕃行記》成書,約在唐代宗廣德元年(763)。《玉海》卷一六引《中興館閣書目》此書叙録,撰人作"唐上元中唐州刺史達奚弘通",實誤,其人《新唐書·藝文志二》地理類、《崇文總目》卷二地理類、《通志·藝文略四》均記作達奚通,當以此爲正。

20.《宋志三》地理類:"孟綰《嶺南異物志》一卷"、"《南海異事》五卷"。"孟綰"爲"孟琯"之誤。《新唐書·藝文志二》地理類:"孟琯《嶺南異物志》一卷。"《通志·藝文略四》地里·方物同。《崇文總目》卷三小説類下:"《嶺南異物志》一卷,孟琯撰。"《舊唐書》卷一六二《韋綬傳》、卷一六九《舒元輿傳》,《册府元龜》卷一六二、卷四七四皆作孟琯。《五百家注昌黎文集》卷二〇韓愈《送孟琯秀才序》宋人舊注:"孫曰:'元和五年,刑部侍郎崔樞知舉,試《洪鐘待撞賦》,孟琯中第。《唐書·藝文志》有琯《嶺南異物志》一卷,其嶺南人歟。'……嚴曰:'孟琯,元和五年進士,嘗著《嶺南異物志》。'"《太平御覽》引佚文十五條,《太平廣記》引十條,他書稱是,均作"琯",是。

21.《宋志三》地理類:"劉恂《嶺表録異》三卷、《嶺表異物志》一卷。"《宋志二》傳記類又有"劉昫《嶺外録異》三卷"。誤爲二人二書,重複著録,且將地理書誤置於傳記類。《新唐書·藝文志二》地理類:"劉恂《嶺表録異》三卷。"《文獻通考》卷二〇五:"《嶺表異録》三卷。陳氏曰:唐廣州司馬劉恂撰,昭宗時人。"《通志·藝文略四》地里·方物:"《嶺表録異》一卷。劉恂撰。"《筍譜》:"劉恂唐昭宗朝,出爲廣州司馬。官滿,上京擾攘,遂居南海,作《嶺表録》,云邕溪觔筍,交廣挈摩筍。"知人名作"恂"是。

22.《宋志三》地理類:"張脩《九江新舊録》三卷。""脩"爲"容"之誤。《新唐書·藝文志二》地理類:"張容《九江新舊録》三卷。咸通人。"《崇文總目》卷二地理類、《通志·藝文略四》地里·郡邑、《玉海》卷二〇同,知作"容"是。

23.《宋志三》地理類:"元廣之《金陵地記》六卷。""元廣之"爲"黄元之"之倒誤,蓋經後人增益之本,而誤署撰人。《崇文總目》卷二地理類:"《金陵地記》一卷,黄元之撰。"《通志·藝文略四》地里·郡邑:"《金陵地記》一卷。黄元之撰。"提供了正確人名。

24.《宋志四》釋氏類:"魏静《永嘉一宿覺禪宗集》一卷。"下文又有"魏静《永嘉一宿覺禪師集》一卷",重複著録,兩處均作"静",爲"靖"之誤。《新唐書·藝文志三》釋氏類:"玄覺《永嘉集》十卷,慶州刺史魏靖編次。"《通志·藝文略五》釋家·詮述同。《通志·藝文略五》釋家·語録:"《永嘉一宿覺禪師宗集》一卷。唐慶州刺史魏净撰。"撰人名作"净",書名中衍"宗"字,均誤。《宋高僧傳》卷八《唐温州龍興寺玄覺傳》:"釋玄覺,字明道,俗姓戴氏……覺唱道著明,修證悟入,慶州刺史魏靖都緝綴之,號《永嘉集》是也。"《五燈會元》卷二:"廣州志道禪師者,南海人也……師翌日下山,乃回温州,學者輻湊,著《證道歌》一首及《禪宗悟修圓旨》,自淺之深。慶州刺史魏靖緝而序之,成十篇,目爲《永嘉集》,并行於世。"《全唐文》卷四〇二魏静《永嘉集序》:"大師在世,凡所宣紀,總有十篇,集爲一卷。"知本名魏靖。武后至玄宗間人,長安二年(702)任監察御史,見《舊唐書》卷五〇《刑法志》。鉅鹿人,解褐武城尉,在曹州,受刺史李融派遣,知捕賊,見《太平廣記》卷三八〇引《廣異記》。

25.《宋志四》釋氏類:"句令《禪門法印傳》五卷。"句令爲勾令玄之奪誤。《茅亭客話》卷三《勾居士》:"勾居士,名令玄,蜀都人也。宗嗣張平雲,有學人問答,隨機應響。著《火蓮集》《無相寶山論》《法印傳》《况道雜言》百餘篇。"保留了正確姓名,可以正《宋志》之誤。

26.《宋志四》釋氏類:"統休《無性和尚説法記》一卷。""《無住和尚説法》二卷。僧鈍林集。""統休""鈍林"均"純休"之誤。二者實爲一書,而均誤其撰人,前條書名且誤"無住"爲"無性"。《通志·藝文略五》"釋家·語録"記:"《唐無住和尚説法記》三卷。唐僧純休集。"《崇文總目》卷十釋書類中亦有《無住和尚説法記》二卷,亦作無住,人名當以此爲正。

27.《宋志四》道家類:"墨布一作希。子《文子注》十二卷。""布"爲"希"之誤。《新唐書·藝文志三》道家類:"徐靈府注《文子》十二卷。"即此書。《咸淳臨安志》卷六九:"徐靈府,號默希子,錢塘天目山人。通儒學,居天台靈蓋峰虎巖石室中,凡十餘年。"《全唐文補編》卷七三徐靈府《通玄真經序》:"文子者,周平王時人也。著書一十二篇……默希以元和四載,投迹衡峰之表,考室華蓋之前,迨經八稔。夙敦樸素之風,竊味希微之旨,今未能拱默,强爲注釋……默希子序。"《崇文總目》卷三道家類:"《文子》十一卷,徐靈府注。"《通志·藝文略五》諸子類·道家一:"《文子》十二卷。老子弟子也,唐徐靈府注。"《郡齋讀書志》卷一一道家類:"默希子注《文子》十二卷。右默希子者,唐徐靈府自號也。靈府謂文子周平王時人。"《直齋書録解題》卷九道家類同。《遂初堂書目·道家類》亦有徐靈府《注文子》。

28.《宋志四》道家類:"王源《亢倉子注》三卷。""王源"爲"王士源"之奪。《宋志》本條下又有"不知作者"之《亢倉子》三卷,一名《庚桑子》,戰國時人,老子弟子"。亦宋時傳本。《新唐書·藝文志三》道家類:"王士元《亢倉子》二卷。"《崇文總目》卷三道家類、《通志·藝文略五》諸子類·道家一:"《亢倉子》三卷。老聃之徒庚桑楚撰,王士元注。"《宋秘書省續編到四庫闕書目》卷二道家類有王士元補注《亢倉子》三卷。《遂初堂書目·道家類》有王士元注《亢倉子》。《大唐新語》卷九:"道家有庚桑子者,代無其書。開元末,襄陽處士王源,撰《亢倉子》兩卷,以補之。"《郡齋讀書志》卷一一道家類:"大唐天寶元年,詔號《亢桑子》爲《洞靈真經》,然求之不獲。襄陽處士王士元謂《莊子》作'庚桑子',太史公作'亢桑子',其實一也,取諸子文義類者,補其亡。今此書乃士元補亡者,宗元不知其故,而遽掊擊之,可見其鋭於譏議也。"

29.《宋志四》道家類:范乾元一作九。"《四子樞要》二卷。""元"爲"九"之訛。《郡齋讀書志》卷一一道家類:"《四子治國樞要》四卷,右唐范乾九集……分爲二十門。"《玉海》卷五三《四子治國樞要》:"《晁氏志》:四卷,唐范乾九集。"《通志·藝文略五》"道家二·書":"《道門四子治國樞要》二卷。范乾九撰。"知作"九"是。

30.《宋志四》神仙類:"王紳《太清宫簡要記》一卷。""紳"爲"坤"之誤。《通志·藝文略五》"道家二·記"、《宋秘書省續編到四庫闕書目》卷二道家類作"王坤",是。

31.《宋志四》神仙類:"楊歸年《修真延秘集》三卷。"人名有疑點。《通志·藝文略五》"道家三·内丹":"《修真延秘集》三卷,隱士楊文人撰。"記載不同。

32.《宋志四》農家類:"劉靖《時鑑雜—作新。書》四卷。"劉靖爲劉安靖之奪,雜爲新之形訛。《通志·藝文略二》禮類·禮記·時令:"《時鑑新書》五卷。劉安靖。"《玉海》卷一二:"《時鏡新書》五卷,皇朝劉安靖以四時分十二月,各繫其事。《書目》。《崇文總目》有……《時鑑新書》五卷。"《群書考索》卷五五同。

33.《宋志四》雜家類:"邵元《體論》十卷。"殿本作"邵亢",是。邵亢,《宋史》卷三一七、《東都事略》卷八一有傳。《玉海》卷六二:"宋朝邵亢《體論》十卷,論王體者三,教體者四,兵體者五,政體者十三,凡二十五篇。"知"元"爲"亢"之誤。

34.《宋志五》小説類:"胡王蒙《談賓錄》五卷。""王蒙"爲"璩"之形訛。《宋志五》小説類本條庫本即作"胡璩《譚賓錄》五卷",不誤。《新唐書·藝文志三》小説家類:"胡璩《譚賓錄》十卷。字子溫,文、武時人。"《崇文總目》卷二傳記類下同。《郡齋讀書志》卷一三小説類:"《譚賓錄》十卷,右唐胡璩子溫撰。皆唐朝史之所遺。文、武間人撰。"人名當以此爲正。《蜀中廣記》卷一〇五:"《胡氏亭畫記》,檢校尚書司空員外郎、賜緋魚袋郭圓撰……唐故宰相薛公稷,畫入神品,以名之重,時加貴之。成都靜德精舍有壁二堵,雜繪鳥獸人物,態狀生動,乃一時之尤者也……胡氏璩,文而好古,惜少保之迹,不存於鄉……會昌五年五月三日記。今畫舊迹已没,唯存石記,在三學山廨院東北。此院是胡璩故宅。"即此人,晚唐時居蜀中。

35.《宋志五》小説類:"陳輪《異聞集》十卷。""輪"爲"翰"之誤,《宋志》本條庫本作翰,是。《新唐書·藝文志三》小説家類:"陳翰《異聞集》十卷。唐末屯田員外郎。"《崇文總目》卷三小説類下同。《郡齋讀書志》卷一三小説類:"《異聞集》十卷,右唐陳翰編,以傳記所載唐朝奇怪事,類爲一書。"《遂初堂書目·小説類》作"《異聞集傳》"。《直齋書錄解題》卷一一小説家類:"《異聞集》十卷,唐屯田員外郎陳翰撰。翰,唐末人,見《唐志》。而第七卷所載王魁,乃本朝事,當是後人剿入之耳。"知作"翰"是。

36.《宋志五》小説類:"焦潞《稽神異苑》十卷。""潞"爲"璐"之誤。《宋志二》別史類:"焦璐《聖朝年代記—作紀。》十卷。"《新唐書·藝文志二》小説家類:"焦璐《唐朝年代紀》十卷。徐州從事,龐勛亂遇害。"《崇文總目》卷二編年類、《玉海》卷四七同。《舊唐書》卷一七七、《新唐書》卷一一四《崔彦曾傳》、《資治通鑑》卷二五六均記有其事迹,均作"璐",知作"潞"誤。

37.《宋志五》小説類:"高擇《群居解頤》三卷。""擇"爲"懌"之誤。《説郛》卷二四作"高懌《群居解頤》",是。高懌,五代末北宋初人,《宋史》卷四五七《隱逸傳》、《隆平集》卷一五、《東都事略》卷一一八有傳,知"擇"爲"懌"之誤。

38.《宋志五》小説類:"蒲仁裕《蜀廣政雜記—作紀。》十五卷。""蒲"爲"浦"之誤。《崇文總目》卷二僞史類:"《廣政雜記》十五卷,浦仁裕撰。"《通志·藝文略三》霸史類下:"《廣政雜記》十五卷。僞蜀浦仁裕撰。"均作"浦",知作"蒲"誤。

39.《宋志五》小說類:"楊士遶《儆戒錄》五卷。""遶"爲"達"之誤。《南部新書》癸卷:"四明人胡抱章,作《擬白氏諷諫五十首》,亦行於東南,然其辭甚平。後孟蜀末楊士達,亦撰五十篇,頗諷時事。士達子舉正,端拱二年進士,終職方員外郎。"《宋志七》別集類有楊士達《擬諷諫集》五卷,《唐音癸籤》卷三十同,知"遶"爲"達"之誤。

40.《宋志五》小說類:"周文玘《開顏集》二卷。""玘"爲"規"之誤。《崇文總目》卷三小說類下:"周文規《開顏集》三卷。"《直齋書錄解題》卷一一小說家類:"《開顏集》三卷,校書郎周文規撰,未知何時人。以古《笑林》多猥俗,乃於書史中鈔出可資談笑者,爲此編。"《文獻通考》卷二一六同。《景定建康志》卷五〇:"周文規能畫鬼神,冕服車器人物,昇元中命圖南莊,最爲精絶。"知作"規"是。

41.《宋志四》雜家類:"《玉泉子》一卷。"其下又有《玉泉筆論》五卷,實爲同書異名,重出,論字且爲誤文。《新唐書·藝文志三》小說家類:"《玉泉子見聞真錄》五卷。"《崇文總目》卷二傳記類下同。《遂初堂書目·小說類》作《玉泉筆端》。《通志·藝文略三》史類·雜史:"《玉泉子見聞真錄》五卷。記唐懿宗至昭宗時事。"《直齋書錄解題》卷一一小說家類:"《玉泉筆端》三卷,又別一卷,不著名氏,有序,中和三年作。末有跋,云扶風李昭德家藏之書也,即故淮海相公孫。又稱黃巢陷洛之明年跋,亦不知何人。別一本號《玉泉子》,比此本少數條,而多五十二條,無序跋,録其所多者爲一卷。"知"論"爲"端"之誤。

42.《宋志五》小說類:"曾寓《鬼神傳》二卷。"庫本作"曹寓",或是。

43.《宋志五》小說類:"鍾輅《前定録》一卷。""鍾輅《感定録》一卷。"此"二輅"均爲"之籛"奪誤。《新唐書·藝文志三》小說家類:"鍾籛《前定録》一卷。"《崇文總目》卷三小說類上:"《前定録》一卷,鍾輅撰。"又:"《續前定録》一卷,鍾籛撰。"《通志·藝文略三》史類·傳記·冥異:"《前定録》一卷。唐鍾籛撰。""《廣前定録》一卷。唐鍾籛撰。"《直齋書錄解題》卷一一小說家類:"《前定録》一卷,唐崇文館校書鍾籛撰,凡二十二事。別本又有《續録》,二十四事。"知作"籛"是。

44.《宋志五》小說類:"姚迥《隨因紀述》一卷。""姚"爲"晁"之誤。《宋史》卷三〇五《晁迥傳》:"晁迥字明遠……所著《翰林集》三十卷……《耆智餘書》《隨因紀述》《昭德新編》各三卷。"《郡齋讀書志》後志卷二:"晁文元《道院集要》三卷,右皇朝王古編。其序云:文元晁公博觀內書,不徒力行,復勤於撰述,以開導後學。其書曰《道院別集》,曰《自擇增修百法》,曰《法藏碎金》,曰《隨因記述》……"《文獻通考》卷二三四、《四庫全書總目》卷一四五同,知作"晁"是。

45.《宋志五》小説類:"畢仲詢《幕府燕閑録》十卷。""詢"爲"荀"之誤。《演繁露》卷七《行香》:"沈存中叙行香,謂當以香末散撒,乃爲行香。畢仲荀元豐三年,作《幕府燕閑録》……"《郡齋讀書志》袁州本卷五上編年類:"《續紀年通譜》一卷,右宣義郎致仕畢仲荀,續宋元憲公《紀年通譜》之書也。"《金石録》卷三〇、《寶刻叢編》卷一一、《玉海》卷四七、《浙江通志》卷四三均作"荀",知作"詢"誤。

46.《宋志五》天文類:"曹士爲《符天經疏》一卷。""爲"乃"蔿"之奪誤。《新唐書·藝文志三》天文類:"曹士蔿《七曜符天曆》一卷,建中時人。"《通志·藝文略六》"曆數·七曜曆"同,人名當以此爲正。《宋志六》曆算類:"曹士蔿《七曜符天曆》二卷。""李思議重注曹士蔿《小曆》一卷。""《合元萬分曆》三卷。作者名術,不知姓。"此三條出自同書之記載,尤可正《宋志》本條之誤。《崇文總目》卷四曆數類亦有此二名,實同一書。《玉海》卷一〇:"按《調元》起唐天寶十四載乙未爲上元,用正月雨水爲氣首。蓋仿曹士蔿《小曆》之舊,失之矣。唐建中時,曹士蔿始變古法,以顯慶五年爲上元,雨水爲歲首,世謂之《小曆》。"《困學紀聞》卷九:"曆有小曆,有大曆。唐曹士蔿《七曜符天曆》,一云《合元萬分曆》,本天竺曆法。"《直齋書録解題》卷一二陰陽家類:"《羅計二隱曜立成曆》一卷,稱大中大夫曹士蔿,亦莫知何人,但云起元和元年,入曆。"《新五代史》卷五八《司天考》:"初,唐建中時,術者曹士蔿始變古法,以顯慶五年爲上元,雨水爲歲首,號《符天曆》。"均作"蔿",知作"爲"乃奪誤之文。

47.《宋志五》五行類:"蕭古一作吉。《五行大義》五卷。"按,作吉是,其書隋代蕭吉撰,《隋書》卷七八、《北史》卷八九有《蕭吉傳》。《舊唐書·禮儀志四》:"謹按:《黃帝九宮經》及蕭吉《五行大義》:一宮,其神太一,其星天蓬。"《册府元龜》卷五九二同。《玉海》卷六二引《唐會要》:"會昌二年,王起等奏:案《黃帝九宮經》及蕭吉《五行大義》……"《新唐書·藝文志三》五行類:"蕭吉《五行記》五卷。"知作"吉"是。

48.《宋志五》五行類:"竇塗《廣古今陽復五行記》三十卷。"此前又有"竇維鋈《廣古今五行記》三十卷",即此書,書名及撰人,均當以後條爲正。《新唐書·藝文志三》五行類:"竇維鋈《廣古今五行記》三十卷。"《崇文總目》卷四五行類上、《通志·藝文略六》"五行二·陰陽"同。《玉海》卷五引《書目》:"竇維鋈集歷代五行咎變,叙其徵應,類例詳備,今本止十六卷,缺水行一門。"《郡齋讀書志》卷一四五行類:"《廣古今五行志》三十卷,右竇惟鋈撰。《唐志》有其目,未詳何人纂。"知"塗"爲"維鋈"之奪文、訛文,書名中之"陽復"則自他處竄入之衍文,除《宋志》外,正史書志及《太平廣記》引文,無一條作"廣古今陽復五行記"者。

49.《宋志五》五行類:"始一作姑。布子卿《相法一作書》一卷。"按作"姑"是。《荀子》卷三《非相篇第五》:"相人,古之人無有也,學者不道也。《道説》。古者有姑布子卿。姑布姓子卿,名相,趙襄子者,或本無姑字。"《論衡》卷三《骨相篇》:"趙簡子使姑布子卿,相諸子。"《隋書》卷七八、《北史》卷八九《藝術傳序》:"論相術,則内史叔服、姑布子卿、唐舉、許負。"知作"姑"是。

50.《宋志五》蓍龜類:"蒲乾貫《周易指迷照膽訣》三卷。""乾貫"當爲"虔瓘"之誤。《郡齋讀書志》卷一易類:"《易軌》一卷,右僞蜀蒲乾貫撰,專言流演……(景迂生)云:'按劉道原《十國紀年》,乾貫作虔觀。'今兩字皆誤。"《玉海》卷三六、《經義考》卷一五略同。《文淵閣書目》卷二:"蒲虔貫《保生要録》一部一册。"《十國春秋》卷五六《後蜀·蒲虔軌傳》:"蒲虔軌,蜀人也,著《易軌》若干卷。"知其誤相承已久。《宋秘書省續編到四庫闕書目》卷二五行卜筮類先有蒲乾貫《周易軌革指迷訣》二卷,又有《易軌》一卷。《通志·藝文略六》五行類:"《周易軌革指迷照膽訣》一卷。蒲乾虔瓘撰。"其人本名當爲虔瓘。

51.《宋志六》曆算類:"王孝通《緝古算經》一卷。"其下又有"王孝適《緝古算經》一卷。"重複著録,後書且誤"通"爲"適"。《新唐書·藝文志三》曆算類:"王孝通《緝古算術》四卷。太史丞李淳風注。"《舊唐書·經籍志下》曆算類、《通志·藝文略六》算術同。《崇文總目》卷三算術類作王孝通《緝古算經》一卷。《全唐文》卷一三四王孝通《上緝古算經表》:"比年以來,奉敕校勘校勘傅仁均《曆》,凡駁正術錯三十餘道。即付太史施行……臣晝思夜想……遂於平地之餘,續狹斜之法,凡二十術,名曰'緝古'。"《玉海》卷四四引《書目》:"《緝古算經》一卷,唐太史丞王孝通撰并注,趙彦若等校定。以《九章·商功篇》有平地役功受袤之術,世人不達,遂於'平地'之餘續狹斜之法。凡二十術,名曰'緝古',《崇文目》云淳風注。《唐志》四卷。唐令,算學習業《緝古》三年,今亡其三。"《四庫提要》:"《緝古算經》一卷,唐王孝通撰。其結銜稱'通直郎、太史丞',其始末未詳。惟《舊唐書·律曆志》《戊寅曆》條下有'武德九年校曆人算曆博士臣王孝通題',蓋即其人也。是書一名《緝古算術》,《唐書·藝文志》《崇文總目》俱稱李淳風注,今案此本卷首實題'孝通撰并注',則《唐志》及《總目》爲誤。又《宋志》作一卷,《唐志》、鄭樵《藝文略》俱作四卷,王應麟《玉海》謂今亡其三。案孝通原表稱'二十術',檢勘書內條目相同,并無缺佚,不知應麟何所據而云也。"《遂初堂書目·雜藝類》亦有此書。

52.《宋志六》類事類:"喬舜封《古今語要》十二卷。""封"爲衍文。《宋志二》史鈔類:"喬舜《古今語要》十二卷。"《宋志七》別集類:"喬舜《擬謠》十卷。"《宋志八》總集類:"喬舜《桂香詩》一卷。"此三條均無封字,知"封"字爲衍文,其人本名喬匡舜,喬舜、喬匡舜、喬舜封,實爲同一人,《宋志》重複著録。陸游《南唐書》卷八《喬匡舜傳》:"喬匡舜字亞元,高郵人。弱冠,能屬文,以典贍稱。烈祖輔吳,用爲秘書省正字,開國宋齊丘辟置幕中十餘年。"

《十國春秋》卷二五《南唐·喬匡舜傳》略同。《通志·藝文略六》雜家:"《古今語要》十二卷,僞唐喬舜封撰。"亦誤撰人名。

53.《宋志六》醫書類:"王起《仙人水鏡》一卷。""起"爲"超"之訛。《新唐書·藝文志三》醫術類:"王超《仙人水鏡圖訣》一卷。貞觀人。"《崇文總目》卷三醫書類五、《通志·藝文略七》"醫方下·小兒"同,知作"超"是。

54.《宋志六》醫書類:"劉涓子《神仙遺論》十卷。東蜀李頔錄。"注文中"頔"爲"頔"之訛。《直齋書錄解題》卷一三醫書類:"劉涓子《神仙遺論》十卷,東蜀刺史李頔錄。"《崇文總目》卷三醫書類二、《文獻通考》卷二三三同,知"頔"爲"頔"之形訛。

55.《宋志六》醫書類:"蘇巘一作游。《玄感論》一卷。"按作"游"是。《新唐書·藝文志三》醫術類:"蘇游《玄感傳屍方》一卷。"《舊志下》醫術類、《崇文總目》卷三醫書類四:"《玄感傳屍論》一卷。蘇游撰。"《通志·藝文略七》醫方下·雜病:"《玄感傳屍論》一卷。唐蘇游撰。"《宋志六》醫書類:"蘇游《玄感傳尸方》一卷。"《新唐書·藝文志三》醫術類:"蘇游《鐵粉論》一卷。"《通志·藝文略五》"道家四·金石藥"、《崇文總目》卷三醫書類四同。《宋志六》醫書類亦有"蘇游《鐵粉論》一卷"。均作"游",知作"游"是。

56.《宋志六》醫書類:"蕭一作蘭。宗簡《水氣論》三卷。"《通志·藝文略七》"醫方下·雜病":"《水氣論》三卷。蘭宗簡撰。""蕭""繭"均爲"蘭"之形訛。

57.《宋志六》醫書類:"李越一作鉞。《新脩榮衛養生用藥補瀉論》十卷。""越"或爲"鉞"之形訛。《通志·藝文略七》"醫方下·五藏":"《新修榮衛養生用藥補瀉論》十卷。翰林待詔李鉞撰。"

58.《宋志六》醫書類:"崔元亮《海上集驗方》十卷。"作"元亮"乃"玄亮"之避改,其人本名崔玄亮,《舊唐書》卷一六五、《新唐書》卷一六四有傳。《新唐書·藝文志三》醫術類:"崔玄亮《海上集驗方》十卷。"《崇文總目》卷三醫書類三、《通志·藝文略七》"醫方上·方書"同,《證類本草》卷一一作"《崔氏海上集》"。所謂"海上"當指其元和中出爲出爲密、湖、曹三郡刺史時。

59.《宋志七》別集類:"《張珥一作琛。文》一卷。"按《崇文總目》卷五別集類二有《張琛文集》三卷,《文苑英華》卷三六六有張琛《吊舊一作故。友》,知作"琛"是。

60.《宋志七》別集類:"《賀蘭明吉集》一卷。"據《長江集》卷三、《文苑英華》卷二五九、《唐詩紀事》卷五八,"明"爲"朋"之形誤,唐詩人有賀蘭朋吉,無賀蘭明吉。

61.《宋志七》別集類:"封鰲《翰稿》八卷。"《新唐書·藝文志四》作"《封敖翰稿》八卷",是。《崇文總目》卷五別集類六、《通志·藝文略八》制誥同。封敖,唐之聞人,《舊唐書》卷一六九、《新唐書》卷一七七有傳。丁居晦《晦重修承旨學士壁記》:"封敖:會昌二年十二月一日,自左司員外郎兼侍御史知雜事充。其月三日,改駕部員外郎。三年五月二十五日,加知制誥。四年四月十五日,遷中書舍人。九月四日,遷工部侍郎、知制誥,依前充。五年三月十八日,三表陳乞,蒙恩出守本官。"《封敖翰稿》當爲其這段時間所撰制詞之彙編。《宋志七》人名、書名、標點均誤。

62.《宋志七》別集類:"《胡會集》十卷。""會"爲"曾"之誤。《新唐書·藝文志四》:"胡曾《安定集》十卷。"《崇文總目》卷五別集類七同。《通志·藝文略八》表章:"《安定集》十卷。胡曾奏表。"《湖廣通志》卷五〇:"唐胡曾……著有《安定集》十二卷,《詠史詩》百首。"《唐才子傳》卷八《胡曾傳》:"《安定集》十卷行世。"均指此書。

63.《宋志七》別集類:"劉宗一作榮。望《制集》八卷。"《新唐書·藝文志四》作劉崇望《中和制集》十卷。《崇文總目》卷五別集類六、《通志·藝文略八》制誥同,云唐中書舍人劉崇望撰。《宋秘書省續編到四庫闕書目》卷一別集類作"劉崇望《中和制集》八卷",《宋志》作"宗"或"榮",均誤。其人《舊唐書》卷一七九、《新唐書》卷九〇有傳,僖宗初,爲諫議大夫,召入翰林,充學士。累遷户部侍郎、翰林學士承旨,轉兵部,在禁署四年。昭宗即位,拜中書侍郎,此制集當即這段時間制詞之彙集。

64.《宋志七》別集類:"《汪文蔚集》三卷。"實爲"江文蔚"之形誤。《崇文總目》卷五別集類五:"《江翰林賦集》三卷,江之蔚撰。"《通志·藝文略八》賦記撰人作"僞唐江之蔚",之乃文之訛,但保留了正確姓氏。《福建通志》卷六八著録江文蔚《吴英秀賦集》《桂香賦集》三十卷。《宋秘書省續編到四庫闕書目》卷一總集類有《桂香集》三卷,《宋志八》總集類有《桂香賦集》三十卷,均江文蔚所撰。著有《翰林學士江簡公集》十卷,徐鉉爲其文集作序,見《騎省集》一七《翰林學士江簡公集序》:"濟陽江公……優游兩制,不亦宜乎。然而初無簡編,文乃亡逸。嗣子翹、門生王克珍等,或搜諸經笥,或傳於人口,或焚稿之外,或削材之餘,彙聚群分,得十卷,授之執友,以命冠篇。鉉族近親情,官聯迹密……援毫悲吒,存諸梗概云耳。"《馬氏南唐書》卷一三《江文蔚傳》:"江文蔚字君章,許人也。長興中,舉進士,爲河南府巡官,避權勢,有高才,與韓熙載名相上下。"陆游《南唐書》卷一〇、《十國春秋》卷二五《南唐·江文蔚傳》:"保大十年卒,年五十二,謚曰簡。"知徐鉉所序即江文蔚詩集。

65.《宋志七》別集類:"《張祐詩》十卷。""祐"乃"祜"之誤。《新唐書·藝文志四》:"《張祜詩》一卷。字承吉,爲處士,大中中卒。"《崇文總目》卷五別集類三、《郡齋讀書志》卷一八別集類中同。《通志·藝文略八》別集·詩作三卷。《直齋書録解題》卷一九詩集類上:"《張祜集》十卷,唐處士張祜承吉撰。"《宋志七》別集類訛作"《張祐詩》十卷"。庫本仍作"張祜",不誤。《唐才子傳》卷六《張祜傳》:"詩一卷,今傳。"《遂初堂書目·別集類》有《張承吉集》《張祜集》二種,蓋二傳本。

66.《宋志七》別集類:"《馬載詩》一卷。""載"乃"戴"之誤。《新唐書·藝文志四》:"《馬戴詩》一卷。字虞臣,會昌進士第。"《崇文總目》卷五別集類三、《通志·藝文略八》別集·詩同。《宋志七》別集類庫本作《馬戴詩》一卷,不誤。《直齋書錄解題》卷一九詩集類上:"《馬戴集》一卷,唐馬戴虞臣撰。"《遂初堂書目·別集類》亦有《馬戴集》。《唐才子傳》卷七《馬戴傳》:"有詩一卷,今傳。"

67.《宋志七》別集類:"《韓宗詩》一卷。""宗"爲"琮"之誤。《新唐書·藝文志四》:《韓琮詩》一卷。字成封,大中湖南觀察使。"《崇文總目》卷五別集類四、《通志·藝文略八》"別集·詩"同。《唐才子傳》卷六《韓琮傳》:"集一卷,今傳。"《遂初堂書目·別集類》亦有《韓琮集》。

68.《宋志七》別集類:"《李溪奏議》一卷。""溪"爲"磎"之誤。《宋志七》別集類下又有《李磎集》四卷,《通志·藝文略八》"總集·制誥"有《李磎制集》四卷,即此人。《新唐書·藝文志四》有《李磎表疏》一卷。《崇文總目》卷五別集類六、《通志·藝文略八》表章同。《遂初堂書目·章奏類》有《唐李磎奏議》。其人爲憲宗朝宰相李鄘之孫,與韋昭度同時,昭宗乾寧元年十月,爲相。二年五月,與宰相韋昭度同被李茂貞、王行瑜殺之於都亭驛。子沇,亦以文學知名。《唐會要》卷五五:"景福二年十月,以翰林學士、禮部尚書李磎爲中書侍郎平章事。宣制日,水部郎中知制誥劉崇魯抱其麻哭之,奏云:'李磎奸邪,協附權倖,不合爲相。'乃左授太子少師。"《宣和書譜》卷四:"李磎字景望,江都人也。自幼好學,登進士第,相昭宗,官至太子少師,贈司徒。家世藏書多至萬卷,時號'李書樓'。喜著述,善注解,學者宗之,以爲指南,真儒相也。"《北夢瑣言》卷六《李磎行狀》:"司空圖侍郎撰李公磎《行狀》,以公有出倫之才,爲時輩妒忌,罹於非橫。其平生著文,有《百家著諸心要文集》三十卷,《品流志》五卷、《易之心要》三卷、《注論語》一部,《明無爲》上下二篇、《義説》一篇,倉卒之辰,焚於賊火,時人無所聞也,惜哉。陽春白雪,世人寡和,豈虛言也!"卷一四《三鎮擁兵殺二相》:"李磎字景望,拜相麻出,爲劉崇魯抱而哭泣,改授太子少傅,乃上十表及《納諫》五篇,以求自雪,後竟登庸……其子沇,有高才,同日害之。磎著書百卷,號'李書樓',後追贈司徒。"《文苑英華》錄其詩文十九篇,均作"磎",可見"溪"爲"磎"之形誤。

69.《宋志七》別集類:"《柳佽詩》一卷。"佽爲郯之誤。《郡齋讀書志》卷一七別集類上:"《柳郯詩》一卷,右唐柳郯。集有與李端、盧綸輩相酬贈詩,大曆間進士也。"《遂初堂書目·別集類》亦有《柳談集》,《説郛》本《遂初堂書目》作"《柳佽集》",同《宋志》。《山西通志》一三九:"柳中庸名淡,以字行,河東解人。御史并弟。與弟中行皆有文名。蕭穎士以女妻之,仕爲洪府户曹。"作"佽""談""淡"均誤,其名當從《郡齋》,作"郯"。

70.《宋志七》別集類:"庾傅昌《金行啓運集》二十卷。""傅"爲"傳"之誤。《崇文總目》

卷五別集類七:"《金行啓運集》十卷,庾傳昌編。"《通志·藝文略八》總集:"《金行啓運集》十卷。僞蜀庾傳昌集。"《蜀中廣記》卷九三:"《金行啓運錄》二十卷、《青宮載筆記》十五卷,并孟蜀學士庾傳昌著,見《檮杌》。"《十國春秋》卷四四《前蜀·庾傳昌傳》:"累升中書舍人、翰林學士。撰《玉堂集》二十卷、《青宮載筆記》二十卷、《金行啓運錄》二十卷。"《蜀檮杌》卷上:"富文藻,著《金行啓運錄》二十卷、《青宮載筆記》十五卷、《玉堂集》二十卷。"《北夢瑣言》卷七:"蜀中庾傳昌舍人,始爲永和府判官,文才敏贍,傷於冗雜。因候相國張公,有故未及見,庾怒而歸,草一啓事,僅數千字,授於謁者,拂袖而去。"《古今姓氏書辯證》卷二三:"蜀人庾氏:唐同州刺史崇,生樸,前蜀禮部尚書。其族子四人:傳美,後唐都官郎中。傳昌,前蜀翰林學士。傳素,左僕射。傳信,翰林學士。"知作"傳"是。

71.《宋志七》別集類:"李瀚《丁年集》十卷。""瀚"爲"澣"之誤。《崇文總目》卷五別集類二:"《李氏應曆小集》十卷,李澣撰。"《通志·藝文略八》別集五·五代:"《李氏應曆小集》十卷。李澣,晉末人。晉陷契丹,以僞遼應曆年號名集。"《五代史補》卷三《李瀚作錢鏐碑》:"李瀚有逸才,每作文,則筆不停綴……竟卒於蕃中。其後人有得其文集者,號曰《丁年集》,蓋取蘇武丁年奉使之義。"《宋史》卷二六二《李濤傳》:"弟澣,字日新。幼聰敏,慕土楊盧駱爲文章……晉天福中,拜右拾遺,俄召爲翰林學士。會廢學士院,出爲吏部員外郎。遷禮部郎中、知制詔。復置翰林,遷中書舍人,再爲學士。時濤在西掖,縉紳榮之。契丹入汴,澣與同職徐台符俱陷塞北……應曆十二年六月卒,時建隆三年也。濤收澣文章,編之爲《丁年集》。"知作"澣"是。

72.《宋志七》別集類:"沈松《錢金集》八卷。""松"爲"崧"之奪誤。《宋秘書省續編到四庫闕書目》卷一別集類:"《沈崧詩集》五卷。""沈崧《鑄金集》一卷。"《新五代史》卷六七《吳越世家》:"乃以杜稜、阮結、顧全武等爲將校,沈崧、皮光業、林鼎、羅隱爲賓客。"《資治通鑑》卷二八一:"吳越王(錢)元瓘復建國……以曹仲達、沈崧、皮光業爲丞相。"《福建通志》卷六八:"沈崧《錢金集》二十卷。"卷五一:"沈崧,閩縣人,乾寧中進士,與臨安羅隱齊名。歸省,過臨安,吳越錢鏐留爲鎮海軍掌書記,奏授兵部尚書。及元瓘即位,拜丞相,諡文獻,有集二十卷。"《十國春秋》卷八六《吳越十·沈崧傳》:"天福三年二月卒,年七十六,諡曰文獻,有集二十卷。"《明一統志》卷七四《沈崧》:"文獻當時書檄表奏,多崧所撰。有集二十卷。"知本名沈崧,"松"爲"崧"之奪。

73.《宋志七》別集類:"郭昭度《芸閣集》十卷。""度"爲"慶"之誤。《新唐書·藝文志三》、《通志·藝文略四》"諸子類·儒術"同有郭昭度《治書》十卷,亦誤。《崇文總目》卷五別集類二:"《芸閣集》十卷,郭昭度撰。"均作"度",知其誤由來已久。《通志·藝文略八》"別集五·僞朝":"郭昭慶《芸閣集》十卷。僞唐。"《十國春秋》卷二九有《郭昭慶傳》,其名又見《廣川書跋》卷六、《江西通志》卷七五等多處，均作"昭慶"，知"度"爲"慶"之訛。《明一統志》卷五六："郭昭慶，永新人，世業儒。父鵬，南唐進士，官至大理司直。昭慶博通經史，擬《元經》，作《唐春秋》，著《治書》五十篇以獻，後再獻《經國》《治民論》各十餘篇，後主悦之，授著作郎。時歲貢方物於宋，表箋詞章，皆出其手。"陸游《南唐書》卷一五《郭昭慶傳》："郭昭慶，廬陵人……保大中，獻所著《治書》，補揚子尉，辭不受。"《馬氏南唐書》卷一四《郭昭慶傳》："昭慶博通經史……著《治書》五十篇，皆引古以勵今。獻之，爲左右所沮。"

74.《宋志七》別集類："孟賓子《金鰲詩集》二卷。""子"乃"于"之形訛。《直齋書録解題》卷一九詩集類上："《孟賓于集》一卷，五代進士孟賓于撰，仕湖南、江南。"《江南野史》卷八："孟賓于，湖湘連上人……天祐末，工部侍郎李若虛廉察於湘沅，賓于以詩數百篇，自命爲《金鰲集》，獻之，大爲稱譽。"《馬氏南唐書》卷二三："天祐末，工部侍郎李若虛廉察沅湘，賓于以詩數百篇，自命爲《金鰲集》，獻之，若虛稱善……明年春，擢進士第。"《小畜集》二〇《孟水部詩序》："水部諱賓于，字某，生於連州……游舉場十年，故有'十載戀明主'之什，凡八章，五上登第……有《金鰲集》者，應舉時詩也。"《詩話總龜》卷二六："孟賓于，湖湘連上人。少修儒學，好詩，有百篇，名《金鰲集》，獻於李若虛侍郎……明年春，與李昉同擢進士第。"

75.《宋志七》別集類："朱存《金陵覽古詩》二卷。""朱存《金陵詩》一卷。"實爲一書之不同傳本，亦爲重複著録之一種情況。《宋秘書省續編到四庫闕書目》卷一別集類："《朱存詩》二卷。"《十國春秋》卷二九《朱存傳》："朱存，金陵人。保大時，常取吳大帝及六朝興亡成敗之迹，作《覽古詩》二百章，章四句，地志家多援以爲證。"《景定建康志》卷三三："《金陵覽古詩》三十五版。"

76.《宋志七》別集類："王遒一作遵。《詠史》一卷。""王遒"爲"汪遵"之訛奪。《崇文總目》卷五別集類四、《宋志七》別集類："汪遵《詠史詩》一卷。"即此書，《宋志》以爲二書，實誤，屬對同一書之重複著録。《通志·藝文略八》別集·詩："江遵《詠史詩》一卷。"《宋秘書省續編到四庫闕書目》卷一別集類訛作"《汪尊詩》一卷"。《唐才子傳》卷八《汪遵傳》："有集今傳。"《唐摭言》卷八、《太平廣記》卷一八三記有其事迹，《才調集》卷三録有其詩，知本名汪遵。

77.《宋志七》別集類："張瑩一作策。《吊梁賦梁下或有郊字。》一卷。"作"策"是。《通志·藝文略八》賦："《吊梁郊賦》一卷。唐張策撰。"《舊五代史》卷一八《張策傳》："乾化二年秋，卒。所著《典議》三卷、《詞制歌詩》二十卷、《牋表》三十卷，存於其家。"《新五代史》卷三五有傳。其人另見《唐摭言》卷一一、《北夢瑣言》卷三、卷四、卷一五，《册府元龜》卷二〇五、二一〇、七二九、七五六，知人名只作"張策"爲是，《宋志七》作"瑩"，乃"策"之形訛。賦當爲唐亡以後傷悼之作。

　　78.《宋志七》別集類:"《蔡崑詩》一卷。""崑"爲"琨"之誤。《宋秘書省續編到四庫闕書目》卷一別集類、《崇文總目》卷五別集類五有《蔡琨詩》一卷。《詩話總龜》前集卷四:"廖圖字贊禹,虔州人,文學博贍,爲時輩人所服。湖南馬氏辟幕下,奏天策府學士。與劉禹、李宏皋、徐仲雅、蔡琨、韋鼎、釋虛中、齊己,俱以文藻知名,更唱迭和,今有集行於世。"

　　79.《宋志七》別集類:"李積《鼎國集》三卷。""《李雄詩》三卷。"當爲同書異名,"積"爲"雄"之誤。《郡齋讀書志》卷一八別集類中、《文獻通考》卷二四三:"《鼎國詩》三卷,右後唐李雄撰。雄,洛翠人。莊宗同光甲申歲,游金陵、成都、鄴下,各爲詠古詩三十章,以三國鼎峙,故曰'鼎國'。"《古今同姓名錄》卷上"七李雄":"一唐莊宗同光年,游金陵、成都、鄴,各爲詠古詩,名曰《鼎國詩》。洛翠人也。"《宋秘書省續編到四庫闕書目》卷一別集類亦有《鼎國集》一卷,知作"雄"是。

　　80.《宋志八》總集類:"竇儼《東漢文類》三十卷。"據《宋志八》該條校勘記,底本原作"儼",校勘者據《崇文總目》卷五總集類上改作"嚴",實爲不明史實之誤改。《崇文總目》卷五總集類上:"《東漢文類》二十卷,竇嚴編。《通志·藝文略八》總集:"《東漢文類》三十卷。唐竇嚴集。"《郡齋讀書志》卷二○總集類:"《東漢文類》三十卷,右五代竇儼編。"《文獻通考》卷二四八同。《玉海》卷五四引《中興書目》:"竇儼類次《後漢書》中詔册及群臣書表章議檄對策說問文賦歌詩,附以范曄《序論》。"其人爲五代北宋初名人,新舊《五代史》、《五代會要》、《册府元龜》、《玉海》有七十多條文字提及此人,均作"竇儼"。又《宋史》卷二六三載,其兄儀,弟侃、偁、僖皆從人旁,儼事迹即附其兄儀傳中,知《新唐書·藝文志》"嚴"爲"儼"之訛,《宋志》點校者又承此誤。

　　81.《宋志八》總集類:"南康筆《代耕心鑑》十卷、《干祿寶典》二十七卷。""南康筆"實"康南華"之倒誤。《文苑英華》卷五二七、《全唐文》卷九五二作"唐南華",《通志·藝文略八》作"南華張",亦倒誤。《顏魯公集》卷七《銀青光祿大夫海濮饒房睦台六州刺史上柱國汲郡開國公康使君(希銑)神道碑銘》:"君諱希銑……開元初,入計。至京,抗表請致仕……冬十月二十有二日,不幸遘疾,薨於會稽覺胤里第,春秋七十一……姪刑部員外郎瓘,男美原尉南華,撰《代耕心鏡》十卷……君之先君至南華四代,進士登甲科者七人,舉明經者一十三人。"知南康筆、唐南華、南華張,實均"康南華"之倒誤。

　　82.《宋志八》總集類:"盧瓌《抒情集》二卷。""抒"爲"杼"之訛。《新唐書·藝文志四》作"盧瓌《杼情集》二卷",當以此爲準。《崇文總目》卷五總集類下、《遂初堂書目·小說類》均訛作《抒情集》。《能改齋漫錄》卷一一:"唐《杼情集》記朝士在外地觀野花,追思京師舊游詩……予嘗以俚俗所作,偶閱《杼情集》,乃知權常侍審詩也。"《太平廣記》引佚文七條,《詩話總龜》前集引九條,均作《杼情詩》,當以此爲正。又有訛變作盧環《抒情》、《唐賢杼情》、盧懷《杼情》者,皆誤。

83.《宋志八》總集類:"幼暐《金華瀛洲集》三十卷。"幼氏雖爲古姓,但此處"幼暐"爲"祁暐"之誤。《宋史》卷四五六《孝義傳》有《祁暐傳》,庫本目錄訛作"初暐",正文不誤。《明一統志》(卷二五)、《山東通志》(卷一五)、《萬姓統譜》(卷八)等多書承《宋史》目錄之誤,均作"初暐"。祁、初、幼三字形近,祁遂誤爲初,初又誤爲幼,其姓氏遂不可解。《麟臺故事》卷二:"大中祥符九年三月,加王欽若檢校太師,又加兵部郎中、直史館張復,祠部員外郎、直集賢院祁暐階、勳。"《續資治通鑑長編》卷九五,宋真宗天禧四年(1020)四月戊戌,"先是,度支員外郎、直集賢院祁暐出知濰州。母亡,殯於州城之南。暐既解官,就殯所築小室,號泣守護,蔬食,讀佛經者三載,徒跣,經冬,足墮二指。有白烏白兔,馴擾墳側,州人異之,以狀聞。己亥,降詔旌美。及其歸葬,又賜帛三十疋,粟三十石,令州長吏每月就所居存問。暐,膠水人也。"所記即本書作者,《宋史·孝義傳》即據此立傳。《詩話總龜》前集卷一〇:"天聖中,禮部郎中孫冕刻三英詩:劉元載妻、詹茂光妻、趙晟之母。"明徐伯齡《蟬精雋》卷一六《三英詩》:"《金華瀛洲錄》:天聖中,禮部郎中孫冕選三英詩:劉元載妻《早梅》,詹茂光妻《寄遠》,趙晟之母《惜別》。"出處均標《金華瀛洲集》,闕撰人。其人爲北宋太宗、真宗朝文人,故所撰《金華瀛洲集》能編録北宋前期人詩。

84.《宋志八》總集類:"王咸《典麗賦》九十三卷。""咸"爲"戊"之誤。《直齋書錄解題》卷一五總集類:"《後典麗賦》四十卷,金華唐仲友與政編。仲友以辭賦稱於時。此集自唐末以及本朝盛時,名公所作皆在焉,止於紹興間。先有王戊,集《典麗賦》九十三卷,故此名《後典麗賦》。王氏集,未見。"《文獻通考》卷二四九同,知作"戊"是。

85.《宋志八》文史類:"李允一作元,或作克。《翰林論》三卷。"允、元、克,均充之訛。《隋書·經籍志四》總集類:"《翰林論》三卷。李充撰。梁五十四卷。"《舊唐書·經籍志下》總集類、《新唐書·藝文志四》總集類同。《遂初堂書目·文史類》有"晋李充《翰林論》"。《太平御覽·經史圖書綱目》有李充《翰林論》,正文引李充《翰林論》八條。《玉海》卷五四:"《國朝志》文史:魏晋以前尚古文,有李充《翰林論》。"可見直到南宋末,國家藏書目錄仍作"充",不誤。

86.《宋志八》文史類:"紇于俞《賦格》一卷。""紇于俞"乃"紇干俞"之訛。《崇文總目》卷五、《通志·藝文略八》文史類有渭南尉紇干俞《賦格》一卷。《元和姓纂》卷十紇干:"河南:貞觀有紇干承基。貞元僕寺丞。紇干遂,其後也。生俞,渭南縣尉。"即其人。《舊唐書·刑法志》有庫部郎中紇干泉,《册府元龜》卷五八有刑部員外郎紇干泉,"泉"爲"㬌"之形誤。岑仲勉《金石論叢·郎官石柱題名新著録》司勛郎中第九行、金部郎中第八行有紇干臮,知其姓氏當作"紇干"。《全唐文補遺》第一輯紇干潚《唐故李氏夫人河南紇干氏墓志并序》:"初,《官氏志》有紇干,與後魏同出於武川。孝文遷於洛陽,改爲干氏……高祖植,皇任穎王友。曾祖著,皇僕寺丞,累贈禮部尚書。祖臮,皇河陽節度使,封雁門公,贈吏部尚書。"《新唐書·藝文志三》道家類:"紇干臮《序通解錄》一卷。"《古今姓氏書辯證》卷三七:"唐御史大夫紇干遂、江西觀察使紇干臮,望出雁門。"《舊唐書·吐蕃傳》有貞元九年(793)御史大夫紇干遂。紇干俞爲紇干著或即紇干遂之子。《文苑英華》卷四、九四、一二五、一三三存紇干俞賦四首。又卷七紇干俞《玉鈎賦》,與張仲素同作。據《唐才子傳》卷六,張仲素乃貞元十四年(798)李隨榜進士,紇干俞當亦貞元末登科第,《姓纂》成書前,官至渭南尉。

87.《宋志八》文史類:"王杞一作超。《詩格》一卷。""杞""超"均"起"之誤。《新唐書·藝文志四》詩文評類:"王起《大中新行詩格》一卷。"《崇文總目》卷五文史類、《通志·藝文略八》詩評同。《江南通志》卷一九二:"《大中詩格》一卷。江都王起。"即此書,《宋志八》著錄者爲此書之簡稱。

【作者簡介】李德輝,男,1965年生,湖南汨羅人,湖南科技大學中國古代文學與社會文化研究基地二級教授,主要從事漢唐兩宋文學文獻整理與研究。

中華書局本《南部新書》點校商榷十五則*

華迪威

  《南部新書》爲北宋學者錢易所撰,《四庫全書總目提要》評價其"多録軼聞瑣語,而朝章國典,因革損益,亦雜載其中,故雖小説家言,而不似他書之侈談迂怪,於考證尚屬有裨"。[①] 黄壽成先生也指出此書對唐代職官制度、詔令、人物事迹、社會生活等方面的研究均有一定史料價值。[②] 黄壽成先生點校此書,爲唐代文史研究提供了很大便利,但千慮一失,仍存在一些點校問題。本文就點校中存在的一些問題,略爲拾遺而商榷之,依前後出現次序釐爲此篇,以供學者參考。

  1.《南部新書·甲》有"元和後,惟膳部廳持國柄者最多",[③]此"元和"二字下未加專名綫。按"元和"爲唐憲宗之年號也,《舊唐書·憲宗本紀》云:"元和元年春正月丙寅朔,皇帝率群臣於興慶宫奉上太上皇尊號曰應乾聖壽太上皇。丁卯,御含元殿受朝賀。禮畢,御丹鳳樓,大赦天下,改元曰元和。"[④]此"元和"二字下應加專名綫。

  2.《南部新書·甲》有"崔四入,即慎由之子,小名緇郎"[⑤]一條,點校者在"崔"字下加專名綫,而"四入"下未加。按《新唐書·崔胤傳》云:"崔胤字垂休,宰相慎由子也。……四拜宰相,世謂'崔四入'。"[⑥]《南部新書》此處是以崔胤之外號代指其人,"崔四入"爲一整體,且爲此人之專稱,當加專名綫。

  3.《南部新書·甲》有"郭代公元振爲西涼州牧",[⑦]其中"西涼州"三字加專名綫,可見點校者認爲此爲唐代一地名。按《舊唐書·地理志·隴右道》云:"後魏置張掖軍,孝文改

---

* 本文係陝西省社會科學基金項目"陝西出土漢魏晉南北朝碑刻研究"(2020G014)階段性研究成果。
① 永瑢等撰:《四庫全書總目》卷一百四十,北京:中華書局,1965年版,第1189頁。
② 錢易撰,黄壽成點校:《南部新書》,北京:中華書局,2002年版,前言1—2頁。
③ 《南部新書》,第1頁。
④ 劉昫等撰:《舊唐書》卷十四,北京:中華書局,1975年,第414頁。
⑤ 《南部新書》,第4頁。
⑥ 歐陽修、宋祁撰:《新唐書》卷二百二十三下,北京:中華書局,1975年,第6355頁。
⑦ 《南部新書》,第11頁。

爲郡及縣,州置西凉州,尋改爲甘州。"①此時應并無"西凉州"之地名,而名爲"甘州",《舊唐書·郭元振傳》也將"甘、凉、瓜、肅"②四州并稱,可知"西凉州"之名必誤。《郭元振傳》載其此時爲"檢校安西大都護",③安西都護府初置於太宗平高昌之後,置所在西州,《舊唐書·郭孝恪傳》載其"行安西都護、西州刺史",④故郭元振此時也可能同時兼領安西大都護和西州凉州二州的刺史,因而《南部新書》之"西凉州牧"或許應作"西、凉州牧",在西、凉二字下分別標專名綫。

4.《南部新書·乙》有"如中書有公事敷奏,即宰臣入榜子,奏請開延英。又一説:延英殿即靈芝殿也,謂之'小延英'。苗晋卿居相,以足疾,上每於此待之。宰相對小延英,自此始也"。⑤ 此段兩處"小延英"皆未加專名綫。按《新唐書·苗晋卿傳》云:"時年老蹇甚,乞間日入政事堂,帝優之,聽入閣不趨,爲御小延英召對。宰相對小延英,自晋卿始。"⑥"小延英"爲殿名,當加專名綫。

5.《南部新書·丁》有"秋夜洛陽城,明月照張八"⑦一句,其中"洛陽城"未加專名綫,誤。

6.《南部新書·戊》云:"李太尉,大和七年自西川迴,入相。"⑧其中"大和"二字未加專名綫。按大和爲唐文宗年號,《舊唐書·文宗本紀》載"大和元年春正月……乙巳,御鳳凰路,大赦,改元大和"。⑨ 此處當加專名綫。

7.《南部新書·戊》云:"柳芳與韋述善,俱爲史學。述卒書未成者,皆續成之。"⑩按此"述卒書未成者"甚不通,柳芳在韋述之後,繼其遺志而續作其書,應點作"述卒,書未成者,皆續成之"。也正可與《新唐書·柳芳傳》之"會述死,芳緒成之"⑪相對應。

8.《南部新書·戊》有這樣一條記載:"崔敬嗣,武后時任房州刺史。孝和安置在彼,官吏多無禮,嗣獨申禮待供給之。及即位,有益州長史崔敬嗣,既同名姓,名擬皆御筆超拜。後引與語,曰誤。"⑫此"曰誤"之用法甚是奇怪,校勘記云"明本'曰'作'知'",⑬但未採

---

① 《舊唐書》卷四十,第1641頁。
② 《舊唐書》卷九十七,第3043頁。
③ 《舊唐書》卷九十七,第3044頁。
④ 《舊唐書》卷八十三,第2774頁。
⑤ 《南部新書》,第24頁。
⑥ 《新唐書》卷一百四十,第4643頁。
⑦ 《南部新書》,第49頁。
⑧⑩ 《南部新書》,第69頁。
⑨ 《舊唐書》卷十七上,第525頁。
⑪ 《新唐書》卷一百三十二,第4536頁。
⑫ 《南部新書》,第73頁。
⑬ 《南部新書》,第79頁。

用。按《舊唐書·崔光遠傳》作"後引與語,始知誤寵"。① 結合上下文可知此爲中宗誤將此崔敬嗣當作當年在房州接濟過自己的那位,因而多次進行提拔,後文云"訪敬嗣已卒",此爲中宗的補救,但爲時已晚。從"知誤"到再訪其人,比"曰誤"更爲符合邏輯。除此之外,《太平廣記》一次和《册府元龜》兩次徵引此段皆作"知誤",②無有更作"曰誤"者。由"知"誤爲"曰",蓋形近而致誤也。

9.《南部新書·己》有"張不疑登科後,江西、東川、淮南、交辟,而不疑就淮南之命"③一條,其中"交辟"二字前加頓號,蓋是將交辟視爲與江西、東川、淮南并列的地名了。按"交辟"爲交相爭聘之意,如《後漢書·黨錮列傳》云:"後州郡察舉,三府交辟,并不就。"④"交辟"前不應加頓號,删去則文意無誤。

10.《南部新書·己》有"天寶七年,以給事楊釗充九成宮使,凡宮使自此始也"⑤一條,其中"九成宮"下未加專名綫。按《舊唐書·地理志·關内道》載"太宗改仁壽宮爲九成宮",⑥九成宮爲具體宮名也,當加專名綫。

11.《南部新書·庚》有"令狐相綯,以姓氏少,族人有投者,不吝其力,繇是遠近皆趨之,至有姓胡冒令狐者"。⑦ "姓"字下加專名綫,誤,此處意爲胡姓之人冒充姓"令狐"以换取令狐相綯之接濟,當在"胡"字下加專名綫而非"姓"字。

12.《南部新書·辛》有"姚峴爲于頔陝州掾,不勝其虐。與其弟泛舟於河,遂自投而死"⑧一條,此"河"字下未加專名綫。按此爲陝州境内,此"河"便是黄河,當加專名綫。《舊唐書·于頔傳》亦有"掾姚峴不勝其虐,與其弟泛舟於河,遂自投而死"。⑨ 在"河"字下加專名綫,可從。

13.《南部新書·壬》有這樣一條記載:"杜佑自户部侍郎判度支,爲盧杞所惡,出爲蘇刺。"⑩此"蘇刺"甚不可解也,《舊唐書·杜佑傳》云:"爲盧杞所惡,出爲蘇州刺史。佑母在,杞以蘇州憂闕授之,佑不行,俄换饒州刺史。"⑪可知杜佑實出爲"蘇州刺史","蘇州刺

---

① 《舊唐書》卷一百一十一,第 3317 頁。
② 李昉等編:《太平廣記》卷一百一十七,北京:中華書局,1961 年,第 816 頁;王欽若等編纂,周勛初等校訂:《册府元龜》卷一百七十二、卷八百九十五,南京:鳳凰出版社,2006 年,第 1916、10397 頁。
③ 《南部新書》,第 81 頁。
④ 范曄撰,李賢等注:《後漢書》卷六十七,北京:中華書局,1965 年,第 2212 頁。
⑤ 《南部新書》,第 88 頁。
⑥ 《舊唐書》卷三十八,第 1403 頁。
⑦ 《南部新書》,第 104 頁。
⑧ 《南部新書》,第 135 頁。
⑨ 《舊唐書》卷一百五十六,第 4130 頁。
⑩ 《南部新書》,第 157 頁。
⑪ 《舊唐書》卷一百四十七,第 3978 頁。

史"可簡稱"蘇刺"而非"蘇刺",此處蓋因"刺""刺"形近而致誤。

14.《南部新書·壬》有"沙門玄奘,俗姓陳,偃師人"①一條,其中"偃師"二字未加專名綫。按《舊唐書·玄奘傳》云:"僧玄奘,姓陳氏,洛州偃師人。"②"偃師"爲洛州之縣名,當加專名綫。

15.《南部新書·癸》有"有爲進士伍唐珪謁蘇使君,閽人不通刺"③一條,按"通刺"二自甚不可解,當爲"通刺",《史記·高祖本紀》索隱云:"謁謂以札書姓名,若今之通刺。"④可知"通刺"爲請求面見他人時遞送名片之舉,"刺""刺"二字形近,點校者因此致誤。

【作者簡介】華迪威,男,1997年生,西北大學歷史學院碩士研究生,主要從事秦漢魏晉南北朝史、古典文獻學研究。

---

① 《南部新書》,第155頁。
② 《舊唐書》卷一百九十一,第5108頁。
③ 《南部新書》,第170頁。
④ 司馬遷撰,裴駰集解,司馬貞索隱,張守節正義:《史記》卷八,北京:中華書局,1959年,第345頁。